D0663217

KANT
ET
L'ORNITHORYNQUE

DU MÊME AUTEUR

L'ŒUVRE OUVERTE, Seuil, 1965.

LA STRUCTURE ABSENTE, Mercure de France, 1972.

LE NOM DE LA ROSE, traduit de l'italien par Jean-Noël Schifano, Grasset, 1982. Prix Médicis étranger.

LE NOM DE LA ROSE, édition augmentée d'une Apostille traduite de l'italien par Myriem Bouzaher, Grasset, 1985.

LA GUERRE DU FAUX, traduit de l'italien par Myriam Tanant avec la collaboration de Piero Caracciolo, Grasset, 1985.

LECTOR IN FABULA, traduit de l'italien par Myriem Bouzaher, Grasset, 1985.

PASTICHES ET POSTICHES, traduit de l'italien par Bernard Guyader, Messidor, 1988.

SÉMIOTIQUE ET PHILOSOPHIE DU LANGAGE, traduit de l'italien par Myriem Bouzaher, PUF, 1988.

LE SIGNE : HISTOIRE ET ANALYSE D'UN CONCEPT, adapté de l'italien par J.-M. Klinkenberg, Labor, 1988.

LE PENDULE DE FOUCAULT, roman, traduit de l'italien par Jean-Noël Schifano, Grasset, 1990.

LES LIMITES DE L'INTERPRÉTATION, traduit de l'italien par Myriem Bouzaher, Grasset, 1992.

DE SUPERMAN AU SURHOMME, traduit de l'italien par Myriem Bouzaher, Grasset, 1993.

LA RECHERCHE DE LA LANGUE PARFAITE DANS LA CULTURE EUROPÉENNE, traduit de l'italien par Jean-Paul Manganaro. Préface de Jacques Le Goff, Le Seuil, 1994.

L'ÎLE DU JOUR D'AVANT, roman, traduit de l'italien par Jean-Noël Schifano, Grasset, 1996.

SIX PROMENADES DANS LES BOIS DU ROMAN ET D'AILLEURS, traduit de l'italien par Myriem Bouzaher, Grasset, 1996.

ART ET BEAUTÉ DANS L'ESTHÉTIQUE MÉDIÉVALE, traduit de l'italien par Maurice Javion, Grasset, 1997.

COMMENT VOYAGER AVEC UN SAUMON, traduit de l'italien par Myriem Bouzaher, Grasset, 1998.

UMBERTO ECO

KANT
ET
L'ORNITHORYNQUE

traduit de l'italien
par
JULIEN GAYRARD

BERNARD GRASSET
PARIS

L'édition originale de cet ouvrage a été publiée par les Editions Bompiani, à Milan,
en 1997, sous le titre :

KANT E L'ORNITORINCO

© 1997, R.C.S. Libri S.p.A.

© *Éditions Grasset & Fasquelle, 1999, pour la traduction française.*

Introduction

Que vient faire Kant avec l'ornithorynque ? Rien. Comme nous le verrons, ils n'ont rien à faire ensemble, rien n'aurait pu les réunir et rien, d'ailleurs, ne les a réunis, pas même une date. Voilà qui suffirait à justifier le titre et son incohérence qui sonnerait comme un hommage à la très ancienne encyclopédie chinoise de Borges.

De quoi parle ce livre ? De l'ornithorynque, mais aussi de chats, de chiens, de souris et de chevaux, mais également de chaises, d'assiettes, d'arbres, de montagnes et d'autres choses encore que nous voyons tous les jours, et des raisons pour lesquelles nous distinguons un éléphant d'un tatou (et même des raisons pour lesquelles, d'habitude, nous ne prenons pas notre femme pour un chapeau). Il s'agit d'un problème philosophique formidable qui a obsédé la pensée humaine depuis Platon jusqu'aux cognitivistes contemporains et que Kant, comme nous le verrons, n'a pas su résoudre à son tour, ni même poser de façon satisfaisante.

Les essais que réunit ce livre (dont la rédaction s'étend sur douze mois et qui reprennent des thèmes que j'ai pu traiter – en partie sous une forme inédite – durant ces dernières années) naissent donc d'un ensemble de préoccupations théoriques liées entre elles. Ces essais renvoient l'un à l'autre, mais ne doivent pas être lus comme des « chapitres » d'une œuvre qui aurait des prétentions à la systématicité. Les différents paragraphes ont été numérotés et sous-numérotés pour permettre des renvois rapides d'un écrit à l'autre. Mais cet artifice ne doit pas suggérer une architectonique sous-jacente. Si je dis de nombreuses choses dans ces pages, bien plus nombreuses encore sont celles que je ne dis pas, et ceci parce que je n'ai tout simplement pas d'idées précises à leur sujet. Je voudrais même reprendre à mon propre compte et comme une devise cette formule de Boscoe Pertwee, un auteur du XVIIIe siècle (qui m'est inconnu), que j'ai trouvée chez Richard Gregory (1981 : 558) : « Autrefois j'étais indécis, mais à présent je n'en suis plus aussi sûr. »

Ecrits donc sous le signe de l'indécision et de nombre de perplexités, ces essais sont nés du sentiment de ne pas avoir honoré cer-

taines lettres de change signées lorsque, en 1975, j'avais publié le Trattato di semiotica generale[1] *(qui était déjà une reprise et un développement d'une série de recherches commencées au cours de la seconde moitié des années 60). Les comptes restés en souffrance concernaient le problème de la référence, de l'iconisme, de la vérité, de la perception et de ce que je nommais alors le « seuil inférieur » de la sémiotique. Au cours de ces vingt-deux années, nombreux ont été ceux qui m'ont posé des questions pressantes, oralement ou par écrit, et plus nombreux encore ceux qui me demandaient si et quand j'allais écrire une réactualisation du* Trattato. *Ces essais ont aussi été écrits pour expliquer, sans doute plus à moi-même qu'à quiconque, pourquoi je ne l'ai pas fait.*

Il y a deux raisons fondamentales à cela. La première est que, si au cours des années 60 on pouvait penser rassembler les membres épars des nombreuses recherches sémiotiques pour essayer d'en constituer une summa, *leur champ s'est tellement élargi aujourd'hui (venant se mélanger à celui des différentes sciences cognitives) que toute systématisation nouvelle se révélerait prématurée. Nous nous trouvons face à une galaxie en pleine expansion, et non plus devant un système planétaire dont on pourrait fournir les équations fondamentales. Ce qui me semble être un signe de succès et de santé : l'interrogation sur la sémiose est devenue centrale dans de très nombreuses disciplines, et également chez ceux qui ne pensaient pas faire de la sémiotique, ne s'y connaissaient pas ou s'y refusaient tout simplement. Ceci était déjà vrai à l'époque du* Trattato (*pour donner un exemple, ce n'est pas parce qu'ils avaient lu des livres de sémiotique que les biologistes se mirent à parler de « code » génétique). Or, le phénomène s'est étendu au point qu'il faudrait à présent conseiller à quiconque suit une stratégie de l'attention, et pour sélectifs que soient ses critères théoriques, de pratiquer une sorte de tolérance œcuménique, au sens même où le missionnaire qui a les idées larges décide que même l'infidèle, quel que soit l'idole ou le principe supérieur qu'il adore, est* naturaliter *chrétien et sera donc sauvé.*

Cependant, aussi tolérant que l'on soit des opinions d'autrui, chacun de nous doit exprimer ses opinions personnelles, ne serait-ce que sur les questions fondamentales. Ainsi donc, j'expose mes idées les plus récentes sur certains points que le Trattato *avait laissés en suspens.*

En effet (et nous en venons à la seconde raison), dans la première partie du Trattato, *je partais d'un problème : s'il existe, en termes*

---

1. La première version en anglais *(A Theory of Semiotics)* a été publiée par l'Indiana University Press en 1976. A la suite d'une histoire assez curieuse, ce livre a été accueilli par deux maisons d'édition, l'une belge et l'autre française, donnant lieu à deux traductions qui n'ont jamais été publiées. Ce n'est qu'en 1992 qu'une partie du *Trattato* a vu le jour sous le titre de *La production des signes,* Paris, Livre de Poche, 1992.

perciens, un Objet Dynamique, nous ne le connaissons qu'à travers un Objet Immédiat. En manipulant des signes, nous nous référons à l'Objet Dynamique comme terminus ad quem *de la sémiose. Dans la seconde partie, consacrée aux modes de production des signes, je présumais par contre (même si je ne le disais pas en toutes lettres) que si nous parlons (ou émettons des signes, quels qu'ils soient), c'est parce que Quelque Chose nous pousse à parler : le problème de l'Objet Dynamique comme* terminus a quo *pouvait alors se présenter.*

Le fait d'avoir commencé par le problème de l'Objet Dynamique comme terminus ad quem *a déterminé mes intérêts successifs, le suivi du mouvement de la sémiose comme une séquence d'interprétants – les interprétants étant un produit collectif, public et observable – qui se fixent au cours des processus culturels, sans qu'il soit pour autant nécessaire de présumer une conscience qui les accueille, les utilise et les développe. De là est venu ce que j'ai écrit sur le problème du signifié, du texte et de l'intertextualité, de la narrativité, des possibilités et des limites de l'interprétation. Mais c'est précisément le problème des limites de l'interprétation qui m'a conduit à me demander si ces limites sont seulement culturelles, textuelles, ou si elles vont nicher plus en profondeur. Ceci explique alors pourquoi le premier de ces essais traite de l'Etre. Il ne s'agit pas d'un délire d'omnipotence, mais d'un devoir professionnel. Comme nous pourrons le constater, je ne parle de l'Etre que parce qu'il me semble que ce qui est pose des limites à notre liberté de parole.*

Lorsque l'on présume un sujet qui cherche à comprendre ce dont il fait l'expérience (et l'Objet, la Chose en Soi, devient le terminus a quo*), et avant même que ne se forme la chaîne des interprétants, un processus d'interprétation du monde entre en jeu. Ce processus, spécialement dans le cas d'objets inédits et inconnus (comme l'ornithorynque à la fin du XVIII*e *siècle), assume une forme « aurorale », faite de tentatives et de rejets, mais il est déjà une sémiose en acte et cette sémiose va remettre en question les systèmes culturels préétablis.*

Ainsi, chaque fois que j'ai pensé reprendre en main le Trattato*, je me suis demandé si je ne devais pas le restructurer en commençant par la deuxième partie. Les raisons pour lesquelles je me le demandais devraient être évidentes à la lecture des essais qui suivent. Le fait qu'ils se présentent comme des essais, précisément, comme des explorations vagabondes à partir de différents points de vue, témoigne de la façon dont – poussé par le désir d'opérer un renversement systématique – j'ai perçu mon incapacité à lui offrir une nouvelle architectonique (et sans doute personne ne peut le faire à lui seul). Ainsi ai-je décidé, par mesure de prudence, de passer de l'architecture des jardins au jardinage, et, au lieu de dessiner Versailles, je me suis limité à défricher quelques plates-bandes que des*

*sentiers de terre battue reliaient à peine – dans l'idée qu'un parc ro-
mantique à l'anglaise s'étendait encore tout autour.*

*Ainsi, j'ai choisi (plutôt que de polémiquer avec mille autres) de
polémiquer avec moi-même, et donc avec différentes choses que
j'avais écrites auparavant, en me corrigeant lorsque cela me semblait
juste, sans du reste me renier* in toto, *car les idées ne changent jamais
en totalité et jamais d'un jour à l'autre. Si je devais définir le noyau
de problèmes que j'ai essayé de circonscrire, je parlerais de linéa-
ments d'une sémantique cognitive (qui n'a certainement pas grand-
chose à voir avec la sémantique véri-fonctionnelle ou la sémantique
structurale-lexicale, bien qu'elle y puise différents thèmes et motifs)
se fondant sur une notion contractuelle aussi bien de nos schémas
cognitifs que du signifié et de la référence – positions cohérentes avec
mes tentatives précédentes d'élaborer une théorie du contenu dans laquelle la sémantique et la pragmatique viendraient se fondre. Ce faisant, je cherche à modérer une vision éminemment « culturelle » des
processus sémiosiques en fonction du fait que, quel que soit le poids
de nos systèmes culturels, il y a quelque chose dans le* continuum *de
l'expérience qui pose des limites à notre interprétation. Ainsi, si je
n'avais pas peur d'employer une formule* un *peu grossière, je dirais
que la controverse entre* réalisme interne *et* réalisme externe *tendrait
ici à s'articuler autour d'une notion de* réalisme contractuel.

*Il me faut ouvrir une parenthèse à ce propos. En 1984, j'ai parti-
cipé à l'ouvrage collectif* Il pensiero debole[1], *dirigé par Gianni Vattimo et Pier Aldo Rovatti (Milan, Feltrinelli). Ce recueil se voulait, dans
l'esprit de ses initiateurs, un exercice de confrontation entre des auteurs de différentes origines autour de cette proposition de « pensiero
debole », de « pensée faible », dont le copyright appartenait depuis
longtemps déjà à Vattimo. Sans doute la proportion de « débolistes
forts » (ligne herméneutique Nietzsche-Heidegger) et de « débolistes
faibles » (pensée de la conjecture et du faillibilisme) s'était finalement avérée inégale, mais certains lecteurs attentifs (tel Cesare Cases
dans l'*Espresso *du 5 février 1984) s'étaient rendu compte que
j'apparaissais dans ce contexte plutôt du côté des Encyclopédistes
que du côté de Heidegger. Peu importe : les médias ont pris cet ouvrage pour un manifeste, et je me suis même vu enrôlé (par certains
pamphlétaires populaires) parmi les « débolistes » tout court.*

*Il me semble que mes positions à ce sujet, et en particulier dans le
premier essai de ce livre, sont réaffirmées et clarifiées. Elles se montrent*

---

1. Il n'existe pas de traduction française de cet ouvrage. On pourra se reporter au
bref livre d'Anne Staquet, *La pensée faible de Vattimo et Rovatti* (Paris, Ed.
L'Harmattan, 1997) ainsi qu'aux ouvrages de Vattimo traduits en français et à leurs
préfaces ; *cf.* également *Magazine littéraire*, n° 279 (1990), n° 237 (1987) [N.d.t.].

également à travers certaines de mes critiques. Autre chose est de dire que nous ne pouvons pas tout comprendre (une fois pour toutes), autre chose de dire de l'Etre qu'il est parti en vacances (même si je pense qu'aucun « déboliste » n'en est arrivé là). Ce qu'il convient de faire en définitive, ne serait-ce que dans une introduction imprimée en italique, c'est de mettre en garde contre les simplifications des médias.

Le lecteur se rendra compte, à partir du deuxième essai de ce livre et au fil de ma progression, que ces discussions théoriques sont illustrées par de nombreuses « histoires ». Certains savent sans doute que mon désir de raconter des histoires a pu être satisfait ailleurs. Mon choix pour la « fabulation », dans ce livre, ne répond donc pas à un besoin de réaliser une vocation réprimée (ce qui est la tentation même de nombre de penseurs contemporains qui veulent remplacer le discours philosophique par des pages de belle littérature). On pourrait dire que la raison de ce choix est profondément philosophique : si le temps des « grands récits » est passé, comme on le dit, il sera utile de procéder au moyen de paraboles qui font voir quelque chose dans une modalité textuelle – comme l'aurait dit Lotman et comme nous invite à le faire Bruner – et sans chercher à en tirer des grammaires.

Mais il y a une autre raison. En adoptant une attitude interrogative sur la façon dont nous percevons (mais aussi nommons) les chats, les souris ou les éléphants, il m'a semblé utile non pas tant de prendre en considération, à la façon de la philosophie analytique, des expressions comme « il y a un chat sur le tapis » ou d'aller voir ce que font nos neurones lorsque nous voyons un chat sur le tapis (sans parler de ce que font les neurones du chat lorsqu'il nous voit assis sur le tapis – je cherche en effet à éviter, comme je l'expliquerai, de mettre le nez dans les boîtes noires, et laisse ce métier difficile à ceux qui savent le faire), que de remettre en scène un personnage souvent négligé, à savoir le sens commun. Et il n'y a rien de mieux, pour comprendre comment fonctionne le sens commun, que d'imaginer des « histoires » dans lesquelles les gens se comportent selon le sens commun. On découvre ainsi que la normalité est narrativement surprenante.

Mais la présence de tous ces chats, ces chiens et ces souris dans mes propos m'a peut-être reconduit à la fonction cognitive des bestiaires moralisés et des fables. En essayant du moins de mettre à jour le bestiaire, j'ai introduit l'ornithorynque comme héros de mon livre. Je remercie Stephen Jay Gould et Giorgio Celli (ainsi que Gianni Piccini via Internet) de m'avoir sympathiquement aidé dans ma traque à cet animal impondérable (que j'avais d'ailleurs pu rencontrer en personne). Il m'a accompagné pas à pas, même là où je ne le cite pas, et j'ai pris soin de lui fournir des lettres de créance philosophiques en lui trouvant d'emblée une parenté avec la licorne qui, tout comme les célibataires, ne peut jamais être absente d'une réflexion sur le langage.

Redevable comme je le suis à Borges de m'avoir fourni tant de motifs qui ont alimenté le cours de mes activités précédentes, je me consolais du fait qu'il avait parlé de tout sauf de l'ornithorynque, et je me plaisais ainsi à l'idée de m'être mis à l'abri de l'angoisse de l'influence. Tandis que je m'apprêtais à mettre ces essais sous presse, Stefano Bartezzaghi m'a signalé que Borges, verbalement au moins, dans un dialogue avec Domenico Porzio à qui il expliquait (sans doute) pourquoi il n'était jamais allé en Australie, a parlé de l'ornithorynque : « Après le kangourou et l'ornithorynque, qui est un animal horrible, fait de morceaux pris sur d'autres animaux, il y a aussi le chameau[1]. » Je m'étais déjà occupé du chameau en travaillant sur les classifications aristotéliciennes. J'explique dans ce livre pourquoi l'ornithorynque n'est pas horrible, mais assez prodigieux et providentiel pour mettre à l'épreuve une théorie de la connaissance. Et j'insinue à ce propos, compte tenu de son apparition très ancienne dans le développement des espèces, que l'ornithorynque n'est pas fait avec des morceaux pris sur d'autres animaux, mais que ce sont les autres animaux qui sont faits avec ses morceaux à lui.

Je parle de chats et d'ornithorynques, mais aussi de Kant – sans quoi le titre serait injustifiable. Qui plus est, je parle précisément de chats parce que Kant avait mis sur le tapis les concepts empiriques (et s'il n'a pas parlé de chats, il a quand même parlé de chiens), des concepts dont il ne sut alors s'arranger. Je suis parti de Kant pour honorer une autre lettre de change signée avec moi-même, depuis mes années universitaires, dans laquelle j'ai commencé à multiplier les observations sur ce concept « dévastateur » (comme l'annonçait Peirce) qu'est le concept de schème. Aujourd'hui, le problème du schématisme s'offre de nouveau à nous dans le vif du débat sur les processus cognitifs. Mais un grand nombre de ces recherches souffrent d'une assise historique insuffisante. On parle, par exemple, de néo-constructivisme. Or, si certains font explicitement référence à Kant, nombreux sont ceux qui font du néo-kantisme sans le savoir. Je me souviens toujours de ce livre américain, du reste admirable (restons silencieux sur le fautif occasionnel pour nous arrêter sur la faute), où l'on pouvait lire, à un certain moment, une note qui disait à peu près : « Il semble sur ce point que Kant ait dit des choses analogues (cf. Brown 1988). »

S'il semble que Kant ait dit des choses analogues, la tâche d'un discours philosophique est de voir d'où Kant était parti et dans quels nœuds problématiques il s'était débattu, afin que sa façon d'en

---

1. Domenico Porzio, « Introduzione » à J.L. Borges, in *Tutte le opere*, vol. 2, Milan, Mondadori, 1985, xv-xvi.

découdre puisse nous apprendre quelque chose à nous aussi. Sans le savoir, nous pourrions être les fils de ses erreurs (ainsi que de ses vérités) et le fait de le savoir pourrait nous éviter de commettre des erreurs analogues ou de croire avoir découvert hier ce qu'il avait déjà suggéré il y a deux cents ans. Pour le dire de façon plus légère, Kant ne savait rien au sujet de l'ornithorynque, et c'est dommage ; mais l'ornithorynque, lui, s'il veut résoudre sa crise d'identité, devrait savoir quelque chose de Kant.

Je n'essaie pas de dresser une liste exhaustive de remerciements : elle prendrait aussitôt la forme d'un name dropping, *à commencer par le nom de Parménide. Les références bibliographiques que l'on trouve à la fin de ce livre ne constituent pas une bibliographie, elles ne sont qu'un tour d'adresse autorisé, pour ne pas être soupçonné de passer sous silence les noms des personnes chez qui j'ai directement pris une citation. Un grand nombre de noms importants sont absents, des noms d'auteurs à qui je dois beaucoup, mais que je n'ai pas cités directement.*

Je remercie l'Italian Academy for Advanced Studies de Columbia University, qui m'a donné loisir de me consacrer durant deux mois à une première ébauche des essais 3, 4 et 5.

Pour le reste, j'ai été encouragé, sur ces thèmes et durant ces dernières années, par les personnes qui travaillent à mes côtés (et qui m'ont introjecté le principe – ô combien salubre – selon lequel il faut parler des amis à voix ouverte, puisque les chinoiseries sont réservées aux adversaires). Mes dettes à cet égard, accumulées au cours de nombreuses rencontres, sont infinies. On s'apercevra que j'ai cité quelques travaux d'étudiants, de laurea *et de* dottorato[1], *discutés (je ne parle pas de la soutenance mais des nombreuses discussions* in itinere*) au cours de ces dernières années, mais il y a encore bien des noms que je n'ai pas eu l'occasion de citer, parmi tous ceux avec qui j'ai débattu durant les dernières années des* workshops *du Center of Semiotic and Cognitive Studies de l'Université de San Marino et durant les innombrables séminaires de Bologne.*

Je ne peux cependant passer sous silence les différents points de vue, mises au point et imputations des collaborateurs à l'ouvrage collectif intitulé Semiotica Storia Interpretazione. Saggi intorno a Umberto Eco *(Milan, Bompiani, 1992)[2]. Enfin, peut-être, la décision de*

---

1. L'équivalent italien de la « maîtrise » ou du « D.E.A. » et du « doctorat » [N.d.t.].
2. Par ordre d'apparition, Giovanni Manetti, Costantino Marmo, Giulio Blasi, Roberto Pellerey, Ugo Volli, Giampaolo Proni, Patrizia Violi, Giovanna Cosenza, Alessandro Zinna, Francesco Marsciani, Marco Santambrogio, Bruno Bassi, Paolo Fabbri, Marina Mizzau, Andrea Bernardelli, Massimo Bonfantini, Isabella Pezzini, Maria Pia Pozzato, Patrizia Magli, Claudia Miranda, Sandra Cavicchioli, Roberto Grandi, Mauro Wolf, Lucrecia Escudero, Daniele Barbieri, Luca Marconi, Marco De Marinis, Omar Calabrese, Giuseppina Bonerba, Simona Bulgari.

mettre la main à ces essais en réunissant et réélaborant les différents brouillons m'est venue des discussions, diagnostics et pronostics (encore réservés) qui me furent offerts par les participants à la Décade de Cerisy-la-Salle durant l'été 1996. Sur le moment, il sera apparu à ceux qui étaient présents que j'ai apprécié par-dessus tout les soirées musicales que de généreuses doses de calvados venaient égayer encore, mais je n'ai rien perdu de ce qui a été dit[1].

Merci à tous ceux-là (et spécialement aux plus jeunes) pour m'avoir sorti de certains de mes sommeils dogmatiques – si ce n'est comme Hume, au moins comme le vieux Lampe.

---

1. Par ordre alphabétique (sauf pour les deux organisateurs, Jean Petitot et Paolo Fabbri), Per-Aage Brandt, Michael Caesar, Mario Fusco, Enzo Golino, Moshe Idel, Burkhart Kroeber, Alexandre Laumonier, Jacques Le Goff, Helena Lozano Miralles, Patrizia Magli, Giovanni Manetti, Gianfranco Marrone, Ulla Musarra-Schroeder, Winfried Nöth, Pierre Ouellet, Maurice Olender, Hermann Parret, Isabella Pezzini, Roberto Pellerey, Maria Pia Pozzato, Marco Santambrogio, Thomas Stauder, Emilio Tadini, Patrizia Violi, Tadaiko Wada, Alessandro Zinna, Ivailo Znepolski. Quant aux contributions critiques, je me dois de citer d'autres réflexions, même si elles ne sont pas immédiatement en relation avec les thèmes discutés dans ce livre, qui me sont parvenues tandis que je donnais les dernières retouches au présent livre : Rocco Capozzi, ed., *Eco. An Anthology* (Bloomington, Indiana U.P., 1997) ; Norma Bouchard et Veronica Pravadelli, eds., *The Politics of Culture and the Ambiguities of Interpretation : Eco's Alternative* (New York, Peter Lang Publishers, 1998) ; Thomas Stauder, ed., « *Staunen über das Sein* ». *Internationale Beiträge zu Umberto Ecos « Insel des vorigen Tages »* (Darmstadt, Wissenschaftliche Buchgesellschaft, 1997).

1.

Sur l'être

L'histoire des recherches sur la signification est peuplée d'*hommes* (qui sont des animaux rationnels et mortels), de *célibataires* (qui sont des mâles adultes non mariés) et également de *tigres* (mais on ne sait pas bien s'il faut les définir comme des mammifères félins ou comme de gros chats à pelage jaune rayé noir). Les analyses de prépositions et d'adverbes (que signifie *à côté de, depuis, quand*?) sont fort rares (mais celles qui existent sont importantes); quelques analyses de passions (qu'on pense à la *colère* greimassienne) sont excellentes; les analyses de verbes tels qu'*aller, nettoyer, louer* ou *tuer* sont assez fréquentes. En revanche, il ne s'est pas avéré qu'une étude de sémantique ait offert une analyse satisfaisante du verbe *être*, de ce verbe que nous utilisons pourtant au quotidien, sous toutes ses formes et avec une certaine fréquence.

Pascal s'en était très bien rendu compte : « On ne peut entreprendre de définir l'être sans tomber dans cette absurdité : car on ne peut définir un mot sans commencer par celui-ci, *c'est,* soit qu'on l'exprime ou qu'on le sous-entend. Donc pour définir l'être, il faudrait dire *c'est,* et ainsi employer le mot défini dans sa définition[1]. » Ce qui ne revient pas à affirmer, avec Gorgias, qu'on ne peut rien dire de l'être : on en parle énormément, et même trop. Mais ce mot magique, s'il nous sert à définir presque tout, n'est quant à lui défini par rien. On parlerait, en sémantique, d'un primitif, le plus primitif d'entre tous.

Lorsque Aristote (*Métaphysique* IV,1,1) affirme qu'il y a une science qui s'occupe de l'être en tant qu'être, il emploie pour cela le

1. Pascal, *Pensées et Opuscules*, éd. L. Brunschvicg, Paris, 1912, p. 169.

participe présent, *tò ón*. Certains traduisent par *étant*, d'autres par *être*. Ce *tò ón* peut être entendu comme ce qui est, comme l'être existant[1], il est enfin ce que la Scolastique appelait l'*ens,* dont les *entia,* les choses qui sont, constituent le pluriel. Mais si Aristote avait uniquement pensé aux choses du monde réel qui nous entoure, il n'aurait pas parlé d'une science spéciale : les étants sont étudiés selon les différents secteurs de la réalité, celui de la zoologie, celui de la physique et celui de la politique également. Aristote dit *tò ón hē ón*, l'étant *en tant que tel*. Mais lorsque l'on parle d'un étant (que ce soit une panthère ou une pyramide) en tant qu'étant (et non en tant que panthère ou pyramide), le *tò ón* devient soudainement ce qui est commun à tous les étants, et ce qui est commun à tous les étants, c'est le fait qu'ils soient, le fait d'être. En ce sens, comme le disait Peirce[2], l'être *(Being)* est l'abstraction qui appartient à tous les objets exprimés par des termes concrets : il possède une *extension illimitée* et une *intension* (ou *compréhension*) *nulle*. Ce qui revient à dire qu'il renvoie à tout mais ne signifie rien. Et l'on comprend alors clairement pourquoi le participe présent, que les Grecs employaient couramment comme un substantif, se développe peu à peu dans le langage philosophique sous la forme d'un infinitif, si ce n'est en grec, à coup sûr dans l'*esse* scolastique. Mais l'ambiguïté se trouve déjà chez Parménide, qui parle de *t'éòn* et affirme ensuite que *esti gàr eînai* (DK 6). Il semble bien difficile de comprendre un infinitif *(être)* qui devient sujet d'un « est » autrement que comme un substantif. L'être comme objet d'une science est, chez Aristote, *tò ón,* mais l'essence est *tò tí ēn eînai* (*Mét.* IV, 1028b 33-36), c'est-à-dire ce que l'être était, mais au sens de ce que l'être est de façon stable (ce qui sera traduit par la suite : *quod quid erat esse*).

On ne peut pourtant nier qu'être soit aussi un verbe, qui exprime non seulement l'acte d'être quelque chose (lorsque nous disons qu'un chat est un félin) mais aussi l'activité (lorsque nous disons qu'il est merveilleux d'être en bonne santé, ou d'être en voyage), au point que souvent (lorsque nous disons notre bonheur d'être au monde) le verbe être est employé comme synonyme d'exister, même si l'équation autorise de nombreuses réserves, puisque originairement *ex-sistere* signifie « sortir de », « se manifester » et donc « venir à l'être »[3].

---

1. Embarrassé, Sénèque (*Ad Lucilium,* 58, 5-6) traduira ce *ón* en *quod est.*
2. « Nominalism *vs* Realism », 1868 (WR 2 : 145). Mais, sur des positions analogues, également Hartmann (*Zur Grundlagung der Ontologie,* Berlin, 1935) : la formule aristotélicienne, en tant qu'elle part des étants concrets mais veut considérer ce qui est commun à tous, exprime l'être, c'est-à-dire ce par quoi l'étant est un étant.
3. Gilson 1962. Pour les scolastiques au moins « *existere* désignait d'abord dans leur langue l'acte par lequel un sujet accède à l'être en vertu de son origine [...] Il devient alors nécessaire de dire que, si Dieu " est ", Dieu n'existe pas » (Gilson 1948 :

Nous avons donc (i) un substantif, l'*étant*, (ii) un autre substantif, l'*être*, et (iii) un verbe, *être*. L'embarras est tel que les diverses langues en répondent de diverses façons. L'italien et l'allemand ont un terme pour (i), *ente* et *Seiende*, mais un seul terme aussi bien pour (ii) que pour (iii), *essere* et *Sein*. C'est sur cette distinction que Heidegger fonde la différence entre ontique et ontologique. Mais comment s'en sortir avec l'anglais qui possède également deux termes, mais dont le premier, *to be*, ne recouvre que l'acception (iii) et le second, *Being*, recouvre aussi bien la (i) que la (ii)[1] ? Le français possède un seul terme, *être*. Il est vrai qu'à partir du XVIIe siècle apparaît le néologisme philosophique *étant*[2], comme le note Gilson qui (dans la première édition de *L'être et l'essence*) a du mal à l'accepter, mais auquel il s'accordera dans les rééditions de son ouvrage. Le latin scolastique avait adopté *ens* pour (i), mais il jouait avec désinvolture sur (ii), employant parfois *ens* et parfois *esse*[3].

Par ailleurs, ne serait-ce qu'au sujet de l'étant, nous savons qu'il y a des étants matériels (des entités empiriques, si l'on veut) et des étants de raison (des entités théoriques, dont font partie, par exemple, les lois mathématiques) ; Peirce proposait de réhabiliter le terme *ens* (ou *entity*) dans le sens originaire de tout ce dont on peut parler[4]. Et voilà que l'étant équivaut alors à l'être, en tant que totalité qui comprend non seulement ce qui nous entoure physiquement, mais également ce qui se tient derrière, ou dedans, ou autour, ou avant, ou après, et le fonde ou le justifie.

Mais si nous sommes en train de parler de tout ce dont on peut parler, il faut également y inclure le possible. Non pas seulement ou non pas tant au sens où l'on soutiendrait que les mondes possibles existent aussi réellement quelque part (Lewis 1973), mais au moins au sens de

17-19). Les réflexions de lexicologie philosophique sont abondantes dans ce texte. Je l'utilise librement dans les paragraphes qui suivent.

1. Il est vrai que lorsque Ralph Manheim traduit *An Introduction to Metaphysics* (New Haven, Yale, 1959), il utilise le terme *essent* pour traduire *Seiende*. Mais cette solution n'a guère été suivie puisque J. Macquarrie et E. Robinson utilisent de nouveau le terme *being* dans leur traduction de Sein und Zeit *(Being and Time)* (New York, Harper, 1962). Par ailleurs, le *De ente et essentia* est couramment traduit en anglais par *On being and essence*. Le terme *entity* a un emploi philosophique très restreint et n'est que rarement utilisé.

2. Le terme français *étant*, courant aujourd'hui, reste néanmoins purement philosophique, tandis qu'on parlera, en italien, par exemple, d'*ente morale* (personne morale) ou d'*ente pubblico* (organisme public) [N.d.t.].

3. Sur cette oscillation *cf.* M.-D. Philippe 1975. Nous trouvons, par exemple, dans *De ente et essentia*, le *quod quid erat esse*, l'*esse actu simpliciter*, l'*esse quid* comme *esse substantiale*, l'*esse tantum* divin, l'*esse receptum per modum actus*, l'*esse* comme effet de la forme dans la matière, l'*esse in hoc intellectu*, l'*esse intelligibile in actu*, l'*esse abstractum*, l'*esse universale*, l'*esse commune*... La persistance de ces ambiguïtés est également discutée par Heidegger 1973, IV, B.

4. « One, Two, and Three », 1967, WR 2 : 103.

Wolff (*Philosophia prima sive ontologia methodo scientifico per-
tractata*, 134), pour qui une ontologie considère l'étant *quatenus ens
est*, indépendamment de toute question d'existence. Par conséquent
quod possibile est, ens est. Alors, non seulement les futuribles mais
également les événements passés appartiendraient à la sphère de
l'être : ce qui est l'est dans toutes les conjugaisons et les temps du
verbe être.

La temporalité (aussi bien du *Dasein* que des galaxies) s'est intro-
duite ici dans l'être et il n'est pas nécessaire d'être parménidien à tout
prix : si l'Etre (avec une majuscule) est tout ce dont on peut dire
quelque chose, pourquoi le devenir n'en ferait-il pas partie ? Le devenir apparaît comme un défaut dans la vision de l'être comme Sphère
compacte et immuable. Cependant, nous ne savons pas, arrivé à ce
stade, si l'être n'est pas, nous ne dirions pas changeant, mais tout au
moins mouvant, métamorphique, métempsycotique, s'il ne se recycle
pas compulsivement, bref, s'il n'est pas une sorte de bricoleur in-
vétéré...

Reste que les langues que nous parlons sont ce qu'elles sont. Mais,
si elles présentent de telles ambiguïtés ou de telles confusions dans
l'emploi de ce primitif (ambiguïtés que la réflexion philosophique ne
résout pas), ne faut-il pas que cet embarras exprime une *condition
fondamentale* ?

Pour respecter cet embarras, nous utiliserons, dans les pages qui
vont suivre, le terme *être* en son sens le plus large et le plus vide de
préjugés. Mais quel sens peut bien avoir ce terme dont Peirce a dé-
claré qu'il était d'intension nulle ? Il aura le sens que suggère la question tragique de Leibniz : « Pourquoi y a-t-il quelque chose plutôt que
rien ? »

Voilà donc ce que nous entendrons par le mot *être* : Quelque
Chose.

1.1. La sémiotique et le Quelque Chose

Pourquoi la sémiotique devrait-elle s'occuper de ce quelque chose ?
Parce que l'un de ses problèmes est (aussi et certainement) de dire si
et comment nous utilisons des signes pour nous référer à quelque
chose, et beaucoup de choses ont déjà été dites à ce sujet. Mais il me
semble que la sémiotique ne peut pas éviter de se confronter à un
autre problème : qu'est-ce que ce quelque chose qui nous pousse à
produire des signes ?

Toute philosophie du langage se trouve non seulement face à un *terminus ad quem* mais également face à un *terminus a quo*. Elle doit non seulement se demander « à quoi nous référons-nous lorsque nous parlons et quel crédit lui accordons-nous ? » (problème certainement digne d'intérêt), mais encore : « Qu'est-ce qui nous fait parler ? »

D'un point de vue phylogénétique, ce problème – que la modernité a occulté – était au fond celui des origines du langage, au moins à partir d'Epicure. Mais s'il peut être évité phylogénétiquement (en alléguant le manque de pièces archéologiques), on ne peut l'ignorer ontogénétiquement. Notre propre expérience quotidienne peut nous fournir des éléments, sans doute imprécis mais tangibles d'une certaine manière, pour répondre à la question : « Pourquoi ai-je été conduit à dire quelque chose ? »

La sémiotique structurelle ne s'est jamais posé le problème (à l'exception de Hjelmslev, comme nous le verrons) : les diverses langues sont considérées comme des systèmes déjà constitués (et analysables synchroniquement) à partir du moment où les usagers s'expriment, affirment, indiquent, demandent ou ordonnent. Le reste relève de la production de la parole. Mais ce qui motive la parole a une origine psychologique et non linguistique. La philosophie analytique s'est contentée de son concept de vérité (qui ne considère pas la façon dont les choses sont de fait mais ce qu'il faudrait conclure d'un énoncé entendu comme vrai). Elle n'a pas problématisé notre rapport prélinguistique aux choses. Pour le dire autrement, l'assertion « la neige est blanche » est vraie si la neige est blanche, mais c'est toujours à une théorie de la perception, ou à l'optique, que nous demandons comment nous percevons (et comment nous sommes certains) que la neige est blanche.

Peirce est sans doute le seul qui ait fait de ce problème la base même de sa théorie tout à la fois sémiotique, cognitive et métaphysique. Un Objet Dynamique nous pousse à produire un *representamen* ; celui-ci produit dans un quasi-esprit un Objet Immédiat qui peut à son tour être traduit en une série potentiellement infinie d'interprétants ; et nous retournons parfois à l'Objet Dynamique, à travers l'*habitude (habit)* qui s'est créée au cours du processus d'interprétation, pour en faire un quelque chose. A partir du moment où nous devons reparler de l'Objet Dynamique, auquel nous sommes revenus, nous nous retrouvons certainement dans la situation de départ, nous devons le renommer à travers un autre *representamen*. En un certain sens, l'Objet Dynamique reste toujours une chose-en-soi, toujours présente et jamais saisissable, si ce n'est précisément au moyen de la sémiose.

L'Objet Dynamique est pourtant cela même qui nous pousse à produire la sémiose. Nous produisons des signes parce que quelque chose exige d'être dit. Pour l'exprimer d'une façon bien peu philosophique mais relativement efficace, l'Objet Dynamique est Quelque-chose-qui-nous-tire-par-le-col[1] et nous dit « parle ! » – ou « parle de moi ! », ou encore, « prends-moi en considération ! ».

Parmi les modalités de la production des signes, nous connaissons les signes indexicaux, *ceci* ou *cela* dans le langage verbal, un index tendu, une flèche dans le langage des gestes ou des images (*cf.* Eco 1975, 3.6 ; tr. fr. II). Mais il y a un phénomène que nous devons entendre comme présémiotique, ou protosémiotique (au sens où il constitue le signal qui amorce le processus sémiosique en l'instituant) et que nous appellerons *indexicalité* ou *attentionnalité primaire* (Peirce parlait d'*attention*, comme faculté d'orienter l'esprit vers un objet, d'être attentif à tel élément en faisant abstraction de tel autre[2]). Nous avons une indexicalité primaire lorsque, dans l'épaisse matière des sensations qui nous bombardent, nous sélectionnons d'un seul coup quelque chose que nous découpons sur ce fond général, en décidant que nous voulons en parler (lorsque, pour le dire autrement, parmi les sensations lumineuses, thermiques, tactiles et intéroceptives qui nous entourent, l'une d'entre elles attire notre attention ; *alors seulement* nous dirons qu'il fait froid, ou que ça nous fait mal au pied) ; nous avons une indexicalité primaire lorsque nous attirons l'attention de quelqu'un, non pas nécessairement pour lui parler mais simplement pour lui montrer quelque chose qui devra devenir un signe, un exemple, et nous le tirons par la manche, nous lui tournons-la-tête-vers...

Dans le plus élémentaire des rapports sémiosiques, la « traduction radicale » illustrée par Quine (1960 : 2), avant même de savoir quel nom l'indigène assigne au lapin qui passe (ou à n'importe quelle chose qu'il voit là où je vois et entends un lapin qui passe), avant même que je ne lui demande « qu'est-ce que ceci ? » – d'un geste interrogatif et flottant, d'une manière qui lui est peut-être incompréhensible, je pointe l'index sur l'événement spatio-temporel qui m'intéresse – pour faire en sorte qu'il me réponde par le célèbre et énigmatique *gavagaï*, il y a un moment où je fixe son attention sur cet événement spatio-temporel. Je pousserai un cri, je le saisirai par l'épaule, s'il est tourné de l'autre côté, je ferai quelque chose pour qu'il se rende compte de ce dont j'ai décidé de me rendre compte.

La fixation de mon attention ou de celle de l'autre sur quelque chose est la condition de toute sémiose à venir. Elle précède cette

---

1. J'espère qu'un jour ce *Qualcosa-che-ci-prende-a-calci* sera aussi traduit en allemand. Ainsi, au moins en Italie, cette expression sera prise philosophiquement au sérieux.
2. « On a new list of categories », 1867 (WR 2) ; tr. fr. « D'une nouvelle liste de catégories », *in* TFS.

attention portée à quelque chose (une attention qui est déjà sémiosique, qui est déjà un effet de la pensée) par laquelle je décide que quelque chose est pertinent, curieux, intrigant, et doit être expliqué à travers une hypothèse. La fixation de l'attention a même lieu avant la curiosité, avant la perception de l'objet en tant qu'objet. C'est la décision encore aveugle par laquelle, dans le magma de l'expérience, j'*individue* quelque chose dont je dois rendre compte.

Que ce quelque chose, une fois une théorie de la connaissance élaborée, devienne un Objet Dynamique, un noumène, la matière encore brute d'une intuition que le catégoriel n'est pas encore venu mettre en lumière, cela ne vient qu'après. Quelque chose a lieu avant, ne serait-ce que mon attention éveillée, non pas éveillée, mais qui sommeille, qui guette, à moitié endormie. Ce n'est pas l'acte primaire de l'attention qui définit le quelque chose, c'est le quelque chose qui éveille l'attention. Même : l'attention qui guette fait déjà partie de ce quelque chose (elle en témoigne).

Voilà donc les raisons pour lesquelles la sémiotique ne peut pas ne pas réfléchir sur ce quelque chose que (pour nous joindre à ceux qui, durant des siècles, s'en sont souciés) nous choisissons d'appeler Etre.

1.2. Un problème contre nature

Il a été dit que le problème de l'être (au sens de la réponse à la question « qu'est-ce que l'être ? ») est le moins naturel de tous les problèmes, celui que le sens commun ne se pose jamais (Aubenque 1962 : 13-14). « L'être comme tel est si peu mis en question que, en apparence, il n'"est " pas » (Heidegger 1929, §41). Au point que la tradition postérieure à Aristote ne se l'est pas posé, qu'elle l'a pour ainsi dire refoulé. Peut-être est-ce à cela que nous devons le fait désormais légendaire que le texte de la *Métaphysique* ait disparu pour ne réapparaître qu'au Ier siècle, avant J.-C. Par ailleurs, Aristote, et toute la tradition philosophique grecque avec lui, ne s'est jamais posé le problème que se serait en revanche posé Leibniz dans ses *Principes de la nature et de la grâce* : « Pourquoi y a-t-il quelque chose plutôt que rien ? » – en ajoutant qu'au fond le rien serait plus simple et moins compliqué que quelque chose. En réalité, cette question exprime aussi les angoisses du non-philosophe qui trouve parfois bien difficile de penser Dieu dans son inconcevable éternité, ou encore l'éternité du monde, alors qu'il serait si facile et si rassurant que rien ne soit et n'ait jamais été, de telle sorte qu'il n'y aurait pas non plus d'esprit s'évertuant à se demander pourquoi il y a du rien plutôt que de l'être. Mais si l'on aspire au rien, il faut bien que cette aspiration soit déjà la reconnaissance que l'on est, quand bien même ce serait sous forme de défaut ou de chute, comme le suggère Valéry dans son *Ebauche d'un serpent* :

> Soleil, soleil !... Faute éclatante !
> Toi qui masques la mort, Soleil...
> Par d'impénétrables délices,
> Toi le plus fier de mes complices,
> Et de mes pièges le plus haut,
> Tu gardes les cœurs de connaître
> Que l'univers n'est qu'un défaut
> Dans la pureté du Non-être.

Soit dit en passant, si la condition normale était le rien et si nous n'en étions qu'une excroissance malaventureuse et transitoire, l'argument ontologique tomberait à son tour. Il ne servirait à rien d'argumenter que s'il est possible de penser *id cujus nihil majus cogitari possit* (et donc doté de toutes les perfections), et puisque à cet être devrait aussi appartenir cette perfection qu'est l'existence, alors, le fait même que Dieu soit pensable est la preuve de son existence. De toutes les réfutations de l'argument ontologique, la plus vigoureuse semble exprimée par la simple question : « Mais qui a jamais dit que l'existence était une perfection ? » Une fois admis que la pureté absolue consiste dans le Non-être, la plus grande perfection de Dieu serait alors de ne pas exister. Le fait de le penser (ou de pouvoir le penser) comme existant serait l'effet de notre étroitesse d'esprit, capable en lui attribuant l'existence de salir ce qui a le droit suprême et la chance inimaginable de ne pas être. Et un débat entre Anselme et Cioran – et non entre Anselme et Gaunilon – aurait été bien intéressant.

Or, même si l'être était un défaut dans la pureté du non-être, nous serions entraînés dans ce défaut. Mieux vaut alors chercher à en parler. Revenons donc à la question fondamentale de la métaphysique : pourquoi y a-t-il quelque chose (que ce soit l'être en tant que tel ou la pluralité des étants dont on peut faire l'expérience et qui se laissent penser, et la totalité de cet immense défaut qui nous soustrait à la tranquillité divine du non-être) plutôt que rien ? Cette question, je le répète, ne se trouve ni chez Aristote ni dans la tradition de l'aristotélisme scolastique. Pourquoi ? Parce que la question était éludée par une réponse implicite, une réponse que nous chercherons à donner.

1.3. Pourquoi y a-t-il de l'être ?

Pourquoi y a-t-il de l'être plutôt que rien ? *Parce que* [1].
Cette réponse est à prendre avec le plus grand sérieux, elle n'a rien d'un mot d'esprit. Le fait même que nous puissions nous poser la question (que nous ne pourrions pas nous poser s'il n'y avait rien, ni nous-mêmes qui la posons) signifie que la condition de tout questionnement est qu'il y ait de l'être. L'être n'est pas un problème de sens commun (ou, si l'on préfère, le sens commun ne le voit pas comme un problème) parce qu'il est la condition même du sens commun. Au début de son *De Veritate* (1.1) saint Thomas écrit : « *Illud autem quod primum intellectus concipit quasi notissimum, et in quo omnes conceptiones resolvit, est ens.* » Qu'il y ait quelque chose, c'est la première chose que notre intellect conçoit, comme la plus connue et la plus évidente. Tout le reste vient ensuite. Ce qui veut dire que nous ne pourrions penser si nous ne partions pas du principe (implicite) que nous sommes en train de penser quelque chose. L'être est l'horizon, ou le bain amniotique, dans lequel se meut naturellement notre pensée – même : puisque pour Thomas l'intellect préside à la première appréhension des choses, l'être est ce en quoi se meut notre premier effort *(conatus)* perceptif.

Il y aurait de l'être même si nous nous trouvions dans une situation berkeleyienne, si nous n'étions rien d'autre que l'écran sur lequel Dieu projette un monde qui n'existe pas de fait. Même dans ce cas, il y aurait notre acte, quand bien même il serait fallacieux, de percevoir ce qui n'est pas (ou qui n'est qu'en tant qu'il est perçu par nous), il y aurait ces sujets percevants que nous sommes (et, dans l'hypothèse berkeleyienne, un Dieu qui nous communique ce qui n'est pas). Il y aurait donc suffisamment d'être pour satisfaire le plus anxieux des ontologistes. Il y a toujours quelque chose, à partir du moment où quelqu'un est capable de se demander pourquoi il y a de l'être plutôt que rien.

Ceci doit immédiatement mettre en évidence le fait que le problème de l'être ne peut être réduit à celui de la réalité du monde. La possibilité que ce que nous appelons le Monde extérieur, ou l'Univers, soit ou ne soit pas, ou soit l'effet d'un malin génie, ne retire absolument rien à l'évidence première qu'il y a « quelque chose » quelque part (ne serait-ce qu'une *res cogitans* qui se rend compte de son *cogitare*).

---

1. « De la réalité comme telle on ne peut dire ni qu'elle est parce qu'elle *pouvait* être, ni qu'elle est parce qu'elle *ne pouvait pas ne pas* être. Elle est totalement gratuite et sans fondement : entièrement suspendue à la liberté qui n'est pas un fondement mais un abîme, ou alors un fondement qui se nie sans cesse comme tel » (Pareyson 1989 : tr. fr. 25).

Mais il n'est pas nécessaire d'attendre Descartes. Il existe une belle
page d'Avicenne où celui-ci – après avoir dit à plusieurs reprises que
l'étant est ce qui est conçu en premier, qu'il ne peut être commenté
qu'à travers son nom parce qu'il est le principe premier de tout autre
commentaire, que la raison le connaît sans pour cela devoir recourir à
une définition, parce qu'il n'a pas de définition, genre et différence, et
qu'il n'y a rien de mieux connu que lui – nous invite à une expérience
imaginaire qui nous laisserait penser que l'expérimentation de certaines drogues orientales ne lui fut pas totalement étrangère :
« Supposons que l'un de nous soit créé d'un coup et créé parfait. Mais
ses yeux sont voilés et ne peuvent voir les choses extérieures. Il fut
créé planant dans l'air, [ou plutôt] dans le vide afin que ne le heurtât
pas la résistance de l'air qu'il pourrait sentir. Ses membres sont séparés, donc ne se rencontrent pas ni ne se touchent. Puis il réfléchit et se
demande si sa propre existence est prouvée. Sans avoir aucun doute, il
affirmerait qu'il existe ; malgré cela il ne prouverait pas ses mains ni
ses pieds, ni l'intime de ses entrailles, ni un cœur ni un cerveau, ni
aucune chose extérieure, mais il affirmerait qu'il existe, sans établir
qu'il a une longueur, une largeur, une profondeur... » (Philippe 1975 :
8-9.)

Il y a donc de l'être parce que nous pouvons nous poser la question
sur l'être, et cet être est là avant tout questionnement, donc avant
toute réponse et toute définition. L'objection moderne consiste alors à
dire que la métaphysique occidentale – dans son obsession de l'être –
naît à l'intérieur d'un discours fondé sur les structures syntaxiques de
l'indo-européen, c'est-à-dire sur un langage qui prévoit, pour tous les
jugements, la structure sujet-copule-prédicat (puisque – comme
s'étaient aussi évertués à le proposer les constructeurs de langues parfaites du XVIIe siècle – même des énoncés tels que *Dieu est* ou *le cheval galope* peuvent toujours être résolus en *Dieu est existant* et *le cheval est galopant*). Mais l'expérience de l'être est implicite dans le premier cri que pousse le nouveau-né à peine sorti du ventre de sa mère,
pour saluer ou pour rendre compte de quelque chose qui se présente à
lui comme horizon, et dans son geste même de tendre pour la première fois ses lèvres vers le sein maternel. C'est ce même phénomène
d'indexicalité primaire qui nous montre tendu vers quelque chose (et
il est sans importance que ce quelque chose existe réellement ou que
nous le posions dans notre acte de protension ; il est même sans importance, à la limite, que ce soit nous qui nous tendions en avant,
puisqu'un acte de protension aurait lieu dans tous les cas).

L'être est *id quod primum intellectus concipit quasi notissimum*,
comme si nous nous étions toujours trouvés dans cet horizon, et peut-
être le fœtus ressent-il déjà de l'être dans sa vie utérine. Obscurément,

il le sent *quasi notissimum*, presque comme la chose la plus connue (ou, tout simplement, comme la seule chose connue).

Il n'y a pas lieu de se demander pourquoi l'être est. L'être est une évidence lumineuse. Ce qui ne veut pas dire que cette lumière ne puisse se faire aveuglante, effrayante, insoutenable ou mortelle – et il semble que beaucoup témoignent d'une telle expérience. Se poser des questions sur son fondement est une illusion ou une faiblesse. Un tel questionnement fait penser à celui qui, lorsqu'on lui avait demandé s'il croyait ou pas en Dieu, avait répondu « non, moi je crois en quelque chose de bien plus grand ». L'être, dont l'évidence indépassable nous ouvre à toute interrogation le concernant, est le Fondement de lui-même. Se poser la question du fondement de l'être revient à se poser la question du fondement du fondement, puis celle du fondement du fondement du fondement, dans une régression infinie : lorsque, exténués, nous nous arrêtons, nous nous retrouvons de nouveau et déjà dans le fondement même de notre question[1].

La question « pourquoi y a-t-il de l'être plutôt que rien ? » recèle sans doute une autre inquiétude, concernant l'existence de Dieu. Mais l'évidence de l'être est première. La question de Dieu ne se pose qu'ensuite. La question « qui a fait tout ça ? qui le maintient dans l'être ? » ne peut surgir qu'après avoir pris acte de l'évidence, *notissima*, qu'il y a quelque chose. Les animaux ont aussi cette évidence de l'être, cela semble indéniable, bien qu'ils ne sachent absolument pas se poser la question, qui lui fait suite, *an Deus sit*. Thomas répondra à cette question dans une *summa* qui s'appelle précisément « Theologica ». Mais la discussion sur le *De ente et essentia* vient avant.

1.4. Parler de l'être

L'être est avant même que l'on en parle. Mais ce n'est qu'en parlant de lui, et seulement ainsi, que l'évidence indépassable qu'il constitue peut se faire problématique – et le problème qu'il pose attend alors sa réponse. La première ouverture à l'être est une sorte d'expérience extatique, même au sens le plus matérialiste du terme. Or, tant que nous en restons à cette évidence initiale et muette, l'être ne constitue pas un problème philosophique, tout comme l'eau qui

---

1. Dans *Qu'est-ce que la métaphysique ?* Heidegger nous rappelle qu'il « subsiste une différence essentielle entre appréhender la totalité de l'étant en soi et se trouver au cœur de l'étant dans sa totalité. La première est par principe impossible, la seconde se réalise constamment dans notre *Dasein* » (1929 : 110 [tr. fr. 1968 : 50]).

porte le poisson ne lui semble pas problématique. Cependant, lorsque nous commençons à parler de l'être, nous ne le faisons pas encore dans sa forme omni-enveloppante puisque, comme nous l'avons dit, le problème de l'être (c'est-à-dire de la plus naturelle et la plus immédiate des expériences) est le moins naturel de tous les problèmes, celui que le sens commun ne se pose jamais : c'est à tâtons que nous commençons à avancer dans l'être, en y retranchant des étants, en y construisant peu à peu un Monde.

Puisque le sens commun est incapable de penser l'être avant de l'avoir enrôlé dans le système (ou dans la série désordonnée) des étants, les étants sont la façon même dont l'être vient à notre encontre. Et c'est par là qu'il faut commencer.

Nous en venons alors à la question centrale de la *Métaphysique* d'Aristote. Cette question se pose sous la forme d'un constat, dont Aristote ne part pas mais vers lequel il s'avance, en quelque sorte, pas à pas. Il se retrouve avec cette question entre les pieds, pour ainsi dire, au fil de son avancée du premier au quatrième livre (du livre A au livre Γ) où, après avoir dit qu'il existe une science qui considère l'être en tant que tel, et au moment où l'on pourrait s'attendre à ce qu'il essaie de donner une première définition de l'objet de cette science, Aristote répète comme unique définition possible ce qui était apparu dans le premier livre (992b 19) comme une simple parenthèse : l'être se dit de façons multiples *(léghetaï mèn pollachôs)* – en plusieurs sens, selon plusieurs significations (1003a 33).

Ce que l'intellect, pour saint Thomas, *percipit quasi notissimum*, et qui constitue l'horizon de notre penser et de notre parler, est pour Aristote (mais Thomas était d'accord), ambigu, polysémique par nature (si l'être avait une nature, mais nous savons qu'il n'est ni un genre ni une espèce).

Selon certains auteurs, cette affirmation livre le problème de l'être à une aporie fondamentale, aporie que la tradition post-aristotélicienne a seulement cherché à réduire, sans en détruire le potentiel tragique. En réalité, Aristote est le premier à essayer de la réduire à des dimensions plus acceptables et il le fait en jouant sur l'adverbe « de façons multiples ».

Ces façons multiples se réduiraient à quatre et il serait possible de les contrôler. L'être se dit (i) en tant qu'être par accident (c'est l'être prédiqué par la copule, en vertu duquel nous disons que l'homme est blanc ou que l'homme est debout) ; (ii) en tant que vrai, en vertu duquel il peut être vrai ou faux que l'homme est blanc, ou que l'homme est un animal ; (iii) en tant que puissance et acte, en vertu duquel s'il n'est pas vrai que cet homme en bonne santé est actuellement malade, il pourrait néanmoins être malade, nous dirions aujourd'hui que l'on peut imaginer un monde possible dans lequel il est vrai que cet homme est malade ; (iv) enfin, l'être se dit comme *ens per se*, c'est-à-dire en tant que *substance*. La polysémie de l'être, selon Aristote, se modère dans la mesure où, quelle que soit la façon dont on parle de l'être, on le fait toujours « par rapport à un principe unique » (1003b 5-6), à savoir par rapport aux substances. Les substances sont des êtres individuels existants dont nous avons une évidence perceptive. Aristote n'a jamais douté de l'existence des substances individuelles (Aristote n'a jamais douté de la réalité du monde tel qu'il apparaît dans l'expérience quotidienne), des substances dans lesquelles et seulement dans lesquelles les formes platoniciennes s'actualisent sans qu'elles puissent avoir d'existence antérieure ou postérieure dans quelque Hyperouranien blafard, et cette certitude lui permet de dominer la polyvocité de l'être. « La première des significations de l'être est l'essence, ce qui signifie *(sêmainei)* la substance *(ousía)* » (1028a 14-15).

Mais la tragédie de l'être aristotélicien n'est pas dans le *pollachôs*, elle est dans le *léghetaï*. Qu'il se dise d'une ou de multiples façons, l'être reste quelque chose qui *se dit*. Il sera l'horizon de toute autre évidence. Mais il ne devient un problème philosophique qu'à partir du moment où l'on en parle. C'est même le fait d'en parler qui le rend ambigu et polyvoque. Le fait que la polyvocité puisse être réduite n'empêche pas que nous n'en prenons conscience qu'à travers un *dire*. L'être, en tant que pensable, se présente à nous, depuis le début, *comme un effet de langage*.

Dès l'instant où il fait irruption devant nous, l'être suscite des interprétations ; dès l'instant où nous pouvons en parler, il est déjà interprété. Il n'y a rien à y faire. Et Parménide, qui avait pourtant défini les *onomata* comme ce à quoi l'on ne pouvait se fier, n'échappait pas non plus à ce cercle. Même si les *onomata* sont des noms fallacieux que nous sommes conduits, avant toute réflexion philosophique, à donner à ce qui devient, Parménide est néanmoins le premier à exprimer *verbalement* l'invitation à reconnaître (et à interpréter) les signes *(sêmata)* multiples à travers lesquels l'être suscite notre discours. Et il est nécessaire de dire, plus que de penser, que l'être est (DK 6).

A plus forte raison pour Aristote, l'être, sans verbe, ni *est* ni *n'est pas* : il se tient là, nous nous trouvons dedans, mais nous ne pensons pas y être. L'ontologie d'Aristote, nous l'avons dit, a des racines verbales. Dans la *Métaphysique*, toute mention de l'être, toute question et toute réponse sur l'être se situent dans le contexte d'un *verbum dicendi* (qu'il soit *leghein*, *sêmainein* ou autre). Lorsque Aristote dit qu'« il est impossible à quiconque de croire, en même temps, que la même chose est et n'est pas » (1005b 23-25), le verbe *hypolambanein* fait son apparition, c'est-à-dire « croire », « comprendre », « saisir par l'esprit », mais également – puisque l'esprit est *logos* – « prendre la parole ».

On pourrait objecter que ce qui relève de la substance se laisse dire sans contradiction et que la substance est indépendante de ce que nous en disons. Mais jusqu'à quel point ? Comment parlons-nous de la substance ? Comment pouvons-nous dire sans contradiction « l'homme est un animal rationnel », alors que dire « l'homme est blanc » ou « l'homme court » n'en indique qu'un accident passager, un accident qui ne peut donc pas être l'objet d'une science ? Dans l'acte perceptif, l'intellect actif abstrait l'essence du *synolon* (matière + forme). Il semble donc qu'au cours de l'intellection nous saisissions immédiatement et sans effort le *tò tí ēn eînaï* (1028b 33-36), ce que l'être était, c'est-à-dire ce que l'être est de façon stable. Mais que pouvons-nous dire de l'essence ? Nous ne pouvons qu'en donner la définition : « La définition naît de ce qu'il faut signifier quelque chose. La définition est la notion *(logos)* dont le nom *(onoma)* est signe *(sēmeion)* » (1012 a 22-24).

Hélas ! L'évidence indépassable de l'existence des individus nous est bien donnée, mais nous ne pouvons absolument rien dire d'eux, si ce n'est en les nommant par leur essence, c'est-à-dire par genre et différence spécifique (donc « homme » et non « cet homme ») : aussitôt entrés dans l'univers des essences, nous voilà déjà dans l'univers des définitions, c'est-à-dire dans l'univers du langage qui définit[1].

Nous n'avons que peu de noms et peu de définitions pour une infi-

---

1. Le problème est le suivant : est-ce que je tire la définition de l'évidence que m'offre la sensation (et du fantasme l'abstraction subséquente) ou bien est-ce la préconnaissance de la définition qui m'autorise à abstraire l'essence ? Si l'intellect actif n'est pas le lieu où des formes antérieures viennent s'entreposer mais le pur mécanisme qui me permet d'identifier des formes en acte dans le *synolon*, qu'est-ce alors que cette faculté ? Il est facile de tomber dans l'hérésie arabe et de dire que l'intellect est le même pour tout le monde. Mais même dans ce cas, dire qu'il est le même ne veut pas dire qu'il soit immuable et universel. Cet intellect actif pourrait être culturel, il pourrait être la faculté d'identifier et de découper les formes du contenu. Et dans ce cas, le code, fourni par la segmentation *opérée* par l'intellect actif, déterminerait la nature et l'exactitude de la référence ! Dans sa *Poétique* 1456 b 7 (comme le relève Aubenque), Aristote se demande : « Qu'est-ce que le discoureur aurait à faire, si les choses devaient apparaître déjà par elles-mêmes et n'avaient pas besoin de discours ? » Aubenque (1962 : 116) cite alors cette page des *Réfutations sophistiques* : « Puisqu'il n'est pas possible d'apporter dans la discussion les choses elles-mêmes, mais qu'au lieu des choses nous devons nous servir de leurs noms comme de symboles, nous supposons que ce qui se passe dans les noms se passe aussi dans les choses, comme dans le cas des cailloux qu'on rapporte au compte. Or, entre noms et choses il n'y a pas ressemblance complète : les noms sont en nombre limité, ainsi que la pluralité des définitions, tandis que les choses sont infinies en nombre » (165a 6 ss.) et leurs accidents infinis.

nité de choses singulières. Le recours à l'universel n'est donc pas une forme de la pensée mais *une infirmité du discours*. Le tragique vient de ce que l'homme parle toujours de façon générale de choses qui sont toujours singulières. Le langage nomme en recouvrant l'évidence indépassable de l'existence individuelle. Et la *reflexio ad phantasmata*, la déflation du concept à *flatus vocis* au profit de l'individu comme unique notion intuitive, le fait de se retrancher derrière les indexicaux, les noms propres ou les désignations rigides... toutes ses tentatives ne vaudront rien, simples panacées. A l'exception de quelques rares cas (où l'on pourrait ne pas parler, montrer du doigt, siffler, saisir par le bras – mais alors on ne discute pas de l'être, on est), nous ne parlons qu'une fois installés dans l'universel.

Et l'ancrage des substances, qui devrait suppléer à la polyvocité de l'être due au langage qui le dit, nous renvoie au langage comme condition de ce que nous savons des substances elles-mêmes. Comme nous l'avions montré ailleurs (Eco 1984 : II.4), il faut toujours, pour définir, construire un arbre des prédicables, des genres, des espèces et des différences ; et Aristote, qui suggéra pourtant cet arbre à Porphyre, ne parvient jamais (dans les œuvres zoologiques où il entend véritablement définir les essences) à l'appliquer de façon homogène et rigoureuse (*Cf.* Eco 1990 : IV.2.1.1).

1.5. L'aporie de l'être aristotélicien

La tragédie de l'être, ce n'est pas qu'il soit seulement un effet du langage. C'est que le langage ne réussit même pas à le définir. Il n'y a pas de définition de l'être. L'être n'est pas un genre, pas même le plus général de tous, et il échappe donc à toute définition s'il nous faut, pour définir, avoir recours au genre et à la différence spécifique. L'être est ce qui permet toute définition successive. Mais toute définition est l'effet d'une organisation logique et donc sémiosique du monde[1]. Chaque fois que nous cherchons à garantir cette organisation en ayant recours à ce paramètre assuré qu'est l'être, nous retombons dans le dire, et donc dans ce langage dont nous cherchons la garantie.

---

1. Peirce (CP 2. 37) déplore qu'Andronicos ait placé les *Catégories* au début de l'*Organon*, car il ne s'agit pas d'un livre de logique, mais de métaphysique, dans lequel la liste des ingrédients de la réalité se trouve dressée. Sans doute Peirce est-il influencé lui aussi par de centenaires lectures néo-platoniciennes des *Catégories*. Mais il remarque juste après que la métaphysique de ce traité se fonde sur des catégories linguistiques. Il redira ailleurs que la première chose qui frappe le lecteur des *Catégories* est l'incapacité aristotélicienne de faire « une distinction quelconque entre grammaire et métaphysique, entre façon de signifier et façon d'être » (CP 3. 384).

Comme l'a observé Aubenque, « non seulement on ne peut rien dire de l'être, mais l'être ne nous dit rien sur ce à quoi on l'attribue : signe non de surabondance, mais de pauvreté essentielle. [...] L'être n'ajoute rien à ce à quoi on l'attribue » (1962 : 232). Et c'est naturel : si l'être est l'horizon de départ, dire de quelque chose qu'« il est » n'ajoute rien à ce qui s'est déjà donné comme évident par le fait même de nommer ce quelque chose comme objet du discours. L'être fournit un support à tout discours excepté celui que nous tenons sur lui (mais qui ne nous dit rien que nous ne sachions déjà au moment même où nous commençons à en parler).

Il existait des solutions pour échapper à cette aporie. On pouvait poser l'être ailleurs, dans une zone où il ne devait pas ou ne pouvait pas être conditionné par le langage. C'est ce à quoi s'essaye le platonisme, jusque dans ses plus extrêmes ramifications. L'Un, fondement de l'être, pour se soustraire à nos définitions, se place avant l'être, et devient ineffable : « pour que l'être soit, il faut que l'Un ne soit pas l'être, mais le générateur de l'être » (Plotin, *Ennéades*, V, 2,1). Mais pour mettre l'Un hors de portée de l'être, le langage devient une théologie négative. Il circonscrit l'indicible par des exclusions, des métaphores et des négations... comme si la négation n'était pas elle-même un moteur de la sémiose, un principe d'individuation par opposition.

On pouvait également, comme l'a fait la Scolastique, identifier le fondement de l'être à Dieu en tant qu'il est *ipsum esse*. La philosophie première comme théologie comblait le vide de la métaphysique comme science de l'être. Mais, philosophiquement parlant, il s'agit d'un escamotage : pour le philosophe croyant, qui doit accepter que la foi vienne suppléer à la raison là où elle ne peut rien dire ; et pour le philosophe non croyant, qui voit la théologie construire le fantasme de Dieu pour réagir à l'incapacité de la philosophie à contrôler ce qui, tout en restant la chose la plus évidente, n'est qu'un fantasme. Mais pour parler de l'*ipsum esse*, qui devrait alors être le fondement de notre propre faculté de parole, il faut encore élaborer un langage. Et puisque ce langage ne pourra être celui qui sert à nommer les étants de façon univoque et selon les lois de l'argumentation, ce sera alors le langage de l'*analogie*. Affirmer que le principe d'analogie nous permet de parler de l'être serait cependant une erreur. L'analogie n'est pas donnée par avance, elle ne précède donc pas la possibilité de l'appliquer à l'*ens* ou directement à l'*ipsum esse*. On ne peut parler de Dieu qu'en admettant au départ l'existence d'une *analogia entis* : de l'être lui-même, et non du langage. Mais qui nous dit que l'être est analogue ? Le langage. La circularité est inévitable.

Ce n'est donc pas l'analogie qui nous permet de parler de l'être, c'est au contraire l'être qui, par la façon dont il est *effable*, nous permet de parler de Dieu par analogie. Placer l'être dans l'*ipsum esse*, qui se fonde lui-même et dispense l'être aux étants mondains (par participation), ne dispense pas la théologie d'en *parler* (sans quoi il s'agirait d'une pure vision béatifique), et l'on sait que même « ici la haute fantaisie perdit sa puissance[1] ».

D'autres solutions? Une, philosophiquement sublime et *presque* inattaquable : résorber totalement le langage dans l'être. L'être se parle et s'auto-définit au sein omni-compréhensif d'une Substance où l'ordre et la connexion des idées sont les mêmes que l'ordre et la connexion des choses. Il n'y a plus d'écart entre l'être et son fondement, plus rien ne sépare l'être des étants (c'est-à-dire des modes qui en constituent la « chair »), il n'y a plus de fracture entre la substance et sa définition, il n'y a plus d'hiatus entre la pensée et le pensé. Pourtant, même dans une architecture aussi solide et parfaite que celle de Spinoza, le langage s'introduit comme un ver et vient faire problème. Le langage semble parfaitement adéquat à l'objet, qui s'auto-nomme à travers lui, tant qu'il parle *in abstracto* de la substance, de ses attributs et de ses modes. Mais lorsqu'il doit rendre compte, encore une fois, du nom des étants mondains, comme *homme* par exemple, il apparaît extrêmement faible, un essai, une tentative, une simple perspective, comme contingent. Et en effet, « ceux qui ont plus souvent considéré avec étonnement la stature des hommes, entendront sous le nom d'*homme* un animal de stature droite; pour ceux qui ont pris l'habitude de considérer autre chose, ils formeront des hommes une autre image commune, savoir : l'homme est un animal doué du rire; un animal à deux pieds sans plumes; un animal raisonnable; et ainsi pour les autres objets, chacun formera, suivant la disposition de son corps, des images universelles des choses » (*Ethique*, II, prop. XL, scolie 1). N'est-ce pas la pauvreté du langage et de la pensée qui réapparaît ici, cette *penuria nominum* et cette abondance d'homonymes qui obsédèrent les théoriciens des universaux, rendue plus complexe encore par le fait que le langage est à présent soumis aux « dispositions du corps »? Et comment pourrions-nous faire pleinement confiance à ce langage somatopathique lorsqu'il prétend parler (et *more geometrico*) de l'être?

Il restait une dernière possibilité : après avoir séparé, durant des siècles, l'être de l'essence et l'essence de l'existence, il restait encore à *faire divorcer l'être de lui-même.*

---

1. « *A l'alta fantasia qui mancò possa* », Dante, *Paradis*, Chant XXXIII [N.d.t.].

1.6. La duplication de l'être

Lorsque Heidegger, dans *Qu'est-ce que la métaphysique?*, se demande « Pourquoi y a-t-il de l'étant plutôt que rien? », il emploie le terme de *Seiende*, et non celui de *Sein*. Le mal de la métaphysique, selon Heidegger, c'est qu'elle s'est toujours occupée de l'étant, et non de son fondement, c'est-à-dire de l'être et de la vérité de l'être. En interrogeant l'étant en tant qu'étant, la métaphysique a évité de se tourner vers l'être en tant qu'être. Elle a laissé son propre fondement impensé : le fait que l'être lui échappe était son destin même. Là où elle croyait parler de l'être en tant que tel, elle ne faisait que se référer à l'étant en totalité. Elle s'est occupée de l'étant en tant qu'étant alors que l'être ne se manifeste que dans et pour le *Dasein*. C'est pourquoi nous ne pouvons parler de l'être qu'en nous référant à nous-mêmes en tant que nous sommes jetés au monde. Penser l'être en tant qu'être (penser la vérité de l'être comme fondement de la métaphysique) signifie alors abandonner la métaphysique. Le problème de l'être et de son dévoilement n'est pas le problème de la métaphysique comme science de l'étant, mais le problème central de l'existence.

C'est ainsi qu'entre en scène l'idée du Néant, « en n'étant qu'un avec – *in eins mit* » l'idée de l'étant. Elle naît dans le sentiment de l'angoisse. L'angoisse nous fait sentir dépaysés *(Unheimlich)* dans l'étant et « nous coupe la parole ». Sans parole, il n'y a plus d'étant : dans la dérive de l'étant surgit le non-étant, c'est-à-dire le rien. L'angoisse nous révèle le rien. Mais ce rien s'identifie à l'être *(Sein)*, comme être de l'étant, son fondement et sa vérité. Et Heidegger pourra alors accueillir le mot de Hegel selon lequel l'être pur et le néant pur sont le même. C'est à partir de cette expérience du rien que surgit le besoin de prendre soin de l'être comme essence du fondement de l'étant.

Pourtant, *non sunt multiplicanda entia sine necessitate*, et en particulier des entités aussi primitives que l'étant, l'être et le néant. Il est difficile de séparer la pensée de Heidegger du langage dans lequel il s'exprime, et il le savait lui-même. Fier comme il était de la nature proprement philosophique de son allemand, qu'aurait-il pensé s'il était né à Oklahoma et n'avait disposé que du vague *to be* et du seul *Being* pour *Seiende* et *Sein*? S'il nous fallait encore répéter que l'être nous apparaît seulement comme effet du langage, il nous suffirait de montrer la façon dont ces deux mots (*Seiende* et *Sein*) s'hypostasient en deux Quelque Chose. Les deux entités apparaissent parce qu'il y a un langage. Elles ne se maintiennent que si l'on ne tire pas les dernières conséquences de l'aporie de l'être telle qu'elle se dessine chez Aristote.

Si l'étant heideggérien correspond aux substances, dont Aristote ne doutait pas (et dont ne doute pas non plus Heidegger qui, malgré le vraiment rien sur lequel il affabule, n'a pas plus remis en question le fait qu'il y ait des choses qui s'offrent spontanément à notre intuition sensible que ne l'ont fait Kant ou Aristote), il pourrait bien sûr y avoir quelque chose de plus vague et de plus originaire qui résiste sous l'illusion que nous avons de nommer ces substances de façon uni-voque. Mais nous en serions encore à la défiance de Parménide envers les *onomata*. Il suffirait alors de dire que la façon dont nous avons segmenté jusqu'à présent le Quelque Chose qui nous entoure n'en rend absolument pas compte, ne rend pas raison de son insondable ri-chesse, de son absolue simplicité ou de son irrépressible confusion. Si l'être se dit véritablement de façons multiples, le *Sein* serait encore la totalité visqueuse des étants, avant que le langage qui les dit n'ait opéré leur subdivision.

Mais le problème du *Dasein*, en tant qu'il est le seul étant à pouvoir se poser le problème de l'être, ne serait alors autre que de se rendre compte du rapport circulaire qu'il entretient à la totalité des étants qu'il nomme – une prise de conscience suffisante pour susciter l'angoisse et le dépaysement, mais qui en aucune façon ne nous ferait sortir du cercle dans lequel l'être-là se trouve jeté.

En disant qu'il y a quelque chose que la métaphysique n'a pas en-core interprété, ou que l'interprétation n'a pas encore segmenté, nous supposons déjà que ce quelque chose est l'objet d'une segmentation, en tant qu'il est défini comme l'ensemble de ce qui n'a pas encore été segmenté.

Si l'être-là est cet étant qui reconnaît pleinement la nature sémio-sique de son rapport avec les étants, la duplication en *Seiende* et *Sein* n'est alors pas nécessaire.

Il est inutile de dire que le discours de la métaphysique nous a construit un monde des étants dans lequel nous vivons de façon inauthentique. Dire cela nous conduirait tout au plus à reformuler ce discours fallacieux. Mais c'est encore et toujours à partir de cet horizon de l'étant dans lequel nous sommes jetés que nous pourrions le faire. Si l'ensemble des étants ne s'identifie pas au seul ensemble des objets utilisables mais intègre également les idées et les émotions, alors l'angoisse et le sentiment du dépaysement sont une partie constitutive de cet univers ontique qu'ils sont censés dissoudre.

La conscience de l'être-pour-la-mort, l'angoisse, le sentiment du néant ne nous ouvrent à rien qui ne soit déjà l'horizon dans lequel nous avons été jetés. Les étants qui nous font encontre ne sont pas seulement des objets « utilisables », ce sont aussi nos passions, les-quelles constituent la façon même dont d'autres nous ont appris à être dans le monde, impliqués en lui. Les sentiments qui semblent nous ouvrir au *Sein* font déjà partie de l'immense territoire des étants. Encore, si le Néant était l'épiphanie d'une force obscure qui s'oppose aux étants, dans cet indicible « trou noir » ontologique, nous pourrions peut-être rencontrer, pèlerins d'un univers négatif, *das Sein*. Mais non, Heidegger n'est pas naïf au point d'hypostasier un mécanisme de la pensée (la négation) ou le sentiment que la réalité vacille pour en faire la « réalité » ontologique du Néant. Il sait fort bien, avec le sage d'Elée, que l'être est, mais le néant n'est pas (DK 6). Que pourrions-nous faire d'un terme dont non seulement l'intension est nulle, mais aussi l'extension ? Il est vrai que le sentiment du néant, selon Heidegger, n'est pas une simple tonalité passionnelle, une dépression contingente et passagère, une humeur, mais il s'agira néanmoins d'une « situation affective fondamentale », une *Grundbefindlichkeit* (Heidegger 1929 : §43). Non pas Apparition d'un autre Quelque Chose, mais bien plutôt passion.

Mais alors qu'est-ce que le dépaysement fait surgir, si ce n'est la conscience que notre Etre-là consiste dans le devoir de parler (de bavarder) de l'étant ? Séparé de l'étant dont nous parlons, l'être se dissout. Cette affirmation n'est pas ontologique ou métaphysique, c'est une remarque lexicale : aucun signifié ne correspond au mot *das Sein* en tant qu'il s'oppose à *das Seiende*. Les deux termes ont la même extension (illimitée) et la même intension (nulle). « L'étant nous est connu – mais l'être ? Ne sommes-nous pas pris de vertige si nous essayons de le déterminer ou seulement de le considérer en lui-même ? » (Heidegger 1929 : §41.) C'est exactement le même vertige qui nous saisit lorsque nous voulons dire ce qu'est l'étant *en tant qu'étant*. Termes de même extension et de même intension (l'unique instance de synonymie absolue !), *Seiende* et *Sein* indiquent tous deux le même Quelque Chose.

Dans le discours heideggérien, le *Sein* apparaît toujours comme un intrus, comme une hypostase substantifiée d'un usage verbal typique du parler ordinaire. L'être-là se retrouve, devient conscient de lui-même en tant qu'ordonné à l'étant, et y découvre sa véritable essence (qui n'est pas la quiddité, mais la *décision*) comme être-pour-la-mort. C'est une sorte d'aperception transcendantale sans « ego » et sans « cogito », dans laquelle l'être-là se découvre comme souci, émotion, désir et corporalité (sans quoi il ne pourrait devoir mourir). « Dans son comportement à l'égard de l'étant qu'il n'est pas lui-même, l'homme découvre l'étant comme ce par quoi il est porté, ce à quoi il est ordonné et que, au fond, sa culture et sa technique ne lui permettent jamais d'asservir » (Heidegger 1929 : §41). Dans cet horizon, le *Dasein* se reconnaît alors comme tel : « Notre propre *Da-sein* se manifeste en chacune de nos dispositions affectives ; on se sent être disposé de telle ou telle manière. » Soit. Mais alors, pourquoi le texte poursuit-il : « Nous comprenons donc l'être quoique son concept nous manque » (Heidegger 1929 : §41, 283) ? Pourquoi cet état d'âme ou cette disposition affective nous fait-elle découvrir le *Sein* ? Il est naturel que son concept nous manque puisque son intension est nulle, tout comme cela se passe pour l'étant en tant que tel. Mais pourquoi avons-nous besoin de ce concept ?

L'angoisse, nous dit Heidegger dans *Etre et Temps*, constitue l'ouverture de l'être-là à son existence comme être-jeté pour sa propre fin. Soit. Et le *Dasein* est le sujet (grammatical) de cet être-jeté. Mais alors, pourquoi Heidegger nous dit-il juste après que « l'être pour elle [l'angoisse] s'ouvre à l'être-là » et « va au cœur de l'être de l'être-là » ? L'être de l'être-là est une pure tautologie. L'être-là ne peut se fonder sur quelque chose, puisqu'il est « jeté » (pourquoi ? *parce que*). D'où sort ce *das Sein* qui s'ouvre à l'être-là, si l'être-là qui s'ouvre est un étant parmi les étants ?

Lorsque Heidegger dit que le problème de la fondation de la métaphysique a son origine dans l'interrogation portant sur l'être de l'homme, ou mieux sur son plus intime fondement, « la compréhension de l'être comme finitude réellement existante » (Heidegger 1929 : §41), le *Sein* n'est rien d'autre que la compréhension existentielle de notre manière finie d'être ordonnés à l'horizon des étants. Le *Sein* n'est rien, excepté la compréhension que nous avons d'être des étants finis.

On pourrait donc dire que l'expérience de l'être de l'être-là est tout au plus une métaphore efficace pour indiquer le milieu obscur dans lequel se constitue une décision éthique : assumer authentiquement notre destin d'être pour la mort, puis sacrifier en silence ce que la métaphysique aurait verbeusement dit de la cohorte des étants sur lesquels elle a instauré sa domination illusoire.

Mais le Tournant a lieu (Evénement philosophiquement influent). Et au cours du Tournant, cet être si intensionnellement fuyant devient un sujet massif, quand bien même il prendrait la forme d'un borborygme obscur filant sous la peau des étants. Il veut *parler* et *se dévoiler*. S'il parle, il parlera à travers nous, puisque, en tant que *Sein*, il n'émerge que dans son lien au *Dasein*. De la même façon que le divorce de l'être avec lui-même avait donné lieu à la distinction en ontique et ontologique, il faudra que le langage divorce à son tour de lui-même. D'un côté, il y aura le langage déclinant de la métaphysique, sénescent dans son oubli obstiné de l'être, s'épuisant à présentifier des objets ; de l'autre, un langage capable – dirons-nous – de « donner un sens plus pur aux mots de la tribu », un langage qui n'occulte pas l'être mais le révèle.

Heidegger confère alors un pouvoir immense au langage et soutient qu'il existe une forme de langage si forte, si consubstantielle au fondement même de l'être, qu'elle nous « montre » l'être (c'est-à-dire le couple indéfectible être-langage), et sans restes. Ainsi, l'auto-dévoilement de l'être peut avoir lieu dans le langage. Le dernier vers de *Andenken* de Hölderlin en sera l'emblème : « Mais ce qui demeure, les poètes le fondent. »

1.7. L'interrogation des poètes

L'idée est ancienne. Elle se montre dans toute sa gloire dans le néoplatonisme du pseudo-Denys. Soit un Un divin, qui n'est ni un corps, ni une figure, ni une forme, qui n'a pas de quantité, de qualité ou de poids, qui n'est dans aucun lieu, qui ne voit pas, ne sent pas, n'a ni âme ni intelligence, qui n'est ni nombre, ni ordre, ni grandeur, qui n'est ni substance ni éternité ni temps, qui n'est pas ténèbre et qui n'est pas lumière, qui n'est pas erreur et qui n'est pas vérité *(Théologie mystique)*. Puisque aucune définition ne peut circonscrire cet Un, on ne pourra le nommer qu'au moyen d'oxymores, comme « brouillard lumineux », ou d'obscures dissemblances, telles que Foudre, Jalousie, Ours ou Panthère, afin d'en souligner justement le caractère ineffable *(De coelesti hierarchia[1])*. Ce genre de « symbolique » – qui est en réalité abondamment métaphorique et qui pèsera encore sur le concept thomiste et post-thomiste d'analogie –, constitue un exemple de la seule façon dont on peut parler de l'être, à savoir de façon poétique.

C'est ainsi que la plus ancienne tradition mystique remet au monde moderne l'idée qu'il existe d'un côté un discours capable de nommer les étants de façon univoque, et de l'autre un discours de la théologie négative nous permettant de parler de l'inconnaissable. S'ouvre alors la voie qui mène tout droit à la conviction que seuls les Poètes peuvent parler de l'inconnaissable, maîtres de la métaphore (qui dit toujours autre chose) et de l'oxymore (qui dit toujours la coprésence des contraires) – une idée qui séduira les poètes et les mystiques, mais aussi le scientifique positiviste, toujours prêt, en ce qui le concerne, à réfléchir rationnellement sur les limites prudentes de la connaissance durant le jour et à organiser des séances médiumniques durant la nuit.

Cette solution se situerait dans un rapport fort complexe avec les

---

1. Respectivement pp. 183, 194 et passim. In *Œuvres complètes du pseudo-Denys l'Aréopagite,* tr. M. de Gandillac, Paris, Aubier, 1943 (1980) [N.d.t.].

différentes définitions qui ont été proposées, au cours des siècles, du discours poétique et du discours artistique en général. Mais admettons que Poésie et Poète soient des synecdoques pour Art et Artiste. D'un côté, de Platon à Baumgarten, nous assistons à une sorte de dévalorisation de la connaissance artistique par rapport à la connaissance théorétique, depuis l'idée d'imitation d'une imitation jusqu'à celle de *gnoseologia inferior*. Pour avoir identifié la perfection de la connaissance à la compréhension de l'universel, le discours poétique pouvait être rabaissé au rang d'une chose se tenant à mi-chemin entre la perfection d'une connaissance généralisante, déployée à travers la découverte de lois, et la perfection d'une connaissance en grande partie individualisante : le poète nous communique les nuances de couleur de cette feuille, mais il ne nous dit pas ce qu'est la Couleur. Or, d'un point de vue historique, c'est précisément avec l'avènement d'une ère scientifique, qui s'étend de l'Age de Raison des Lumières au Siècle du Positivisme, que s'amorce le procès de la connaissance scientifique et de ses limites. Plus la validité de cette connaissance était remise en question, une connaissance limitée à des univers de discours très circonscrits, et plus la possibilité d'une aire de certitude semblait se dessiner, une aire qui réussissait sans doute à effleurer l'Universel, mais toujours à travers une révélation quasi numineuse du particulier (et qui n'est rien d'autre que la notion moderne d'épiphanie).

C'est ainsi que la *gnoseologia inferior* devient un instrument de connaissance privilégié. Mais faute de mieux. Le pouvoir de révélation reconnu aux poètes n'est pas tant l'effet d'une revalorisation de la Poésie que l'effet d'une dépréciation de la Philosophie. Ce ne sont pas les Poètes qui triomphent, ce sont les Philosophes qui se rendent.

Or, même en admettant que les Poètes nous parlent de ce qui n'est connaissable que de façon poétique, il faut encore admettre, si l'on veut leur confier le devoir exclusif de parler de l'être, le postulat selon lequel il y a de l'inconnaissable. Mais il s'agit précisément de l'une des « quatre incapacités » dont Peirce dresse la liste dans son *Some consequences of four incapacities*, où il est dit, dans l'ordre, que (1) nous n'avons pas de pouvoir d'introspection, toute connaissance du monde interne dérive de raisonnements hypothétiques à partir de nos connaissances des faits externes ; (2) nous n'avons pas de pouvoir d'intuition, toute connaissance est déterminée par des connaissances antérieures ; (3) nous n'avons pas le pouvoir de penser sans signes ; (4) nous n'avons aucune conception de l'absolument inconnaissable.

Il n'est pas nécessaire de s'accorder sur les trois premières propositions pour accepter la quatrième. L'argument de Peirce me semble irréprochable : « toute philosophie non idéaliste » – et il sera opportun de ne pas se formaliser sur cet adjectif, ou tout au moins de ne pas l'entendre dans les termes de la philosophie allemande – « suppose un terme ultime absolument inexplicable et inanalysable ; en bref quelque chose résultant de la médiation qui ne se prête pas soi-même à une médiation. Or, que quelque chose soit ainsi inexplicable ne peut être connu qu'en raisonnant avec des signes. Mais la seule justification d'une inférence à l'aide de signes c'est que la conclusion explique le fait. Supposer le fait absolument inexplicable, ce n'est pas l'expliquer, et cette présupposition n'est donc jamais admissible » (WR 2 : 213 ; TA : 197 [1]).

Peirce ne veut pas dire par là que l'on puisse ou doive exclure *a priori* la possibilité qu'il y ait de l'inconnaissable ; il dit que pour affirmer qu'il y a de l'inconnaissable, il faut avoir essayé de le connaître à travers des chaînes d'inférences. Il ne faut donc pas, si l'on veut garder le questionnement philosophique ouvert, présupposer ou postuler l'inconnaissable au départ. En guise de conclusion (la nôtre), si ce présupposé n'est pas accepté, il ne devient pas nécessaire de déléguer par avance le pouvoir de parler de l'inconnaissable à celui qui n'entend pas suivre la voie de l'hypothèse, pour lui préférer les voies de la révélation.

Que nous révèlent les Poètes ? Il ne s'agit pas pour eux de *dire* l'être ; ce qu'ils cherchent, c'est simplement à le copier, à l'égaler : *ars imitatur naturam in sua operatione.* Les Poètes font de l'ambiguïté substantielle du langage la matière même de leur travail. Ils cherchent à exploiter cette ambiguïté pour en faire sortir, non pas un surplus d'être, mais *un surplus d'interprétation.* La polyvocité substantielle de l'être nous impose d'habitude un effort pour donner forme à l'informe. Le poète rivalise avec l'être en en reproposant la viscosité. Il cherche à reconstruire l'informe originaire et nous pousse alors à refaire nos comptes avec l'être. Mais en nous en proposant l'*Ersatz*, le poète ne nous dit sur l'être pas plus que ce que l'être nous dit ou que ce que nous lui faisons dire, c'est-à-dire bien peu de chose.

Reste à savoir ce que disent les Poètes lorsqu'ils « fondent » ce qui reste. A la lecture de certaines pages de *Holzwege* (Heidegger 1950 : tr. fr. 32-37, 44-50), on remarque une certaine oscillation entre deux esthétiques relativement différentes.

La première affirme que lorsque Van Gogh représente une paire de souliers, « l'œuvre d'art nous a fait connaître ce qu'est en vérité la paire de souliers », et que « cet étant se présente dans la non-occultation de son être », c'est-à-dire que dans cette représentation « l'être

---

1. Pour les œuvres de Pierce nous employons les abréviations suivantes : WR (*Writing Papers*), CP (*Collected Papers*) ; et pour les traductions française existantes : ES (*Ecrits sur le signe*), TFS (*Textes fondamentaux de sémiotique*) et TA (*Textes anti-cartésiens*).

de l'étant parvient à la stabilité de son apparaître » (tr. fr. modifiée). Il y a donc une vérité, et il y a un être *(Sein)* qui dit cette vérité en apparaissant, un être véhiculé par ce *Dasein* qui s'appelait Vincent – de la même façon que le Christ, pour certains hérétiques, se serait incarné en passant par la Vierge *quasi per tubum*, mais c'était alors le Verbe qui prenait l'initiative et non son intermédiaire charnel et casuel.

Mais une seconde esthétique survient lorsque Heidegger nous dit qu'un temple grec apparaît – traduirons-nous – comme une épiphanie de la Terre et qu'à travers cette expérience quasi numineuse « l'œuvre maintient ouvert l'ouvert du Monde ». L'œuvre n'est alors plus ce médium à travers lequel le *Sein* se dévoile, mais la façon dont l'art fait table rase des modes inauthentiques que nous avons de nous comporter à l'égard des étants et nous invite, nous appelle, nous provoque à réinterpréter le Quelque Chose dans lequel nous sommes.

Ces deux esthétiques sont inconciliables. La première laisse entrevoir un *réalisme orphique* (quelque chose hors de nous nous dit comment sont véritablement les choses) ; la seconde célèbre le triomphe de l'interrogation et de l'herméneutique. Mais cette seconde esthétique ne nous dit pas que l'être se dévoile dans le discours des Poètes[1]. Elle nous dit que le discours des Poètes ne remplace pas notre interrogation sur l'être, mais la soutient et l'encourage. Elle nous dit, en détruisant précisément nos croyances les plus fortes, en nous poussant à reconsidérer les choses d'un point de vue insolite, en nous invitant au choc de la réalité, à l'impact d'une épreuve individuelle où s'écroule la fragile charpente de nos universaux, que les Poètes, à travers cette réinvention permanente du langage, nous incitent à reprendre à chaque instant le travail d'interrogation et de reconstruction du Monde, de cet horizon des étants dans lequel nous croyions vivre de façon perpétuelle et tranquille, sans angoisses, sans réserves, sans que nous apparaissent encore (comme l'aurait dit Peirce) des faits curieux qui ne pourraient être ramenés à des lois connues.

De ce point de vue, l'expérience de l'art n'est pas radicalement différente de l'expérience de parler de Quelque Chose en philosophie, dans les sciences ou dans notre discours quotidien. Elle en constitue à

---

1. Gianni Vattimo ne cesse de répéter qu'il y a une droite et une gauche heideggé-rienne (au sens où il y a une droite et une gauche hégélienne), la droite poursuivant une sorte de « retour à l'être » sous forme de lecture apophatique, négative et mystique, la gauche cherchant en revanche à offrir une interprétation quasiment « historiciste » de l'affaiblissement de l'être, et donc à retrouver l'histoire d'un « long adieu », sans jamais essayer de le rendre de nouveau présent, « pour se souvenir de l'oubli, jamais pour ramener l'être à la présence, fût-ce comme un terme toujours présent au-delà de toute formulation » (1994 : tr. fr. 21).

la fois un moment et un correctif permanent. En tant que telle, elle nous répète qu'il n'y a pas de divorce entre *Seiende* et *Sein*. Nous sommes toujours là, à parler de Quelque Chose, à nous demander comment nous en parlons et si notre parler pourrait se tarir un jour et notre discours sur l'être s'interrompre. La réponse implicite est « non », parce qu'aucun discours ne peut s'arrêter du seul fait que nous lui disions « tu es beau ». C'est même à ce moment précis que le discours demande à être repris dans le travail d'interprétation.

1.8. Un modèle de connaissance du monde

Repartons de l'assomption forte selon laquelle l'être se dit de façons multiples. Non pas de quatre façons, qui peuvent être reconduites au paramètre de la substance, non pas par analogie, mais de façons radicalement différentes. L'être est tel que différentes interprétations peuvent être données de lui.

Mais qui parle de l'être ? Nous, et souvent comme si l'être se tenait hors de nous. S'il y a Quelque Chose, nous en faisons évidemment partie. Si bien qu'en nous ouvrant à l'être, nous nous ouvrons aussi à nous-mêmes. Opérons-nous une catégorisation de l'étant : nous nous réalisons en même temps dans le « Je pense ». Lorsque nous parlons de la façon dont nous pouvons penser l'être, nous sommes déjà les victimes, pour des raisons linguistiques – dans les langues indo-européennes du moins –, d'un dualisme risqué : un sujet pense un objet (comme si le sujet ne faisait pas partie de l'objet auquel il pense). Mais si le risque est inhérent à la langue, alors courons-le. Nous ferons ensuite les corrections nécessaires.

Faisons donc une expérience mentale. Construisons un modèle élémentaire qui contienne un Monde et un Esprit qui le connaisse et le nomme. Le Monde est un ensemble composé d'éléments (que nous appelons des atomes, par commodité, sans aucune référence au sens scientifique du terme, des atomes au sens des *stoïkheîa*) structurés selon des relations réciproques. Quant à l'Esprit, il n'est pas nécessaire de le concevoir comme un esprit humain, comme un cerveau, comme une *res cogitans* quelconque : l'Esprit n'est qu'un simple dispositif capable d'organiser des propositions nous offrant une description du monde. Ce dispositif se compose à son tour d'éléments (que nous pourrions appeler des neurones, des *bytes* ou des *stoïkheîa* également, mais que nous nommerons par commodité des *symboles*).

Une remarque, fondamentale pour nous prémunir contre le caractère schématique du modèle. Si le Monde était un *continuum* et non une série d'états discrets (s'il était donc segmentable et non segmenté), on ne pourrait alors parler de *stoïkheîa* : la segmentation pourrait alors être l'œuvre de l'Esprit lui-même qui, par limitation propre, ne pourrait penser le *continuum* qu'en le segmentant en *stoïkheîa* – afin de rendre le Monde homologue à la nature discrète de son système de symboles. Disons alors que les *stoïkheîa*, plus que des états réels du Monde, sont des possibilités, des tendances du Monde à être représenté à travers des séquences discrètes de symboles. Mais nous verrons que cette rigidité du modèle sera automatiquement mise en question par la seconde hypothèse.

Par Monde, nous entendons l'univers dans sa version « maximale », c'est-à-dire un univers qui comprend aussi bien ce que nous considérons comme l'univers actuel que l'infinité des univers possibles – dont nous ne savons pas s'ils restent non réalisés ou s'ils sont réalisés aux confins des galaxies les plus éloignées que nous connaissons, dans l'espace brunien d'une infinité de mondes, peut-être tous co-présents dans des dimensions différentes. Cet univers comprend aussi bien les étants physiques, les objets réels, que les entités ou lois idéales et idéelles, du théorème de Pythagore à Odin et au Petit Poucet. Compte tenu de ce qui a été dit au sujet du primat de l'expérience de l'être sur la question de son origine, notre univers peut donc aussi comprendre Dieu, ou n'importe quel autre principe originel.

Dans une version réduite de l'expérience, on pourrait penser également au simple univers matériel, tel que les physiciens, les historiens, les archéologues et les paléontologues le connaissent : les choses qui existent actuellement, plus leur histoire. Si nous préférons cependant retenir le premier modèle, celui qui est maximal, c'est pour échapper à l'impression dualiste que le second modèle peut suggérer. Dans l'expérience mentale que nous menons, les atomes et les symboles peuvent être conçus comme des entités ontologiquement homologues, des *stoïkheîa* pétris dans la même pâte, comme si, pour se représenter trois sphères (comme atomes du Monde), un esprit était apte à disposer une série de trois cubes (qui seraient à leur tour des atomes de ce même Monde).

L'Esprit n'est qu'un dispositif qui assigne (sur demande ou de façon spontanée) un symbole à chaque atome, de telle sorte que chaque séquence de symboles puisse valoir (peu importe de savoir aux yeux de qui) comme un procédé d'interprétation du Monde. De ce point de vue, l'objection selon laquelle notre expérience oppose un Esprit à un Monde est dépassée ; comme si un Esprit, quoi qu'il soit, pouvait ne pas appartenir lui aussi au Monde... On peut concevoir un Monde capable de s'interpréter lui-même, qui délègue une partie de lui-même dans ce but, de telle sorte que certains de ses atomes infinis ou indéfinis prennent la valeur de symboles susceptibles de représenter tous les autres atomes, exactement au sens où nous, êtres humains, déléguons, lorsque nous parlons de phonologie ou de phonétique, certains sons (que nous émettons comme phonations effectives) pour parler de toutes les phonations pouvant être effectuées. Pour rendre la situation plus perceptible et éliminer l'image trompeuse d'un Esprit disposant de symboles qui ne seraient pas des atomes du monde, nous pouvons penser à un Esprit qui, face à une série de dix lampes, chercherait à nous expliquer quelles sont toutes les combinaisons possibles entre elles. Cet Esprit n'aurait qu'à allumer tour à tour différentes séries de lampes, les lampes activées valant comme symboles de ces combinaisons réelles ou possibles que les lampes pourraient réaliser en tant qu'atomes.

Le système serait alors, comme l'aurait dit Hjelmslev, monoplan : des opérations réalisées sur le *continuum* de l'univers, en activant digitalement certains états de celui-ci, seraient en même temps une opération « linguistique » décrivant des états possibles du *continuum* (activer des états reviendrait à « dire » que ces états sont possibles).

En d'autres termes, l'être est quelque chose qui sécrète à sa périphérie (ou en son centre, ou çà et là entre ses mailles) une partie de lui-même tendant à l'auto-interpréter. Selon nos croyances invétérées, ce rôle ou cette fonction revient aux êtres humains. Mais c'est une simple présomption. L'être pourrait aussi s'auto-interpréter d'autres façons, à travers des organismes animaux certainement, mais peut-être aussi végétaux et (pourquoi pas ?) minéraux, dans l'épiphanie silicée des ordinateurs[1].

Dans un modèle plus complexe, l'Esprit devrait donc être représenté non pas comme placé *face* au Monde, mais comme *contenu* dans le Monde, et avoir une structure lui permettant de parler non seulement du monde (qui s'oppose à lui) mais également de lui-même comme partie du monde et du processus même grâce auquel cet Esprit, faisant également partie de ce qui est interprété, peut fonctionner comme interprète. Ce que nous aurions alors ne serait plus un modèle, mais précisément ce que le modèle cherche maladroitement à décrire. Si nous possédions un tel savoir, nous serions Dieu lui-même, ou bien nous l'aurions construit à la façon d'un Fichte. Mais même si nous réussissions à élaborer un tel modèle, ce modèle serait didactiquement moins efficace que celui (encore dualiste) que nous sommes en train de proposer. Acceptons donc toutes ces limitations, ainsi que l'apparente nature dualiste du modèle, et poursuivons.

---

1. Pour une expérience mentale allant dans ce sens, voir mon « Charles Sanders Personal. Modèles d'interprétation artificielle », *in* Eco *et al.* 1986 (repris dans Eco 1990 : IV. 5).

Première hypothèse. Imaginons que le Monde soit composé de trois atomes (1, 2, 3) et que l'Esprit dispose de trois symboles (A, B, C). Les trois atomes mondains pourraient se combiner entre eux de six façons différentes. Mais si nous nous limitions à considérer le Monde dans son état actuel (y compris son histoire), nous pourrions supposer qu'il est pourvu d'une structure stable donnée par la séquence 123.

Si la connaissance était spéculaire, et la vérité *adaequatio rei et intellectus*, il n'y aurait alors aucun problème : l'Esprit attribuerait (de façon non arbitraire) le symbole A à l'atome 1, le symbole B à l'atome 2, le symbole C à l'atome 3, et représenterait la structure du monde grâce à ce triplet ordonné par les symboles ABC. On observera qu'il ne serait pas nécessaire, dans ce cas, d'affirmer que l'esprit « interprète » le Monde : il le *représenterait spéculairement*.

Mais un problème se pose si la façon d'attribuer un symbole à chaque atome est arbitraire : l'Esprit pourrait attribuer, par exemple, A à 3, B à 1 et C à 2. Il aurait en tout, en vertu du calcul combinatoire, six possibilités de représenter fidèlement la structure 123. Ce serait comme si l'Esprit disposait de six langues différentes pour décrire toujours le même Monde, de telle sorte que différents triplets de symboles énonceraient toujours la même proposition. Si l'on admet la possibilité d'une synonymie sans résidu, les six descriptions seraient encore six représentations spéculaires. Mais la métaphore de six images spéculaires d'un même objet laisse déjà penser que l'objet ou le miroir se déplace chaque fois pour offrir six points de vue différents. Et il serait alors préférable de recommencer à parler de six interprétations.

Deuxième hypothèse. Les symboles employés par l'Esprit sont inférieurs en nombre aux atomes du Monde. Les symboles qu'utilise l'Esprit sont toujours au nombre de trois, mais à présent les atomes du Monde sont dix (1, 2, 3,... 10). Si le Monde se structurait chaque fois par des triplets d'atomes, il pourrait, en vertu du calcul factoriel, regrouper ses dix atomes en 720 structures ternaires différentes. L'Esprit aurait alors six triplets de symboles (ABC, BCA, CAB, ACB, BAC, CBA) pour rendre raison des 720 triplets d'atomes. Des événements mondains différents, selon différentes perspectives, pourraient être interprétés par les mêmes symboles. Ce qui revient à dire que nous serions obligés d'utiliser toujours le même triplet de symboles, ABC par exemple, pour représenter aussi bien 123 que 345 ou 547. Nous aurions une surabondance embarrassante d'*homonymies* et nous nous retrouverions alors exactement dans la situation dont fait état Aristote : d'un côté, un concept abstrait unique, comme « homme », servirait à nommer la multiplicité des individus, de l'autre, l'être se dirait de façons multiples puisque le même symbole

serait employé aussi bien pour le « est » de « un homme est un animal » (être selon la substance) que pour le « est » de « cet homme est
assis » (être selon l'accident).

Le problème ne changerait pas – sauf à se compliquer ensuite – si
le Monde n'était pas ordonné de façon stable, mais de façon chaotique
(s'il était capricieux, évolutif et destiné à se restructurer dans le
temps). Les structures du triplet mondain changeant continuellement,
le langage de l'Esprit devrait par conséquent chercher en permanence
à s'adapter, toujours par excès d'homonymies, aux différentes situations. Ce qui aurait également lieu si le monde était un *continuum* infiniment segmentable, une épiphanie du Fractal : l'Esprit ne se contente-
rait pas de s'adapter aux changements du Monde mais en changerait
continuellement l'image, en le figeant peu à peu en divers systèmes de
stoïkheîa, en fonction de la façon dont il y projette (en produisant un
décalque, par exemple, ou un schéma) ses triplets de symboles.

Mais ce serait pire encore si le Monde était hyper-structuré, c'est-à-
dire s'il était organisé en fonction d'une structure unique fournie par
une séquence particulière de dix atomes. Le Monde pourrait alors
s'organiser, en vertu du calcul combinatoire, en 3 628 800 combinaisons ou décuples différents (ne pensons même pas à un monde qui se
réorganiserait par hyper-structurations successives, qui changerait
l'arrangement des séquences à chaque instant, ou tous les dix mille
ans). Même dans le cas où le Monde aurait une structure fixe (c'est-à-
dire s'il était organisé en un seul décuple), l'Esprit n'aurait encore
que six triplets de symboles pour le décrire. Il ne pourrait essayer de
le décrire qu'en procédant morceau par morceau, comme s'il le regardait par le trou d'une serrure, et n'aurait jamais la possibilité de le
décrire dans son entier. Ce qui ressemble beaucoup à ce qui nous
arrive et nous est arrivé au cours des millénaires.

Troisième hypothèse. L'Esprit a plus d'éléments que le Monde.
L'Esprit dispose de dix symboles (A, B, C, D, E, F, G, H, I, J) et le
Monde de trois atomes seulement (1, 2, 3). L'Esprit peut également
combiner ces dix symboles en double, triplet, quadruple et ainsi de
suite. Comme si l'on disait que la structure cérébrale a plus de neurones et de possibilités de combinaisons entre neurones que n'en possède le nombre d'atomes et de combinaisons d'atomes contenus dans
le Monde. Il est bien évident que cette hypothèse devrait être aussitôt
abandonnée puisqu'elle contredit l'assomption selon laquelle l'Esprit
fait aussi partie du Monde. Un Esprit aussi complexe, qui ferait partie
du Monde, devrait également considérer ses propres symboles comme
des *stoïkheîa* mondains. Mais pour que cette hypothèse soit permise,
l'Esprit devrait sortir du Monde et serait alors semblable à une divinité extrêmement pensante devant rendre raison d'un monde extrême-

ment pauvre, d'un monde qu'il ne connaîtrait pas, par-dessus le marché, parce que bricolé par un Démiurge sans imagination. Mais nous pourrions également penser à un Monde qui, pour ainsi dire, sécrète plus de *res cogitans* que de *res extensa*, un monde qui aurait donc produit un nombre assez réduit de structures matérielles, en employant peu d'atomes, et qui en garderait d'autres en réserve pour s'en servir de symboles de l'Esprit. Cette troisième hypothèse mérite d'être retenue car elle nous permettra de jeter une certaine lumière sur la quatrième hypothèse.

Il s'ensuivrait que l'Esprit aurait un nombre astronomique de combinaisons de symboles pour représenter une structure mondaine 123 (ou, au maximum, ses six combinaisons possibles) et toujours à partir d'un point de vue différent. L'Esprit pourrait par exemple représenter 123 au moyen de 3 628 800 décuples dont chacun entendrait non seulement rendre compte de 123 mais également de l'heure et du jour auxquels le monde est représenté, de l'état interne de l'Esprit à ce moment précis, des intentions et des fins en fonction desquelles l'Esprit le représente (en admettant qu'un Esprit aussi riche eût également des intentions et recherchât des fins). Il y aurait un excès de pensée par rapport à la simplicité du monde, nous aurions une abondance de *synonymes*; ou bien, la réserve de représentations possibles excéderait le nombre de structures existantes possibles. Et peut-être en est-il ainsi, puisque nous pouvons mentir et construire des mondes fantastiques, imaginer et prévoir des états de choses alternatifs. Dans ce cas, l'Esprit pourrait très bien représenter aussi ses différentes façons dans le monde. Un tel Esprit pourrait écrire la *Divine Comédie* même si la structure infundibulaire de l'Enfer n'existait pas dans le Monde, ou construire des géométries qui n'ont pas leur pendant dans l'ordre matériel du Monde. Cet Esprit pourrait même se poser le problème de la définition de l'être, dupliquer étants et être, formuler l'interrogation « pourquoi y a-t-il quelque chose plutôt que rien ? » – puisqu'il pourrait parler de ce quelque chose de façons multiples sans jamais être certain de le dire de manière juste.

Quatrième hypothèse. L'Esprit a dix symboles, autant que le monde a d'atomes, et aussi bien l'Esprit que le Monde peuvent combiner leurs éléments, comme dans la troisième hypothèse, en double, triplet, quadruple... décuple. L'Esprit aurait alors un nombre astronomique d'énoncés à sa disposition pour décrire un nombre astronomique de structures mondaines, avec toutes les possibilités synonymiques qui en dérivent. Il pourrait également (étant donné l'abondance de combinaisons mondaines encore irréalisées) projeter des modifications du Monde, mais pourrait également être continuellement débouté par des combinaisons mondaines qu'il n'avait pas encore prévues.

Il y aurait non pas un excès de pensée par rapport à la simplicité du monde, comme dans la troisième hypothèse, mais plutôt une sorte de défi perpétuel entre deux adversaires se battant à armes potentiellement égales, mais changeant d'armes à chaque assaut, et mettant ainsi l'adversaire dans l'embarras. L'Esprit affronterait le Monde dans un excès de perspectives, le Monde éviterait les pièges de l'Esprit en brouillant sans cesse les cartes (dont celles de l'Esprit).

Encore une fois, tout cela ressemble beaucoup à quelque chose qui nous est arrivé et continue de nous arriver.

1.9. D'une possible dissolution de l'être

Abandonnons à présent notre modèle, puisqu'il s'est transformé en portrait (réaliste) de notre être-jeté dans l'être et nous a confirmé que l'être ne peut être que ce qui se dit de façons multiples. Nous avons compris que, quelle que soit la façon dont les choses sont (mais l'idée même que les choses sont pourrait aussi être mise en doute), tout énoncé sur ce qui est et sur ce qui pourrait être implique un choix, une perspective, un point de vue. Toute tentative de dire quelque chose sur ce qui est serait sujette à une révision, à de nouvelles conjectures sur la pertinence de notre choix dans l'utilisation de telle image (ou de tel schéma) plutôt que de telle autre. Un grand nombre de représentations affirmées seraient peut-être incompatibles entre elles, mais toutes pourraient dire une vérité propre.

Il ne faudrait plus dire que nous ne pouvons pas avoir de connaissance vraie, mais soutenir que nous avons un *excès* de connaissances vraies. Naturellement, on pourrait nous objecter qu'il n'y a aucune espèce de différence entre dire qu'il n'y a pas de vérité et dire que les vérités sont nombreuses (même s'il n'y avait qu'une très simple double vérité). Mais de la même manière, nous pourrions annoncer que cet excès de vérité est transitoire, qu'il est dû à notre façon de procéder, qu'il est l'effet de notre manière d'avancer à tâtons, qu'il montre, au milieu des tentatives et des errances, une limite au-delà de laquelle ces différentes perspectives (toutes partiellement vraies) pourraient un jour venir s'ordonner en système, et qu'au fond notre reformulation perpétuelle de la question sur la vérité dépend précisément de cet excès...

L'être est peut-être en surabondance dans notre langage. Et le scientifique qui affirme que les hypothèses ne sont pas vérifiées mais bien plutôt falsifiées voudrait alors dire qu'il faut, si l'on veut connaître, élaguer l'excès d'être que le langage peut affirmer.

L'idée selon laquelle les descriptions que nous fournissons du monde sont toujours perspectives, toujours liées à la façon dont nous sommes biologiquement, ethniquement, psychologiquement et culturellement enracinés dans l'horizon de l'être resterait néanmoins tout à fait acceptable. Ces caractéristiques n'interdiraient pas à nos discours de pouvoir être en adéquation avec le monde, quand bien même ce serait selon une certaine perspective, et nous ne nous sentirions pas pour autant satisfaits par le degré d'adéquation obtenu au point d'être conduits à estimer que nos réponses, même lorsqu'elles nous semblent somme toute « bonnes », doivent être considérées comme définitives.

Mais le problème n'est pas de savoir comment s'accommoder du fait que l'on puisse parler de l'être de façons multiples. Le problème, une fois le mécanisme profond de la pluralité des réponses identifié, c'est que l'on débouche sur cette question finale, devenue centrale dans le monde dit post-moderne : si les perspectives sur l'être sont infinies, ou du moins astronomiquement indéfinies, cela ne signifie-t-il pas qu'une perspective en vaut une autre, que toutes les perspectives sont pareillement bonnes, que toute affirmation sur ce qui est dit quelque chose de vrai, ou encore – comme l'a dit Feyerabend au sujet des théories scientifiques – que *anything goes* ?

Ceci voudrait dire que la vérité finale se tient au-delà des limites du modèle logocentrique occidental, qu'elle échappe aux principes d'identité, de non-contradiction et du tiers exclu, que l'être coïncide précisément avec le kaléidoscope de vérité que nous formulons en cherchant à le nommer, qu'il n'y a pas de signifié transcendantal, que l'être est le processus même de déconstruction permanente par lequel, en en parlant, nous le rendons toujours plus fluide, malléable et fuyant, ou – comme le dit un jour Gianni Vattimo au moyen d'une expression piémontaise assez efficace – *camolato*, c'est-à-dire vermoulu et friable ; ou bien rhizomatique, un lacis de nœuds entrelacés se laissant parcourir en tous sens et selon des options toujours différentes, labyrinthique.

Mais il n'est pas nécessaire d'en arriver à Feyerabend, à la perte du signifié transcendantal ou à la pensée faible. Ecoutons Nietzsche, alors qu'il n'avait pas encore trente ans, dans *Vérité et mensonge au sens extra-moral* (Nietzsche 1873 : tr. fr. 277-290). La nature, nous dit-il, dissimule à l'homme la plupart des choses : elle a jeté la clé ; l'intellect joue donc sur des fictions qu'il appelle vérité, c'est-à-dire sur un système de concepts qui a son origine dans la législation du langage. La première réaction de Nietzsche est presque humienne, dirais-je ; la deuxième est plus décidément sceptique (pourquoi désignons-nous les choses sur la base d'une sélection arbitraire de propriétés ?) ; la troisième prélude aux hypothèses de Sapir-Whorf (des langues différentes organisent l'expérience de façon différente) ; la quatrième est kantienne (la chose-en-soi est insaisissable par celui qui construit le langage) : « Nous croyons posséder quelque savoir des choses elles-mêmes lorsque nous parlons d'arbres, de couleurs, de neige et de fleurs, nous ne possédons pourtant rien d'autre que des métaphores des choses, et qui ne correspondent absolument pas aux entités originelles. » Tout mot devient concept en identifiant de sa grise universalité des choses fondamentalement différentes : c'est ainsi que nous pensons, devant la multiplicité des feuilles particulières, qu'il existe une « feuille » primordiale « d'après laquelle toutes les feuilles seraient tissées, dessinées, découpées, colorées, plissées, peintes, mais par des mains si malhabiles qu'aucun exemplaire n'en sortirait assez convenable ni fidèle pour être une copie conforme de l'original » (*Ibid.* : 282) – « Il [l'homme] lui en coûte déjà assez de reconnaître à quel point l'insecte ou l'oiseau perçoivent un monde tout autre que celui de l'homme, et de s'avouer que la question de savoir laquelle des deux perceptions est la plus juste est tout à fait absurde puisque y répondre nécessiterait d'abord qu'on les mesurât selon le critère de la perception juste, c'est-à-dire selon un critère dont on ne dispose pas » (*ibid.* : 285), car « la nature ne connaît ni formes ni concepts, et donc aucun genre, mais seulement un x pour nous inaccessible et indéfinissable » (*ibid.* : 282). Un kantisme donc, mais sans fondation transcendantale et sans critique du jugement. Ainsi, après avoir affirmé que « l'opposition que nous introduisons entre individu et espèce est elle aussi anthropomorphique et ne provient en rien de l'essence des choses », Nietzsche, plus sceptique que le scepticisme qui s'évertue encore à apporter un correctif, peut opérer sa correction : « nous ne nous risquerions pas à dire que cette opposition ne correspond pas à l'essence des choses ; ce serait en effet une affirmation dogmatique et, en tant que telle, elle serait tout aussi indémontrable que la proposition contraire » (*ibid.* : 282).

Il faut alors décider de ce qu'est la vérité. Et cela est dit, métaphoriquement, certes, mais de la part de celui-là même qui était en train de décider que l'on ne connaît quelque chose que par métaphore libre et inventive. La vérité est précisément « une multitude mouvante de métaphores, de métonymies, d'anthropomorphismes » élaborés poétiquement et qui se sont ensuite figés en savoir, « des illusions dont on a oublié qu'elles le sont, des pièces de monnaie qui ont perdu leur effigie et qu'on ne considère plus désormais comme telles mais seulement comme du métal ». Nous nous habituons ainsi à mentir selon une convention établie, dans un style que tout le monde est contraint d'adopter, en soumettant notre agir au pouvoir des abstractions, en faisant se dissoudre les métaphores dans des *schémas* et des *concepts*. Il devient alors possible d'élaborer un ordre pyramidal de castes et de degrés, de lois et de délimitations, entièrement bâti par le langage, cet immense « columbarium », cimetière des intuitions.

Qu'il s'agisse d'un excellent portrait de la façon dont l'édifice du langage enrégimente le paysage des étants, ou peut-être de la façon dont un être refuse de se laisser enfermer dans un système catégoriel, cela est indéniable. Cependant, deux questions demeurent absentes tout au long de ce texte de Nietzsche. La première est de savoir si, en nous accordant à la contrainte de ce « columbarium », nous réussissons d'une manière ou d'une autre à rendre compte du monde (sans qu'il s'agisse d'une observation vide). La seconde est de savoir si le monde ne nous contraint pas parfois à restructurer ce « columbarium », ou tout simplement à opter pour une forme autre que celle du « columbarium » (problème qui est en outre celui de la révolution des paradigmes cognitifs). Nietzsche, qui nous fournit au fond l'image de l'*une* des multiples façons de rendre compte du monde que j'avais esquissées dans le paragraphe précédent, ne semble pas se demander s'il existe plusieurs formes possibles du monde. Le portrait qu'il brosse est celui d'un système holistique où aucun jugement factuel nouveau ne peut venir mettre le système en crise.

A dire la vérité (textuelle), Nietzsche perçoit l'existence de contraintes naturelles et sait comment en changer. Ces contraintes lui apparaissent comme de « redoutables puissances » qui nous envahissent et qui opposent à la vérité « scientifique » des vérités d'une tout autre nature ; mais il refuse évidemment de les reconnaître en les conceptualisant à leur tour, puisque c'est précisément pour leur échapper que nous nous sommes construit, en guise de protection, cette armure conceptuelle. Le changement est possible, non pas au moyen d'une restructuration, mais d'une révolution poétique permanente : « si nous avions chacun de notre côté une perception sensible de nature différente, si nous pouvions nous-mêmes percevoir tantôt comme un oiseau, tantôt comme un ver de terre, tantôt comme une plante, ou bien si l'un de nous percevait une excitation visuelle comme rouge, si l'autre la percevait comme bleue et si même, pour un troisième, c'était une excitation auditive, personne ne dirait que la nature est ainsi réglée par des lois » (*ibid.* : 286, tr. fr. modifiée). Comme une heureuse coïncidence, ces lignes de Nietzsche ont été écrites deux ans après que Rimbaud, dans sa lettre à Demeny, eut proclamé que « le Poète se fait *voyant* par un long, immense et raisonné *dérèglement de tous les sens* » et vu, durant la même période, « A, noir corset velu des mouches éclatantes » et « O, suprême Clairon plein des strideurs étranges ».

Et c'est en effet ainsi, pour Nietzsche, que l'art (et avec lui le mythe) « bouscule sans cesse les rubriques et les cellules des concepts en instaurant de nouvelles transpositions, de nouvelles métaphores et de nouvelles métonymies ; continuellement il manifeste son désir de donner au monde tel qu'il est aux yeux de l'homme éveillé, si divers, si irrégulier, vain, incohérent, une forme toujours neuve et pleine de charme, semblable à celle du monde onirique » (*ibid.* : 288) ; un monde onirique où tout arbre peut parler comme une nymphe, et où un dieu, sous le masque d'un taureau, peut enlever des vierges.

Mais la décision finale fait alors défaut. Ou bien, en effet, on s'accorde à dire que ce qui nous entoure, et la façon dont nous avons cherché à l'organiser, est invivable et on le refuse pour lui préférer le rêve comme fuite de la réalité, et l'on cite Pascal soutenant qu'il suffirait de rêver vraiment *chaque nuit* que l'on est roi pour être heureux – mais Nietzsche lui-même reconnaît (*ibid.* : 288) qu'il s'agirait d'une illusion, d'une tromperie, quand bien même elle serait suprêmement joyeuse et ne nous porterait aucun préjudice – et ce serait alors la domination de l'art sur la vie. Ou bien, et c'est ce que la postérité nietzschéenne a retenu comme la vraie leçon, l'art peut dire ce qu'il dit parce qu'il est l'être même, dans sa faiblesse langoureuse et sa générosité, qui accepte aussi cette définition, et jouit de se voir vu comme changeant, rêveur, s'épuisant dans sa vigueur et victorieux dans sa faiblesse. Cependant, cet être ne sera plus pensé comme « plénitude, présence, fondement, mais comme fracture, absence de fondement – bref, travail et douleur » (Vattimo 1980 : tr. fr. 89). L'être ne peut alors être parlé qu'en tant qu'il est en déclin, qu'il ne s'impose pas mais se dissout. Nous nous retrouvons alors dans une « ontologie gouvernée par des catégories " faibles " » (Vattimo 1980 : tr. fr. 21). L'annonce nietzschéenne de la mort de Dieu ne sera que l'affirmation de la fin de la structure stable de l'être (Vattimo 1983 : tr. fr. 165). L'être ne se donnera que « comme suspens et comme retrait » (Vattimo 1994 : tr. fr. 22).

En d'autres termes : une fois que nous avons accepté le principe selon lequel l'être ne peut se dire que de façons multiples, qu'est-ce qui nous empêche encore de croire que toutes les perspectives sont bonnes, et, par conséquent, que non seulement l'être nous apparaît comme un effet du langage, mais qu'il est fondamentalement et seulement un effet de langage, et précisément de cette forme de langage qui nous autorise les plus grands dérèglements, le langage du mythe ou de la poésie ? L'être alors, plus encore que *camolato*, malléable, faible, serait un pur *flatus vocis*. Il serait véritablement l'œuvre du poète en tant qu'il est ce « maître en fantasmagories », cet immense rêveur menteur, imitateur du rien, capable de poser, irresponsable, une tête de cheval sur un corps d'homme et de faire de toute chose une Chimère.

Décision qui n'a rien de réconfortant, puisque, une fois nos comptes avec l'être réglés, c'est du sujet qui émet ce *flatus vocis* (et qui constitue la limite de tout idéalisme magique) que nous devrions rendre compte. Par ailleurs, si l'affirmation selon laquelle il n'y a pas de faits mais seulement des interprétations est un principe herméneutique, cela n'empêche pas que l'on puisse se demander s'il n'y aurait pas, par hasard, de « mauvaises » interprétations. Dire qu'il n'y a pas de faits mais seulement des interprétations, cela veut sans doute dire que ce qui nous apparaît comme des faits n'est qu'un effet d'interprétation, mais non que toute interprétation possible produit quelque chose que nous sommes obligés, à la lumière d'interprétations successives, de considérer comme un fait, bien qu'il n'en soit pas un. Pour le dire autrement, affirmer que toute combinaison gagnante au poker est issue d'un choix (éventuellement aidé par le hasard) réalisé par le joueur ne signifie pas affirmer que toute combinaison proposée par le joueur soit gagnante. Il suffirait que mon adversaire oppose une quinte flush à mon brelan d'as pour que mon pari se révèle perdant, et donc fallacieux. Y a-t-il, dans la partie que nous disputons avec l'être, des moments où Quelque Chose répond par une quinte flush à notre brelan d'as ?

Le véritable problème de toute argumentation « déconstructive » du concept classique de vérité n'est pas de démontrer que le paradigme sur la base duquel nous raisonnons pourrait se révéler fallacieux. Il semble, sur ce point, que tous se soient à présent mis d'accord : le monde tel que nous nous le représentons est un effet d'interprétation. Le problème est plutôt de savoir quelles sont les garanties qui nous autorisent à essayer un nouveau paradigme qui ne devra pas être considéré par d'autres comme un délire, une pure imagination de l'impossible. Quel est le critère qui nous permet de distinguer entre le rêve, l'invention poétique, le *trip* d'un acide lysergique (puisqu'il y a certaines personnes qui, après en avoir pris, se jettent par la fenêtre, convaincues de voler, pour s'écraser au sol – et nous qui nous méfions de nos intentions et de nos espoirs) et les affirmations acceptables sur les choses du monde physique ou historique qui nous entoure ?

Posons même, avec Vattimo (1994 : tr. fr. 82-83), une différence entre *épistémologie* qui est « la construction de corps de savoirs rigoureux et la solution de problèmes à la lumière de paradigmes qui dictent les règles pour la vérification des propositions » (ce qui semble correspondre au portrait que Nietzsche brosse de l'univers conceptuel d'une culture donnée) et *herméneutique* qui est « l'activité qui s'accomplit dans la rencontre d'horizons paradigmatiques divers, qui ne peuvent être évalués sur la base de quelque conformité (à des règles ou, en fin de compte, à la chose), mais qui se donnent à nous comme des propositions " poétiques " d'autres mondes, d'institutions de nouvelles règles ». Quelle nouvelle règle la Communauté doit-elle préférer et quelle règle doit-elle condamner comme folie ? Il y a toujours et encore ceux qui veulent démontrer que la terre est carrée, que nous vivons non pas au-dehors mais au-dedans de son écorce, que les statues pleurent, que certaines personnes sont capables de tordre des fourchettes à travers la télévision ou que le singe descend de l'homme – et pour être d'une honnêteté la plus flexible et la moins dogmatique, il nous faut encore trouver un critère public nous permettant de juger si leurs idées sont en quelque façon acceptables.

Au cours d'un débat qui eut lieu en 1990 (repris *in* Eco 1992), au sujet de l'existence ou non de critères d'interprétation textuels, Richard Rorty – élargissant la discussion aux critères d'interprétation de choses qui sont dans le monde – constatait que l'utilisation que l'on fait d'un tournevis pour visser une vis est imposée par l'objet lui-même, tandis que l'utilisation que l'on en fait pour ouvrir un paquet est imposée par notre subjectivité (il discutait au sujet de ma distinction entre *interprétation* et *utilisation* d'un texte, *cf.* Eco 1979).

Dans le débat oral, Rorty parlait également du droit que nous aurions d'interpréter un tournevis comme quelque chose d'utile pour se gratter l'oreille. Ceci explique ma réponse, qui a été conservée dans la version écrite du débat, sans que je sache que l'allusion à ce grattage d'oreille avait disparu du texte de l'intervention remis par Rorty à l'éditeur. De toute évidence, Rorty l'avait prise pour une simple boutade, improvisée au cours de notre intervention orale, et je m'abstiens donc de lui attribuer cet exemple qui n'est mentionné nulle part. Mais si ce n'est lui, quelqu'un d'autre pourrait l'utiliser (par les temps qui courent) et ma contre-objection reste donc valable. Je la confirme même à la lumière de cette notion de pertinence, d'*affordances* perceptives dont je parle en **3.4.7.** Un tournevis peut également servir à ouvrir un paquet (puisque c'est un outil avec une pointe coupante, facilement manœuvrable pour exercer une force sur quelque chose de résistant) ; mais il n'est pas conseillé pour se fouiller l'oreille, précisément parce qu'il est tranchant et trop long pour que la main puisse en contrôler l'action dans une opération aussi délicate ; il sera donc préférable d'utiliser un léger bâtonnet pourvu d'un petit tampon de coton.

Il suffit d'imaginer un monde possible dans lequel il y aurait seulement une main, un tournevis et une oreille (et éventuellement un paquet et une vis) pour que notre argument prenne toute sa valence ontologique : quelque chose, dans la physionomie de mon corps ou dans celle du tournevis, ne me permet pas d'interpréter ce dernier à ma guise.

Alors, et si nous voulons sortir de cette confusion : existe-t-il un *socle dur de l'être*, tel que certaines choses que nous disons sur lui et par lui ne peuvent pas et ne doivent pas être considérées comme « bonnes » (et si elles sont dites par les Poètes, elles ne sont considérées comme « bonnes » qu'en tant qu'elles renvoient à un monde possible mais non au monde des faits réels) ?

1.10. Les Résistances de l'être

Comme toujours, les métaphores sont efficaces mais risquées. En parlant de « socle dur », je ne pense pas à quelque chose de solide et de tangible, comme s'il s'agissait d'un « noyau » que nous pourrions, en mordant dans l'être, mettre un jour à nu. Le socle dont je parle n'est pas la Loi des lois. Nous cherchons plutôt à identifier des *lignes de résistance*, peut-être mobiles, flottantes, qui provoquent un grippage du discours, de façon à ce que, même en l'absence de toute règle préalable, se manifeste le fantôme, le soupçon d'une anacoluthe ou le blocage d'une aphasie.

Le fait que l'être pose des limites au discours au moyen duquel nous nous installons de façon stable dans son horizon ne constitue pas la négation de l'activité herméneutique, mais bien plutôt sa condition. Si nous estimions que tout peut être dit de l'être, l'aventure de sa perpétuelle interrogation n'aurait alors plus de sens. Il suffirait d'en parler sans intention précise, à l'occasion, en passant. La perpétuelle interrogation sur l'être apparaît comme une entreprise raisonnable et humaine parce que nous supposons qu'il existe une Limite.

On ne peut qu'être d'accord avec Heidegger : le problème de l'être ne se pose qu'à celui qui a été jeté dans l'Etre-là, dans le *Dasein* – dont fait partie notre disposition à percevoir qu'il y a quelque chose, et à en parler. Dans notre Etre-là, nous avons l'expérience fondamentale d'une Limite que le langage peut dire par anticipation (et donc prédire seulement) d'une seule manière, une limite au-delà de laquelle il s'efface en silence : c'est l'expérience de la Mort.

Nous sommes conduits à postuler que l'être, pour nous au moins, pose des limites parce que nous vivons non seulement dans l'horizon des étants mais également dans l'horizon de cette limite qu'est l'être-pour-la-mort. De l'être, ou bien nous n'en parlons pas, fulgurés par sa présence, ou bien, dès que nous en parlons, nous trouvons, parmi les premières affirmations que nous nous habituons à considérer comme le modèle de toute prémisse assurée, cette affirmation : « Tous les hommes sont mortels. » Et nos aînés nous informent bien vite de cela lorsque, une fois que nous avons acquis la parole, nous formulons nos premiers « pourquoi ? »

Puisque nous parlons de l'être en sachant qu'il existe au moins une limite, nous pouvons continuer de nous interroger pour voir si, par hasard, il n'y en a pas d'autres encore. De même que nous ne faisons pas confiance à celui qui a menti une fois au moins, nous ne croyons pas à la promesse de l'illimité de la part de celui qui s'est présenté à nous en nous opposant immédiatement une limite.

Et, tandis que nous poursuivons notre discours sur l'être, nous découvrons bien vite d'autres limites dans l'horizon des étants que nous avons nommés. Nous apprenons par expérience que la nature semble présenter des tendances stables. Il n'est pas nécessaire de penser ici à des lois obscures et complexes, comme celles de la gravitation universelle, mais à des expériences plus simples et plus immédiates, telles que le coucher et le lever du soleil, la gravité des corps, l'existence objective des espèces. Les universaux seront aussi une fiction de l'esprit (*figment*) et une infirmité de la pensée, mais une fois que nous avons identifié un chien et un chat comme deux espèces différentes, nous apprenons aussitôt que si nous unissons un chien à un chien il en naîtra un chien, mais que si nous unissons un chien à un chat il n'en naîtra rien – et même s'il pouvait en naître quelque animal, il serait incapable de se reproduire. Cela ne signifie pas encore qu'une certaine réalité (j'aurais envie de dire « darwinienne ») des genres et des espèces se soit effectivement donnée à nous, mais cela nous suggère néanmoins que le fait de parler par *generalia* – même s'il est un effet de notre *penuria nominum* – dépend aussi du fait que *quelque chose* de résistant nous a poussé à inventer des termes généraux (dont l'extension peut toujours être revue et corrigée). L'objection selon laquelle la biotechnologie pourrait un jour rendre ces lignes de tendance obsolètes ne tient pas : le fait même qu'une technologie (qui altère par définition les limites naturelles) soit nécessaire pour les violer prouve l'existence de ces limites naturelles.

Les Mondes Possibles font partie d'une autre région de l'être. Dans l'horizon ambigu de l'être, les choses auraient pu se passer autrement, et rien n'exclut qu'il puisse y avoir un monde qui ne connaisse pas ces frontières entre espèces, un monde dans lequel les frontières soient autres ou simplement inexistantes – un monde dans lequel il n'y a donc pas de genres naturels et dans lequel une racine carrée peut naître du croisement d'un chameau et d'une locomotive. Néanmoins, si je peux également penser un monde possible dans lequel ne vaudraient que des géométries non euclidiennes, la seule façon que j'ai de penser une géométrie non euclidienne est d'en fixer les règles, et donc les limites.

1.11. Le sens du « continuum »

Il est possible qu'il existe des régions de l'être dont nous ne sommes pas en mesure de parler. Ce qui semblerait étrange, puisque l'être se manifeste toujours et seulement dans le langage. Mais faisons cette concession – puisque rien n'interdit que l'humanité puisse un jour élaborer des langages différents de ceux que nous connaissons. Restons-en cependant à ces « régions » de l'être dont nous parlons habituellement et considérons ce parler qui est le nôtre à la lumière non pas d'une métaphysique mais d'une sémiotique, celle de Hjelmslev. Nous utilisons des signes comme expressions pour exprimer un contenu. Ce contenu est découpé et organisé sous différentes formes par différentes cultures (et différentes langues). Mais sur quoi et dans quoi est-il découpé ? Dans une masse amorphe, amorphe avant que le langage n'y ait opéré ses vivisections, une masse que nous nommerons le *continuum* du contenu, c'est-à-dire tout ce dont on peut faire l'expérience, tout ce qu'on peut dire, tout ce qu'on peut penser – bref, l'horizon infini de ce qui est, a été et sera, de façon nécessaire ou contingente. Il semblerait que ce *continuum*, avant qu'une culture ne l'ait organisé linguistiquement en *forme du contenu*, soit tout et rien à la fois, et échappe par conséquent à toute détermination. Cependant, le fait que Hjelmslev l'appelle en danois *mening* – ce qui est inévitablement traduit par « sens » (non pas nécessairement au sens de « signification » mais au sens de « direction », au sens même où l'on rencontre, en traversant une ville, des sens interdits et des sens autorisés) – a toujours embarrassé chercheurs et traducteurs.

Que peut signifier *il y a du sens*, avant toute articulation sensée opérée par la connaissance humaine ? Hjelmslev laisse comprendre à un certain moment que c'est en vertu du « sens » que des expressions différentes comme *il pleut, piove* et *it rains* renvoient toutes au même phénomène. Ce qui reviendrait à dire qu'il y a, dans le magma du *continuum*, des lignes de résistance et des possibilités de flux, comme des nervures du bois ou du marbre qui facilitent la coupe dans telle direction plutôt que dans telle autre. C'est comme pour le bœuf ou le veau : il est découpé de façons différentes dans les différentes cultures et c'est pourquoi le nom de certains plats n'est pas toujours facilement traduisible d'une langue dans une autre. Mais il nous serait bien difficile d'imaginer un morceau qui offre à la fois l'extrémité du museau et l'extrémité de la queue de l'animal.

Si le *continuum* a des lignes de tendance, aussi imprévues et mystérieuses soient-elles, on ne peut alors pas dire tout ce que l'on veut. L'être peut bien ne pas avoir un sens, mais *il a des sens* ; sans doute pas des sens obligatoires, mais à coup sûr *des sens interdits*. Certaines choses ne peuvent être dites.

Il importe peu que ces choses aient été dites par le passé : par la suite, nous avons cogné dans quelque évidence qui nous aura convaincus que l'on ne pouvait plus dire ce qui a été dit auparavant.

Mais il nous faut éviter toute méprise : lorsqu'on parle de l'expérience de quelque chose qui nous oblige à reconnaître des lignes de tendance et de résistance, et à formuler des lois, on ne prétend absolument pas dire que ces lois représentent les lignes de résistance en toute adéquation. Pour le dire autrement, si, en marchant le long d'un sentier qui traverse une forêt, un rocher me barre la route à un certain moment, je devrai bien évidemment bifurquer sur la droite ou sur la gauche (trouver un autre chemin ou me décider à faire demi-tour), mais cela ne m'assure absolument pas que la décision prise m'aidera à mieux connaître le bois. L'incident interrompt simplement mon projet et me pousse à en inventer un autre. Affirmer qu'il y a des lignes de résistance ne revient pas non plus à dire, avec Peirce, qu'il y a des lois universelles opérant dans la nature. L'hypothèse des lois universelles (ou l'hypothèse d'une loi spécifique) n'est que l'une des façons de réagir à l'apparition d'une résistance[1].

Affirmer qu'il y a des lignes de résistance veut seulement dire que même si l'être apparaît comme un effet de langage, il n'en est pas un au sens où le langage le construirait librement. Même celui qui affirmerait que l'être est un pur Chaos, et qu'il peut donc se prêter à tout discours, devrait au moins admettre que le langage n'est pas un « Ordre dur ». Le langage ne construit pas l'être *ex novo* : il l'interroge, en trouvant toujours, d'une manière ou d'une autre, quelque chose de *déjà donné* (mais déjà donné ne veut pas dire déjà fini et complet). Même si l'être était vermoulu, il y aurait toujours un tissu dont la trame et le canevas, altérés par un nombre infini de trous, subsisteraient avec ténacité.

Les lignes de résistance sont précisément ce *déjà donné*. L'apparition de ces Résistances est la chose la plus proche que l'on puisse trouver, avant toute Philosophie Première ou Théologie, de l'idée de Dieu ou de Loi. Certainement est-ce un Dieu qui se présente (si et lorsqu'il se présente) en tant que pure Négativité, pure Limite, pur

---

1. Habermas, cherchant le point central de la critique que Peirce adresse à la chose-en-soi kantienne, souligne que le problème percien n'est pas de dire que quelque chose (caché derrière les apparences qui voudraient le réfléchir) a, comme le miroir, une face postérieure qui échappe à la réflexion, une face que nous sommes presque certains de pouvoir découvrir un jour, à condition que nous réussissions à circonvenir l'image que nous en voyons ; le problème percien est de dire que si la réalité impose des restrictions à notre connaissance, ce n'est qu'au sens où elle rejette les fausses interprétations (Habermas 1995 : 251).

« Non », c'est-à-dire comme ce dont le langage ne doit ou ne peut parler. De ce point de vue, il est quelque chose de très différent du Dieu des religions révélées, ou bien il ne retient de celui-ci que les traits les plus sévères, ceux du seul Seigneur de l'Interdiction, incapable de dire « croissez et multipliez-vous » et répétant seulement « tu ne mangeras pas à cet arbre ».

Cependant, il y a quelque chose qui résiste même au Dieu des religions révélées. Même Dieu se prescrit des limites à lui-même. Rappelons-nous la *Quaestio quodlibetalis* (V, 2, 3) dans laquelle saint Thomas se demandait « *utrum Deus possit reparare virginis ruinam* », si Dieu pouvait remédier au fait qu'une vierge ait perdu sa virginité. La réponse de Thomas est claire : si la question est d'ordre spirituel, Dieu peut certainement réparer le péché commis et restituer son état de grâce à la pécheresse ; si la question est d'ordre physique, Dieu peut par un miracle reconstituer l'intégrité physique de la jeune fille ; mais si la question est d'ordre logique et cosmologique, eh bien, même Dieu ne peut faire que ce qui a été n'ait pas été. Laissons en suspens la question de savoir si cette nécessité a été posée librement par Dieu ou si elle fait partie de la nature divine elle-même. Dans tous les cas, à partir du moment où cette nécessité est là, même le Dieu de Thomas s'en trouve limité.

1.12. Conclusions « en positif »

Après avoir dit que le néant et la négation sont un pur effet de langage et que l'être se présente toujours en positif, on pourrait se demander s'il n'est pas contradictoire de parler à son propos de limites et de capacités à opposer des refus. Corrigeons alors une autre métaphore, qui nous est apparue commode pour des raisons purement rhétoriques, pour « mettre sous les yeux » ce que nous voulions suggérer. L'être nous oppose des « non » de la même manière qu'une tortue à qui nous demanderions de voler nous les opposerait. Non pas que la tortue perçoive qu'elle *ne peut pas* voler. C'est l'oiseau qui vole ; à sa façon, il sait qu'il peut voler et il ne conçoit pas de ne pas pouvoir voler. La tortue suit son chemin terrestre en positif et elle ne connaît pas la condition de ne pas être tortue.

Bien sûr, l'animal rencontre lui aussi des obstacles qu'il ressent comme une limite et il semble toujours soucieux de les écarter. Songeons ici au chien qui gratte à la porte en aboyant et mord la poignée pour l'ouvrir. Mais dans un pareil cas, l'animal fait déjà route vers une condition semblable à la nôtre ; il manifeste des désirs et des intentions et c'est par rapport à eux qu'une limite se présente en tant que telle. Une porte fermée en soi n'est pas un « non », ce pourrait même être un « oui » pour celui qui cherche, de l'intérieur, tranquillité et protection. Elle ne devient un « non » que pour le chien qui espère ne pas passer la nuit sur le seuil.

C'est parce que notre esprit nous offre des représentations imaginaires de mondes possibles que nous pouvons demander aux choses d'être ce qu'elles ne sont pas. Et ce n'est que lorsqu'elles persistent à être ce qu'elles sont que nous pensons qu'elles nous répondent d'un « non » et nous opposent une limite. Ainsi, nous pensons que notre jambe (s'articulant au genou) peut dessiner certains angles, de cent quatre-vingts à quarante-cinq degrés, mais *ne peut pas* dessiner un angle de trois cent soixante degrés. La jambe – pour autant qu'une jambe « sait » – ne perçoit pas de limites, mais uniquement des possibilités. Et de même la mort même nous apparaît comme une limite, capricieux que nous sommes de vouloir vivre encore, mais pour l'organisme la mort a lieu lorsque les choses vont exactement comme elles doivent aller.

L'être ne nous dit jamais « non », si ce n'est en vertu de notre métaphore. Simplement, il ne nous donne pas la réponse que nous aurions désirée. La limite est dans notre désir, dans notre être-tendu-vers une liberté absolue[1].

---

1. De la même façon que nous cultivons une aspiration à l'immortalité, et le désir de voler, nous aspirons toujours à la promesse qu'il existe quelque part une zone de liberté absolue. Or, c'est précisément la liberté qui pose la Limite. Luigi Pareyson, dans les dernières années de sa vie, parlait d'une Ontologie de la Liberté. En mettant l'accent sur l'acte libre par lequel on s'approche de l'être pour en parler, il reconnaissait que c'était entre la liberté et le néant que la véritable lutte avait lieu. Pareyson réduisait – nous semble-t-il – cette différence que Heidegger avait posée entre l'étant et l'être. L'être est encore cet être aristotélicien dont on parle de façons multiples, et nous dessinons sans cesse, en en parlant, les frontières de ce qui est. Mais la lutte avec le néant, ainsi que la victoire sur le néant – dont le triomphe muet consisterait en la fin de la parole – est l'acte de courage par lequel nous interrogeons l'horizon à l'intérieur duquel nous vivons. S'il y a de l'angoisse, c'est parce que nous percevons, devant la polyvocité de l'être, l'angoisse de notre liberté. En parlant, nous risquons d'appeler vérité ce qui demain se nommera erreur, d'affirmer ou de considérer comme le mieux ce qui se révélera par la suite être le mal. La limite naît précisément d'une condition d'absolue liberté et finit parfois par s'imposer au plus libre des êtres, à Dieu. Dans la perspective de Pareyson (qui était croyant et chrétien), même la foi dans le Dieu des religions révélées ne saurait nous soustraire à ce risque de l'erreur et du mal, et au vertige de la liberté face à l'être : Dieu y apparaît lui-même comme le premier et suprême acte de liberté. Mais dans ce risque originaire, Dieu aurait accepté de contenir en lui l'ombre du mal. Qu'il nous soit cependant permis de débarrasser cette affirmation de ses connotations gnostiques. Le problème est qu'il est faux de dire que si Dieu n'existait pas tout serait alors possible. Bien avant Dieu, l'être vient à notre rencontre avec des « non ». Mais ces non ne sont rien d'autre que l'affirmation elle-même qu'il y a certaines choses que nous, nous ne pouvons dire. Nous ressentons comme une Résistance cette annonce profonde et cachée qui expose toutes nos recherches de la vérité et toutes nos affirmations de la liberté à un risque permanent (y compris celui du mal).

Bien sûr, face à ces résistances, le langage des Poètes semble se placer dans une zone franche. Menteurs par vocation, plus encore que ceux qui disent comment l'être est, les Poètes semblent être ceux qui en célèbrent non seulement la nécessité, mais qui se permettent (et nous permettent) souvent d'en nier les résistances – puisque avec eux les tortues se mettent à voler et que des êtres se soustrayant à la mort font aussi leur apparition. Mais leur discours, en nous disant parfois que les *impossibilia* sont également possibles, nous place devant l'intempérance de notre désir. En nous faisant entrevoir ce qu'il pourrait y avoir par-delà la limite, les Poètes nous consolent de notre finitude, mais nous rappellent aussi combien nous sommes souvent cette « passion inutile ». Même lorsqu'ils se refusent à accepter les résistances de l'être, en les niant, ils nous les rappellent. Même lorsqu'ils souffrent de les découvrir, ils nous laissent penser que nous les avons peut-être reconnues (et hypostasiées en lois) trop vite – que nous pourrions sans doute les circonvenir encore.

En vérité, les Poètes nous disent qu'il faut aller à la rencontre de l'être avec gaieté (et celle de Leopardi peut aussi être un « gai savoir »), l'interroger, en éprouver les résistances, en saisir les ouvertures et les signes jamais trop explicites.

Le reste est conjecture.

2.

Kant, Peirce et l'ornithorynque

2.1. Marco Polo et la licorne

C'est souvent par approximation que l'on réagit devant un phénomène inconnu : on cherche le morceau de contenu, déjà présent dans notre encyclopédie, qui pourra rendre plus ou moins bien raison du fait nouveau. Nous trouvons un exemple classique de ce procédé lorsque Marco Polo, arrivant à Sumatra, voit (mais c'est à présent que nous le comprenons) des rhinocéros. Il s'agit d'animaux qu'il n'a jamais vus. Par analogie avec d'autres animaux connus, il en distingue le corps, les quatre pattes et la corne. Or, sa culture mettait également à sa disposition la notion de licorne, laquelle était justement définie comme un quadrupède avec une corne sur la tête. Marco Polo désigne donc ces animaux du nom de licornes. Puis il s'empresse, chroniqueur honnête et pointilleux, de nous dire que ces licornes sont néanmoins fort étranges, c'est-à-dire bien peu spécifiques, puisqu'elles ne sont pas blanches et élancées mais ont « le même poil que le buffle, les pieds comme les éléphants », la corne est noire et disgracieuse, la langue épineuse et la tête semblable à celle d'un sanglier : « C'est une bête très laide. Elle n'est pas telle qu'on la capture au sein d'une pucelle, comme on dit chez nous : c'est tout le contraire » (*Le Devisement du Monde* : CXLV[1]).

---

1. Dans le texte original, l'auteur cite la version toscane de l'ouvrage de Marco

Marco Polo semble prendre une décision : plutôt que de segmenter encore le contenu en ajoutant un nouvel animal à l'univers des vivants, il corrige la description en vigueur des licornes, qui, si elles existent, sont donc telles qu'il les a vues et non telles que la légende le raconte. Il modifie l'intension et laisse l'extension en suspens. Il semble du moins que ce soit ce qu'il voulait faire – ou qu'il fait effectivement, sans trop de préoccupations taxonomiques[1].

Mais que se serait-il passé si Marco Polo, au lieu d'arriver en Chine, avait débarqué en Australie et avait aperçu, le long d'un cours d'eau, un ornithorynque ?

L'ornithorynque est un étrange animal, qui semble avoir été conçu pour défier toute classification, qu'elle soit scientifique ou populaire : long de cinquante centimètres en moyenne, pesant environ deux kilos, il a un corps plat recouvert d'un pelage marron foncé, n'a pas de cou et possède une queue de castor; il a un bec de canard, de couleur bleuâtre dessus et rose ou bigarrée dessous, il n'a pas de pavillons auriculaires, chaque patte se termine par cinq doigts palmés et armés de griffes ; il passe suffisamment de temps sous l'eau (et s'y nourrit) pour qu'on le considère comme un poisson ou un amphibien, la femelle pond des œufs, mais elle allaite également ses petits, bien que l'on ne perçoive aucune tétine (on ne voit pas non plus, d'ailleurs, les testicules du mâle, qui lui sont internes).

Nous ne sommes pas en train de nous demander si Marco Polo aurait reconnu l'animal comme un mammifère ou un amphibien, mais il se serait très certainement demandé si ce qu'il voyait (en admettant qu'il s'agît d'un animal et non d'une illusion des sens, ou d'une créature des enfers) était un castor, un canard, un poisson, ou du moins si c'était un animal volant, marin ou terrestre. Une situation bien embarrassante en vérité dont il n'aurait pas pu tirer la notion de licorne. Tout au plus aurait-il fait appel à l'idée de Chimère.

C'est également dans cette situation que se sont trouvés les premiers colons australiens qui ont vu un ornithorynque : ils prirent la bête pour une sorte de taupe vivant dans l'eau et la nommèrent par

---

Polo (*Il Milione*); nous traduisons ici à partir de la version dite franco-italienne (*La description du monde*, Le Livre de Poche, Paris, 1998) [N.d.t.].

1. Parfois, cependant, Marco Polo enrichit l'univers zoologique : il y ajoute, à partir d'une expérience réelle ou par reconstitution de récits fidèles, une espèce de *chatte* (dans la version toscane, ou de *gazelle* dans l'original français) qui par une « apostume » sous le nombril sécrète la « mugliaz » (ou le *moscado* dans la version toscane), au parfum exquis (*cf. La description* : LXXI). Nous savons aujourd'hui que cet animal existe, nous l'avons identifié comme *Moscus moschiferus*. Et il s'en faut de peu que ce ne soit une gazelle puisqu'il s'agit d'une espèce de cerf qui sécrète, sous la peau de la partie abdominale, au-devant de l'ouverture prépuciale, un musc au parfum pénétrant.

conséquent *watermole*. Mais cette taupe avait un bec, ce n'était donc pas une taupe. Quelque chose de perceptible en dehors du « moule » que procure l'idée de taupe ne coïncidait pas avec ce moule – même s'il faut bien présumer qu'ils devaient aussi avoir, pour reconnaître un bec, un « moule » de celui-ci.

2.2. Peirce et l'encre noire

Mais Peirce aurait également eu des problèmes avec l'ornithorynque en le rencontrant pour la première fois, et bien plus que ne lui en ont posé le lithium ou la tarte aux pommes[1].

Si l'on peut soutenir que des processus sémiosiques interviennent dans la reconnaissance de quelque chose de déjà connu, puisqu'il s'agit alors de reconduire des données sensorielles à un modèle (conceptuel et sémantique), un problème se pose en revanche, problème longtemps discuté, lorsqu'un processus sémiosique intervient dans la compréhension d'un phénomène inconnu. L'un des dogmes, ou presque, de la sémiotique d'inspiration percienne affirme que la sémiose loge dans les processus perceptifs, et non pas tant parce qu'il faut rendre compte du fait qu'une grande partie de la tradition philosophique psychologique parle de « signifié » perceptif, mais parce que le processus perceptif se présente pour Peirce comme une inférence. Une fois de plus, il n'y a qu'à citer *Some consequences of four incapacities* et sa polémique contre l'intuitionnisme cartésien : nous n'avons aucun pouvoir d'introspection ni d'intuition ; toute connaissance dérive par raisonnement hypothétique de la connaissance de faits externes et de connaissances antérieures (WR 2 : 213 ; TA : 197).

La proposition percienne semble presque décrire les tentatives en apparence maladroites de Marco Polo devant un rhinocéros : il n'a pas une intuition platonicienne de l'animal inconnu et n'essaye pas non plus d'en construire l'image et la notion *ex novo*, mais se met à bricoler des notions antérieures, parvenant ainsi à dessiner une nouvelle entité à partir de tout ce qu'il savait déjà d'entités déjà connues. Au fond, la reconnaissance du rhinocéros se présente comme une séquence abductive bien plus complexe que les séquences classiques : dans un premier temps, face à un résultat curieux et inexplicable, on hasarde que l'objet inconnu pourrait constituer le cas d'une règle, que l'animal est donc une licorne ; dans un second temps, à partir d'expé-

---

1. Respectivement CP 2.330 et CP 1.341 [N.d.t.].

riences consécutives, on procède à une nouvelle formulation de la règle (on modifie la liste des propriétés qui caractérisent les licornes). Je parlerai d'une *abduction interrompue*.

Qu'est-ce que Marco Polo a *vu* avant de *dire* qu'il avait vu des licornes ? A-t-il vu quelque chose qui devait être malgré tout un animal ? Nous sommes en train d'opposer un « voir » primaire à un « dire ». Naturellement, ce « voir » est ici une figure rhétorique, il tient lieu de toute réponse tactile, thermique ou auditive. Mais le problème est le suivant : d'un côté, il semble que la plénitude de la perception (comme assignation d'un signifié à ce qui est encore inconnu) ait été atteinte à partir d'une ébauche, d'un « diagramme squelette », d'un profil, disons même d'une « idée » ; de l'autre, après avoir mis en jeu l'idée de licorne, Marco Polo a dû admettre que cette licorne n'était pas blanche mais noire. Ce qui l'a obligé à corriger sa première hypothèse. Que s'est-il passé lorsque Marco Polo a dit *celle-ci est noire* ? Et l'a-t-il dit avant ou après avoir fait l'hypothèse qu'il s'agissait d'une licorne ? Et s'il l'a dit avant, pourquoi a-t-il continué à soutenir l'hypothèse selon laquelle il s'agissait d'une licorne ? Et lorsqu'il s'est rendu compte que l'animal n'était pas compatible avec l'idée qu'il avait de la licorne, a-t-il simplement admis que ce qu'il avait devant les yeux n'était pas une licorne, ou bien a-t-il corrigé l'idée qu'il avait des licornes, en décidant qu'il y avait aussi dans le monde des licornes noires et disgracieuses ?

Marco Polo n'était pas philosophe. C'est pourquoi nous revenons à Peirce. Dans le passage du contact avec l'Objet Dynamique, à travers le *representamen*, à la formation d'un Objet Immédiat (qui constituera le point de départ de la chaîne des interprétants), Peirce pose le *Ground* comme l'instance qui semble constituer le moment initial du processus cognitif. C'est dans ses écrits de jeunesse que le *Ground* fait ses premières apparitions, des écrits où l'intérêt de Peirce est éminemment logique[1]. Entre le concept de *substance* (le présent en général, sujet encore privé d'intension, auquel des propriétés seront ensuite attribuées, un pur Quelque Chose sur lequel se fixe notre attention, un *it* encore indéterminé) et le concept d'*être* (pure conjonction entre sujet et prédicat) viennent se placer (comme accidents) la référence au *Ground*, la référence à un corrélat et la référence à un interprétant.

Le *Ground*, en tant que Qualité, est un prédicat. La référence au corrélat est de l'ordre de la dénotation et de l'extension ; la référence

---

1. Voir la *Lowell Lecture* IX, 1865 (WR 1 : 471-487), « On a method of searching for the categories », 1886 (WR 1 : 515-528) et « On a new list of categories », 1867 (WR 2 : 49-59 ; TFS : 21 et s.).

au *Ground*, en revanche, est de l'ordre de la compréhension et de la connotation (au sens logique du terme) : le *Ground* a affaire aux qualités « internes », aux propriétés de l'objet. Dans *l'encre est noire*, la qualité « noire » ou la noirceur, incarnée dans l'encre, en est abstraite, à travers un procédé d'abstraction, ou de *préscision (prescision)*. Cependant, et même d'un point de vue logique, le *Ground* ne constitue pas la totalité des marques qui composent l'intension d'un terme (une telle totalité ne peut être idéalement réalisée qu'au sein du processus d'interprétation) : dans l'acte de *préscinder*, l'attention est portée sur un élément et en néglige un autre. Dans le *Ground*, l'objet est vu *sous un certain rapport (in some respect)*, l'attention en isole un caractère. En termes purement logiques, il est évident que si je prédique la noirceur de l'encre, je n'en prédique pas la liquidité. Mais on ne tirerait pas grand-chose du *Ground* si l'on ne s'en tenait qu'à sa valeur logique. Tout au plus se retrouverait-on prisonnier du triadisme compulsif percien, environné de ces exemples qui, au lieu de vouloir nous rendre les idées claires, semblent vouloir les rendre encore plus confuses[1]. De plus, le choix même du terme *Ground* n'est pas très heureux : il suggère un fond sur lequel on vient découper quelque chose, alors qu'il s'agirait plutôt, pour Peirce, d'un quelque chose qui se découpe sur un fond encore indistinct. Si nous acceptons la traduction de *Ground* par « base » (en français, *cf.* par ex. TA : 69), le *Ground* serait alors non pas la base de l'Objet Dynamique, mais bien plutôt la base, le point de départ pour la connaissance que nous essayons de tirer de celui-ci. On ne pourrait s'accorder à cette lecture qu'en comprenant le *Ground* non pas comme une catégorie métaphysique, mais comme une catégorie logique. Mais en est-il vraiment ainsi ?

Il ne faut pourtant pas sous-évaluer le fait que ces écrits de jeunesse se placent explicitement sous le signe de Kant. Peirce cherche au fond à expliquer comment nos concepts servent à unifier le multiple (le divers) des impressions sensibles. Il montre que les premières impressions sur nos sens ne sont pas des représentations de certaines choses inconnues en elles-mêmes, mais que ces premières impressions sont et restent elles-mêmes quelque chose d'inconnu tant que l'esprit ne parvient pas à les couvrir de prédicats. Post-kantien comme il commence à l'être, Peirce dira par la suite que ce processus de conceptualisation ne procède que *par inférences hypothétiques*. Et cela a non

---

1. Peirce nous offre un bon exemple de ce triadisme compulsif dans la onzième *Lowell Lecture*, où il se hasarde à comparer la première triade avec la Sainte-Trinité, tandis que le *Ground* est assimilé au Saint-Esprit. Cela nous autoriserait à ne pas prendre au sérieux toute cette affaire si la recherche de quelque chose de très important ne guidait pas ces idées louches.

seulement lieu dans le processus de conceptualisation mais également dans la reconnaissance des sensations. En un sens (dans tous les sens, même), Peirce n'explique pas de façon satisfaisante comment on passe de l'impression au concept : comme exemple de ceux-ci, il propose le travail d'inférences hypothétiques de celui qui reconnaît dans une série de sons une sonate de Beethoven et la reconnaît comme belle. Il distingue en définitive deux moments : ils s'identifient tous deux avec l'acte de *donner un nom* à ce qu'on éprouve, et donner un nom est toujours faire une hypothèse (songeons à l'effort hypothétique de Marco Polo). Néanmoins, les noms donnés pour reconnaître les sensations (comme la sensation de rouge) sont, en un certain sens, arbitraires, pas vraiment motivés, ils ne servent qu'à distinguer (comme en y appliquant une étiquette) cette sensation d'autres sensations : je dis que je sens du rouge pour exclure les autres sensations chromatiques possibles, mais la sensation est encore subjective, provisoire et contingente, et le nom lui est attribué comme un signifiant dont le signifié est encore ignoré. Avec le concept, en revanche, on passe au signifié.

On pourrait dire qu'ici Peirce a en tête la distinction kantienne entre les jugements perceptifs et les jugements d'expérience (voir plus loin, **2.4**), même si, comme Kant, il ne réussit pas à donner une définition précise de ces premiers. En effet, même la dénomination de la qualité « noire » ne caractérise plus le moment d'une impression, sans quoi le *Ground* ne serait pas une catégorie, et Peirce insiste sur le fait que la noirceur prédiquée est déjà une pure *species* ou abstraction.

Néanmoins, il comprend le nom donné au *Ground* comme un terme et non comme une proposition ou un argument. Le terme se situe encore en deçà de toute affirmation d'existence ou de vérité. Il se réfère, avant même de se référer à quelque chose, à un aspect de quelque chose qu'il s'apprête à identifier inférentiellement.

Ainsi, on passe de la problématique logique à la problématique gnoséologique. Le *Ground* est *Firstness* non par force de symétrie triadique, mais parce qu'il se pose comme origine de la compréhension conceptuelle. C'est une façon « initiale » de considérer l'objet sous un certain rapport. Je pourrais considérer l'encre comme un liquide, mais dans l'exemple proposé je le considère immédiatement *sous le profil* de la noirceur. Ce qui pourrait se dire : je ne sais pas encore que ce quelque chose devant moi est de l'encre, mais je l'appréhende comme quelque chose de noir, je l'appréhende du point de vue de la noirceur.

Si nous employons le mot « profil », ce n'est pas seulement par métaphore. En tant que Qualité, le *Ground* est une *Firstness* et donc une Icône, c'est-à-dire une *Likeness* (ressemblance).

Il semble, après cela, que Peirce abandonne l'idée du *Ground* durant environ trente ans, et nous verrons en **2.8** comment il la reprend. Le fait est qu'il en parle encore, trente ans après, comme d'une sorte d'« Idée » au sens platonicien, « dans le sens où nous disons qu'un homme saisit l'idée d'un autre homme ; où nous disons, quand un homme se souvient de ce qu'il pensait quelque temps auparavant, qu'il se souvient de la même idée » (CP 2.228 ; ES 121). Entre-temps, il avait cependant mieux élaboré ce qu'il entendait par jugement perceptif et qu'il définit en 1903 (CP 5.54) comme « un jugement qui asserte sous forme propositionnelle quel est le caractère d'un percept directement présent à l'esprit. Naturellement, le percept n'est pas par lui-même un jugement. Il diffère de celui-ci de la même manière que les mots imprimés dans un livre décrivant une madone de Murillo diffèrent du tableau ».

Le jugement perceptif se présente déjà comme une inférence, une hypothèse à partir de ces données sensorielles que semblent être les « percepts », et appartient déjà à la *Thirdness*, ne serait-ce qu'en tant que prémisse d'une chaîne d'interprétations successive (CP 5.116). Mais où devrait alors se situer le *Ground* ? Du côté de ce percept qui n'est pas encore un jugement ?

D'un côté, Peirce nous dit que le jugement perceptif contient ou préfigure déjà des éléments généraux, que « les propositions universelles peuvent être déduites de jugements perceptifs », que l'inférence abductive s'estompe dans le jugement perceptif, sans qu'il existe entre eux une ligne de démarcation bien nette, de telle sorte que les principes logiques, comme l'observe Proni (1990 : 331), sont appris dans la masse même de la connaissance perceptive. De l'autre, et dans le même texte, il nous dit que « les jugements perceptifs doivent être considérés comme des cas extrêmes d'inférences abductives, dont ils diffèrent en tant que celles-ci se situent au-delà de toute critique possible » (CP 5.181). Ce qui signifie (comme on le voit en CP 5.116) qu'en tant que premières prémisses de tous nos raisonnements, « les jugements perceptifs ne peuvent être mis en question ».

Curieuse position. S'il y a inférence dans la perception elle-même, il y a alors faillibilisme. Preuve en est que Peirce s'occupe également des illusions perceptives (CP 5.183) ; et pourtant, il semble en même temps que ces inférences perceptives ne soient pas hypothétiques, mais bien « apodictiques ». Ce qui serait une belle et claire affirmation de réalisme si elle n'était prononcée par celui qui n'a eu de cesse de répéter que la perception est également une sémiose et donc déjà une abduction. Si, enfin, le jugement perceptif ne pouvait être mis en question, nous aurions une intuition du singulier, idée contre laquelle Peirce s'est toujours dressé, dès ses écrits anticartésiens. Et si, par suite, le « percept » était ce qui ne peut être mis en question, et qui est singulier (et s'identifiait au *Ground*), il ne pourrait alors pas donner lieu à des processus inférentiels qui n'ont affaire qu'à des termes généraux (CP 5.298 ; TFS 92). S'il y a, dans la perception, un moment abstractif, il y a alors interprétation, quand bien même celle-ci serait rapide et inconsciente (*cf.* Proni 1990 : 1.5.2.4), et s'il y a interprétation, il y a alors une « critique possible ».

Si nous oubliions ces subtilités (et les inévitables contradictions qui ont lieu entre les écrits de différentes périodes), nous pourrions trancher de la façon suivante : certes, l'espace qui réside entre la *Firstness* (*Ground* ou pas *Ground)* et la *Thirdness* pleinement réalisée n'est pas clair ; il y a un premier moment de réaction des sens qui est indiscutable ; à partir du moment où la qualité se présente à moi comme qualité de quelque chose *(Secondness)*, ce quelque chose devient la prémisse de toute autre inférence, au sens où je sais qu'il existe toujours un Objet Dynamique qui déclenche la chaîne de mes réponses. Le travail de l'interprétation peut alors commencer et, à partir du moment où le jugement perceptif se met en ordre et prend forme, l'Objet Dynamique se résout dans la formation de l'Objet Immédiat.

Dans l'Objet Immédiat, certains aspects du *Ground* (il a la nature d'une icône, de la *Likeness*) et tous les aspects du jugement perceptif (il se présente comme le point de départ de toute interprétation successive) convergent. Tout au plus, nous pouvons dire que des Objets Immédiats de quelque chose que nous ne connaissons pas au moyen de la perception s'offrent également (il doit certainement y avoir deux Objets Immédiats correspondant aux termes *président* ou *Alpha du Centaure*). Mais ceci ne devrait alors pas trop nous gêner si nous pensons qu'une icône n'est pas nécessairement une image au sens visuel du terme, puisque même la mélodie que je sifflote (faux, éventuellement) peut également être une icône de la *Cinquième* de Beethoven et que même un graphe est de nature iconique – graphe qui ne présente pourtant pas de similarité morphologique avec la situation qu'il représente.

Nous pourrions alors reprendre haleine en reconnaissant que, si la notion de *Ground* et la nature même du jugement perceptif restent obscurs, on ne peut pas en dire autant de la notion d'Objet Immédiat. L'Objet Immédiat est l'objet tel qu'il est représenté (CP 8.343), « sous le rapport auquel on pense » (CP 5.286 ; TFS 82). Il est le *type* dont l'Objet Dynamique qui a déclenché la séquence de réponses était le *token*[1] (Proni 1990 : 265). Il échappe, dans une certaine mesure, à

---

1. Il est vrai que des ombres ambiguës se dessinent souvent autour de l'Objet Immédiat, comme lorsque Peirce annonce que l'Objet Immédiat est également une

l'individualité de la perception, parce qu'en tant qu'interprétable il est déjà public, intersubjectif : il ne nous dit pas tout de l'objet, mais ce n'est qu'en l'atteignant que je sais et que je peux dire enfin quelque chose de l'objet.

Or, dans ce processus et au moment de sa première mise en ordre, il me semble qu'un problème que Peirce relevait déjà chez Kant se présente également. Peirce est en train de chercher à reformuler, sans la déduire transcendantalement, la notion kantienne de *schème*.

Est-ce véritablement au schématisme kantien que Peirce est en train de songer ? Et n'est-ce pas en cherchant à distinguer les catégories (mais lesquelles, les siennes ou celles de Kant ?) du schème et du divers de l'intuition sensible que se forme un nœud apparemment insoluble entre le *Ground* et l'Objet Immédiat ?

Peirce revient sur la notion kantienne de schème presque toujours incidemment. En CP 2.385, il affirme sans hésitation que le schème kantien est un *diagramme* ; mais il en parle de façon abstraite en référence aux postulats de la pensée empirique en général, dans le cadre d'une logique modale. Pourtant, en 1885, il dit que la doctrine des schèmes ne peut qu'être venue après coup à l'esprit de Kant, lorsque le système de la première *Critique* était déjà en place : « *for if the* schemata *had been considered early enough they would have overgrown his whole work* » (WR 5 : 258-259). Ce constat de Peirce ressemble à un programme de recherche, l'identification d'une brèche à travers laquelle on devrait arriver à un kantisme non transcendantal. Mais qu'est-ce que Peirce avait compris du schématisme, un schématisme dont Kant lui-même, comme nous le verrons, n'avait compris quelque chose que petit à petit ?

2.3. Kant, les arbres, les pierres et les chevaux

Il y a une raison pour laquelle Peirce, futur théoricien de la sémiotique, entame ses réflexions en lisant et en relisant Kant, en considérant sa table des jugements et des catégories comme si elle lui avait été rapportée du Sinaï[1].

---

icône (CP 4.447), qu'il est une idée comme le *Ground* et une qualité de sensation identifiée au niveau perceptif (8.183), qu'il est un percept, alors que l'Objet Immédiat était identifié ailleurs au signifié *(Meaning)* (2.293). Mais ces oscillations peuvent être considérées comme l'indice du fait que, dans la formation de l'Objet Immédiat, vont confluer tous les moments préliminaires d'un processus qui se met en ordre en lui.

1. *Cf. Detached Ideas on Vitally Important Topics,* 1898 (CP 4.1-5). Même si en CP 7.540 Peirce se trompe sur la date de la mort de Kant, en la situant en 1799.

On a reproché à Kant un manque d'attention foncier face au problème sémiotique. Mais, comme le relève Kelemen (1991), ce manque a été attribué – et il l'était déjà au temps de Hamann et de Herder – au fait que Kant considérait l'étroite connexion entre le langage et la pensée comme implicite, et l'on a avancé l'hypothèse selon laquelle c'est précisément dans la doctrine du schématisme que se montre cette connexion, au point de suggérer que le schème était un concept-mot *(Wortbegriff)*. On ne peut cependant nier qu'il y a une sémiotique implicite dans la distinction entre jugements analytiques et jugements synthétiques, que l'on trouve une discussion explicite de la théorie des signes dans l'*Anthropologie*[1] et que toute la *Logique* pourrait être lue en termes de sémiotique *(cf.* Apel 1972). De plus, la connexion entre savoir et communiquer dont Kant parle dans de nombreux passages a été soulignée de façon répétée, même s'il ne s'y arrête pas vraiment, comme si la question lui semblait évidente (Kelemen 1991 : 37). Enfin, et nous y reviendrons, on trouve des pages de sémiotique dans la troisième *Critique*.

Qu'il nous suffise, en tout cas, de considérer l'origine purement verbale de l'appareil catégoriel (chez Kant comme chez Aristote) et de reprendre une heureuse observation de Heidegger (1973 : §5, 88) : « Les êtres finis capables d'intuition doivent pouvoir s'accorder *(sich in etwas teilen)* dans l'intuition de l'étant. Mais l'intuition finie est toujours primitivement attachée, en tant qu'intuition, à l'individuel particulier qu'elle intuitionne. L'objet de l'intuition n'est un étant reconnu que si chacun peut le rendre compréhensible pour lui-même et les autres et, par là, le communiquer *(mitteilen).* » Parler de ce qui est, cela veut dire rendre communicable ce que nous en connaissons ; mais l'acte même de connaître, et de communiquer, implique le recours au générique. Le générique est déjà un effet de la sémiose et dépend d'une segmentation du contenu dont le système kantien des catégories, attaché à une vénérable tradition philosophique, est un produit culturel déjà organisé, enraciné culturellement et ancré linguistiquement. Lorsque le multiple (le divers) de l'intuition est reconduit à l'unité du concept, les *percipienda* sont alors déjà perçus tels que la culture nous a appris à en parler.

Le fait qu'un fondement sémiosique soit impliqué dans le cadre

---

1. Dans l'*Anthropologie* (I, 38-39), on voit comment Kant, malgré son âge avancé, esquissait (comme un service didactique au moins) un abrégé de théorie du signe – qui n'a rien d'original et reste redevable des doctrines traditionnelles, de Sextus Empiricus à Locke et peut-être à Lambert, mais qui démontre un intérêt respectueux pour la thématique sémiotique. On trouve également un intérêt pour la sémiotique dans certains écrits précritiques tels que « De la forme et des principes du monde sensible et du monde intelligible », §10 *(Dissertation de 1770).* Au sujet de Kant et la sémiotique, voir Garroni (1972 et 1977), Albrecht (1975, IV) et Kelemen (1991).

général de la doctrine kantienne est une chose, mais se demander si Kant a élaboré une théorie sur la façon que nous avons d'assigner des noms aux choses que nous percevons, que ce soit des arbres, des chiens, des pierres ou des chevaux, en est une autre.

A la question « comment assignons-nous des noms aux choses ? », les réponses de Kant, pour qui cette problématique était issue d'une théorie de la connaissance, étaient en synthèse au nombre de deux. La première était celle de la tradition que nous nommerons scolastique (mais qui part de Platon et d'Aristote) : les choses se présentent au monde déjà ontologiquement définies dans leur essence, matière brute informée par une forme. Que cette forme (universelle) soit *ante rem* ou *in re* est sans importance : elle s'offre à nous, elle resplendit dans la substance individuelle, elle est saisie par l'entendement, elle est pensée et définie (donc *nommée*) comme quiddité. Notre esprit ne travaille pas, si ce n'est en tant qu'intellect agent[1] qui fait ce qu'il faut faire en un clin d'œil.

La seconde réponse était celle de l'empirisme britannique. Nous ne connaissons pas de substances, et même s'il y en avait, elles ne nous révéleraient rien. Ce que nous avons, pour Locke, ce sont des sensations. Elles nous proposent des idées simples, primaires ou secondaires, mais qui n'ont encore aucun rapport entre elles : c'est une rhapsodie de poids, de mesures, de grandeurs, puis de couleurs, de sons, de saveurs, de reflets changeants en fonction des heures du jour et des états du sujet. Ici, l'entendement fait, au sens où il *travaille* : il combine, corrèle, abstrait, d'une façon qui lui est certainement spontanée et naturelle, mais ce n'est qu'ainsi qu'il associe et organise les idées simples en ces idées composées auxquelles nous donnons le nom d'homme, de cheval, d'arbre, mais aussi de triangle, de beauté, de cause et d'effet. Connaître, c'est mettre des noms sur ces composés d'idées simples. Le travail de l'entendement, pour Hume, en ce qui concerne la reconnaissance des choses, est encore plus simple (nous travaillons directement sur des impressions dont les idées sont les images affaiblies) : un problème peut éventuellement se présenter lorsque nous établissons des rapports entre les différentes idées des choses, tel que cela a lieu pour les affirmations de causalité ; et nous dirions ici qu'il y a un travail, mais que ce travail s'accomplit en douceur, par force d'habitudes et de dispositions naturelles à la croyance, même s'il nous est demandé de considérer la contiguïté, la priorité ou la constance dans la succession de nos impressions.

---

1. Le texte parle d'*entendement (Vernunft)* kantien et d'*intellect* thomiste ou aristotélicien *(nous)*, et plus précisément ici de l'*intellect agent (De Anima*, III), mais il s'agit toujours, en italien, du seul terme *intelletto* [N.d.t.].

Kant ne pense évidemment pas que la solution scolastique puisse être proposée à nouveau. Même : s'il y a un aspect vraiment copernicien dans sa révolution, cela tient au fait qu'il suspend tout jugement sur la forme *in re* et assigne une fonction synthétique-productive, et non pas simplement abstractive, au vieil intellect agent. Quant aux empiristes anglais, Kant cherche une fondation transcendantale de ce processus qu'ils considéraient au fond comme une façon raisonnable de s'orienter dans le monde et dont la légalité s'affirmait par le seul fait que ce processus, après tout, fonctionnait.

Mais alors, l'attention de Kant ne se porte plus exactement sur une théorie de la connaissance. Il serait bien risqué d'affirmer, comme le fait Heidegger, que la *Critique de la raison pure* n'a rien à voir avec une théorie de la connaissance et qu'elle est bien plutôt une interrogation de l'ontologie concernant sa possibilité intrinsèque ; mais il est vrai, pour employer les mots de Heidegger, qu'elle n'a pas grand-chose à voir avec une théorie de la connaissance ontique, c'est-à-dire de l'expérience (1973 : §3, 76-77).

Pourtant, Kant croyait à l'évidence des phénomènes ; il pensait que nos intuitions sensibles nous viennent de quelque part et se souciait d'articuler une réfutation de l'idéalisme. Il semble cependant que ce fut Hume qui le réveilla de son sommeil dogmatique, en problématisant le rapport causal entre les choses, et non Locke, qui avait pourtant remis sur la table la question de l'activité de l'entendement dans la dénomination des choses.

Dire pourquoi, lorsque je reçois une impression sensible de quelque chose, je décide qu'il s'agit d'un arbre ou d'une pierre, cela constituait un problème fondamental pour les empiristes. Il semble en revanche que ce problème devienne tout à fait secondaire pour Kant, soucieux qu'il était de garantir notre connaissance de la mécanique céleste.

C'est que la première *Critique* n'élabore pas tant une *gnoséologie* qu'elle n'élabore une *épistémologie*. Comme l'a efficacement synthétisé Rorty (1979), Kant ne s'intéressait pas à la *knowledge of* mais à la *knowledge that,* non pas aux conditions de la connaissance (et partant de la dénomination) des objets mais à la possibilité de fonder la vérité de nos propositions sur les objets. De telle sorte que l'on pourrait vraiment dire que Kant ne s'intéressait pas au problème de la *connaissance,* si l'on tend à appeler « connaissance » la *knowledge of* et « savoir » la *knowledge that*[1]. Son souci principal est de savoir

---

1. *Cf.* la note 12 de l'Introduction de Diego Marconi et Gianni Vattimo dans l'édition italienne de Rorty 1979 [N.d.t. : Th. Marchaisse, dans sa traduction française de l'ouvrage de Rorty, *L'homme spéculaire,* opte pour une traduction littérale en « savoir de » et « savoir que » (pp. 164 [142], 168 [146] et *passim*). Il est également à noter que Marchaise traduit respectivement *gnoseology* et *epistemology* en *épisté-*

comment une mathématique et une physique pure sont possibles ou comment il est possible de faire de la mathématique et de la physique deux connaissances théorétiques qui doivent déterminer *a priori* leurs objets. Le noyau de la première *Critique* s'attache à la recherche de la garantie d'une législation de l'entendement concernant les *propositions* dont le modèle est fourni par les lois newtoniennes – et lorsque Kant éprouve la nécessité de prendre un exemple, il choisit des propositions des plus compréhensibles et des plus appréciables, telles que « tous les corps sont pesants ». Kant se soucie de garantir la connaissance de ces lois qui sont au fondement de la nature entendue comme *l'ensemble des objets de l'expérience*, mais il ne se demande jamais si ces objets dont les empiristes se souciaient tant de chercher le modèle de connaissance – des objets tels que les chiens, les chevaux, les pierres, les arbres ou les maisons – peuvent vraiment faire partie de ces objets de l'expérience. En vérité, il fait preuve d'un extraordinaire désintérêt (au moins jusqu'à la *Critique de la faculté de juger*) à l'égard du problème de la connaissance des objets de l'expérience quotidienne, ne serait-ce que de ces objets que l'on nomme aujourd'hui des *natural kinds,* des espèces naturelles telles que le chameau, le hêtre ou le scarabée. Un philosophe qui s'intéressait à la *knowledge of* tel que Husserl se rendait compte de cela, et non sans une certaine déception[1]. Mais la déception se transforme en satisfaction pour celui qui considère au contraire que le problème de la connaissance (ou du savoir) ne peut être résolu qu'en termes proprement linguistiques, c'est-à-dire en termes de cohérence entre les propositions.

Rorty (1979 : tr fr. II.3.3) critique l'idée selon laquelle la connaissance doit être un « miroir de la nature » et se demande comment il a pu être possible pour Kant d'affirmer que l'intuition nous offre le multiple (le divers), quand ce multiple n'est connu qu'après avoir été

---

mologie et *théorie de la connaissance.* Nous conservons quant à nous gnoséologie *(gnoseologia)* pour la connaissance perceptive et épistémologie *(epistemologia)* pour la connaissance scientifique, sauf indication].

1. « Dans la pensée de Kant, les fonctions catégoriales (logiques) jouent sans doute un grand rôle, mais il ne parvient pas à l'extension fondamentale des concepts de perception et d'intuition au domaine catégorial [...] De là vient aussi qu'il ne distingue pas non plus entre les concepts en tant que significations générales des mots, et les concepts en tant qu'espèce de la représentation générale *proprement dite,* ou encore les concepts en tant qu'objets généraux, c'est-à-dire comme corrélats intentionnels des représentations générales. Kant tombe d'emblée dans le sillage de la théorie métaphysique de la connaissance, étant donné qu'il vise à un " sauvetage " critique des mathématiques, de la science de la nature et de la métaphysique avant même d'avoir soumis la connaissance comme telle, la sphère totale des actes dans lesquels se réalisent l'objectivation prélogique et la pensée logique, à l'élucidation d'une analyse d'essence et d'une critique, et avant d'avoir ramené les concepts et les lois logiques primitifs à leur origine phénoménologique » (*Recherches logiques*, t. 3, Recherche VI, §66, p. 242).

déjà unifié dans la synthèse de l'entendement. Ainsi, Kant aurait fait un pas en avant par rapport à la tradition gnoséologique qui conduit d'Aristote à Locke et qui cherchait à modeler la connaissance sur la perception : Kant aurait liquidé le problème de la perception en affirmant que la connaissance porte sur des propositions et non sur des objets. La satisfaction de Rorty a des raisons évidentes : bien qu'il se propose de mettre aussi en crise le paradigme de la philosophie analytique, c'est encore à partir de celui-ci qu'il procède, également en termes d'histoire personnelle, et c'est la raison pour laquelle Kant peut se présenter à lui comme celui qui a le premier suggéré à la tradition analytique que le problème n'était pas tant de se demander ce qu'est un chien, que de se demander si la proposition *les chiens sont des animaux* est vraie ou pas.

Les problèmes que rencontre Rorty ne disparaissent pas pour autant, puisqu'en cherchant à réduire la connaissance à un pur problème linguistique, il s'empêche d'aborder le problème des rapports entre perception, langage et connaissance. Pour le dire autrement, si l'opposition se situe (pour reprendre avec Rorty une opposition de Sellars) entre « savoir comment est X » et « savoir quelle sorte de chose est X », il faudrait encore savoir s'il ne faut pas avoir répondu à la première question pour pouvoir répondre à la seconde[1].

Et les problèmes que rencontre Kant disparaissent encore moins dans la mesure où celui-ci semble non seulement se désintéresser du problème de savoir comment nous parvenons à comprendre *comment est X,* mais semble également incapable d'expliquer comment nous décidons *quelle sorte de chose est X*. En d'autres termes, non seulement le problème de savoir comment on comprend qu'un chien est un chien est absent de la première *Critique*, mais également celui de savoir comment nous pouvons être capables de dire qu'un chien est un mammifère. Cependant, si l'on songe à la situation culturelle qui est celle de Kant au moment où il écrit la première *Critique*, tout cela ne semble pas extraordinaire. Comme exemple de connaissance rigoureuse pouvant être fondée *a priori*, il avait à sa disposition une science mathématique et une science physique séculières et bien établies, et savait donc définir le poids, l'extension, la force, la masse, le triangle ou le cercle de façon parfaitement exacte. En revanche, il ne disposait pas plus d'une science des chiens qu'il ne disposait d'une science des hêtres, des tilleuls ou des scarabées. N'oublions pas que Kant a écrit la première *Critique* vingt ans après la parution de

---

1. *Cf.* les objections de Marconi-Vattimo dans l'introduction à l'édition italienne de l'ouvrage de Rorty : xix. [N.d.t. : dans la traduction française de Rorty, la distinction de Sellars est traduite « savoir à quoi ressemble X » et « savoir quelle sorte de chose est X » (p. 209).]

l'édition définitive du *Systema naturae* de Linné, la première tentative monumentale d'établir une classification des « genres naturels ». Les dictionnaires des siècles précédents définissaient encore le chien comme « animal bien connu », les tentatives de classification universelle telles que celles de Dalgarno ou de Wilkins (XVIIᵉ siècle) mettaient en œuvre des taxonomies que nous définirions aujourd'hui comme approximatives[1]. On comprend alors pourquoi Kant pouvait définir le concept de chien comme un concept empirique ; il répétera à plusieurs reprises que *nous ne pourrons jamais connaître tous les caractères des concepts empiriques*. Ainsi, la première *Critique* s'ouvrira (Introduction vii) en déclarant que les concepts contenant en eux quelque chose d'empirique ne doivent pas apparaître dans la philosophie transcendantale : l'objet de la synthèse *a priori* ne peut être la nature des choses, qui est en soi « inépuisable ».

Même s'il avait été conscient de réduire la connaissance à la connaissance de propositions (et donc à la connaissance linguistique), Kant n'aurait donc pas pu se poser le problème, que Peirce en revanche se posera, de la nature non pas exclusivement linguistique de la connaissance mais également *sémiosique*. Il est vrai qu'il ira dans cette direction dans la troisième *Critique*, bien qu'il ne sache encore le faire dans la première. Et pour pouvoir s'engager sur cette voie, il devra prendre en compte les difficultés qu'il rencontre dans la première *Critique* lorsqu'il met en œuvre la notion de schème, dont nous parlerons en **2.5**.

Suivant un exemple de Kant (P §20 n. 2[2]), je peux passer d'une succession désordonnée de phénomènes (il y a une pierre, la lumière du soleil vient y frapper ses rayons, la pierre est chaude – et cela tient lieu, comme nous le verrons, d'exemple de jugement perceptif) à la proposition *le soleil réchauffe la pierre*. Posons que le soleil soit A, la pierre B et le fait d'être chaud C : nous pouvons dire que A est la cause pour laquelle B est C.

D'après la table des catégories, des schèmes transcendantaux et des principes de l'entendement pur[3] (voir Figure 2.1), les axiomes de

---

1. Je dois cette réflexion à Ugo Volli (communication personnelle). Pour les taxonomies dans les tentatives de langues universelles *cf.* Eco, 1994. Voir également dans le présent ouvrage **3.4.2** et **4.2**.

2. Pour les œuvres de Kant j'utilise les sigles suivants : *Critique de la raison pure* (CRP/A et CRP/B selon qu'il s'agit de la première ou seconde édition) ; *Critique de la faculté de juger* (CJ) ; *Prolégomènes* (P) ; *Logique* (L). Les traductions françaises utilisées sont citées en bibliographie. Pour la CRP, je renvoie toujours à la pagination de l'édition de l'Académie de Berlin.

3. Bien qu'il soit préférable de traduire ces *Grundsätze* par « Propositions fondamentales de l'entendement pur » (comme le fait Colli dans sa traduction italienne de la CRP), je préfère m'en tenir à la dénomination la plus courante afin d'éviter toute confusion, puisque j'emploierai souvent *proposition* comme contenu d'un énoncé.

l'intuition me disent que toutes les intuitions sont des quantités extensives et, grâce au schème du nombre, j'applique la catégorie de la singularité à A et à B ; en vertu des anticipations de la perception,
j'affirme la réalité (au sens existentiel, *Realität*) du phénomène qui
m'est donnée dans l'intuition en appliquant le schème du degré. En
vertu des analogies de l'expérience, je vois A et B comme des substances, permanentes dans le temps, auxquelles sont liés des accidents
et j'établis que l'accident C de B est causé par A. Enfin, je décide que
ce qui est lié aux conditions matérielles de l'expérience est réel
(réalité au sens modal, *Wirklichkeit*) et je soutiens, en vertu du
schème de l'existence dans un temps déterminé, que le phénomène est
effectivement en train de se vérifier. De la même façon, si la proposition était *la lumière du soleil réchauffe toujours et nécessairement (toutes) les pierres en vertu d'une loi de la nature*, je devrais appliquer en premier lieu la catégorie de l'unité et en dernier
lieu celle de la nécessité. Si je considérais la fondation transcendantale des jugements synthétiques *a priori* (mais ce n'est pas cela
qui constitue l'objet du litige) comme « bonne », l'appareil théorique
kantien m'aurait alors expliqué pourquoi je peux dire avec certitude
que A cause nécessairement le fait que B soit C.

Mais Kant ne nous a pas encore dit comment nous parvenons à ancrer les différentes variables : pourquoi perçois-je A comme soleil et
B comme pierre ? Comment les concepts de l'entendement pur
interviennent-ils pour me faire comprendre une pierre en tant que
telle, distincte des autres pierres, distincte de l'amas de pierres, de la
lumière solaire qui la réchauffe et du reste de l'univers ? Ces concepts
de l'entendement pur que sont les catégories sont bien trop vastes et
bien trop généraux pour pouvoir me permettre de reconnaître la
pierre, le soleil et la chaleur. Kant nous assure (CRP/B : 94 ; tr. fr. :
95) qu'il est « facile », une fois dressée la liste des concepts purs
primitifs, d'y ajouter les concepts dérivés et subalternes, et de dessiner entièrement l'arbre généalogique de l'entendement pur. Mais,
nous dit-il, puisqu'il n'a pas à s'occuper ici de la complète exécution
du système, mais seulement de ses principes, il réserve ce complément pour un autre travail. Il poursuit cependant en nous disant
qu'« on peut assez aisément atteindre ce but, en prenant les traités
ontologiques et en ajoutant, par exemple, à la catégorie de la causalité, les prédicables de force, d'action ou de passion, [...] à la catégorie de la modalité les prédicables de naissance, de mort, de changement, etc. ». Mais même dans ce cas, nous nous trouverions encore à
un niveau d'abstraction tel qu'il nous serait impossible de dire *ce B
est une pierre*.

Figure 2.1. – JUGEMENTS, CATÉGORIES, SCHÈMES ET PRINCIPES DE L'ENTENDEMENT PUR

	LES JUGEMENTS	LES CATEGORIES	LES SCHEMES	LES PRINCIPES
QUANTITE	Universels Particuliers Singuliers	Unité Pluralité Totalité	Nombre	*Axiomes de l'intuition* Toutes les intuitions sont des quantités extensives
QUALITE	Affirmatifs Négatifs Infinis	Réalité Négation Limitation	Degré	*Anticipation de la perception* dans toutes les apparences, le réel possède une quantité intensive, un degré
RELATION	Catégoriques	Subsistance et inhérence (substance / accident)	Permanence du réel dans le temps	*Analogie de l'expérience* Permanence de la substance
	Hypothétiques	Causalité (cause / effet)	Succession du divers	Succession temporelle suivant la loi de la causalité
	Disjonctifs	Communauté (action réciproque agent / patient)	Simultanéité des déterminations	Simultanéité suivant la loi de l'action réciproque ou de la communauté
MODALITE	Problématiques	Possibilité / Impossibilité	Accord de la synthèse de représentations diverses avec les conditions du temps en général	*Postulats de la pensée empirique en général* Ce qui s'accorde avec les conditions formelles de l'expérience est possible
	Assertoriques	Existence / Non-existence	Existence dans un temps déterminé	Ce qui est en connexion avec les conditions matérielles de l'expérience est réel
	Apodictiques	Nécessité / Contingence	Existence en tout temps	Ce dont la connexion avec le réel est déterminé suivant des conditions universelles de l'expérience est (a une existence) nécessaire

La table des catégories ne nous permet donc pas de dire comment nous percevons une pierre en tant que telle. Les concepts de l'entendement pur ne sont que des fonctions logiques et ne constituent pas des concepts d'objet (P §39). Mais si je ne suis ni en mesure de dire que ce A est le soleil et ce B une pierre, ni en mesure de dire au moins que ce B est un corps, toutes les lois universelles et nécessaires que ces concepts me garantissent ne valent rien, car ces lois pourraient se référer à n'importe quelle donnée de l'expérience. Sans doute pourrais-je dire qu'il y a un A qui chauffe tout, quel que soit le concept empirique que je puisse assigner à B, mais je ne saurais pas ce qu'est cette chose qui réchauffe tout puisque je n'aurais assigné aucun concept empirique à A. Les concepts de l'entendement pur ont non seulement besoin de l'intuition sensible, mais également des concepts des objets auxquels ils peuvent s'appliquer.

Les concepts de soleil, de pierre, d'eau ou d'air (et Kant est clair sur ce point) sont des *concepts empiriques* – et ils ne sont pas très différents, en ce sens, de ce que les empiristes nommaient « idées ». Ces concepts empiriques peuvent être définis par genre et espèce. Kant parle parfois de concepts génériques, qui sont bien des concepts, mais non pas au sens où il appelle souvent concepts les catégories, qui sont également des concepts, mais de l'entendement pur. Les catégories – nous l'avons vu – sont des concepts très abstraits, comme l'unité, la réalité, la causalité, la possibilité ou la nécessité. Mais le concept de cheval ne peut être déterminé en appliquant les concepts purs de l'entendement. Le concept de cheval est un concept empirique. Un concept empirique provient des sensations, par comparaison des objets de l'expérience.

Quelle est alors la science qui s'occupe de la formation des concepts empiriques ? Ce n'est pas la logique générale, qui n'a pas à chercher « les *sources* des concepts, comment les concepts naissent comme représentations » (L I, §5). Mais il semble parfois que ce ne soit pas non plus à la philosophie critique de s'en occuper : « il ne s'agit pas ici de l'origine de l'expérience, mais de son contenu. La première question relève de la psychologie empirique » (P §21). Ce qui serait admissible si nous parvenions à la formulation de concepts empiriques indépendamment de cette activité législatrice de l'entendement qui soustrait la matière de l'intuition à sa propre cécité. Mais nous devrions alors connaître les chevaux et les maisons au moyen d'une quiddité manifeste (comme le pensait la tradition qui va d'Aristote à la Scolastique), ou bien par un simple travail de combinaison, de corrélation et d'abstraction (comme le pensait Locke).

Un passage de la *Logique* pourrait corroborer cette interprétation : « Pour former des concepts à partir de représentations, il faut donc *comparer, réfléchir* et *abstraire,* car ces trois opérations logiques de l'entendement sont les conditions essentielles et universelles de production de tout concept en général. Par exemple, je vois un pin, un saule et un tilleul. En comparant tout d'abord ces objets entre eux, je remarque qu'ils diffèrent les uns des autres au point de vue du tronc, des branches, des feuilles, etc. ; mais si ensuite je réfléchis uniquement à ce qu'ils ont de commun entre eux, le tronc, les branches et les feuilles mêmes, et si je fais abstraction de leur taille, de leur configuration, etc., j'obtiens un concept d'arbre » (L I, 6 ; tr. fr. modifiée). En sommes-nous vraiment, et encore, à Locke ? Ce passage pourrait être de Locke si des mots tels que « entendement » avaient encore le sens, faible somme toute, de l'*Human Understanding* : ce qui n'était plus possible pour le Kant de la maturité, qui avait déjà publié les trois critiques. Quel que soit le travail que l'entendement accomplisse pour comprendre qu'un pin, un saule et un tilleul sont des arbres, ce n'est pas dans l'intuition sensible qu'il trouve cette « arboréité ». Et Kant ne nous a pas dit, en tout cas, pourquoi je comprends que l'intuition qui m'est donnée est l'intuition d'un tilleul.

Notons par ailleurs que même le terme « abstraire », chez Kant, ne veut pas dire tirer-de, faire-sortir-de (ce qui serait le point de vue scolastique), ou encore construire-au-moyen-de (ce qui serait la position empiriste) : « abstraire » est un pur considérer-séparément, une condition négative, une manœuvre suprême de l'entendement qui sait que le contraire de l'abstraction serait le *conceptus omnimode determinatus,* le concept d'un individu, bref, ce qui n'a pas de place dans le système kantien : l'intuition sensible doit être travaillée par l'entendement et mise en lumière par des déterminations générales ou génériques.

Mais ce passage de la *Logique* répondait sans doute à une volonté de simplification didactique – dans un texte qui rassemble et probablement réélabore des notes prises par les auditeurs de Kant au cours de ses leçons, puisqu'il est en franche opposition avec ce qui a été dit deux pages avant (L I, §3) : « Le concept empirique provient des sens par comparaison des objets de l'expérience et ne reçoit de l'entendement que la forme de la généralité. »

« Que » la forme de la généralité ?

2.4. Les jugements perceptifs

Lorsque Kant s'occupait de psychologie empirique, au cours de la décennie qui précéda la première *Critique* (et il s'agit ici aussi de leçons qu'il fut un peu forcé de donner et qui furent retranscrites par d'autres personnes), il savait déjà que les connaissances des sens sont insuffisantes en elles-mêmes et que l'entendement doit venir opérer une réflexion sur ce que les sens lui proposent. Le fait que nous croyions connaître les choses sur la base du seul témoignage des sens dépend d'un *vitium subreptionis* : nous avons tellement été habitués, depuis notre enfance, à appréhender les choses comme si elles se présentaient à nous de façon intuitive que le besoin de thématiser le rôle que joue l'entendement dans ce processus ne s'est jamais fait ressentir. Le fait que nous ne nous rendions pas compte de l'action de l'entendement ne signifie pas que celui-ci ne travaille pas : Kant évoque, dans la *Logique* (Intr. I), de nombreux automatismes de ce genre, tels que celui en vertu duquel nous parlons, faisant par conséquent la preuve de notre connaissance des règles du langage, tout en restant incapables, si cela nous était demandé, de dire quelles sont ces règles et peut-être même de reconnaître qu'il y a des règles.

Nous dirions aujourd'hui que, pour obtenir un concept empirique, nous devons être en mesure de produire un jugement perceptif. Mais nous entendons par perception un acte complexe, une interprétation des données sensibles où la mémoire et la culture interviennent, et qui s'achève dans la compréhension de la nature de l'objet. Kant, en revanche, ne parle de la *perceptio* ou *Wahrnehmung* qu'en tant que « représentation accompagnée de conscience » : cette perception se distingue en sensation, qui modifie simplement l'état du sujet, et en forme de la connaissance objective. Cette dernière peut être une intuition empirique, qui, à travers la sensation, se rapporte à l'objet singulier ; ce n'est encore qu'une *apparence*, privée de concept, aveugle. Mais elle peut également être saisie par le concept au moyen d'un signe distinctif commun à plusieurs choses, au moyen d'une *notion* (CRP/B : 249 ; tr. fr. : 266).

Que sera alors pour Kant un jugement perceptif *(Wahrnehmungsurteil)* et en quoi se distingue-t-il d'un jugement d'expérience *(Erfahrungsurteil)* ? Les jugements perceptifs sont une activité logique inférieure (L I, §57) qui crée le monde subjectif de ma conscience empirique, ce sont des jugements comme *lorsque le soleil illumine une pierre celle-ci se réchauffe,* ils peuvent être faux et restent toujours contingents (P §20, §23). Les jugements d'expérience, en revanche, établissent des relations nécessaires (ils affirment *le soleil réchauffe la pierre*[1]). Il semblerait donc que le catégoriel n'intervienne que dans les jugements d'expérience.

Mais pourquoi les jugements perceptifs sont-ils alors des «jugements»? Un jugement, nous dit Kant, est une connaissance *médiate* d'un objet et dans tout jugement il y a un concept qui vaut pour une pluralité de représentations (CRP/B : 85 ; tr. fr. : 87). On ne peut cependant nier que le fait d'avoir une représentation de la pierre et de son réchauffement représente déjà une unification effective de la multiplicité du sensible : unifier des représentations dans la conscience, c'est déjà «penser» et «juger» (P §22), et les jugements sont des règles *a priori* (P §23). Kant écrit encore : «toute synthèse, qui rend possible la perception même, est soumise aux catégories» (CRP/B : 125 ; tr. fr. : 139). Il ne se peut pas que «les principes *a priori* de la possibilité de toute expérience» ne soient «rien d'autre que les propositions *(Sätze)* qui subsument toute perception [...] sous des concepts de l'entendement *(Verstandesbegriffe)*» (P §21). Un *Wahrnehmungsurteil* est déjà imprégné, pénétré de *Verstandesbegriffe*. Il n'y a rien à y faire, reconnaître une pierre en tant que telle est déjà un jugement perceptif, un jugement perceptif est un jugement et tout jugement est soumis à la législation de l'entendement. Le divers est donné dans l'intuition sensible, mais l'unité d'un divers en général ne nous est accessible qu'en vertu d'un acte de synthèse de l'entendement[2].

Bref, Kant postule une notion de concept empirique et de jugement perceptif (problème crucial pour les empiristes), et ne réussit cependant pas à les soustraire au marécage, au bourbier mêlant les intui-

---

1. Dans les *Prolégomènes* (§18), Kant parle également d'une sorte de genre superordonné constitué par les jugements empiriques *(empirische Urteile)*, qui ont leur fondement dans la perception sensible, par rapport aux jugements d'expérience, qui ajoutent les concepts particuliers qui ont leur origine dans l'entendement pur. La façon dont ces jugements empiriques se différencient des jugements perceptifs ne me semble pas claire, mais je pense (sauf à vouloir faire de la philologie kantienne) qu'on peut s'en tenir simplement ici aux jugements perceptifs et aux jugements d'expérience.

2. CRP/B : 107 ; tr. fr. 107-108. On peut donc dire, à propos de la différence entre jugement perceptif et jugement d'expérience, que «la question n'est absolument pas résolue» (Martinetti 1946 : 65). Cassirer (1918) s'en apercevait également, bien qu'il n'y fasse allusion que dans la note 20 du chapitre III, 2 : «On remarque qu'une exposition similaire de la connaissance empirique [...] n'est pas tant la description d'un effectif donné-de-fait que la construction d'un cas limite [...] En soi, pour Kant, aucun "jugement singulier" n'est donné qui ne revendique déjà quelque forme d'"universalité" ; il n'existe pas de proposition "empirique" qui n'inclue en soi cette affirmation "a priori" : puisque la forme même du jugement contient déjà cette revendication d'une "validité objective universelle". » Pourquoi une affirmation si importante en note seulement ? Parce que Cassirer sait qu'il extrapole suivant le bon sens et la cohérence systématique ce que Kant aurait dû dire en toutes lettres, en excluant toute autre formulation ambiguë. Ce qu'il n'a pas fait.

tions sensibles et l'intervention législatrice de l'entendement. Mais pour sa théorie critique, ce no man's land *ne peut pas* exister.

Les différentes phases de la connaissance, chez Kant, pourraient être représentées par une série de verbalisations dans cet ordre :

1. Cette pierre.
2. Ceci est une pierre (ou Ici il y a une pierre).
3a. Cette pierre est blanche.
3b. Cette pierre est dure.
4. Cette pierre est un minéral et un corps.
5. Si je lance cette pierre, elle retombera à terre.
6. Toutes les pierres (en tant que minéraux et donc en tant que corps) sont pesantes.

La première *Critique* s'occupe assurément de propositions telles que (5) et (6) ; le fait qu'elle s'occupe vraiment des propositions telles que (4) est bien plus discutable et elle laisse certainement dans l'ombre la légitimité de propositions telles que (1) à (3b). Il est permis de se demander si les énoncés (1) et (2) expriment des actes locutifs différents. A moins qu'il ne s'agisse d'un langage holophrastique in-fantile, on imagine mal comment quelqu'un se trouvant devant une pierre émettrait (1) – ce syntagme pourrait n'être requis qu'en (3a) ou (3b). Mais personne n'a jamais dit qu'à chaque phase de la connais-sance devaient correspondre des verbalisations ou des actes de conscience de soi. Imaginons quelqu'un marchant sur un chemin ; des pierres s'entassent le long de ce chemin, mais le marcheur n'y prête aucune attention ; si on lui demande après coup ce qu'il y avait le long de ce chemin, il peut très bien répondre qu'il n'y avait que des pierres[1]. Si la plénitude de la perception est déjà, de fait, un jugement perceptif – et à vouloir en tirer une verbalisation à tout prix on obtien-drait (1), qui n'est pas une proposition et n'implique donc pas de jugement –, on se retrouve aussitôt à (2) lorsque l'on parvient à la ver-balisation.

Donc, quelqu'un qui a vu une pierre, interrogé sur ce qu'il a vu ou est en train de voir, répondra (2), ou alors plus rien ne nous garantit qu'il a vu quelque chose. Quant à (3a) et (3b), le sujet peut avoir toutes les sensations possibles de blancheur ou de dureté, mais à partir du moment où il prédique la blancheur ou la dureté, il est déjà entré dans le catégoriel, et la qualité qu'il prédique s'applique à une sub-stance, afin, précisément, de la déterminer sous un premier rapport.

---

1. Laissons ici en suspens la question de savoir s'il a perçu les pierres (mais il a pour ainsi dire refoulé le percept) ou s'il ne les perçoit qu'au moment où il répond, en interprétant les souvenirs de sensations visuelles encore sans coordination.

Naturellement, il pourrait aussi partir de quelque chose (que nous verbaliserions), comme *cette chose blanche* ou *cette chose dure*. Mais même ainsi, il serait déjà entré dans le travail des hypothèses – et il est intéressant d'observer qu'il s'agirait alors de la situation typique dans laquelle se trouve celui qui voit pour la première fois un ornithorynque, celui qui voit quelque chose qui flotte, avec un bec et des poils.

Reste encore à décider de ce qui se passe lorsque notre sujet dira que cette pierre est un minéral et un corps (4). Pour Peirce, nous en serions déjà au stade de l'interprétation. Pour Kant, nous aurions construit un concept générique (nous avons vu toutefois qu'il reste très vague à ce propos). Mais le véritable problème kantien concerne (1-3).

Il y a une différence entre (3a) et (3b). Pour Locke, (3a) exprime une idée simple secondaire (couleur) tandis que (3b) exprime une idée simple primaire. Primaire et secondaire sont des qualifications de l'ordre de l'objectivité et non de l'ordre de la certitude de la perception. Mais, problème qui n'est pas sans importance, comment puis-je également comprendre, en voyant une pomme rouge ou une pierre blanche, que la pomme est blanche à l'intérieur et juteuse, ou que la pierre est dure à l'intérieur et lourde ? Disons que la différence tient en ceci que l'objet perçu est ou bien l'effet d'une segmentation précédente du *continuum* ou bien un objet inconnu. Lorsque nous voyons une pierre, nous « savons », dans le fait même de comprendre qu'il s'agit d'une pierre, comment elle est faite à l'intérieur. Celui qui voit un squelette corallien pour la première fois (quelque chose qui a la forme d'une pierre, mais de couleur rouge) ne sait pas encore comment il est fait à l'intérieur.

Cependant, même dans le cas d'un objet connu, que signifie nous « savons » que la pierre, blanche à l'extérieur, est dure à l'intérieur ? Si quelqu'un nous posait une question aussi agaçante, nous lui répondrions sans doute : « Je l'imagine, en général les pierres sont comme ça. »

Il semble curieux de placer une image au fondement d'un concept générique. Que signifie « imaginer » ? Il y a une différence entre « imaginer₁ » au sens d'évoquer une image (il s'agit alors d'une rêverie, d'un monde possible que nous nous inventons, comme lorsque, poussé par le désir de casser une noix, une pierre se présente à notre esprit – et l'expérience des sens n'est pas requise par ce processus) et « imaginer₂ » au sens où, en voyant une pierre en tant que telle, à cause et en concomitance avec les impressions sensibles qui ont sollicité mes organes visuels, je *sais* (mais je ne *vois* pas) qu'elle est dure. C'est ce second sens d'« imaginer » qui nous intéresse ici. Le premier sens, comme dirait Kant, abandonnons-le à la psychologie empirique. Le second sens, en revanche, a une importance cruciale pour une théorie de l'entendement, de la perception des choses, ou – de façon kantienne – dans la construction de concepts empiriques (remarquons que cet imaginer au premier sens, le fait de désirer une pierre pour l'utiliser comme casse-noix, n'est possible que parce que, lorsque j'« imagine$_1$ » une pierre, je m'« imagine$_2$ » qu'elle est dure).

Wilfrid Sellars (1978) suggère à ce propos d'employer le terme *imagining* pour « imaginer$_1$ » et *imaging* pour « imaginer$_2$ ». Pour des raisons qui apparaîtront clairement, je propose de traduire *imaging* par « figurer » (aussi bien au sens de construire une figure, de tracer une structure, qu'au sens où l'on dit, en voyant une pierre, « je me figure » qu'elle est dure à l'intérieur).

Dans cet acte de *se figurer* certaines propriétés de la pierre, on fait un choix, on se la figure sous un certain rapport : si, en voyant ou en imaginant la pierre, je n'avais pas l'intention d'écraser une noix mais d'écraser un animal venu m'importuner, je verrais également la pierre dans ses possibilités dynamiques, comme un objet qui peut être lancé et qui, puisqu'il est lourd, a la propriété de tomber vers la cible plutôt que celle de s'élever dans les airs.

Ce geste de se figurer quelque chose pour le comprendre et de comprendre quelque chose en se le figurant est d'une importance cruciale dans le système kantien : il s'avère essentiel aussi bien pour fonder transcendantalement les concepts et jusqu'aux concepts empiriques, que pour permettre des jugements perceptifs (implicites et non verbalisés) tels que « cette pierre ».

2.5. Le schème

Parvenu à un certain stade de sa théorie critique, Kant se trouve devant la nécessité d'expliquer la façon dont les catégories qui sont si abstraitement abstraites peuvent s'appliquer au concret de l'intuition sensible. Je vois le soleil et la pierre, et je dois pouvoir penser *cet* astre (dans un jugement singulier) ou *toutes* les pierres (dans un jugement universel, qui est bien plus complexe, puisque de fait je n'ai vu qu'une seule pierre réchauffée par le soleil, ou seulement quelques-unes). Or, nous dit Kant, « des lois particulières concernant des phénomènes déterminés empiriquement *ne* peuvent *pas* être *intégralement dérivées* des catégories [...]. Il faut le concours de l'expérience » (CRP/B : 127 ; tr. fr. : 142), et puisque les concepts purs de l'entendement sont hétérogènes par rapport aux intuitions sensibles, « dans toutes les subsomptions d'un objet sous un concept » (CRP/B : 133 ; tr. fr. : 150, mais il faudrait dire en fait « dans toutes les subsomptions de la matière de l'intuition sous un concept, pour qu'un objet puisse surgir »), un troisième élément est nécessaire, un élément médiateur qui, pour ainsi dire, permette à l'intuition de se laisser envelopper par le concept et au concept de s'appliquer à l'intuition. Ainsi naît l'exigence du *schème transcendantal*.

Le schème transcendantal est un produit de l'imagination. La première et la seconde édition de la *Critique de la raison pure* divergent sur ce point : dans la première, l'Imagination est l'une des trois facultés de l'esprit, avec les Sens (qui représentent empiriquement les phénomènes dans la perception) et l'Aperception ; dans la seconde édition, en revanche, l'Imagination est le seul pouvoir de l'Entendement, un effet que l'entendement produit sur la sensibilité. Pour de nombreux interprètes, dont Heidegger, cette transformation est si importante qu'elle nous oblige à nous replier sur la première édition et à faire abstraction de la nouvelle orientation qui se fait jour dans la seconde édition. De notre point de vue, cette transformation reste secondaire. Admettons donc que l'imagination, quel que soit son type de pouvoir ou d'activité, fournit un schème à l'entendement afin qu'il puisse l'appliquer à l'intuition. L'imagination est la faculté de se représenter un objet même lorsque cet objet n'est pas présent dans l'intuition (et l'imagination est alors « reproductive », au sens de ce que nous avons appelé « imaginer₁ »). Mais l'imagination peut également être une *synthesis speciosa,* une imagination « productive », la faculté de *figurer* quelque chose.

C'est en vertu de cette *synthèse spécieuse* que le concept empirique d'*assiette* peut être pensé au moyen du concept pur et géométrique de cercle, « puisque la forme ronde qui est pensée dans le premier s'offre à l'intuition dans le second » (CRP/B : 134 ; tr. fr. : 150). Malgré l'exemple, le schème n'est pas une image, un *schéma* si l'on veut ; et l'on comprend à présent pourquoi j'ai préféré le terme « figurer » plutôt que celui d'« imaginer ». Le schème du nombre, par exemple, n'est pas une image quantitative, comme si je m'imaginais le nombre 5 sous la forme de cinq points posés l'un à la suite de l'autre : •••••. Il est bien évident qu'en procédant de la sorte, je ne pourrais jamais m'imaginer le nombre 1 000, sans parler de chiffres plus grands. Le schème du nombre est « la représentation d'une méthode pour représenter une multitude (par exemple, mille) dans une image, conformément à un certain concept, plutôt que cette image même » (CRP/B : 135 ; tr. fr. : 152), de telle sorte que les cinq axiomes de Peano pourraient se comprendre comme des éléments d'un schème permettant la représentation des nombres : zéro est un nombre ; le successeur de tout nombre est un nombre ; il n'y a pas de nombres qui aient le même successeur ; zéro n'est le successeur d'aucun nombre ; toute propriété dont jouit le zéro, et le successeur de tout nombre qui jouit de cette propriété, appartient à tous les nombres – de telle sorte que n'importe quelle série x_0, x_1, x_2, x_3... x_n, qui est infinie, qui ne contient pas de répétitions, qui a un commencement et qui contient des termes qui ne peuvent jamais être atteints en partant du premier, dans un nombre fini de passages, est une série de nombres.

Dans la préface de la seconde édition de la première *Critique*, Kant évoque Thalès qui, en partant de la figure d'un triangle isocèle pour découvrir les propriétés de tout triangle isocèle, comprend qu'il ne doit pas suivre pas à pas ce qu'il voit dans la figure, mais qu'il lui faut réaliser ou *construire* le triangle isocèle en général.

Le schème n'est pas une image, car une image est un produit de l'imagination reproductive, alors que le schème de concepts sensibles (mais aussi de figures dans l'espace) est un produit de la faculté pure *a priori* d'imaginer « en quelque sorte un monogramme » (CRP/B : 136 ; tr. fr. : 153). On pourrait éventuellement dire que le schème kantien est similaire, non pas à ce que l'on entend généralement par « image mentale » (et qui suggère l'idée d'une photographie), mais au *Bild* de Wittgenstein, à une proposition qui a la même forme que le fait qu'elle représente, au sens où l'on parle de relation « iconique » pour une formule algébrique ou de « modèle » au sens technique et scientifique du terme.

Le concept de schème se laisse peut-être mieux comprendre à partir de ce qui, lorsque nous devons faire travailler un ordinateur, nous est proposé en tant que *diagramme de flux (flow chart)* ou en tant qu'*assistant*. La machine « pense » en termes de *IF... THEN GOTO*, mais il s'agit d'un dispositif logique très abstrait puisqu'il peut aussi bien nous servir à faire un calcul qu'à dessiner une figure géométrique. Le diagramme de flux nous représente de façon claire la série d'étapes que la machine doit traverser et que nous devons lui donner l'ordre de traverser : pour une opération donnée, une alternative possible se réalisera lorsqu'une première bifurcation se présentera ; en fonction de la réponse calculée, il nous sera demandé de faire un choix ; en fonction de la nouvelle réponse, il nous faudra revenir à une bifurcation précédente du diagramme ou poursuivre ; et ainsi de suite jusqu'à ce que l'opération se termine. Le diagramme de flux s'offre à notre compréhension en termes spatiaux, mais il se fonde aussi substantiellement sur le cours temporel (le flux), au sens précisément où Kant rappelle que les schèmes sont fondamentalement temporels.

Cette idée de diagramme de flux semble rendre relativement bien compte de la façon dont Kant comprend la règle schématique qui préside à la construction conceptuelle de figures géométriques. Aucune image de triangle rencontré dans l'expérience, telle que la face d'une pyramide par exemple, ne peut être adéquate au concept de triangle en général, qui doit pouvoir s'appliquer à tous les triangles, qu'ils soient rectangles, isocèles ou scalènes (CRP/B : 136 ; tr. fr. : 152). Le schème se propose comme une règle pour construire en toute situation une figure qui ait les propriétés générales des triangles (disons, même si nous ne nous exprimons pas en termes mathématiques rigoureux, qu'il me prescrit en premier lieu, si j'ai trois cure-dents sur la table, de ne pas en chercher un quatrième mais de commencer par fermer la figure avec les trois cure-dents dont je dispose[1]).

Kant nous rappelle que nous ne pouvons pas penser une ligne sans la tracer dans la pensée, que nous ne pouvons pas penser un cercle sans le décrire (mais pour le décrire, je dois posséder une règle me disant que tous les points de la ligne que décrit le cercle doivent être équidistants du centre). Nous ne pouvons nous représenter les trois dimensions de l'espace sans poser trois lignes perpendiculaires deux à deux, nous ne pouvons pas non plus nous représenter le temps sans tracer une ligne droite (CRP/B : 121 ; tr. fr. : 132). Remarquons que ce que nous définissions au départ comme la sémiotique implicite de Kant s'est radicalement modifié à présent : penser, ce n'est pas seulement appliquer des concepts purs issus d'une verbalisation précédente, c'est aussi entretenir des représentations diagrammatiques.

Le temps entre en jeu dans la construction de ces représentations diagrammatiques, mais également la mémoire. Kant remarque dans la première édition de la *Critique* (CRP/A : 78-79 ; tr. fr. : 116) que si, en comptant, j'oublie que les unités que mes sens perçoivent ont été ajoutées successivement, je ne peux pas connaître de production de pluralité à travers une addition successive et je ne peux donc pas connaître le nombre. Si je traçais une ligne par la pensée ou si je voulais penser le temps qui sépare ce midi du midi suivant, mais perdais toujours, au cours du processus d'addition, les représentations précédentes (les premières parties de la ligne, les parties antérieures du temps), je n'obtiendrais jamais une représentation complète.

On peut voir comment opère le schématisme, par exemple, dans les anticipations de la perception, un principe vraiment fondamental puisqu'il implique que la réalité dont on peut faire l'expérience soit un *continuum* segmentable. Comment pouvons-nous anticiper ce qui

---

1. Marconi 1997 m'est parvenu au moment où j'avais terminé cet essai, mais il me semble que les pages qu'il consacre au schématisme kantien (146 et s.) en soulignent efficacement la nature procédurale.

ne s'est pas encore offert à notre intuition sensible ? En faisant comme si des degrés pouvaient s'introduire dans l'expérience, comme si l'on pouvait digitaliser le contenu – mais sans que notre digitalisation n'élimine le nombre infini de degrés intermédiaires. Ainsi que le dit Cassirer, « si nous admettions qu'à l'instant *a* un corps se présente à l'état *x* et qu'à l'instant *b* il se présente à l'état *x'* sans avoir parcouru les valeurs intermédiaires qui les séparent, nous en conclurions qu'il ne s'agit plus du " même " corps : nous affirmerions que le corps qui se trouvait à l'état *x* à l'instant *a* a disparu et qu'un autre corps à l'état *x'* est apparu à l'instant *b*. L'hypothèse d'une continuité des changements physiques n'est donc pas un résultat de l'observation parmi d'autres mais un présupposé de la connaissance de la nature en général » et fait donc partie de ces principes qui président à la construction des schèmes (Cassirer 1918 : 215).

2.6. Et le chien ?

Ce qui vient d'être dit concernait les schèmes des concepts purs de l'entendement. Or, le fait est que Kant introduit des exemples concernant des concepts empiriques dans le chapitre traitant précisément du schématisme. Il ne s'agit pas seulement de voir comment le schème nous permet d'homogénéiser les concepts d'unité et de réalité, d'inhérence et de subsistance, de possibilité, etc., au divers de l'intuition. Le schème du chien existe également : « Le concept du chien signifie une règle d'après laquelle mon imaginaire peut exprimer en général la figure d'un quadrupède, sans être astreinte à quelque chose de particulier que m'offre l'expérience, ou mieux à quelque image possible que je puisse représenter *in concreto* » (CRP/B : 136 ; tr. fr. : 153).

Et ce ne sera pas un hasard si Kant, juste à la suite de cet exemple, quelques lignes en dessous, écrit cette phrase devenue célèbre dans laquelle il annonce que ce schématisme de notre entendement, qui concerne également la simple *forme* des phénomènes, est un art caché dans les profondeurs de l'âme humaine. C'est un art, un procédé, un travail, une *construction*, mais on ne sait pas grand-chose sur sa façon de fonctionner. Et il est bien évident que cette séduisante analogie avec le *flow chart*, qui pouvait être utile pour comprendre la façon dont se déroule la construction schématique du triangle, se révèle bien peu praticable dans le cas du chien.

Sans doute un ordinateur sait-il construire l'image d'un chien si des algorithmes adaptés lui sont fournis. Mais ce n'est pas en examinant le diagramme de flux permettant la construction d'un chien que celui qui n'a jamais vu de chien pourra en tirer une *image mentale* (quoi que l'on entende par image mentale). Nous aurions encore affaire à une hétérogénéité complète entre la catégorie et l'intuition, et le fait que le schème du chien puisse être verbalisé comme « animal quadrupède » nous renvoie au caractère hautement abstrait de toute forme de prédication par genre et différence spécifique, mais ne nous permet pas de distinguer un chien d'un cheval.

Deleuze (1963 : 28) rappelle que le schème « ne consiste pas en une image, mais *en relations spatio-temporelles qui incarnent ou réalisent des relations proprement conceptuelles* », ce qui semble exact en ce qui concerne les schèmes des concepts de l'entendement pur. Mais il semble que cela ne suffise plus pour les concepts empiriques, puisque Kant est le premier à nous dire que je dois recourir à l'image du cercle pour pouvoir penser l'assiette. Même si le schème du cercle n'est pas une image mais une règle pour en construire éventuellement l'image, la constructibilité de sa *forme*, au sens visuel du terme, devrait malgré tout avoir sa place dans le concept empirique d'assiette.

Il nous faut en conclure que lorsque Kant pense au schème du chien, il songe à quelque chose qui s'apparente sans doute fortement à ce que David Marr et Nishishara (1978), dans le domaine des sciences cognitives contemporaines, ont appelé un *3D Model* et qu'ils représentent comme dans la Figure 2.2.

Figure 2.2

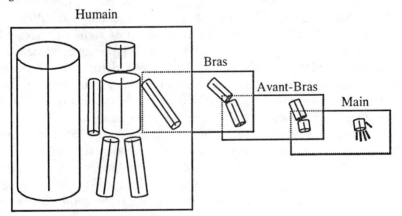

Dans le jugement perceptif, un modèle 3D appliqué à la multiplicité de l'expérience nous permet de reconnaître que tel *x* est un homme et non un chien. Ce qui tendrait à prouver qu'un jugement perceptif ne se résout pas nécessairement dans une assertion verbale. En réalité, le jugement perceptif repose sur l'application d'un diagramme structural au divers des sensations. Que d'autres jugements soient ensuite nécessaires pour déterminer le concept d'un homme dans toutes ses propriétés possibles (et puisque cela se passe pour tous les concepts empiriques, la tâche semble infinie et jamais pleinement réalisée), cela est un autre problème. Je pourrais, avec un modèle 3D, prendre un homme pour un primate et vice versa – mais même si cela pouvait m'arriver, il est fort peu probable que je le prenne pour un serpent. Le fait est que c'est toujours d'un schéma de ce genre que l'on part, avant même de savoir ou d'affirmer que l'homme a une âme, qu'il parle ou qu'il a le pouce opposable aux autres doigts.

Nous pourrions alors dire que le schème du concept empirique vient coïncider avec le concept de l'objet : nous pourrions même dire qu'une sorte de trinité vient se constituer autour du schème, une trinité dont les trois « personnes » seraient, en dernière analyse, une seule et même personne (même si elles peuvent être considérées selon trois points de vue) : le *schème*, le *concept* et la *signification (significato)* s'identifient ici. Pour produire le schème du chien, il faut posséder au moins un premier concept essentiel de celui-ci. Mais le modèle 3D de l'homme correspond-il au concept « homme » ? Certainement pas à l'égard de la définition classique (animal rationnel mortel), mais certainement par rapport à la possibilité de reconnaître un être humain et de pouvoir y ajouter ensuite les déterminations issues de cette première identification. Et l'on comprend alors pourquoi Kant affirmait, dans la *Logique* (II, §103), que la synthèse des concepts empiriques ne peut jamais être complète, puisqu'il est toujours possible d'identifier, au cours de l'expérience, d'autres caractères *(note)* de l'objet chien ou homme. Mais Kant en concluait, d'une expression trop forte, que « les concepts empiriques ne peuvent non plus être définis ». Ils ne peuvent pas être définis une fois pour toutes, comme peuvent l'être les concepts mathématiques, mais ils admettent un premier noyau autour duquel les définitions qui suivront viendront s'agglutiner (ou s'ordonner harmonieusement).

Pouvons-nous dire que ce premier noyau conceptuel constitue aussi la signification *(significato)* du terme par lequel nous l'exprimons ? Kant n'emploie guère le terme de signification *(Bedeutung)* mais, par un étrange hasard, il l'utilise lorsqu'il parle du schème[1] : « les concepts sont tout à fait impossibles et ne peuvent avoir aucune si-

---

1. Voir à ce propos Garroni (1968 : 1223 ; 1986, III, 2, 2), mais également De Mauro (1965, II, 4), qui regrettait également le silence de Kant sur le langage, mais voyait bien que le problème s'esquissait (irrésolu) précisément dans la relation étroite qui lie le schème à la signification *(significato)*.

gnification *(Bedeutung)*, si aucun objet n'est donné, soit à ces concepts mêmes, soit au moins aux éléments dont ils se composent » (CRP/B : 135 ; tr. fr. : 152, modifiée). Kant est en train de suggérer, de façon moins explicite, cette coïncidence entre le *signifié linguistique* et le *signifié perceptif* qui sera par la suite affirmée avec force par Husserl : il y a une « unité de l'acte » dans le fait que l'objet rouge soit connu comme rouge et nommé *rouge*. « *Nommer rouge* – dans le sens *actuel* de nommer, sens qui présuppose l'intuition sous-jacente du nommé – et *connaître comme rouge* sont, au fond, des expressions de *signification identique* » (*Recherches logiques* t. 3, Recherche VI, 7 : 43).

Or, s'il en est ainsi, non seulement la notion de concept empirique ouvre un nouveau problème, mais également celle de signification de termes renvoyant à des objets perceptibles (les noms des genres naturels, par exemple) : le premier noyau de signification, celui qui s'identifie avec le schème conceptuel, ne peut se réduire à une pure information classificatoire ; le chien n'est pas compris et identifié (et reconnu) parce qu'il s'agit d'un mammifère, mais parce qu'il a une certaine *forme* (et laissons pour le moment toutes ses connotations aristotéliciennes à ce terme, malgré les risques que cela comporte dans ce contexte).

Nous avons vu qu'au concept d'assiette devait également correspondre la forme de la circularité. De la même façon, Kant nous a dit que le fait que le chien ait des pattes et que ces pattes soient au nombre de quatre est un élément intégrant du schème de chien. Un homme (au sens d'un être appartenant au genre humain) est également quelque chose qui se meut toujours selon les articulations prévues par le modèle 3D.

D'où provient ce schème ? Si une réflexion sur l'intuition pure de l'espace suffisait pour le schème de la figure géométrique et si ce schème pouvait donc être tiré de la constitution même de notre entendement, il n'en est certainement pas de même pour le schème (et donc le concept) de chien. Sans quoi nous aurions un répertoire, si ce n'est d'idées, de schèmes innés, comprenant celui de la caninité, celui de la chevalinité et ainsi de suite, jusqu'à épuiser l'ameublement complet de l'univers : nous devrions donc posséder également le schème de l'ornithorynque de façon innée, avant même de l'avoir vu, sans quoi, en le voyant, nous ne pourrions le penser. Et il est bien évident que Kant ne pouvait adhérer à un platonisme de ce genre (et le fait que Platon y adhérait est discutable).

C'est donc, auraient dit les empiristes, que le schème est tiré de l'expérience. Le schème du chien ne serait rien d'autre que l'*idée* lockienne du chien. Mais cela, pour Kant, est inacceptable, car l'expérience se fait précisément en appliquant des schèmes. Je ne peux abstraire le schème du chien des données de l'intuition, car ces données ne deviennent *pensables* qu'en conséquence de l'application du schème, précisément. Nous voilà donc pris dans un cercle vicieux dont la première *Critique* (il me semble que cela peut être affirmé en toute tranquillité) ne fait rien pour sortir.

Il ne resterait qu'une solution : en réfléchissant sur les données de l'intuition sensible, en les comparant, en les évaluant au moyen d'un art secret et inné, caché dans les profondeurs de l'âme humaine (et donc au moyen de notre appareil transcendantal), nous n'abstrayons pas les schèmes mais, tout au contraire, nous les *construisons*. Que le schème du chien nous vienne de notre éducation, que nous ne nous apercevions pas que nous l'appliquons, puisque, par *vitium subreptionis,* en raison de la façon presque inconsciente avec laquelle nous mettons en œuvre l'appareil transcendantal, nous sommes portés à croire que nous voyons un chien parce que nous recevons des sensations, Kant (on l'a vu) en a fait justice.

Que le schématisme kantien implique – au sens où il ne peut pas ne pas conduire à y penser – un constructivisme, voilà une idée qui n'a rien d'original, surtout dans cette sorte de retour à Kant que l'on relève dans les sciences cognitives contemporaines. Mais ce n'est pas en observant l'application de schèmes déjà construits (comme celui du chien) que nous pourrons voir en quoi le schème peut et doit être une construction ; le véritable problème est le suivant : *que se passe-t-il lorsque l'on doit construire le schème d'un objet encore inconnu ?*

2.7. L'ornithorynque

Ce n'est pas par caprice que nous avons choisi l'ornithorynque comme exemple d'objet inconnu. L'ornithorynque fut découvert en Australie à la fin du XVIIIe siècle. Il fut tout d'abord nommé *watermole, duck-mole* ou *duckbilled platypus.* En 1799, un exemplaire empaillé est examiné en Angleterre. La communauté des naturalistes n'en crut pas ses yeux, si bien que l'un d'entre eux soupçonna qu'il s'agissait d'une farce d'un taxidermiste. Je dirai en **4.5.1** comment on parvint à l'étudier et à le définir. Le fait est que lorsque l'ornithorynque fit son apparition en Occident, Kant avait déjà écrit son œuvre (le dernier ouvrage publié, l'*Anthropologie du point de vue pragmatique,* date de 1798). Au moment où l'on commença à parler de l'ornithorynque, Kant était déjà entré dans sa phase d'obnubilation mentale ; naturellement, il n'est pas impossible que quelqu'un lui ait signalé l'existence de l'animal, mais les informations qu'il aurait reçues auraient été fort imprécises. Lorsque l'on décida enfin que l'ornithorynque était un mammifère qui pond des œufs, Kant était mort depuis quatre-vingts ans. Nous sommes donc libres de conduire notre expérience mentale et de décider (nous) de ce qu'aurait fait Kant devant l'ornithorynque.

Il se serait agi d'en imaginer le schème, en partant d'impressions sensibles, mais ces impressions sensibles ne s'adaptaient à aucun schème qui lui aurait été acquis par avance (comment pouvait-on associer le bec et les pattes palmées au poil et à la queue d'un castor, ou l'idée d'un castor à celle d'un ovipare? comment pouvait-on voir un oiseau là où s'offrait un quadrupède, et un quadrupède là où s'offrait un oiseau?). Kant se serait retrouvé dans la même situation qu'Aristote lorsque, traçant toutes les règles possibles pour distinguer les ruminants des autres animaux, il ne réussissait pas à situer le chameau, quelle que fût la position qu'il adoptât. Le chameau échappait à toute définition par genre et différence; s'adaptait-il à l'une de ces définitions, il chassait alors de cet espace définitoire le bœuf qui rumine pourtant lui aussi[1].

On pourrait être tenté de dire que la situation aurait été plus embarrassante encore pour Aristote : convaincu que l'ornithorynque devait aussi avoir une essence et que cette essence ne dépendait pas de notre entendement, l'impossibilité de définir un tel animal l'aurait donc troublé plus encore. Le fait est que même Kant, réfutateur de l'idéalisme, aurait très bien su que l'ornithorynque, si l'intuition sensible le lui offrait, *existait* et qu'il devait par conséquent pouvoir être pensé ; et d'où que lui vienne la forme qu'il lui aurait conférée, il devait être possible de le construire.

Quel est le problème auquel Kant aurait eu affaire en se trouvant face à l'ornithorynque ? Les termes du problème ne lui sont apparus clairement que dans la *Critique de la faculté de juger*, comme on choisit de traduire aujourd'hui. Le jugement est la faculté de penser le particulier comme contenu dans le général. Si le général est déjà donné (la règle, la loi), le jugement est *déterminant*. Mais si *seul le particulier est donné et le général doit être trouvé*, le jugement est alors *réfléchissant*.

En introduisant le schématisme dans la première version du système, Kant, comme l'avait suggéré Peirce, se retrouve avec un concept explosif entre les mains, un concept qui l'oblige à aller plus

---

1. Sur cette histoire embarrassante des ruminants, voir les *Seconds analytiques* (II, 98, 15 et suiv.) et les *Parties des animaux* (642b – 644a 10 ainsi que 663b et suiv.); mais aussi mon « Cornes, sabots, chaussures : trois types d'abduction », repris dans Eco 1990 ; tr fr. : 253-257.

loin, vers la troisième *Critique*, précisément. Mais une fois passé du schème au jugement réfléchissant, la nature des jugements déterminants entre à son tour en crise. Car la faculté de jugement déterminante (comme le reconnaît Kant dans le chapitre de la *Critique du jugement* sur la dialectique du jugement téléologique) « ne possède pas de principes qui fondent des *concepts d'objets* »; elle se limite à subsumer des objets sous des lois ou des concepts donnés en tant que principes. « Ainsi la faculté de juger transcendantale, qui contient les conditions de subsomption sous des catégories, n'était pas pour elle-même *nomothétique,* mais énonçait seulement les conditions de l'intuition sensible sous lesquelles de la réalité (une application) peut être accordée à un concept donné. » Tout concept d'objet, pour être fondé, doit donc être posé par le jugement réfléchissant, qui « doit subsumer sous une loi, qui n'est pas encore donnée » (CJ §69).

La nature, Kant l'a sous les yeux. Son réalisme fondamental l'empêche de penser que ces objets de la nature ne sont pas là. Il les voit qui fonctionnent à leur manière et qui procèdent d'eux-mêmes; un arbre produit un autre arbre de la même espèce, mais en même temps il croît, il se produit donc aussi lui-même comme individu; l'œil d'une feuille d'arbre, enté sur le rameau d'un autre arbre, produit sur un pied étranger une plante de sa propre espèce; l'arbre vit comme un tout vers lequel les parties convergent, puisque les feuilles sont produites par l'arbre et que la défeuillaison aurait une incidence sur la croissance du tronc. Donc l'arbre vit et croît suivant une loi organique qui lui est propre et interne (CJ §64).

Mais on ne peut apprendre de l'arbre quelle est cette loi, étant donné que les phénomènes ne nous disent rien du noumène. Les formes *a priori* de l'entendement pur ne nous le disent pas non plus, puisque les étants naturels répondent à des lois particulières et multiples. Et pourtant, elles devraient être considérées comme nécessaires suivant le principe de l'unité du multiple qui, du reste, nous est inconnu.

Les objets de la nature, ce sont justement (outre les lois générales qui rendent pensables les phénomènes de la physique) les chiens, les pierres, les chevaux – et les ornithorynques. Nous devons pouvoir dire comment ces objets s'organisent en genres et espèces, mais – et soyons attentifs à cela – les genres et les espèces ne sont pas seulement l'œuvre de notre bon vouloir : « il y a dans la nature une subordination concevable pour nous des genres et des espèces; [...] ces genres s'approchent à leur tour les uns des autres selon un principe commun, afin que par là soit possible un passage de l'un à l'autre et par là à un genre supérieur » (CJ Intr. V).

On cherche alors à construire le concept de l'arbre (on l'assume) *comme si* les arbres étaient tels que nous pouvons les penser. On imagine quelque chose comme possible suivant le concept (on essaye d'accorder la forme à la possibilité de la chose elle-même, même si nous n'en avons aucun concept) et on le pense en tant qu'organisme qui obéit à des fins.

Interpréter quelque chose *comme si* ce quelque chose était de telle ou telle façon, cela signifie avancer une hypothèse, car le jugement réfléchissant doit subsumer le cas qui se présente sous une loi qui n'est pas encore donnée. Le jugement réfléchissant n'est donc qu'« un principe de la réflexion sur les objets, pour lesquels objectivement nous manquons totalement d'une loi, ou bien d'un concept de l'objet, qui serait suffisant comme principe pour les cas qui se présentent » (CJ §69). Et ce doit être un genre d'hypothèse bien aventureux puisqu'il s'agit d'inférer une règle que l'on ne connaît pas encore à partir du particulier (d'un Résultat); et pour trouver quelque part la règle, il faut supposer que ce Résultat est un Cas de la Règle à construire. Kant ne s'est pas exprimé en ces termes, bien sûr, mais le kantien Peirce l'a fait : il est évident que le jugement réfléchissant n'est rien d'autre qu'une *abduction*.

Dans ce processus abductif, comme nous l'avons dit, les genres et les espèces ne sont pas l'œuvre de notre bon vouloir, de notre libre arbitre classificatoire – et s'ils étaient tels, ils ne pourraient que venir s'ajuster à des abductions ayant déjà eu lieu, à une phase avancée de l'élaboration conceptuelle. On doit admettre, à la lumière de la troisième *Critique,* que le jugement réfléchissant en tant que téléologique assigne déjà un caractère d'« animalité » (ou d'« être vivant ») dans la construction schématique. Imaginons ce qui serait arrivé à Kant s'il avait vu un ornithorynque. Il aurait eu l'intuition d'une multiplicité de traits l'obligeant à construire le schème d'un être autonome, qui n'est pas mû par des forces externes, qui montre une coordination dans ses mouvements et un rapport organique et fonctionnel entre le bec (qui lui permet de se nourrir), les pattes (qui lui permettent de nager), la tête, le tronc et la queue. L'animalité de l'objet lui serait proposée comme un élément fondateur du schème perceptif et non comme une attribution abstraite venue après coup (et qui n'aurait fait que ratifier conceptuellement ce que le schème contenait déjà) [1].

---

1. Par ailleurs, plaçons-nous du point de vue d'un Adam hypothétique qui verrait pour la première fois un chat sans avoir jamais vu d'autres animaux. Pour cet Adam, le chat sera schématisé comme « quelque chose qui bouge », et pour l'instant cette qualité en fera quelque chose de similaire à l'eau et aux nuages. Mais on peut imaginer que bien vite notre Adam situera le chat parmi les chiens et les poules, parmi les corps mobiles qui réagissent de façon imprévisible lorsqu'il les sollicite et de façon relativement prévisible lorsqu'il les appelle, en le distinguant de l'eau et des nuages, qui paraissent se déplacer bien sûr, mais restent insensibles à sa présence. On pourrait

Si Kant avait pu observer l'ornithorynque (sa morphologie, ses us et coutumes), comme on le fit petit à petit au cours des deux siècles suivants, il serait probablement arrivé à une conclusion semblable à celle sur laquelle débouche Gould (1991, tr. fr. : 342) : cet animal, déjà apparu durant le Mésozoïque, avant les autres mammifères du Tertiaire, et qui n'a jamais plus évolué, ne représente pas une tentative maladroite de la nature pour produire quelque chose de mieux ; il constitue bien au contraire un chef-d'œuvre de *design,* un exemple fantastique d'adaptation au milieu, qui a permis à un mammifère de survivre et de prospérer dans les rivières. Sa fourrure le protège des eaux souvent froides des rivières. Il sait réguler sa température corporelle. Sa morphologie tout entière fait de lui un animal capable de plonger dans l'eau pour y trouver sa nourriture tout en gardant les yeux et les oreilles fermés. Ses membres antérieurs lui permettent de nager, tandis que ses membres postérieurs et sa queue lui servent de gouvernail. Les fameux éperons postérieurs qu'il possède lui permettent de se battre contre d'autres mâles pendant la saison des amours. L'ornithorynque a en somme une structure très originale et parfaitement dessinée pour atteindre les buts auxquels elle a été destinée. Mais Gould n'aurait probablement pas pu fournir cette lecture « téléologique » de l'ornithorynque si Kant n'avait pas suggéré qu'« un produit organisé par la nature est un produit dans lequel tout est fin et réciproquement aussi moyen » (CJ §66) et que les produits de la nature se présentent (à la différence des machines, mues par une simple force motrice, par une *bewegende Kraft*) comme des organismes agités intérieurement par une *bildende Kraft,* par un pouvoir, une force formante.

Pourtant, Gould n'a rien trouvé de mieux, pour définir cette *bildende Kraft,* que de recourir à la métaphore du *design*, qui est une façon de modeler les étants non naturels. Je ne pense pas que Kant aurait pu lui donner tort – bien qu'il se serait alors trouvé en pleine et heureuse contradiction. La Faculté de Juger, en effet, une fois entrée en scène comme réfléchissante et téléologique, entraîne et domine l'univers tout entier du connaissable, elle investit tous les objets pensables, même une simple chaise. Il est vrai qu'une chaise, en tant qu'objet d'art, pourrait simplement être jugée comme belle, comme

---

parler ici d'une forme de *pré-catégoriel perceptif* qui précède la catégorisation conceptuelle, forme en vertu de laquelle l'animalité qui est perçue en voyant le chien ou le chat n'a encore rien à voir avec le genre ANIMAL sur lequel la sémantique s'entretient au moins depuis l'Arbre de Porphyre. Cependant, je n'ai pas l'intention pour l'instant d'introduire cette notion de « pré-catégoriel » car, comme nous le verrons en **3.4.2** à propos des processus dits de « catégorisation », cette façon de s'exprimer implique une notion de catégorie qui n'est pas kantienne.

un pur exemple de finalité sans but et d'universalité sans concept, une source de plaisir sans intérêt, le résultat du libre jeu de l'imagination et de l'entendement. Mais il ne faudrait alors pas grand-chose pour ajouter une règle et un but là où nous avons cherché à les abstraire, et la chaise sera vue suivant l'intention de celui qui l'a conçue, c'est-à-dire en tant qu'objet fonctionnel, en tant qu'elle est finalisée à sa fonction propre, en tant qu'elle est organisée structurellement de façon à ce que chacune de ses parties soutienne le tout.

Kant passe avec une relative désinvolture des jugements téléologiques concernant les étants naturels aux jugements téléologiques concernant les produits artificiels : « Si quelqu'un dans un pays lui semblant inhabité percevait une figure géométrique tracée sur le sable, comme par exemple un hexagone régulier, sa réflexion, en s'occupant du concept de cette figure, pénétrerait, même obscurément, l'unité du principe de sa production au moyen de la raison, et ainsi, selon cette unité, il n'estimerait pas que le sable, la mer avoisinante, les vents ou bien les empreintes des animaux qu'il connaît, ou toute autre cause dénuée de raison, puisse être le fondement de la possibilité d'une telle forme ; c'est en effet parce que la chance de trouver une coïncidence avec un tel concept, qui n'est possible que dans la raison, lui semblerait si faible, qu'il vaudrait mieux faire comme s'il n'y avait là aucune loi naturelle ; et il en résulterait également qu'aucune cause dans la nature qui se contente d'agir mécaniquement ne pourrait envelopper la causalité pour un tel effet, mais seulement le concept d'un tel objet, en tant que concept que la raison seule peut donner et auquel elle peut comparer l'objet ; en conséquence de quoi l'effet pourrait être absolument considéré comme une fin, c'est-à-dire comme produit de l'art, mais non pas comme une fin naturelle *(vestigium hominis video)* » (CJ §64).

Kant fait très certainement partie de ceux qui ont persuadé les philosophes de la légitimité qu'il peut y avoir à construire une phrase qui compte vingt-deux lignes dans l'édition de l'Académie sans un seul point, mais ainsi au moins il nous a très bien expliqué comment se déroule une abduction, et une abduction digne de Robinson Crusoé. Et si quelqu'un nous faisait remarquer que, dans ce cas, l'art a toujours imité une figure régulière, qui n'est pas une invention de l'art mais le produit d'intuitions mathématiques pures, l'exemple qui précède de quelques pages celui que nous venons de citer pourrait alors suffire : Kant, comme exemple de finalité empirique (opposée à la finalité pure du cercle, qui semble avoir été conçu pour mettre en évidence toutes les démonstrations qui peuvent en être tirées), évoque un jardin, et certainement un beau jardin à la française, où l'art prévaut sur la nature, un jardin dont les parterres de fleurs et les allées présentent de l'ordre et de la régularité (CJ §62); et il parle de finalité, empirique, certes, et réelle puisque nous savons que le jardin a été réalisé dans un certain but et pour une fonction précise. On peut dire que le fait de voir le jardin ou la chaise comme un organisme finalisé requiert une hypothèse moins aventureuse, parce que je sais déjà que les objets artificiels obéissent à l'intention de leur artisan. Pour pouvoir comprendre la nature, en revanche, le jugement n'a d'autre possibilité que de postuler une fin (et indirectement une créativité formatrice, une sorte de *natura naturans*). Mais même l'objet artificiel ne peut pas ne pas tomber sous le coup d'un jugement réfléchissant.

Il serait bien optimiste d'affirmer que cette version téléologique du schème est développée avec une clarté absolue dans la troisième *Critique*. Il suffit de voir, par exemple, le célèbre §59 qui a fait couler des fleuves d'encre chez ceux qui ont cherché à retrouver chez Kant les éléments d'une philosophie du langage. Kant commence par distinguer les *schèmes,* qui sont le propre des concepts purs de l'entendement, des *exemples (Beispiele),* qui valent pour les concepts empiriques. L'idée en elle-même est assez séduisante : dans le schème du chien ou de l'arbre, ce sont des idées « prototypiques » qui entrent en jeu, comme si par l'*ostension* d'un chien (ou de l'image d'un chien singulier) tous les chiens pouvaient être représentés. Mais il resterait encore à savoir comment cette image, qui doit jouer le rôle de médiateur entre le divers de l'intuition et le concept, peut ne pas être déjà un tissu de concepts – pour être l'image d'un chien *en général* et non de *ce* chien. Et, encore une fois, quel « exemple » de chien viendrait jouer le rôle de médiateur entre l'intuition et le concept, puisqu'il semble que, pour les concepts empiriques, le schème vienne coïncider avec la possibilité de se *figurer* un concept générique?

Kant affirme alors que la présentation sensible de quelque chose (« hypotypose ») peut être *schématique* lorsque l'intuition correspondant à un concept saisi par l'entendement est donnée (et cela vaut aussi pour le schème du cercle, indispensable pour comprendre le concept d'« assiette »). Mais cette présentation devient *symbolique* lorsque, à un concept que seule la raison peut penser et en l'absence d'une intuition correspondante, une intuition est fournie au moyen de l'analogie, comme, par exemple, lorsque je me représente l'état monarchique comme un corps animé. Ici, Kant est très certainement en train de parler de symboles au sens logico-formel (qui sont pour lui de simples *Charakterismen*), mais également de phénomènes tels que la métaphore ou l'allégorie.

Il reste donc un hiatus entre les schèmes et les symboles. Si l'on peut encore dire, à propos de l'ornithorynque, que le premier impact a été métaphorique (« taupe aquatique »), on ne peut plus en dire autant à propos du chien.

Cet hiatus, me semble-t-il, Kant cherchera à le combler dans l'*Opus postumum*. On peut dire, sans en pénétrer vraiment les nombreux labyrinthes, que Kant, dans ces notes de travail, cherche essentiellement à déterminer les diverses lois particulières de la physique qui ne peuvent pas être tirées des seules catégories. Pour pouvoir fonder la physique, il doit alors postuler l'éther comme une matière répandue dans tout l'espace cosmique, qui se trouve dans tous les corps et les pénètre.

Les perceptions externes, en tant que matériau d'une expérience possible, auxquelles ne manque que la forme de leur connexion, sont l'effet de forces motrices (ou produisant l'agitation) de la matière. Or, pour médiatiser l'application de ces forces motrices aux rapports qui se présentent dans l'expérience, il faut identifier les lois empiriques. Elles ne sont pas données *a priori* et nécessitent des concepts *construits* par nous *(selbstgemachte)*. Ces concepts ne sont pas donnés *(conceptus dati)* par la raison ou par l'expérience, ce sont des concepts *faits* ou *factices (conceptus factitii)*. Ils sont *problématiques* (et l'on se souvient qu'un jugement problématique dépend du *postulat de la pensée empirique en général*, en vertu duquel ce qui s'accorde avec les conditions formelles de l'expérience est rendu possible).

De tels concepts doivent être pensés en tant que fondement de la science naturelle. On doit donc postuler (dans le cas du concept factice d'éther) un tout absolu subsistant dans la matière.

Kant affirme à plusieurs reprises que ce concept n'est pas une hypothèse mais un postulat de la raison. Sa méfiance envers le terme d'*hypothèse* a des racines newtoniennes : en effet, un concept (construit, pour ainsi dire, sur le néant) qui rend possible la totalité de l'expérience est une abduction qui recourt, pour expliquer certains résultats, à une règle construite *ex novo*[1]. Ne nous laissons pas distraire par le fait que le postulat de l'éther se soit par la suite révélé une erreur : il a relativement bien fonctionné pendant longtemps et les abductions (songeons à la théorie des épicycles et des déférents) se révèlent « bonnes » lorsqu'elles tiennent longtemps, jusqu'à ce qu'une abduction plus adéquate, plus économique et plus puissante entre en scène.

Comme le note Vittorio Mathieu à propos du dernier Kant, « l'entendement fait l'expérience en *projetant* la structure selon laquelle les forces motrices de l'objet peuvent agir ». Le jugement

---

1. Il s'agit de ce que je définissais, dans « Cornes, sabots, chaussures » (Eco 1990), comme *abduction créative*. Voir à ce propos Bonfantini et Proni 1980.

réfléchissant ne produit pas seulement des schèmes à partir de son observation mais produit également des schèmes pour pouvoir observer, précisément, et expérimenter. Et « une telle doctrine, par la liberté qu'elle assigne à la projection intellectuelle de l'objet, va au-delà de celle de la *Critique* »[1].

Avec ce schématisme tard venu, l'entendement ne construit pas la simple détermination d'un objet possible, mais *fait* l'objet, le *construit*, et, dans cette activité (problématique en elle-même), procède par tentatives[2].

La notion de tentative devient ici cruciale. Si le schème des concepts empiriques est un *construct* cherchant à rendre les objets naturels pensables et si la synthèse des concepts empiriques ne peut jamais être achevée puisqu'il sera toujours possible de découvrir, au cours d'expériences postérieures, de nouveaux caractères *(note)* du concept, alors les schèmes eux-mêmes ne pourront qu'être révisables, faillibles et destinés à évoluer dans le temps. Si les concepts purs de l'entendement pouvaient constituer une sorte de répertoire intemporel, les concepts empiriques ne peuvent devenir qu'« historiques », ou culturels si l'on veut. En d'autres termes, comme le dit Paci (1957 : 185), les concepts empiriques sont fondés non pas sur la nécessité mais sur la *possibilité* : « La synthèse est impossible sans le temps et donc sans le schème, sans l'image qui est toujours quelque chose de plus qu'une simple projection, qui est toujours quelque chose de nouveau ou, dirons-nous, de *projetant* et de *prospectif*, quelque chose d'ouvert à l'avenir et au possible. »

Kant n'a certes pas « dit » cela, mais il semble difficile de ne pas dire cela si l'on tire les dernières conséquences de la doctrine du

---

1. V. Mathieu observait, dans son Introduction à l'édition italienne de l'*Opus postumum*, que « tout en maintenant la structure nécessaire des catégories, on peut encore prendre en considération une activité spontanée *ultérieure,* que l'entendement réalise *à partir* des catégories, mais sans rester attaché à elles [...] en construisant non pas simplement ce qui *dérive* d'elles, mais tout ce qui se laisse encore penser sans tomber en contradiction » (Mathieu 1984). Pour avoir cette audace, Kant avait sans doute besoin de passer à travers la réflexion esthétique de la troisième *Critique* ; c'est alors que peut naître « un nouveau schématisme, le schématisme libre, sans concepts, de *l'imagination* – comme capacité originaire d'organisation des perceptions » (*cf.* Garroni 1986 : 226).

2. V. Mathieu, Introduction à l'édition italienne de l'*Opus postumum* : 41-42. L'aspect le plus intéressant de cette affaire est le suivant : Kant assigne de plus en plus de pouvoir constituant à l'entendement parce qu'il semble de plus en plus persuadé que le *continuum* présente (comme nous le disions dans le premier essai de ce livre) des lignes de tendance ; donc, parce qu'il veut de plus en plus rendre raison du fait que (pour employer une formule peircienne) il y a des lois générales opérant dans la nature et, naturellement, une réalité objective des espèces. Il serait alors intéressant de montrer que plus Peirce s'avance vers cette concession réaliste, plus il s'éloigne du premier Kant. *Cf.* à ce sujet Hookway 1988 : 103-112.

schématisme. C'est du moins ainsi que l'a compris Peirce, qui a résolument placé le processus cognitif tout entier sous le signe de l'inférence hypothétique, de telle sorte que les sensations se présenteront en tant qu'interprétations de stimuli, les perceptions en tant qu'interprétations de sensations, les jugements perceptifs en tant qu'interprétations de perceptions, les propositions particulières et générales en tant qu'interprétations de jugements perceptifs et les théories scientifiques en tant qu'interprétations de séries de propositions (*cf.* Bonfantini & Grazia, 1976 : 13).

Face au caractère infiniment segmentable du *continuum*, aussi bien les schèmes perceptifs que les propositions concernant les lois de la nature – des propositions telles que *le rhinocéros est (ou n'est pas) un mammifère, le dauphin est un poisson* ou encore *l'éther cosmique ne peut être pensé* – découpent des entités ou des rapports qui, quand bien même ils se placeraient à des niveaux différents, restent toujours hypothétiques et subordonnés à la possibilité du faillibilisme.

Naturellement, le transcendantalisme sera alors également victime de sa propre révolution copernicienne. La garantie que nos hypothèses soient « justes » (ou au moins acceptables en tant que telles, jusqu'à preuve du contraire) ne sera plus cherchée dans l'*a priori* de l'entendement pur (même si les formes logiques les plus abstraites de l'entendement seront épargnées), mais dans le consensus historique, progressif et temporel, lui aussi, de la *Communauté*[1]. Devant le risque du faillibilisme, le transcendantal s'historicise, il devient une simple accumulation d'interprétations acceptées, et acceptées après un processus de discussion, de sélection et de rejet[2]. Instable fondation que celle qui s'appuie sur le pseudo-transcendantal de la Communauté

---

1. *Cf.* Apel 1995. Le sujet transcendantal de la connaissance devient la communauté, qui, de façon presque « évolutionniste », se rapproche de ce qui pourrait devenir connaissable *in the long run*, à travers un processus *d'essai et d'erreur*. *Cf.* également Apel 1975. Cela nous pousse à relire la polémique anticartésienne et le refus d'admettre des données inconnaissables. Ce refus pourrait également se définir comme une précautionneuse et préventive prise de distance avec l'idée kantienne de chose en soi. L'Objet Dynamique est au départ une chose en soi, mais au cours du processus de l'interprétation, il devient toujours plus adéquat – même si ce n'est que potentiellement.
2. C'est en ce sens que doit être lue la récupération de Kant qu'opère Popper (1969). « Kant était fondé à dire : " L'entendement ne puise pas ses lois de la nature, mais les lui prescrit. " Or, considérer que ces lois sont nécessairement vraies ou que nous réussissons immanquablement à les prescrire à la nature constitue une erreur. La nature, dans bien des cas, résiste très bien et nous contraint à nous défaire de ces lois parce qu'elles se trouvent réfutées ; mais, tant que nous demeurons en vie, nous pouvons faire de nouvelles tentatives » (I,1, v ; tr. fr. : 82). C'est ainsi que Popper s'autorise à reformuler la solution kantienne : « L'entendement ne tire pas ses lois de la nature, mais tente – en y réussissant dans des proportions variables – de lui prescrire des lois librement inventées par lui » (I,8 ; tr. fr. : 286).

(qui est bien plus une idée optative qu'une catégorie sociologique) : c'est pourtant le Consensus de la Communauté qui nous fait pencher aujourd'hui pour l'abduction de Kepler plutôt que pour celle de Tycho Brahé. Naturellement, la Communauté a fourni ce que l'on appelle des preuves. Ce n'est pourtant pas l'autorité de la preuve en elle-même qui réussit à nous convaincre ou qui nous empêche de la falsifier (au sens de Popper) : c'est plutôt la difficulté de remettre en question une preuve sans bouleverser le système tout entier, sans renverser le paradigme qui la soutient.

Cette dé-transcendantalisation de la connaissance se retrouve, par une influence percienne explicite, dans la notion d'« assertion justifiée » de Dewey ou, comme on préfère le dire aujourd'hui, d'*assertabilité garantie* et reste présente dans les diverses conceptions holistiques du savoir. Le concept de vérité acceptable dépend alors de la pression structurale d'un corps de connaissances interdépendantes. Cependant, des faits continuent d'émerger à l'intérieur de ce corps, ils se présentent petit à petit et se montrent « récalcitrants à l'expérience ». Et c'est ainsi que réapparaît, à l'intérieur d'un paradigme unitaire et solidaire, ce problème que Peirce considérait comme l'un des problèmes fondamentaux (et des tâches) de la Communauté : comment reconnaître – après s'être longuement et collectivement cogné la tête contre des « non », contre des résistances et des refus – les *lignes de tendance* du *continuum* ? Mais c'est en **2.9** que je reviendrai là-dessus.

2.8. Relecture de Peirce

Nous avons dit en **2.2** que Peirce, en cherchant à éluder la question du *Ground*, du jugement perceptif et de l'Objet Immédiat, cherchait probablement à résoudre, du point de vue d'une vision inférentielle de la connaissance, le problème du schématisme. Je ne pense pas que Peirce, au cours des diverses reprises de ce thème qui parsèment l'ensemble de son œuvre, nous ait donné une réponse unique et définitive. Il en essaie beaucoup. Il avait besoin d'un concept de schème, mais il ne pouvait pas en trouver les modalités déjà fondées et il ne pouvait les déduire. Il devait les découvrir « en action », dans le vif d'une activité incessante d'interprétation. C'est pour cette raison, me semble-t-il, qu'il ne suffit pas de s'en remettre à la philologie ; en tout cas, ce n'est pas ce que j'ai ici l'intention de faire. J'essaierai plutôt de dire comment, selon moi, Peirce doit être lu (ou reconstruit, si l'on veut), bref, de lui faire dire ce que je voudrais qu'il ait dit, et ainsi peut-être réussirai-je à comprendre ce qu'il voulait dire.

Fumagalli (1995 : 3) met en évidence la façon dont se produit, à partir de 1885, un tournant dans la pensée de Peirce. A compter de ces années, les catégories de la *New List* ne sont plus déduites d'une analyse de la proposition, mais concernent trois « univers » de l'expérience. Il y a, dirais-je, une sorte de passage de la logique à la gnoséologie : le *Ground*, par exemple, n'est plus un prédicat mais une sensation. De même, le second moment, celui de l'indexicalité, devient un genre d'expérience qui prend la forme d'un *choc* ; c'est un impact avec un individu, avec une *haecceitas* qui va « frapper » le sujet sans qu'elle soit encore une représentation. Fumagalli affirme que nous assistons à un retour kantien à l'immédiateté de l'intuition, antérieure à toute activité inférentielle. Mais puisque cette intuition, comme nous le verrons, reste le pur sentiment que quelque chose se tient devant moi, elle sera encore privée de tout contenu intellectuel et pourrait par conséquent (me semble-t-il) résister à la critique anticartésienne du jeune Peirce.

Le *Ground* est une *Firstness*. Nous avons vu que ce terme de *Ground* peut signifier « fond » (et ce serait une interprétation trompeuse) mais également « base » ou « fondement ». Le *Ground* est une *Firstness* du point de vue du processus cognitif, mais non du point de vue métaphysique, sans quoi il serait substance, un quelque chose qui se présente obscurément à la candidature de *subjectum* de prédications. Mais il apparaît en revanche comme un prédicat possible, comme un « c'est *rouge* », plutôt que comme un « *ceci* est rouge ». A ce stade, nous nous situons avant la rencontre avec quelque chose qui nous résiste, nous sommes sur le point d'entrer dans la *Secondness*, mais nous n'y sommes pas encore. A un certain moment, Peirce nous dit que le *Ground* est une « pure *species* ». Ce terme ne doit pas être entendu en son sens scolastique, me semble-t-il, mais en son sens courant, comme apparence ou comme aspect (Fabbrichesi 1981 : 471). Pourquoi Peirce l'appelle-t-il icône, ou ressemblance *(Likeness)*, et pourquoi dit-il qu'il a la nature d'une idée ? Il me semble que cela est dû à la tradition gréco-occidentale au sein de laquelle il évolue, une tradition dans laquelle la connaissance se fait toujours à travers la vision. Si Peirce avait été formé dans la culture juive, il aurait sans doute parlé d'un son ou d'une voix.

2.8.1. Le Ground, les « qualia » et l'iconisme primaire

Et en effet, qu'est-ce qu'une sensation immédiate de chaleur a de visuel, une sensation qui est pourtant bien une *Firstness*, au même titre qu'une sensation de rouge ? Dans les deux cas, il s'agit de quelque chose qui est encore insaisissable, si bien que Peirce, d'une expression très « tendre », dit que l'idée du *First* est « *so tender that you cannot touch it without spoiling it* » (CP 1.358).

Le *Ground* doit être considéré soit du point de vue du réalisme de Peirce, soit du point de vue de sa théorie de l'icône. Du point de vue du réalisme percien, la *Firstness* est une présence « *such as it is* », un simple caractère positif (CP 5.44[1]). C'est une « *quality of feeling* », telle qu'une couleur pourpre perçue sans aucune impression de début ou de fin de l'expérience, sans aucune conscience de soi distincte du sentiment de la couleur. La *Firstness* n'est pas un objet, elle n'appartient au départ à aucun objet reconnaissable. Elle n'a aucune généralité (CP 7.530). La *Firstness est*, et nous conduit à passer à la *Secondness*, pour que nous nous apercevions de la coexistence de plusieurs qualités, qui s'opposent déjà mutuellement avant de s'opposer *à nous* (7.533), ou bien parce qu'il nous faut alors dire qu'il y a quelque chose. C'est à partir de ce moment-là que l'interprétation peut se déclencher, mais vers l'avant et non à reculons. Pourtant, en apparaissant, la *Firstness* est encore un « *mere may-be* » (CP 1.304 ; ES 83), une potentialité sans existence (CP 1.328), une simple possibilité (CP 8.329), mais la possibilité d'un processus perceptif, « *not rational, yet capable of rationalisation* » (CP 5.119). Il s'agit de quelque chose qui « ne peut être pensé de façon articulée ; affirmez-le et vous aurez déjà perdu son innocence caractéristique ; parce que l'affirmation implique toujours la négation de quelque chose d'autre [...] Rappelez-vous simplement que toute description de lui peut être fausse » (CP 1.357[2]).

Ici, Peirce n'est pas kantien : il ne se soucie absolument pas de découvrir une multiplicité (ou diversité) au sein de l'intuition. S'il y a une première intuition, elle est absolument simple. J'imagine que d'autres attributs, après le premier rouge, le premier chaud ou la première sensation de dureté, peuvent venir s'ajouter au cours du processus inférentiel qui lui succède ; mais le commencement est absolument ponctuel. Je crois que lorsque Peirce affirme que le *Ground* est une qualité, il parle de ce que la philosophie définit encore aujourd'hui comme le phénomène des *qualia* (*cf.* Dennett 1991).

Le *Ground* présente toutes les antinomies que recèle le problème

---

1. « C'est la lueur de l'instant, insaisissable, éternel » (Fabbrichesi 1981 : 483).

2. Ou encore : « Par sentiment (*feeling*), j'entends un cas de ce genre de conscience qui n'implique aucune analyse, comparaison ou processus que ce soit, ni ne consiste totalement ou partiellement en un acte par lequel un champ de conscience se distingue d'un autre, un acte qui a sa propre qualité positive qui se suffit à elle-même, et qui est de lui-même tout ce qu'il est » (CP 1.306 ; ES 84).

tragique des *qualia* : comment peut-il être une pure possibilité, antérieur à n'importe quelle conceptualisation, et devenir cependant un
prédicat, un *général* prédicable de nombreux objets ? En d'autres
termes, comment un pur blanc *(album)*, qui précède la reconnaissance
de l'objet auquel il se rattache, peut-il être une sensation de blanc tout
en étant non seulement nommable mais encore prédicable en tant que
blancheur *(albedo)* d'objets différents ? Et, autre problème pour
Peirce, comment est-il possible qu'une telle qualité et possibilité pure
(comme on l'a dit en **2.2**) ne puisse être ni critiquée ni mise en question ?

Commençons par le second problème. Au sujet de la qualité, Peirce
ne parle pas encore de jugement perceptif. Il parle d'un pur « ton » de
la conscience et c'est précisément ce ton qu'il définit comme quelque
chose de résistant à toute critique possible. Mais Peirce n'est pas en
train de nous dire qu'une sensation de rouge est « infaillible ». Il nous
dit qu'une fois que cette sensation a eu lieu, et même si nous nous
rendons compte ensuite que nous nous étions trompés, le fait qu'elle a
eu lieu reste indiscutable (*cf.* Proni 1992, 3.16.1). En CP 5.142, Peirce
prend l'exemple de quelque chose qui me serait apparu d'un blanc
parfait dans un premier temps, mais qui, par la suite, après avoir fait
une série de comparaisons avec d'autres choses blanches, m'apparaît
d'un blanc sale. Il aurait pu développer son exemple et nous parler de
la ménagère voyant dans un premier temps que le drap qu'elle vient
de laver est d'une blancheur parfaite, mais qui, après l'avoir comparé
à un autre, reconnaît que le second est plus blanc que le premier. Il ne
faut pas croire que cette allusion au schéma canonique de la publicité
télévisuelle des lessives est simplement casuelle ou malicieuse : c'est
bien de ce problème que Peirce entendait parler.

En regardant la publicité de la lessive, Peirce nous aurait dit que la
ménagère a commencé par voir la blancheur du premier drap (un pur
« ton » de la conscience) ; après être passée à la reconnaissance de
l'objet *(Secondness)* et avoir fait une série de comparaisons nourries
d'inférences *(Thirdness)*, elle découvre que la blancheur se présente
suivant des *degrés* et peut alors affirmer que le second drap est plus
blanc que le premier ; mais elle ne peut pas effacer sa première impression, qui, en tant que pure qualité, *a été* : c'est pourquoi elle dit
« je croyais *(d'abord)* que mon drap était blanc, mais *maintenant* que
j'ai vu le vôtre, etc. ».

Mais au cours de ce processus – et nous en venons au premier problème – la ménagère, en comparant différents degrés de cette blancheur *(album)* qui était au départ une pure possibilité de conscience,
ou en réagissant à la blancheur de deux draps différents au moins, est
passée au blanc comme qualité de quelque chose, comme prédicat

(albedo), donc à un *général,* qui peut être nommé et auquel correspond un Objet Immédiat. Nous pourrions donc dire que ressentir un objet en tant que rouge, sans même avoir eu conscience que nous sommes face à quelque chose d'extérieur à la conscience, est une chose, et opérer la *préscision* par laquelle on prédique de cet objet la qualité d'être rouge en est une autre.

Mais alors tout un ensemble de questions serait laissé sans réponses. Nous aurions mis en lumière *ce* dont Peirce entendait parler, mais non *comment* il expliquait le processus dont il parlait. Comment se fait-il qu'une pure qualité *(Firstness),* qui devrait être le point de départ immédiat et sans relation de toute perception successive, puisse fonctionner en tant que prédicat, donc avoir déjà été nommée, si la sémiose ne s'instaure de façon définitive que dans la *Thirdness*? Et comment cela peut-il avoir lieu si – toute connaissance étant inférence – notre point de départ ne peut pas être inférentiel puisqu'il se manifeste immédiatement sans même pouvoir être discuté ou nié?

Le *Ground,* par exemple, ne devrait pas être non plus une icône, si l'icône est ressemblance, car il ne peut entretenir de rapports de ressemblance avec rien, si ce n'est avec lui-même. Peirce oscille ici entre deux notions : d'un côté, nous l'avons vu, le *Ground* est une idée, un « diagramme squelette », mais en tant que tel il est déjà un Objet Immédiat, la pleine réalisation de la *Thirdness*; de l'autre, le *Ground* est *Likeness* qui ne ressemble à rien. Il me dit simplement que la sensation que j'éprouve provient en quelque façon de l'Objet Dynamique.

Dans ce cas, nous devons libérer (et même contre Peirce, chaque fois qu'il change de terme et nos idées avec) le concept de ressemblance de celui de comparaison. La comparaison s'offre dans des rapports de *similitude,* lorsque, sur la base d'une proportion donnée, nous disons d'un graphe, par exemple, qu'il exprime certaines relations que nous devons supposer appartenir à l'objet. La similitude (qui est déjà investie par des lois) explique comment fonctionnent les *hypoicônes,* telles que les diagrammes, les dessins, les peintures, les partitions musicales ou les formules algébriques. Mais l'icône n'est pas expliquée en parlant de similitude, et elle ne l'est pas non plus en parlant de ressemblance. L'icône est le phénomène qui fonde tous les jugements possibles de ressemblance, mais qui ne peut être fondé par eux.

Il serait donc trompeur de penser l'icône comme une « image » mentale reproduisant les qualités de l'objet, puisqu'il serait facile, en pareil cas, d'abstraire une image générale de plusieurs images particulières, à la façon dont on abstrait toujours et en quelque manière une idée d'oiseau ou d'arbre en général d'un certain nombre d'oiseaux ou d'arbres. Je ne veux pas dire par là que les images mentales doivent être rejetées ou que Peirce, par moments, aurait pensé à l'icône en termes d'image mentale. Je dis seulement que pour concevoir le concept d'iconisme primaire, pour concevoir ce qui s'instaure dans le moment du *Ground*, la notion d'image mentale doit également être abandonnée[1].

Essayons d'éliminer les faits mentaux, et de mental faisons plutôt une expérience. Je viens juste de me lever et, somnolent, je mets la cafetière sur le feu. Sans doute ai-je allumé le gaz trop fort ou n'ai-je pas posé la cafetière au bon endroit, mais le fait est que la poignée de la cafetière est également devenue brûlante, et au moment où je saisis la cafetière pour me verser un café, je me brûle. Passons sur les imprécations d'usage. Je me protège alors les doigts et verse le café. Fin de l'histoire. Mais je commets la même erreur le matin suivant. Si je devais verbaliser la seconde expérience, je dirais que j'ai mis la *même* cafetière sur le feu et que j'ai eu la *même* sensation douloureuse. En réalité, les deux sortes de reconnaissance sont différentes. Etablir que la cafetière est *la même* est l'effet d'un système complexe d'inférences (pleine *Thirdness*) : je pourrais avoir deux cafetières du même genre (c'est le cas), l'une plus récente et l'autre plus ancienne, et pour savoir quelle est celle que j'ai utilisée, il faut que j'engage une série de reconnaissances et de conjectures sur certaines caractéristiques morphologiques de l'objet, et éventuellement que je me souvienne de l'endroit où je l'ai reposé la veille.

Mais « sentir » que j'éprouve *la même* chose aujourd'hui (avec des variations négligeables d'intensité thermique) que ce que j'ai éprouvé hier, voilà qui est une autre affaire. Je suis assez sûr d'avoir eu *la même* impression de brûlure, ou mieux, j'éprouve une sensation thermique douloureuse que je *reconnais* d'une manière ou d'une autre comme *similaire* à celle que j'ai éprouvée la veille.

Il ne me semble pas que beaucoup d'inférences soient nécessaires pour reconnaître cela. La solution la plus commode serait de dire que l'expérience qui a précédé a laissé une « trace » dans mes circuits neuronaux. Mais nous prendrions alors le risque de considérer déjà cette trace comme un schème, comme un prototype de la sensation ou comme une règle pour reconnaître des sensations similaires. Accep-

---

1. Habermas (1995) souligne la critique du psychologisme que Peirce engage à partir des Harvard Lectures. Le processus même d'interprétation est « anonymisé », « dépersonnalisé » : l'esprit peut être vu comme relation entre signes. Habermas voit chez Peirce un désintérêt pour le processus de communication comme événement intersubjectif. Oehler (in Ketner 1995) lui répond en soulignant au contraire les moments où Peirce se montre sensible à la communication entre sujets. Reste le fait qu'il me semble possible d'expliquer le processus d'iconisme primaire sans recourir à des événements ou représentations mentales, sans trahir l'esprit de Peirce.

tons alors cette idée qui circule dans les milieux du néo-connexion-nisme selon laquelle il n'est pas nécessaire que le réseau neuronal se construise un prototype de la catégorie et selon laquelle il n'y a pas de distinction entre règle et données (la mémoire du stimulus et la mémoire de la règle auraient donc la même configuration, le même *pattern* neuronal). Plus modestement, on peut supposer qu'à partir du moment où j'ai éprouvé la sensation de douleur, le point qui s'est activé dans mon appareil nerveux est le même que celui qui s'était activé la veille, et qu'en s'activant ce point m'a fait sentir, outre la sensation thermique, une sensation de « nouveau ». Je ne suis pas certain qu'il faille même présupposer une mémoire, si ce n'est au sens où, lorsque nous avons subi une première fois le traumatisme d'une partie du corps, le corps a conservé la « mémoire » de l'agression et réagit à un nouveau traumatisme différemment que ne l'aurait fait une partie encore vierge. Voilà, c'est comme si j'avais perçu la première fois une sensation de « chaud$_1$ » et la seconde fois une sensation de « chaud$_2$ ».

Gibson (1966 : 278) considère que l'idée selon laquelle la sensation laisse une trace que l'*imput* vient réactiver d'une façon ou d'une autre constitue une explication suffisamment motivée et somme toute assez pratique. Il observe cependant qu'une explication alternative serait de dire que le jugement de ressemblance entre stimuli reflète un accord du système perceptif aux invariants du stimulus informatif. Il n'y au-rait alors plus de trace, plus de « schème » préventif, mais simplement quelque chose que nous ne pouvons pas ne pas appeler *adéquation*.

Ce qui ne veut pas dire que nous retombons alors dans une théorie de la connaissance (ou du moins de son vestibule sensoriel) comme *adaequatio*. Il s'agit d'une simple adéquation entre le stimulus et la réponse : nous n'avons donc pas à faire face à tous les paradoxes que rencontre une théorie de l'adéquation à des niveaux cognitifs supé-rieurs, à des paradoxes tels que celui que nous rencontrons lorsque, en percevant un chien que nous trouvons adéquat à notre schème du chien, nous devons nous demander sur quelles bases se fonde le ju-gement d'adéquation : la recherche du modèle d'adéquation nous fait alors entrer dans la spirale du Troisième Homme. Ici, cette identité, cette correspondance statistique entre le stimulus et la réponse nous dit seulement que la réponse est exactement celle qui a été provoquée par le stimulus.

Mais alors que signifie ici adéquation ? Supposons que quelqu'un réussisse à enregistrer le processus qui a lieu dans notre système ner-veux chaque fois que nous recevons un même stimulus et que l'enregistrement présente toujours une forme x. Nous dirions alors que x correspond adéquatement au stimulus et qu'il en est l'icône.

Nous disons donc que l'icône présente une *ressemblance* avec le stimulus.

Cette adéquation que nous avons choisi d'appeler ressemblance n'a (encore) rien à voir avec une « image » correspondant point par point aux caractéristiques de l'objet ou du champ stimulant. Comme le rappelle Maturana (1970 : 10), deux états d'activité d'une cellule nerveuse donnée peuvent être considérés comme *les mêmes* (ou comme *équivalents*) s'« ils appartiennent à la même classe » et sont définis par le même *pattern* d'activité, sans qu'il leur faille correspondre l'un à l'autre point par point. Prenons, par exemple, la loi de Fechner (selon laquelle l'intensité d'une sensation est proportionnelle au logarithme de l'excitation physique) et supposons qu'elle soit exacte : si la proportionnalité était constante, l'intensité de l'excitation serait alors l'icône de l'excitateur (dans la formule $S = K \log R$, le signe d'égalité exprimerait la relation de ressemblance iconique).

Je crois que l'iconisme primaire, pour Peirce, réside dans cette correspondance où le stimulus est *adéquatement* « représenté » par telle sensation et non telle autre. Cette adéquation n'est pas expliquée, elle est seulement reconnue. De ce point de vue, c'est l'icône qui devient le paramètre de la ressemblance et non l'inverse. Si, à partir de là, nous entendons parler d'autres relations, de relations de ressemblance plus complexes ou de relations de similitude calculées, c'est sur le modèle de cette ressemblance primaire qu'est l'icône que nous établirons ce que veut dire – dans un sens évidemment moins immédiat, rapide et indiscutable – être *pareil-à* (ou être *similaire-à*)[1].

Nous verrons en **6.11** qu'un rapport de ce genre, qui ne présente aucune médiation et qui ne peut être discuté (en supposant toujours que n'interviennent pas d'éléments capables de « tromper » les sens), se vérifie avec l'image spéculaire. Mais de ce point de vue, puisqu'il s'agit précisément de libérer la notion d'iconisme de son lien historique avec les images visuelles, je préfère éviter de recourir à une image quelconque.

---

1. On remarquera qu'il devient alors impossible d'affirmer que la sensation présente quelque ressemblance avec *quelque chose* qui était dans l'objet ou dans le champ stimulant (dans le cas d'une sensation de rouge, nous savons très bien que le rouge n'est pas dans l'objet, que c'est tout au plus un pigment, ou un phénomène lumineux, auquel nous répondons par la sensation de rouge). Nous pourrions même avoir deux sujets, l'un daltonien (qui prend le rouge pour du vert) et l'autre pas, de telle sorte que la sensation du premier sujet soit différente de celle du second : cela n'empêcherait pas qu'une réponse constante au stimulus ait lieu chez l'un comme chez l'autre ; l'un comme l'autre a été éduqué à répondre *rouge* à ce stimulus. Nous voulons dire par là qu'il y aurait toujours, pour l'un comme pour l'autre, un rapport constant entre stimulus et sensation (et qu'un accident culturel peut les laisser tranquillement interagir en nommant tous deux, et toujours, *rouge* le feu et *verte* la prairie).

2.8.2. *Le seuil inférieur de l'iconisme primaire*

S'il est possible de définir l'iconisme primaire en termes non mentaux, c'est parce que deux perspectives différentes, bien que dépendantes l'une de l'autre, se croisent au sein de la pensée percienne : la perspective métaphysique-cosmologique et la perspective cognitive. La métaphysique et la cosmologie de Peirce restent très certainement incompréhensibles si elles ne sont pas lues d'un point de vue sémiotique ; mais on devrait en dire autant de sa sémiotique à l'égard de sa cosmologie. Les catégories de *Firstness, Secondness* et *Thirdness*, ainsi que le concept d'interprétation, ne définissent pas seulement des *modi significandi*, c'est-à-dire des modalités de connaissance du monde : ce sont aussi des *modi essendi,* des façons dont le monde *se comporte,* des procédés grâce auxquels le monde s'interprète lui-même au cours de l'évolution[1].

D'un point de vue cognitif, l'icône, en tant que pure qualité, simple état de conscience, absolument sans relations, est une *Likeness* car elle est égale (adéquate) à ce qui en a stimulé la naissance (et elle l'est également avant qu'elle ne soit comparée à son modèle, avant qu'elle ne soit vue en connexion avec certains objets extérieurs aux sens). Du point de vue cosmologique, l'icône est la disponibilité naturelle de quelque chose *à s'emboîter* dans quelque chose d'autre. Si Peirce avait eu connaissance de la théorie du code génétique, il aurait certainement affirmé que le rapport permettant à des chaînes de bases azotées de produire des successions d'acides aminés ou à des triplets d'ADN d'être remplacés par des triplets d'ARN était un rapport iconique.

Je parle ici de ce que j'avais défini dans le *Trattato* (0.7) comme « seuil inférieur de la sémiotique », un seuil au-delà duquel je plaçais les phénomènes (comme les phénomènes génétiques et neurophysiologiques) qui ne devaient pas être considérés comme des signes (et ils étaient des signaux) et, partant, les excluais d'une discussion qui cherchait à élaborer une sémiotique des rapports culturels, la seule qui avait un sens si l'on considérait l'Objet Dynamique comme *terminus ad quem* des processus de signification et de référence. Mais nous considérons ici l'Objet Dynamique comme *terminus a quo.* Cette sémiose naturelle *(a parte objecti)* doit par conséquent être prise en considération.

---

1. *Cf.* Mameli (1997, 4) : « Peirce pense et montre que l'intelligibilité n'est pas une caractéristique accidentelle de l'univers, qu'elle n'est pas un simple épiphénomène de la façon dont les choses sont, mais une caractéristique qui " forme " l'univers. Il s'ensuit qu'une théorie de l'intelligibilité est aussi une théorie métaphysique sur la structure de l'univers. »

Avec toute la prudence nécessaire : je ne suis absolument pas en train de désavouer la distinction (qui est fondamentale) entre signal et signe, entre processus dyadiques de stimulus-réponse et processus triadiques d'interprétation ; ce n'est que dans la pleine expansion de cette triadicité qu'émergent des phénomènes tels que la signification, l'intentionnalité et l'interprétation (quelle que soit la façon dont on choisit de les considérer). J'admets cependant, avec Prodi (1977), que pour comprendre les phénomènes culturels supérieurs – des phénomènes qui, d'évidence, ne naissent pas *ex nihilo* – il faut supposer l'existence de «bases matérielles de la signification» disposées à cette rencontre et cette interaction que nous pouvons définir comme la première apparition (qui n'est pas encore cognitive et qui n'est certes pas mentale) de l'iconisme primaire.

En ce sens, la condition élémentaire de la sémiose serait un état physique où une structure est disposée à interagir avec une autre (Prodi aurait dit : «est disposée à être *lue* par»). Au cours d'un débat qui se déroula entre des immunologistes et des sémioticiens, et dans lequel les immunologistes soutenaient que des phénomènes de «communication» avaient lieu à un niveau cellulaire (Sercarz *et al.* 1988), l'enjeu était de savoir si certains phénomènes de «reconnaissance» de la part des lymphocytes du système immunitaire pouvaient être traités en termes de «signe», de «signification» et d'«interprétation» (on retrouve ce problème chez Edelman 1992, III, 8). Je reste toujours prudent lorsqu'il s'agit d'étendre des termes indiquant des phénomènes cognitifs supérieurs au-delà du seuil inférieur de la sémiose. Mais il est certain que ce que j'appelle ici iconisme primaire doit être postulé pour expliquer pourquoi et comment «les lymphocytes ont la capacité de distinguer les macrophages infectés des macrophages normaux puisqu'ils *reconnaissent* de petits fragments de bactéries à la surface du macrophage comme des signes d'anormalité» (Eichmann 1988 : 163). Eliminons l'expression «signes» de ce contexte, reconnaissons une valeur métaphorique à certains termes tels que «reconnaître» (en refusant qu'un lymphocyte reconnaisse quelque chose à la façon dont nous reconnaissons le visage de nos parents) et abstenons-nous de commentaires sur le fait que les lymphocytes, pour de nombreux immunologistes, réalisent également des «choix» lorsqu'ils ont affaire à des situations offrant une alternative : reste le fait que, dans la situation citée, deux *quelque chose* se rencontrent parce qu'ils sont adéquats l'un à l'autre, parce qu'ils se correspondent, *comme le boulon correspond à l'écrou.*

Au cours de ce débat, Prodi (1988 : 55) commentait : «Une enzyme [...] sélectionne son substrat à partir d'un nombre extrêmement réduit de molécules : elle ne réagit et ne forme de complexe qu'avec ses partenaires moléculaires. Ce substrat est un *signe* pour l'enzyme (pour *son* enzyme). L'enzyme explore la réalité et trouve ce qui correspond à sa forme : c'est une serrure qui cherche et trouve sa clé. En termes philosophiques, une enzyme est un lecteur qui " catégorise " la réalité en déterminant l'ensemble de toutes les molécules qui peuvent réagir factuellement avec elle [...] Cette sémiotique (ou proto-sémiotique) est la caractéristique de base de l'organisation biologique tout entière (synthèse protéique, métabolisme, activité hormonale, transmission d'impulsions nerveuses et ainsi de suite). » Encore une fois, je m'abstiendrai d'utiliser des termes comme celui de « signe », mais il est incontestable que nous avons affaire, avec cette serrure qui cherche sa clé, à une proto-sémiotique. Et c'est à cette disposition proto-sémiotique que je tendrais à donner le nom d'iconisme primaire naturel.

Chaque fois que je me suis demandé comment j'aurais réorganisé le *Trattato* si j'avais dû le réécrire, je me suis dit que j'aurais commencé par la fin, c'est-à-dire en plaçant au début la partie traitant des modes de production sémiotique. C'était une façon de juger qu'il aurait été plus intéressant de commencer par rendre compte de ce qu'il arrive lorsque, devant la pression qu'opère l'Objet Dynamique, on se décide à le considérer comme un *terminus a quo*. Si je devais commencer par la fin, je me retrouverais devant ce développement du *Trattato* où (à partir de Volli 1972) j'identifiais les *congruences*, c'est-à-dire les calques, parmi les premières modalités de production (et de reconnaissance) sémiotique (Eco 1975, 3.6.9 ; tr. fr. II, 9).

Je cherchais alors à comprendre comment, à partir d'un calque où à chaque point de l'espace physique de l'expression correspond un point de l'espace physique de l'objet imprimeur et « en le transformant à rebours », on pouvait inférer la nature de l'objet. Je partais de l'exemple du masque mortuaire qui m'intéressait en tant que *terminus ad quem* d'un processus déjà conscient d'interprétation, de reconnaissance d'un signe. La construction d'un *contenu* possible du signe m'intéressait au point que j'étais décidé à prendre également en compte des exemples d'interprétation d'un masque mortuaire qui n'était pas tel, c'est-à-dire qui ne représentait pas le négatif d'un objet imprimeur (le visage), mais simulait simplement l'existence d'un objet imprimeur. Reprenons ici cet exemple et fixons notre attention non pas sur le moment où le décalque est « lu », mais sur le moment où il se produit (et il se produit de lui-même, sans l'action d'un être conscient qui cherche à produire un signe destiné à être interprété, à produire une expression qui devra ensuite être associée à un contenu).

Nous aurions donc affaire à un premier moment, encore présémiotique, où quelque chose est pressé contre quelque chose d'autre. En théorie, on devrait pouvoir, à partir de l'objet *concave* produit par un objet *convexe,* faire une *projection à rebours* en inférant de ce qui nous est présent ce qui pouvait s'y trouver précédemment : ce qui nous est présent serait alors assumé comme une empreinte, et donc comme une icône. Mais une objection se présenterait aussitôt.

Si l'iconisme primaire était considéré de la sorte, comment pourrait-on définir le moment de la *Firstness* à travers la métaphore du calque ou de l'empreinte, qui prévoit un agent imprimeur, donc un contact originaire, une rencontre, une adéquation *de facto,* entre deux éléments ? Nous serions déjà, pour cela même, dans la *Secondness.* Songeons ici au processus de transmission du patrimoine génétique dont nous avons parlé précédemment : les phénomènes *stériques,* les substitutions par emboîtement qui ont lieu ne peuvent pas manquer de constituer un rapport stimulus-réponse qui a déjà affaire, du point de vue percien, à la *Secondness.* Mais Peirce aurait sans doute été le premier à être d'accord : il a répété nombre de fois que la *Firstness* peut être *préscindée* (logiquement) de la *Secondness* mais ne peut avoir lieu *in absentia* (*cf.* Ransdell 1979 : 59). En parlant de l'iconisme primaire comme calque, nous ne sommes donc pas en train de parler d'emboîtements effectifs mais de *prédisposition à l'emboîtement,* de « ressemblance » par complémentarité d'un élément par rapport à un élément *à-venir.* L'iconisme primaire naturel serait la qualité propre d'empreintes qui n'ont pas encore trouvé (nécessairement) leur objet imprimeur, mais qui se tiennent prêtes à « reconnaître » cet objet. Si nous savions que cette empreinte **est prête** à recevoir son objet imprimeur et si nous connaissions les modalités de l'impression à venir (la loi naturelle selon laquelle seul ce boulon peut se boulonner dans cet écrou), nous pourrions alors (si cette empreinte était théoriquement vue comme signe) inférer la forme de l'objet imprimeur à partir de l'empreinte. Exactement à la façon dont, au cours du processus perceptif, on peut construire (comme nous le dirons plus loin), à partir de cette sensation sans relations qu'est le *Ground,* l'Objet Immédiat de quelque chose qui, entre autres qualités, devrait également posséder cette qualité-là.

Il peut sembler paradoxal de parler de l'icône – qui constituait pour Peirce un moment premier d'une évidence absolue – en tant que pure disposition-à, en tant que pure absence, pour ainsi dire, en tant qu'image de quelque chose qui n'est pas encore. Il semblerait que cette icône primaire soit quelque chose comme un trou, quelque chose dont on a parlé récemment, puisque nous en avons une expérience quotidienne bien que nous ayons grand-peine à la définir, et qu'elle ne puisse être reconnue que comme un manque à l'intérieur de quelque chose qui, lui, est présent (*cf.* Casati et Varzi 1994). Pourtant, c'est de

ce non-être lui-même que l'on peut inférer le format du « bouchon »
qui pourrait l'obturer. Et puisqu'en parlant de trous nous entrons déjà
dans la métaphysique (et nous avons dit que l'iconisme primaire ne se
laisse préalablement comprendre qu'en termes métaphysiques), je
voudrais rappeler une autre page de métaphysique, le texte dans lequel Leibniz parlait de l'un et du zéro *(De organo sive arte magna
cogitandi)* et identifiait deux concepts fondamentaux : « Dieu lui-
même, et en outre le néant, c'est-à-dire la privation ; ce qui est démontré par une admirable similitude. » Et cette similitude, c'était le
calcul binaire, « une admirable méthode grâce à laquelle tous les
nombres entre l'Unité et le Rien sont exprimés[1] ».

Le fait de devoir recourir, dans une discussion cherchant à comprendre ce qu'est l'icône (enrôlée depuis toujours dans l'armée de
l'analogique), au texte fondateur du futur calcul digital et d'en venir à
traduire le concept d'icône en termes booléens est certainement fort
singulier. Mais la possibilité de tout phénomène stérique, y compris
l'admirable adéquation entre un trou et son bouchon, peut être définie
dans les termes de dialectique entre la présence et l'absence. C'est-à-
dire en retrouvant, dans l'acte de définir la moins « structurée » des
expériences, à savoir la priméité iconique, le principe structurel selon
lequel « chaque élément vaut dans la mesure où il n'est pas l'autre, ou
les autres, qu'il exclut en les évoquant » (*cf.* Eco 1968, 2ᵉ éd. ; tr. fr. :
268).

Naturellement, une fois cette prémisse acceptée, ces situations à
mi-chemin entre l'iconisme naturel primaire et les systèmes cognitifs
non humains, tels les cas de reconnaissance et de mimétisme chez les
animaux – cheval de bataille (et jamais métaphore ne fut plus appropriée) des chercheurs en zoosémiotique – peuvent alors être abor-
dées[2]. Tous ces phénomènes, que j'hésitais personnellement à considérer comme sémiosiques puisqu'ils me semblent se ranger du côté de
la relation *dyadique* (stimulus-réponse) plutôt que du côté de la relation *triadique* (stimulus-chaîne des interprétations-éventuel interprétant logique final), prennent toute leur importance lorsqu'il s'agit (en
considérant l'Objet Dynamique comme *terminus a quo*) de trouver
une base (et une préhistoire) à ce moment iconique initial du processus cognitif dont nous parle Peirce.

S'il en était autrement, nous ne pourrions pas expliquer en quel

---

1. « *Fieri potest, ut non nisi unicum sit quod per se concipitur, nimirum* DEUS *ipse,
et præterea nihilum seu privatio, quod admirabili similitudine declaratur.*[...] *illud
suffecerit annotare quàm mirabili ratione hoc modo omnes numeri per Unitatem et
Nihilum exprimantur* », in *Opuscules et fragments inédits de Leibniz*, L. Couturat, Paris, éd. F. Alcan, 1903, pp. 430-431 [N.d.t.].
2. Je renvoie à ce propos à Sebeok 1972, 1976, 1978, 1979, 1991, 1994.

sens cet iconisme primaire, pour Peirce, se lie au caractère donné de ce divers de l'intuition kantien qui constituait le « socle dur » du processus cognitif ; nous ne pourrions pas expliquer non plus cette confiance assurée qui poussait Kant à insister sur sa « réfutation de l'idéalisme ».

2.8.3. *Le jugement perceptif*

Une fois l'iconisme primaire reconnu, nous devons nous demander comment, pour Peirce, cet iconisme est réélaboré et transformé à des niveaux cognitifs supérieurs dans le passage du *Ground* à l'Objet Immédiat. Une fois entré dans l'univers du symbolique, ce qui était l'irréfutable « réalisme » de base est mis en question, c'est-à-dire soumis à l'activité de l'interprétation.

Le moment iconique établit que tout part d'une évidence, aussi imprécise soit-elle, dont il faut rendre compte ; et cette évidence est une pure Qualité provenant de l'objet. Mais le fait qu'elle provienne de l'objet ne nous fournit aucune garantie de sa « vérité ». Elle n'est, en tant qu'icône, ni vraie ni fausse : le « flambeau de la vérité » devra encore passer entre de nombreuses mains. Et c'est la raison pour laquelle il faut se mettre en chemin pour dire quelque chose.

Au cours de la marche et depuis ses premiers instants, même cet iconisme primaire peut être l'objet d'une réévaluation : je pourrais en effet avoir reçu le stimulus dans des conditions (externes ou internes) susceptibles de « tromper » mes terminaisons nerveuses. Mais nous en sommes déjà ici à une phase supérieure de l'élaboration, nous n'avons plus un *Ground* unique dont il nous faut rendre compte, nous en avons plusieurs à faire cohabiter, et donc à interpréter l'un à la lumière de l'autre.

C'est que cet iconisme primaire, pour Peirce, reste bien plus un postulat de son réalisme fondamental qu'une preuve réaliste de l'existence de l'objet. Peirce dénie tout pouvoir à l'intuition et affirme que toute connaissance est issue d'une connaissance qui la précède. Ce qui signifie que même une sensation sans relations, qu'elle soit thermique, tactile ou visuelle, ne peut être reconnue sans qu'un processus inférentiel soit mis en jeu. Ce processus, aussi rapide et inconscient soit-il, en contrôle le caractère bien fondé. C'est pour cette raison qu'un tel point de départ, qui va jusqu'à précéder ce qui pour Kant aurait été l'intuition du divers, peut être défini en termes logiques mais ne peut être clairement identifié en termes gnoséologiques.

La certitude fournie par le *Ground* n'est pas même la preuve que quelque chose de réel se tient en face (puisque c'est encore un *maybe*). Elle nous dit cependant à quelle condition pourrait être soutenue l'hypothèse selon laquelle nous nous trouvons face à quelque chose de réel et que ce quelque chose est comme ceci ou comme cela *(so and so) (cf.* Oehler 1979 : 69). Peirce disait déjà dans la *New List* que « *the ground is the self abstracted from the concreteness which implies the possibility of an other* » (WR 2 : 55 ; TFS : 29). Chacun traduira l'horrible anglais de Peirce pour le mieux[1], mais devra réfléchir sur ce point. La *Firstness* perçoit qu'*il est possible* qu'il y ait quelque chose. Mais pour dire qu'il y a quelque chose, que quelque chose me résiste, il faut déjà être entré dans la *Secondness*. C'est dans la *Secondness* qu'*on se heurte* vraiment à quelque chose. Enfin, en passant à la *Thirdness*, qui implique une généralisation, on accède à l'Objet Immédiat. Mais cet Objet Immédiat, après m'avoir ouvert la route de l'universel, ne me garantit plus que ce quelque chose existe vraiment et qu'il ne s'agit pas d'un pur *construct* venant de moi[2]. Pourtant, une sorte de « mémoire » de cette assurance fournie par l'iconisme primaire restera dans l'Objet Immédiat (dont Peirce souligne l'aspect iconique à diverses reprises) – ce qui serait encore de conception kantienne, à l'exception du fait que cette assurance, qu'autorise quelque chose qui précède l'intuition du divers, n'est garantie, pour Peirce, que par l'inférence perceptive.

Ainsi, dans une région vague et marécageuse entre *Firstness*, *Secondness* et *Thirdness*, le processus perceptif s'amorce. Je dis *processus* pour suggérer quelque chose en procès, en mouvement, et non pas jugement, qui implique une conclusion et un repos. En tant que processus, on ne pourra plus se satisfaire, pour en rendre raison, d'un schéma stimulus-réponse. Il faudra faire entrer en jeu ces faits mentaux que j'avais exclus de la tentative de définir l'iconisme primaire. Que ces faits mentaux puissent être, pour Peirce, des faits « quasi mentaux », au sens où une théorie de l'interprétation peut être fixée de façon formelle, sans qu'il soit nécessaire de postuler un esprit qui les accueille, voilà qui est une autre question. Au stade où nous en sommes, la « fiction » de quelque chose qui fonctionne comme un esprit se révèle indispensable. Le processus perceptif s'achève toujours dans un jugement perceptif. Lorsque j'arrive à calmer, à arrêter pour

---

1. Dans la traduction française : « Le *fondement,* c'est la qualité abstraite du concret qui lui, suggère la possibilité d'autre chose » [N.d.t.].
2. En ce sens, Ransdell (1979 : 61) peut soutenir, puisque nous avons deux théories possibles de la connaissance (la connaissance est représentation de l'objet, et la connaissance est perception immédiate de ce que l'objet est en soi), que la proposition peircienne se présente comme une synthèse dynamique entre les deux positions.

un moment ce processus, en m'étant assuré que ce quelque chose qui se trouve devant moi est une assiette creuse (ou blanche, ou ronde), j'ai alors prononcé un jugement perceptif.

Il y a un ensemble de textes tardifs dans lesquels Peirce souligne ce qu'il entend par jugement perceptif (CP 7.615-688). Le *Feeling*, pure *Firstness*, est la conscience elle-même dans un moment d'absolue et d'intemporelle singularité. Mais dès cet instant, on entre dans la *Secondness*, on attribue la première icône à un objet (ou au moins à quelque chose qui se tient en face), et l'on obtient une sensation, moment intermédiaire entre la *priméité* et la *secondéité*, entre l'icône et l'indice. Le premier stimulus, que je « travaille » afin de pouvoir l'intégrer dans un jugement perceptif, est l'indice du fait qu'il y a quelque chose à percevoir. Sans doute aurai-je posé les yeux sur quelque chose sans qu'aucune intention ne m'y pousse, et quelque chose a attiré mon attention, s'est imposé à elle. Je vois une chaise jaune avec un coussin vert : je suis donc déjà au-delà de la Priméité, je suis en train d'opposer deux qualités et de passer à un moment de plus grande concrétude. Se présente à moi ce que Peirce appelle un *percept* et qui n'est pas encore une perception achevée. Peirce nous dit que ce que je vois pourrait être appelé « image », mais ce serait une appellation impropre puisque le mot me laisserait penser qu'il s'agit d'un signe qui tient lieu de quelque chose d'autre, alors que le percept tient lieu de lui-même, simplement, il « bat à la porte de mon âme et se tient sur le seuil » (CP 7.619).

Je suis « forcé » d'admettre que quelque chose apparaît. Mais ce quelque chose est encore une apparence obtuse, précisément, et elle n'adresse aucun appel à la raison. C'est une pure individualité, « stupide » en elle-même.

Ce n'est qu'à ce stade que le jugement perceptif entre en jeu, et nous sommes alors dans la Tiercéité[1]. Lorsque je dis *la chaise est jaune*, j'ai déjà construit, au moyen d'hypothèses, un jugement sur le percept présent. Ce jugement ne « représente » pas le percept, de même que le percept ne constituait pas la prémisse de ce jugement, puisqu'il n'était pas même une proposition. Toute affirmation sur le caractère du percept relève déjà de la responsabilité du jugement perceptif. C'est le jugement qui garantit le percept et non l'inverse. Le

---

1. Fumagalli (1995 : 167) note que « la théorie du jugement perceptif est une des dernières chevilles de la philosophie peircienne à voir le jour », et en souligne toute la nouveauté. En outre, il met en lumière le fait que le percept percien n'est pas un *sense datum*, un *quale*, mais qu'il « est déjà le fruit d'une élaboration cognitive non consciente, qui synthétise les données dans une forme structurée », c'est-à-dire « un *construct* résultant d'opérations psychologiques sur les données des purs sens, sur les stimuli nerveux » (1995 : 169).

jugement perceptif n'est pas une copie du percept (au maximum, dit Peirce, il en est un symptôme, un *indice*); le jugement perceptif n'évolue plus sur ce seuil où la priméité et la secondéité se confondent, il est déjà en train d'affirmer que ce qu'il voit est vrai. Le jugement perceptif a une liberté inférentielle que le percept, stupide et vide, n'a pas.

Mais il y a plus. Il est évident que le jugement perceptif *la chaise est jaune* garde, selon Peirce, une trace de l'iconicité primaire. Pourtant, il la *désingularise* : « Le jugement perceptif dit en toute insouciance que cette chaise est jaune. Il ne considère pas sa nuance particulière, sa teinte ou la pureté de son jaune. Le percept, en revanche, est si scrupuleusement spécifique qu'il fait de cette chaise une chaise différente de toute autre chaise au monde ; c'est du moins ce qu'il ferait s'il pouvait s'autoriser une comparaison » (CP 7.633).

Il est frappant de voir comment, dès le jugement perceptif, l'iconisme primaire (pour qui le jaune était *ce* jaune) se dissout dans une uniformité générique (*ce* jaune est comme *tous* les autres jaunes que j'ai vus). La sensation individuelle s'est déjà transformée en classe de sensations « similaires » (mais la ressemblance de ces sensations n'a plus la même qualité que la ressemblance entre stimulus et *Ground*). Si, à présent, nous pouvons dire que le prédicat « jaune » ressemble à la sensation, ce n'est que parce que le nouveau jugement prédiquerait le même prédicat du même percept. Peirce, ici, ne semble guère se soucier de savoir et de dire pourquoi et comment cela se passe ; il semble adhérer à l'interprétation que j'ai donnée du *Ground* en **2.8.2** : les deux stimuli sont respectivement l'icône (la *Likeness*) l'un de l'autre, car ils sont tous deux l'icône de mon *pattern* de réponse.

Et en effet, Peirce dit que le percept lui-même éveille dans l'esprit une « imagination » qui met en jeu des « éléments des sens ». C'est pourquoi « il est clair que le jugement perceptif n'est pas une copie, une icône ou un diagramme du percept, aussi grossier soit-il » (CP 7. 637).

Voilà qui est embarrassant. Car nous serions tenté de dire que ce jugement perceptif pétri de *Thirdness* s'identifie à l'Objet Immédiat. Pourtant, Peirce a souligné de façon répétée le caractère iconique de l'Objet Immédiat. L'iconisme de l'Objet Immédiat ne peut évidemment pas être l'iconisme primaire du *Feeling*. Il est déjà envahi par des calculs de similarité, par des rapports de proportion. Il est déjà diagrammatique ou *hypoiconique*.

Devrait-on dire alors que lorsque Peirce parle d'Objet Immédiat, il ne parle pas de jugement perceptif, et que lorsqu'il parle de jugement perceptif il ne parle pas d'Objet Immédiat ? Mais il est pourtant clair que le jugement perceptif n'est pas autre chose que la complète mise en ordre de l'Objet Immédiat.

Il faut distinguer, me semble-t-il, la fonction qu'exerce l'Objet Immédiat, et les rapports qu'il entretient avec le jugement perceptif, lorsqu'il est construit pour ainsi dire *ex novo* (ce qui ne veut pas dire en l'absence de connaissances antérieures) face à une expérience inédite (l'ornithorynque, par exemple), et la fonction qu'il exerce lorsqu'il se situe dans un processus de reconnaissance de quelque chose de déjà connu (par exemple, l'assiette). Dans le premier cas, l'Objet Immédiat sera encore quelque chose d'imparfait, une simple tentative, *in fieri,* et il viendra coïncider avec le premier et hypothétique jugement perceptif (cette chose est peut-être comme ceci ou comme cela). Dans le second cas, j'ai recours à un Objet Immédiat, qui est déjà stocké dans ma mémoire, comme à un schème préformé qui oriente la formation du jugement perceptif et en constitue à la fois le paramètre. Avoir perçu l'assiette signifie alors l'avoir reconnue en tant qu'occurrence d'un type déjà connu ; l'Objet Immédiat exercerait alors la même fonction que celle qu'exerce – dans le processus cognitif – le schème kantien. De telle sorte qu'au cours de cette phase, je saurais non seulement que ce que j'ai perçu est une assiette blanche, mais également (et avant de l'avoir touchée) qu'elle devrait avoir un certain poids, puisque le schème déjà formé contenait également ces informations-là.

Le processus perceptif était une tentative, il était encore *privé.* L'Objet Immédiat, en revanche, en tant qu'il est interprétable (et donc transmissible), commence à devenir *public.* Il peut même, lorsqu'il s'agit d'un schème cognitif qui m'est déjà remis par la Communauté, intervenir non pas pour favoriser mais pour bloquer le processus de perception de quelque chose de nouveau (comme ce fut le cas pour Marco Polo voyant pour la première fois un rhinocéros). L'Objet Immédiat, en effet, doit lui aussi être soumis à une réévaluation permanente, à une révision, à une reconstruction[1].

C'est pour cette raison que j'ai pu soutenir (*cf.* par exemple en Eco 1979, 2.3) que le *Ground,* l'Objet Immédiat et le *Meaning* sont, d'un certain point de vue, une seule et même chose : du point de vue de la connaissance qui est provisoirement fixée au moyen d'une première ébauche, les éléments iconiques de départ, les informations que je possédais déjà et les premières tentatives inférentielles se sont refondus dans un schème unique. Mais il est certain que si l'on se place

---

1. L'une des tentatives les plus fructueuses d'interpréter le passage entre processus perceptif et jugement perceptif me semble être celle d'Innis (1994, 2), qui fait des parallèles convaincants entre Peirce, Dewey, Bühler, Merleau-Ponty et Polany.

du point de vue de la *scansion temporelle* du processus perceptif (qui peut être parfois quasi instantanée – mais pour Kant aussi la temporalité était constitutive du schème), le *Ground* et l'Objet Immédiat apparaissent alors respectivement comme la gare de départ et le premier arrêt d'un voyage qui pourra se poursuivre longtemps, le long des rails d'une interprétation potentiellement infinie.

Ce n'est qu'en ce sens que l'on peut considérer le *Ground*, à partir du moment où il est consciemment inséré dans le processus d'interprétation, comme un « filtre », comme un sélecteur provenant du signal perceptif et retenant les propriétés de l'Objet Dynamique destinées à être rendues pertinentes par l'Objet Immédiat. Et c'est également ment en ce sens que le *Ground* qui n'a pas encore été interprété représente le moment présémiotique, la pure possibilité de segmentation qui se dessine dans le *continuum* qui n'a pas encore été segmenté[1].

Les icônes, en tant que phénomène d'adéquation visuelle, pourraient être à leur tour réintroduites dans l'Objet Immédiat. Au fond, Kant disait également que pour percevoir l'assiette je dois mettre en jeu le concept de cercle. Mais je voudrais tenir cette lecture de Peirce hors du débat, très vif dans les sciences cognitives actuelles, entre *iconophiles* et *iconophobes* (Dennett 1978, 10). On pourrait toujours dire que ce schème qu'est l'Objet Immédiat ne doit pas nécessairement être une « forme dans la tête » : il pourrait être bien plus semblable à la description d'une scène qu'à l'une de ses « représentations » (*cf.* par exemple Pylyshyn 1973). Sans mêler Peirce au débat sur la théorie « computationnelle » de la connaissance, on pourrait toujours dire que le cercle grâce auquel on parvient à concevoir l'assiette n'est pas une forme géométrique visible mais la règle permettant de dessiner le cercle. Concernant le chien, et puisque je ne dispose pas de concepts géométriques purs me permettant de reconnaître ses caractéristiques morphologiques (poils, quatre pattes, forme du museau), mais plutôt (comme nous l'avons dit) un modèle 3D, il semble bien difficile de penser à son Objet Immédiat sans supposer d'images mentales. Je ne suis pas sûr de la façon dont Peirce interviendrait dans les débats actuels des sciences cognitives.

Egalement parce qu'on peut trouver un Objet Immédiat correspondant à un terme qui n'entend absolument pas rendre compte d'un objet perceptible, comme par exemple *cousin* ou *racine carrée*.

Par exemple, lorsque Peirce conçoit un diagramme (qu'il dit être une « pure icône ») pour des propositions et non pour des objets – puisqu'il pense, comme Kant, à un schème jouant également le rôle

---

1. C'est à Perri 1996a (I.II.3) et à Nesher 1984 que je suis redevable pour ces suggestions.

de médiateur entre les catégories et les données sensibles pour des jugements d'expérience qui assument une forme propositionnelle, mais également pour des propositions qui affirment quelque chose à propos d'objets inconnus de la perception – ce diagramme prend l'aspect d'un « programme », qui n'est représenté visuellement que de façon occasionnelle. Je pense à la théorie des graphes en général et en particulier à un diagramme qui apparaît dans la *Grand Logic,* au moment où Peirce se demande comment « mettre en forme » la proposition *Every mother loves some child of hers*[1]. Les analogies entre ce « programme » et certaines représentations contemporaines des processus cognitifs me paraissent surprenantes. Il me semble même suffisant, sans suivre la longue et minutieuse lecture que Peirce en donne, de reproduire ce diagramme (Figure 2.3) :

Figure 2.3

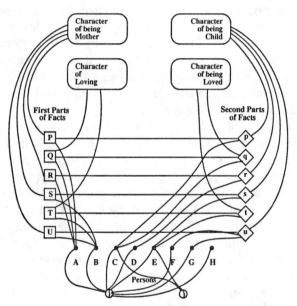

Peirce montre clairement qu'en étant une pure icône, le diagramme présente un état de choses, et rien d'autre : le diagramme n'affirme pas de façon distincte ce qui est entendu par la proposition, il se limite

---

1. Ms 410, reproduit par Roberts (1973 : 23-24). En CP 2.277 (ES : 149) Peirce affirme que les icônes qui comprennent simplement des qualités sont des *images,* celles qui représentent des relations dyadiques sont des *diagrammes* et celles qui représentent un parallélisme entre les caractères de deux objets sont des *métaphores* (et il me semble que le terme est employé au sens large de « similitudes conceptuelles »).

à montrer des relations d'inhérence. Ce schéma est un schème, précisément, et il prépare à des interprétations qui auront lieu par la suite. Mais il est clair, si nous faisons abstraction du fait que l'on suppose toujours un esprit qui le contient ou le produit activement, que ce schème pourrait aujourd'hui être traduit pour une machine sous forme d'instructions exprimées dans un langage non visuel, et les relations qu'il exprime seraient maintenues.

Ce schème, abondamment chargé d'éléments symboliques (et donc conceptuels) – et qui ne rend absolument pas raison de l'expérience perceptive –, est l'Objet Immédiat qui préside à la compréhension de la situation en question. Et il constitue également un schème de son signifié.

On parvient donc, à partir d'un iconisme primaire et à travers un processus perceptif qui est déjà inférentiel, à une identité (qui, si elle n'est pas finale, est au moins provisoirement fixée) entre le jugement perceptif et l'Objet immédiat, et entre l'Objet Immédiat et le premier noyau de signifié associé à un *representamen*. Mais qu'en est-il alors du sens complet, du *meaning* en tant qu'ensemble des marques, des définitions et des interprétants ? Il disparaît, d'une certaine façon, et l'on peut convenir avec Nesher (1984) qu'il ne peut être placé dans aucun stade du processus cognitif, mais se dispense à chaque phase de ce processus (jusqu'aux phases les plus avancées, mais certainement à commencer par les plus élémentaires).

L'Objet Immédiat, dans ce cas, est quelque chose de plus que le schème kantien : il est moins « vide » que celui-ci, il ne joue pas de rôle médiateur entre le concept et l'intuition, mais constitue par lui-même le premier noyau conceptuel. Ce faisant – puisque sa nature iconique est maintes fois affirmée – il ne met pas seulement en forme, il ne traduit pas, mais réélabore en conservant et, en un certain sens, « retient » et « mémorise » quelque chose des sensations dont il est parti, au moins lorsqu'il rend compte de situations perceptives, et non de termes abstraits. Différemment du schème – ou de la version qu'en donne la première *Critique* au moins –, l'Objet Immédiat est un essai, une tentative, il peut être revu et il est prêt à croître en vertu d'une interprétation. Néanmoins, cet Objet Immédiat représente certainement la façon dont Peirce résout l'héritage du schématisme d'un point de vue non transcendantal.

Peirce l'avait d'ailleurs annoncé : si Kant avait dû traiter toutes les conséquences de l'entrée en scène du schème, son système en aurait été bouleversé.

2.9. Les lignes de tendance

Le moment est venu, pour conclure cette double relecture de Kant et de Peirce, de dire comment et en quoi cette relecture est liée aux réflexions qui ont eu lieu en **1.10.** Je le ferai en continuant pour l'instant d'employer le concept de schème. Mais il convient de le laisser flotter ainsi, entre l'Objet Immédiat et un « modèle cognitif » dont je chercherai à mieux fixer la physionomie en **3.3.**

Pour autant que les schèmes cognitifs sont construits, tissés de « comme si », qui partent pour Kant d'une matière de l'intuition encore aveugle et pour Peirce d'un premier profil iconique ne nous offrant encore aucune garantie d'« objectivité », il devait bien y avoir quelque chose chez l'ornithorynque qui a empêché l'explorateur de le définir comme une caille ou un castor. Ce qui ne veut pas dire qu'il ait été juste de le classer parmi les monotrèmes. Dès demain, une nouvelle taxonomie pourrait radicalement brouiller les cartes. Et cependant, pour construire un schème de l'ornithorynque, on a cherché dès le départ à respecter les lignes de tendance que présente cette manifestation du *continuum* encore non segmenté.

Même en admettant que le schème soit un *construct*, on ne pourra jamais considérer que la segmentation dont il est l'effet soit totalement arbitraire, parce que cette segmentation (pour Kant comme pour Peirce) cherche en fait à rendre raison de quelque chose qui *est là*, de forces qui agissent extérieurement sur notre appareil sensoriel en lui offrant au moins des résistances.

Il y aurait donc une « vérité » du schème, quand bien même elle serait perspective, quand bien même le schème ne serait qu'un simple profil, qu'un *Abschattung* nous montrant toujours quelque chose sous un certain rapport. Le modèle 3D de l'être humain dépend toujours du fait que l'on ne peut pas interpréter l'homme comme un quadrupède, puisque les articulations de son corps, telles que celle du bras s'articulant sur le coude ou celle de la jambe sur le genou, présenteront toujours une pertinence difficilement révocable (on pourra en faire abstraction, mais on ne pourra la nier).

Il y avait également une vérité dans le schéma (schème) qui représentait la baleine comme un poisson (c'est-à-dire avec des traits schématiques propres au poisson). Du point de vue taxonomique, cette représentation était une erreur (disons-nous à présent), mais ce n'en était pas une (et ce n'en est pas une pour nous non plus) du point de vue de la construction d'un stéréotype. Ceci étant, *on n'aurait jamais pu* schématiser la baleine comme un oiseau.

Même si le schème était un *construct* en perpétuel devenir inférentiel, il devrait rendre compte de l'expérience et permettre de revenir à elle en agissant suivant des habitudes. Cela ne nous empêche pas de supposer qu'il pourrait y avoir de meilleures façons d'organiser l'expérience (sans quoi le principe du faillibilisme n'aurait aucun sens). On ne peut pas construire arbitrairement le schème de quelque chose, même si différentes représentations schématiques d'une même chose sont possibles. Pour Kant, le jugement perceptif me dit qu'au lever du soleil, qui illumine la pierre, la pierre se réchauffe peu à peu ; l'intuition pure me dit qu'un laps de temps s'écoule entre le lever du soleil et le réchauffement de la pierre ; le déploiement complet de l'appareil catégoriel me dit que le soleil est la cause de la chaleur de la pierre. Tout dépend de l'activité législatrice de l'entendement. Mais c'est de la matière même de l'intuition sensible que dépend le fait que la chaleur de la pierre n'ait pas lieu *avant* et le lever du soleil *après*. Je ne peux penser le lien causal qui va du soleil à la pierre réchauffée sans les formes de l'entendement, mais aucune forme de l'entendement ne pourra jamais me permettre d'établir que c'est le réchauffement de la pierre qui cause l'apparition du soleil.

Les schèmes pourront même être considérés comme bien peu naturels, au sens où ils ne préexistent pas dans la nature : cela n'empêche pas qu'ils soient *motivés*[1]. C'est dans ce soupçon de motivation que les lignes de tendance du *continuum* se révèlent.

---

1. Sur un concept de motivation des signes, qui n'exclut pas leur conventionnalité, et la coprésence de deux choix alternatifs de représentation, tous deux *motivés,* voir mon *Trattato* 3.5 (*La production des signes*, I).

3.

Types cognitifs et contenu nucléaire

3.1. De Kant au cognitivisme

Si Kant avait commencé par prendre en considération le problème du schématisme, disait Peirce, son système serait entré en crise. Comme on l'a vu, Kant est effectivement, et heureusement, entré en crise avec la troisième *Critique*. Mais nous pourrions dire quelque chose de plus : si l'on reprenait en considération le problème du schématisme kantien, c'est une grande partie de la sémantique de ce siècle, depuis la sémantique des conditions de vérité (véri-fonctionnelle) à la sémantique structurale, qui entrerait en crise. Et c'est ce qui a eu lieu dans le domaine des « recherches cognitives ».

De fait, une trace du schématisme kantien (associée à une idée constructiviste de la connaissance) est présente sous différentes formes dans les sciences cognitives contemporaines, bien qu'elles ignorent parfois cette filiation[1]. Néanmoins, lorsque nous rencontrons aujourd'hui des notions telles que le schème, le prototype, le modèle ou le stéréotype, celles-ci ne peuvent pas plus être assimilées aux notions kantiennes (puisqu'elles n'impliquent pas, par exemple, le transcendantalisme) que les termes ne peuvent être entendus comme synonymes.

---

1. La filiation est parfois explicitement mentionnée, quand bien même cela est fait de façon rapide (*cf.* entre autres Johnson 1989 : 116), parfois discutée de façon critique (*cf.* Marconi 1997 : 145-148 – mais ce n'est pas un hasard s'il s'agit d'un auteur, malgré tout, « continental »).

Ces « schèmes » cognitifs entendent généralement rendre raison de phénomènes tels que la perception et la reconnaissance d'objets ou de situations. Mais le schématisme kantien, comme nous l'avons vu, qui faisait son apparition pour expliquer comment des jugements tels que *tous les corps sont pesants* sont possibles, révélait des carences au moment précis où il devait venir expliquer comment nous réussissons à avoir des concepts empiriques. Le cognitivisme a remis en lumière les concepts empiriques et a recommencé à se demander ce que se demandait Locke (mais que Husserl, au fond, se demandait lui aussi[1]) : que se passe-t-il lorsque nous parlons de chiens, de chats, de pommes ou de chaises ?

Dire que le cognitivisme s'interroge sur les chats et les chaises ne veut cependant pas dire que les conclusions auxquelles il est arrivé (qui sont nombreuses et discordantes) soient encore satisfaisantes. Le fantôme du schématisme hante de nombreuses recherches contemporaines, mais le mystère de cet art secret n'a pas encore été dévoilé.

Je ne prétends pas le dévoiler dans ces pages, et, comme nous le verrons, je voudrais même éviter de mettre le nez dans la boîte noire de nos processus mentaux ou cérébraux. Je me poserai seulement certaines questions sur les rapports entre un éventuel néo-schématisme et les notions sémiotiques de signifié, de dictionnaire et d'encyclopédie, et d'interprétation[2].

Compte tenu de la nature erratique que je voudrais donner à ces réflexions, je n'essaierai pas d'identifier chaque fois les positions, théories, recherches et courants du cognitivisme contemporain. J'écrirai plutôt, comme on le verra, plusieurs « histoires » (c'est-à-dire ici des expériences mentales sous forme narrative) venant illustrer certains problèmes.

Mes histoires porteront en majeure partie sur quelque chose d'*assez semblable* à ce que Kant appelait concepts empiriques : je veux dire par là que j'ai l'intention de parler de la façon dont nous parlons (i) d'objets ou situations dont nous avons eu ou dont nous pouvons avoir une expérience directe (comme le chien, la chaise, marcher, aller au

---

1. « Dans la pensée de Kant, les fonctions catégoriales (logiques) jouent un grand rôle, mais il ne parvient pas à une extension fondamentale des concepts de perception et d'intuition au domaine catégorial [...] De là vient aussi qu'il ne distingue pas non plus entre les concepts en tant que significations générales des mots, et les concepts en tant qu'espèce de la représentation générale *proprement dite,* ou encore les concepts en tant qu'objets généraux, c'est-à-dire comme corrélats intentionnels des représentations générales » (*Recherches logiques*, t. III, Recherche VI, §66 : 242).

2. Je ne me serais pas posé la plupart de ces questions si je n'avais pas lu, encore sous sa forme manuscrite, Violi (1997) et – dans la phase finale de mon travail – Marconi (1997), livres auxquels je renverrai souvent. L'accord avec Violi est presque total ; en ce qui concerne Marconi, je soulignerai, le cas échéant, certains points où il me semble que notre approche est différente.

restaurant ou gravir une montagne) ; (ii) d'objets et situations dont nous n'avons pas eu d'expérience, mais dont nous pourrions faire l'expérience (comme le tatou ou comme pratiquer une opération de l'appendicite) ; (iii) d'objets et situations dont quelqu'un a certainement eu l'expérience, mais dont nous ne pourrions plus faire l'expérience nous-mêmes, et sur lesquels la communauté nous transmet des instructions suffisantes pour pouvoir en parler comme si nous en avions fait l'expérience (comme le dinosaure ou l'australopithèque).

Cependant, se placer d'un point de vue sémiotique face à ces phénomènes élémentaires pose une question préliminaire : y a-t-il un sens à parler de sémiose perceptive ?

3.2. Perception et sémiose

Le problème de la sémiose perceptive avait déjà fait son apparition dans le chapitre précédent. Celui qui n'évolue pas dans une perspective percienne trouvera certainement ce concept quelque peu rebutant (et presque « impérialiste »), car en acceptant l'existence d'une sémiose dans la perception elle-même, il devient fort embarrassant de faire une différence entre perception et signification[1]. Nous avons vu

---

1. Dans le *Trattato* (1975 : 247) j'avais affirmé que la sémiose perceptive est un postulat de la sémiotique. Compte tenu du stade qu'avait atteint la discussion sémiotique à ce moment-là, il m'avait alors semblé important de souligner la nature sociale et culturelle des systèmes de signes. Le souci de chercher une définition du contenu en termes d'interprétants, tous publiquement sortis du répertoire « public » de l'encyclopédie, visait à reprendre le problème du signifié resté en rade dans le mentalisme, ou au moins à le soustraire à toute tentative de recourir à un sujet qui, durant ces années-là, était cherché (à grands risques, me semble-t-il) dans les profondeurs de l'inconscient. Le *Trattato* se terminait précisément en observant que le problème du sujet avait sans doute son importance, mais devait encore rester hors de toute sémiotique en tant que logique de la culture. J'ai toujours été embarrassé par cette exclusion, je m'en suis amendé dans l'introduction de l'édition française de la partie du *Trattato* consacrée à la production sémiotique : « je corrigerais aujourd'hui l'affirmation selon laquelle notre capacité à reconnaître un objet comme *token*, ou occurrence d'un *type* général, est un *postulat* de la sémiotique. S'il y a de la sémiose jusque dans les processus perceptifs, ma capacité à considérer la feuille de papier sur laquelle j'écris comme le double d'autres feuilles de papier, à reconnaître un mot prononcé comme la réplique d'un type lexical, voire à identifier dans le Jean Dupont que je vois aujourd'hui le même Jean Dupont que j'ai connu il y a un an, sont des processus où la sémiose intervient à un niveau élémentaire. Donc, la possibilité de reconnaître le rapport entre *token* et *type* ne peut être définie comme un postulat que dans le cadre du présent discours sur la production du signe, dans le même sens où, pour expliquer comment utiliser un instrument nautique servant à relever la latitude, j'assume étant démontré le fait que la terre tourne autour du soleil – tandis que ce " postulat " redevient une hypothèse scientifique à prouver ou à falsifier dans le cadre d'un dis-

que Husserl considérait aussi que percevoir quelque chose comme rouge et nommer quelque chose comme *rouge* devrait être un seul et même processus, mais que ce processus pourrait avoir différentes phases. Mais n'y aura-t-il pas de saut ou d'écart (ne serait-ce que ce passage du *terminus a quo* au *terminus ad quem*) entre percevoir un chat comme chat et le nommer comme *chat* ou le désigner en tant que signe ostensif pour tous les chats ?

Le phénomène de la sémiose peut-il être désancré de l'idée du signe ? Il est bien évident que, lorsqu'on dit que la fumée est signe du feu, cette fumée qui se détache n'est pas encore un signe ; même en acceptant la perspective stoïcienne, la fumée devient signe du feu non pas à partir du moment où on la perçoit, mais à partir du moment où l'on décide qu'elle *tient lieu de* quelque chose d'autre : pour passer à ce moment, il faut sortir de l'immédiateté de la perception et traduire notre expérience en termes propositionnels en faisant de celle-ci la prémisse d'une inférence sémiosique : (i) il y a de la fumée, (ii) s'il y a de la fumée, (iii) alors il y a du feu. Le passage de (ii) à (iii) est l'objet d'une inférence exprimée propositionnellement ; alors que (i) est l'objet d'une perception.

La sémiose perceptive, en revanche, se réalise non pas lorsque *quelque chose tient lieu d'autre chose* mais lorsqu'on parvient, à

---

cours astronomique » (*La production des signes* : 7). Mais même dans le *Trattato,* l'accent était mis sur la vie sociale des signes et non sur les problèmes de gnoséologie. C'est pour cette raison qu'il commençait par un chapitre traitant d'une Logique de la Culture (et non de la nature). Néanmoins, mon exclusion n'était pas aussi radicale qu'elle pouvait le paraître et je suis redevable à Innis (1994, 1) d'avoir mis en relief tous les points du *Trattato* où j'insiste sur le fait que la sémiose perceptive, même en me contentant d'en « postuler » l'existence, est un problème sémiotique central, et qu'il est indispensable de penser à une définition sémiotique des percepts (par ex. 3.3.3). Je ne pouvais rester indifférent à ce problème, puisque dans mes écrits pré-sémiotiques tels que *L'œuvre ouverte* je m'étais largement inspiré de la phénoménologie, de Husserl à Merleau-Ponty, et de la psychologie de la perception, des transactionnalistes à Piaget. Mais évidemment ce « postulat » (qui se voulait alors une simple limitation de mon champ d'investigation) présupposait et produisait une ambiguïté profonde bien plus qu'il n'abordait la problématique du sujet. En effet, la question de savoir si le travail inférentiel requis pour comprendre quelque chose était l'objet d'une psychologie de la perception et de la cognition restait en suspens, et donc un problème périphérique mais non pas central pour la sémiotique, ou bien si, au contraire, l'intelligence et la signification n'étaient pas un seul et même processus, et donc un seul objet d'investigation, comme le voulait la tradition phénoménologique à laquelle je m'associais. Une des raisons de cette ambiguïté a été expliquée dans les pages précédentes du présent livre : le *Trattato* était structuré de façon à focaliser avant tout l'Objet Dynamique comme *terminus ad quem* de la sémiose (et il s'ouvrait par conséquent sur une théorie des systèmes de signes en tant que déjà socialement constitués). Pour poser en premier le problème de la sémiose perceptive, il fallait considérer, comme je le fais dans ce livre, l'Objet Dynamique comme *terminus a quo* et donc comme ce qui a lieu avant la sémiose et dont on part pour élaborer des jugements perceptifs.

partir de quelque chose et grâce à un processus inférentiel, à prononcer un jugement perceptif *sur ce quelque chose lui-même* et non sur autre chose[1].

Supposons cependant que quelqu'un, dont la connaissance de l'anglais serait presque nulle, habitué néanmoins à voir des titres, des noms ou des phrases en anglais sur des pochettes de disques, des cartes postales et des boîtes de conserve en tous genres, reçoive un fax qui, comme cela arrive souvent, présente des lignes déformées ou en surimpression, ainsi que des caractères illisibles. Supposons (en transcrivant par un X les lettres illisibles) qu'il essaie de lire *Xappy neX Xear*. Même sans connaître le sens de la phrase, il se rappelle avoir vu des expressions comme *happy, new* et *year,* et fait l'hypothèse que ce sont celles que le fax voulait transmettre. Il aura donc réalisé une inférence sur la forme graphique des termes, sur ce qui se trouvait sur la feuille (plan de l'expression) et non sur ce dont les mots tiennent lieu (c'est pourquoi il devra ensuite avoir recours à un vocabulaire).

Donc, n'importe quel phénomène, pour pouvoir être entendu comme signe de quelque chose d'autre, et d'un certain point de vue, doit avant tout être perçu. Le fait que la perception puisse être couronnée de succès précisément parce qu'elle s'est orientée sur l'hypothèse selon laquelle le phénomène peut être compris comme un signe (sans quoi on ne prêterait pas attention à un tel champ de stimuli) n'élimine pas le problème de savoir comment nous le percevons[2].

Quand la tradition phénoménologique parle de « signifié perceptif », elle entend quelque chose qui précède en droit la constitution du signifié comme contenu d'une expression ; pourtant (voir *Trattato* 3.3 ; *La structure absente* A.2.V.1), si je distingue dans l'obscurité une forme animale imprécise, il y a un schème cognitif, quelque chose que je connais déjà du chien et qui peut être légitimement considéré comme une partie du contenu que j'assigne d'habitude au mot *chien,* qui préside au succès de la perception (au jugement *ceci est un chien*). Dans ce cas, j'aurai fait une *inférence* : j'aurai fait l'hypothèse que la

1. Il est vrai que l'on peut considérer (suivant la Théorie Empirique de la Vision dont nous parle Helmholtz) les sensations en tant que « signes » d'objets ou d'états externes, dont, par inférence (inconsciente), nous partons pour activer un processus interprétatif (nous devons apprendre à « lire » ces signes). Néanmoins, si un mot, une image ou un symptôme nous renvoient à quelque chose qui n'est pas présent au moment où nous percevons le signe, les signes de Helmholtz nous renvoient toujours à quelque chose qui est bien présent, au champ stimulant dans lequel nous prélevons ou recevons ces signes-stimuli, et, une fois parvenus au terme de l'inférence perceptive, ces choses qui étaient présentes nous rendent compréhensible ce qui était déjà présent.

2. Ce sera la différence entre les modalités Alpha et Bêta dont je parle en **6.15.**

forme imprécise que je distinguais dans l'obscurité était une *occurrence* du type *chien*.

Dans l'exemple du fax, les lettres *-ear* valent, dans le processus inférentiel, pour le *y;* elles tiennent lieu de ce *y* dont elles permettent de faire l'hypothèse. Le sujet de notre exemple a la connaissance (purement graphique) d'un mot anglais au moins qui pourrait finir par ces lettres et il avance donc que *-ear* est une *occurrence* (incomplète) du *type* lexical *year*. S'il avait une bonne connaissance de l'anglais, il pourrait également faire l'hypothèse que la lettre manquante est à choisir entre *b, d, f, g, h, p, r, t* et *w* (chacune d'entre elles formant avec le *-ear* un mot anglais doué de sens), sans pouvoir inclure *c, i, o, q* et *u* parmi ses possibilités hypothétiques. Mais s'il étend l'inférence au syntagme *Xappy neX Xear* tout entier, il s'aperçoit qu'une solution semble plus probable que les autres, car il suppose que la chaîne entière n'est rien d'autre qu'une occurrence (incomplète sur trois points) du type *happy new year* (phrase faite, expression d'un souhait fortement codifiée).

Nous pourrions alors dire que, même dans un processus aussi élémentaire que celui-ci, l'occurrence *tient lieu* de type auquel elle renvoie. Mais que se passe-t-il dans la perception d'objets inconnus (comme dans le cas de l'ornithorynque)? Le processus est certainement plus aventureux, ce *tenir-lieu-de* est négocié à travers des processus d'essai et d'erreur, mais la relation de renvoi mutuel de type à occurrence s'établit dans un jugement perceptif réglé[1].

Si l'inférence est la caractéristique de base de la sémiose (comme on l'a souligné en Eco 1984, 1), alors que l'équivalence établie par un code (a = b) n'est qu'une forme sclérosée de sémiose, une inférence qui ne se réalise pleinement que dans les *sémies substitutives* (c'est-à-dire dans les équivalences posées entre deux expressions, comme cela a lieu dans le code Morse par exemple), on peut alors considérer l'inférence perceptive comme un processus de *sémiose primaire*[2].

Bien sûr, on pourrait juger que cette question est absolument nominaliste. Si l'on établit qu'il n'y a sémiose que lorsque apparais-

---

1. Je pourrais dire que, dans ce cas, se met en œuvre ce processus (décrit par Pareyson 1954) par lequel l'artiste, en partant d'un quelque chose d'encore informe que lui présente la matière sur laquelle il travaille, en tire une sorte de suggestion pour entrevoir cette forme qui, une fois l'œuvre achevée, donnera un sens au tout, mais qui n'existe pas encore au début du processus et n'est qu'*annoncée* par ce quelque chose qui s'amorce.

2. Je renvoie à Ouellet (1992) pour l'une des tentatives les plus intéressantes de refondre la problématique husserlienne avec la problématique sémiotique, en rediscutant des rapports qu'entretiennent la connaissance sensible et la connaissance propositionnelle, la perception et le signifié, et de l'opposition entre une sémiotique du monde naturel et une sémiotique de la langue naturelle (chez Greimas et Courtés 1979 : 233-234). Sur les problèmes de la sémiose primaire, voir Petitot 1995.

sent des fonctions sémiotiques instituées, parler de sémiose dans le cas de la perception serait alors une pure métaphore – il faudrait dire, dans ce cas, que ladite sémiose primaire n'est qu'une pré-condition de la sémiose. Si cela peut nous permettre d'éviter nombre de discussions inutiles, je ne vois aucun inconvénient à parler de pré-sémiose perceptive[1]. Cependant, les choses ne changeraient guère puisque, comme nous le verrons dans l'histoire qui suit, le rapport entre cette phase primaire et le développement successif de la sémiose pleinement déployée ne présente pas de fractures évidentes, mais constitue une séquence de phases où la précédente détermine la successive.

3.3. Moctezuma et les chevaux

Les premiers Aztèques venus sur la côte avaient assisté au débarquement des *conquistadores*[2]. Il ne nous reste que peu de traces de leurs premières réactions. Ce que nous en savons dépend dans le meilleur cas de comptes rendus rédigés par les Espagnols et de chroniques indigènes postérieures. Nous tenons néanmoins pour certain que différentes choses ont dû les étonner profondément : les navires, les barbes terribles et majestueuses des Espagnols, les armures de fer qui rendaient effrayants ces étrangers cataphractes à la peau d'un blanc contre nature, les fusils et les canons ; et enfin, outre leurs chiens féroces, des monstres jamais vus, des chevaux qu'une terrifiante symbiose unissait à leurs cavaliers.

Perceptivement, les chevaux ont dû être au moins aussi embarrassants que l'ornithorynque. Les Aztèques ont cru tout d'abord (sans doute parce qu'ils ne distinguaient pas les animaux des panaches et des armures dont ils étaient recouverts) que les envahisseurs montaient de grands cerfs (les Aztèques ont donc un comportement similaire à celui de Marco Polo). C'est en s'orientant sur un système de connaissances antérieures et en cherchant à le faire coïncider avec ce qu'ils voyaient qu'ils ont dû élaborer à la hâte leur jugement perceptif

---

1. Déjà en **2.8.2,** j'admettais la possibilité de reconnaître certains phénomènes organiques tels que la « reconnaissance » stérique comme des phénomènes pré-sémiosiques (et cependant à la racine de la sémiose).

2. Même s'il s'agit d'une expérience mentale, j'ai cherché à ne pas m'éloigner de ce que l'on sait déjà sur la question et même à en tirer profit. Concernant les informations philologiques, je sais gré à Alfredo Tenoch Cid Jurado d'avoir écrit, pour mon strict usage personnel, un essai encore inédit, « Un cerf nommé cheval ». *Cf.* également la réflexion de Todorov (1982, II) sur les aspects sémiotiques de la Conquête.

(il y a devant nous un animal de telle et telle sorte, qui semble être un cerf, mais qui n'en est pas un). De la même manière, ils ont dû penser que les animaux montés par les Espagnols étaient tous d'une espèce identique, même si les chevaux apportés par les hommes de Cortés avaient des pelages différents. Ils ont donc dû se faire une certaine idée de cet animal. Ils l'ont d'abord désigné du nom de *maçatl*, un terme qu'ils utilisaient non seulement pour les cerfs mais aussi pour tous les animaux quadrupèdes. Avec le temps, tandis qu'ils adoptaient et adaptaient les noms étrangers des objets apportés par les envahisseurs, leur langue nahuatl a transformé l'espagnol *caballo* en *cauayo* ou *kawayo*.

A un certain moment, les Aztèques ont décidé d'envoyer des messagers à Moctezuma pour lui annoncer le débarquement et les terrifiantes merveilles auxquelles ils assistaient. Nous avons des témoignages postérieurs du premier message qu'ils envoyèrent à leur seigneur : un scribe a représenté les événements au moyen de pictogrammes et a expliqué que les envahisseurs montaient des cerfs *(maçaoa,* pluriel de *maçatl)* aussi hauts que les toits des maisons.

Je ne sais si Moctezuma, devant des informations aussi incroyables (des hommes vêtus de fer avec des armes de fer, peut-être d'origine divine, munis d'engins prodigieux qui lançaient des boules de pierre capables de détruire les maisons), a compris ce que ces « cerfs » étaient. J'imagine que les messagers (préoccupés par le fait qu'on avait coutume de punir celui qui apportait des nouvelles déplaisantes) ont dû prendre leur courage à deux mains pour ne pas se contenter de lui fournir un rapport uniquement verbal, puisqu'il semble que Moctezuma avait l'habitude de demander à ses informateurs d'employer toutes les formes d'expression possibles pour l'informer de quelque chose. Ils auront alors cherché à simuler au moyen de leur propre corps l'allure du *maçatl,* à en imiter le hennissement, à suggérer la longue chevelure de son cou, tout en ajoutant qu'il était effrayant et féroce, capable d'emporter en le frappant de son corps armé celui qui tentait de s'opposer à l'assaut.

Moctezuma obtenait des descriptions à partir desquelles il essayait de se faire une idée de l'animal inconnu, et qui sait comment il se l'imaginait. L'idée qu'il pouvait s'en faire dépendait et de l'adresse des messagers et de sa propre vivacité d'esprit, mais certainement comprenait-il déjà qu'il s'agissait d'un animal, et d'un animal préoccupant. Si bien que Moctezuma, au départ, toujours selon l'une des chroniques, ne posa pas d'autres questions et s'enferma dans un mutisme préoccupant, la tête basse, l'air désolé, comme absorbé.

Enfin la rencontre entre Moctezuma et les Espagnols eut lieu. Et quand bien même la description des messagers aurait été confuse, il

me semble que Moctezuma a dû facilement identifier ces choses appelées *maçaoa*. En faisant l'expérience directe du *maçatl*, il se sera
contenté de réajuster l'idée qu'il avait essayé de s'en faire. Il serait
donc devenu capable, comme l'étaient ses hommes, de reconnaître le
maçatl en tant que tel chaque fois qu'il l'aurait vu, et capable de comprendre de quoi parlaient ses interlocuteurs chaque fois qu'il les aurait
entendus parler de *maçaoa*.

En fréquentant les Espagnols de jour en jour, Moctezuma aurait
alors appris nombre d'autres choses concernant les chevaux, il aurait
commencé à les appeler *cauayo*, il aurait su où ils vivaient, comment
ils se reproduisaient, de quoi ils se nourrissaient, comment il
convenait de les élever et de les dresser, à quels autres emplois ils
pouvaient être affectés, et il aurait compris bien vite, et à ses dépens,
combien ces animaux pourraient se révéler utiles dans des batailles. Il
est également probable, si nous prêtons attention aux chroniques, que
Moctezuma, en apprenant que ses propres hommes avaient réussi à
tuer deux des chevaux de leurs envahisseurs, ait nourri des soupçons
au sujet de l'origine divine de ces derniers.

A un certain moment, le processus d'apprentissage grâce auquel
Moctezuma enrichissait peu à peu sa connaissance des chevaux
s'interrompit, non pas parce qu'il ne pouvait rien apprendre de plus,
mais parce qu'on lui retira la vie. Je cesse donc de m'occuper de lui
(et des nombreux hommes massacrés avec lui pour avoir eu la révélation de la Chevalinité) pour m'arrêter sur les nombreux et divers
phénomènes sémiotiques qui sont en jeu dans cette histoire.

3.3.1. Type Cognitif (TC)

Au terme de leur premier processus perceptif, les Aztèques ont élaboré ce que je nommerais un Type Cognitif (TC) du cheval. S'ils
avaient vécu dans un univers kantien, nous dirions que ce TC était le
schème leur servant de médiateur entre le concept et le divers de
l'intuition. Mais d'où l'Aztèque tirait-il le concept de cheval, puisqu'il ne le possédait pas avant le débarquement des Espagnols ? Après
avoir vu certains chevaux, les Aztèques durent certainement s'en
construire un schème morphologique semblable au modèle 3D, et
c'est sur cette base que dut venir s'établir la constance de leurs actes
perceptifs. Mais en parlant de TC, je n'entends pas seulement une
sorte d'image, une série de traits morphologiques ou de caractéristiques motrices (l'animal trotte, galope, se cabre); les Aztèques
avaient perçu le hennissement caractéristique du cheval, sans doute

aussi l'odeur. Par-delà sa simple apparition, une caractéristique d'« animalité » a dû immédiatement lui être attribuée, puisque le terme de *maçatl* est d'emblée utilisé, et certainement aussi une faculté d'inspirer de la terreur, mais également la caractéristique fonctionnelle d'être « chevauchable », puisque le cheval se présentait toujours monté par des êtres humains. Disons donc, en résumé, que le TC cheval a eu d'emblée un caractère *multimédia*.

3.3.1.1. *La reconnaissance des occurrences*

Grâce à ce TC, les Aztèques ont dû également être en mesure de reconnaître immédiatement comme chevaux d'autres exemplaires qu'ils n'avaient pas vus précédemment (et de faire abstraction des variations de couleur, de dimension et de point de vue). C'est le phénomène de la reconnaissance lui-même qui nous pousse à parler de *type*, précisément, comme paramètre permettant de comparer différentes occurrences. Ce type n'aurait rien à voir avec une « essence » au sens aristotélico-scolastique, et nous ne cherchons pas à savoir ce que les Aztèques ont saisi du cheval (sans doute des traits superficiels, ne permettant pas encore de le différencier d'un âne ou d'une mule). Il est néanmoins évident qu'en parlant de type en ce sens, le fantôme des « idées générales » de type lockien ne peut pas ne pas faire sa réapparition, et l'on pourrait nous objecter que nous n'avons nullement besoin de ces idées générales pour expliquer le phénomène de la reconnaissance[1]. Il suffirait de dire que les Aztèques appliquent le même nom à divers individus parce qu'ils les trouvent similaires entre eux. Mais cette notion de similarité entre individus n'est pas moins embarrassante que celle de similarité entre une occurrence et un type. Même pour exprimer le jugement selon lequel une occurrence X est similaire à une occurrence Y, il faut avoir élaboré des critères de similarité (deux choses sont similaires par certains aspects et diffèrent par d'autres), et le fantôme d'un type auquel se référer en tant que paramètre ne peut alors que refaire son apparition.

Par ailleurs, certaines théories cognitives contemporaines nous disent que la reconnaissance a lieu sur la base de *prototypes* : un objet élu au rang de paradigme est retenu et stocké dans la mémoire, les autres objets sont alors reconnus en fonction de ce prototype. Mais pour dire qu'un aigle est un oiseau parce qu'il est similaire au prototype du moineau, il faut avoir abstrait du moineau certains traits plus

---

1. Sur le débat Locke-Berkeley, voir Santambrogio (1992, I).

pertinents que d'autres (par exemple au détriment de ses dimensions). Or s'il en était ainsi, notre prototype serait redevenu un type.

Si nous voulions réutiliser ici la notion kantienne de schème, nous pourrions dire que le TC est bien plus une règle, un procédé pour construire l'image du cheval, qu'une sorte d'image multimédia. Quoi qu'il en soit, ce TC est toujours quelque chose qui autorise la reconnaissance. Par ailleurs, en ayant postulé l'existence (quelque part) de ce type (que ce soit un schème ou une image multimédia), nous avons au moins débarrassé le champ d'une vénérable entité qui hantait encore l'univers kantien : si nous postulons un TC, nous n'avons alors plus besoin de mettre en scène les *concepts*. Le TC, et tout spécialement pour nos Aztèques, ne joue pas le rôle de médiateur entre le concept de cheval (concept qu'ils ne pouvaient trouver nulle part, sauf à professer un platonisme pour le moins transculturel) et le multiple (le divers) de l'intuition. Le TC est ce qui leur permet d'unifier le multiple de l'intuition. Et si cela leur suffit, cela devrait nous suffire aussi.

3.3.1.2. *Nommer et se référer avec succès*

Il ne servirait à rien de dire que le concept de cheval est bien plus riche que ce que les Aztèques savaient du cheval. Cela, en effet, ne prouve absolument rien. Certaines personnes, dans notre entourage, ont un TC du cheval qui n'est pas plus élaboré que celui des Aztèques. Cela ne les empêche pourtant pas de dire qu'ils savent ce que sont les chevaux, puisqu'ils savent les reconnaître. Durant cette période de notre histoire, les choses que les Aztèques ne savent pas du cheval sont fort nombreuses (d'où il vient, ce qu'il mange, comment il se reproduit, comment il nourrit ses petits, combien de races existent dans le monde – ils ne savent même pas si c'est une bête ou un être rationnel !). Cependant, sur la base de ce qu'ils savent, ils réussissent non seulement à le reconnaître mais également à se mettre d'accord sur le nom qu'ils lui donnent, et ils se rendent compte, en agissant ainsi, que chacun d'entre eux réagit au nom en l'appliquant aux mêmes animaux auxquels les autres l'appliquent. Nommer est le premier acte social qui convainc les Aztèques que tous reconnaissent des individus variés, à des moments différents, comme des occurrences d'un même type.

Il n'était pas nécessaire de nommer l'objet-cheval pour le reconnaître : je peux éprouver intérieurement une sensation désagréable, mais indéfinissable, et reconnaître seulement que c'est la même sensation que celle que j'ai éprouvée la veille ; cependant, « cette chose que je sentais hier » est déjà un nom pour la sensation que j'éprouve et le serait plus encore si je devais exprimer cette sensation si personnelle à d'autres personnes. Le passage à un terme générique naît d'une exigence sociale, pour pouvoir désancrer le nom du *hic et nunc* de la situation et l'ancrer précisément dans un type.

Mais comment les Aztèques faisaient-ils pour savoir qu'ils étaient bien en train d'appliquer le nom de *maçatl* au même TC ? Un observateur espagnol (appelons-le José Gavagaï) aurait pu se demander si l'Aztèque qui indiquait un point indistinct (générique) de l'espace-temps en disant *maçatl* entendait par ce nom l'animal que tout Espagnol reconnaissait, s'il entendait l'unité encore inséparable cheval-cavalier, les parures rutilantes de l'animal, le fait qu'une chose inconnue était en train de s'avancer vers lui, ou encore s'il voulait exprimer la proposition « voilà venir de la mer ces êtres divins promis par nos prophètes et qu'un jour Gulliver appellera Houyhnhnms ! »

L'assurance qu'ils entretiennent tous un TC commun, correspondant au nom, nous ne l'avons que dans le cas d'une *référence heureuse* (d'une référence couronnée de succès). Je dirai en **5** combien la notion de référence est problématique, mais l'expérience nous dit qu'il y a des cas où, lorsque nous nous référons à quelque chose, notre interlocuteur fait preuve d'une totale compréhension de ce à quoi nous voulions nous référer, comme, par exemple, lorsque nous demandons à quelqu'un de nous apporter un livre qui se trouve sur la table et que celui-ci nous apporte bien le livre, et non un stylo. De la même manière, puisque les Espagnols s'étaient rapidement associés à certaines populations locales, si quelqu'un avait demandé à un natif de lui apporter un cheval et que celui-ci fût revenu en apportant effectivement un cheval (et non pas un panier, une fleur, un oiseau ou un morceau de cheval), nous aurions alors eu la preuve qu'ils identifiaient tous deux par ce nom des occurrences du même TC.

Sur cette base, nous pouvons supposer l'existence de TC sans être obligés de nous demander ce qu'ils sont et où ils sont. S'il était prohibé, à l'époque d'un accès antimentaliste, de supposer l'existence d'un événement mental quelconque, il devient licite, dans une période où les études sur la cognition fleurissent, de se demander si le TC du cheval, dans l'esprit (le « mental ») des Aztèques, était fait d'images mentales, de diagrammes, de descriptions définies exprimées propositionnellement, ou si ce TC consistait en un ensemble de marques sémantiques et de relations abstraites constituant l'alphabet inné de leur « mentalais », auquel cas les Aztèques traiteraient des chaînes de signaux discrets en termes purement booléens. Problèmes d'une importance capitale dans le domaine des sciences cognitives, mais, me semble-t-il, sans aucune espèce d'importance du point de vue auquel je me place, en ne tenant compte que des données qu'offre une *folk psychology,* c'est-à-dire, pour ressusciter un vénérable concept philosophique que je crois être encore de la plus grande utilité, en réfléchissant du point de vue du *sens commun.* C'est sur la base de ce sens commun que s'offre l'évidence de ces deux phénomènes que sont la reconnaissance et la *référence heureuse*[1].

3.3.1.3. TC et boîte noire

Le problème de savoir ce qui se passe dans notre « boîte noire » lorsque nous percevons quelque chose est un problème débattu par les sciences cognitives lorsqu'elles se demandent, par exemple, (i) si le milieu environnant nous fournit toutes les informations nécessaires sans une intervention constructive de notre appareil mental ou neuronal, ou s'il y a au contraire une sélection, une interprétation et une réorganisation du champ stimulant; (ii) s'il y a quelque chose dans la boîte noire que l'on peut appeler « esprit » ou bien s'il n'y a que de purs processus neuronaux, ou si l'on peut affirmer, comme on le fait dans le domaine du néo-connexionnisme, une identité entre la règle et les données; (iii) où se trouvent (s'ils existent) les types ou schèmes cognitifs en tous genres; (iv) comment ils se configurent mentalement ou cérébralement. Autant de problèmes dont je *n'ai pas* l'intention de m'occuper.

Les TC peuvent bien se trouver dans l'esprit, dans le cerveau, dans la rate, dans la glande pinéale (si elle n'était pas déjà occupée, à notre époque, par la mélatonine); ils pourraient même être stockés dans quelque magasin impersonnel, s'entasser dans quelque intellect actif universel, d'où une divinité avare les retirerait pour me les prêter, par occasionnalisme, chaque fois que le besoin s'en ferait sentir (et les spécialistes de la cognition qui passent leur temps à interroger les sujets qui ne savent pas distinguer un verre d'une assiette devront nous dire pourquoi certaines de leurs régions cérébrales ne sont plus en

---

1. Les cas de *référence heureuse* ruinent les théories selon lesquelles il n'y aurait pas de « signifié transcendantal ». La définition du signifié transcendantal d'un texte, ou d'un système articulé et complexe de propositions, peut s'avérer difficile, et parfois impossible : c'est alors qu'une dérive interprétative pourra entrer en scène. Mais si, lorsque je dis à quelqu'un : *on a frappé à la porte, va ouvrir s'il te plaît,* celui ou celle-ci (s'il ou elle collabore) va ouvrir la porte et non la fenêtre, cela veut dire qu'au niveau de l'expérience quotidienne nous tendons à assigner non seulement un signifié littéral aux énoncés, mais aussi à associer de façon constante certains noms à certains objets.

phase avec la longueur d'onde divine). On doit cependant partir du principe que s'il y a des actes de référence heureux, aussi bien dans le fait de reconnaître quelque chose qui avait été perçu auparavant que dans le fait de décider que l'objet A aussi bien que l'objet B peuvent satisfaire au réquisit d'être un verre, un cheval, un bâtiment, ou que deux formes sont toutes deux définissables comme triangles rectangles, c'est parce que des *occurrences* sont comparées à un *type* (que ce soit un phénomène psychique, un prototype existant physiquement ou une de ces entités du Troisième Monde dont la philosophie cherche toujours à rendre raison, de Platon à Frege et de Peirce à Popper).

Postuler les TC ne nous oblige pas non plus à décider d'emblée s'ils assument, en partie ou en totalité, la forme d'une image mentale ou s'ils peuvent simplement être dénombrés et traités en termes de symboles discrets. On sait que ce débat entre *iconophiles* et *iconophobes* est aujourd'hui un objet central de la psychologie cognitive. Nous pourrions nous limiter à résumer la polémique Kosslyn/Pylyshyn[1] : d'un côté, les formes de représentation mentale de type iconique semblent indispensables pour expliquer toute une série de processus cognitifs face auxquels l'explication propositionnelle se révèle insuffisante, et cette hypothèse semblerait confirmée par des simulations sur ordinateur ; de l'autre, l'imagination mentale serait un simple *épiphénomène*, explicable comme élaboration d'une information uniquement accessible en termes digitaux. Les images mentales ne seraient donc pas incorporées dans notre *hardware,* elles ne seraient que des *outputs* secondaires.

On pourrait dire que l'amour n'existe pas au niveau neural, que tomber amoureux n'est que l'épiphénomène de complexes et profondes interactions physiologiques et que ces interactions seront un jour exprimables au moyen d'un algorithme : cela n'empêche pas que l'épiphénomène « être amoureux » soit central pour notre vie personnelle et sociale, pour l'art et la littérature, pour la morale, et souvent aussi pour la politique. Ainsi, une sémiotique des passions ne se demande pas ce qu'il se passe dans notre *hardware* lorsque nous éprouvons de la haine ou de la peur, de la colère ou de l'amour (même s'il se passe certainement quelque chose pouvant donner lieu à une enquête), mais plutôt comment il se fait que nous interprétons publiquement et intersubjectivement de nombreux termes à travers des représentations visuelles. La composante iconique de la connaissance

---

1. Je ne crois pas qu'il me faille entrer à proprement parler dans ce débat. Pour une chronique fondamentalement fidèle, je renvoie donc le lecteur à Gardner (1985, 11), et Johnson-Laird (1983, 7) pour une série de propositions raisonnables. Sur les images, on pourra également voir Varela (1992) et Dennett (1978).

doit donc être postulée au même titre que l'existence du TC pour rendre raison de ce que le sens commun nous propose. Les images constituent des systèmes d'instructions tout autant que les dispositifs verbaux : si je dois expliquer à quelqu'un comment rejoindre la place Garibaldi, par exemple, je peux aussi bien me répandre en indications verbales concernant les rues qu'il doit emprunter que lui montrer un plan (qui n'est pas une image de la place Garibaldi mais un procédé diagrammatique pour pouvoir repérer la place Garibaldi). En fonction des capacités et des dispositions de l'interlocuteur, l'un des deux procédés se révélera plus efficace que l'autre[1].

Refuser de mettre le nez dans la boîte noire pourrait être compris comme l'aveu que la philosophie (et, en l'espèce, la sémiotique générale comme philosophie) constitue une forme de connaissance « inférieure » par rapport à la science. Il n'en est rien. Si nous pouvons postuler les TC dans la boîte noire, c'est précisément parce que nous pouvons avoir un contrôle intersubjectif sur ce qui en constitue l'*output*. Et nous possédons les instruments pour parler de cet *output* – voilà sans doute la contribution que la sémiotique peut apporter aux recherches cognitives, à savoir l'aspect sémiotique des processus cognitifs.

3.3.2. Du TC au Contenu Nucléaire (CN)

A partir du moment où ils ont commencé à désigner les mêmes animaux en prononçant le nom de *maçatl*, les Aztèques, qui pouvaient craindre précédemment que leur TC ne soit privé, se sont rendu compte, au contraire, que ce nom établissait une *aire de consensus*. Initialement, l'aire de consensus n'était postulable que pour expliquer le fait qu'ils se comprenaient les uns les autres en employant le même mot. Mais ils ont dû peu à peu procéder à des *interprétations collectives* de ce qu'ils entendaient par ce mot. Ils ont associé un « contenu » à l'expression *maçatl*. Ces interprétations étaient on ne peut plus semblables à une définition, telle que nous pouvons nous l'imaginer. Mais, bien évidemment, nous ne pouvons pas penser que nos Aztèques se soient dit l'un l'autre qu'ils entendaient par *maçatl* un « mammifère périssodactyle de la famille des équidés, herbivore non ruminant, possédant un doigt médium du pied très développé et recouvert par un ongle (sabot) » (définition de l'Encyclopédie Zanichelli 1995).

---

1. Neisser (1976) postulerait également, en cas d'instructions verbales, la mise en œuvre de « cartes cognitives », de même nature que les *schemata*, qui orienteraient la perception.

Au départ, cet accord a dû prendre la forme d'un échange désordonné d'expériences : l'un faisait remarquer que l'animal avait des cheveux sur le cou, l'autre remarquait que les cheveux de ces animaux flottaient dans le vent lorsqu'ils galopaient, un troisième avait remarqué en premier lieu que le harnachement était quelque chose d'étranger à leur corps, et ainsi de suite. Bref, les Aztèques ont peu à peu interprété les traits de leur TC, pour l'homologuer le plus possible. Leur (ou leurs) TC pouvait être privé, mais ces interprétations, elles, étaient *publiques* : s'ils les avaient passées par écrit, s'ils les avaient exprimées sous forme de pictogrammes ou si quelqu'un avait enregistré sur une bande magnétique ce qu'ils se disaient, nous aurions alors une série contrôlable d'*interprétants*. Mais c'est justement ce que nous avons, dans la mesure où certains témoignages indigènes nous sont restés. Si nous ne savons pas avec exactitude ce qui est passé par la tête des premiers Aztèques lorsqu'ils ont vu les chevaux, c'est parce que nous avons des raisons de suspecter que les témoignages sont trop tardifs, qu'ils sont déjà des interprétations d'interprétations que les conquistadores avaient données de leurs premiers comportements. Mais si ces interprétants étaient entièrement à notre disposition, comme le sont les comptes rendus des scientifiques qui ont vu un ornithorynque pour la première fois, ils mettraient non seulement en lumière la nature de leur TC mais circonscriraient également le signifié qu'ils attribuaient à l'expression *maçatl*.

Nous appellerons Contenu Nucléaire (CN) cet ensemble d'interprétants.

Je préfère parler de Contenu plutôt que de Signifié Nucléaire car une ancienne tradition tend à associer au signifié une expérience mentale. Cette confusion est plus forte dans certaines langues que dans d'autres. Pensons, par exemple, au substantif anglais *meaning* qui peut vouloir dire « ce qui existe dans l'esprit », mais également « ce que l'on se propose », « ce qui est entendu être », « ce qui est dénoté ou compris », le sens, la signification, etc., sans oublier que *meaning* peut également apparaître dans sa forme verbale *to mean*, qui signifie « avoir l'intention de », « avoir une idée en tête », mais également « signifier », « exprimer », « vouloir dire », et ce n'est que dans certains cas que *to mean* dénote une synonymie reconnue et adoptée socialement (l'exemple du Webster est « the German word " ja " means " yes " »). Entre autres, les mêmes variations de sens se retrouvent dans l'allemand *meinen*. En ce qui concerne l'italien, le terme *significato* est le plus souvent compris comme un « concept exprimé par un signe » (et donc comme le signifié saussurien, en tant qu'il s'oppose à un signifiant), le couple *significato* et *significare* peut être employé pour l'expression de pensées ou de sentiments, pour l'effet émotif que provoque une expression, pour l'importance ou la valeur que quelque chose prend pour nous, etc.

En revanche, le terme de *contenu* – comme corrélat d'une expression, dans le système de Hjelmslev – est moins compromis. Il se laisse employer, comme je le ferai, en un sens public et non mental. Cependant, lorsque les exigences de discussion avec certaines théories courantes poussent à le faire, j'utiliserai le mot *significato* [traduit ici signifié *ou* signification], mais toujours et seulement comme synonyme de *contenu*.

Dans certains cas, TC et CN peuvent pratiquement coïncider, au sens où le TC détermine totalement les interprétants exprimés par le CN et où le CN permet de concevoir un TC adéquat. Mais je voudrais souligner encore une fois que *le TC est privé tandis que le CN est public*. Nous ne sommes pas en train de parler du même phénomène (qu'on pourrait appeler de façon générique « la compétence des Aztèques concernant les chevaux ») : nous sommes en train de parler, d'une part, d'un phénomène de sémiose perceptive (TC), et, de l'autre, d'un phénomène d'accord communicationnel (CN). Le TC – qui ne se voit ni ne se touche – est seulement *postulable* sur la base des phénomènes de reconnaissance, d'identification et de référence heureuse ; le CN représente en revanche la façon dont nous cherchons intersubjectivement à mettre en lumière les traits qui composent un TC. Le CN, que nous reconnaissons sous forme d'interprétants, *se voit et se touche* – et ce n'est pas une simple métaphore puisque nous trouvons aussi, parmi les interprétants du terme *cheval,* de nombreux chevaux sculptés en pierre ou en bronze.

Imaginons que Moctezuma ait recueilli tous les pictogrammes dessinés par les messagers, filmé tous leurs gestes, enregistré sur une bande magnétique leurs paroles, qu'il ait consigné tous ces témoignages *matériels* dans un coffre, qu'il ait mis à mort tous ses messagers et se soit suicidé : ce qui resterait dans le coffre serait le contenu de l'expression *maçatl* pour les Aztèques. Ce serait alors à l'archéologue qui aurait retrouvé le coffre de réussir à interpréter ces interprétants, et ce n'est qu'à travers l'interprétation de ce contenu qu'il serait en mesure, ensuite, de conjecturer quel avait été le TC du cheval pour les Aztèques.

Un TC ne naît pas nécessairement d'une expérience perceptive. Il peut être transmis culturellement (comme CN) et conduire au succès d'une expérience perceptive à venir. C'est le CN de *maçatl* que les messagers communiquent à Moctezuma à travers des images, des gestes, des sons et des mots. Sur la base de ces interprétations, Moctezuma aura cherché à se faire une « idée » des chevaux. Cette « idée » est le premier noyau du TC que Moctezuma a provisoirement construit sur la base du CN qu'il a reçu sous forme d'interprétations[1].

La façon dont les CN sont exprimés contribue également à débrouiller la question de savoir si nous avons des images mentales ou non[2]. Un CN est parfois exprimé par des mots, parfois par des gestes, parfois par des images ou des diagrammes. Au fond, le dessin du modèle 3D de Marr, en tant qu'il est public, est un élément du CN qui interprète une modalité procédurale de notre TC. Qu'est-ce qui correspond dans notre cerveau à cette image présumée ? Disons, des activations neuronales. Or, même si le *pattern* de ces activations ne correspond pas à ce que nous nommons intuitivement image, ces phénomènes cérébraux représenteraient la cause ou le corrélat de notre aptitude à concevoir ou à interpréter notre type du cheval. Nous postulons le TC en tant que disposition à produire des CN et nous considérons les CN en tant que preuve de l'existence d'un TC quelque part.

3.3.2.1. Instructions pour l'identification

Le CN du terme fournit également des critères ou des instructions pour l'identification de l'une des occurrences du type (ou, comme on a coutume de dire, pour l'identification du référent)[3]. J'utilise le terme d'« identification » plutôt que celui de « reconnaissance » car je voudrais réserver ce second terme pour les phénomènes cognitifs dépendant strictement d'une expérience perceptive antérieure, le terme d'« identification » définissant alors la capacité d'identifier perceptivement quelque chose dont on n'avait pas encore eu l'expérience. J'ai identifié un alligator, la première fois que je l'ai vu le long du Mississippi, sur la base des instructions qui m'avaient été fournies précédemment au moyen de paroles et d'images, c'est-à-dire en me communiquant le CN du mot *alligator*.

---

1. La référence heureuse, en tant que comportement qui interprète le signe, est aussi une forme d'interprétant. Sur le référent comme interprétant implicite, *cf.* Ponzio 1990, 1.2.

2. Sur cette question fort discutée, Goodman (1990) suggère de traduire le substantif par un verbe : comme si, au lieu de nous interroger sur le concept de « responsabilité », nous nous demandions ce que signifie « être ou se sentir responsable de quelque chose ».

3. Marconi (1995, 1997) parle d'une double compétence lexicale, *inférentielle* et *référentielle*. Il me semble que la compétence référentielle doit se déployer dans les trois phénomènes différents que sont les instructions pour la reconnaissance, pour l'identification et pour le repérage, et que cette compétence ne doit évidemment pas être identifiée à l'exécution d'actes de référence (comme nous le verrons en **5**).

En fournissant des instructions pour identifier les occurrences du type, le CN nous oriente dans la formation du TC qui va être essayé, du TC tentatif. Si les messagers avaient fourni de bonnes interprétations à Moctezuma, son TC tentatif aurait été suffisamment riche et précis pour permettre une identification immédiate et de légers réajustements à partir de la perception directe. Mais les instructions fournies par le CN sont parfois insuffisantes : les messagers pourraient avoir insisté sur l'analogie avec les cerfs au point d'induire Moctezuma à construire un TC tentatif trop imparfait pour pouvoir identifier facilement les chevaux à leur première rencontre, et ne pas les confondre avec les bœufs d'un troupeau accompagnant les troupes[1].

3.3.2.2. Instructions pour le repérage

Il est également possible que les messagers ne soient pas parvenus à exprimer à Moctezuma les propriétés du cheval. Auquel cas, ils lui auraient simplement dit que des animaux étranges et terribles étaient apparus quelques jours auparavant sur un point de la côte et qu'il aurait pu, en se rendant sur les lieux, identifier des hommes blancs, bardés de fer, se déplaçant à califourchon sur quelque chose – ce quelque chose aurait été ce à quoi ils étaient en train de se référer. Ils auraient ainsi fourni à Moctezuma des instructions **non** pas pour identifier l'objet mais pour le *repérer*.

Les deux exemples que j'avance à présent concernent des TC d'individus, sur lesquels je devrai revenir en **3.7.6**. Ici, ils nous serviront à distinguer l'identification du repérage. *Premier cas*. Tous les matins, en allant au bar, je tombe sur le même homme, je le reconnais chaque fois, mais je ne sais pas comment il s'appelle. Si je devais corréler un CN au nom générique *homme*, ce serait simplement la

---

1. Il y a quelque temps déjà, je m'étais étonné de voir qu'à Paris un bon nombre de chauffeurs de taxi orientaux semblaient connaître fort mal la ville, alors qu'on s'imagine qu'un chauffeur de taxi doit fournir la preuve qu'il possède de bonnes compétences cartographiques pour obtenir sa licence. Une fois, j'ai interrogé l'un d'entre eux. Il me répondit en toute sincérité : « Mais lorsque l'un de nous se présente à l'examen avec ses papiers, vous seriez capable de dire si la photo qui figure sur le permis de conduire est véritablement la sienne ? » Donc, en spéculant sur le fait bien connu que tous les Orientaux se ressemblent pour les Occidentaux et vice versa, un seul candidat compétent se présentait plusieurs fois à l'examen en montrant les papiers d'identité de ses compatriotes incompétents. Le document officiel d'identification fournissait le CN associé au nom propre (avec toute la précision nécessaire), mais la situation interculturelle faisait que les instructions pour l'identification étaient trop faibles pour l'examinateur, l'induisant à entretenir un TC générique et non individuel.

description « celui que je vois tous les matins dans le bar ». Un jour, je vois cet homme commettre un hold-up dans la banque d'en face. Interrogé par la police, j'aide le dessinateur spécialisé, au moyen d'interprétations verbales, à en dessiner un portrait-robot relativement ressemblant. J'ai fourni des instructions pour l'identification de cet homme. Les policiers peuvent en élaborer un TC (même s'il reste vague – si bien qu'ils risquent d'identifier, par erreur, quelqu'un d'autre). *Second cas.* Je reconnais tous les matins un homme dans le bar, bien que je ne l'aie jamais réellement observé, mais un jour je l'ai entendu dire au téléphone qu'il s'appelle Giorgio Rossi et habite sur la via Roma, au numéro 15. Un jour, celui-ci se dispute avec le tenancier du bar, le tue en lui éclatant une bouteille sur la tête et prend la fuite. La police m'interroge comme témoin, je suis absolument incapable de fournir des instructions au dessinateur du portrait-robot (je réussis tout au plus à lui dire que l'homme est assez grand, qu'il a un visage banal et le regard antipathique), mais je peux lui fournir le nom et l'adresse de cet homme. Sur la base de mon TC privé, je ne suis pas capable de fournir des instructions pour l'identification ; mais sur la base du CN que j'associais au nom de Giorgio Rossi (un individu de sexe masculin qui habite au 15 de la via Roma) je suis en mesure de fournir à la police des instructions pour son repérage.

3.3.3. *Contenu Molaire (CM)*

Lorsque Moctezuma, après avoir vu des chevaux de ses propres yeux et avoir parlé avec les Espagnols, acquiert d'autres informations à leur sujet, il peut parvenir à en savoir ce qu'en savait un Espagnol (même si ce n'est pas précisément ce qu'en sait aujourd'hui un zoologiste). Il aurait alors possédé une connaissance *complexe* des chevaux. Il est à noter que je ne suis pas en train de parler de connaissance « encyclopédique » au sens d'une différence entre Dictionnaire et Encyclopédie (différence sur laquelle je reviendrai en **4.1**), mais au sens d'une « connaissance élargie », c'est-à-dire d'une connaissance qui enveloppe également des notions qui ne sont pas indispensables à la reconnaissance perceptive (par exemple : que les chevaux s'élèvent de telle façon, ou que ce sont des mammifères). Je parlerai, pour cette connaissance élargie, de Contenu Molaire (CM). Le format du CM de Moctezuma pourrait être différent de celui de ses premiers messagers, ou de ses prêtres, et serait en expansion permanente. Nous ne savons pas bien comment il aurait pu se développer. Songeons, par exemple, au fait que l'information selon laquelle le cheval prospère sur le continent américain fait aujourd'hui partie du CM de *cheval* (et n'en faisait évidemment pas partie au temps de Moctezuma). Je ne l'identifierais pas avec une connaissance exclusivement exprimable sous forme propositionnelle, car il pourrait comprendre également des images de chevaux de races différentes ou d'âges différents.

Un zoologiste possède un CM du *cheval*, et un jockey en possède également un, même si les deux domaines de compétence ne sont pas coextensifs. C'est au niveau du CM qu'a lieu cette « division du travail linguistique » dont parle Putnam, mais que je préférerais définir comme division du travail culturel. Au niveau du CN, il devrait y avoir un consensus généralisé, même s'il comporte certaines franges et zones d'ombre (*cf.* **3.5.2**). Et puisque cette aire de consensus constitue le point central de la présente discussion, je tendrais à ne pas prendre en considération le CM, qui peut assumer des formats différents selon les sujets et représente des portions de compétence sectorielle. Disons alors que la somme des CM s'identifie à l'Encyclopédie en tant qu'idée régulatrice et en tant que postulat sémiotique (*cf.* Eco 1984, II.5.2).

3.3.4. CN, CM et concepts

En lisant la première version de ces pages, quelqu'un m'a demandé quelle était la différence entre CN, CM et concept. Je ne saurais répondre à cette question sans avoir résolu deux questions préliminaires : (i) quelle est la différence entre le type cognitif de l'ornithorynque construit par son premier découvreur et le concept d'ornithorynque que, de toute évidence, il ne pouvait pas posséder par avance, quand bien même nous serions dans un univers platonicien surpeuplé ? (ii) quelle est la différence entre le concept que les premiers Aztèques avaient du cheval et celui qu'en a le zoologiste ?

Concernant la première question, il me semble évident que, depuis l'idée kantienne de schème pour les concepts empiriques, s'il existait un concept, il devrait être médiatisé par le schème, mais si l'on introduit le schème, il n'est alors plus nécessaire de recourir au concept – preuve en est que nous pouvons élaborer des schèmes pour des concepts que nous n'avons pas, comme celui de l'ornithorynque. L'idée de concept devient donc un résidu embarrassant.

Concernant la seconde question, si l'on entend par « concept » une conception mentale, comme le veut l'étymologie, deux réponses sont alors possibles : ou bien le concept préside à la reconnaissance perceptive, il s'identifie alors au TC et il est exprimé non pas par la définition classique, mais par le CN; ou bien le concept est une définition rigoureuse et scientifique de l'objet et il s'identifie alors avec un CM sectoriel particulier.

Il semble outrageant de le dire, mais, du point de vue où je me place, le mot de *concept* ne signifie rien d'autre que *ce que quelqu'un a dans la tête.* Pour dire ce qu'est ce quelque chose, il me faudrait regarder dans la boîte noire, ce que je cherche à éviter. Je ne puis donc le dire. Ce que je me demande plutôt, c'est si ceux qui regardent dans la boîte noire se posent cette question. Mais c'est une autre histoire.

3.3.5. Référence

Dans l'histoire que nous avons examinée, les Aztèques assignent un CN à l'expression *maçatl*, mais lorsqu'ils parlent entre eux de ce qu'ils ont vu, *ils se réfèrent* à des chevaux particuliers. Je parlerai de ce phénomène très complexe qu'est la référence en **5**. Pour l'instant, il s'agit de distinguer entre le contenu et la référence, mais également entre les instructions pour l'*individuation* (identification) du *référent* et les actes concrets de *référence.* Quelqu'un peut avoir reçu des instructions pour identifier un tatou et ne s'être cependant jamais référé à un tatou de toute sa vie (c'est-à-dire n'avoir jamais dit *ceci est un tatou,* ou bien *il y a un tatou dans la cuisine*).

Le TC fournit des instructions pour identifier le référent. Ces instructions constituent sans conteste une forme de compétence. Se référer à Quelque Chose constitue en revanche une forme d'exécution *(performance).* Cet acte se base bien évidemment sur la compétence référentielle, mais aussi sur d'autres compétences (c'est ce que nous verrons en **5**). Le référent du mot *cheval* est quelque chose. Se référer aux chevaux est un acte, non une chose.

Moctezuma, après avoir écouté le récit des messagers, possédait un embryon de compétence. Or, s'il s'est enfermé dans un mutisme obstiné durant un certain temps, comme nous l'avons vu, il n'a pas accompli dans l'immédiat d'acte de référence aux chevaux. Ses messagers, en revanche, se référaient aux chevaux avant même d'avoir fourni à Moctezuma des instructions pour identifier le référent, lorsqu'ils lui ont dit qu'ils allaient lui parler de Choses qu'ils n'osaient pas décrire. Moctezuma, sortant de son silence, aurait pu se référer à ces Choses encore inconnues, en demandant par exemple ce qu'elles étaient et comment elles étaient, avant même de posséder les instructions pour leur identification. Il aurait ainsi démontré que l'on peut comprendre la référence à des étants et que l'on peut se référer à eux sans même en posséder un TC, ni même un CN. Moctezuma comprenait que les messagers accomplissaient un acte de référence, mais il n'était pas en mesure de comprendre quel était le référent de cet acte.

3.4. Primitifs sémiosiques

3.4.1. Primitifs sémiosiques et interprétation

Imaginons un être placé dans un milieu élémentaire. Et imaginons que cet être ne soit pas encore entré en contact avec ses semblables. Il devrait acquérir, quelle que soit la façon dont il choisisse de les nommer, certaines « notions » fondamentales (quelle que soit la façon dont il décide ensuite de les instituer en système de catégories, ou au moins en système d'unité de contenu) : il devrait avoir une notion du haut et du bas (essentielle pour son équilibre corporel), du fait de se tenir debout ou couché, de certaines opérations physiologiques comme ingurgiter ou expulser, une notion de ce que signifie marcher, dormir, voir, entendre, ressentir des sensations thermiques, olfactives ou gustatives, éprouver de la douleur ou du soulagement, frapper dans ses mains, enfoncer le doigt dans une matière molle, cogner, ramasser, frotter, se gratter et ainsi de suite[1]. Mais dès l'instant où il se trouve au contact d'autres êtres ou du milieu environnant en général, il devrait avoir des notions concernant la présence d'un quelque chose qui s'oppose à son corps, l'étreinte, la lutte, la possession ou la perte d'un objet de désir, probablement la cessation de la vie... Quelle que soit la façon dont il parvienne à assigner des noms à ces expériences fondamentales, celles-ci sont certainement originaires.

Ce qui revient à dire qu'à partir du moment où l'on « entre dans le langage », certaines dispositions à la signification ont un caractère pré-linguistique, autrement dit qu'il existe « certaines classes de significations auxquelles les êtres humains sont accordés de façon innée[2] ». L'attribution de l'animalité à un certain objet, par exemple, serait de ce type. Il est possible que par la suite une telle attribution se

---

1. A partir de ces principes, j'ai essayé d'esquisser une éthique élémentaire (*cf.* « Quand l'autre entre en scène naît l'éthique », *in* U. Eco et C. M. Martini, *Croire en quoi ?*, Paris, Payot & Rivages, 1998).
2. Bruner (1990 : 72). Voir également Piaget (1955, II, vi) : aux différents stades de son développement, l'enfant applique au départ l'idée de vie à tout ce qui se déplace, puis, graduellement, aux animaux et aux plantes. Cette idée de vie précède tout apprentissage catégoriel. Lorsque l'enfant perçoit le soleil comme quelque chose de vivant, il opère une subdivision du *continuum* qui est encore précatégorielle. *Cf.* également Maldonado (1974 : 273).

révèle être une erreur (une mentalité archaïque, par exemple, pourrait voir les nuages comme des animaux), mais l'une de nos premières façons de réagir à ce qui vient à notre encontre consiste très certainement à lui attribuer un caractère d'animalité ou de vitalité. Cette attribution primaire ne concerne encore en rien des « catégories » tel qu'*Animal* : l'animalité dont je suis en train de parler est certainement pré-catégorielle.

Je dirai en **3.4.2** pourquoi je considère que cette utilisation des termes *catégorie, catégoriel et pré-catégoriel* est impropre ; reste que des notions telles qu'Animal, Minéral ou Artefact (qui sont considérées par de nombreuses sémantiques componentielles comme des *primitifs* sémantiques, probablement innés, non ultérieurement inanalysables et constitués parfois en systèmes hiérarchiques et finis d'hyponymes et hyperonymes) peuvent avoir un sens en tant qu'éléments d'un CM. Que ces notions soient primitives, inanalysables et hiérarchiques, et qu'il soit possible d'en concevoir un inventaire fini, cela a été discuté en Eco (1984, II.2). Or, de telles notions ne dépendent pas de l'expérience perceptive mais d'une segmentation et d'une organisation du *continuum* du contenu, ce qui présuppose un système réglé d'assomption. Les primitifs sémiosiques dont je suis en train de parler ne sont pas de cette nature : ils dépendent de la perception pré-classificatoire de quelque chose en tant que vivant et animé, ou sans vie.

Lorsque nous sentons la présence d'un corps étranger sur notre bras ou notre main, aussi minuscule soit-il, et parfois sans même regarder (et parfois le temps qui sépare l'hypothèse perceptive et la réponse motrice est infinitésimal), nous réagissons généralement en tapant avec notre autre main sur ce quelque chose afin de l'écraser, mais il nous arrive également d'éjecter ce quelque chose en détendant notre index retenu contre notre pouce. D'habitude, nous écrasons ce corps étranger lorsque nous avons supposé (avant même d'en avoir décidé, car c'est de la rapidité du réflexe que dépend notre salut) qu'il s'agissait d'un moustique ou de quelque autre insecte agaçant, mais nous l'expulsons d'une chiquenaude lorsque nous avons décidé qu'il s'agissait d'une scorie végétale ou minérale. Si la décision prise est qu'il nous faut « tuer », c'est qu'un trait d'« animalité » a été reconnu. Il s'agit d'une reconnaissance primaire, pré-conceptuelle (en tout cas pré-scientifique), qui a affaire à la perception et non à la connaissance catégorielle (elle peut éventuellement l'orienter, en s'offrant à elle comme l'amorce d'une interprétation qui aura lieu à des niveaux cognitifs supérieurs).

3.4.2. Eclaircissements sur les catégories

La psychologie cognitive parle souvent de notre pouvoir de penser comme quelque chose de fondé sur la possibilité d'une organisation catégorielle. L'idée est que le monde dont nous avons l'expérience est composé d'une telle quantité d'objets et d'événements que si nous devions les identifier et les nommer tous, nous serions dépassés par la complexité du milieu ; ainsi, la seule façon de ne pas devenir « esclave du particulier » tient dans notre capacité de « catégoriser », c'est-à-dire de rendre équivalentes des choses différentes, en regroupant des objets et des événements par classes (par ex. Bruner *et al.* 1956).

L'idée est en elle-même inattaquable. Preuve en serait qu'elle n'est pas nouvelle et que le problème qu'elle pose ne l'est pas non plus. Certes, nous n'irons pas jusqu'à dire que les Anciens avaient déjà tout pensé, mais si nous remplaçons le terme de « catégorisation » par celui de « conceptualisation », nous nous apercevons qu'il s'agit une fois de plus de comprendre comment le langage (et notre appareil cognitif avec lui) nous porte à parler et à penser par *generalia*, c'est-à-dire en réunissant des individus sous des ensembles.

Le langage fonctionne en regroupant des occurrences multiples sous un seul type (et ce langage est toujours atteint, comme on disait au Moyen Age, d'une *penuria nominum*). Mais autre chose est de dire que nous réussissons à penser l'ensemble des divers individus qui se présentent à nous comme « chat », et autre chose de dire que nous réussissons à penser tous les chats comme animaux (ou félins). Il s'agit, comme nous pouvons le voir, de deux problèmes différents. Le fait de savoir qu'un chat est un félin semble bien plus relever de la compétence que nous avons appelée CM que de celle que nous avons appelée CN. La perception quasi immédiate du chat nous est apparue en revanche comme un phénomène pré-catégoriel.

Le fait est que le terme de « catégorie », dans la littérature contemporaine traitant de ces thèmes, est employé de façon fort différente de celle dont l'employaient aussi bien Aristote que Kant, même si l'on peut voir de nombreux auteurs, lorsqu'ils affrontent le problème, se rapporter – sans faire de citations spécifiques et en légitimant de façon presque rhétorique leurs assomptions – à l'héritage classique.

Pour Aristote, les catégories étaient au nombre de dix, la Substance et les neuf prédicats qui pouvaient en être prédiqués : quelque chose se tenait pour un certain temps, en un certain lieu, avec certaines qualités, affecté par quelque chose ou agissant sur quelque chose, etc. Savoir ce qu'était un sujet précis (un homme, un chien, un arbre), cela ne faisait pas problème pour Aristote. On percevait une substance et l'on comprenait quelle était son essence (Aristote pensait donc qu'au moment même où nous voyons l'occurrence d'un homme nous la reconduisons au type « homme »). Appliquer des catégories, au sens aristotélicien, ne va guère au-delà du fait de dire que l'on est en train de percevoir un chat, qu'il est blanc, qu'il est en train de courir dans le Lycée, etc. Du point de vue de la psychologie cognitive contemporaine, tout cela appartiendrait au pré-catégoriel, ou mettrait à peine en jeu des catégories dites « de base », telles que « chat », plus une activité qui n'est pas mieux définie et qui consisterait à reconnaître des propriétés actives et passives à un objet donné.

Pour Kant, les catégories sont quelque chose de bien plus abstrait que les catégories aristotéliciennes (ce sont l'unité, la pluralité, la réalité, la négation, la substance, l'accident, la causalité et ainsi de suite) et nous avons vu en **2.3** comment il s'avérait bien difficile pour lui de dire ce que ces catégories ont à voir avec des concepts empiriques comme ceux de chien, de chaise, d'hirondelle ou de moineau.

Mais revenons à Aristote. Qu'en voyant un chat courir dans le Lycée, on perçoive un chat courir dans le Lycée, c'était pour lui un fait naturel et spontané. Bien sûr, il s'agissait ensuite de *définir* ce qu'était la substance « chat ». La définition se faisant par genre et différence, la tradition aristotélicienne devait alors identifier des *prédicables*. Ces prédicables sont on ne peut plus similaires aux catégories telles que les entendent les taxonomies modernes : ce sont des outils servant à la définition (le chat est un animal irrationnel mortel, pour la tradition aristotélicienne, et c'est bien peu, je l'admets ; pour les taxonomies modernes, le chat est de l'espèce *Felis catus*, du genre *Felis*, du sous-ordre des Fissipèdes, et ainsi de suite, jusqu'à ce que l'on arrive à la classe des Mammifères).

Ce genre de classification – et nous pourrions parler de catégorisation si nous entendions les prédicables aristotéliciens comme des sous-catégories – est-il essentiel pour pouvoir reconnaître quelque chose ? Absolument pas. Il ne l'est pas pour Aristote évidemment, qui ne parvient pas à définir le chameau de façon satisfaisante (*cf.* Eco 1983, VI.2.1.1) mais ne cesse pas pour autant de l'identifier et de le nommer de façon correcte ; et il ne l'est pas pour la psychologie cognitive, puisque personne n'a jamais refusé d'admettre que l'on pouvait percevoir et reconnaître un ornithorynque sans pour cela savoir s'il est un Mammifère, un Oiseau ou un Amphibien.

En un certain sens, Aristote se trouverait bien plus embarrassé avec cette histoire que Kant ou les cognitivistes contemporains. Les cognitivistes s'en tireraient éventuellement en admettant qu'il y a du pré-catégoriel dans la perception. Kant a réussi à renvoyer chiens et chats parmi les concepts empiriques et leur classification en genre et espèce sur le terrain du jugement réfléchissant. Mais Aristote nous dit que lorsque nous voyons une substance individuelle nous comprenons quelle est son essence (homme ou chat) et, il aurait admis volontiers qu'un esclave pouvait reconnaître un chat sans être capable d'en exprimer la définition. Pourtant, lorsqu'il doit dire ce qu'est la substance, il ne peut le faire qu'en termes de définition, en recourant au genre et à la différence. C'est comme si Aristote admettait que nous avons des TC, mais que nous ne pouvons les interpréter qu'en termes de CM (puisque la connaissance des classifications appartient au CM).

Mais Aristote a peut-être voulu dire exactement ce que nous sommes en train de dire : percevoir (en appliquant des catégories – les siennes), c'est précisément évoluer dans ce qui s'appelle aujourd'hui le pré-catégoriel, et les attributions de vie, d'animalité et même de rationalité font partie de ce pré-catégoriel. Ce serait en tout cas ce qu'aurait voulu dire Thomas[1] : nous ne percevons absolument pas de différences, telles que la rationalité, mais nous les inférons à partir d'accidents perceptibles ; nous inférons que l'homme est rationnel à travers des manifestations extérieures, par exemple à travers le fait qu'il parle ou qu'il soit bipède. La perception immédiate de ces accidents ferait alors partie de l'expérience perceptive et le reste ne serait qu'une construction culturelle.

Les *catégories* du cognitivisme contemporain (qu'Aristote aurait appelées des prédicables) correspondent plutôt aux *taxa* des sciences naturelles, qui s'emboîtent des espèces aux genres (des ordres aux classes ou des classes aux règnes). Les catégories de base du cognitivisme sont certainement des TC, mais ce qu'il appelle des catégories superordonnées (telles que l'Outil, par exemple, par rapport à la catégorie de base du marteau) sont des *taxa*. Elles appartiennent à une phase d'élaboration culturelle plus complexe et sont emmagasinées dans le CM de certains locuteurs particulièrement doués (et dépendent d'un système cohérent de propositions ou d'un paradigme culturel donné).

Il est à noter que cette distinction était déjà fort claire chez John Stuart Mill. Il en fait état dans son *Système de logique,* au moment où il examine les multiples classifications naturelles qui, en son temps, étaient encore l'objet d'un âpre débat :

« Il y a [...] une classification des choses, qui est inséparable de l'acte de leur donner un nom général. Tout nom qui connote un attribut divise, de ce

---

1. Pour un ensemble de thèses thomistes à ce sujet (*De ente et essentia* vi ; *Summa Theologiae* 1, 29 2 *a* 3 ; I, 77, 1 *a* 7 ; I, 79, 8 co ; *Contra Gentiles* III, 46), voir le développement en Eco 1984, II.4.4.

simple fait, toute chose en deux classes, celles qui ont l'attribut et celles qui ne l'ont pas. [...] La Classification que nous devons discuter en tant qu'acte de l'esprit séparé est en revanche différente. Dans la première, l'arrangement des objets en groupes, et leur distribution en compartiments, est un pur effet accidentel conséquent à l'usage des noms donnés à un autre propos, comme celui d'exprimer tout simplement certaines de leurs qualités. Dans l'autre, l'arrangement et la distribution sont l'objet principal, et la dénomination est secondaire, et se conforme à cette opération principale, plutôt que de la gouverner » (*A System of Logic*, IV, vii).

Puisqu'on ne peut lutter contre les inerties du langage, je conviendrai à mon tour d'appeler ces entrées classificatoires des catégories. Cependant, il doit être clair que ces « catégories » ne contribuent pas à nous dire immédiatement ce qu'est une chose. Elles nous disent simplement comment cette chose est hiérarchiquement ordonnée dans un système de concepts de base et de concepts superordonnés et subordonnés[1].

Observons également que si les catégories (au sens moderne du terme) sont des *taxa*, elles n'ont absolument rien à voir avec ces primitifs élaborés ou identifiés par les sémantiques « à traits » – et qui ont par accident le même nom que de nombreuses catégories ou *taxa*. Ces primitifs sont généralement répertoriés par des petites majuscules, comme ANIMAL, HUMAIN, VIVANT, ADULTE, etc. On peut sans doute se demander si ces primitifs sont en nombre fini, s'ils fonctionnent par conjonction ou par intersection, etc., mais ils ne sont pas toujours hiérarchisés comme le sont les *taxa*, même s'ils s'organisent, chez certains auteurs, selon des rapports d'hyponymie/hyperonymie (*cf.* à ce sujet Violi 1997, 2.1 et 4.1). Ces primitifs sémantiques sont même souvent assimilables à ce que j'ai appelé des primitifs sémiosiques (et que certains définiraient précisément comme pré-catégoriels).

Si le fait de percevoir que quelque chose est un corps, qu'il vole dans le ciel, qu'il est vivant ou qu'il a un poids, sont des primitifs sémiosiques, les *taxa* pourraient alors se présenter comme des agencements de ces expériences pré-catégorielles – du moins au sens que je suis convenu de respecter.

---

1. Pour une vision des classifications qui correspond mieux à nos usages linguistiques réels, voir Rastier (1994 : 161 et s.).

3.4.3. Primitifs sémiosiques et verbalisation

Wierzbicka (1996), en appuyant ses hypothèses sur une vaste exploration de diverses langues, soutient de façon très convaincante qu'il existe des *primes* communs à toutes les cultures. Ce seraient des notions telles que Je, Quelqu'un, Quelque Chose, Ceci, l'Autre, Un, Deux, Plusieurs, Beaucoup, Je Pense, Je Veux, Je Sens, Faire, Avoir Lieu, Bon, Mauvais, Petit, Grand, Quand, Avant, Après, Où, Dessous, Non, Quelque, Vivant, Loin, Près, Si et Alors (la liste est incomplète). L'aspect intéressant de cette proposition, c'est qu'elle tend à résoudre toute définition possible dans les termes de ces primitifs.

Avant d'utiliser certaines suggestions de Wierzbicka, je voudrais mettre en évidence le fait que j'assume ces *primes* en m'entourant de précautions. Dire que ces notions sont *originaires* ne signifie pas nécessairement admettre (i) qu'elles sont phylogénétiquement primitives, et donc innées : une même notion peut très bien être primitive pour tel individu particulier, mais non pour tel autre qui partirait d'expériences différentes (par exemple, pour l'aveugle de naissance la vision ne sera pas une expérience primitive) ; (ii) qu'elles sont universelles (même si je ne vois aucune raison évidente de le nier ; il faut cependant distinguer entre l'hypothèse théorique de leur universalité et la vérification empirique de l'existence dans toutes les langues connues de termes précis servant à désigner ces notions originaires) ; (iii) qu'elles ne peuvent être interprétées par le fait qu'elles sont primitives.

Le point (iii) présente une faiblesse dans l'argumentation de Wierzbicka. Cette fausse impression tient au fait que les primitifs sémantiques auxquels je faisais allusion dans le paragraphe précédent, ces présumés traits (comme HUMAIN ou ADULTE) qui devraient constituer, dans les sémantiques « à traits », des atomes indivisibles de signifié, ont traditionnellement été considérés comme non interprétables. Les *primes* de Wierzbicka ne sont cependant pas de cette nature – même si l'auteur tend parfois à les traiter comme s'ils l'étaient. Ce ne sont pas des *postulats de signifié*, mais des éléments d'une expérience primordiale. Dire que le nourrisson a une expérience primordiale du lait (ce qui nous laisse penser qu'en grandissant il saura avec exactitude ce qu'est le lait) ne veut absolument pas dire que le nourrisson ne puisse pas, à la demande, interpréter le contenu du mot *lait* (et nous verrons en **3.7.2** ce que fait un enfant à qui l'on demande d'interpréter le mot *eau*). Les mots *voir* et *entendre* pourraient exprimer des expériences primordiales de ce genre, mais même un enfant est capable de les interpréter (en se référant aux différents organes).

Et c'est parce qu'elle n'admet pas cela que Wierzbicka réagit vivement à l'opinion de Goodman (1951 : 77) selon laquelle « ce n'est pas parce qu'un terme est indéfinissable qu'il est choisi comme primitif ; c'est bien plutôt parce qu'un terme a été choisi comme primitif d'un système que ce terme est indéfinissable [...]. En général, les termes adoptés comme primitifs dans un système donné peuvent facilement être définis dans un autre système. Il n'y a pas de primitifs absolus ». Wilkins nous montrait déjà comment il est possible, à travers un schème cognitif spatial et non propositionnel, d'interpréter et de définir aussi bien le haut que le bas, aussi bien *vers* que *dessous*, ou *dedans* (*cf.* Eco, 1993, 2.8.3 ; tr. fr. chap. XII, « Les limites de la classification »)[1].

Cette réserve faite, Wierzbicka part d'une critique portant aussi bien sur les « définitions dictionnairiques » que sur les « définitions encyclopédiques ». Elle prend l'exemple de la souris (1996 : 340 et s.). Si la définition du terme *souris* doit également nous permettre de pouvoir identifier le référent, ou au moins de nous représenter mentalement une souris (à la façon dont Moctezuma devait s'imaginer un cheval), il est évident qu'une définition strictement dictionnairique du type « mammifère, muridé, rongeur » (qui se rapporte aux *taxa* de la classification naturaliste) n'est pas suffisante. Mais la définition proposée par l'*Encyclopaedia Britannica* – définition qui part d'une classification zoologique, spécifie les régions dans lesquelles la souris prospère, se répand en considérations sur ses modes de reproduction, sur sa vie sociale, sur ses rapports avec l'homme et l'espace domestique, et ainsi de suite – apparaît à son tour insuffisante. Celui qui n'aurait jamais vu de souris serait bien incapable d'en reconnaître une sur la base de cette vaste accumulation et organisation de données.

A ces deux définitions, Wierzbicka oppose sa définition *folk*, qui contient exclusivement des termes primitifs. La définition occupe deux pages et se compose d'*items* de ce type :

> Les gens les appellent Souris – Les gens croient qu'elles sont toutes du même type – Parce qu'elles viennent de créatures du même type – Les gens pensent qu'elles vivent dans des endroits où vivent les gens – Parce qu'elles veulent manger des choses que les gens gardent pour manger – Les gens ne veulent pas qu'elles vivent là [...]

---

1. En considérant que le concept exprimé par le pronom *Je* est un de ces *primes* – et il me semble raisonnable d'admettre que c'est en effet le sens de la subjectivité en tant qu'elle est opposée au reste du monde, mais on voit que cette subjectivité ne devient telle qu'à un certain stade de l'ontogenèse –, Wierzbicka (1996 : 37) estime que cette idée, en tant qu'elle est universelle et commune à toutes les cultures, ne peut être interprétée. C'est pourquoi, devant la proposition selon laquelle *Je* peut être interprété comme « le pronom se réfère à, ou dénote en général, le sujet de l'acte d'énonciation », l'auteur avance comme preuve négative que l'énoncé *je ne suis pas d'accord avec celui qui parle* devrait alors être traduit « le sujet de cet acte d'énonciation n'est pas d'accord avec le sujet de l'acte d'énonciation auquel il se réfère ».

Une personne pourrait en tenir une dans la main – (beaucoup de gens ne veulent pas les tenir dans la main) – Elles sont grisâtres ou brunâtres – Elles se voient facilement – (certaines créatures de ce type sont blanches) [...]

Elles ont les jambes courtes – C'est pour cela que lorsqu'elles bougent on ne voit pas leurs jambes qui bougent et le corps entier semble toucher le sol [...]

Leur tête semble ne pas être séparée du corps – Le corps entier semble une chose petite avec une queue longue, fine et sans poils – Le bout de la tête est pointu – Et elle a quelques poils durs qui poussent des deux côtés – Elles ont deux oreilles rondes au sommet de la tête – Elles ont de petites dents tranchantes avec lesquelles elles mordent.

Cette définition *folk* rappelle l'idée kantienne selon laquelle le schème du chien doit fournir (et donc contenir) les instructions permettant d'imaginer un chien. Si l'on jouait à l'un de ces jeux de société où une première personne décrit verbalement un dessin et une seconde doit réussir à le reproduire (en mesurant à la fois les capacités verbales du premier joueur et les capacités de visualisation du second), le jeu pourrait réussir et le second joueur pourrait probablement répondre à la description-stimulus proposée par Wierzbicka en dessinant une image du genre de celle de la Figure 3.1.

Figure 3.1

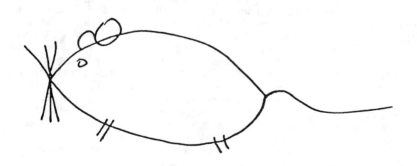

Mais l'image n'est-elle que l'*output* interprétatif de la définition verbale ou bien est-elle un élément premier et constitutif de cette définition? Pour le dire autrement, ce schéma morphologique fait-il aussi partie de notre CN de la souris? Une bonne encyclopédie devrait également insérer le dessin ou la photo d'une souris dans la longue et satisfaisante définition scientifique de la souris qu'elle présente. Wierzbicka ne se soucie guère de nous dire si l'encyclopédie qu'elle a consultée en contient une. De surcroît, elle ne nous dit pas si le fait qu'une telle illustration soit absente pourrait être un tort. Ce manque d'attention n'est pas un hasard : nous en trouvons l'explication quelques pages avant (1996 : 332), lorsque l'auteur soutient que le langage ne peut pas refléter la représentation neurale de la couleur puisque celle-ci est privée tandis que celui-là « reflète la conceptualisation ». Et voilà qu'au moment où elle cherche à serrer de près la notion de primitifs sémiosiques, qui devraient également précéder les processus de catégorisation, Wierzbicka en vient à ne reconnaître ces primitifs qu'en tant qu'ils sont exprimables en termes verbaux (généraux). Ainsi, le primitif sémiosique de « quelque chose » n'en vient pas par hasard à être enregistré graphiquement comme QUELQUE CHOSE, c'est-à-dire comme s'il était un primitif sémantique étroitement lié à l'emploi du langage verbal[1].

---

1. L'embarras auquel conduit cette identification entre la signification et la proposition ou marque exprimée verbalement est celui-là même auquel conduit la tentative d'interpréter non pas des objets visibles, ni de vraies ou supposées images mentales, mais des hypoicônes, c'est-à-dire des tableaux et des dessins. Songeons par exemple aux *Langages de l'art* de Nelson Goodman (1968). Ce livre met l'expérience d'un philosophe du langage à profit pour chercher à légitimer l'existence de langages visuels, et essaie de construire des catégories sémiotiques adéquates, comme dans les pages traitant des « échantillons » et des « exemplifications », ou sur la différence entre les arts autographiques et les arts allographiques. Goodman reste néanmoins attaché à une idée propositionnelle (et verbale) de la dénotation. Lorsqu'il se demande si un tableau dans les tons de gris, qui représente un paysage et qui dénote certainement un paysage, dénote la propriété de la grisaille ou est dénoté par le prédicat « gris », si un objet rouge exemplifie la propriété de la rougeur ou s'il exemplifie le prédicat « rouge » (auquel cas le problème serait également de savoir s'il exemplifie le prédicat *red* pour un Anglais), ou s'il exemplifie le dénoté de ce même prédicat, Goodman cherche seulement à rendre un phénomène de communication visuelle saisissable en termes linguistiques, mais il ne dit rien sur la fonction signifiante qu'un objet rouge acquiert au cours d'un film (par exemple) pour celui qui a assisté à une scène sanglante quelques instants auparavant. Il élabore des distinctions subtiles entre une image-d'homme *(man-picture)* et l'image-qui-représente-un-homme *(picture of a man)*, et se pose toute une série de problèmes concernant les modalités dénotatives d'un tableau qui représente le Duc et la Duchesse de Wellington. Ce tableau dénoterait tout à la fois et le couple et le Duc, il serait dans son ensemble une image-de-deux-personnes *(two-persons-picture)* et en partie une image-d'homme *(man-picture)*, bien qu'il ne représente pas le Duc en deux personnes, et ainsi de suite. Ces questions ne peuvent surgir que si le tableau est compris comme équivalant à une série d'énoncés. Mais celui qui regarde le portrait (si ce n'est dans le cas extrême où il est utilisé à des fins historico-documentaires ou signalétiques) ne traduit pas son expérience du portrait en ces termes. Songeons plutôt à la façon dont Calabrese (1981) identifie les signifiants plastiques des signifiés éminemment visuels. Les catégories mises en jeu, par-delà la problématique de la ressemblance, sont par exemple des oppositions entre le cadrage, la position des mains, le rapport entre figure et fond ou arrière-plan, la direction du regard, et, partant, le rapport entre tel portrait qui donne l'illusion de se savoir regardé par le spectateur et tel autre portrait où le personnage regarde quelque chose mais non le spectateur, et ainsi de suite. Un portrait ne me dit pas seulement que je suis en train de regarder une image-d'homme, ou que ce que je vois est le Duc de Wellington (soit dit entre parenthèses, c'est la plaquette vissée sur

3.4.4. « *Qualia* » *et interprétation*

S'il existait des *primes* non interprétables, nous devrions alors en revenir au problème des *qualia* que je croyais avoir évacué au chapitre précédent, à partir de Peirce. Posons le problème dans sa forme la plus sèche et la plus provocante : avons-nous des TC pour les *qualia* ? Si la réponse est non, alors les *qualia* sont des « briques » pour la construction des TC, mais en ce cas nous ne réussissons à dire ni pourquoi nous les prédiquons (cette chose est rouge ou brûlante) ni pourquoi nous parvenons généralement à nous accorder sur de telles prédications, quand bien même ce serait au terme d'une négociation. Peirce l'avait dit : la première sensation que j'ai de quelque chose de blanc est pure possibilité, mais lorsque je procède à la comparaison de deux qualités de blanc et que je peux commencer une série d'inférences, et donc d'interprétations, le jugement perceptif *désingularise* la qualité (CP 7.633). Ce passage à la *Thirdness* est déjà un passage à l'universel.

Les discussions sur la question de savoir si ma sensation de rouge est égale à celle qu'éprouve mon interlocuteur ont été infinies. A moins que nous ayons affaire à un cas de daltonisme, lorsque nous demandons à quelqu'un d'aller nous chercher le stylo rouge, on a habituellement un cas de référence heureuse, on ne nous apporte pas le stylo noir. Et puisque nous considérons ici que la référence heureuse constitue une preuve de l'existence (dans la boîte noire) des TC, nous pouvons soutenir qu'il existe également des TC de *qualia*.

Encore une fois, je me limite à dire qu'il *doit* y en avoir et je ne cherche pas à dire comment ils sont constitués. Mais une bonne preuve de l'existence d'un TC, c'est qu'il peut être interprété. Les *qualia* sont-ils interprétables ? Ils sont interprétables au sens où je peux non seulement définir le rouge en termes de longueur d'onde, mais également dire que le rouge est la couleur des cerises, des tuniques de la Police montée canadienne, d'un grand nombre de drapeaux nationaux, etc. ; ils sont interprétables parce que je peux, grâce à des comparaisons, interpréter différentes qualités de rouge ; parce que les expériences sur la perception catégorielle (*cf.* Petitot 1983) nous disent qu'il existe des « points de catastrophe » en deçà desquels les sujets perçoivent le rouge et au-delà desquels ils perçoivent une

---

le bord du cadre qui me dit cela, non l'image) : il me dit également si cet homme est sympathique, en bonne santé, triste ou inquiétant. Dire verbalement que le sourire de la Joconde est « ambigu » ou « troublant » est une pauvre interprétation de ce que l'image me communique. Mais je pourrais identifier (en modifiant au moyen d'un ordinateur le tableau réalisé par Léonard de Vinci) les moindres traits qui rendent ce sourire troublant. En modifiant ces traits, le sourire deviendrait un rictus, une grimace inexpressive. Ces traits éminemment visuels sont également cruciaux pour interpréter le portrait comme référence à une personne ou à un état de choses.

autre couleur – et même si le point de catastrophe varie en fonction de l'exposition au stimulus, cette variation se fait de façon constante pour tous les sujets.

Une sensation de doux ou d'amer est un phénomène privé. Les œnologues utilisent cependant des métaphores convaincantes pour discerner la saveur et la consistance des vins. S'ils ne savaient pas reconnaître les *qualia* sur la base d'un TC, ils ne pourraient même pas distinguer un bordeaux d'un bourgogne et ne sauraient pas plus en identifier l'année ou le cru [1].

Une des preuves classiques contre l'interprétabilité des couleurs, c'est qu'elles ne peuvent pas être interprétées par les non-voyants. Il suffit de se mettre d'accord sur ce que l'on entend par interprétation : en termes perciens, un interprétant est ce qui me fait savoir *quelque chose de plus* sur l'objet exprimé par le nom, mais il n'est pas nécessairement celui qui me fait savoir *tout* ce que me disent les autres interprétants. Il est évident qu'un aveugle de naissance ne peut avoir aucune perception du rouge, un primitif sémiosique que l'on ne peut acquérir qu'à travers une expérience perceptive. Supposons néanmoins (et l'expérience ne relève pas de la science-fiction, *cf.* Dennett 1991, 11.4) que l'aveugle soit équipé d'une caméra fixée sur des lunettes, capable d'identifier des couleurs et de les transmettre à une partie de son corps sous forme d'impulsions : devant un feu de croisement, l'aveugle, entraîné à reconnaître les différentes impulsions,

---

1. Les nouvelles approches cognitives ont certainement récupéré cet espace prélinguistique ou extra-linguistique, même si elles semblent parfois réticentes à le considérer comme un espace sémiosique. Jackendoff, par exemple, postule que la pensée est une fonction mentale indépendante du langage et que les *inputs* qui entrent en jeu dans les processus cérébraux parviennent au cerveau non seulement par voie auditive mais également par d'autres canaux, visuels, thermiques, tactiles et proprioceptifs. Or, nous pouvons remarquer que diverses sémiotiques spécifiques ont étudié, pour chacun de ces canaux, les processus sémiosiques qui se développent justement à ces niveaux. Mais le problème d'une sémiose perceptive n'est pas de savoir si une image ou une séquence musicale peuvent être analysées en termes « grammaticaux », problème qui est le propre d'une sémiotique spécifique. Le problème est de savoir si le type cognitif accueille aussi des informations provenant de ces canaux. Jackendoff semble avoir admis le rôle que jouent les informations visuelles et souligne, par exemple, que la représentation d'un mot dans la mémoire à long terme ne requiert pas seulement un tiercé partiel de structures phonologiques, syntaxiques et conceptuelles, mais peut également contenir une structure 3D partielle, c'est-à-dire que « connaître la signification d'un mot qui dénote un objet physique implique en partie le fait de savoir comment cet objet apparaît » (1987, 10.4). La même chose aurait lieu pour des propositions qui expriment des scènes ou des situations complexes. Jackendoff (1983, 9) nous dit, par exemple, que la désambiguïsation d'une expression comme *the mouse went under the table* nécessiterait la visualisation de deux situations, l'une où quelque chose *va* se mettre sous la table, et l'autre où quelque chose *passe* sous la table. Mais il ne me semble pas que l'on soit naturellement porté à parler d'autres canaux sensoriels, sans doute à cause de la difficulté qu'il y a à verbaliser de telles expériences.

saurait si le feu est rouge ou vert. Nous l'aurions équipé d'une *pro-thèse* capable de lui fournir une information lui permettant de suppléer à la sensation manquante. Je ne dis pas qu'il « verrait » (ou non) dans son cerveau quelque chose de similaire au rouge, je dis simplement que son cerveau enregistrerait une *interprétation* du rouge. Pour caractériser une interprétation en tant que telle, il n'est pas nécessaire que celle-ci se présente dans son entier : une interprétation est toujours partielle. Dire à l'aveugle que le rouge est la couleur des substances incandescentes constitue une interprétation imprécise, mais ce n'est pas moins satisfaisant que de dire à quelqu'un : l'infarctus, c'est ce que tu as peut-être lorsque tu ressens de fortes douleurs dans la poitrine et dans le bras gauche. En ressentant des douleurs dans la poitrine, nous avons autant de raisons de dire que *c'est peut-être un infarctus* que l'aveugle de naissance a de raisons de dire, en ressentant une sensation de chaleur intense, que *cette substance est peut-être rouge*. L'aveugle de naissance perçoit simplement le rouge comme une « qualité occulte », tout comme nous percevons comme qualité occulte un quelque chose qui se manifeste à travers un symptôme[1].

3.4.5. Les TC et l'image comme « schème »

Si nous avons rencontré quelque chose d'intéressant dans la notion

---

1. Que les qualités visuelles, comme l'observe également Violi (1997, 1.3.4), soient plus facilement interprétables que les qualités olfactives et tactiles, cela dépend de notre structure physiologique et de notre histoire évolutive : les médiévaux savaient déjà qu'il y a des sens *maxime cognoscitivi*, tels que la vue et l'ouïe. Nous avons tendance à nous souvenir et à mieux interpréter les sensations que nous serons en mesure de reproduire : nous pouvons reproduire ce que nous avons vu au moyen d'un dessin, même maladroit, et nous pouvons reproduire un son ou une mélodie que nous avons entendus ; nous ne pouvons pas reproduire, ni produire (volontairement) une odeur et une saveur (à l'exception de cas particuliers comme les parfumeurs ou les cuisiniers, bien qu'ils ne le fassent pas avec leur propre corps mais en mélangeant différentes substances). Cette incapacité à *faire avec le corps* se résout dans une incapacité (ou moindre capacité) à interpréter et parfois à nous souvenir de quelque chose (nous nous souvenons d'une mélodie et nous savons la reproduire, en revanche nous ne nous souvenons pas avec autant de force d'un parfum de violette, que nous évoquons plutôt en associant l'odeur à l'image de la fleur ou à une situation dans laquelle nous l'avons vue). Le cas du toucher est à part : nous réussissons à reproduire sur le corps d'un autre ou sur notre propre corps, au moyen de notre corps, de nombreuses sensations tactiles (mais non pas toutes, nous n'arrivons pas à reproduire la sensation du velours par exemple). Cette nature mixte du toucher explique pourquoi celui-ci peut être parfois utilisé comme *médium* pour la connaissance, dans l'alphabet Braille par exemple, sans parler des nombreux cas de sollicitation intentionnelle d'affections ou de sensations désagréables, dans des rapports érotiques ou conflictuels. Je ne me prononce pas sur le rapport entre réception et production chez les animaux, qui ont d'autres ressources sensorielles.

kantienne de schème, ce n'est pas lorsque le schème nous apparaissait comme quelque chose d'extrêmement abstrait, comme le « nombre », le « degré », ou la « permanence du divers », mais lorsque le schème (et la première *Critique* entrait alors en crise) devait permettre la formation d'un concept empirique comme celui de chien (et de souris). Nous avons vu qu'il fallait introduire en quelque façon *des instructions pour produire une figure* dans le processus perceptif. Le dessin de la souris de la Figure 3.1 ne doit pas être vu comme la représentation d'*une* souris (même s'il s'agissait d'une photographie, qui ne pourrait qu'être celle d'une souris particulière). Et en effet, lorsque nous voyons ce genre d'images dans une encyclopédie, nous ne pensons absolument pas qu'elles doivent nous fournir des instructions visuelles pour identifier un animal qui ressemble « exactement » à celui qui est représenté. Nous les considérons au contraire comme des images de la souris en général.

Comment faisons-nous pour partir d'une « peinture » (qui est fatalement toujours la représentation d'un individu, quand bien même il s'agirait de l'image d'un triangle, qui ne peut être que l'image d'un triangle déterminé) et l'utiliser comme un schème général nous permettant d'identifier ou de reconnaître les occurrences d'un type ? En considérant précisément cette peinture comme une suggestion schématique (2D ou 3D) pour construire des images similaires, malgré les différences sensibles que pourraient présenter les détails. En les considérant précisément comme un schème kantien, en vertu duquel il n'y a jamais d'image (schématique) du chien, mais un système d'instructions pour construire une image du chien. La souris de la Figure 3.1 n'est pas l'image d'une certaine souris. Elle ne représente même pas la Murité. C'est une sorte de brouillon, une esquisse nous montrant les traits saillants que nous devrions reconnaître dans toute chose que nous pouvons définir comme souris, tout comme l'image schématique d'une colonne dorique (dans un manuel traitant des ordres architecturaux) devrait nous permettre de reconnaître des colonnes qui ne sont ni ioniques ni corinthiennes comme des colonnes doriques, indépendamment de leurs particularités propres et de leurs dimensions.

Le seul fait que nous ayons tendance à définir, dans le langage ordinaire, l'image de la Figure 3.1 comme une image « schématique » nous dit que celle-ci peut être promue au rang d'interprétant et être retenue mentalement comme « modèle » pour des souris de différentes couleurs, de différentes dimensions et (si nous étions capables de les distinguer) aux traits physionomiques individuels différents. Observons que cela aurait également lieu si l'Encyclopédie proposait une photographie à la place du schéma : nous partirions de cette photo en procédant à une sorte de solarisation ou de moirage de la trame – qui constitue un procédé de privation et de réduction de certains traits individuels – pour parvenir à retenir une règle pour la construction de l'image de n'importe quelle souris. Et il en serait de même si, en vertu des événements psychologiques qui ont affaire aux mystères de la boîte noire, nous réagissions à la parole *souris* en évoquant l'image de *cette* souris que nous avons vue la première fois. La représentation mentale de cette souris particulière nous servirait de calque, de modèle, et nous serions alors en mesure de faire de l'expérience que nous avons de cette souris particulière une règle générale pour reconnaître ou construire des souris.

Nous pouvons reconnaître ou identifier non seulement des objets naturels ou artificiels, mais également des occurrences d'entités géométriques telles que le triangle, et surtout des actions et situations (de *marcher* à *aller au restaurant*). Si nous pouvons penser, pour le type *triangle,* à des prototypes ou à des règles pour la construction et l'identification de la figure (de façon semblable à ce qui peut arriver pour les traits morphologiques de la souris ou du verre), et même si des notions telles que *pièce* ou *restaurant* peuvent également présupposer une structure visuelle de base, sur le modèle des *frames* de Minsky, reconnaître et identifier des actions telles qu'*aller au restaurant, se disputer* ou *insulter,* ou des situations telles qu'*une bagarre de rue, une réunion* ou *une messe chantée,* requièrent de véritables *scénarios* (au sens des *scripts* proposés en Intelligence Artificielle, des représentations par « Cas » et « Actants », ou des séquences narratives plus complexes, tel le schéma greimassien de la colère)[1].

Je considère également que les couples d'opposition font partie du TC : il est difficile d'interpréter ce qu'est un *mari* sans avoir une notion de ce qu'est une *épouse* (nous reviendrons sur les types cognitifs par genres fonctionnels). De même, le fait que le chien aboie et grogne, bien plus qu'il ne miaule et ne ronronne (des traits qui nous suffisent pour savoir quel animal, la nuit, dans le noir, est en train de gratter à la porte), fait partie, d'une manière ou d'une autre, de l'idée que nous avons de cet animal.

Dans de tels cas, nous possédons à coup sûr des TC qui ne prennent pas particulièrement ou nécessairement en compte les traits morphologiques. De même, nous pouvons avoir des TC intégrant des séquences temporelles (ou des relations logiques) qui, pour être exprimables

---

1. Pour les *frames,* voir Minsky 1985. Pour les *scripts,* voir Schank et Abelson 1977. Pour une représentation 3D des comportements et des actions corporels, *cf.* Marr et Vaina 1982. Pour la colère voir Greimas 1983.

sous forme diagrammatique (et donc visuelle), ne concernent pas pour autant des expériences visuelles.

S'il y a un élément « fort » dans la théorie percienne de l'interprétant, c'est le fait que la série des interprétations d'un signe puisse également prendre des formes « iconiques ». Mais « iconique » ne signifie pas nécessairement « visuelle ». Le TC comprend parfois des primitifs perceptifs, ou tout simplement des *qualia*, qui ne sont pas facilement interprétables, mais dont il doit rendre raison : la forte odeur que le putois dégage devrait faire partie de son TC (même pour celui qui ne l'a jamais vu), et l'instruction selon laquelle le putois est essentiellement reconnaissable à cause de son odeur devrait apparaître dans son CN (s'il y avait un schème kantien du putois, comme Kant le présupposait du chien, il devrait avoir la forme d'un diagramme de flux prévoyant, dès les nœuds supérieurs, l'instruction de procéder à une vérification olfactive).

Sommes-nous certains que notre TC du moustique soit fondamentalement composé de traits morphologiques et non (éminemment) des effets urticants qu'il peut avoir sur notre épiderme ? Généralement, nous ne savons pas grand-chose de la forme du moustique (si nous ne l'avons pas observé au microscope ou vu dans une encyclopédie). Nous le percevons surtout de façon auditive, comme un animal volant qui s'approche en produisant un bourdonnement caractéristique, et c'est pour cette raison que nous le reconnaissons également dans l'obscurité – et c'est en faisant référence à ces traits que nous fournirions à quelqu'un les instructions pour son identification.

Des éléments « thymiques » font également partie du TC (et du CN) de la souris (*cf.* Greimas-Courtés 1979 : 396). Nous avons vu que le fait de la considérer comme un petit animal (d'habitude) répugnant occupe une place fondamentale dans le TC que nous avons de la souris. Par ailleurs, outre les caractéristiques morphologiques de la souris, un *frame*, une séquence d'actions, fait également partie de son TC : à l'exception de celui qui n'aurait vu de souris qu'en cage, l'idée de la souris (et la capacité de reconnaître une souris) se fonde sur le fait que celle-ci apparaît usuellement comme une forme indistincte filant à toute allure d'un côté à l'autre de la pièce, sortant d'un endroit protégé pour se faufiler dans un autre.

Ceci rendrait particulièrement convaincante l'idée de Bruner (1986, 1990) selon laquelle nous utilisons des schèmes narratifs pour organiser notre expérience. Il me semble que la séquence (narrative) selon laquelle l'arbre croît à partir d'une graine, traverse des phases de développement, se modifie à travers les saisons et ainsi de suite, fait partie de notre TC (et du CN) de l'arbre. Un enfant apprend bien vite que les chaises ne poussent pas, mais se fabriquent, et qu'une fleur n'est pas fabriquée, mais pousse. Le fait que le tigre soit un gros chat jaune au manteau rayé noir fait partie de notre TC du tigre, mais également le fait que si nous rencontrions un tigre dans la forêt, il se comporterait devant nous de telle ou telle manière (*cf.* à ce sujet Eco 1990, tr. fr. IV.3. 3).

Pouvons-nous vraiment dire que nos CN d'expressions telles qu'« hier » et « demain » ne sont exprimables que propositionnellement ? N'avons-nous pas aussi une sorte de diagramme constitué des *pointeurs vectoriels* grâce auxquels (même si les dispositions varient en fonction des cultures) nous nous fabriquons dans le premier cas une sorte d'image mentale de « pointage à rebours » et dans le second cas de « pointage en avant » ?

J'adapte librement une belle expérience mentale de Bickerton (1981). Supposons que je me trouve, depuis un an, en interaction avec une tribu primitive, très primitive, dont je connais la langue de façon fort rudimentaire (noms d'objets et actions élémentaires, verbes à l'infinitif, noms propres sans pronoms, etc.). Voilà que j'accompagne Og et Ug à la chasse : ils viennent juste de blesser un ours qui, sanguinolent, s'est réfugié dans sa caverne. Ug veut suivre l'ours dans sa tanière pour l'achever. Je me souviens alors que Ig, quelques mois auparavant, avait blessé un ours et l'avait courageusement suivi dans sa tanière, mais l'ours avait eu encore suffisamment de force pour le dévorer. Je voudrais rappeler ce précédent à Ug. Pour le faire, je devrais pouvoir dire que je me souviens d'un fait passé. Or je ne sais exprimer ni les temps verbaux ni les opérateurs doxastiques comme *je me souviens que*. Et ainsi je me limite à dire : « Umberto voit ours. » Ug et Og croient évidemment que j'ai aperçu un autre ours et ils s'effraient. Je cherche à les rassurer : « Ours pas ici. » Mais ils en concluent seulement que je leur fais une farce du plus mauvais goût et au moment le moins opportun. J'insiste : « Ours tue Ig. » Mais ils me répondent : « Non, Ig mort ! » En somme, je devrais abandonner la partie et Ug serait perdu. Je recours alors à des interprétants non linguistiques. En disant « Ig » et « ours » je me tape sur la tête avec un doigt, ou sur la poitrine, ou sur le ventre (selon l'endroit où je suppose qu'ils situent la mémoire). Puis je dessine sur le sol deux figures que je désigne comme *Ig* et *ours ;* derrière Ig, je dessine des images représentant les phases de la Lune, en espérant qu'ils comprendront que je veux dire « beaucoup de lunes ont passé ». Enfin, je redessine l'ours en train de tuer Ig. Si je tente cela, c'est parce que je présume que mes interlocuteurs ont des notions comme *se souvenir de,* mais surtout un certain TC (interprétable non pas propositionnellement mais diagrammatiquement) pour les activités de « protension » vers des points temporels autres que le présent. Je pars donc du principe selon lequel je ne peux comprendre un énoncé disant que quelque chose est arrivé hier ou arrivera demain que si je possède un TC de ces entités temporelles. Au cours de mon expérience, je chercherai à *interpréter* visuellement (vectoriellement) mon TC, et il est bien possible que mon interprétation se révèle incompréhensible pour ces hommes primitifs. Mais même si cette opération visant à interpréter mon TC du temps, à supposer l'existence chez l'autre d'un TC semblable et à lui communiquer un contenu temporel semble bien difficile, elle n'a rien d'impossible.

Nous possédons très certainement des types cognitifs de séquences sonores, puisque nous faisons généralement la distinction entre la sonnerie du téléphone et celle de la porte d'entrée, entre l'alarme d'incendie et celle de notre réveil ou entre les mélodies de deux chansons que nous connaissons bien.

Si l'on admet l'existence des primitifs sémiosiques, il faut alors très certainement compter parmi eux des expériences motrices élémentaires telles que marcher, sauter ou courir. Lorsque nous sautons, nous nous apercevons (ou nous pourrions apercevoir, en prêtant attention à nos gestes) que nous prenons appui sur un pied puis sur l'autre, ou bien deux fois sur le pied droit et deux fois sur le gauche, ou encore toujours sur le même pied. L'anglais possède deux verbes distincts *(to skip* et *to hop)* correspondant à ces deux derniers mouvements, mais non l'italien et le français[1]. Ceci apparaît clairement dans le tableau proposé par Nida (1975 : 75), Figure 3.2, pour distinguer le contenu de certains verbes anglais concernant l'activité motrice.

Figure 3.2

	run	walk	hop	skip	jump	dance	crawl
Au moins un membre toujours en appui *vs* aucun membre ne reste en appui	-	+	-	-	-	+/-	+
Ordre de contact	1,2,1,2	1,2,1,2	1,1,1,1	1,1,2,2	ne compte pas	variable mais rythmique	1,3,2,4
Nombre de membres impliqués	2	2	1	2	2	2	4

Si nous voulions traduire de l'anglais au français un texte décrivant

---

1. *Cf.* Eco 1993 : XXV Conclusions : « La Traduction » [N.d.t.].

ces mouvements, il nous faudrait interpréter les termes en fonction de ce tableau qui – même s'il est exprimé en termes linguistiques – fournit des instructions de type moteur (on pourrait très bien imaginer sa traduction en séquences cinématographiques ou en une série de diagrammes utilisant des signes dits improprement « iconiques »[1]).

3.4.6. « Affordances »

Devraient également faire partie du TC les conditions de perception que Gibson appelle *affordances* (et que Prieto aurait appelées *pertinences*)[2] : les différentes occurrences du type « chaise » se laissent reconnaître parce qu'il s'agit toujours d'objets permettant de s'asseoir, celles du type « bouteille » parce qu'il s'agit toujours d'objets permettant de contenir et de verser des substances liquides. Nous reconnaissons instinctivement un tronc d'arbre couché en tant que siège possible, mais non une colonne dressée (sauf pour un stylite), parce que nos jambes ont une certaine longueur et qu'il nous est plus agréable de nous asseoir en gardant les pieds par terre. Pour classer le couteau, la cuiller et la fourchette dans la catégorie des Couverts, ou une chaise et une armoire dans celle du Mobilier, nous devons en revanche faire abstraction de ces *pertinences* morphologiques et nous rapporter à des fonctions plus génériques, telles que la manipulation des aliments ou l'aménagement d'un espace habitable.

Notre capacité de reconnaître des *affordances* vient même s'imprimer, pour ainsi dire, dans les usages linguistiques. Violi (1991 : 73) se demande pourquoi, devant une table sur laquelle est posé un vase, nous avons tendance à interpréter verbalement ce que nous voyons par « le vase est sur la table » et non « la table est sous le vase ». Après avoir reconnu que *sous* et *sur* sont des homonymes pou-

---

1. Ou bien en utilisant des modèles 3D comme ceux de Marr et Vaina 1982. Supposons qu'il nous faille expliquer à quelqu'un (à l'un de ces savants austères, par exemple, dont on dit qu'ils ont employé tout leur temps à étudier, depuis leur plus jeune âge, et n'ont donc jamais passé de temps à jouer), au cours d'un débat sur la traduction, comment on fait pour sautiller au sens de *to skip*. Puisqu'il serait bien peu méritoire de lui expliquer par ostension, en nous en remettant à sa capacité de comprendre et de formuler des propositions, nous lui traduirions en mots les instructions contenues dans le tableau proposé par Nida. Notre homme serait alors en mesure de retourner dans son jardin et de faire, pour la première fois, l'expérience primaire correspondante.
2. Gibson 1966 ; Prieto 1975. *Cf.* aussi Johnson-Laird (1983 : 120) : c'est parce qu'il semble approprié pour une certaine fonction, et non en raison de motifs morphologiques, qu'un artefact est considéré comme un membre d'une catégorie. Voir également Vaina 1983 : 19 et s.

vant recevoir dans des contextes divers des représentations sémantiques diverses (il y a un rapport entre *sous* et *sur* qui implique le
contact, et un autre qui, en revanche, implique des rapports spatiaux
que nous nommerions architectoniques ; ainsi, une table peut se
trouver *sous* un porche), nous pouvons remarquer que, même en
l'absence de la scène, nous jugerions que la seconde expression est incorrecte du point de vue linguistique. Violi suggère que « la sélection
des expressions linguistiques semble réglée par les configurations
complexes des relations intentionnelles s'instaurant entre le sujet qui
se déplace dans l'espace et les objets qui l'entourent ». Ce qui revient
également à dire que la séquence d'actions que permet le vase ordinaire fait également partie de notre TC de ce vase (excluons le type du
vase de jardin) : le vase est quelque chose de facilement déplaçable, il
est souvent posé sur quelque chose, etc. Le TC de la table, en revanche, retient non seulement des traits morphologiques, mais également la notion (nucléaire, dirais-je) selon laquelle la table est utilisée
comme ce *sur quoi* on peut placer quelque chose (jamais comme *ce
que* l'on peut glisser sous quelque chose)[1].

Par ailleurs, Arnheim (1969 : 253) nous suggère que le langage
peut bloquer notre reconnaissance des pertinences : citant une observation de Braque, il admet qu'une cuiller à café acquiert des *saillances perceptives* différentes selon qu'elle est posée près d'une tasse
ou qu'elle est glissée comme un chausse-pied entre la chaussure et le
talon. Mais c'est souvent le nom par lequel nous indiquons l'objet qui
met en lumière une pertinence aux dépens des autres.

Disons, en guise de conclusion, que nous n'avons encore que des
idées imprécises sur les façons extrêmement variées dont nos TC
s'organisent – et sur la façon dont ils s'expriment en CN. Je suivrai ici
la proposition de Johnson-Laird (1983, 7) selon laquelle différents
types de représentation s'offrent à nous au cours du temps comme autant d'options pour encoder différents types d'informations. Nous
évoluons généralement au milieu d'images qui prennent aussi bien la
forme de « modèles » mentaux (du genre de la représentation 3D de
Marr) que la forme de propositions[2]. Plutôt que de parler d'un

---

1. Sur le rapport entre types cognitifs et réactions corporelles et motrices, voir
Violi (1997, 5.2.4) : « Nous étions habitués, dans une perspective whorfienne, à penser la langue comme une charnière entre la pensée et la culture. Aujourd'hui, le
syscastème linguistique assume également une fonction médiatrice entre le corps et la
pensée. »
2. Se contenter de parler seulement de « figures dans l'esprit » reviendrait à postuler le traditionnel *homunculus* qui les perçoit et la conséquente régression
d'homoncules à l'infini. Voir à ce propos également Edelman (1992 : 79-80). Cependant, on pourrait dire que la représentation 3D ne fait pas partie de la représentation
sémantique mais sert bien plutôt d'accès à la représentation (Caramazza *et al.* 1990).

« double encodage », comme on le fait en pareils cas, il me semble préférable de parler d'un *encodage multiple*, de cette capacité que nous avons de manipuler le même TC en fonction des différentes occasions, en accentuant la composante iconique, propositionnelle ou narrative dans notre capacité de mettre en œuvre des contenus nucléaires et des informations complexes[1].

Tout cela nous conduit à revoir, je dirais avec clémence, ces représentations sémantiques relativement figées (les modèles à définition, les modèles componentiels, les modèles casuels et les modèles à sélections contextuelles et circonstancielles, voir *Trattato* 2.10-2.12) qui semblent mises en crise par cette relecture de la façon complexe (bien plus *rhizomatique* que linéaire, évidemment) dont s'organisent nos types cognitifs et de la façon dont nous les interprétons par des contenus nucléaires. Ces modèles-squelettes sont naturellement des formes sténographiques qui rendent toujours compte de nos CN *sous un certain angle*. Ils restent donc toujours relatifs à ce que l'on cherche à mettre en évidence dans le cadre d'un discours théorique déterminé ou à la façon dont on cherche à indiquer les chemins pouvant conduire à une certaine désambiguïsation contextuelle des termes. De pareils modèles nous permettent d'interpréter de fois en fois telle ou telle portion de CN qui nous est utile. Ce sont des interprétations métalinguistiques (ou métasémiotiques) d'interprétations enracinées dans l'expérience perceptive.

3.5. Cas empiriques et cas culturels

Jusqu'ici, je me suis occupé de TC concernant les « genres naturels » tels que les souris, les chats ou les arbres. Mais nous avons dit qu'il existait très certainement aussi des TC pour des actions telles

---

Cf. à ce propos également Job 1991. Concernant le problème du double encodage (qui va suivre), *cf.* par exemple Benelli 1991.

1. Au matin, on se souvient généralement assez bien de ce que l'on a fait, vu ou dit la veille au soir, avant de se coucher (non seulement en termes visuels mais également en termes auditifs, par exemple). Mais lorsqu'on se réveille après avoir passé une soirée d'abondante libation, on se souvient si quelque chose a été dit ou fait (et l'on est en mesure de l'exprimer à soi-même ou à d'autres en termes verbaux) mais on ne réussit pas à reconstituer « iconiquement » ce qui s'est passé. Il s'est créé, dirons-nous, un seuil : on se rappelle en termes iconiques ce qui s'est passé de neuf heures du soir à minuit (avant d'avoir dépassé la dose supportable d'alcool), mais on ne conserve qu'une mémoire « propositionnelle » de ce qui s'est passé après (et Dieu sait si cette situation a pu être exploitée par les comédies cinématographiques, où un personnage se souvient avoir dit ou fait une chose horrible la veille, le sait fort bien, mais ne réussit pas à reconstituer la scène).

que marcher, monter, sauter ou sautiller. L'expression « genres naturels » est insuffisante : certainement existe-t-il aussi des TC pour ces genres artificiels que sont la chaise, le bateau ou la maison. Disons donc que nous considérons l'existence de TC pour tous les objets ou événements dont nous pouvons avoir une connaissance au moyen de l'expérience perceptive. Aucun terme adéquat ne m'apparaît pour indiquer les divers objets de l'expérience perceptive et je choisis d'employer l'expression « cas empiriques » (sur le modèle des concepts empiriques kantiens) au sens où le fait que je perçoive ou reconnaisse un chat, une chaise, le fait que quelqu'un dorme ou marche, qu'un certain lieu soit une église plutôt qu'une gare ferroviaire sont autant de *cas donnés*, de *cas échus* pour ainsi dire.

Les « cas culturels » sont différents. Je rangerais sous ce terme une série disparate d'expériences par rapport auxquelles nous pouvons sans doute nous demander si, le *cas échéant*, ce que je nomme de telle ou telle façon est nommé de façon correcte et si je reconnais quelque chose que les autres sont également supposés reconnaître. Cependant, la définition de ces « cas » ainsi que les instructions pour leur reconnaissance dépendent d'un système d'assomptions culturelles. Je placerais parmi les cas culturels les genres fonctionnels (tels que *cousin, président* ou *archevêque*), une série d'entités abstraites telles que la racine carrée (des entités qui peuvent aussi exister « objectivement » dans un Troisième Monde platonicien mais qui ne sont certainement pas des objets d'une expérience immédiate), des événements, des actions et des relations tels que le contrat, la tromperie, l'emphytéose ou l'amitié. Tous ces cas ont en commun, pour être reconnus en tant que tels, le fait de devoir se référer à un ensemble de règles culturelles.

Cette différence entre *cas empiriques* et *cas culturels* pourrait correspondre à la différence, posée par Quine, entre les *énoncés occasionnels observatifs* (comme *ceci est une souris*) et les *énoncés occasionnels non observatifs* (comme *ceci est un célibataire*). On pourrait en convenir. A ceci près que l'énoncé *ceci est un célibataire* – comme nous le verrons – n'est pas totalement non observatif.

Dans le cas du *célibataire*, Lakoff (1987) parlerait d'*Idealized Cognitive Models* (ICM). Il est difficile de dire à quelle occasion ce terme doit être appliqué, mais idéalement cet ICM a un sens. Lakoff a alors en tête la dernière phase du débat sur les célibataires dont l'histoire est longue et au cours de laquelle se croisent aussi bien des observations fort pertinentes que de simples mots d'esprit[1]. Il est douteux que la définition de « mâle adulte non marié » puisse vraiment

---

1. *Cf.* Fillmore 1982, Lakoff 1987, Wierzbicka 1996, Violi 1997 2.2.2.1 et 3.4.3.1.

circonscrire l'ensemble des célibataires, a-t-il été dit, puisqu'on trouve également, parmi les mâles adultes non mariés, les prêtres catholiques, les homosexuels, les eunuques et même Tarzan (au moins dans le roman, où il ne rencontre pas Jane), sans qu'on puisse pour autant les définir comme des célibataires, si ce n'est pour faire de l'humour ou par métaphore. A cela, il a été répondu de façon fort sensée que les célibataires ne sont pas définissables seulement comme des mâles adultes non mariés, mais comme des mâles adultes qui ont choisi de ne pas se marier (pour une période indéfinie), *tout en ayant la possibilité physique et sociale de le faire*; n'en font donc pas partie l'eunuque (rejeté par condamnation à vie), Tarzan (dans l'impossibilité, pour un certain temps, de se trouver une compagne), le prêtre (célibataire par obligation), l'homosexuel (que son désir naturel ne porte pas à d'autres unions). Dans une situation où les homosexuels peuvent s'unir légalement en mariage avec des êtres du même sexe, il serait possible de distinguer les homosexuels célibataires, qui ne vivent pas en couple, des homosexuels mariés. Malgré cette précision, il reste néanmoins évident que d'autres négociations liées aux circonstances sont requises pour parler de célibataires. Par exemple, un homosexuel *pourrait* se marier à une personne de l'autre sexe pour des raisons de convenance sociale (s'il était, par exemple, un prince héritier) sans cesser pour autant d'être homosexuel, tandis qu'un prêtre ne pourrait pas s'unir en mariage sans avoir été préalablement rendu à l'état laïque, en cessant donc d'être prêtre. Ainsi, on pourrait dire qu'un homosexuel célibataire est plus célibataire qu'un prêtre. Cependant, puisqu'un prêtre qui n'a pas été rendu à l'état laïque mais qui a été suspendu *a divinis*[1] peut contracter un mariage civil à Reno, le prêtre suspendu *a divinis* qui ne se marie pas n'est-il pas *plus* célibataire qu'un homosexuel ne vivant pas en concubinage? Comme on le voit, les négociations peuvent continuer à l'infini. Aujourd'hui, le terme italien de *scapolo* (pour *célibataire*) n'est presque plus retenu : cela n'est pas seulement dû au fait que les usages ont changé, c'est également parce que ce terme renvoie à des connotations particulières de vie libre et insouciante, et évoque la notion complémentaire, tout aussi désuète, de la jeune fille *nubile* (toujours au sens de *célibataire*) ou tout simplement de la *zitella (vieille fille)*. Ainsi ces célibataires, ces *scapoli,* ont commencé à intégrer le groupe imprécis des *singles,* comprenant les adultes non mariés des deux sexes, homosexuels ou hétérosexuels, les époux divorcés, les veufs, les conjoints en crise, les conjoints encore fort amoureux de leur mari ou femme mais obligés

---

1. La *suspensio a divinis* est l'interdiction d'administrer les sacrements (les « choses divines ») [N.d.t.].

de travailler à New York tandis que l'autre a trouvé un travail en Californie... La notion d'ICM de Lakoff reste valable au sens où une définition idéalisée du *célibataire*, si elle ne permet pas toujours de dire si quelqu'un est célibataire, permet certainement de dire que le père de cinq enfants, marié et heureux de l'être (et vivant en communauté avec sa femme) n'en est pas un[1].

Néanmoins, le fait que des notions de ce genre nécessitent des négociations sur la base de conventions et de comportements liés à telle ou telle culture ne nous permet pas de rejeter l'hypothèse selon laquelle les énoncés occasionnels que ces notions autorisent n'ont aucune base observative.

Songeons à la différence entre *tuer* et *assassiner*. Le fait qu'une personne en *tue* une autre est directement perceptible : nous possédons en quelque façon un TC de l'acte de tuer, sous forme d'un scénario assez élémentaire, grâce auquel nous reconnaissons nous trouver devant pareil acte lorsque nous voyons une personne en frapper une autre d'une façon quelconque et que le coup reçu provoque la mort de cette dernière. Je crois que l'expérience du *tuer* est commune aux différentes cultures. Le cas de l'assassinat est différent : l'acte de tuer peut être qualifié d'homicide par légitime défense, de meurtre non prémédité ou involontaire, de sacrifice rituel, d'acte belliqueux reconnu par les conventions internationales, ou enfin d'assassinat, le seul à dépendre des lois et des coutumes d'une culture donnée.

Ce qui est embarrassant, dans cette différence entre cas empirique et cas culturel, c'est que si l'on s'appuie très certainement sur un témoignage des sens pour les cas empiriques, les données de l'expérience ne sont pas sans valeur pour les cas culturels. On ne peut pas, par exemple, reconnaître qu'un acte est un assassinat si l'on n'a pas fait précédemment l'expérience (directe ou médiate) que la personne *assassinée* a été *tuée*.

Mais en admettant cette différence entre cas empiriques et cas culturels, et puisque nous avons des TC pour les cas empiriques, n'avons-nous pas également des TC pour les cas culturels ?

Nous pourrions éviter cette question embarrassante en disant que

---

1. Cette discussion sur les célibataires illustre fort bien la différence entre une sémantique formelle et une sémantique cognitive. Elle peut faire penser à un problème bien connu : si le barbier du village est celui qui rase tous les hommes qui ne se rasent pas eux-mêmes, qui rase le barbier du village ? En termes cognitifs (et j'ai posé la devinette à deux enfants) les réponses sont multiples et toutes rationnelles : le barbier est une femme, le barbier ne se rase jamais et porte une très longue barbe, le barbier est un orang-outan dressé, le barbier est un robot, le barbier est imberbe, le barbier ne se rase pas mais se brûle la barbe (c'est pourquoi on l'appelle le Fantôme de l'Opéra), et ainsi de suite. Mais sur le plan logique, pour que cette devinette ait un sens, il faut imaginer un univers uniquement composé d'hommes, qui par définition se rasent.

les TC concernent les objets de l'expérience perceptive et rien d'autre. Pour les autres concepts exprimés par des termes linguistiques, il n'y a pas de TC mais uniquement des CN. Ceci reviendrait à dire que certaines choses nous sont connues sur la base de l'expérience perceptive et certaines autres ne nous sont connues qu'à travers des définitions, dûment négociées dans un milieu culturel donné. Mais alors, nous en serions encore à la distinction de Russell entre les mots-objets et les mots du dictionnaire (*cf.* Russell 1940), à moins que nous élargissions le concept de mot-objet jusqu'à y inclure également, en plus des genres naturels et des *qualia*, des expériences d'un autre genre.

Mais, puisque le TC a été défini comme quelque chose que nous avons « dans la tête » et qui nous permet de reconnaître quelque chose et de le nommer comme tel même s'il n'a pas encore été publiquement interprété en termes de CN, nous pourrions peut-être dire que lorsque nous prononçons le mot *cousin* ou *président* nous n'avons, pour ainsi dire, rien dans la tête, pas même un quelque chose qui ressemblerait au plus bas point au schème kantien ? Soyons attentifs au fait que la question se pose encore si nous supposons que l'on ne pense pas par images, mais seulement en traitant des symboles abstraits. Dans ce second cas, la question devrait simplement être reformulée en ces termes : se peut-il que nous mettions en œuvre quelque chose que nous avons « dans la tête » lorsque nous affirmons que quelque chose est un chat, mais que nous ne mettions rien en œuvre lorsque nous affirmons que X est le cousin de Y ?

Lorsque je comprends le mot *cousin* ou le mot *président,* j'évoque, d'une manière ou d'une autre, un schéma parental ou un schéma organisateur, un graphe percien. Mais que se passe-t-il lorsque je comprends qu'au terme italien *nipote* correspondent deux positions différentes dans le schéma parental, des positions exprimées en français par *neveu* et *petit-fils*[1] ? Il est vrai que je peux également exprimer la différence verbalement (et nous arrivons au CN) : il y a un *nipote* qui est « le fils des oncles et des tantes », et un *nipote* qui est « le fils du fils ou de la fille », mais la question – à laquelle je ne cherche pas à répondre, puisque j'ai pris la résolution de ne pas mettre le nez dans la boîte noire – serait de savoir si ce CN exprimé verbalement est tout ce dans quoi se résout ma connaissance de la différence entre *neveu* et *petit-fils*, ou bien s'il constitue plutôt l'interprétation verbale d'une différence saisie et comprise par voie diagrammatique.

---

1. Nous pouvons remarquer qu'en français l'expression *petit-fils* a supplanté le mot *neveu* qui avait le sens et de « neveu » et de « petit-fils ». *Cf.* par ex. Corneille : « Mon époux a des fils, il aura des neveux » [N.d.t.].

Un champion du caractère éminemment visuel de la pensée tel qu'Arnheim semble rendre les armes devant un exemple de Bühler : invités à répondre à la question : « Un homme a-t-il le droit d'épouser la sœur de sa veuve ? », les sujets questionnés affirmaient être parvenus à en prouver l'incohérence sans recourir à des images (1969 : tr. fr. 107). Certes, la réponse à la question peut avoir lieu par voie propositionnelle, surtout pour une personne mentalement exercée. Mais en répétant cette expérience, j'ai trouvé quelqu'un (qui, pour être anormal, n'en est pas moins humain) qui est parvenu à reconnaître le caractère contradictoire de la question en s'imaginant une veuve qui pleurait, en compagnie de sa sœur, sur la tombe de son défunt mari (et l'évidence veut qu'un mari dans sa tombe ne puisse pas contracter de mariage).

Bien des personnes se montreraient incapables d'interpréter verbalement, ou au moyen d'autres signes, le CN du mot *assassinat.* Pourtant, en voyant quelqu'un frapper la tête d'une petite vieille pour lui voler son sac avant de prendre la fuite, ces personnes reconnaîtraient sans nul doute s'être trouvées devant un cas d'assassinat. N'y a-t-il pas alors un TC (un *frame,* une séquence narrative) pour l'assassinat ?

Il serait embarrassant de dire que, pour reconnaître un triangle ou une hypoténuse, ou le fait qu'il y a deux personnes dans l'assistance et non trois, nous nous appuyons sur une expérience perceptive (et il y a donc un TC pour ces cas empiriques), alors que ce n'est pas sur la base d'un TC que nous reconnaissons que 5 677 est impair. Identifier un nombre impair, même très grand, dépend d'une règle et cette règle constitue très certainement un schéma instructionnel. S'il y a un système d'instructions pour reconnaître un chien, pourquoi n'y en aurait-il pas un pour reconnaître le caractère impair de 5 677 ?

Mais, s'il y a un système d'instructions pour reconnaître le caractère impair de 5 677, pourquoi n'y en aurait-il pas un pour reconnaître que tel type d'accord sera un contrat ? Y a-t-il un TC du contrat ?

On peut bien admettre que les instructions pour reconnaître le caractère impair d'un nombre sont d'un genre différent de celles que nous avons intériorisées pour reconnaître un chien. Mais au cours de la réflexion sur le schématisme qui s'est déroulée en **2.5**, nous avons reconnu qu'il n'est pas nécessaire, pour caractériser le schème en tant que système d'instructions, que ces instructions soient de type morphologique. Nous avons renoncé à entendre les TC exclusivement au sens d'images visuelles et nous avons jugé qu'ils pouvaient également correspondre à des scénarios ou à des diagrammes de flux nous permettant de reconnaître une séquence d'actions.

Il semble que l'expérience ne nous offre rien qui puisse nous permettre de reconnaître la qualité de célibataire. Nous donne-t-elle les moyens de reconnaître celle d'arbitre de football ? Evidemment, l'arbitre n'appartient pas au genre naturel des arbitres : un chameau sera toujours un chameau, alors qu'un arbitre ne sera arbitre qu'à certains moments ou durant une certaine période de sa vie. Et c'est par des interprétations verbales que les différentes fonctions de l'arbitre pourront être exprimées. Or, supposons que nous soyons soudainement conduits sur les gradins d'un terrain de sport. Un match de football s'y déroule, mais personne, y compris les joueurs, ne porte de maillot qui nous permette de les reconnaître perceptivement. Nous parviendrions rapidement, en l'inférant à partir du comportement de chacun, à savoir laquelle de ces vingt-trois personnes est l'arbitre, tout comme nous sommes capables de différencier quelqu'un qui sautille de quelqu'un qui court.

Aussi vaste que soit la compétence requise pour distinguer un arbitre d'un gardien de but (mais qui n'est pas plus vaste que celle requise pour distinguer un ornithorynque d'un échidné), nous intériorisons des instructions pour pouvoir reconnaître l'arbitre en action. Certaines d'entre elles pourraient être de type morphologique (l'arbitre porte des habits d'un certain type – et ce sont des instructions analogues qui nous permettent de reconnaître, au cours d'une cérémonie religieuse, qui est l'évêque), mais elles ne sont pas strictement nécessaires. L'évêque (dans un rite d'ordination) et l'arbitre (dans un match de football) sont reconnaissables (même s'ils sont en civil) en fonction de ce qu'ils *font* et non de leur façon d'apparaître. Cette reconnaissance se base également sur une expérience perceptive.

L'expérience perceptive doit néanmoins être orientée par un ensemble d'instructions culturelles : celui qui ne sait pas ce qu'est un match de football voit seulement un homme qui, au lieu de taper dans un ballon comme le font les vingt-deux autres personnes, se tient parmi elles et fait des gestes incompréhensibles. Mais celui qui a vu pour la première fois un ornithorynque a également vu quelque chose d'incompréhensible : de même que l'incompétent en matière de football voit des hommes sur un terrain et ne sait pas bien ce qu'ils font, ou du moins pourquoi ils le font et suivant quelles règles, celui qui a découvert l'ornithorynque a commencé par voir un animal doté de certaines propriétés, des propriétés assez inédites, sans comprendre ce que cet animal était, s'il respirait sur ou sous l'eau... Et de même que cet homme s'est mis peu à peu à reconnaître d'autres occurrences de l'ornithorynque, sans pouvoir cependant le classer de façon rationnelle, nous pouvons dire que l'incompétent en matière de football, après avoir assisté à quelques parties, réussit à inférer qu'il s'agit probablement d'une activité ludique, au cours de laquelle les adversaires cherchent à mettre un ballon au fond des filets, alors que la vingt-troisième personne intervient de temps à autre pour interrompre et régler leur activité. Si nous admettons donc que celui qui a découvert l'ornithorynque a élaboré dès le départ un TC de l'animal qu'il avait encore nommé de façon provisoire, pourquoi l'incompétent en matière de football ne pourrait-il pas produire un TC (Dieu sait lequel, mais qui en tout cas fonctionne) pour reconnaître des occurrences de l'arbitre ?

Il semble donc qu'un arbitre soit perceptivement plus reconnaissable qu'un cousin ou qu'un célibataire, et c'est empiriquement vrai. Cependant, nous reconnaissons certains genres (même parmi les genres dits naturels) sur des bases morphologiques (le chat ou l'ornithorynque par exemple) et certains autres sur la base de définitions et de liste de leurs comportements possibles. Songeons ici aux notions que nous avons de certains éléments chimiques ou de certains minéraux dont nous n'avons jamais fait l'expérience perceptive. Ce qui ne veut pas dire que nous ayons un TC pour le chat, mais non pour l'uranium : si, comme le suggère Marconi (1997), nous étions placés devant un échantillon d'uranium, un papillon et une pomme, une simple compétence définitionnelle au sujet de l'uranium nous permettrait de reconnaître perceptivement l'échantillon d'uranium. Ce qui ne veut pas dire que nous reconnaîtrions comme uranium ce qui a la propriété évidente de ne pas être un papillon et de ne pas être une pomme : la seule information selon laquelle l'uranium se présente sous forme minérale nous dispose à reconnaître telle chose plutôt que telle autre.

Je ne crois pas que la différence entre la compétence que nous avons au sujet d'un chat et celle que nous avons au sujet d'un célibataire puisse être assimilable à la différence qui, selon Greimas-Courtés (1979 : 332-334), sépare les *sèmes figuratifs* (extéroceptifs, qui correspondent à des qualités sensibles du monde) des *sèmes abstraits* (intéroceptifs, grandeurs du contenu qui servent à catégoriser le monde). Les sèmes abstraits sont du type « objet *vs* procès » et non du type « célibataire *vs* marié ». Où se situent, pour Greimas, les célibataires ? Ses sèmes abstraits sont des catégories très générales et une médiation serait encore nécessaire entre ces sèmes abstraits et les sèmes figuratifs, cette médiation que Kant confiait aux schèmes, à ces intermédiaires entre le caractère abstrait de l'appareil catégoriel et le caractère concret du divers de l'intuition.

Je ne crois pas, non plus, que la différence entre *compétence référentielle* et *compétence inférentielle* de Marconi (1997) puisse valoir dans le cas présent. Idéalement parlant, celui qui sait ce qu'est un pangolin en a une compétence référentielle (il possède les instruments pour en identifier une occurrence), alors que celui qui sait ce qu'est un célibataire n'en a qu'une compétence inférentielle (il sait que les célibataires sont des hommes mâles adultes non mariés). Mais supposons que nous instruisions dûment un ordinateur pour qu'il comprenne le français : sa compétence au sujet du mot *pangolin* ne serait pas différente de celle qu'il a au sujet du mot *célibataire* et il serait capable de tirer des inférences du type « si pangolin alors animal » et « si célibataire alors non marié ». Je pourrais n'avoir qu'une compétence inférentielle du pangolin, et donc aucune compétence référentielle, de telle sorte que si un pangolin venait à apparaître sur mon bureau au moment où j'écris, je ne le reconnaîtrais pas et je ne saurais pas de quoi il s'agit. On pourrait m'objecter que, dans des conditions idéales, je pourrais obtenir toutes les instructions me permettant de reconnaître un pangolin. Ne devrais-je pas alors dire que, dans des conditions idéales, toutes les instructions pour reconnaître un célibataire peuvent également m'être données ? Imaginons que je sois détective et que j'observe de jour en jour, d'heure en heure, les comportements d'un individu, le voyant rentrer le soir dans son appartement où il vit seul, remarquant qu'il n'entretient avec des personnes de l'autre sexe que des relations passagères et qu'il change de partenaire tous les soirs. Il pourrait certainement s'agir d'un faux célibataire, d'un mari vivant séparé de sa femme ou d'un adultère compulsif. Mais ne pourrais-je pas, au même titre, me tromper en prenant pour un vrai pangolin une maquette hyperréaliste en plastique ou un pangolin-robot se comportant en tout et pour tout comme s'il était vivant, se mettant en boule lorsqu'il est menacé et présentant au regard et au toucher les écailles et la langue visqueuse de pangolin ?

Contre-objection : un pangolin est un pangolin par décret divin (ou de nature), alors qu'un célibataire est un célibataire par décret social ou convention linguistique. Bien sûr, il suffirait de considérer une société qui ne reconnaît pas l'institution du mariage pour que ceux que nous définissons comme des célibataires ne le soient plus. Mais ici, la question n'est pas de savoir s'il y a une différence entre les genres naturels, les genres fonctionnels et Dieu sait combien d'autres types d'objets, ou bien s'il existe une différence entre les cas empiriques et les cas culturels (entre le chat et l'emphytéose). La question est de savoir si l'on peut également parler de TC – en tant que système d'instructions nous permettant de reconnaître des occurrences – pour les genres culturels.

3.5.1. *L'histoire de l'archange Gabriel*

L'histoire qui suit s'inspire des Evangiles canoniques, bien qu'elle s'en éloigne par certains aspects. Disons qu'elle s'inspire d'un évangile apocryphe qui, en tant qu'apocryphe, pourrait avoir été écrit par moi.

Le Seigneur Dieu décide de donner cours à l'aventure de l'Incarnation. Il a déjà prédisposé Marie, par sa conception immaculée, à être l'unique créature humaine adaptée à cette fin. Supposons alors que Marie vienne d'accomplir ou soit sur le point d'accomplir le miracle de la conception virginale. Dieu doit annoncer à Marie cet événement et prévenir Joseph du devoir qui l'attend. Il convoque alors l'archange Gabriel et lui donne certaines instructions que nous pourrions résumer ainsi : « Tu dois descendre sur terre, aller à Nazareth, trouver une jeune fille appelée Marie, fille d'Anne et de Joachim, et lui dire ceci et cela. Après quoi, tu dois identifier un homme vertueux et chaste, appelé Joseph, de la descendance de David, et tu lui diras ce qu'il doit faire. »

Rien de bien compliqué, si cet ange était un homme. Mais les anges ne parlent pas, car ils se comprennent les uns les autres d'une manière ineffable et ce qu'ils savent, ils le voient dans la vision béatifique. Dans cette vision, ils n'apprennent cependant pas tout ce que Dieu sait, sans quoi ils seraient eux-mêmes Dieu, mais seulement ce que Dieu les autorise à savoir, selon le rang qu'ils occupent dans les cohortes angéliques. Le Seigneur doit donc faire en sorte que Gabriel soit en mesure d'accomplir sa mission et lui transmet certaines compétences : tout d'abord la capacité on ne peut plus humaine de percevoir et de reconnaître des objets, puis la connaissance de l'araméen, enfin d'autres notions culturelles sans lesquelles, comme nous le verrons, la mission ne pourrait être menée à bien.

Gabriel descend à Nazareth. Il ne lui est pas difficile d'identifier Marie : il demande autour de lui où se trouve la maison de Joachim, passe sous une gracieuse colonnade, entre dans la demeure, voit celle qui est à n'en point douter une jeune femme, l'appelle par son nom pour s'assurer que c'est bien elle (et elle le regarde en tremblant). En ce qui concerne l'Annonciation, la chose est faite.

C'est à présent que les difficultés commencent. Comment identifier Joseph ? Joseph est un être de sexe masculin et Gabriel est parfaitement en mesure de distinguer, à partir des habits ou des traits du visage, un homme d'une femme. Mais pour le reste ? Il se souvient de l'expérience réussie du salut à Marie et se met à appeler Joseph à voix haute dans tout le village. Il s'aperçoit alors que si les noms peuvent probablement, dans certaines circonstances, être des désignateurs rigides (il a lu quelque chose traitant de la logique modale dans l'esprit divin), ils le sont bien peu dans la vie sociale où les Joseph sont bien plus qu'il n'en faut.

Naturellement, Gabriel sait que Joseph doit être un homme vertueux. Il est possible que notre archange ait reçu certaines instructions typologiques permettant de reconnaître un être vertueux : visage paisible et serein, comportement généreux envers les pauvres et les infirmes, gestes de piété accomplis dans un Temple. Mais des mâles adultes aux bonnes mœurs, à Nazareth, il y en a plus d'un.

Parmi ces vertueux, il lui faut choisir un célibataire. Pour avoir reçu des instructions au sujet de la langue et de la société juives de l'époque, Gabriel sait que son candidat doit être un mâle adulte, non marié bien qu'il en ait la possibilité. L'idée d'aller chercher un homosexuel, un eunuque ou un prêtre de quelque religion prônant le célibat ne lui traverse donc pas l'esprit.

Une visite au bureau de l'état civil de Nazareth suffirait. Mais, hélas ! comme nous le savons tous, César Auguste n'annoncera son célèbre recensement que neuf mois plus tard et les registres publics, à cette époque, n'existent pas ou se trouvaient dans un désordre indicible. Pour établir si les nombreux Joseph qu'il a vus sont des célibataires, Gabriel ne peut qu'en inférer la condition à partir de certains comportements. Et ce Joseph qui vit seul derrière son atelier de menuiserie pourrait bien être célibataire (mais il pourrait aussi être veuf).

Finalement, Gabriel se souvient que Joseph doit être de la lignée de David. Il suppose alors que d'anciens registres sont conservés dans le Temple, il les compulse et parvient, en les confrontant à d'autres témoignages oraux, à identifier le Joseph qu'il recherche. Fin de la mission de Gabriel. Il remonte au ciel et reçoit les sincères félicitations de ses confrères pour tant de réussite. En leur compagnie, Gabriel serait en mesure d'interpréter et donc de décrire pas à pas les procédés qu'il a suivis pour s'assurer que Joseph était un célibataire ; il fournirait à ses confrères un CN de l'expression *célibataire*, CN qui comprend sans doute la règle culturelle selon laquelle un célibataire est un mâle adulte non marié bien qu'il en ait la possibilité, mais qui comprend aussi ce mélange d'images, de scénarios mettant en scène des comportements typiques et de procédés permettant de recueillir des données[1].

---

1. Par ailleurs, et en abandonnant un instant la mystique-fiction : il y a un congrès d'astronomes qui discutent sur l'étoile N4, disparue il y a un million d'années, dont la lumière ne peut être perçue qu'au moyen d'appareils complexes ; les astronomes savent fort bien comment l'identifier et associent à son nom un CM fait d'informations très sophistiquées ; néanmoins, au moment où ils en discutent, chacun d'entre eux possède un TC de N4 comprenant les procédés qu'ils suivent pour identifier cette

Mais compliquons à présent notre histoire. Lucifer, rebelle par nature aux décrets divins, veut chercher à empêcher l'Incarnation. Il ne peut s'opposer au miracle de la conception virginale, mais il peut agir sur les événements – comme il le fera d'ailleurs par la suite, en incitant Hérode au massacre des innocents. Il tentera donc de faire échouer la rencontre entre Joseph et Marie, de façon à ce que la naissance, si elle doit avoir lieu, semble illégitime aux yeux de la Palestine tout entière. Lucifer charge donc Belphégor (dont la nature rancunière et menteuse est bien connue) de devancer Gabriel en allant à Nazareth et d'éliminer Joseph d'un coup de poignard.

Par chance, le Prince des Ténèbres apprend à faire le mal mais non à le cacher. Il oublie que Belphégor – qui depuis des millénaires était en mission auprès des populations sauvages de la *Terra Incognita* – s'était habitué aux coutumes de ces gens pour qui la vertu s'exprimait par des actes de férocité guerrière et était montrée avec ostentation au moyen de tatouages et de cicatrices qui rendaient leur visage répugnant. C'est ainsi que notre pauvre diable, cherchant à identifier le vertueux Joseph, se tourne, par une incompréhensible erreur, vers le père du futur Barabbas. Belphégor ne sait pas ce qu'est un célibataire, car il vient d'une tribu hirsute où les jeunes, par décret, s'accouplent à l'âge tendre avec des vieillards lubriques, pour pouvoir passer ensuite, aussitôt après le rite d'initiation, à une effrénée mais légitime polygamie. N'allons pas même imaginer qu'il pourrait parvenir à identifier Marie. Belphégor ignore ce que signifie être célibataire, nubile ou chaste pour une jeune fille, car là d'où il vient, les femmes sont cédées aux hommes d'un autre clan alors qu'elles ne sont encore que des enfants et procréent avant leur douzième année. Il ne sait pas non plus ce que signifie le fait de vivre seul ou avec ses parents pour un ou une célibataire, car là d'où il vient tout le monde habite dans d'immenses huttes qui accueillent des familles entières – et ne vivent isolément que les hommes envahis par certains troubles obsessionnels divinatoires. La société dont provient Belphégor étant fondée sur le principe avunculaire, notre archidiable[1] ne sait pas ce que signifie être de la descendance de David. Il ne réussit donc pas à identifier Joseph et Marie, et sa mission échoue.

Elle échoue parce que Belphégor ignorait certaines choses que Gabriel, lui, savait. Mais il n'ignorait pas tout. Comme Gabriel,

---

étoile et les signaux (de quelque genre qu'ils soient) qu'ils reçoivent lorsqu'ils font la mise au point sur elle.

1. Machiavel édita en 1549 une *Novella di Belfagor arcidiavolo* (*cf.* Machiavel, *Œuvres*, Ed. R. Laffont, 1996) : le nom d'*archidiable*, qui fait pendant à celui d'archange (et Belphégor, « avant sa chute du ciel, avait été un archange »), est ainsi entré dans la culture italienne [N.d.t.].

Belphégor savait distinguer un mâle d'une femelle, la nuit du jour, la petite Nazareth de la grande Jérusalem. En passant devant l'atelier de Joseph, il l'aura vu raboter du bois et non mettre des olives dans un pressoir. En croisant Marie, il se sera même dit qu'il s'agissait d'une jeune femme. Bref, Belphégor et Gabriel auraient eu en commun des types cognitifs renvoyant à des cas empiriques, mais non des types cognitifs dépendants du système culturel palestinien du Ier siècle (touchant à son terme) av. J.-C.

A la lumière de cette histoire, il serait facile de tirer les conclusions suivantes : (i) il existe des cas empiriques que nous connaissons et reconnaissons à travers une expérience perceptive ; (ii) il peut arriver, concernant les objets dont nous n'avons jamais eu de perception directe, qu'un CN nous soit fourni en premier lieu par interprétation et qu'un TC soit alors produit (à titre d'essai) sur la base de ce seul CN ; (iii) ainsi, pour les cas empiriques, nous passons du TC, fondé sur l'expérience, au CN – et l'inverse a lieu pour les cas culturels.

Mais les choses ne sont pas aussi faciles. Nous avons vu précédemment que pour reconnaître l'action qui, en anglais, se nomme *to hop* et se distingue de celle qui se nomme *to skip,* nous devons prendre en compte les données de l'expérience perceptive. Or, des connaissances que nous pourrions appeler « chorégraphiques » sont également nécessaires, des connaissances sans lesquelles nous ne parviendrions absolument pas à repérer l'ordre et à compter le nombre de contacts des membres avec le sol (et il nous serait impossible de reconnaître que le mouvement convulsif qu'exécute parfois le danseur est un parfait entrechat). Inversement, le *professeur* constitue certainement un cas culturel. Pourtant, en entrant dans une salle de classe (traditionnelle), on distingue immédiatement le maître des élèves en fonction de la position spatiale qu'ils occupent l'un par rapport à l'autre – et on les distingue bien mieux qu'une personne ordinaire ne pourra distinguer entre une belette et une fouine, ou même entre une grenouille et un crapaud. Nous sommes capables de comprendre les différentes opérations cognitives qui distinguent la reconnaissance d'un chat de celle d'une racine carrée, mais il y a entre ces deux extrêmes toute une variété d'« objets » dont le statut cognitif reste relativement flottant.

En guise de conclusion, je me risquerai à dire que nous devons également reconnaître l'existence de TC concernant les cas culturels. Je les prendrai donc en considération sans les remettre en question et sans chercher à en établir une typologie exhaustive. Mais ce dont je m'occupe véritablement, dans le présent chapitre, c'est des types cognitifs concernant les cas empiriques et c'est de cela que je continuerai à m'occuper directement.

Bien sûr, cette décision n'élimine pas un autre problème, celui de savoir s'il y a des énoncés d'observation indépendants d'un système d'assomptions ou si la différence entre un mâle et une femelle n'est en quelque façon possible qu'à l'intérieur d'un système d'« assertions garanties ». Mais je parlerai de cela en **4**.

3.5.2. *TC et CN comme zones de compétence communes*

J'ai certainement des notions concernant la souris et je suis capable de reconnaître une souris dans le petit animal qui traverse brusquement le séjour de ma maison de campagne. Un zoologiste sait nombre de choses au sujet de la souris que moi je ne sais pas et il possède peut-être plus de connaissances que n'en répertorie l'*Encyclopaedia Britannica*. Mais si le zoologiste est avec moi dans ce séjour de campagne et si j'attire son attention vers ce que je suis en train de voir, dans des conditions normales, il devrait admettre avec moi qu'il y a une souris là-bas, au coin du mur.

Il semblerait, compte tenu du système de notions que je possède au sujet de la souris (CM_1, dont font aussi probablement partie des interprétations personnelles, dues à des expériences antérieures, ou de nombreuses notions sur les souris provenant de la littérature et des arts, qui ne font pas partie de la compétence du zoologiste) et compte tenu du système de notions que possède le zoologiste (CM_2), que nous nous accordons sur une aire de connaissance que nous avons en commun (Figure 3.3).

Figure 3.3

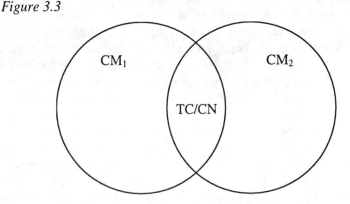

Cette aire de connaissance coïncide avec le TC et le CN que nous partageons, le zoologiste et moi-même. Elle nous autorise tous deux à reconnaître une souris, à faire certaines affirmations au sujet des souris qui relèvent du sens commun et à réagir par certains comportements communs.

Le fait que le zoologiste ait réagi non seulement par l'expression « il y a une souris ! », mais également avec des interprétants dynamiques auxquels je pouvais m'attendre, et qu'il puisse fournir, s'il lui était demandé de dessiner ce qu'il a vu, quelque chose de fort semblable à la Figure 3.1, ou encore qu'il soit en mesure d'expliquer verbalement à un enfant ce que sont les souris en employant une série de descriptions proches de celles proposées par Wierzbicka, tout cela me dit que le zoologiste, quelque part, doit avoir une notion qui n'est pas différente de la mienne. Preuve en est que s'il nous fallait fabriquer une souricière, nous la ferions à peu près de même dimension, nous étudierions l'espacement entre les barreaux de façon à ce qu'une souris de taille normale ne puisse pas s'en échapper et nous placerions l'un comme l'autre un morceau de fromage pour lui servir d'appât, plutôt qu'une feuille de salade ou un chewing-gum. Ni lui ni moi ne construirait une minuscule cage à grillons ou une immense cage aux barreaux d'aciers semblable à celle dans laquelle se trouvait enfermé Hannibal le Cannibale dans *Le silence des agneaux*.

A partir du moment où nous nous accordons l'un comme l'autre à reconnaître qu'il s'agit d'une souris, nous avons tous deux rapporté l'occurrence qui nous est fournie par le champ stimulant à un même TC, un TC que le zoologiste sait également interpréter en termes de CN. Doit-on identifier ce CN à ce qui se nomme généralement *signifié littéral* d'une expression ? Si le signifié littéral est celui que nous propose le dictionnaire, la réponse est non, puisque nous avons vu que des « connotations » thymiques et des schèmes d'actions devraient également faire partie du TC de la souris. Si, en revanche, on entend par signifié littéral ce que la majorité des gens a tendance à associer au mot *souris* dans des circonstances normales, c'est-à-dire lorsqu'on ne peut pas suspecter d'utilisations métaphoriques ou d'accentuations affectives explicites (telles que l'utilisation du diminutif italien *topolino*, ou lorsqu'on parle de la *souris* de l'ordinateur), on peut alors répondre par la positive, bien que ce signifié littéral soit également constitué d'informations qui, en règle générale, sont reconnues comme « encyclopédiques » et touchent à l'expérience du monde.

Ce qui tendrait à nous montrer une fois de plus que l'opposition canonique entre définition dictionnairique et définition encyclopédique est sans doute utile à certaines fins théoriques, mais ne renvoie absolument pas à la façon dont nous percevons et nommons les choses.

J'ai dit jusqu'à présent que le zoologiste et moi-même « possédions » une zone de compétence commune et j'ai identifié cette zone au TC et au CN qui est élaboré à partir de ce TC. Mais si nous possédons tous deux le même TC, n'y a-t-il pas lieu de soupçonner qu'il nous est *donné* ? Un soupçon légitime, puisqu'il semblerait en effet que ce type cognitif naisse de mes expériences perceptives (j'ai déjà vu et je sais reconnaître des souris) ou des expériences de celui qui me les a transmises (lorsqu'on m'a appris à identifier les souris).

Cependant, si cette zone nous est donnée, s'agit-il d'une entité stockée quelque part, comme pouvaient l'être les espèces, les essences ou les idées pour les Anciens ? S'il en était ainsi, elle serait la même pour tous (et, au fond, même le problème de Kant était de savoir comment faire en sorte qu'un procédé schématique soit le même pour tous, procédé qui prenait la forme, dans la troisième *Critique* au moins, d'un travail conjectural). Nous avons vu en revanche comment cette entité est liée aux tendances, aux expériences et au savoir du sujet : cela m'a conduit à mettre en doute le fait que la notion selon laquelle les souris sont différentes des rats fasse partie de cette zone commune. Cette compétence commune est en permanence *négociée* (le zoologiste convient d'ignorer quelque chose qu'il sait de la souris, pour n'accepter que ce que moi j'en sais, ou bien il contribue à enrichir mon TC de la souris en me faisant remarquer quelque chose qui m'avait échappé). Et elle peut être négociée parce que le type cognitif n'est pas une entité (même s'il semble exercer la fonction que l'on assigne généralement aux concepts) mais un procédé – au sens où le schème kantien est un procédé.

3.6. Du type à l'occurrence, ou de l'occurrence au type ?

Dans l'acte de reconnaître ou d'identifier quelque chose comme une souris, une occurrence est reconduite à un type. Ce faisant, on passe du particulier au général. Ce n'est qu'à ces conditions que je peux utiliser le langage et parler d'une souris. Nous avons vu que ce procédé, dans le langage de la psychologie cognitive contemporaine, était désigné (de façon historiquement discutable) comme un phénomène de catégorisation, et je me suis résigné *pro bono communicationis* à accepter cette définition.

Cependant, lorsque nous nous accordons, le zoologiste et moi-même, à dire que nous avons vu une souris, nous nous référons, même verbalement, à *cette* souris. Si j'ai dû ancrer cette occurrence particulière au général pour la comprendre, voilà qu'à présent j'ancre de nouveau le général au particulier. Dans cette oscillation, comme l'a observé Neisser (1976 : 65), d'un côté je généralise l'objet et de l'autre je particularise le *schème*[1].

Je ne sais pas s'il est réconfortant ou désespérant de constater qu'en disant cela, on ne fait que répéter un problème qui s'est posé il y a quelque temps déjà. Thomas d'Aquin aurait dit qu'en voyant une souris on appréhende, dans le *phantasma* offert à la sensation, une *quidditas*, c'est-à-dire non pas « cette souris » mais la « murité » (bien sûr, il faudrait reconnaître, comme il le faisait, que la sensation nous offre immédiatement quelque chose de déjà organisé, comme si une image rétinienne nous offrait un objet pleinement défini qui, naturellement, spontanément, renvoie au type correspondant, sans aucune médiation interprétative). Thomas s'apercevait néanmoins qu'une telle explication ne pouvait rendre compte du fait que l'on peut continuer à parler de *cette* souris que l'on est en train de voir. Il parla alors de *reflexio ad phantasmata,* d'une réflexion ne portant pas sur la souris elle-même mais sur son image. Une solution bien insatisfaisante en réalité, surtout pour un réaliste. Pour sortir de cet embarras (pour parvenir à attraper véritablement *cette* souris), ni les propositions de Duns Scot (les *haecceitates* en première position – mais on doit alors juger de la façon dont se forme le concept universel), ni celles d'Ockham (l'individu en première position et le concept comme pur signe – ce qui est une façon de dire que les TC sont tirés des individus, sans expliquer comment se résout la dialectique universel-particulier dans la rencontre d'autres individus pouvant être signifiés par le même concept) ne sont apparues définitivement convaincantes.

Au fond, ces propositions étaient autant de façons de résoudre le problème de la boîte noire. Vu du dehors, un seul fait demeure : que quelque chose a lieu ; en parlant de la souris nous la généralisons, mais après avoir identifié l'occurrence en tant qu'occurrence d'un type, nous nous arrêtons de nouveau sur l'occurrence – sans quoi nous ne pourrions pas dire, par exemple, *cette* souris a la queue coupée, alors que ni la murité ni le TC de la souris ne l'ont.

Voilà qui repose exactement le problème kantien du schème : si le

---

1. Neisser (1987 : 9) parle de schèmes cognitifs, mais il montre que ces schèmes ne sont ni des catégories ni des modèles ; ils apparaissent *de facto* comme des systèmes d'expectative fondés sur des expériences antérieures et orientant la construction du jugement perceptif. Il admet cependant : « Je ne peux pas dire ce qu'ils sont : nous ne saurons pas caractériser les réquisits structuraux préalables à la perception tant que nous ne serons pas capables de décrire l'information que prélève le sujet percevant. Nous avons peu de raisons de croire que ces structures préliminaires aient beaucoup de choses en commun avec les modèles cognitifs dont dépend la catégorisation ; nous avons en revanche toutes les raisons de croire que ces structures correspondent parfaitement à certaines propriétés écologiques fortes du monde réel. »

général était trop général, peut-être réussirions-nous à y reconduire le multiple de l'expérience (qui, en dernière instance, devrait être la *Maus an sich*), mais il serait bien difficile de revenir du général au multiple individuel. Le schème, en tant que procédé pour imaginer la souris, joue le rôle de médiateur : il doit donc y avoir une certaine correspondance, sans doute pas *point par point* mais au moins *en bloc*, entre les traits du type et les traits repérables dans l'occurrence. Ce qui revient à dire que le rapport entre type et occurrence ne devrait pas être celui qui lie le concept de carte géographique à une carte géographique quelconque, mais celui qui lie une carte géographique particulière au territoire qu'elle représente. Peirce aurait dit que tout se généralise au moment de la *Thirdness*, mais que toute *Thirdness* est imprégnée de ce *hic et nunc* qui s'est offert dans la *Firstness* et dans la *Secondness*.

Tout au long de l'histoire de la philosophie, l'individu a été dit *omnimode determinatus*, déterminé sous tous les rapports et, partant, possédant un nombre infini de propriétés : je pourrais affirmer le nombre de poils de cette souris que je vois actuellement, la position dans laquelle elle se trouve par rapport à La Mecque, la nourriture qu'elle a mangée hier... Si nous connaissions toujours et seulement des individus, toute proposition générale devrait alors dériver d'une connaissance effective de tous les individus sous tous les rapports. Pour dire que les souris sont des animaux, je devrais dire non seulement que, pour tous les x, si x est une souris alors x est un animal, mais également que j'ai réellement énuméré tous les x et découvert qu'ils présentaient sans distinction une propriété qui peut être signifiée par le terme *animal*. Ou bien je devrais dire qu'il y a certains x, ceux que j'ai connus, qui ont la propriété d'être animal (en suspendant le jugement sur les x dont je n'ai pas fait l'expérience). La fonction du TC (et du CN qui lui correspond – pour ne pas parler du CM) serait précisément de valoir aussi pour les x que je ne connais pas.

Encore une fois, évitons de parier sur ce qui se passe dans la boîte noire. Le sens commun nous assure que le zoologiste et moi reconnaissons *une* souris, mais nous savons que nous avons devant nous *cette* souris. S'il nous arrivait de la capturer et de la marquer au dos avec un feutre, nous reconnaîtrions à la prochaine occasion qu'il s'agit de la même souris – c'est aussi la façon dont nous reconnaissons chaque jour, sur la base de traits caractéristiques bien plus complexes qu'une marque au feutre, les individus avec lesquels nous avons normalement affaire (et lorsque nous n'y parvenons plus, le médecin parle de maladie d'Alzheimer). Nous reconnaissons les individus parce que nous les reconduisons à un type, mais nous sommes capables de formuler des types parce que nous avons une expérience des individus. La *reflexio ad phantasmata* (ou *ad res*) dont nous sommes capables est une donnée de fait qui offre cependant matière à réflexion et que nous devons assumer comme telle, même si, personnellement, je ne possède pas les outils conceptuels pour l'expliquer et me résous à adopter cette phrase par laquelle Saul Kripke (1971) achevait l'une de ses conférences sur l'identité et la nécessité : « Le prochain argument à traiter devrait être ma solution au problème de l'esprit et du corps, mais moi je ne la connais pas. »

Il y a néanmoins quelque chose que nous pouvons dire : non seulement nous avons une certaine expérience de *cet* homme (occurrence), même lorsque nous le reconnaissons comme *un* homme (type), mais nous assignons également un nom propre à certains individus que nous reconnaissons comme ces individus déterminés, et non en général. Si nous considérons que la reconnaissance se fait en vertu d'un TC, nous devons alors admettre qu'il y a un TC pour les hommes en général (et il pourrait également prendre la forme hautement schématique d'un modèle 3D) et des TC différents pour notre père, notre femme, notre mari, nos enfants, nos amis et nos voisins. Je parlerai de cela en **3.7.6.** Mais il nous faut préalablement nous aventurer dans cette zone marécageuse qui s'étend entre le général et l'individuel.

3.7. L'archipel des TC

3.7.1. Types « vs » catégories de base

L'acte de se référer à un TC pour reconnaître l'occurrence d'un genre naturel tel que la souris est certainement différent de l'acte de se référer à un TC pour reconnaître une personne individuellement. Neisser (1976 : 55) soutient que nos schèmes peuvent opérer à différents niveaux de généralité et nous permettent ainsi de reconnaître « quelque chose », « une souris », « mon beau-frère Georges » ou même le sourire moqueur (et peu courtois) de Georges. Je parlerai de ce phénomène particulier qu'est l'existence possible de types individuels (et déjà l'oxymore demande que nous approfondissions la chose) en **3.7.6.** Pour l'heure, il nous faut parler de la différence entre les types génériques et les types spécifiques, c'est-à-dire du fait que nous soyons parfois en mesure de distinguer un persan d'un siamois, parfois un chat d'un chien et parfois simplement un quadrupède d'un bipède. Il s'agit donc de postuler des TC *à différents niveaux de généralité*. Le problème qui se pose d'emblée est alors celui de savoir si nous pouvons penser à une sorte d'« arbre » des différents TC ou bien si nous devons plutôt les considérer comme un groupement épars, non organisé hiérarchiquement, comme une sorte d'« archipel »[1].

La question de savoir si nous mettons en œuvre des facultés de discrimination différentes en fonction des genres naturels ou artificiels auxquels nous avons affaire a été l'objet de nombreux débats et reste encore aujourd'hui amplement discutée. Personnellement, je suis capable de distinguer une poule d'un dindon, une hirondelle d'un aigle, un moineau d'un canari (et même une chouette effraie d'une chevêche). J'en possède donc un TC. Mais je ne saurais distinguer entre troglodytes, rouges-queues, pinsons, bouvreuils, fauvettes, alouettes, chardonnerets, mésanges, torcols, étourneaux, geais, courlis et autres hochequeues. Je les reconnaîtrais comme des oiseaux, c'est tout. Naturellement, le chasseur ou le *bird watcher* aura une compétence différente de la mienne, mais ce n'est pas le problème. Le problème est le suivant : s'il y a un TC de l'hirondelle, qu'est-ce alors que le TC de l'oiseau en général ? Même si nous acceptons l'idée selon laquelle nous connaissons par organisation catégorielle, cette organisation varie en fonction des diverses régions d'expérience, en fonction des groupements humains et en fonction des individus.

Si notre connaissance était véritablement structurée selon un système homogène de classes et sous-classes, nous devrions nommer et reconnaître les objets qui suivent selon le diagramme que présente la Figure 3.4.

Figure 3.4

Catégories superordonnées	Catégories de base	Catégories subordonnées
MEUBLES	Chaise	Chaise de cuisine, Chaise de séjour
	Table	Table de cuisine, Table de séjour
ARBRES	Erable	Erable argenté, Erable du Canada
	Bouleau	Bouleau blanc, Bouleau noir
FRUITS	Pomme	Pomme reinette, Pomme golden
	Raisin	Muscat, Chasselas

---

1. Je prends note, dans ce qui suit, de Rosch 1978, Rosch & Mervis 1975, Rosch *et al.* 1976, Neisser 1987, Lakoff 1987, Reed 1988, Violi 1997.

Lorsqu'on présuppose un schème de ce genre, on présuppose également que les *catégories de base* sont celles qui ont été apprises en premier et donc qu'elles ont non seulement un rôle crucial dans l'échange linguistique mais qu'elles président également aux processus d'identification ou de reconnaissance. On demande alors à des sujets d'énumérer un certain nombre de traits, de propriétés ou d'attributs pour une série de termes stimulus (tels qu'animal, mobilier, chaise, chien, fruits, pomme ou poire) et on constate que le nombre de traits est très faible pour les catégories superordonnées, qu'il s'accroît sensiblement pour les catégories de base et que la différence de traits entre les catégories subordonnées et les catégories de base est minimale. Il suffira, par exemple, d'identifier deux traits pour définir ce qu'est un vêtement (quelque chose avec quoi nous nous couvrons le corps et quelque chose qui nous tient chaud), une grande quantité de traits pour définir un pantalon (jambes, poches, boutons, fait de tissu, s'enfile d'une certaine façon, etc.), tandis que pour une catégorie subordonnée comme celle des *jeans,* les sujets n'ajoutent généralement que ce trait caractérisant qu'est la couleur (ils sont toujours bleus). Lorsque le nombre de ces traits caractérisants devient plus élevé, il semble évident que le pantalon se distingue alors plus facilement de la veste que ne le font deux types de pantalon différents[1].

Toutes les expériences menées en la matière ont montré que notre connaissance ne correspond pas à cette classification. La situation peut varier en fonction des sujets, mais la plupart d'entre eux distinguent une poule d'un dindon alors qu'ils ne voient dans le courlis et dans le rouge-queue qu'un oiseau.

Après avoir postulé qu'Arbre et Meuble étaient deux catégories superordonnées, Rosch (1978 : 169) parle de résultat imprévu lorsqu'elle constate que les sujets distinguaient bien mieux une chaise d'une table qu'ils ne distinguaient un chêne d'un érable, ces derniers étant alors reconnus de façon générique comme de simples arbres. Le résultat ne me semble absolument pas imprévisible : Putnam nous a avertis depuis longtemps qu'il ne distinguait pas un orme d'un hêtre (et je m'associe à lui), alors que j'imagine qu'il distingue très bien une chaise d'une table ou une banane d'une pomme. Nous avons en réalité affaire à deux problèmes.

---

1. On pourrait objecter que ces tests sont faussés du fait que le sujet doit répondre verbalement : je suis prêt à parier que n'importe qui saura distinguer, perspectivement et affectivement, une paire de pantalons de smoking d'une paire de *hot pants* rose avec la même immédiateté que lorsqu'il distingue un pantalon d'une veste. Mais j'ai certainement choisi un exemple malicieux, car il est bien évident que nous distinguons bien plus facilement une banane d'une pomme que nous ne distinguons une pomme reinette d'une pomme golden.

Nous avons tendance à élaborer des TC sur la base de nos expériences perceptives, des expériences où la morphologie et la pertinence par rapport à nos exigences corporelles comptent plus que la fonction, disons, esthétique et sociale (et je renvoie à ce propos au paragraphe **3.4.7** sur les *affordances*). Nous ne pouvons décider qu'une bibliothèque et une chaise appartiennent toutes deux à la catégorie superordonnée Meuble si nous n'avons pas une notion élaborée de ce qu'est une habitation, de ce que nous demandons à une habitation standard et du lieu où les objets servant à équiper une habitation standard peuvent être achetés. La catégorie Meuble requiert donc une capacité d'abstraction. Un chien, me semble-t-il, reconnaîtra une chaise et un divan, et peut-être une table, comme des objets sur lesquels il peut aller se coucher, mais une bibliothèque ou une armoire (fermée) lui apparaîtront simplement comme des obstacles, au même titre que les murs de la pièce[1].

La propriété d'être un arbre, en revanche, est l'un de ces primitifs sémiosiques que nous distinguons instinctivement dans le milieu qui nous entoure, et c'est en vertu de ce primitif que nous discriminons l'arbre des animaux et des autres objets (et je ne crois pas qu'un chien se comporte différemment, en utilisant les arbres pour ses besoins corporels – à moins qu'un stimulus olfactif particulier ne le repousse). Nous élaborons en premier lieu un TC de l'arbre et non un TC du tilleul (la différence entre hêtre et tilleul relèvera alors d'un type de connaissance plus élaboré) parce que, à moins que nous ne soyons des hommes primitifs dont la survie dans la forêt dépend de la reconnaissance des différentes espèces d'arbres, les arbres nous apparaissent comme un aménagement du milieu qui nous entoure et exercent tous la même fonction par rapport à nos exigences (ils font de l'ombre, marquent les limites d'un territoire, forment bois et forêts, etc.)[2].

---

1. « Puisque la sémantique d'une langue est inséparable d'une sémantique du monde naturel, les schèmes que nous utilisons pour la compréhension du langage ne sont pas différents de ceux que nous utilisons pour la compréhension du monde. Si l'expérience du monde n'est pas réductible à des inventaires limités et préformés, le sens linguistique ne l'est pas non plus » (Violi 1997, 11.1).
2. Violi (1997, 5.2.2) relève : « Pensons aux objets manufacturés : une chaise, un lit ou une chemise sont tous des objets dont la fonction peut être définie à partir d'un acte intentionnel sur la base duquel se développera un programme moteur défini et commun à tous les objets de ce type. Toutes les chaises sont des objets sur lesquels je m'assoie selon une même séquence d'actions, tous les verres sont des objets dans lesquels je bois de la même manière, etc. Lorsque je passe de ce niveau au niveau superordonné, à la catégorie des meubles par exemple, je ne peux plus identifier un unique programme moteur, car les meubles ne donnent pas lieu à une interaction commune unique, mais à des types d'actions différents et variés. » Cette insistance sur le rôle que joue la corporéité dans la détermination de la signification et des catégorisations nous ramène au thème des *affordances* et constitue l'un des points d'inflexion du cognitivisme contemporain par rapport à la sémantique traditionnelle.

En revanche, nous savons très bien distinguer une banane d'une pomme parce que la différence compte pour nos exigences et pour nos préférences alimentaires, parce que nous devons souvent choisir entre l'une ou l'autre, ou parce qu'elles offrent des conditions de consommation différentes. Il semble donc naturel que nous ayons des TC distincts pour la banane et pour la pomme, et un TC générique pour l'arbre[1].

Ces règles statistiques connaissent cependant des exceptions importantes liées à l'expérience personnelle. Bien que je sois incapable de distinguer un orme d'un tilleul, je sais fort bien reconnaître un banian ou des mangroves. Il y a trois raisons à cela : la première est qu'il s'agit d'arbres sur lesquels s'est nourrie mon imagination infantile de lecteur de romans d'aventures (particulièrement ceux de Salgari[2], au moins en ce qui concerne le banian) ; la deuxième, qui dépend de la première, est que lorsque j'ai entendu dire, au cours de mes voyages, que quelque chose était un banian et qu'une masse de végétaux sur les côtes d'une île ou d'un canal palustre s'appelaient des mangroves, je me suis empressé de les regarder avec une attention particulière et d'en mémoriser les traits morphologiques ; la troisième est qu'aussi bien le banian que les mangroves ont des traits fort singuliers et peu communs, le premier parce que son tronc se ramifie vers les racines en formant une série de « lames » disposées en étoile, les seconds

---

1. Reed (1988 : 197) se demande pourquoi, une fois la catégorie « habits » élaborée, il est plus difficile de reconnaître comme habit un nœud papillon qu'une chemise. Cela tient au fait que les habits ont été définis comme quelque chose que l'on porte pour avoir chaud, auquel cas le nœud papillon ne serait même pas un habit. Le test obtiendrait des résultats différents si, à la place de la catégorie des habits, on proposait au sujet la catégorie des éléments distincts servant à l'habillement. Mais je crains que dans ce cas la catégorie soit bien plus de type commercial que de type fonctionnel : le nœud papillon se situerait sans problème du côté des chemises et des ceintures puisqu'ils peuvent tous être achetés dans les mêmes magasins ou parce que le nœud papillon se range avec les pantalons et les mouchoirs dans un dressing ou dans une chambre, mais non dans une bibliothèque ou dans une cuisine. Une bicyclette et une automobile peuvent être rangées parmi les véhicules en fonction d'un certain niveau de compétence catégorielle, mais si la catégorie est celle des « objets à offrir pour les anniversaires », la bicyclette sera alors associée à la montre et à l'écharpe, tandis que l'automobile risque de rester hors catégorie.
2. Emilio Salgari (1862-1911) est l'écrivain italien de romans d'aventures par excellence, influencé par des auteurs comme J. Verne, E. Sue ou A. Dumas. Un bon nombre de ses romans (parmi les quelque 215 titres que compte sa bibliographie) furent traduits en français au cours du premier XXe siècle. *Les pêcheurs de baleines*, *Les mystères de la forêt noire*, *Les pirates de la Malaisie* ou encore *Le corsaire noir*, font partie des livres les plus vendus de l'histoire de l'édition (bien que certains auteurs italiens l'aient largement dépassé depuis). Il peut être amusant de noter que Salgari, qui avait étudié à Venise pour devenir capitaine au long cours, ne quitta jamais Vérone, à l'exception d'une expérience de navigation dans l'Adriatique. Il est par conséquent bien improbable que Salgari ait *vu* directement le figuier banian (il aurait donc travaillé à partir de représentations ou de descriptions) [N.d.t.].

parce qu'ils sont appelés, et non par hasard, *walking trees* en anglais familier – vu de loin, ils ressemblent à de gros insectes marchant au bord de l'eau.

Naturellement, toujours en raison d'accidents biographiques, je reconnaîtrais à coup sûr un ornithorynque à présent, je suis capable d'identifier un iguane, mais je continue à avoir des idées très vagues au sujet de l'anaconda. Sans doute parviendrais-je à reconnaître un anaconda placé entre un blaireau et une pie parce que je sais précisément que l'anaconda est un serpent, mais l'idée que j'ai du serpent est « sauvage » et n'a rien de l'idée scientifique de reptile.

3.7.2. L'histoire de Pinco

Nous savons que les enfants n'acquièrent de compétences classificatoires qu'à un certain âge, ce qui ne les empêche pas de reconnaître parfaitement de nombreux objets. Le dialogue qui suit est la transcription d'un enregistrement fait sans aucune intention scientifique en 1968, au cours d'une fête d'enfants, et dans le seul but de les faire jouer avec le magnétophone, en leur racontant des histoires ou en improvisant des dialogues. Pour autant que je me souvienne, l'enfant dont je transcris les réponses, et que nous appellerons Pinco, avait quatre ou cinq ans.

> MOI – Ecoute, Pinco, je suis un monsieur qui a toujours habité sur une île déserte où les oiseaux n'existaient pas, seulement des chiens, des vaches, des poissons mais pas d'oiseaux. A présent, je me retrouve ici et je te demande de m'expliquer ce qu'est un oiseau pour que je puisse le reconnaître au cas où j'en verrais un...
>
> PINCO – Alors, il a un peu de chair, mais il a un petit corps, et il a des jambes toutes fines et une petite tête fine et un petit corps, et il a aussi des petites ailes et un peu de plumes sur son corps et... et aussi il vole avec ces plumes et...
>
> *[Comme on le voit, le petit garçon a son idée de l'oiseau, il est probablement en train de penser aux seuls oiseaux qu'il a vus sur le balcon de la maison, les moineaux, et cela pourra nous suggérer une idée dans la discussion qui suivra sur les prototypes; mais Pinco ne pense absolument pas à dire qu'un oiseau est un bipède volant.]*
>
> MOI – Très bien. Maintenant écoute. Je suis un monsieur qui a toujours vécu au sommet d'une montagne, où je me désaltérais en mangeant des

fruits, mais je n'ai jamais vu d'eau. Alors tu devrais m'expliquer comment c'est de l'eau.

PINCO – Comment c'est fait ?

MOI – Oui.

PINCO – Je sais pas, moi, comment c'est fait de l'eau parce qu'on me l'a même pas expliqué...

MOI – Tu n'en as jamais vu ?

PINCO – Oui, quand tu mets les mains sous l'eau...

MOI – Mais moi je ne sais pas comment c'est fait de l'eau et comment je fais pour mettre les mains sous l'eau ?

PINCO – Mais sous l'eau qui mouille... tu mets d'abord les mains sous l'eau, après tu prends du savon et tu t'en mets et après tu rinces avec l'eau...

MOI – Tu m'as dit ce que je devais faire avec l'eau, mais tu ne m'as pas dit ce que c'est que l'eau. Peut-être que c'est ce truc rouge qui brûle et qu'il y a dans la poêle ?

PINCO – Nooon ! L'eau c'est... c'est...

MOI – Qu'est-ce que je vois quand je vois de l'eau ? Comment je fais pour comprendre que c'est de l'eau ?

PINCO – Tu te mouilles quand tu mets les mains sous l'eau !

MOI – Mais qu'est-ce que ça veut dire que ça mouille ? Si je ne sais pas ce que c'est l'eau, je ne sais pas ce que c'est mouiller...

PINCO – C'est transparent...

MOI – Ah ! c'est comme la chose qu'il y a sur la fenêtre, quand quelqu'un peut voir de l'autre côté ?

PINCO – Nooon !

MOI – Tu as dit que c'est transparent...

PINCO – Non, c'est pas une vitre, une vitre ça mouille pas !

MOI – Mais qu'est-ce que ça veut dire mouiller ?

PINCO – Mouiller c'est que... alors, heu... alors...

(INTERVENTION D'UN AUTRE ADULTE) – Ce monsieur devrait le savoir s'il mange toujours des fruits sur sa montagne...

PINCO – C'est humide !

MOI – Très bien. L'eau est humide comme les fruits ?

PINCO – Un peu.

MOI – Un peu. Et elle est faite comme un fruit, elle est ronde...

PINCO – Nooon, l'eau c'est comme... elle va partout, elle va dans tous les coins, les ronds, les carrés, dans tous les coins...

MOI – Elle prend toutes les formes qu'elle veut ?

PINCO – Heu...

MOI – Alors partout on peut voir de l'eau carrée, ronde...

PINCO – Non, pas partout, que dans les rivières, les ruisseaux, les lavabos, les baignoires.

MOI – Alors c'est quelque chose de transparent, d'humide, et qui prend la forme de toutes les choses dans lesquelles elle est ?

PINCO – Oui.

MOI – Donc ce n'est pas quelque chose de solide comme le pain...

PINCO – Non !

MOI – Et si ce n'est pas solide qu'est-ce que c'est ?

PINCO – Bof !

MOI – Tout ce qui n'est pas solide c'est quoi ?

PINCO – C'est de l'eau.

MOI – C'est liquide peut-être ?

PINCO – Oui, c'est ça, l'eau est un liquide transparent qu'on peut pas boire parce que, dans l'eau normale, il y a des moucherons, des microbes qu'on voit pas...

MOI – Très bien. Un liquide transparent.

[Comme on le voit, Pinco sait ce qu'est un liquide. Après de nombreuses suggestions, il arrive même à une définition qui ferait la joie d'un lexicologue (« liquide transparent »). Apparemment, Pinco n'y arrive pas tout seul et la première définition qu'il donne est de caractère fonctionnel (ce à quoi sert l'eau : il ne s'oriente pas sur les caractéristiques « dictionnairiques » ou morphologiques de l'objet mais sur ses affordances). Mais rappelons la question : elle parlait d'un monsieur sur une île qui se désaltérait avec des fruits mais qui ne savait pas ce qu'était l'eau. Pinco a compris que le monsieur buvait des jus de fruits, l'idée de liquidité lui semblait par conséquent implicite. Il a essayé d'identifier d'autres caractéristiques de l'eau par rapport à d'autres liquides. C'est un cas typique où la formulation de la question peut conduire à des réponses que nous considérons ensuite comme déviantes ou insuffisantes.]

MOI – Mais maintenant écoute, je n'ai jamais vu de radio. Je fais comment pour reconnaître une radio ?

PINCO – [Gémissements d'hésitation.]

MOI – Tu n'as qu'à faire comme avec l'eau, où tu as fini par me dire la chose la plus importante, que c'était un liquide transparent.

PINCO – Mais avec les piles ou le courant ?

MOI – Mais je ne sais pas ce qu'est une radio, je ne sais donc pas ce qui est mieux.

PINCO – Heu... elle a le courant qui dit tout ce... que dans... piles on est [mot inaudible]... et elle dit tout ce qui nous est arrivé...

MOI – Et c'est ça une radio ?

PINCO – On met du courant comme là-dedans [il indique le magnétophone] et après ça marche.

MOI – Mais c'est quoi la radio, c'est un animal qui se met à marcher si je lui mets du courant ?

PINCO – Non, c'est une boîte courante qui...

MOI – Une boîte courante ?

PINCO – Non, c'est dedans le courant et les piles, avec le fil... qui dit tout ce qui est arrivé.

MOI – Alors, c'est comme cette boîte qui est là et qui dit ce qu'il s'est passé quand je mets un disque dessus ?

PINCO – Non, y a pas de disque.

MOI – Ah ! C'est une boîte avec le courant, le fil, les piles, sans disque et qui dit tout ce qui s'est passé.

PINCO – Oui.

[Outre le fait qu'un adulte éprouverait également des difficultés pour définir scientifiquement une radio, et puisqu'il est évident que Pinco sait très bien reconnaître une radio, on remarquera que l'idée de venir la comparer à l'eau ou à l'oiseau comme genre artificiel ou Artefact ne lui a absolument pas traversé l'esprit, pas même lorsque je lui ai suggéré une opposition avec l'Animal.]

MOI – Maintenant écoute ça. Je suis un monsieur qui a toujours vécu...

PINCO – Pas toujours sur une île déserte !!!

MOI – Non, cette fois-ci dans un hôpital où les gens étaient malades et où chacun de ces malades avait un morceau en moins, un bras à celui-ci, une jambe à celui-là. Mais je n'ai jamais vu un pied. Qu'est-ce que c'est un pied ?

PINCO – Ah ! C'est ça, un pied.

MOI – Non, tu ne dois pas me le montrer, tu dois m'expliquer comment il est pour que je puisse dire « ah ! ça c'est un pied » quand j'en verrai un.

PINCO – C'est de la chair, il a des doigts, tu sais pas comment sont les doigts ?

MOI – Alors c'est quelque chose en chair avec des doigts. Est-ce que c'est ça un pied ? [Je montre ma main.]

PINCO – Nooon ! Parce que le pied a le coude ici, alors que la main elle l'a ici.

MOI – Alors c'est une main malade, comme ça. [J'imite un membre raidi.]

PINCO – Nooon ! Ça a des angles, et les doigts sont droits, et devant c'est comme ça.

MOI – Alors la rue où nous habitons est un pied : elle a des angles, puis elle est droite...

PINCO – Non, c'est plus petit, et ça a aussi quelque chose ici.

MOI – Essaie de me dire où il se trouve...

PINCO – Ça se trouve à l'endroit où les hommes qui marchent... C'est les choses que les hommes... posent par terre pour marcher... Ce qu'ils ont sur les côtés qui commencent et vont tout droit jusqu'à la fin de la jambe – qui est cette chose-là – il y a le pied.

MOI – Encore une, c'est encore le monsieur qui vivait dans l'île déserte. Et il ne sait pas ce que c'est qu'une saucisse.

PINCO – C'est rond.

MOI – Comme une balle ?

PINCO – Non, c'est comme ça, ça a les angles qui tournent comme ça, c'est plus long qu'une balle et c'est de la chair.

MOI – Alors c'est une jambe...

PINCO – Sans os, parce que la jambe elle a des os.

MOI – Comment est-ce que je fais pour reconnaître une saucisse ? Tu m'as dit que c'était de la chair...

PINCO – C'est rond, c'est une moitié de la balle mais seulement aux angles elle n'a rien, dedans... au milieu... dedans c'est tout mince et aussi c'est de la chair et c'est rose.

[La séance se termine par ces deux dernières questions, Pinco montrant des signes de fatigue. Comme on le voit, il ne lui est pas venu à l'esprit de dire qu'un pied est un Membre et que la saucisse est un Aliment. Il doit certainement être d'accord avec Neisser (1978 : 4) : les catégories ne peuvent pas être un mode de la perception.]

3.7.3. Huîtres quadrupèdes

Je dirai en **4.3** en quel sens les catégories scientifiques doivent se distinguer des catégories « sauvages », mais supposons pour l'instant que nous ayons des TC pour la pomme, la banane, l'arbre, la poule, le moineau et l'oiseau, et que ces TC soient alignés et ne présentent aucun emboîtement du général au particulier. Comment est-il possible que nous ayons deux TC distincts pour le moineau et la poule, et un seul pour les mésanges, courlis et alouettes confondus ? C'est à ce point possible que c'est réel (et par définition, tout ce qui est réel est possible). Le TC pour les oiseaux est si « généreux » (ou vague, ou grossier) qu'il accueille tout animal ailé volant et se posant sur des arbres ou des fils électriques, de telle sorte que si nous apercevions un moineau au loin, nous ne pourrions pour l'instant qu'en faire un oiseau. Le terme *oiseau* a une *extension* plus grande que des termes tels que *poule* ou *moineau,* ce qui ne veut pas dire que nous percevions le TC de l'oiseau comme une catégorie superordonnée par rapport au TC de la poule. La catégorie d'« animal ailé volant » (c'est-à-dire la notion naïve de l'oiseau) est un primitif sémiosique. Pour certains animaux, nous ne percevons que cette propriété, et nous les reconduisons au TC grossier de l'oiseau. Pour d'autres, en reconnaissant certaines propriétés additionnelles, nous élaborons un TC d'un grain plus fin.

Nous reconnaissons un TC de l'oiseau sur la base des traits ou des procédés *x, y*, nous reconnaissons un TC du moineau sur la base des traits ou des procédés *x, y, z*, et un TC de l'hirondelle sur la base des propriétés *x, y, k*. Nous nous apercevons que le moineau a non seulement des traits en commun avec l'hirondelle, mais également avec d'autres animaux que nous reconnaissons comme oiseaux. En principe, cela ne devrait pas avoir d'influence sur le critère logique au moyen duquel nous inscrivons le moineau dans la classe des oiseaux, même si c'est très certainement en partant de ces ressemblances que nous arrivons ensuite à élaborer des taxonomies. Nous sommes simplement capables de reconnaître des moineaux, des hirondelles et des oiseaux. Mais s'il nous arrivait, par la suite, de nous consacrer à l'observation des oiseaux en liberté, sans doute aurions-nous également un TC pour le courlis et un autre pour l'alouette. Les TC sont généreux et désordonnés : telle personne possédera un TC pour le chat, telle autre personne possédera un TC pour le siamois et un autre pour l'européen (le chat tigré), et certainement les traits de l'européen seront en grande partie communs avec ceux du chat. Même s'il semble évident que cette base nous permettra d'affirmer par la suite que tout européen est un chat, cela reste encore, au niveau du processus perceptif, de l'ordre du soupçon, de l'intuition d'une identité des propriétés ; il ne s'agit pas encore d'une inscription dans un arbre catégoriel.

Nous avons dit que le TC était un procédé pour construire les conditions de reconnaissance et d'identification d'un objet. Examinons à présent la Figure 3.5 où apparaissent différents modèles 3D ; elle nous montre clairement qu'un TC peut également être un procédé.

Figure 3.5

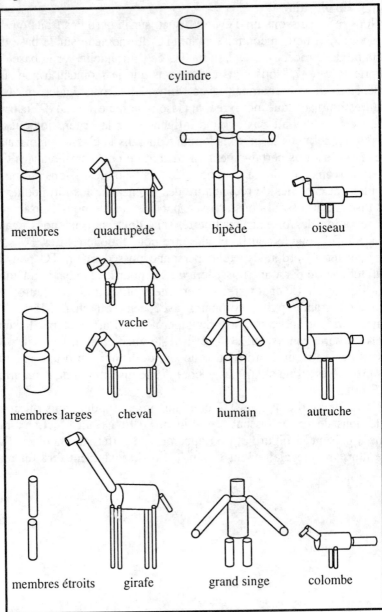

Il y a un modèle 3D pour le chien ou le cheval. Rien n'empêche que l'on puisse, pour des exigences plus spécifiques, construire un modèle 3D pour le labrador et pour le pointer, ou pour le moreau ou le percheron, et rien n'empêche que nous soyons un jour capables, Putnam et moi, en allant travailler dans une pépinière, de distinguer les ormes des hêtres. Mais au départ, hêtre, orme et arbre sont tous des TC à placer au même niveau : chacun de nous utilise l'un ou l'autre selon les rapports qu'il entretient avec son milieu et de façon plus ou moins satisfaisante. Les jugements factuels *j'ai vu un pointer* et *j'ai vu un chien* sont, selon les circonstances et bien avant que l'on ait décidé que la catégorie du pointer est subordonnée à celle du chien, aussi utiles et pertinents l'un que l'autre. Perceptivement, le TC du chien est plus grossier que celui du pointer, mais dans certaines circonstances il convient tout à fait, il ne nous oblige pas à faire la distinction entre un beagle et un basset, et nous n'en demandons pas plus.

Parler de TC n'aurait donc rien d'une discussion sur un système taxonomique-catégoriel. Les TC ne sont que les *briques de construction* qui serviront à l'édification de systèmes catégoriels.

Il y a néanmoins des contre-exemples possibles. L'expérience que je vais citer pourrait aussi bien être utilisée pour identifier les catégories aux TC que pour nier cette identification. Humphreys et Riddoch (1995 : 34) nous parlent d'un patient atteint de lésions cérébrales qui, placé devant un insecte, le dessine avec je ne sais quel degré de réalisme, mais certainement de telle sorte que nous reconnaissons quelque chose qui ressemble fort à un insecte (Figure 3.6). Le fait qu'il l'ait dessiné nous dit qu'il l'a interprété : il a donc fourni des indications pour son identification et sa future reconnaissance ; en bref, s'il ne possédait pas de TC précédemment, il s'en est construit un. Une fois l'insecte retiré de sa vue, on demande au patient de le dessiner de nouveau ; celui-ci le représente alors comme une espèce d'oiseau (Figure 3.7).

Figures 3.6 et 3.7

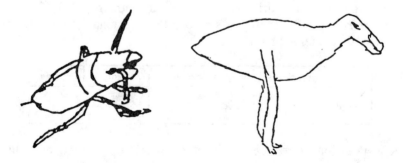

Ce même patient, capable de reconnaître une huître en tant que telle, est invité à en dessiner une en l'absence du modèle. Il la représente alors avec quatre pattes. Les auteurs observent qu'il faut postuler, au sujet de la mémoire immédiate, des connaissances mentales dont la dégénérescence compromet la reconstruction de l'objet que le patient rappelle à sa mémoire. Pourrait-on interpréter ce cas en termes de troubles de la compétence catégorielle ? De fait, le patient n'a pas dessiné une chaise à la place de l'insecte et un crayon à la place de l'huître. Un trait d'« animalité » est resté dans sa mémoire. Ce trait pourrait être remonté de l'insecte ou de l'huître à la catégorie superordonnée des animaux, puis être redescendu vers les oiseaux et quelque autre bête indéterminée. Mais, en considérant la perception de l'animalité comme une expérience précatégorielle, nous pourrions dire que le patient, n'ayant conservé qu'un seul et vague attribut de tout ce qu'il a vu, est allé pêcher n'importe quel TC contenant cet attribut – il glisserait d'un TC à l'autre, surferait dans un archipel de TC, au lieu de remonter de l'espèce au genre.

Je ne suis pas en train de soutenir que la construction d'un TC a lieu sans l'intervention de connaissances antérieures ou de soupçons catégoriels. Le cas de Marco Polo cité en **2.1** vient nous le confirmer. Je suis simplement en train de postuler que les TC (i) peuvent se construire indépendamment d'une compétence catégorielle organisée et (ii) peuvent être activés indépendamment ou directement en conflit avec une telle compétence (comme nous le verrons en reprenant l'histoire de l'ornithorynque en **4.5**).

3.7.4. TC et prototypes

3.7.4.1. Stéréotypes et prototypes

Pouvons-nous identifier les TC à ce que Putnam (1975 : 295) appelle *stéréotypes* ? Si nous considérons la représentation que propose Putnam du contenu du terme *eau,*

Marques syntaxiques	Marques sémantiques	Stéréotype	Extension
Nom Concret	Genre naturel Liquide	Incolore Transparent Insipide	H_2O

nous pourrions dire que les marques sémantiques font aussi bien partie du TC que les informations stéréotypiques (alors que la propriété d'être H_2O fait naturellement partie du CM). Le TC a en tout cas la nature *folk* du stéréotype et présente également un mélange désinvolte d'éléments dictionnairiques et encyclopédiques.

Ce qu'il est peut-être plus intéressant de mettre en évidence, c'est que les stéréotypes ne sont pas ce que la littérature cognitiviste a appelé des *prototypes*.

On comprend généralement le prototype comme le membre d'une catégorie dont la singularité est de devenir une sorte de modèle pour reconnaître d'autres membres partageant avec lui certaines propriétés considérées comme saillantes. En ce sens (il y en a d'autres), lorsqu'il est invité à définir un oiseau, Pinco a en tête le prototype du moineau, pour la simple et bonne raison que cet oiseau lui est le plus familier. Les expériences menées sur l'identification des prototypes, si nous les prenons à la lettre, nous laissent penser que nous nous comportons ainsi la plupart du temps, tous autant que nous sommes.

D'autres tendent plutôt à considérer le prototype comme un schéma, comme un faisceau de traits. De ce point de vue, le prototype serait plus proche du stéréotype. En ce sens, lorsque nous pensons à un chien (à moins que nous n'en ayons un avec lequel nous vivions au quotidien) nous ne pensons pas plus à un dalmatien qu'à un labrador, mais à un type *bâtard*. Lorsque nous pensons à un oiseau, nous nous figurons un bipède ailé de dimensions moyennes (disons entre un moineau et un pigeon), mais nous nous figurons rarement (à moins que nous ne sortions tout droit des *Mille et une nuits*) quelque chose comme l'Oiseau Roc. Cette forme bâtarde varie selon les cultures (j'imagine qu'un habitant des îles du Pacifique peut avoir un TC de l'oiseau qui accentue bien plus la vivacité du plumage que ne le fait notre TC) et c'est justement au cours de la négociation d'un espace d'accord commun que les TC s'abâtardissent avec succès[1]. Songeons à un animal comme le dinosaure, un animal que nous ne connaissons pas par expérience directe mais à travers les véritables prototypes que nous présente l'Encyclopédie. Même dans ce cas, le TC le plus répandu doit être, me semble-t-il, un croisement de dinosaure, de brontosaure, de *Tyrannosaurus rex* et de divers autres grands reptiles disparus : si l'on pouvait projeter une moyenne des images mentales que chacun entretient à ce sujet, on obtiendrait un animal qui semblerait bien plus sorti du monde de Walt Disney que du musée d'histoire naturelle[2].

---

1. Ce que j'appelle des types bâtards correspond, semble-t-il, à ce que Violi (1997, 9,1) appelle des « valeurs moyennes ».
2. On pourrait objecter que lorsqu'il nous est demandé de dessiner un triangle, c'est généralement un triangle équilatéral qui en surgira. Je n'ai pas l'intention de discuter pour savoir si la chose est due à une réminiscence de nos années d'école ou au fait que les formes triangulaires que nous voyons, aussi bien dans la nature que dans la culture (comme les montagnes ou les pyramides d'Egypte), sont plus facilement reconductibles au modèle du triangle équilatéral qu'à celui du triangle rectangle (même si les montagnes sont généralement plutôt scalènes). Mais la valeur statistique de ce

Une troisième version voudrait les prototypes comme quelque chose de plus abstrait, un ensemble de réquisits exprimables propositionnellement, nécessaires pour affirmer l'appartenance à une catégorie ; et l'ambiguïté du terme « catégorie » réapparaît ici, puisque dans ce dernier cas nous serions déjà en train de penser en termes de classification.

3.7.4.2. Certaines équivoques sur les prototypes

Les prototypes ont bénéficié et bénéficient encore d'une large popularité dans la littérature psychologique. Leur histoire est cependant assez complexe. L'une des raisons en est que celle qui a travaillé le plus abondamment à ces prototypes, Eleanor Rosch, a changé d'idée à leur sujet à plusieurs reprises. C'est sans doute Lakoff qui a reconnu cette oscillation avec le plus de précision et je m'appliquerai à reprendre sa synthèse.

L'histoire des prototypes naît d'une série de questions, de Wittgenstein à Rosch, portant sur les « ressemblances de famille », la centralité (l'idée que certains membres d'une catégorie sont de meilleurs exemples de prototypes que d'autres), le degré d'appartenance (la poule est vue comme étant *moins un oiseau* que le moineau), l'économie linguistique (le fait que le langage utilise des mots plus brefs et plus facilement mémorisables pour des choses qui se présentent comme un tout organique plutôt que comme un ensemble ou une classe d'objets morphologiquement différents). Mais cela, comme nous l'avons vu dans les paragraphes précédents, montre qu'il y a des catégories de base qui dépendent de la perception des formes, de nos actes moteurs, de la facilité de mémorisation, mais également que les locuteurs nomment les choses plus rapidement en se situant au niveau de ces catégories, que ces catégories manifestent *« an integrity of their own »*, qu'elles sont *« human-sized »* (Lakoff 1987 : 519).

Néanmoins, ce fait de langage ne prouve en rien que ces catégories de base prennent la forme de prototypes. Que les mots *cat, Katz* ou *cane* soient plus commodes et plus facilement mémorisables que les

---

genre d'expériences rend celles-ci bien peu pertinentes dans une discussion sur les types cognitifs comme prototypes. Supposons que 99 % de la population mondiale dessine un triangle comme un triangle équilatéral. Il resterait 1 %, soit à peu près l'ensemble de la population italienne, qui se comporterait différemment. Or, si l'on demandait à un représentant des 99 % et à un représentant du 1 % de juger si quelque chose est triangulaire plutôt que carré ou rond, j'imagine qu'ils répondraient de façon identique. Ce qui tendrait à montrer que le TC de triangle ne doit pas nécessairement s'identifier avec le prototype statistiquement le plus répandu de triangle.

mots Félidé ou Mammifère confirme certainement le fait que nous identifions plus facilement, au cours de notre expérience quotidienne, quelque chose comme un chat que comme un mammifère, mais cela ne nous dit ni s'il existe un prototype du chat ni comment il est. Le problème de la prototypicité peut éventuellement porter sur des phénomènes tels que celui de l'extensibilité des limites catégorielles *(extendable boundaries)*, comme lorsqu'on se demande, par exemple, si certains polyèdres irréguliers très complexes sont des polyèdres, alors que les polyèdres réguliers ne font aucun doute, ou si les nombres transfinis sont ou ne sont pas des nombres, alors que personne ne doute que 2 ou 100 000 000 soient des nombres.

Mais l'existence des catégories de base peut être inférée de comportements linguistiques quotidiens et spontanés, alors qu'une expérience comme celles qui sont faites sur les polyèdres ou sur les nombres nécessite qu'un enquêteur demande à un sujet de répondre à une question qui met déjà en jeu des classifications complexes. Le problème serait donc : l'existence de prototypes s'infère-t-elle de comportements quotidiens (non seulement linguistiques mais également comportementaux, tels que la reconnaissance heureuse) ou de réponses verbales à des questions sophistiquées ?

Pour en venir à Eleanor Rosch, dans une première phase d'expérimentations (durant les années 60 et 70), les prototypes sont le lieu de *saillances perceptives*. Dans une deuxième phase (première moitié des années 70), les effets prototypiques que l'on peut obtenir par expérimentation offrent une caractérisation de la structure interne de la catégorie (d'où la conviction qu'elles constituent des représentations mentales). Dans une troisième phase (fin des années 70), les effets prototypiques sous-détermineraient les représentations mentales, mais il n'y aurait pas de correspondance stricte entre les effets prototypiques et les représentations mentales. Ils ne refléteraient pas la structure catégorielle. En conséquence de quoi nous connaîtrions des jugements de prototypicité bien que ceux-ci ne nous disent rien de nos processus cognitifs, et les effets prototypiques seraient superficiels[1].

---

1. Lakoff (1987 : 49) distingue entre les catégories comme *kinds* et les effets de classification, mais il ne distingue pas entre *kinds* et catégories. A la page 54, il fait de la cause une catégorie au sens où il y a un prototype du comment et du pourquoi une chose doit être considérée comme cause (un agent fait quelque chose, un patient la subit, leur interaction constitue un événement singulier, une partie de ce que l'agent fait change l'état du patient, il y a un transfert d'énergie entre agent et patient, etc. – autant de traits qui me semblent ne concerner que la causalité humaine). Donc, dans le cas de la cause, Lakoff parle de catégorie au sens kantien ; néanmoins, la liste des *frames* ou cas grammaticaux fournis pour définir la cause fait bien plus songer (en termes kantiens) au schème qu'à la catégorie. Encore une fois, une ambiguïté apparaît qui aurait pu être réduite en considérant avec plus d'attention l'histoire du concept de catégorie.

Rosch (1978 : 174 et s.) met en évidence le fait que le prototype n'est ni le membre d'une catégorie ni une structure mentale précise, mais plutôt le résultat d'une expérience qui vise à recueillir et quantifier les jugements sur le degré (ou gradient) de prototypicité. Que signifie degré de prototypicité ? On aurait une identification de prototypicité lorsque, au membre d'une catégorie, est assigné le plus grand nombre d'attributs que celui-ci a en commun avec les autres membres de la catégorie.

Or, les sujets de l'expérimentation qui ont attribué aux véhicules en général les deux seules propriétés de se déplacer et de transporter des gens tendent à identifier une automobile comme le prototype du véhicule (avec environ vingt-cinq traits caractéristiques) et à mettre la bicyclette ou la barque à des niveaux inférieurs, en classant l'aérostat dans les dernières places et l'ascenseur à la dernière. L'ascenseur ne se voit attribué que deux propriétés (celle de se déplacer et de transporter des personnes)[1]. S'il en était ainsi, l'ascenseur devrait alors représenter le prototype des Véhicules, puisqu'il présente précisément les propriétés communes à tous les véhicules et qu'il permettrait donc d'élire au rang de véhicules les espèces et les occurrences les plus différentes. Dans tout système catégoriel, le genre superordonné doit avoir moins de traits que l'espèce subordonnée, et l'espèce moins de traits que les occurrences individuelles qu'elle permet de reconnaître. Si le TC du chien fournissait des instructions pour « construire » un pékinois et rien d'autre, il serait difficilement applicable à un danois. Si le prototype (là où un système classificatoire s'est déjà mis en place) et le TC avaient quelque chose en commun, ce serait d'avoir tous deux une extension maximale et une intension minimale. Or c'est le contraire qui a lieu : le prototype a une extension minimale et une intension maximale.

La valeur de la notion de prototype réside, me semble-t-il, dans sa capacité à définir quels sont les « bords » d'une catégorie de base : en décidant que le bec, les plumes, les ailes, deux pattes et la capacité de voler constituent les traits saillants de la catégorie superordonnée des oiseaux, il devient naturellement embarrassant de définir pleinement la poule comme un oiseau alors qu'elle ne vole pas et fait tout au plus de grands bonds en battant des ailes (pourtant on ne l'exclut pas de la catégorie de base *oiseau*, parce que l'on admet que les autres oiseaux

---

1. Il est étrange que des sujets normaux n'aient pas encore défini l'ascenseur comme quelque chose en forme de boîte, difficile à ouvrir quand il est en marche ou quand il s'arrête entre deux étages, puisque ces deux propriétés sont précisément celles qui expliquent l'instinctive claustrophobie que ce moyen de transport inspire à un grand nombre de personnes. Peut-être l'échantillon de personnes interrogées n'était-il composé que d'agoraphobes.

ne cessent pas d'être des oiseaux lorsqu'ils ne volent pas). La reconnaissance positive du prototype me paraît plus discutable parce qu'elle dépend d'expériences *in situ* et que les jugements de prototypicité ont bien plus de valeur pour une recherche en anthropologie culturelle que pour déterminer les mécanismes cognitifs en général[1].

3.7.4.3. Le mystère du langage Dyirbal

Dans toute expérimentation sur la classification, c'est toujours l'expérimentateur qui propose une subdivision des classes et cette subdivision est toujours issue d'un certain modèle culturel. Il tend alors non seulement à oblitérer les formes de classification « sauvage », mais également à présupposer une classification là où il n'y a probablement que des accidents morphologiques sans contrepartie sémantique.

Nous pouvons trouver l'un de ces curieux cas chez Lakoff (1987, 6) au moment où il fait allusion (en se référant à d'autres recherches) au langage Dyirbal (parlé par des aborigènes du cap York, en Australie), un langage où chaque terme doit être précédé de l'un de ces mots :

Bayi : pour les hommes, les kangourous, les opossums, les chauves-souris, de nombreux serpents, de nombreux poissons, certains oiseaux, de nombreux insectes, la lune, les tempêtes, l'arc-en-ciel, les boomerangs, certains javelots, etc.

Balan : pour les femmes, les chiens, l'ornithorynque, l'échidné, certains serpents, certains poissons, la plupart des oiseaux, les scorpions, les grillons, tout chose liée au feu et à l'eau, le soleil et les étoiles, les boucliers, certains javelots, certains arbres, etc.

Balam : pour tous les fruits qui peuvent être mangés et les plantes sur lesquels ils poussent, les tubercules, le miel, les cigarettes, le vin, les gâteaux, etc.

Bala : pour les parties du corps, la viande, les abeilles, le vent, certains javelots, de nombreux arbres, l'herbe, la boue, les bruits et le langage, etc.

Lakoff s'étonne que de telles « catégorisations » soient utilisées par des natifs de façon automatique et presque sans en avoir conscience,

---

1. Lakoff (1978 : 66) écrit : « Les effets prototypiques sont réels mais superficiels. Ils proviennent de sources variées. Il est important de ne pas confondre ces effets prototypiques avec la structure de la catégorie telle qu'elle se présente dans les modèles cognitifs. » Il faut voir la très adroite confusion que crée Lakoff au sujet des opinions courantes sur le contenu et les utilisations possibles du mot *mère* (et ces pages de Lakoff apparaissent particulièrement prophétiques, ou du moins étonnamment pionnières, face aux débats actuels sur le clonage et sur l'insémination artificielle).

et cherche des raisons sémantiques et symboliques pour les justifier. Il imagine, par exemple, que les oiseaux pourraient être classés avec les femmes parce qu'ils sont considérés comme les esprits des femmes mortes, mais il ne parvient pas à savoir pourquoi l'ornithorynque est classé avec les femmes, le feu et les choses dangereuses – comme on voit, je ne suis pas le seul pour qui l'animal est une source de préoccupations permanentes.

Il remarque cependant que pour les locuteurs des dernières générations, qui ont presque tout perdu de la langue de leurs aïeux, il ne reste que *Bayi* pour les hommes et les êtres animés non humains, *Balan* pour les femmes et *Bala* pour tout le reste, et rattache raisonnablement ce phénomène à l'influence du système pronominal anglais (*He-She-It*). Juste observation, qui nous encouragerait cependant à aller plus loin – je veux dire plus loin que l'anglais. Supposons en effet que dans une région d'Europe occidentale[1], prise entre l'Atlantique et la Méditerranée, vive une population singulière où les natifs ont la curieuse habitude de faire précéder chaque nom de deux mots, LE et LA, avec les effets « catégoriels » suivants :

LE s'applique à hommes, kangourous, de nombreux serpents (boa, python, cobra), de nombreux poissons (thon, brochet, espadon, requin), de nombreux insectes (frelon, hanneton), soleil, orage, arc-en-ciel, boomerang, fusil, couteau, soleil, ornithorynque, rhinocéros.

LA s'applique à femme, hyène, certains serpents (vipère, couleuvre), certains poissons (daurade, truite), de nombreux oiseaux (hirondelle, mésange), de nombreux insectes (guêpe, mouche), eau, lune, étoile, cuirasse, bombe, mitraillette, lance, certains arbres et arbustes (yeuse, aubépine).

Comme nous le savons, le genre grammatical n'a pas plus affaire avec le genre sexuel qu'avec une classification qui placerait conceptuellement la *sentinelle* du côté de la *locomotive* et de la *lune,* et le *soleil* du côté du *gardien* et du *wagon*. Enfin, nous pourrions même supposer qu'au nord-est de cette région d'Europe occidentale, par-delà un large fleuve, vit une autre population (très barbare) qui fait précéder chaque terme, comme les jeunes Dyirbal, de trois mots différents, DER, DIE et DAS (peut-être par pidginisation, sous l'influence du système pronominal anglais), mais que dans ce cas également, le fait que le soleil soit *die* comme la femme, que la lune soit *der* comme le léopard et le tigre, et que l'ornithorynque, l'oreille et l'or soient tous *das,* n'a aucune conséquence catégorielle.

---

1. L'exemple qui suit traitait originairement de la péninsule méditerranéenne ; il a été adapté à l'Hexagone [N.d.t.].

Je ne me risquerais pas à affirmer que quelque chose de semblable à ce qui se produit en français, en allemand, en italien et dans nombre d'autres langues se produit dans la langue Dyirbal. Je soupçonne seulement que les phénomènes grammaticaux sont souvent considérés comme des phénomènes de classification – soupçon portant sur de nombreuses recherches dans lesquelles l'expérimentateur présuppose chez ses sujets des classifications qui lui sont propres et familières, ou s'épuise en vain à vouloir déduire des classifications là où les sujets ne classifient absolument rien et ne font que suivre des automatismes grammaticaux[1].

3.7.5. Autres types

Je suis convenu de me limiter aux seuls cas où des objets et des événements d'une expérience perceptive réalisée sont en question, plutôt que d'approfondir ce qui se passe lorsque nous parlons de *Banque de France, gouvernement, système majoritaire, emphytéose, destin, adversité, métonymie, précision, instinct,* et ainsi de suite. Mais jusqu'à quelle échelle pouvons-nous parler d'objets de perception possible?

La péninsule italienne est-elle perceptible? Aujourd'hui oui, tout autant que la lune, sans qu'il soit nécessaire de la regarder de la lune : il suffit qu'un satellite la photographie. Mais avait-on un TC de la Botte avant l'apparition des satellites? Bien sûr. Tout élève italien savait cela, de même que tout élève français avait un TC de l'Hexagone. Pourtant personne n'avait alors *perçu* ces territoires. C'est alors par approximations successives, en dessinant les côtes presque à l'échelle 1/1, qu'une première image a été obtenue (qui variait certainement dans le temps, selon les projections ou les imperfections des relevés, comme cela avait lieu sur les cartes anciennes) et cette image transmettait le CN des expressions géographiques *Italie* et *France*.

Y a-t-il des TC de personnages historiques? Pour certains, sur lesquels il existe une iconographie très riche et très populaire (comme Garibaldi), certainement. Existe-t-il un TC de Roger Bacon? J'en doute. Il y a seulement un CN, qui n'est d'ailleurs pas connu de tous (« philosophe du Moyen Age »), et un CM à la disposition des spécialistes. Il me semble que passé une certaine limite, des situations très

---

1. Concernant la différence entre prototypicalité catégorielle et typicalité du signifié, je renvoie à Violi (1997, 6.13).

enchevêtrées se présentent. Certainement n'avons-nous pas de TC pour certaines substances chimiques, mais nous en avons un pour d'autres, telles que l'acide chlorhydrique, ne serait-ce qu'à la façon dont nous avons un TC du putois (*cf.* Neubauer et Petöfi 1981) ; mais un chimiste pourrait en avoir une compétence plus élaborée. Nous n'avons pas de type cognitif du diabète (dire que le médecin a un type cognitif des symptômes du diabète est autre chose) mais nous avons l'impression de reconnaître celui qui a le rhume au premier coup d'œil, au point que nous pourrions offrir une représentation cari-caturale du rhume ou une mimique.

Une expérience des plus habituelles peut nous montrer à quel point l'« archipel » des TC est vaste.

3.7.6. Si par une nuit d'hiver un conducteur

Je conduis sur une route de campagne et cette route est verglacée. A un certain moment, je vois, au-devant, très loin, deux sources de lumière blanche dont l'intensité augmente progressivement. D'abord vient la *Firstness* : deux lumières blanches. Ensuite, pour commencer à comparer une série de stimuli distribués temporellement (la lumière au temps$_2$ plus intense que la lumière au temps$_1$), je dois avoir déjà engagé une inférence perceptive. C'est à ce stade qu'entrent en jeu ce que Neisser (1976, 4) appelle des *schemata*, qui seraient des formes d'attente active et d'anticipation orientant la sélection des éléments du champ stimulant (tout en laissant le champ stimulant m'offrir des « saillances », des directions préférentielles). Il me semble que je ne pourrais pas activer un système d'attentes si je ne possédais pas déjà le TC « automobile », plus le scénario « automobile de nuit ».

Le fait que je voie deux lumières blanches et non deux lumières rouges me dit que l'automobile ne me précède pas mais qu'elle vient vers moi. Si j'étais un lapin, je resterais aveuglé sans pouvoir inter-préter ce phénomène singulier et je finirais sous la voiture. Pour dominer la situation, je dois comprendre immédiatement que ce ne sont pas deux yeux lumineux qui s'avancent vers moi, mais un corps qui possède certaines propriétés morphologiques, même si celles-ci n'entrent pas dans mon champ stimulant. Bien que les lumières que je perçois soient ces lumières (une occurrence concrète), je suis déjà entré dans l'universel au moment où je passe au jugement perceptif : ce que je vois est une voiture, et sa marque ou celui qui la conduit m'importent peu.

Ceci répond d'une certaine manière à Gibson et à sa théorie

« écologique », fondamentalement réaliste et non constructiviste de la perception. On pourrait s'accorder avec lui lorsqu'il affirme que « la fonction du cerveau n'est pas de décoder des signaux, ni d'interpréter des messages ou d'accepter des images [...]. La fonction du cerveau n'est pas non plus celle d'organiser l'*input* sensoriel ou de *traiter* des données [...] Les systèmes perceptifs, y compris les centres nerveux à des niveaux variés jusqu'au cerveau, sont des façons de chercher et d'extraire de son propre champ fluctuant d'énergie des informations concernant le milieu » (1966 : 5). Admettons que ce soit le champ stimulant lui-même qui m'offre des « saillances », que quelque chose *qui est là* me fournisse l'information suffisante pour percevoir deux sources lumineuses rondes, pour en distinguer les « bords » qui les séparent du milieu environnant. J'imagine que le lièvre voit aussi quelque chose de semblable et que ses récepteurs réagissent préférentiellement à la source de lumière qu'à l'obscurité environnante. Mais c'est pour avoir appelé « perception », comme le fait Gibson, cette première phase du processus que l'on peut dire qu'elle est déterminée par des « saillances » proposées par le champ stimulant. Néanmoins, si je veux rester fidèle à mes prémisses terminologiques, le jugement perceptif est quelque chose de bien plus complexe. Ce qui me différencie du lièvre, c'est que je passe de ces stimuli, quelque déterminés qu'ils soient par l'objet, au jugement perceptif *c'est une voiture*, en appliquant un TC et donc en intégrant ce qui me stimule à présent dans ce que je savais déjà.

Ce n'est qu'après avoir formulé le jugement perceptif que je suis en mesure de procéder à une série d'inférences : tout d'abord, je reconduis le type à l'occurrence, la position des phares me dit si l'automobile tient correctement sa droite ou si elle s'approche dangereusement vers le milieu de la route, si elle roule à grande vitesse ; selon que j'ai commencé à voir de loin deux lumières à peine perceptibles ou que l'apparition des lumières a été précédée d'une lueur diffuse, je comprends qu'il y a un virage au loin ou que la route y est défoncée. Savoir que la route est verglacée m'induit en outre à suivre d'autres règles (apprises) de prudence. En citant de nouveau Neisser (1976 : 65), dans cette oscillation, d'un côté je généralise l'occurrence et de l'autre je particularise le schème.

S'il en est réellement ainsi, je n'ai même pas besoin de penser, avec Kant, qu'il y a d'un côté le divers de la sensation, de l'autre l'appareil abstrait des catégories qui attend d'être appliqué, et un schème comme élément médiateur. Le schème serait un dispositif, un système d'instructions flexible au point de se médiatiser lui-même, pour ainsi dire, en permanence, de s'enrichir et de se corriger sur la base de l'expérience spécifique que je suis en train de faire, un tissu de primitifs sémiosiques (un objet, une luminosité) et d'éléments catégoriels (une voiture, un véhicule, un objet mobile).

Ce que Neisser appelle « cartes cognitives » entre également en jeu dans l'évaluation de la situation globale : j'applique à la situation ce que je sais concernant les défauts caractéristiques d'une route de campagne (et verglacée, de surcroît), tandis que j'évalue la largeur, par exemple, de la route sur laquelle j'avance, sans quoi je ne pourrais pas établir si la voiture là-bas se maintient correctement sur son côté ou si elle risque de me rentrer dedans. En fonction de la façon dont ma voiture réagit aux petits coups de frein exploratoires, j'évalue si le revêtement de la route supporterait un freinage plus soudain et décidé (dans ce cas, je ne suis pas en train de percevoir avec les yeux, mais avec les pieds et avec les fesses, en interprétant une quantité de stimuli qui me parviennent proprioceptivement).

Bref, au cours de cette expérience, je mets en œuvre différents TC, des TC d'objets, de situations, des compétences spécifiques qui appartiendraient plutôt au CM, des schémas de rapports de cause à effet, des inférences de genre et de complexités variables. Ce que je vois ne constitue qu'une partie de ce que je comprends, et de ce que je comprends fait également partie un système de règles de la route, d'habitudes acquises, de lois et de statistiques apprises. Et je sais que la négligence de ces règles a pu produire par le passé des accidents mortels...

Que la plus grande partie de ces compétences soit publique, cela est en tout cas vérifié intersubjectivement par le fait que si j'étais distrait ou à moitié endormi, une personne assise à côté de moi aurait été en mesure de me prévenir qu'une voiture venait en face et de me conseiller de serrer un peu à droite (on remarquera que cette personne serait parvenue au même jugement perceptif que le mien, même si elle recevait des stimuli suivant un parallaxe différent).

Peut-être, au cours de ce processus, n'ai-je évalué que des épiphénomènes. Mais si je ne prenais pas ces épiphénomènes au sérieux, je serais un lièvre condamné à mort.

3.7.7. Types physionomiques pour individus

Poursuivons le recensement des différents TC de notre « archipel » encore abondamment inexploré. Nous pouvons également avoir des TC d'individus. Jackendoff (1987 : 198-199) suggère que, même si nous avons recours à un même modèle 3D pour la reconnaissance d'individus et pour la reconnaissance de genres, les deux processus sont en réalité distincts. Lorsque je place Georges dans la catégorie *être humain mâle*, je décide que l'occurrence$_i$ est un exemple du type$_k$. Lorsque je reconnais Georges comme Georges, je décide qu'une occurrence$_i$ est identique à l'occurrence$_j$. Certains diraient que dans le premier cas je reconnais que Georges est *pareil* (similaire) à d'autres personnes, dans le second qu'il est *la même* personne. Nous pourrions alors dire que le type et l'occurrence coïncident dans les individus. Mais les choses se passent autrement dans les processus de reconnaissance, puisque l'occurrence$_i$ (l'individu que je vois en ce moment) est véritablement une occurrence, tandis que l'occurrence$_j$ est toujours prélevée dans ma mémoire, qu'il s'agisse d'une image mentale ou de n'importe quelle autre forme d'enregistrement. Par conséquent, cette seconde occurrence est aussi un TC, que nous devrions définir comme « type individuel » mais que je désignerai, puisque le terme frôle l'oxymore, comme *type physionomique*.

Si nous ne postulons pas de types physionomiques, la question de savoir comment nous sommes capables de reconnaître toujours la même personne au cours du temps reste inexplicable. Année après année, les personnes changent, le visage devient plus maigre ou plus gros, des rides apparaissent, les cheveux blanchissent, le dos se voûte, la démarche perd de sa souplesse. Le fait que nous soyons capables, dans des circonstances normales, de reconnaître une personne que nous avons perdue de vue pendant de très nombreuses années est tout à fait prodigieux, au point que si nous ne la reconnaissons pas au premier abord, il suffira d'un ton de voix, d'un regard, pour provoquer cette agnition, qui s'accompagne souvent du canonique « Comme tu as changé ! ».

Ce qui signifie que le type physionomique que nous nous étions construit du sujet ne conservait de l'original que certains traits saillants, des traits qui concernent parfois bien plus une façon de bouger les yeux que la forme du nez ou la quantité et la longueur des cheveux. Nous mémorisons une sorte de *Gestalt* du visage (ou de la posture du corps, parfois de l'allure) qui résiste même au changement des propriétés particulières.

Les amoureux savent à quel point le type physionomique est *schématique* lorsqu'ils sont en proie à deux phénomènes apparemment opposés. D'un côté, ils ont toujours l'impression de voir passer au loin la personne aimée, sauf à se convaincre ensuite qu'ils s'étaient trompés : le désir les poussait à appliquer le type physionomique avec générosité, en cherchant à le rendre applicable à de nombreuses occurrences concrètes. De l'autre, lorsque la personne aimée est absente, ils cherchent désespérément à en retrouver certains traits du visage, et restent toujours déçus du fait qu'ils ne retrouvent pas cette même sensation intense qu'ils éprouvaient lorsqu'ils la voyaient directement. Ils se rendent alors compte combien le type physionomique qui sert à la reconnaissance d'occurrences ne peut remplacer la perception directe de l'occurrence (font exception les sujets dotés d'une imagination eidétique, comme le sont un grand nombre d'artistes capables d'exécuter un portrait de mémoire). En d'autres termes, ils se rendent compte de la différence notable entre *recognition* et *recall* (*cf.* Evans 1982, 8).

Les types physionomiques par individus ont néanmoins une caractéristique qui les distingue des TC génériques, lesquels, aussi privés qu'ils soient, peuvent généralement être rendus publics sous forme de CN interprété. On pourrait sans doute trouver quelqu'un qui reconnaîtrait facilement les souris, bien qu'il ne soit pas en mesure ou qu'il n'ait jamais eu l'occasion d'exprimer les traits morphologiques grâce auxquels il les reconnaît, et rien ne nous garantirait par conséquent qu'il possède un TC des souris similaire à celui d'autres personnes (il pourrait, pour des raisons idiosyncrasiques, ne les reconnaître que par leurs mouvements rapides, sans avoir aucune notion de leur forme). Lorsque nous parlerions avec lui de souris, il les définirait tout au plus comme de « désagréables rongeurs qui vivent dans les maisons », et puisque cette notion fait partie du CN commun, nous en tirerions la fausse conclusion que son TC est du même format que le nôtre et partage avec le nôtre la connaissance de tous les traits morphologiques faisant partie de la zone de connaissance commune. Mais les circonstances de la vie sociale rendent un cas de ce genre fort improbable. Si cela pourrait encore se passer aujourd'hui avec les souris (que tant de personnes ont peu l'occasion de voir), cela pourrait difficilement se passer avec une vache, et très difficilement avec une chaise.

Il n'en va pas de même pour les types physionomiques d'individus. Soyons attentif au fait que le phénomène se vérifie non seulement pour des individus humains, mais également et à plus forte raison pour des animaux, des végétaux et des artefacts individuels. Tout le monde s'accorde au sujet d'un chien, d'une bicyclette ou d'une pipe, mais il est extrêmement difficile d'expliquer à quelqu'un comment identifier le chien de Tom, ma bicyclette ou ma pipe. Les traits génériques prévalent habituellement pour les animaux et les objets, et au milieu d'un grand nombre d'automobiles de même marque stationnées sur un parking, nous hésitons parfois à reconnaître la nôtre (si elle ne présente pas de signes nous permettant de la reconnaître). Or, le problème prend un relief différent lorsqu'il touche aux individus humains.

Je reconnaîtrais Gianni entre un million d'individus, et Marco en ferait de même, mais les raisons pour lesquelles je le reconnais moi peuvent être fort différentes de celles pour lesquelles Marco le reconnaît. Marco et moi pourrions passer notre vie à faire allusion à Gianni, à le reconnaître tous deux lorsque nous le voyons, sans que nous ayons jamais eu l'occasion de rendre publics les traits à travers lesquels nous l'identifions. Nous ne pourrions nous rendre compte de la distance qui sépare nos deux TC que le jour où nous devrions collaborer ensemble à son portrait-robot : je pourrais alors découvrir que Marco n'a non seulement jamais prêté attention à la forme du nez de Gianni, mais ne sait même pas s'il a les cheveux épais ou montre des signes de calvitie, et peut-être même le trouve-t-il gringalet alors que je le crois robuste. Si quelqu'un nous demandait qui est Gianni, nous nous rendrions compte, en interprétant le contenu du nom, que non seulement nos interprétations ne concordent pas, mais également que les frontières entre CN et CM sont fort imprécises. Sans doute pourrions-nous dire tous deux que Gianni est un être humain, de sexe masculin, professeur de telle matière dans telle université, mais pour moi il serait le frère de Luigi et l'auteur d'un livre très célèbre sur les aspects de la langue nahuatl (celle de Moctezuma), tandis que Marco montrerait qu'il ignore ces détails. Pourtant un seul de ces détails pourrait permettre à un troisième interlocuteur d'associer au nom de Gianni les nombreuses autres propriétés et de l'amener à exhumer de sa mémoire des données utiles à son identification. Pour sa part, Marco pourrait être le seul à connaître de Gianni la propriété d'être le monstre de Scandicci[1], et personne n'osera affirmer que cette propriété est insignifiante – même s'il me semble qu'elle fasse partie du CM et non du CN.

Disons alors que trois phénomènes se vérifient concernant les individus : (i) la fréquente idiosyncrasicité des TC grâce auxquels ils sont reconnus, (ii) la difficulté d'interpréter publiquement ces TC, et donc de fournir des instructions pour l'identification, (iii) la souplesse des propriétés exprimables en termes de CN. Cette dernière, me semble-t-il, est l'une des raisons qui poussent facilement de nombreux théoriciens à penser que les noms propres d'individus n'ont pas de contenu et désignent directement leur porteur. A l'évidence, il s'agit d'un parti pris : notre vie est en grande partie consacrée à définir (pour d'autres) les différents individus que nous nommons en associant à leur nom une série parfois extrêmement vaste de propriétés, exprimées à travers des descriptions verbales et des représentations

---

1. Le monstre de Scandicci était un tueur en série, sévissant durant les années 80-90 dans les environs de Florence. Il suivait de jeunes couples amoureux jusque dans des endroits retirés pour les surprendre dans leur intimité et les assassiner [N.d.t.].

visuelles ; il est cependant certain que ces descriptions et représentations expriment des traits qui sont *saillants* dans certaines situations et pour telle personne, mais ne le sont pas toujours et pour tous, et des écarts sensibles entre une interprétation et une autre peuvent exister[1].

En 1970, je me suis laissé pousser la barbe. Vingt ans après, je me la suis coupée pour quelques mois et j'ai remarqué que certains de mes amis, lorsqu'ils me rencontraient, ne me reconnaissaient pas à première vue ; d'autres, en revanche, établissaient d'emblée une interaction normale, comme s'ils ne s'étaient pas aperçus du changement[2].

J'ai ensuite compris que les sujets de la première catégorie ne m'avaient connu qu'au cours des vingt dernières années, c'est-à-dire quand je portais déjà la barbe ; alors que ceux de la seconde catégorie m'avaient connu avant que je ne me laisse pousser la barbe. Chacun de nous se construit un type physionomique des personnes qu'il rencontre (presque toujours basé sur la première impression ou, dans des cas exceptionnels, sur le moment où l'impression a été la plus vive), type auquel il se réfère tout le restant de sa vie en adaptant chaque fois les traits de caractère de la personne qu'il revoit au type initial, bien plus qu'il ne corrige le type à chaque nouvelle rencontre[3].

---

1. La situation ne serait pas différente de celle imaginée par Locke pour les sensations : « Nos idées simples ne devraient pas non plus être soupçonnées d'aucune fausseté, quand même il serait établi en vertu de la différente structure de nos Organes, *que le même Objet dût produire en même temps différentes idées dans l'esprit de différentes personnes,* si, par exemple, l'idée qu'une *Violette* produit par les yeux dans l'esprit d'un Homme était la même que celle qu'un *Souci* excite dans l'esprit d'une autre Homme, et vice versa. Car comme cela ne pourrait jamais être connu, parce que l'âme d'un Homme ne saurait pas passer dans le corps d'un autre Homme pour voir quelles apparences sont produites par ces organes, les idées ne seraient point confondues par là, non plus que les noms ; et il n'y aurait aucune fausseté dans l'une ou l'autre des choses. Car tous les Corps qui ont la contexture d'une *Violette* venant à produire constamment l'idée qu'il appelle *bleuâtre,* et ceux qui ont la contexture du *Souci* ne manquant jamais de produire l'idée qu'il nomme aussi constamment *jaune,* quelles que fussent les apparences qui sont dans son esprit, il serait en état de distinguer aussi régulièrement les choses pour son usage par le moyen de ces apparences, de comprendre, et de désigner ces distinctions marquées par les noms de *bleu* et de *jaune,* que si les apparences ou idées que ces deux fleurs excitent dans son esprit, étaient exactement les mêmes que les idées qui se trouvent dans l'esprit des autres Hommes » (*Essai philosophique concernant l'entendement humain,* II, xxxii, 15, trad. Coste modifiée, Vrin, 1989, p. 311). Reformulé par Wittgenstein, le problème devient alors : « Supposez que chacun ait une boîte avec quelque chose dedans : nous l'appelons un " scarabée ". Personne ne pourra regarder dans la boîte d'aucun autre, et chacun dira qu'il ne sait ce qu'est un scarabée que pour avoir regardé le *sien* propre. Or il se pourrait fort bien que chacun célât quelque chose de différent dans sa boîte. On pourrait même imaginer un genre de chose susceptible de changer constamment » (*Investigations philosophiques* I, 293).
2. Maria Corti est la seule à m'avoir regardé avec surprise en me disant : « Ah ! c'est toi, mais qu'est-ce que tu as fait, tu as changé de coiffure ? » *(sic).*
3. Une variante de cette expérience a eu lieu dans mon département universitaire. Je suis entré (inopinément sans barbe) dans le bureau d'une collègue qui s'est

Cela me porte à penser que, tout comme les caricatures mettent en lumière des traits qui sont véritablement reconnaissables sur le visage caricaturé, et puisque l'étude de la stupidité sert souvent à mieux comprendre le phénomène de l'intelligence, de nombreux comportements morbides ne font que mettre en lumière les tendances « normales » qui sont habituellement contrôlées et réabsorbées par des modèles de comportement plus complexes. Je pense ici aux études sur la prosopagnosie et en particulier à la belle analyse de Sacks (1985) sur l'homme qui prenait sa femme pour un chapeau. Et puisque Sacks lui-même reconnaît ne pas savoir ce qui se passait réellement dans la boîte noire du docteur P., nous pouvons nous contenter de prendre en considération ses interprétations verbales.

Donc, le docteur P. ne reconnaît pas les visages. Il n'est d'ailleurs pas seulement atteint de prosopagnosie mais également d'agnosie généralisée, et il ne reconnaît pas les paysages, les objets ou les figures : il fixe son attention sur des traits particuliers sans réussir à les composer en un tout, une image dans son ensemble. Il décrit minutieusement une rose, mais il ne l'identifie comme telle qu'après l'avoir sentie. Il fournit une description extrêmement minutieuse d'un gant, mais il ne le reconnaît qu'après l'avoir enfilé... Sacks dit (en référence à Kant) que P. était incapable de tout jugement, mais je dirais qu'il ne possédait pas de *schèmes* (et l'auteur reconnaît, dans une note bibliographique, que P. devait avoir un déficit de « type Marr », qu'il ne disposait pas d'un *primal sketch* pour les objets).

---

adressée à moi pendant plusieurs minutes sans montrer de surprise. Après que je suis sorti, un étudiant présent lui a demandé si c'était bien moi. Voyant son étonnement devant une telle question, il a alors souligné le fait que je n'avais plus la barbe. C'est alors qu'elle a réalisé. L'explication est qu'elle me connaissait depuis de très nombreuses années, c'est-à-dire à l'époque où je ne portais pas encore la barbe. Mais durant cette même après-midi, cette collègue est passée devant mon bureau et a vu par l'embrasure de la porte, assis à ma table, une personne qui n'aurait pas dû se trouver à cet endroit. Elle a eu un instant de perplexité, après quoi elle s'est bien évidemment rappelé que c'était moi, mais sans barbe. Elle me connaissait déjà *ante*-barbe, mais dans ce bureau (nous étions installés dans ces locaux depuis peu d'années) elle m'avait toujours vu *post*-barbe. Il semblerait donc qu'elle a utilisé deux types physionomiques différents avec moi, disons un type privé et un type professionnel. Les personnes qui ont des variations sensibles de poids à la suite de régimes périodiques doivent couramment faire cette autre expérience qui a lieu lorsqu'elles rencontrent d'autres personnes qui s'empressent de leur dire à quel point elles les trouvent plus maigres ou plus grosses qu'à l'habitude : l'affirmation ne coïncide jamais avec l'état du sujet, si bien que le sujet se sentira défini comme plus gros lorsqu'il a perdu au moins huit kilos, et plus maigre lorsqu'il les a repris. Ce qui veut dire que celui qui émet un jugement compare la personne au type qu'il s'est construit précédemment et que ce type se fondait sur la situation du sujet à la première rencontre ou la rencontre la plus significative. Dans les rapports sociaux, le jugement personnel « plus gros » ou « plus maigre » n'est pas fonction du verdict de la balance, mais des types physionomiques que les autres ont de nous.

Néanmoins, la façon dont le docteur P. parvient péniblement à reconnaître les personnes ressemble fort à la façon dont nous-mêmes les reconnaissons – bien que le comportement de P. soit une *caricature* du nôtre. Le docteur P. saisit avant tout des détails, il reconnaît un portrait d'Einstein à cause de la chevelure et de la moustache caractéristiques du savant et un portrait de son frère Paul à cause de ses grosses dents. Dans un post-scriptum, Sacks mentionne le cas similaire d'un patient qui ne parvenait pas à reconnaître le visage de sa femme et de son enfant, mais reconnaissait très bien trois de ses camarades de travail grâce à des caractéristiques marquantes : un tic qui fait cligner de l'œil, un grain de beauté sur la joue et une grande maigreur.

Nous procédons également ainsi, me semble-t-il, lorsque nous élaborons des types d'individus. Nous sommes capables de construire des schèmes, des *primal sketches,* nous savons faire abstraction d'un nombre infini de détails, nous refrénons notre tendance à nous arrêter sur tous les détails particuliers : cependant nous acceptons un *déséquilibre réglé*, nous saisissons de préférence les aspects saillants, et ce sont ces *saillances* que nous mémorisons avec le plus grand soin. Ces raisons font que mon type individuel de Gianni est différent de celui de Marco, car nous sommes tous deux (de façon très contrôlée) des docteur P. C'est, en fin de compte, la continuelle interaction sociale qui nous contraint à ne pas l'être entièrement. On voit alors que pour être dits normaux, il suffit (que ce soit bien ou mal) de s'en tenir aux *normes* que la communauté fixe – et éventuellement corrige – pas à pas.

3.7.8. *TC pour individus formels*

Gianni est un individu, le seul et l'unique Gianni, mais il est possible que nous le reconnaissions, Marco et moi, pour des raisons différentes. Demandons-nous à présent s'il existe un TC des *Fiancés* ou de la *Cinquième* de Beethoven. Je répondrais par l'affirmative, puisqu'en ouvrant le livre (ou le premier chapitre au moins) ou en entendant les premières notes de la symphonie, toute personne connaissant bien ces œuvres les reconnaît aussitôt. Mais que sont ces deux œuvres de l'esprit (expression que j'utilise pour les œuvres littéraires, picturales, architecturales et musicales, mais aussi pour les essais philosophiques et scientifiques) ? Revoyons ce qui a été dit en Eco (1975, 3.4.6-8 ; tr. fr. 0.1-3). Gianni est un individu. Le phonème que je prononce est une *réplique* du phonème type (il y a des variations de prononciation, mais les traits pertinents fixés par le type sont conservés). N'importe quelle édition des *Fiancés* est un *double* de tous les autres livres portant le même titre et imprimés par le même éditeur (au sens où chaque copie possède, au niveau molaire au moins, toutes les propriétés de toute autre copie). Mais c'est en même temps le clonage d'un archétype « littéraire » : le type éditorial concerne la substance de l'expression (papier, caractères, reliure), alors que l'archétype littéraire concerne la forme de l'expression. Dans ce cas, ma copie des *Fiancés* (problèmes de papier et problèmes typographiques exclus) est un clone de l'archétype littéraire dont le premier exemplaire de l'édition dite *Quarantana* (l'édition définitive de 1840) est aussi un clone. Si, d'un point de vue antiquaire (où la pertinence est accordée à la substance de l'expression, au support de papier), une copie de la *Quarantana* est plus précieuse, d'un point de vue linguistique et littéraire (forme de l'expression), ma copie (mon exemplaire) possède toutes les propriétés pertinentes de l'archétype sorti de la main de l'auteur (si bien qu'un acteur pourrait déclamer des passages en lisant indifféremment d'une édition à l'autre, en produisant la même substance de l'expression sonore et en créant les mêmes effets esthétiques).

L'archétype des *Fiancés* n'est pas un type générique, une forme de *Légisigne* au sens percien : il semble être plus individuel que Gianni, car Gianni serait encore lui-même même s'il perdait ses dents, ses cheveux ou ses bras, tandis que *Les fiancés,* si l'on en change le début ou la fin, ou si l'on retire quelques phrases ici et là, devient quelque chose d'autre, un faux, un plagiat partiel.

Les fiancés est-il tout aussi individuel que la *Joconde*? Nous savons (Goodman 1968 : tr. fr. 147) qu'il y a une différence entre les arts *autographiques,* qui ne possèdent pas de système de notation et ne peuvent donc pas être répliqués (la *Joconde*), et les arts *allographiques,* qui peuvent être répliqués – certains en fonction de critères rigoureux, comme le livre, et d'autres en fonction d'une flexibilité interprétative, comme la musique. Mais s'il devenait un jour possible de fournir une réplique de la *Joconde* dans chaque nuance de couleur, dans chaque coup de pinceau et dans chaque détail de la toile, la différence entre l'original et la copie n'aurait alors qu'une valeur antiquaire (de même qu'en bibliophilie, entre deux copies de la même édition, celle qui porte l'autographe de l'auteur aura plus de valeur) mais non une valeur sémiotique.

Bref, que cela nous plaise ou non, *Les fiancés* est un individu, bien qu'il ait la propriété d'être reproductible (mais de telle façon que chacun de ses doubles ait les mêmes exquises caractéristiques individuelles que l'archétype)[1]. Je peux donc posséder un type physionomique des *Fiancés* qui n'est pas générique. Ne sachant pas comment appeler cet étrange genre d'individus que sont les œuvres de l'esprit, et compte tenu que leur individualité ne concerne que la forme de l'expression et du contenu, mais non la substance, j'avance le terme d'*individus formels*. On pourrait sans doute, en poursuivant dans cette direction, identifier d'autres individus formels intéressants, mais je me limite pour le moment à appliquer la définition aux œuvres de l'esprit, qui sont objet de la perception directe.

Il pourrait m'arriver d'ouvrir un livre que j'ai déjà lu et de ne pas le reconnaître à la lecture des premières pages, mais je pourrais me trouver plongé dans la même perplexité en entrapercevant de loin et de dos Gianni, dans la foule. Cette perplexité mérite cependant qu'on s'y arrête, car elle pourrait mettre en crise nos idées sur la reconnaissance et l'identification. Puisque le jeu sur *Les fiancés* ou sur la *Cinquième* semble trop facile, essayons-nous à une expérience mentale qui implique un individu formel plus problématique.

3.7.9. Reconnaître la SV2

Tous les appareils électriques de la maison sont hors d'usage à cause d'une panne générale d'électricité, sauf mon poste radio avec lecteur de CD intégré, qui fonctionne sur piles. Abandonné à la plus totale obscurité, il ne me reste qu'à écouter mon morceau favori, la *Suite n° 2 pour violoncelle seul* de Bach, dans sa transcription pour flûte à bec (et que je nommerai dorénavant la SV2). Puisqu'il fait noir comme dans un four et que je ne peux pas lire les titres des disques, il ne me reste qu'à les essayer tous. Pour compliquer encore l'histoire, puisque j'ai un pied dans le plâtre et que mon ami Robert est présent, aimant comme moi la SV2, je le prie d'aller à tâtons jusqu'au lecteur de CD et de faire le travail à ma place. Je lui dis donc : « S'il te plaît, va chercher pour moi la SV2 »; exactement comme si je lui disais d'aller accueillir à la gare notre ami commun Jean-Sébastien. J'ai réalisé une opération de référence qui suppose, de la part de Robert, la

---

1. Remarquons par ailleurs que si des techniques de clonage total étaient possibles (c'est-à-dire que le clone aurait non seulement le même corps mais également les mêmes pensées, les mêmes souvenirs et le même patrimoine génétique que son archétype), des individus comme Gianni deviendraient réplicables tout comme un roman ou une composition musicale sont réplicables : il existerait une « partition » permettant de produire Gianni à volonté.

capacité d'identifier le référent ou le désigné de mon acte linguistique[1].

En ce qui concerne le morceau de musique, la notion d'individualité semble compromise puisque je peux posséder différentes exécutions de différents interprètes d'une seule et même composition. Dans ce cas (et si l'on est sensible à ces différences) l'individu ne serait alors pas la SV2 mais cette chose qui s'appelle la SV2/Brüggen en tant qu'elle se distingue de la SV2/Rampal. Nous nous comporterons donc dans notre expérience mentale comme s'il n'existait qu'une exécution de la SV2 et une seule, reproduite sur des milliers de disques. Et reconnaître la SV2 sera alors comme reconnaître, en feuilletant différents livres, *Les fiancés*. Les choses se passent d'ailleurs ainsi pour la plus grande partie des auditeurs, puisque à l'écoute des différentes exécutions et en dépit des différences d'interprétation, c'est toujours le même morceau qu'ils reconnaîtront.

Quelles sont les instructions que possède Robert pour identifier l'individu et jusqu'à quel point ces instructions coïncident-elles avec celles dont je dispose ?

Wittgenstein (*Tractatus*, 4.014) dit que « le disque de phonographe, la pensée musicale, les notes, les ondes sonores, tous se trouvent les uns par rapport aux autres dans cette relation interne de représentation qui existe entre le langage et le monde. La structure logique leur est commune à tous ». Laissons de côté l'assomption forte de la théorie wittgensteinienne de l'*Abbildung* selon laquelle les propositions linguistiques sont des icônes de l'état de choses auquel elles se réfèrent (et le second Wittgenstein sera beaucoup plus prudent à ce propos). En considérant seulement l'exemple musical, il me semble clair que nous nous trouvons ici devant deux phénomènes différents[2].

D'un côté, nous avons une relation iconique entre les ondes sonores et les microsillons du disque vinyle ou les séquences de signaux discrets du disque compact. Nous avons certainement affaire à des relations de calque, à un iconisme primaire comparable à celui dont il était question en **2.8**, une relation qui s'établirait même en l'absence de tout esprit qui l'interprète et qui continue de subsister, que les ondes sonores aient été enregistrées analogiquement ou traduites digitalement.

---

1. Bien évidemment, on doit considérer le cas où moi et mon interlocuteur sommes familiers de la SV2. Mais nous avons également des expériences d'incertitude : telle personne sera capable de reconnaître *L'Appassionata* (ou *Michelle*) dès les premières notes mais non *Les adieux* (ou *Sergeant Pepper's*). Mais tout cela pourrait être dit autrement : nous reconnaissons Jean-Sébastien parce qu'il travaille tous les jours avec nous et nous avons en revanche des difficultés à reconnaître Ludwig que nous rencontrons tous les dix ans.

2. Merrell (1981 : 165 et s.) fait d'intéressantes remarques à ce sujet.

Le rapport qu'entretient le phénomène physique avec, d'une part, sa transcription sur la portée et, de l'autre, l'« idée musicale » est différent. La transcription sur la portée représente certainement une façon (hautement conventionnelle) de rendre l'idée musicale publiquement accessible. Mais le fait que la procédure soit conventionnelle (hautement codifiée) n'élimine pas le fait que la série de notes écrites soit motivée par la série de sons imaginés ou essayés sur l'instrument par le compositeur. Nous nous trouvons devant l'un de ces cas que je définissais dans le *Trattato* comme *ratio difficilis*, où la forme de l'expression est motivée par la forme du contenu.

Cependant, un problème se présente lorsque l'on cherche à définir la forme du contenu, forme qui semble correspondre à ce que Wittgenstein appelait l'idée musicale, qui est cet idéal de « bonne forme » auquel l'exécutant cherche à donner une substance quand il interprète les notes de la portée. Qu'entend-on par idée musicale? Quoi que l'on entende, il s'agit très certainement de cet individu formel que je dois identifier pour reconnaître la SV2 comme telle. Mais n'est-ce pas aussi cette série de notes que Bach a imaginée, un Objet Dynamique que nous ne savons plus situer (ontologiquement parlant), au moins pour autant que nous ne savons pas où se situe le Triangle Rectangle? Ne faudrait-il pas dire alors que l'Objet Immédiat constitue le type physionomique de cet Objet Dynamique, puisque nous ne pourrions sans cela le cloner de façon intersubjectivement acceptable et reconnaître chacun de ses clones? Or, dans mon expérience mentale, l'affaire se complique puisque Bach a conçu sa suite *pour violoncelle* (et non pour flûte). Sa première idée musicale comprenait donc également des traits relatifs au timbre et qui, dans la transcription, ont été changés. Mais ce n'est pas un hasard si j'ai choisi une situation si horriblement complexe. Celui qui n'a fréquenté la SV2 que dans sa transcription pour flûte aura un moment de perplexité en l'entendant pour la première fois exécutée par un violoncelle, mais il finira par reconnaître avec surprise qu'il s'agit de la même composition. Par ailleurs, une chanson jouée à la guitare ou au piano se laisse reconnaître comme la même chanson. Il n'est donc pas inutile de se raccrocher à un type physionomique qui soit schématique au point de laisser tomber le paramètre du timbre, ce qui n'est pas rien[1].

---

1. Mais si le paramètre du timbre comptait si peu, pourrions-nous dire que la *Cinquième* de Beethoven jouée à la mandoline est toujours la même composition? Intuitivement non – tout au plus reconnaîtrions-nous la ligne mélodique. Pourquoi nous contentons-nous en revanche de la transcription de la SV2? De toute évidence parce que cette *Suite* est une composition pour instrument soliste, alors que la *Cinquième* est une œuvre symphonique. Dans l'exécution à la mandoline, on ne passe pas

Si la relation entre les ondes sonores et les sillons du disque est un cas d'iconisme primaire – et si la relation entre l'exécution de Brüggen et les notes de la partition trouve déjà sa substance dans les multiples inférences interprétatives, les choix et les accentuations de « pertinences » –, il est alors évident que nous avons déjà atteint, avec le type physionomique, un processus extrêmement complexe dont il semble bien difficile de rendre compte. Quelle est cette idée musicale que je retiens ? Doit-elle correspondre à celle de Brüggen ? Certainement pas. Mon type physionomique pourrait être différent de celui de Robert. En suivant sur ma partition, je sais jouer la SV2 à la flûte à bec, et si j'essaie de mémoire, j'arrive à la jouer durant une minute ou deux, puis je m'arrête, ne sachant plus comment poursuivre, alors que Robert, qui sait même jouer un peu de flûte, a entendu le morceau de nombreuses fois et sait le reconnaître, ne parviendrait pas à le jouer.

Donc Brüggen, moi et Robert savons reconnaître la SV2, bien que nous nous référions à (ou que nous mettions en jeu) trois types physionomiques différents (ou au moins d'une complexité et d'une finesse différentes, d'un niveau de définition différent). Peut-on alors parler de trois « images acoustiques », qui peuvent être dites équivalentes pour autant qu'elles nous permettent à tous les trois de reconnaître le même morceau ? Mais qu'est-ce qu'une image acoustique ? Il ne suffit pas de dire que je reconnais Jean-Sébastien à partir de traits visuels et la SV2 à partir de traits acoustiques. Les traits physionomiques de Jean-Sébastien se présentent à moi dans leur ensemble (même si leur inspection peut parfois prendre du temps), alors que les traits acoustiques de la composition musicale se présentent à moi distribués dans le temps. Notre problème, dans l'obscurité de la pièce, n'est pas de reconnaître la SV2 après avoir écouté tout le disque – ce qui reviendrait à reconnaître Jean-Sébastien après l'avoir longuement fait avancer, reculer, sourire et parler, après l'avoir interrogé sur son

---

seulement d'un timbre à l'autre, mais on perd la complexité du timbre essentielle à l'œuvre. Cette réponse n'est pas entièrement satisfaisante. Quelles sont les réductions au sein de l'orchestre que nous sommes disposés à supporter pour dire que cette exécution est toujours l'exécution de la *Cinquième* ? La SV2 transcrite pour ocarina serait-elle encore la SV2 comme elle le reste dans sa transcription pour flûte ? Si je siffle le début de la SV2, est-ce que je suis en train d'« exécuter » la SV2 ou bien est-ce que je suis en train de n'en fournir qu'une sorte de paraphrase, un peu comme je disais que *Les fiancés* est l'histoire de deux « promis » ? Ou bien en sifflant offré-je seulement un support mnémonique pour évoquer le type, comme lorsque je dis que *Les fiancés* est ce livre qui commence par « Ce bras du lac de Côme... » ? Et le livre proposé au lecteur français sous le titre *Les fiancés* est-il le même que le livre intitulé *I promessi sposi* que possède l'Italien ? Est-ce comme pour la SV2 transcrite pour flûte ? Je renvoie à une date ultérieure la réponse à ces questions et à d'autres, d'une grande importance pour une théorie de la traduction dite intersémiotique (je renvoie donc à Nergaard 1995), mais moins essentielles à l'égard du problème dont je suis en train de parler ici.

passé comme l'aurait fait la police (ce qui n'arrive que dans des circonstances exceptionnelles). Non. Robert, pour satisfaire à ma demande, doit reconnaître la SV2 en un temps suffisamment bref (peut-être à partir de courts extraits pris au hasard). C'est d'ailleurs un problème auquel nous nous trouvons souvent confrontés lorsque nous allumons la radio et écoutons un morceau que nous connaissons bien, mais que nous n'identifions pas du premier coup. Si Robert passe toute la durée de la composition à chercher à reconnaître la SV2, il a déjà perdu au départ, voilà qu'il me porte le *Clavier bien tempéré* et je m'en satisferai parce que je ne suis pas difficile.

Pouvons-nous dire que le schème physionomique de la SV2 n'est pas différent de celui de la *Joconde* ? Je ne crois pas. Si je sais reconnaître la *Joconde,* c'est parce que je l'ai déjà vue, et si je l'ai vue, je pourrais l'interpréter verbalement (une femme souriante, en buste, sur fond de paysage...) et je pourrais en faire un croquis, même en dessinant très mal, un croquis fort grossier mais suffisant pour permettre à quelqu'un de la distinguer de la *Vénus* de Botticelli. En revanche, je peux parvenir à reconnaître la SV2 tout en restant incapable d'en rappeler les premières notes. Ce qui ne veut pas dire que cela soit seulement dû à mon inaptitude de musicien (ou à celle de Robert). Nous sommes tous parfaitement capables, si nous connaissons *La Traviata,* d'esquisser le « *Sempre libera degg'io* » ou le « *Libiam nei lieti calici* ». Mais nous pouvons aimer follement le *Don Giovanni* et je défie néanmoins quiconque n'est pas professionnel d'entonner « *Non si pasce di cibo mortale* ». Pourtant, dès que nous l'entendons, nous savons aussitôt que c'est le *Commendatore* qui est en train de s'exprimer.

Nous serions tentés de dire que l'on reconnaît un « style ». Cependant, outre la difficulté de définir ce qu'est un schéma stylistique (le musicologue sait très bien nous dire quelles sont les caractéristiques que nous saisissons lorsque nous identifions quelque chose comme du Bach et non du Beethoven, mais nous, tout en les identifiant, nous ne le savons pas), notre problème est de savoir comment nous distinguons la suite n° 2 de Bach sans la confondre avec la suite n° 1. Il me semble, ici, que le musicologue lui-même, compétent dans l'analyse des solutions mélodiques, rythmiques et harmoniques propres au style de Bach, ne fait rien d'autre que de nous renvoyer à la portée : la SV2 est cet individu musical composé de telles et telles notes, et si les notes sont différentes, il s'agit alors d'une autre composition.

Lorsque je lui mentionne la SV2, Robert devrait instinctivement se mettre à chercher un quelque chose dont il n'a pas un type cognitif très complexe (comme peut l'être le TC de Brüggen) mais un type physionomique partiel, comme une amorce de quelque chose qui l'encourage dans sa possibilité, si nécessaire, de mettre en œuvre une combinaison plus complexe de *pattern-recognition skills* (Ellis 1995 : 87), combinaison qui, curieusement, pourra aussi impliquer la capacité de reconnaître les traits acoustiques dont il n'était pas conscient au moment où il associait un type partiel au nom.

Ellis (1995 : 95 et s.) suggère que nous avons mémorisé un simple *pattern* mélodique et rythmique, les cinq premières notes par exemple. Il y a cependant des compositions que nous reconnaissons non pas au début, mais seulement au bout d'un certain moment. Ces cinq (ou vingt) notes cruciales qui provoquent notre reconnaissance pourraient donc se trouver partout, en fonction du type physionomique de chacun. Mais il s'agirait toujours d'un cas de réponse *tronquée* : ces quelques notes me rendent « confiant » du fait que je pourrais rappeler à ma mémoire, si je le désirais, le reste de la séquence musicale, même si ce n'est pas vrai[1].

Mais que se passe-t-il pour celui qui n'a pas l'oreille musicale, ou plus précisément pour celui qui a sans doute l'*oreille* musicale mais que l'assistance, lorsqu'il se met à entonner un air, invite à s'arrêter, car il détonne ? Ce quelqu'un aurait en tête (ou dans un quelconque organe d'enregistrement mnémonique qui en fasse office), d'une façon mystérieuse, les cinq ou vingt premières notes, bien qu'il ne soit pas en mesure de les reproduire (ni vocalement ni avec un ocarina). Le cas ne serait pas tellement différent de celui de l'amoureux qui cherche à évoquer à tout moment l'image de la personne aimée, qui n'est jamais satisfait de ce qu'il évoque, qui serait absolument incapable d'en faire le portrait et qui pourtant la reconnaît dès qu'il la rencontre. Devant la voracité de leur désir, tous les amoureux sont imaginativement « détonnants ».

L'homme « détonnant » possède un schéma de reconnaissance minimale, plus pâle que celui qui permettrait à la plus grande partie des gens de dessiner la silhouette d'une souris, ou le profil de la péninsule italienne. Cependant, lorsqu'il est exposé au stimulus, il en reconnaît la forme. Le « détonnant » n'a pas la moindre idée de ce qu'est un intervalle de quinte, il ne saurait non plus le reproduire vocalement, mais il pourrait le reconnaître (même sans savoir le nommer) comme une forme connue.

Ainsi, nous reconnaissons la SV2 par certains traits, parfois mélodiques, parfois rythmiques, parfois harmoniques, et sur la base d'un

---

1. Il me semble que cet argument se rapproche du second des deux cas considérés par Marconi (1997 : 3) : compétence inférentielle intacte et mauvaise compétence référentielle contre bonne compétence référentielle et mauvaise compétence inférentielle.

type physionomique « tronqué », qui rend peut-être pertinents des traits entièrement absents du type physionomique que possédera telle autre personne. Si un ensemble de connaissances encyclopédiques très riches (comme le fait de savoir que la SV2 est une composition structurée de telle et telle manière, écrite par Bach tel jour, etc.) peuvent se révéler absolument inefficaces pour reconnaître une composition musicale, des types tronqués et souvent entièrement idiosyncrasiques peuvent parfois suffire.

Le fait que nous procédions souvent par types cognitifs tronqués renvoie à la maxime pragmatique de Peirce : « Pour établir la signification d'un concept intellectuel, on devrait considérer quelles conséquences pratiques devraient de façon concevable résulter nécessairement de la vérité de ce concept ; et la somme de ces conséquences constituera la signification entière de ce concept » (CP 5.9). Pour savoir s'il faut accepter le jugement perceptif d'autrui *ceci est une exécution de la SV2*, ou pour vérifier mon propre jugement (prononcé de façon hasardeuse, après avoir entendu quelques notes du Prélude), je devrais en réalité connaître toutes ses lointaines conséquences illatives, y compris le fait que le morceau devra se poursuivre d'une certaine manière, qui m'est reconnaissable lorsque j'écoute les notes. Mais il se pourrait que je ne connaisse et n'aie jamais écouté que l'Allemande et la Courante de la SV2, et que je ne sache donc absolument pas (que je ne sache jamais) comment est la Gigue finale. Dans l'acte de reconnaissance, nous avançons simplement qu'en toute probabilité la fin sera comme elle doit être. Nous manipulons en somme des schèmes physionomiques vagues mais optatifs.

Dans tous ces cas, la seule chose qui nous garantit l'objet de notre reconnaissance, c'est le consensus de la Communauté – quand bien même cette Communauté se réduirait à deux individus seulement, comme dans mon expérience mentale. Et la série des interprétants se chargera ensuite du reste : quand la lumière reviendra, nous pourrons lire tous deux sur la pochette du CD le titre du morceau, et la Communauté nous dira, au moyen d'interprétants publiquement répertoriés dans l'encyclopédie, que nous ne nous étions pas trompés.

3.7.10. Problèmes ouverts

Nous avons admis que je possédais un type cognitif de la SV2, quand bien même il serait *tronqué*. N'est-il pas identique au contenu nucléaire ? Il semble que non : le contenu nucléaire, aussi grossier soit-il, devrait pouvoir être interprété, alors que nous avons vu que quelqu'un peut très bien reconnaître la SV2 tout en restant incapable d'en esquisser la moindre note ou d'en écrire les premières phrases sur une portée. L'unique interprétation que ce quelqu'un pourrait nous fournir du nom de SV2 serait donc « composition écrite par Johann Sebastian Bach, initialement pour violoncelle, tel jour... », et nous nous trouverions devant une interprétation verbale. Mais on pourrait également montrer la partition de la SV2, et nous nous trouverions alors devant l'interprétation par ostension de l'interprétation graphique d'un événement sonore. Les TC tronqués ont donc la caractéristique d'être entièrement *décollés* du contenu, qu'il soit nucléaire ou non[1].

Y a-t-il d'autres « objets » de connaissance pour lesquels se vérifie le même phénomène de décollement ?

Les TC de lieux présentent un cas très semblable à celui de la SV2. Ces TC sont privés, suffisants à la reconnaissance subjective, difficilement interprétables publiquement et totalement décollés du CN. Si l'on me transportait les yeux bandés dans ma ville natale et me laissait à l'angle d'une de ses rues, je reconnaîtrais immédiatement – ou assez vite – l'endroit où je me trouve. Je pourrais en faire de même si l'on m'abandonnait à Milan, à Bologne, à Paris, à New York, à Chicago, à San Francisco, à Londres, à Jérusalem ou à Rio de Janeiro, des villes que je reconnaîtrais au moins à leur *skyline* (*cf.* Lynch 1966). Cette connaissance, qui est éminemment visuelle, reste privée : je pourrais difficilement fournir une description de ma ville qui permette à quelqu'un de la reconnaître dans des circonstances analogues. Comment m'y prendrais-je ? Lui dirais-je que c'est une ville dont les rues sont plutôt parallèles, avec un clocher très haut en forme de crayon et un fleuve qui la sépare d'une citadelle ? Ce serait trop peu, ma description ne serait pas suffisante pour identifier le lieu. Ces TC privés sont parfois extrêmement vifs. Nous pouvons nous raconter à nous-mêmes comment est notre ville, mais nous pouvons difficilement le raconter aux autres. Il semblerait que les expériences visuelles soient plus facilement verbalisables que les expériences musicales. Pourtant, je pourrais (si ce n'est Robert) interpréter la SV2 en sifflant les premières notes, alors que je serais bien incapable d'interpréter à quelqu'un la forme (pour moi unique entre toutes) de la via Dante d'Alessandria, ma ville natale. Un architecte, un peintre ou un photographe pourraient le faire, mais cela leur coûterait énormément de travail – et nous ne parlerions alors plus de TC mais de CM.

---

1. Brüggen serait capable d'identifier son TC avec son CM, mais nous nous trouverions dans ce cas devant la même compétence que celle que le zoologiste a de la souris, et nous avons vu que la compétence qui nous intéresse ici est celle que nous partageons avec le zoologiste.

En outre, mon type cognitif ne concernerait en rien le CN que je fais correspondre au nom de la ville (et qui se réduirait à « Alessandria est une ville du Piémont »). Même dans les cas où certains détails curieux font partie du CN, comme le fait qu'il y ait à Rome les ruines d'un grand amphithéâtre ou que New York soit une ville aux nombreux gratte-ciel, l'information ne permettrait pas de distinguer Rome de Nîmes, ou New York de Chicago. Elle ne me permettrait pas non plus, si l'on me déposait dans une rue aux environs de la piazza Navona, de reconnaître que je suis à Rome (ce qu'en revanche je peux très bien faire).

Cette typologie des cas extrêmes pourrait être continuée. Je reconnais très bien Sharon Stone lorsque je la vois dans un film, mais je suis incapable de fournir une explication permettant à quiconque de la reconnaître (je pourrais sans doute annoncer qu'elle est blonde et fascinante, mais ce serait bien insuffisant, ce serait bien peu dire), et j'associe cependant à son nom un CN (être humain de sexe féminin, actrice américaine, a joué dans *Basic Instinct*). Sur l'autoroute, je distingue très bien une Lancia d'une Volvo, j'ai un CN associé à chacun des deux noms, mais je ne sais pas expliquer à quelqu'un comment les distinguer, si ce n'est de façon vague.

Il est certain que la façon dont nous appréhendons les objets du monde (et en parlons aux autres) n'est pas toujours claire, tout ne marche pas toujours tout seul. Quand rien ne marche, nul problème à cela : on dira simplement que quelqu'un ne sait pas quelque chose, de la même façon qu'on ne connaît pas le sens de tous les mots ou qu'on ne sait pas reconnaître les objets inédits. Le problème apparaît lorsque ce qui *ne* devrait *pas* marcher *marche*, fonctionne d'une manière ou d'une autre, comme dans le cas de la reconnaissance de la SV2.

Je crois qu'il faut adopter une vision assez libérale des choses : TC et CN coïncident dans la plupart de nos expériences cognitives, mais non dans toutes. Je ne crois pas que concéder cela soit faire acte de reddition. Il s'agit seulement d'une contribution philosophique à une discussion en acte. Contentons-nous pour l'heure des cas les plus clairs (la souris, la chaise) et inscrivons les cas extrêmes sur la liste des phénomènes dont nous savons encore très peu de chose.

3.7.11. Du TC public au TC de l'artiste

Un TC est toujours un fait privé, mais il devient public lorsqu'il est interprété comme CN ; un CN public peut fournir des instructions pour la formation des TC. En un certain sens, donc, bien qu'ils soient privés, nos TC sont en permanence soumis à un contrôle public. La Communauté m'apprend peu à peu à les rendre adéquats à ceux d'autrui. Il arrive avec le contrôle des TC ce qu'il arrive avec les énoncés occasionnels, avancés « à tout hasard ». Si je dis qu'il est en train de pleuvoir lorsque ma peau se couvre d'imperceptibles particules d'humidité, mais qu'il ne tombe pourtant pas d'eau du ciel, les autres s'empresseront de me dire que ce que je sens est de la bruine et non de la pluie, et ils m'apprendront à distinguer la pluie de la bruine et à appliquer les deux termes de façon correcte lorsque je verbalise mon jugement perceptif. Les TC deviennent publics au cours de l'éducation, lorsqu'ils sont appris, révisés, corrigés et enrichis en fonction de la culture sanctionnée par la Communauté. Ainsi, le chien nous est d'emblée présenté en nous faisant remarquer qu'il a quatre pattes, et non deux comme la poule, et nous sommes encouragés à faire de sa nature sociable un trait pertinent de celui-ci, nous sommes invités à ne pas en avoir peur, à le caresser, et nous sommes prévenus qu'il glapit quand on lui marche sur la queue. Ainsi sommes-nous bien vite avertis que le soleil est en réalité plus grand que ce que nous croyons voir et plus grand que nous ne pourrions l'imaginer.

Les types physionomiques des individus, a-t-on dit précédemment, peuvent être fortement privés. Pourtant, dans l'interaction communicationnelle, même ces types physionomiques sont, pour ainsi dire, mis en commun à travers des chaînes d'interprétations : il est possible que Marco et moi ayons un TC différent de Gianni, mais nous nous amusons souvent à décrire Gianni lorsque nous nous retrouvons entre amis, nous faisons des observations sur sa façon de rire, nous disons qu'il est plus robuste que Robert, nous en regardons des photographies que nous jugeons plus ou moins ressemblantes... Bref, des sortes de conventions iconographiques s'établissent (au moins dans le cercle des nos connaissances privées ou pour un grand nombre de personnes publiques), et le fait que nous reconnaissions également les personnes publiques à travers des caricatures (la caricature étant l'art d'accentuer, ou tout bonnement de dévoiler, les traits typiques les plus saillants d'un visage) nous dit à quel point ces conventions ont leur importance.

Les types fortement privés pourraient appartenir aux artistes. Un peintre a une perception des différences de couleurs bien plus affinée qu'une personne ordinaire, et Michel-Ange avait certainement un type cognitif du corps humain bien plus complexe qu'un modèle 3D. Mais cela n'implique absolument pas que son TC ait été destiné à rester privé et idiolectal. Bien au contraire, le modèle 3D est évidemment le type élémentaire auquel correspond tout corps humain en général dans la perception, mais l'interprétation continue des anatomistes, des peintres, des sculpteurs et des photographes vient le modifier et l'enrichir. Seulement pour certains, bien évidemment : la division du travail cognitif est identique à la division du travail linguistique, avec ses codes élaborés et ses codes restreints, au sens où le chimiste a une notion de l'eau plus riche qu'une personne ordinaire. Dans la communication linguistique, des transactions ont toujours lieu entre des compétences plus ou moins restreintes ou élargies, et il en va de même dans le « commerce » des TC.

On peut alors dire que les artistes enrichissent notre capacité de percevoir ce qui nous entoure. Un artiste (et c'est ce que laissait entendre le concept de « défamiliarisation[1] » proposé par les formalistes russes) essaie en permanence de corriger le cours naturel des TC, comme s'il percevait chaque chose comme un objet inconnu jusqu'alors. Cézanne ou Renoir nous ont appris à regarder d'une façon différente, dans des circonstances particulières de bonheur et de fraîcheur perceptive, des feuillages et des fruits, ou l'incarnat d'une jeune fille.

Il y a des lignes de résistance dans le champ stimulant qui s'opposent à la libre invention artistique (ou qui imposent à l'artiste de représenter non pas des objets de notre monde mais des objets d'un monde possible). C'est pour cela que la proposition de l'artiste n'est pas toujours intégrée par la communauté. Il semble bien difficile d'arriver à concevoir un TC du corps féminin qui s'inspirerait de la *Mariée mise à nu* de Duchamp. Cependant, le travail des artistes cherche toujours à remettre en question nos schémas perceptifs, ne serait-ce qu'en nous invitant à reconnaître que, dans certaines circonstances, les choses pourraient aussi nous apparaître de façon différente, et qu'il existe des possibilités de schématisation alternative, qui rendent pertinents, de façon volontairement anormale, certains traits de l'objet (la longiligne squelettique des corps chez Giacometti ou les tendances incontrôlables de la chair et du muscle chez Botero).

Je me souviens d'une soirée où nous faisions des jeux de société, dont une variante de ce jeu d'imitation enfantin qu'on appelle en Italie *il gioco delle belle statuine* : certaines personnes, en prenant la

---

1. L'auteur indiquait dans *L'œuvre ouverte* (1962) que le terme de *priëm ostrannenija* « signifie " rendre étrange, rendre différent, détacher des habitudes ". L'effet d'étrangeté ne doit pas être pris dans son acception baroque et ne veut pas dire qu'on remplace le simple par l'élaboré ; il signifie : " s'écarter de la norme ", saisir le lecteur grâce à un artifice qui s'oppose à ses habitudes perceptives ou intellectuelles, et fixe son attention sur l'élément poétique proposé ». Le terme d'*ostrannenija* (l'« ostranénie », écrit Jakobson) a été malheureusement traduit en français par « singularisation » (*cf.* l'article de V. Chklovski, « L'art comme procédé » (1917) *in* Todorov, *Théorie de la littérature. Textes des formalistes russes,* Paris, Seuil, 1966, pp. 84-96 et *passim*) [N.d.t.].

pose, devaient faire deviner aux autres quelle œuvre d'art elles imitaient. A un certain moment, des jeunes filles se sont présentées (dans un groupe bien composé) en désarticulant leurs membres et en déformant les traits de leur visage. Presque tous ont reconnu *Les Demoiselles d'Avignon*. Si le corps humain peut interpréter la représentation qu'en a fourni Picasso, il faut bien que cette représentation ait retenu certaines possibilités du corps humain.

4.

L'ornithorynque entre dictionnaire
et encyclopédie

4.1. Il y a montagne et MONTAGNE

Comme d'habitude, imaginons une situation. Sandra est sur le point
de partir en voyage. Elle a l'intention de traverser l'Australie en voiture, du nord au sud. Je lui dis qu'il faut absolument qu'elle voie, au
centre du continent, Ayers Rock, l'une des innombrables huitièmes
merveilles du monde. Je lui explique que si elle passe par Alice
Springs sur son parcours Darwin-Adelaïde, elle n'aura qu'à faire un
crochet. Il lui suffira de prendre en direction du sud-ouest et de poursuivre à travers le désert jusqu'à ce qu'elle voie une montagne, très
facile à repérer puisqu'elle se dresse en plein milieu de la plaine,
comme la cathédrale de Chartres au milieu de la Beauce : ce sera
Ayers Rock, un agencement orographique fabuleux, qui change de
couleur selon les heures du jour et finit par flamboyer au coucher du
soleil.

Je suis en train de lui donner des instructions pour *repérer*, mais
aussi pour *identifier* Ayers Rock. Pourtant, j'éprouve une certaine
gêne, comme si j'étais en train de la berner. Je lui dis donc que je ne
lui mens pas en lui disant que (ia) *Ayers Rock est une montagne*, mais
que je ne lui dis rien de faux en affirmant en même temps que (iia)
Ayers Rock n'est pas une montagne. Bien évidemment Sandra réagit

en me rappelant que, selon les règles de la bienséance véri-fonc-tionnelle, si (ia) est vrai alors (iia) doit être faux, et vice versa.

Alors, je lui répète la différence entre CN et CM (dans cette his-toire, Sandra a déjà lu ce livre, moins ce paragraphe), et je lui ex-plique qu'Ayers Rock présente toutes les caractéristiques que nous attribuons aux montagnes et que s'il nous était demandé de diviser les objets que nous connaissons en montagne et non-montagne, nous placerions très certainement Ayers Rock dans la première catégorie. Il est vrai que nous sommes habitués à définir et à reconnaître une mon-tagne comme quelque chose qui s'élève à une grande hauteur après avoir été précédé d'une lente déclivité collinaire, alors qu'Ayers Rock se découpe, isolé et en surplomb, au beau milieu de la plaine ; mais le fait qu'il s'agisse d'une montagne curieuse et atypique ne devrait pas plus nous préoccuper que le fait qu'une autruche, en tant qu'oiseau, est également curieuse et atypique, sans pour autant cesser d'être perçue comme un oiseau. Toutefois, d'un point de vue scientifique, Ayers Rock n'est pas une montagne, mais une *pierre* : c'est un caillou gigantesque, un monolithe de grès enfoncé dans la terre, comme si un géant l'avait lancé du ciel. Ayers Rock est une montagne du point de vue du TC, mais il ne l'est pas du point de vue du CM, du point de vue d'une compétence pétrologique ou lithologique si l'on veut.

Sandra comprend fort bien pourquoi je ne lui ai pas dit de continuer sa route au sud-ouest jusqu'à ce qu'elle voie une pierre – car dans ce cas, elle se serait mise à avancer en regardant par terre, pour pouvoir identifier une pierre standard, sans penser à regarder en l'air. Pourtant elle me dirait, puisque je suis en veine de lui proposer des paradoxes logiques, que je ferais mieux de réécrire (ia) et (iia) de cette façon : (ib) *Ayers Rock est une montagne* et (iib) *Ayers Rock n'est pas une* MONTAGNE. Ainsi au moins, il apparaîtrait clairement que (ib) affirme qu'Ayers Rock a la propriété perceptive d'une montagne et (iib) affirmerait qu'Ayers Rock n'est pas MONTAGNE dans un système catégoriel. Bien sûr, Sandra soulignerait vocalement, au moyen des traits suprasegmentaux, l'emploi des petites majuscules pour montrer que les termes écrits avec ces caractères-là tiennent lieu de ce que l'on appelle, en sémantique componentielle, des propriétés dictionnai-riques, des propriétés que certains considèrent comme des primitifs sémantiques et qui impliquent en tout cas une organisation caté-gorielle, au sens que nous avons reconnu dans le chapitre précédent.

Mais Sandra me ferait alors remarquer un curieux paradoxe. Les défenseurs d'une représentation dictionnairique soutiennent que cette représentation tient compte de relations qui sont internes au langage et fait abstraction des éléments de connaissance du monde, alors qu'une connaissance encyclopédique présupposerait une connaissance extralinguistique. Les défenseurs d'une représentation dictionnairique pensent que, pour pouvoir expliquer le fonctionnement du langage de façon rigoureuse, il faut recourir à un «paquet» de catégories sémantiques hiérarchiquement organisées (comme OBJET, ANIMAL *vs* VÉGÉTAL, MAMMIFÈRE *vs* REPTILE) qui nous permet – même en ne sachant rien concernant le monde – de faire diverses inférences du type *si mammifère alors animal, si ceci est un mammifère alors ce n'est pas un reptile, il est impossible que quelque chose soit un reptile et ne soit pas un animal, si ceci est reptile alors ce n'est pas un végétal* et nombre d'autres apophtegmes plaisants que nous prononcerions habituellement, au dire des experts, lorsque nous nous rendons compte, par exemple, que nous avons dans la main une vipère alors que nous cherchions à cueillir des asperges.

La connaissance encyclopédique serait en revanche de nature désordonnée, de format incontrôlable, et le contenu encyclopédique de *chien* devrait pratiquement contenir tout ce que l'on sait et pourrait savoir sur les chiens, jusqu'au fait que ma sœur possède une petite chienne nommée Best – bref, un savoir qui échapperait même à Funes el Memorioso. Bien sûr, il n'en va pas exactement ainsi puisque seules les connaissances que la communauté a publiquement adoptées peuvent être considérées comme des connaissances encyclopédiques (et on estime en outre que la compétence encyclopédique est prise en charge par plusieurs secteurs à la fois, suivant une sorte de division du travail linguistique, ou que cette compétence est activée de différentes façons, suivant des formats différents et en fonction des différents contextes) ; mais il est certain, concernant les objets et les événements de ce monde, pour ne pas parler d'autres mondes, que l'on peut toujours en connaître de nouveaux, et celui qui trouve que le format encyclopédique est difficile à manier n'a donc pas tout à fait tort.

Pourtant, un curieux phénomène a pu être vérifié : la compétence dictionnairique est considérée comme une compétence indispensable à chacun pour utiliser la langue – en appelant «dictionnaires» les répertoires qui enregistrent de façon succincte les propriétés de chaque terme et «encyclopédies» ceux qui s'abandonnent à des descriptions complexes. L'épisode d'Ayers Rock nous dirait au contraire que, pour reconnaître cet objet et pour pouvoir en parler tous les jours, la caractéristique perceptive (non linguistique) d'apparaître comme une montagne (sur la base de multiples propriétés factuelles) compte énormément, alors que le fait qu'il ne s'agisse pas d'une MONTAGNE mais d'une PIERRE est une donnée réservée seulement à l'*élite* de ceux qui participent à un savoir encyclopédique très vaste. Sandra me ferait donc noter que les gens, lorsqu'ils parlent comme ils mangent, utilisent l'encyclopédie, alors que seuls les doctes ont recours au dictionnaire. Et elle n'aurait absolument pas tort.

Tout cela pourrait également être confirmé d'un point de vue historique. Si nous allons voir dans les encyclopédies helléniques et médiévales, nous ne trouvons que des descriptions encyclopédiques nous parlant ou de la façon dont quelque chose se présente (pour Alexandre Neckham, le crocodile était un *serpens aquaticus bubalis infestus, magnae quantitatis*), ou de la façon dont quelque chose peut être trouvé (instructions pour capturer un basilic). On trouve en général une accumulation de traits encyclopédiques particulièrement anecdotiques, comme dans le Bestiaire de Cambridge : « Le chat est appelé *musio* parce qu'il est traditionnellement l'ennemi des souris. Le nom plus commun de *catus* lui vient de son habitude de *capturer*... parce qu'il *capte*, c'est-à-dire il voit. Il a en effet une vue si perçante qu'il peut pénétrer les ténèbres de la nuit de ses yeux brillants[1]. » Et lorsque l'on ouvre des dictionnaires comme celui de l'Académie de la Crusca de 1612, voilà comment la *chatte* peut être définie (ce choix *politically correct* de mettre l'article au féminin, bien que soit employé ensuite le pronom *il*, est tout à fait admirable) : « Animal bien connu, qui vit dans les maisons en raison de l'inimitié particulière qu'il a envers les souris, afin qu'il les tue. » Et c'est tout.

Comme on le voit, les définitions dictionnairiques (à l'exception du traditionnel « animal mortel rationnel ») n'existaient pas à une certaine époque. C'est dans les dictionnaires de langues parfaites que les premières tentatives de définition font leur apparition, dans l'*Essay toward a Real Character* de John Wilkins (1668), par exemple, qui s'essaye à définir l'ameublement de l'univers tout entier par genre et différence spécifique, en s'appuyant sur les premières tentatives de taxonomie scientifique. Mais après avoir élaboré une table de 40 Genres majeurs, subdivisés en 251 Différences particulières, pour en faire dériver 2 030 espèces, Wilkins (si nous prenons comme exemple la classification des « bêtes vivipares pourvues de pattes ») réussit à distinguer le renard du chien, mais non le chien du loup (*cf.*

---

1. Diego Marconi (1986, Appendice) a examiné une série de dictionnaires, bilingues et monolingues, du Moyen Age au XVIIIᵉ siècle, et a remarqué que les définitions (ou gloses) sont répertoriées (quand il ne s'agit pas de simples répertoires de mots autorisés) comme (i) terme synonyme dans une autre langue ; (ii) instruction pour l'identification ou la production du référent (voir par exemple Sextus Pompeius Festus, IIᵉ siècle, *De verborum significatu*, qui définit la *murie* (saumure) comme ce qui s'obtient en pilant du gros sel dans un mortier et en le recueillant dans un pot en terre, etc. ; (iii) mots difficiles traduits en mots simples (mais le problème de la compétence dictionnairique est celui de la définition des mots simples !) ; (iv) par synonymes (*adulterare = to counterfeit or to corrupt*) ; (v) en utilisant le latin comme lingua franca (*ambigu = anceps, obscurus*).

Eco 1993 : tr. fr. 277, fig. 12.2). Et si l'on veut ensuite savoir ce qu'est un chien et ce qu'il fait, il faut aller contrôler les Différences. Celles-ci ne se présentent pas comme des primitifs dictionnairiques mais constituent de véritables descriptions encyclopédiques de propriétés empiriques (par exemple, les rapaces ont usuellement six incisives et deux longs crocs ; parmi les rapaces, les canidés *(dog-kind)* ont la tête oblongue et se distinguent en cela des félidés *(cat-kind)* qui ont la tête ronde ; le chien se différencie du loup en ce qu'il est « domestico-docile » alors que le loup est « sauvage-hostile aux moutons »). Le schéma dictionnairique est un instrument de classification, non un instrument de définition ; il est pareil à la méthode biblithéconomique de Melvil Dewey qui nous permet d'identifier un livre parmi les milliers d'étagères d'une bibliothèque et d'en déduire le thème (si l'on connaît le code) mais non le contenu spécifique[1].

Les taxonomies scientifiques se profilent grossièrement au cours du XVIIᵉ siècle, mais ne se fixent de façon organique qu'à partir du XVIIIᵉ siècle ; on serait donc tenté d'en tirer la conclusion paradoxale qu'avant cela (en l'absence de structure dictionnairique), depuis l'apparition d'*Homo sapiens* jusqu'au XVIIᵉ siècle au moins, la compétence dictionnairique n'existant pas, personne ne parvenait à utiliser sa langue de façon décente (Aristote et Platon ou Descartes et Pascal parlaient, mais ne se comprenaient pas) et personne ne réussissait à traduire d'une langue dans une autre. Or l'expérience historique contredit cette inférence. Nous devons donc en conclure que si l'absence d'une compétence en forme de dictionnaire n'a pas empêché l'humanité de parler et de se comprendre durant des millénaires, il faut que cette compétence n'ait aucune espèce d'importance ou au moins qu'elle ne soit pas décisive à l'égard des fins que poursuit la compétence linguistique.

Il suffirait peut-être d'affirmer que le CN est composé en majeure partie de traits de caractère encyclopédiques, souvent désorganisés, alors que les formes de compétence dictionnairique structurée n'apparaissent que dans des représentations de CM. Mais la chose n'est pas aussi simple. Les auteurs des bestiaires médiévaux seraient sans doute recalés à un examen de zoologie, mais on ne peut nier qu'ils aient cherché à leur façon à constituer des catégories puisqu'ils définissaient le crocodile (en termes de CN) comme un serpent aquatique, en sous-entendant évidemment que cette catégorie s'opposait à celle des serpents terrestres.

---

1. Les inconvénients de la méthode de Wilkins (1668) sont ceux que j'avais relevés dans la définition de *bachelor* chez Katz et Fodor (voir Eco 1975, 2.10 et Eco 1968 : 99-105).

En outre, s'il existe des primitifs sémiosiques, des distinctions précatégorielles comme celle des « animaux » (au sens d'êtres animés), en percevant le moustique comme un animal on le transporte (de façon confuse) dans un ordre catégoriel, de même qu'un poulet et un champignon seront rangés parmi les « choses comestibles », en les opposant à un rhinocéros et à un champignon vénéneux (choses dangereuses).

4.2. Fichiers et dossiers

Cherchons alors à comparer nos processus cognitifs – depuis les premières perceptions jusqu'à la constitution d'un savoir quelconque, qui n'est pas nécessairement scientifique – à la façon dont s'organise notre ordinateur.

Nous percevons les choses comme des ensembles de propriétés (un chien est un animal poilu, à quatre pattes, avec la langue pendante, qui aboie, etc.). Nous nous construisons des fichiers pour reconnaître ou identifier les choses. Ils peuvent être privés ou publics : un fichier peut être de notre propre cru ou nous être communiqué par la Communauté. Lorsque le fichier commence à se définir, sur la base de jugements de similarités et de différences, on décide de l'intégrer dans un dossier donné (ou bien ce fichier nous est présenté comme déjà intégré dans un dossier par la Communauté). Parfois, pour des exigences de consultation, on rappelle à l'écran l'« arborescence » (l'arbre des dossiers) et, si l'on a une vague idée de la façon dont cette arborescence est organisée, nous savons que telle sorte de fichiers devrait se trouver dans tel dossier et non dans tel autre. En continuant le travail de collecte des informations, on peut être amené à déplacer, à faire glisser un fichier d'un dossier dans un autre. Si le travail devient plus complexe, il peut être nécessaire de subdiviser certains dossiers en sous-dossiers, et l'on pourra choisir, à un certain moment, de restructurer entièrement l'arborescence. Une taxonomie scientifique n'est rien d'autre qu'un arbre de dossiers et de sous-dossiers. Dans le passage de la taxonomie du XVIIᵉ siècle à celle du XIXᵉ siècle, on a simplement (simplement ?) restructuré, et plus d'une fois, ladite arborescence.

Cet exemple informatique comporte cependant une embûche. Dans un ordinateur, les fichiers sont « pleins » (au sens où ils forment chacun une collection de données) alors que les dossiers sont « vides » en eux-mêmes (au sens où ils peuvent contenir un ensemble de fichiers, mais ne contiennent pas d'informations si les fichiers sont absents).

Dans une taxonomie scientifique en revanche (comme on l'avait déjà dit en Eco 1984 : II.3), lorsque l'on intègre les CANIDÉS parmi les MAMMIFÈRES, par exemple, en disant que le chien et le loup sont des mammifères, on ne veut pas seulement dire qu'ils sont accueillis dans le dossier qui s'appelle MAMMIFÈRES : le scientifique sait que les MAMMIFÈRES, en général (que ce soit des CANIDÉS ou des FÉLIDÉS), sont caractérisés par des modes de reproduction identiques (communs). Ce qui revient à dire que le taxonomiste ne peut ouvrir un dossier intitulé, disons, CRYPTOTHERIA, en se réservant le droit d'y placer n'importe quel fichier : il doit avoir décidé préalablement quelles sont les caractéristiques (éventuellement nouvelles) des CRYPTOTHERIA, de façon à justifier, sur la base de la présence de ces caractéristiques chez un animal donné, l'insertion du fichier concernant cet animal dans le dossier CRYPTOTHERIA. Ainsi, lorsque le taxonomiste dit que tel animal est un MAMMIFÈRE, il sait quelles caractéristiques générales possède cet animal, même s'il ne sait pas encore s'il ressemble plus à un bœuf ou à un dauphin.

Nous devrions donc penser que tout dossier porte une « étiquette » avec une série d'informations sur les caractères communs des objets décrits dans les fichiers. Il suffit de songer à la façon dont certains systèmes d'exploitation, certains « environnements », enregistrent à présent le nom d'un dossier non plus comme un simple sigle mais comme un *texte* : en pareil cas, le dossier MAMMIFÈRES serait répertorié comme MAMMIFÈRES (ILS POSSÈDENT TELLES ET TELLES PROPRIÉTÉS REPRODUCTIVES). En réalité, des termes taxonomiques comme MAMMIFÈRES, OVIPARES, FISSIPÈDES ou ONGULÉS expriment déjà de très nombreuses propriétés. Dans le système de Linné, un nom comme celui de *Poa bulbata,* par exemple, contient toutes les informations que Pitton de Tournefort était encore contraint d'énumérer comme « *Gramen Xerampelinum, miliacea, praetenui, ramosaque, sparsa canicula, sive xerampelinum congener, arvense, aestivum, gravem minutissimo semine* » (*cf.* Rossi 1997 : 274).

Une telle condition n'est absolument pas indispensable pour une sémantique à dictionnaire : en effet, à supposer que l'espèce supposée des PRISSIDÉS soit placée dans le sous-dossier de la famille des PROSIDÉS et que les PROSIDÉS appartiennent à l'ordre des PROCÉIDÉS, il n'est pas nécessaire de savoir quelles propriétés possède un procéidé ou un prosidé pour pouvoir tirer des inférences (vraisemblables) du type *si ceci est un prissidé alors ceci est un prosidé* ou *il n'est pas possible que quelque chose soit un prissidé et ne soit pas un procéidé.* Hélas, si c'est là notre façon de raisonner lorsque nous faisons des exercices de logique (activité recommandable) et la façon dont répond à un examen de zoologie celui qui s'y est préparé de façon mnémonique, sans comprendre ce dont il est en train de parler (comportement critiquable), ce n'est pas la façon dont nous raisonnons pour comprendre les mots que nous employons et les concepts qui leur correspondent, si bien qu'il n'est pas impossible que quelqu'un, entendant dire que tous les prissidés sont des prosidés, demande un supplément d'information.

Même si la dialectique entre dossiers et fichiers peut être assimilée à la dialectique entre Dictionnaire et Encyclopédie, ou entre connaissance catégorielle et connaissance par propriétés, la partition en dossiers et fichiers n'est pas homologue à la partition en CN et CM. En effet, nous organisons également des dossiers au niveau des CN (en situant, par exemple, les chats parmi les animaux et les pierres parmi les choses inanimées), bien que nos critères d'organisation soient moins rigoureux. Ainsi, nous pouvons nous contenter, ou nous avons pu nous contenter longtemps, de placer le fichier sur les baleines dans le dossier des poissons ; et lorsque nous reconnaissons qu'Ayers Rock possède de nombreuses propriétés des montagnes, sans nous en rendre compte, nous plaçons ce caillou géant dans le dossier désordonné des objets montagneux, sans trop entrer dans les détails.

J'entends donc par compétence dictionnairique quelque chose qui se limite à répertorier (aussi bien en termes de CN que de CM), pour un élément donné, l'appartenance à un certain nœud d'une arborescence. La compétence encyclopédique, en revanche, s'identifie aussi bien à la connaissance des noms des dossiers et des fichiers qu'à la connaissance de leur contenu. La totalité des fichiers et des dossiers (ceux qui sont actuellement enregistrés, mais également ceux qui ont été effacés, réorganisés ou réécrits au cours du temps) représente ce que j'ai appelé à diverses occasions une Encyclopédie comme idée régulatrice – une Bibliothèque des Bibliothèques, le postulat d'une globalité du savoir irréalisable par un locuteur individuel, le trésor en grande partie inexploré et en perpétuel accroissement de la Communauté.

4.3. La catégorisation sauvage

C'est au niveau du CN que des catégories « sauvages » s'organisent et se mettent continuellement en place. Ces catégories naissent en grande partie de la reconnaissance de traits pré-catégoriels constants. En Occident, par exemple, le poulet fait partie des animaux comestibles, alors que le chien en est exclu, sauf dans les régions asiatiques où on le laisse se promener autour des maisons, comme le dindon ou le cochon chez nous, tout en sachant qu'on devra le manger à un certain moment[1]. Dans les secteurs spécialisés du CM, en revanche, les négociations se font plus opiniâtres.

Songeons aux notions de minéral, de végétal ou d'insecte. De nombreux locuteurs, qui hésiteraient à reconnaître que tel animal (par exemple le marsouin) est un mammifère, admettraient sans nul doute que la mouche ou la puce sont des insectes. Ne pourrait-on pas dire alors qu'il s'agit d'une catégorie zoologique, originellement propre à un CM, qui a été capturée, pour ainsi dire, au cours du temps par le CN ? Je ne crois pas : il en est ainsi lorsque la compétence commune a tranquillement accepté que les vaches soient des mammifères (par apprentissage scolaire), mais il est bien certain que les gens reconnaissaient les mouches comme des insectes avant que les taxonomies ne décident d'appeler insectes cette classe d'ARTHROPODES.

Le terme MAMMIFÈRE, forgé en 1791, a été précédé dans le *Systema Naturae* de Linné (1758) de celui de MAMMALIA (qui englobait également, et pour la première fois, les CÉTACÉS) et dépend d'un critère fonctionnel qui tient compte du système de reproduction. Il n'en va pas de même du terme *insecte,* qui existait en latin comme *insectus* (calqué sur le grec *entoma zoa*) et signifiait animal « coupé » : il s'agit de l'interprétation d'un trait morphologique qui tient compte de la forme typique de ces petits animaux (de l'impression instinctive que ces corps pourraient être coupés et divisés à l'endroit où ils se rejoignent en col de bouteille ou selon leurs anneaux)[2]. La catégorie « sauvage » des insectes est encore si prégnante que nous appelons communément insectes de nombreux animaux que les zoologistes ne considèrent pas comme des insectes, tels que les araignées (qui sont des ARTHROPODES, mais de la classe des ARACHNIDES et non de celle des INSECTES). De telle sorte qu'au niveau du CN, nous trouverions pour le moins étrange de refuser à l'araignée le statut d'insecte, alors qu'au niveau du CM l'araignée *n'est pas* un INSECTE.

Il faut donc qu'« insecte » soit un primitif sémiosique, de caractère pré-catégoriel, que la langue commune a offert aux naturalistes (tandis que la catégorie « mammifère » pourrait avoir été offerte à la langue commune par les naturalistes), ou tout au moins une catégorie sauvage. Lorsque nous catégorisons sauvagement, nous regroupons les objets en fonction de ce à quoi ils nous sont utiles, en fonction du

---

1. Même lorsque les psychologues cognitifs parlent d'activité catégorielle, ils se réfèrent en grande partie à une première faculté de subsumer l'expérience sous des classifications que nous pouvons définir comme sauvages. Par ex. Bruner *et al.* (1956, 1) parlent des classes de « situations dangereuses » dans lesquelles on est naturellement conduit à placer l'alerte aérienne, le python dérangé pendant qu'il rampe sur un arbre ou les réprimandes d'un supérieur.

2. Pour ces informations *cf.* Alain Rey, ed., *Le Robert. Dictionnaire historique de la langue française*, Paris, 1992.

rapport qu'ils entretiennent avec notre existence, en fonction d'analogies formelles, etc. Notre indifférence à considérer un animal comme un mammifère est due au fait que la catégorie scientifique de mammifère réunit des animaux qui nous semblent non seulement très différents visuellement, mais avec lesquels nous entretenons des rapports très différents (aux deux extrêmes se trouveraient les mammifères que nous mangeons et les mammifères qui nous mangent), alors que les insectes nous semblent tous à peu près pareils morphologiquement et tous aussi gênants les uns que les autres.

Ces catégories sauvages résument généralement pour le locuteur, et de façon presque sténographique, une grande quantité de traits, mais elles contiennent aussi implicitement des instructions pour l'identification ou le repérage. Lorsque Marconi (1997 : 64-65) suggère que, même si nous ne savons ni ce qu'est l'uranium ni comment il se présente, l'information selon laquelle l'uranium est un minéral devrait nous permettre de l'identifier s'il nous était présenté entre un fruit et un animal inconnus, l'auteur se réfère à la catégorie sauvage des minéraux, mais non aux MINÉRAUX. En effet, si nous demandions à quelqu'un qui n'aurait pas de connaissances scientifiques d'identifier lequel de l'araignée, du mille-pattes et de la prothèse orthopédique qui lui sont présentés est un ARTHROPODE, il ne saurait que faire. Lorsque, en revanche, on sait (approximativement) que l'uranium est un minéral (sans même savoir distinguer entre minerai et minéral), nous allons chercher dans le « dossier sauvage » des minéraux, de la même façon que nous allons chercher dans le « dossier sauvage » des montagnes lorsqu'on nous dit qu'Ayers Rock est une montagne (et si l'on nous avait dit que c'était une pierre, nous serions allés chercher dans un dossier où nous n'aurions pas trouvé d'instructions nous permettant de l'identifier).

Or, si nous considérons la compétence catégorielle (ou dictionnairique) en nous référant à son modèle scientifique, nous savons que l'une de ses caractéristiques est de se composer de traits *ineffaçables* : si nous savons qu'un marsouin est un CÉTACÉ, qu'un CÉTACÉ est un MAMMIFÈRE et qu'un MAMMIFÈRE est un ANIMAL, nous ne pouvons pas dire que telle chose est un marsouin mais non un ANIMAL ; inversement, si (pour ne pas prendre chaque fois des exemples canoniques), sur une certaine planète, les marsouins étaient des robots, le fait qu'ils ne soient pas des ANIMAUX nous empêchera de les considérer comme des marsouins : il y aura des marsouins-jouets, des pseudo-marsouins, des marsouins virtuels, mais pas de *marsouins*. En revanche, une compétence *folk* nous dit que le marsouin ressemble au dauphin, qu'il a un museau arrondi, une épine dorsale triangulaire (et nous informe de l'habitat, des habitudes, de l'intelligence ou de la comestibilité des marsouins, etc.). En principe, n'importe quel trait pourrait être effaçable, car le type cognitif n'organise pas les traits de façon hiérarchique et n'en fixe pas le nombre ou l'ordre de priorité de façon stricte : nous pouvons reconnaître des marsouins prognathes et camus, ou avec une malformation, avec une épine dorsale amochée, des marsouins qui finiraient derniers dans un concours de beauté pour marsouins mais qui ne seraient pas pour autant moins marsouins que leurs congénères.

Les traits d'une taxonomie scientifique sont ineffaçables parce qu'ils sont organisés par emboîtement d'hyperonymes à hyponymes : si une araignée est un ARACHNIDE, elle ne peut pas ne pas être en même temps un ARTHROPODE, sous peine de provoquer l'écroulement du système catégoriel tout entier; et puisqu'une araignée est précisément un ARACHNIDE, elle ne peut pas être en même temps un INSECTE.

Même au niveau du CN, notre savoir s'organise en *fichiers* et *dossiers,* bien que cette organisation ne soit pas hiérarchisée. Revoyons certains traits de la définition de la souris examinée en **3.4.3.**

> Les gens croient qu'elles sont toutes du même type
> Les gens pensent qu'elles vivent dans des endroits où vivent les gens
> Une personne pourrait en tenir une dans la main – (beaucoup de gens ne veulent pas les tenir dans la main)

Selon ces traits de définition, nous pouvons dire que le fichier de la souris peut être placé aussi bien dans le dossier « animaux qui vivent dans les maisons » (où est déjà placé le fichier des chats) que dans celui « animaux répugnants », non seulement avec les mouches et les blattes (qui vivent elles aussi dans les maisons) mais également avec les chenilles et les serpents. Le même fichier, selon les occasions, peut être placé dans plusieurs dossiers à la fois et sera retiré de l'un ou de l'autre en fonction des contextes et des occasions. Et en effet, comme nous le savons, la pensée sauvage est une pensée qui *bricole,* si l'on entend par bricolage cette forme de mise en ordre qui ne prend pas en considération l'organisation hiérarchique[1].

Mais s'il en est ainsi, le fichier n'implique pas nécessairement le dossier, comme dans les taxonomies scientifiques, c'est-à-dire qu'il est très facile de nier l'implicitation *(entailment)* lorsqu'on ne réussit pas à s'en arranger : celui qui élève de jolies petites souris blanches

---

1. C'est-à-dire que l'on procède de la même façon que lorsque nous organisons généralement notre bibliothèque : si l'*Esthétique* de Croce avait été rangée, il y a dix ans, dans le rayon « Esthétique », le livre peut se retrouver au moment où une recherche épistémologique est engagée (et jusqu'à la fin de la recherche) dans la section « Connaissance ». Le critère est personnel, mais il acquiert une pertinence propre lorsque les règles de repérage ont été fixées.

ne les place pas parmi les animaux répugnants. En Australie, le lapin est considéré comme un animal nuisible ; dans certains marchés chinois, on expose dans des cages, comme un mets exquis, certaines « choses » que nous considérons comme de gros rats et qui susciteraient l'épouvante si elles apparaissaient sur nos planchers. De même, les poulets ont fait partie des animaux de basse-cour durant des millénaires, mais il est fort probable qu'on ne trouvera prochainement plus qu'une seule espèce de poulets dans ce dossier (et si ce n'est pas encore vrai pour nous, ce le sera pour nos descendants), les poulets dits *fermiers,* alors que toutes les autres espèces seront rangées parmi les animaux d'élevage industriel. Au niveau du CM, un poulet est un OISEAU et ne peut pas ne pas l'être, tandis qu'au niveau du CN, un poulet (oiseau jusqu'à un certain point, mais certainement moins oiseau que l'aigle) peut être ou ne pas être classé parmi les animaux de basse-cour.

4.4. Les propriétés ineffaçables

La nature sauvage des catégorisations non scientifiques empêcherait donc qu'il y ait des traits ineffaçables ? Il semble que non, puisqu'il a été justement observé (Violi 1997, 2.2.2.3) que certains traits apparaissent plus *résistants* que d'autres, et que ces traits ineffaçables tels qu'ANIMAL ou OBJET PHYSIQUE ne sont pas de simples étiquettes catégorielles. Dans la vie de la sémiose, nous nous apercevons que nous avons du mal à effacer certaines propriétés « factuelles » qui nous paraissent plus saillantes et plus caractéristiques que d'autres. La plupart des gens accepteraient l'idée selon laquelle le marsouin n'est pas un MAMMIFÈRE (nous avons vu que ce n'est pas un trait qui appartient au TC du marsouin, et pendant des siècles le marsouin a été pris pour un poisson). En revanche, quiconque sachant quoi que ce soit au sujet des marsouins accepterait difficilement l'idée selon laquelle les marsouins ont la propriété de vivre sur les arbres. Comment expliquer que certaines négations se montrent plus résistantes que d'autres ?

Violi (1997, 7.2) distingue entre propriétés *essentielles* et propriétés *typiques :* il est essentiel que le chat soit un animal, il est typique qu'il miaule ; la seconde propriété peut être effacée tandis que la première ne peut pas l'être. Mais s'il en était ainsi, nous en serions encore à la vieille différence entre propriétés dictionnairiques et propriétés encyclopédiques. Violi (1997, 7.3.1.3) considère en revanche que les propriétés fonctionnelles (strictement liées au TC en vertu d'une *affordance* typique de l'objet) sont également des propriétés

ineffaçables, puisqu'il semble bien difficile de dire que quelque chose
est une boîte tout en niant que ce quelque chose puisse contenir des
objets (et s'il ne le pouvait pas ce serait un semblant de boîte, une
boîte *feinte*)[1].

Examinons les énoncés suivants :

(1) *Les souris ne sont pas des MAMMIFÈRES.* Il s'agit d'une assertion
sémiotique sur les conventions dictionnairiques existant à l'intérieur
d'un langage donné, ou mieux encore, d'une assertion sur le paradigme taxonomique en vigueur. A l'intérieur de ce paradigme,
l'assertion est certainement fausse, mais bien des personnes seraient
en mesure de reconnaître et de nommer une souris sans savoir que
(1) est une assertion fausse. Il se pourrait que (1) doive être entendue
comme « j'asserte, à partir de nouvelles preuves factuelles concernant
leur procédé de reproduction, que les souris ne peuvent plus être
comptées parmi les MAMMIFÈRES ». Comme nous le verrons en **4.5**,
ce sont des assertions de ce genre qui ont circulé durant quatre-vingts
ans à propos de l'ornithorynque, et c'était alors aux chercheurs qui
contrôlaient empiriquement la physiologie et l'anatomie de l'animal
de faire la preuve de la vérité de telles assertions. Mais il suffirait
naturellement de changer le critère taxonomique pour asserter que

---

1. La catégorie des propriétés effaçables au niveau du CN n'inclut pas seulement
les propriétés de caractère taxonomique. Marconi (1997 : 43) prend l'exemple de
deux assertions qui, dans sa perspective, seraient toutes deux nécessaires mais qui ne
sont pas constitutives de la compétence commune, bien que la première soit universelle et la seconde particulière : (i) *l'or a le nombre atomique 79*, (ii) *37 est le treizième nombre premier.* L'énoncé (i) ne reflète certes pas la compétence commune et
j'accepterais de le considérer comme « nécessaire », c'est-à-dire ineffaçable, à
l'intérieur du discours scientifique. Mais si l'on découvrait demain que le paradigme
actuel ne rend pas adéquatement compte de la différence entre les éléments, cet
énoncé deviendrait alors effaçable. Un orfèvre distingue l'or du similor en fonction de
critères qui lui sont propres et que je définirais comme empiriques (et il est sans
importance ici de savoir quels ils sont). Pour le reste, une personne ordinaire a un TC
assez vague de l'or, c'est-à-dire un TC qui permet aux faussaires et aux escrocs de
faire facilement passer pour de l'or ce qui n'en est pas. L'énoncé (i) pourrait être plus
« contraignant » que l'énoncé (ii) si l'on acceptait la distinction kantienne entre jugements analytiques et jugements synthétiques *a priori.* En effet, Kant aurait dit que nos
connaissances concernant le nombre dépendent du schématisme transcendantal, alors
que le concept que nous avons de l'or est un concept empirique (Kant croyait savoir
comment le nombre 37 peut être généré mais non comment on peut déterminer ce
qu'est l'or). Il y a une différence entre les deux énoncés que l'opposition « universel
et nécessaire » *vs* « particulier et nécessaire » ne me semble pas retenir complètement.
Certainement (ii) n'appartient pas au CN : il nous suffit de savoir que 37 est un
nombre inférieur à 38 et supérieur à 36, et de savoir comment il peut être généré. Si
l'on nous disait d'aller acheter autant de cacahuètes qu'il est possible d'en dénombrer
dans le treizième nombre premier, nous reviendrions probablement les mains vides.
Ces observations nous autorisent à dire que les affirmations selon lesquelles les souris
sont des MAMMIFÈRES, l'or a tel nombre atomique et 37 est le treizième nombre premier sont toutes trois des affirmations qui, du point de vue du CN, n'ont d'importance
(et sont ineffaçables) qu'à un niveau de connaissance sectorielle plus élaboré.

l'ornithorynque n'est pas un MAMMIFÈRE. Dans tous les cas, l'assertion (1) ne se réfère ni au TC ni au CN de *souris*. Elle ne fait pas partie de cette zone de compétence commune dont nous avons parlé en **3.5.2.** Elle pourrait faire partie du CM : les zoologistes décident de ce qui est plus ou moins effaçable selon eux.

(2) *Les souris n'ont pas de queue.* Si l'assertion était comprise comme une assertion régie par un quantificateur universel et se référant à toutes les souris existantes, il suffirait alors de trouver une souris avec sa queue pour l'inscrire en faux. Il me semble cependant que l'on fait difficilement des affirmations de ce genre dans notre vie de tous les jours, affirmations qui présupposeraient que le locuteur ait préalablement inspecté toutes les souris (des milliards) une à une. Cet énoncé devrait alors être simplement retranscrit « la propriété d'avoir une queue ne fait partie ni du TC de la souris ni du CN de *souris* ». Nous avons vu que les CN peuvent être contrôlés publiquement, et je dirais que l'assertion (2) peut facilement être contestée. Ces choses que nous reconnaissons comme des souris ont une queue (en général), le stéréotype de la souris en a une, et son prototype en a une, s'il existe quelque part. Il semble bien peu probable que quelqu'un soit amené à exprimer (2), mais il est possible, comme nous le verrons, que quelqu'un ait asserté « l'ornithorynque femelle n'a pas de mamelles » (c'était un cas où le TC était en train de se mettre en place). Alors, la propriété d'avoir une queue est-elle ou non effaçable ? Il me semble que la question est mal posée : lorsqu'on interprète un TC, les propriétés ont en principe toutes la même valeur, et il nous faudrait également savoir dans quelle mesure le type est véritablement et entièrement partagé par tous les locuteurs. La preuve par neuf, nous l'avons lorsque nous reconnaissons une *occurrence*. Nous passons donc à l'exemple suivant.

(3) *Ceci est une souris mais qui n'a pas de queue.* On peut avoir trouvé une petite souris morte et la reconnaître malgré sa mutilation. Notre TC de la souris prévoit également la caractéristique *queue*, pourtant cette caractéristique est une propriété *effaçable*.

(4) *Ceci est une souris mais ce n'est pas un animal.* Nous devons revenir ici à ce que nous avons déjà dit : l'attribution d'animalité n'a rien à voir avec l'inscription dans une catégorie, il s'agit d'un primitif perceptif, d'une expérience pré-catégorielle. Si ceci n'est pas un animal, ce ne peut être une souris (ce pourrait être cette souris-robot qui, dans de nombreuses pages de philosophie du langage, est chassée par des chats-robots). La propriété d'être un animal est une propriété *ineffaçable*.

(5) *Ceci est une souris mais qui a la forme sinueusement cylindrique, fuselée aux extrémités, d'une anguille.* A supposer que quelqu'un qui n'aurait pas à passer un examen de philosophie du lan-

gage soit suffisamment idiot pour énoncer sérieusement (5), nous nous accorderions difficilement sur ce qu'il asserte. La forme presque ovale de la souris, et qui se fuselle vers le museau, fait partie des conditions auxquelles on ne peut renoncer (ineffaçables) pour la reconnaître en tant que telle. L'importance de cette *Gestalt* est telle que nous pouvons transiger sur la queue et même sur la présence des pattes. La *Gestalt* de la souris, une fois perçue, nous permet de *déduire* les pattes et la queue (*si* souris *alors* queue)[1]. La présence au sol de quatre petites pattes ou d'une queue nous permet en revanche d'*abduire* la souris manquante. Dans ce cas, nous nous comportons comme le paléontologue qui reconstitue un crâne à partir d'une mâchoire en se référant à un TC, même hypothétique, de l'homme préhistorique. Ce qui veut dire que le modèle 3D qui fait (éventuellement) partie du TC joue un rôle si important dans la reconnaissance et l'identification qu'il ne peut pas être effacé.

(6) *Ceci est une souris mais qui est longue de quatre-vingts mètres et qui pèse huit quintaux.* Rien n'exclut qu'en flirtant avec le génie génétique, cette assertion ne devienne un jour tout à fait prononçable. Mais le cas échéant, il me semble que nous parlerions de l'apparition d'une nouvelle espèce (nous les appellerons souris$_2$ par opposition aux souris$_1$ normales). Il nous suffit de songer aux différences de ton que l'on adopterait en prononçant « il y a une souris dans la cuisine » selon qu'il s'agit d'une souris$_1$ ou d'une souris$_2$ pour nous apercevoir que le TC de la souris intègre également des dimensions standard qui, même si elles sont négociables, ne peuvent dépasser un certain seuil. Une question de Searle (1979 : tr. fr. 178) est restée célèbre : pourquoi, lorsqu'on entre dans un restaurant en demandant un hamburger, ne s'attend-on pas à ce que le serveur nous serve un

---

1. Que percevons-nous lorsque nous voyons quelqu'un porter une chemise sous une veste? Nous ne voyons pas entièrement la chemise, mais nous savons qu'elle passe également dans son dos. Nous le savons parce que nous avons un TC de la chemise qui se fonde sur des expériences perceptives (et productives). Le fait que cette chemise ait un col, que ce col ait telle ou telle forme, qu'elle ait des manches longues ou courtes, tout cela reste optionnel. Mais si la personne qui porte une chemise laisse apparaître des manchettes, il faut bien qu'elle ait aussi des manches. Pourtant, dans le film *Totò et la dolce vita* (1960), l'épouse, très avare, oblige son mari à porter une chemise qui n'est faite que d'un col, d'un plastron et d'une paire de manchettes. La partie manquante sera cachée par la veste, car, dit-elle, ce n'est pas la peine de gaspiller du tissu inutilement. Totò objecte avec raison que s'il lui arrivait malheur dans le tram et qu'il lui faille retirer sa veste, tout le monde se rendrait compte de cette farce honteuse : Totò est en train de dire que les gens autour de lui se rendraient compte qu'ils ont intégré des stimuli incomplets à cause d'un TC fort, et qu'ils en sont arrivés à prononcer un jugement perceptif erroné. Au moment de l'incident, les gens décideraient alors que ce qu'ils ont perçu comme une chemise était en vérité une chemise *feinte*. Mais la femme de Totò (excluant la possibilité d'un tel incident) spécule sur la confiance incoercible en l'existence de TC qui intègrent des traits ineffaçables.

hamburger d'un kilomètre de long et enfermé dans un cube de matière plastique ? Il est curieux de voir que, peu de temps après la formulation de cet exemple, une chaîne de restaurants américaine a élaboré un manuel pour ses cuisiniers où les dimensions, le poids, le temps de cuisson, la quantité de condiments nécessaires pour un hamburger, etc., étaient spécifiés ; et cela non pas pour répondre à Searle, mais parce qu'il est économiquement et industriellement important de rendre public le concept standard de hamburger. Naturellement, la chaîne de restaurants élaborait non seulement un TC mais également un CM du terme *hamburger* ; mais les conditions nucléaires pour que l'on puisse entretenir le type du hamburger de façon intersubjectivement acceptable et partageable étaient en même temps fixées, et si ce n'est relativement aux spécifications du poids et de la durée de cuisson, du moins par rapport à ses dimensions et à sa composition approximative. Voilà donc qu'apparaît une propriété comme la dimension standard qui, si elle n'est pas ineffaçable, est du moins difficilement effaçable. Certes, il est moins embarrassant de dire qu'*il y a une souris de huit quintaux* que de dire qu'*il y a une souris qui n'est pas un animal*. Mais si, pour justifier la première affirmation, il faut admettre qu'il s'agit d'un semblant de souris, d'une souris *feinte,* il faut au minimum, pour justifier la seconde, postuler un monde possible absolument improbable. C'est pourquoi cette souris, si elle n'est pas une souris *feinte*, sera au moins *fictionnelle* ou *fictive*.

(7) *Ceci est un éléphant mais qui n'a pas de trompe.* Il faut distinguer ici entre la proposition *ceci est un éléphant mais qui n'a* plus *de trompe* (cas similaire à celui de la souris sans queue) et l'assertion selon laquelle un animal donné est un éléphant qui n'a pas de trompe mais un museau fait d'une autre manière (disons, comme celui du kangourou ou de l'albatros). Dans ce second cas, il me semble que tout le monde réagirait en soutenant qu'il ne s'agit alors plus d'un éléphant mais d'un autre animal. On peut imaginer qu'il existe des races de souris sans queue, mais l'idée d'une race d'éléphants sans trompe ne nous convainc pas. Ce cas est en réalité similaire à (5). La trompe fait partie de la *Gestalt* caractéristique de l'éléphant (bien plus que n'en font partie les défenses, ne me demandez pas pourquoi, mais essayez de dessiner un éléphant avec sa belle trompe et sans défenses, les autres personnes devraient le reconnaître ; si vous dessinez en revanche une bête avec des défenses mais avec le museau rond du marsouin, personne ne vous dira que vous avez dessiné un éléphant). Tout au plus pouvons-nous dire que la présence de la trompe ne suffit pas à faire reconnaître un éléphant, puisque ce pourrait également être une trompe de mammouth, mais son absence élimine sans doute l'éléphant. C'est une propriété *ineffaçable*.

Cet exemple nous laisse penser que les propriétés effaçables sont des conditions *suffisantes* pour la reconnaissance (comme le frottement de l'allumette pour la combustion), alors que les propriétés ineffaçables sont reconnues comme des conditions *nécessaires* (au sens où la combustion n'a pas lieu en l'absence d'oxygène). La différence tient au fait qu'en physique ou en chimie, on peut vérifier expérimentalement quelles sont les conditions véritablement nécessaires, alors que dans notre cas, la nécessité de ces conditions dépend d'un grand nombre de facteurs perceptifs et culturels. Il semble évident qu'un animal que la nature aurait créé sans ses défenses n'est plus ce que nous avons choisi d'appeler éléphant. Et si la nature avait créé un rhinocéros sans corne ? Je crois que nous l'assignerions à une autre espèce et que nous l'appellerions d'une autre manière, ne serait-ce que parce que l'étymologie nous y inviterait vivement. Et pourtant, je soupçonne que nous serions plus indulgents et plus flexibles en ce qui concerne le rhinocéros qu'en ce qui concerne l'éléphant. Preuve en serait que le rhinocéros indien (*Rhinoceros unicornis,* probablement celui qu'avait vu Marco Polo) a une seule corne et que le rhinocéros africain (*Diceros bicornis,* précisément) en a deux ; mais en 1751, Longhi peint un rhinocéros, nous le reconnaissons tous comme tel, bien qu'il soit sans corne.

Nous jugeons qu'une propriété n'est pas effaçable à partir de l'histoire de nos expériences perceptives. Les rayures du zèbre nous apparaissent sans doute comme des propriétés ineffaçables, mais il suffirait que des races de chevaux ou d'ânes au pelage rayé se soient développées au cours de l'évolution pour que les rayures deviennent tout à fait effaçables : notre attention se serait alors tournée sur quelque autre trait caractérisant. Et il en serait sans doute de même dans un univers où tous les quadrupèdes auraient une trompe. Les défenses deviendraient alors – peut-être – ineffaçables.

Toute une iconographie romanesque et cinématographique nous avait convaincus que les plumes constituaient une propriété ineffaçable pour reconnaître un Indien : mais voilà qu'arrive le John Ford de *Stagecoach (La chevauchée fantastique)* qui a le courage iconographique de faire soudainement apparaître, au sommet d'une montagne, Geronimo et les siens, sans plumes, et toute la salle se met à frémir dans l'attente spasmodique de l'assaut de la diligence, en ayant très bien reconnu les Peaux-Rouges (dans un film en noir et blanc). Nous pourrions dire que Ford a probablement identifié d'autres traits ineffaçables qui déterminaient en profondeur notre TC : les joues marquées, le visage impassible, le regard, qui sait[1]... Mais il a réussi à

---

1. Walt Disney a réussi à nous faire prendre pour une souris un animal qui, pour

nous convaincre en créant un contexte (un réseau de rappels inter-
textuels et un système d'expectatives, susceptibles de rendre certains
traits physionomiques, la position des Indiens au sommet des montagnes, la présence d'un certain genre d'armes et de vêtements) plus
pertinent que la présence des plumes. Que les propriétés pertinentes
soient fixées par le contexte, cela a été dit en Eco (1979 et 1994). Je
m'accorde donc avec Violi (1997 : 9.2.1 et 10.3.3) lorsqu'elle assigne
aux contextes la fonction de sélectionner les propriétés ineffaçables.
Les propriétés essentielles deviennent celles qu'il ne faut pas rejeter
si, dans un certain contexte, on veut garder la discussion ouverte, et
qui ne peuvent être niées qu'au prix d'une nouvelle négociation portant sur le signifié des termes que nous employons.

Parfois, le contexte peut être commun à une époque et à une
culture, et ce n'est qu'en de tels cas que les propriétés dictionnairiques semblent ineffaçables. Ces propriétés renvoient à la façon dont
cette culture a classé les objets qu'elle connaît. Mais même en pareils
cas, les choses évoluent de façon souvent complexe et donnent lieu à
de nombreux coups de théâtre. Et cela nous est également confirmé
par ce que le lecteur attend sans doute depuis un bon moment, à savoir la véritable histoire de l'ornithorynque.

4.5. La véritable histoire de l'ornithorynque[1]

4.5.1. « Watermole » ou « duckbilled platypus »

En 1798, un naturaliste nommé Dobson envoie au British Museum

---

avoir une queue et des oreilles de souris, n'en est pas moins bipède et anthropo-
morphe. Il est légitime de se demander si nous l'aurions reconnu immédiatement
comme une souris s'il ne nous avait pas été d'emblée présenté comme Mickey Mouse.
Le cas échéant, nous dirons que le nom, en nous suggérant un CN, nous a conduits à
appliquer le TC avec plus d'indulgence (et la convention iconographique a fait le reste).

1. L'histoire est si étonnante, controversée sur tant de points (certains témoignages
ou articles scientifiques de l'époque sont difficiles à retrouver, comme les historiens
le reconnaissent) et la bibliographie si complexe que je m'en tiendrai à ce que j'ai
appris de Burrell (1927) et Gould (1991), renvoyant à ces auteurs pour des références
bibliographiques plus complètes. Lorsque les références que donne Burrell sont
incomplètes, je marque entre parenthèses « cit. Burrell ». J'ai trouvé sur Internet
quelque 3 000 adresses concernant l'ornithorynque. Certaines d'entre elles sont
absolument accidentelles (des personnes ou des organismes qui ont choisi de
s'appeler Platypus Club, des libraires *et similia*), mais il y en a d'autres qui sont tout à
fait dignes d'intérêt et qui vont des centres universitaires à ceux qui pensent que
l'ornithorynque est la meilleure preuve de l'existence de Dieu, à des groupes
fondamentalistes qui, une fois qu'ils se sont assurés que l'ornithorynque était bien
plus vieux que les autres mammifères, s'interrogent pour savoir comment ce petit animal a pu migrer du mont Ararat, après le Déluge, jusqu'aux landes australiennes.

la peau empaillée d'un petit animal que les colons avaient pour habitude d'appeler *watermole* ou *duckbilled platypus*. Selon une information rapportée par Collins en 1802[1], un animal similaire avait été trouvé en novembre 1799 sur les rives d'un lac proche de Hawkesbury : il avait la taille d'une taupe, avec de petits yeux, ses pattes antérieures présentaient quatre griffes reliées par une membrane, plus grande que celle qui reliait les griffes de ses pattes postérieures. Il avait une queue, le bec d'un canard, nageait au moyen de pattes qu'il utilisait également pour creuser des terriers. Il était certainement amphibie. Le texte de Collins joint un dessin très imprécis : l'animal a plutôt l'air d'un phoque, d'un baleineau ou d'un dauphin, comme si, en sachant qu'il nageait, on lui avait appliqué à première vue le TC générique d'un animal marin. Mais la raison est peut-être à chercher ailleurs. Comme le raconte Gould (1991 : tr. fr. 350), en 1793, le capitaine Bligh (celui du *Bounty*) avait découvert un échidné (dont il fit bonne chère) au cours d'un voyage en Australie. Or, nous savons que l'échidné est le cousin germain de l'ornithorynque, avec lequel il partage le privilège d'être un MONOTRÈME. Bligh le dessine soigneusement. Le dessin sera publié en 1802, et il ressemble énormément à l'ornithorynque de Collins. Je ne sais pas si Collins a vu le dessin de Bligh, mais s'il ne l'a pas vu, tant mieux : on en conclurait que les deux dessinateurs ont relevé, sur deux animaux différents, des traits génériques communs, au détriment des traits spécifiques (le bec de l'ornithorynque de Collins n'est pas très convaincant, il semble adapté à manger des fourmis, comme le fait l'échidné).

Revenons à l'ornithorynque empaillé, qui arrive à Londres et que George Shaw décrit comme *Platypus anatinus*[2]. Shaw, qui ne peut évidemment examiner que la peau de l'animal et non les organes internes, montre des signes d'étonnement et de perplexité : l'animal lui fait aussitôt penser qu'un bec de canard a été « agrafé » au bout de la tête d'un quadrupède. Le terme n'est pas choisi par hasard. La peau arrivait après avoir navigué dans l'océan Indien et l'on connaissait à cette époque de diaboliques taxidermistes chinois assez adroits pour accoler, par exemple, une queue de poisson sur un corps de singe et créer ainsi des monstres sirénoïdes. Shaw a donc de bonnes raisons de soupçonner au premier abord qu'il s'agit d'une « préparation truquée ». Mais il reconnaît par la suite son incapacité à déceler la moindre trace de trucage. Sa réaction n'en est pas moins intéressante : l'animal lui est inconnu, il n'a aucun moyen pour le reconnaître et il préférerait penser qu'il n'existe pas. Mais puisqu'il est homme de

---

1. *Account of the English Colony in the New South Wales,* 1802 : 62 (cit. Burrell).
2. *The Naturalist Miscellany,* Plate 385, 386 (cit. Burrell).

science, il doit aller de l'avant. Et il se met dès le départ à osciller entre Dictionnaire et Encyclopédie.

Pour comprendre ce qu'il est en train de voir, Shaw commence par chercher un moyen de trouver une classification qui puisse l'accueillir : le platypus lui semble représenter un nouveau et singulier *genus* qui, dans l'organisation linnéenne des QUADRUPÈDES, devrait être placé dans l'ordre des BRUTA et se situer à côté de l'ordre des MYRMECOPHAGA. Mais il passe aussitôt des catégories aux propriétés et décrit la forme du corps, la fourrure, la queue, le bec, l'éperon, la couleur, la taille (13 pouces), les pattes, la mâchoire et les narines ; il ne lui trouve pas de dents, note que la langue manque sur son exemplaire, voit quelque chose qui lui semble être des yeux, mais trop petits et couverts de poils pour qu'ils puissent permettre une bonne vision, raison pour laquelle il pense qu'ils sont comme ceux de la taupe. Il dit qu'il devrait être adapté à la vie aquatique et avance l'hypothèse selon laquelle il se nourrirait d'animaux et de plantes aquatiques. Il cite Buffon : toute chose que la Nature peut produire a été produite de fait[1].

Shaw reprend la description en 1800[2], renouvelant ses doutes et ses hésitations, et n'osant pas admettre l'animal parmi les QUADRUPÈDES. Il dit avoir connaissance de deux autres exemplaires envoyés par Hunter, le gouverneur de New Holland, à Joseph Banks, lesquels devraient avoir dissipé tout soupçon de supercherie. Ces exemplaires (et il semble que Hunter en avait envoyé un autre à la Newcastle Literary and Philosophical Society) seront décrits plus tard par Bewick dans un Addendum à la quatrième édition de sa *General History of Quadrupeds* comme un animal *sui generis* de nature triple : poisson, oiseau et quadrupède... Bewick affirme qu'il ne faut pas essayer de le situer en fonction des modes de classification en vigueur, mais qu'il faut se contenter de fournir la description de ces animaux curieux tels qu'ils nous ont été apportés. Bien que le titre « Un animal amphibie » suggère l'image qu'il a dû chercher à suivre, nous voyons que Bewick se refuse à classer l'animal en tant que POISSON, OISEAU ou QUADRUPÈDE, bien qu'il lui trouve des traits morphologiques du poisson, de l'oiseau et du quadrupède.

---

1. La formule de Buffon, souvent citée, replacée dans son contexte (ou texte), dit précisément : « Le nombre des productions de la Nature, quoique prodigieux, ne fait alors que la plus petite partie de notre étonnement ; sa mécanique, son art, ses ressources, ses désordres même, emportent toute notre admiration ; trop petit pour cette immensité, accablé par le nombre des merveilles, l'esprit humain succombe : *il semble que tout ce qui peut être est* », *in* Buffon, « De la manière d'étudier et de traiter de l'histoire naturelle », Premier discours (1749), *Histoire naturelle*, Gallimard, Poche, Paris, 1984 : 37 [N.d.t.].

2. *General Zoology*, vol. I (cit. Burrell).

Des exemplaires pourvus de leurs organes internes arrivent enfin, en suspension dans de l'alcool. Mais en 1800, l'Allemand Blumenbach reçoit encore un exemplaire empaillé (il en obtiendra deux dans de l'alcool l'année suivante) et le nomme *Ornithorhynchus paradoxus*. Le choix de l'adjectif est pour le moins curieux puisqu'il ne correspond pas aux usages taxonomiques. Blumenbach cherche à catégoriser quelque chose comme incatégorisable. C'est le nom d'*Ornithorynchus anatinus* qui prévaudra après lui (et on remarquera que ce nom est dictionnairique, bien qu'il dépende d'une description encyclopédique, puisqu'il signifie « au museau d'oiseau semblable à celui d'un canard »).

En 1802, les exemplaires dans de l'alcool (mâle et femelle), vus également par Blumenbach, sont décrits par Home. Home raconte également que l'animal ne nage pas à la surface de l'eau mais y remonte pour respirer, comme la tortue. Puisqu'il a sous les yeux un quadrupède poilu, Home pense aussitôt à un MAMMIFÈRE. Mais un MAMMIFÈRE doit avoir des glandes mammaires avec des tétons. Or, non seulement l'ornithorynque femelle ne présente pas ces propriétés, mais l'oviducte, au lieu de former un utérus, s'ouvre pour former un cloaque, comme chez les oiseaux et les reptiles, et ce cloaque sert à la fois de canal urinaire, intestinal et génital. Home est anatomiste et non taxonomiste. Il ne se soucie donc pas trop de classification, pour se limiter à décrire ce qu'il voit. Pourtant, l'analogie avec les organes reproducteurs des OISEAUX et REPTILES ne peut pas ne pas lui faire penser que l'ornithorynque est un OVIPARE, ou peut-être seulement ovipare (comme nous le savons à présent, il est ovipare, mais ce n'est pas un OVIPARE) et décide qu'il pourrait être ovovivipare : les œufs se forment dans le ventre de la femelle mais se dissolvent ensuite. Sur cette hypothèse, Home sera suivi par l'anatomiste Richard Owen. Mais, en 1819, celui-ci penchera pour la viviparité (et cette hypothèse se présente généralement chaque fois que l'on réfléchit au paradoxe d'un animal à pelage naissant d'un œuf).

Home trouve également que l'ornithorynque ressemble à l'échidné déjà décrit par Shaw en 1792. Mais deux animaux semblables devraient renvoyer à un genre commun, et il hasarde que ce peut être celui de l'*Ornithorhynchus hystrix*. Pour le reste, il s'attarde sur l'éperon situé sur les pattes postérieures du mâle, sur le bec lisse et le corps couvert de poils, sur la langue rugueuse qui tient lieu de dents, sur le pénis approprié pour le passage du sperme, sur l'orifice externe qui présente plusieurs ouvertures afin de distribuer le sperme sur une large surface, etc. Il finit par parler d'une « tribu » certainement proche de celle des OISEAUX et des AMPHIBIENS, en avançant, avant Darwin, une idée presque évolutionniste.

4.5.2. Mamelles sans tétons

Mais voilà qu'en 1803, Etienne Geoffroy de Saint-Hilaire crée la catégorie des MONOTRÈMES (et ici aussi, le terme exprime une propriété : « avec un seul orifice »). Il ne sait pas encore où les situer, mais il les considère comme des ovipares. En 1809, Lamarck crée une nouvelle classe, les PROTOTHERIA, en décidant que ce ne sont pas des MAMMIFÈRES puisqu'ils n'ont pas de glandes mammaires et sont probablement OVIPARES, que ce ne sont pas des OISEAUX puisqu'ils n'ont pas d'ailes et que ce ne sont pas des REPTILES puisqu'ils possèdent un cœur à quatre cavités[1]. Si une classe définissait une essence, nous aurions deux jolis cas de nominalisme pur. Mais pour l'instant, le besoin de catégoriser donne libre cours à l'imagination des hommes de science : en 1811, Illiger parle de REPTANTIA, un intermédiaire entre les REPTILES et les MAMMIFÈRES ; en 1812, Blainville parle de MAMMIFÈRES de l'ordre des ORNITHODELPHIA.

Il est bien évident que c'est en fonction de ses propriétés que l'animal peut être assigné à telle ou telle classe. On avait même fait remarquer qu'un nouveau-né ne pouvait pas téter avec un bec et qu'il fallait par conséquent faire une croix sur les MAMMIFÈRES. Mais le fait est que même une hypothèse sur la classe pousse à chercher ou à négliger certaines propriétés, ou tout simplement à les dénier.

Portons notre attention sur l'affaire des glandes mammaires, qui sont découvertes en 1824 par l'anatomiste allemand Meckel. Elles sont très grandes et couvrent pratiquement tout le corps, depuis les membres antérieurs jusqu'aux membres postérieurs, mais elles ne sont visibles que durant la période d'allaitement, pour se réduire ensuite. Voilà qui expliquerait pourquoi ces glandes mammaires n'avaient pas encore été repérées.

Est-ce qu'un animal avec des mamelles est un MAMMIFÈRE ? Oui, s'il possède également des tétons, mais l'ornithorynque femelle n'en a pas, sans parler du mâle. Elle possède en revanche, à la surface des glandes, des sortes de pores, comme s'il s'agissait de glandes sudorifères d'où le lait est sécrété. Nous savons aujourd'hui qu'il en est effectivement ainsi et que le nouveau-né ingurgite le lait en léchant ces glandes. Mais Saint-Hilaire n'avait pas tout à fait tort lorsqu'il

---

1. Pour Home, *cf.* « A description of the anatomy of the *Ornithorynchus para-doxus* », in *Philosophical Transactions of the Royal Society,* part 1, n. 4, pp. 67-84. Pour Geoffroy de Saint-Hilaire, voir « Extraits des observations anatomiques de M. Home, sur l'échidné », in *Bulletin des Sciences par la Société Philomatique,* 1803 ; « Sur les appareils sexuels et urinaires de l'Ornithorynque », in *Mémoires du Muséum d'Histoire Naturelle,* 1827. Pour Lamarck, *Philosophie zoologique,* Paris, 1809.

refusait de voir ces organes comme des mamelles. Il était fermement convaincu que les MONOTRÈMES étaient des OVIPARES et ne pouvaient donc être des MAMMIFÈRES. Il considérait donc les glandes vues par Meckel comme quelque chose de semblable aux glandes que portent les musaraignes sur leurs flancs, des glandes sécrétant une substance destinée à attirer les mâles durant la saison des amours. Peut-être étaient-ce des glandes qui sécrétaient un parfum, ou une substance rendant la peau imperméable à l'eau, ou peut-être des glandes semblables auxdites glandes mammaires des marsouins et des baleines, qui sécrètent non pas du lait mais du mucus (mais aussitôt cette hypothèse avancée, on découvre un marsouin en période d'allaitement, et l'on observe qu'il sécrète du lait). Meckel extrait une substance lactée de ces glandes, et Saint-Hilaire soutient qu'il ne s'agit pas de lait, mais d'un mucus qui se grumelle dans l'eau et sert de nourriture aux petits.

Mais Owen, partisan de l'hypothèse ovovivipare, réalise une suspension dans l'alcool de cette sécrétion et obtient des particules globuleuses, comme avec le lait, et non pas anguleuses, comme avec le mucus. Saint-Hilaire n'en démord pas. L'appareil reproducteur est celui d'un animal OVIPARE, un animal OVIPARE ne peut que produire un œuf, un animal né d'un œuf n'est pas allaité. En 1829, constatant que les MONOTRÈMES ne peuvent pas être des MAMMIFÈRES, que ce ne sont pas des OISEAUX puisqu'ils n'ont ni ailes ni plumes, que ce ne sont pas des REPTILES puisqu'ils ont le sang chaud et que ce ne sont pas des poissons puisqu'ils ont des poumons enveloppés d'une plèvre et séparés du reste par un diaphragme, Saint-Hilaire décide qu'il est nécessaire d'inventer pour eux une cinquième classe de VERTÉBRÉS (on notera qu'à l'époque, les amphibiens ne constituaient pas encore une classe à proprement parler et qu'ils étaient normalement classés parmi les REPTILES).

En prenant cette décision, Saint-Hilaire en appelle à un principe qui me semble fort important. Les taxonomies, dit-il, ne sont pas seulement des systèmes destinés à faire primer l'ordre, ce sont aussi des guides à l'action. En plaçant les MONOTRÈMES parmi les MAMMIFÈRES, la question est considérée comme résolue, alors qu'en les excluant de cette catégorie, on est contraint d'aller chercher de nouvelles propriétés. En un certain sens, Saint-Hilaire propose de créer un *genus* « ouvert », pour ne pas enrégimenter sans plus de discernement l'objet inconnu. Il propose de créer un type pour stimuler la conjecture. Et c'est la raison pour laquelle il persiste à attendre ces œufs qui n'ont pas encore été découverts, mais qui devraient faire leur apparition un jour ou l'autre.

4.5.3. A la recherche de l'œuf perdu

Saint-Hilaire perdra son pari au sujet des mamelles : l'ornithorynque possède bel et bien des glandes mammaires (ce sera donc un MAMMIFÈRE, même s'il s'y sent quelque peu mal à l'aise, assis sur le strapontin des MONOTRÈMES, avec l'échidné pour seule compagnie) ; mais il gagnera son pari au sujet des œufs.

Depuis 1817, John Jameson fait allusion aux œufs dans des rapports qu'il écrit de Sydney. Le fait n'est cependant pas certain. En 1824 , Saint-Hilaire le considère pourtant comme un fait établi. Voir un ornithorynque en train de pondre n'est pas chose facile (on suppose qu'il le fait dans son intimité, dans les profondeurs d'un terrier inaccessible à un explorateur humain) et on s'en remet alors à ceux qui devraient en savoir un peu plus à ce sujet, aux autochtones. Patrick Hill écrit en 1822 : « Cookoogong, un indigène, chef de la tribu des Boorah-Boorah, dit qu'ils savent fort bien que cet animal pond deux œufs qui ont la taille, la couleur et la forme des œufs de poule. » Nous savons aujourd'hui que les œufs sont très petits, ils mesurent moins de deux centimètres : Cookoogong se trompe donc sur la dimension ou éprouve des difficultés pour s'exprimer en anglais, ou bien est-ce Hill qui ne comprend pas sa langue. Mais rien n'exclut que le chef aborigène ne soit pas tout simplement en train de mentir, disons, pour satisfaire l'explorateur.

En 1829, Saint-Hilaire reçoit d'autres informations : quelqu'un a vu les œufs, ils ont été pondus dans un trou fait dans le sable, cette fois-ci ils ont la taille des œufs d'un volatile, d'un serpent ou d'un lézard. Un dessin est également envoyé. Il semblerait donc que les informateurs les aient véritablement vus. Hélas, on pense aujourd'hui qu'il s'agissait probablement de l'œuf d'une tortue, la *Chelodina longicollis*. De plus, Saint-Hilaire estime que des œufs de cette taille ne peuvent pas passer à travers l'anneau pelvien d'un platypus femelle – c'est donc par erreur qu'il a raison, puisqu'il ne tient pas compte du fait que ces œufs avaient été trouvés dans le sable, c'est-à-dire probablement à une phase avancée de leur développement.

En 1831, le lieutenant Maule ouvre des terriers et trouve des coquilles d'œuf. Les adversaires de l'oviparité annoncent alors que ce sont des excréments, recouverts de sels urinaires, comme on en trouve chez les oiseaux, puisque l'urine et les fèces sont expulsées par le même orifice. En 1834, le docteur George Bennett, pro-vivipare, réussit à mettre en contradiction les informateurs indigènes qui parlent d'œuf : lorsqu'il leur montre un œuf ovale, ceux-ci lui affirment qu'il s'agit d'un œuf de Mullagong, mais lorsqu'il leur montre un œuf rond, ils affirment qu'il s'agit encore d'un *cabango* (œuf) de Mullagong. Pourtant, ils poursuivent en disant que le petit Mullagong *tumble down*, qu'il dégringole. On ne dégringole pas d'un œuf, mais du ventre de la femelle. Bennett admet que les indigènes ne savent pas bien s'exprimer en anglais. Mais qui sait ce que Bennett leur a demandé et ce qu'ils ont compris, qui sait comment étaient ses ovales et ses cercles, qui sait ce qu'était cet autre *gavagaï*...

En 1865, Richard Owen (du parti anti-œuf) reçoit une lettre d'un certain Nicholson, envoyée en septembre 1864. Elle explique comment, dix mois auparavant, une femelle avait été capturée et donnée au *gold-receiver* du district. Celui-ci l'avait mise en cage et avait trouvé, le matin suivant, deux œufs de la taille de ceux d'une corneille cette fois-ci. Les œufs étaient souples et ne présentaient pas de coquille calcaire. Nicholson dit les avoir vus, mais il poursuit en disant que quelqu'un, deux jours après, les avait jetés et avait tué l'animal (en trouvant dans son ventre un grand nombre de ce que ses informateurs appelaient « œufs » – mais peut-être était-ce des ovules). Une lettre ultérieure du *gold-receiver* semble confirmer le fait. Owen publie les deux lettres et se demande ce que ces deux œufs hypothétiques pouvaient contenir. S'ils s'étaient ouverts et si on avait vu un embryon ou au moins un vitellus, s'ils avaient été mis dans une bouteille d'alcool... Hélas ! On n'en sait rien. Peut-être n'était-ce que l'effet de l'avortement de l'animal effrayé. Burrell (1927 : 44) doit donner raison à Owen, qui se comporte comme un scientifique prudent ; il observe en outre que ces œufs ne pourraient avoir eu la taille et la forme des œufs de n'importe quel volatile définissable, comme une corneille, et suggère qu'il pourrait s'agir de la farce d'un mauvais plaisantin qui aurait glissé des œufs d'oiseau dans la cage.

Le débat se poursuivra dans les revues scientifiques pendant un grand nombre d'années, jusqu'à ce qu'en 1884 (quelque quatre-vingt-six ans après la découverte de l'animal) W.H. Caldwell se rende sur place pour observer les faits et envoie à l'université de Sydney un télégramme resté célèbre : « Monotrèmes ovipares, ovule méroblastique » (la seconde information établissant que le mode de division cellulaire de l'embryon est typiquement reptilien).

Fin de la controverse. Les MONOTRÈMES sont des MAMMIFÈRES et des OVIPARES.

4.6. Négociations et contrats

4.6.1. Quatre-vingts ans de négociations

Quelle est la morale de l'histoire ? Nous pourrions dire, en premier lieu, qu'il s'agit d'une splendide illustration de la façon dont les énoncés d'observation ne peuvent être proférés qu'à la lumière d'un cadre conceptuel ou d'une théorie qui leur donne un sens. En d'autres termes, toute tentative de comprendre ce qui est perçu consiste, dans un premier temps, à chercher à enserrer l'expérience dans un système catégoriel préalable (comme dans le cas de Marco Polo et des rhinocéros). Mais il faudrait dire, en même temps, que les observations mettent en crise le cadre catégoriel (comme dans le cas de Marco Polo), un cadre qu'il faudra donc chercher à réadapter. On procède par conséquent en réajustant le cadre catégoriel en fonction des nouveaux énoncés d'observation et, parallèlement, en reconnaissant des énoncés d'observation comme vrais en fonction du cadre catégoriel assumé. Au fur et à mesure que l'on catégorise, on s'applique à identifier de nouvelles propriétés (certainement sous la forme d'une encyclopédie désordonnée) ; au fur et à mesure que de nouvelles propriétés sont découvertes, on essaie de réorganiser le dispositif catégoriel. Mais toute hypothèse sur le cadre catégoriel à assumer influence la façon de rendre les énoncés d'observation comme valides et de les considérer comme tels (ainsi, celui qui veut faire de l'ornithorynque un mammifère ne cherche pas les œufs ou se refuse à les reconnaître lorsqu'ils entrent en scène, tandis que celui qui veut faire de l'ornithorynque un ovipare cherche à nier l'existence des mamelles et du lait). La dialectique de la cognition et de la connaissance, ou de la connaissance et du savoir, si l'on veut, est ainsi faite.

Mais cette conclusion est-elle suffisante ? Le fait est que l'existence et des mamelles et des œufs a fini par être démontrée. Nous pourrions dire, dans un cas comme dans l'autre, qu'une théorie s'est imposée, obligeant les chercheurs à trouver quelque chose dont la théorie revendiquait l'existence, et que si un parti pris académique concernant l'autre théorie avait prévalu (car le mécanisme de confrontation entre les théories est également ainsi fait), les mamelles ou les œufs n'auraient peut-être jamais été vus. Mais le fait est que les mamelles et les œufs ont fini par être découverts, de sorte qu'il semble bien difficile, aujourd'hui, de refuser à l'ornithorynque la propriété d'allaiter ses petits et de pondre.

L'histoire de l'ornithorynque tendrait alors à démontrer que les faits finissent toujours par triompher des théories (et que le « flambeau de la vérité », comme le disait Peirce, va toujours de l'avant, pas à pas, malgré les obstacles qu'il rencontre). Mais la littérature en la matière nous laisse penser que l'on n'a pas fini de découvrir de nombreuses et insoupçonnables propriétés de l'ornithorynque et on pourrait dire qu'il n'en est ainsi que parce que la théorie triomphante a voulu que l'ornithorynque figure parmi les mammifères. Peirce nous tranquilliserait : il suffit d'attendre, la Communauté finira par trouver un accord.

Pourtant, nous nous rappelons la décision que prit Shaw en 1799 : on pourrait certainement essayer de placer d'emblée l'animal inconnu dans une classe quelconque, mais contentons-nous pour l'instant de décrire tout ce que nous voyons. Et ce que les naturalistes ont su sur l'ornithorynque, avant même de décider à quelle classe il fallait l'associer et alors qu'ils en débattaient encore, c'est qu'il s'agissait de quelque chose d'étrange, certainement un animal, qui pouvait être reconnu à partir de quelques instructions pour son identification (bec, queue de castor, pattes palmées, etc.).

Les naturalistes, durant plus de quatre-vingts ans, n'ont été d'accord sur rien, sauf sur le fait qu'ils parlaient de *cette* bête faite de telle et telle sorte, dont on reconnaissait peu à peu les exemplaires. Cette bête pouvait être ou ne pas être un MAMMIFÈRE, un OISEAU, un REPTILE, sans cesser pour autant d'être cette maudite bête qui, comme l'avait observé Lesson en 1839, venait se mettre en travers du chemin tracé par la méthode taxonomique, afin de mettre au jour son manque de fondement.

L'histoire de l'ornithorynque est l'histoire d'une longue *négociation*. En ce sens, c'est une histoire exemplaire. Mais cette négociation avait une base : l'ornithorynque ressemblait à un castor, à un canard ou à une taupe et non à un chat, à un éléphant ou à une autruche. S'il faut se rendre à l'évidence qu'il existe une composante iconique de la perception, l'histoire de l'ornithorynque est là pour nous le dire. Toute personne qui voyait un ornithorynque, ou en voyait un dessin, ou un exemplaire empaillé ou conservé dans du formol, se rapportait à un TC commun.

Il y eut plus de quatre-vingts ans de négociations, mais c'est toujours en direction des résistances et des lignes de tendance du *continuum* que s'orientaient les pourparlers. La décision, certainement issue d'une négociation, c'est-à-dire contractuelle, de reconnaître que certains traits n'étaient pas niables résultait de la présence de ces résistances. Au départ, et pour quelques décennies, on était prêt à tout effacer au sujet de l'ornithorynque, le fait que c'était un mammifère ou un ovipare, qu'il avait ou n'avait pas de mamelles, mais certainement pas la propriété d'être cet animal fait de telle et telle sorte que quelqu'un avait découvert en Australie. Même en pleine controverse, tous savaient qu'ils étaient en train de se référer au même TC. Les propositions sur le CM variaient, mais un même CN se tenait toujours à la base de leurs négociations.

Que ce bec fût ineffaçable (même s'il n'aurait pas dû y être, ou surtout parce qu'il n'aurait pas dû se trouver là), cela est révélé par les noms au moyen desquels l'animal a été désigné, aussi bien dans le langage commun que dans le langage scientifique, au cours de la controverse, et dès le départ : *Duckbilled Platypus, Schnabeltier, Ornithorynque.*

4.6.2. Hjelmslev « vs » Peirce

J'ai longtemps redouté que l'approche sémiotique du *Trattato* ne souffre de syncrétisme. Que voulait dire chercher, comme je l'ai fait, à réunir la perspective structuraliste de Hjelmslev et la sémiotique cognitivo-interprétative de Peirce ? Hjelmslev nous montre en quoi notre compétence sémantique (et donc conceptuelle) est de type catégoriel, basée sur une segmentation du *continuum* en vertu de laquelle la forme du contenu se présente structurée en oppositions et en différences. On distingue un mouton d'un cheval par la présence ou l'absence de certaines marques dictionnairiques, telles que OVIN ou ÉQUIN, et on laisse comprendre que cette organisation du contenu impose une vision du monde.

Il y a cependant deux façons de considérer cette organisation du contenu : ou bien elle assume ces marques comme des primitifs qui ne sont pas ultérieurement interprétables (et on ne nous dit pas quelles sont les propriétés d'un équin ou d'un ovin), ou bien elle exige que ces composantes soient interprétées à leur tour. Mais lorsqu'on entre dans la phase d'interprétation, la rigide organisation structurale se dissout, hélas, dans le réticule des propriétés encyclopédiques disposées le long du fil potentiellement infini de la sémiose illimitée. Comment est-il possible que les deux perspectives puissent coexister ?

Les réflexions qui précèdent nous disent qu'elles *doivent* coexister, car à vouloir en choisir seulement une, on ne rend pas raison de notre façon de connaître et d'exprimer ce que nous connaissons. Il est indispensable de les faire coexister sur le plan théorique puisque, sur le plan de nos expériences cognitives, nous avançons en cherchant à ménager – si l'expression ne paraît pas trop réductrice – la chèvre et le chou. L'équilibre instable de cette coexistence n'est pas (théoriquement) syncrétique, puisque c'est en vertu de cet équilibre heureusement instable que notre connaissance progresse.

Et voilà que le moment catégoriel et le moment observatif ne s'opposent alors plus comme deux modes de connaissance inconciliables. Ils ne sont pas même juxtaposés par syncrétisme : ce sont deux manières complémentaires de considérer notre compétence propre puisqu'ils s'impliquent tour à tour, ne serait-ce que durant le moment « auroral » de la connaissance (c'est-à-dire lorsque l'Objet Dynamique est un *terminus a quo*).

Considérons à présent une objection possible. Pourquoi devrait-on entendre les *taxa* comme des produits culturels (puisqu'ils tendent finalement à reprendre à leur compte des classes d'énoncés d'observation : les mammifères sont nommés comme tels parce que *de fait* ils allaitent leurs petits), définis à l'intérieur d'un système du contenu, et voir en revanche la présence ou l'absence de mamelles et la ponte ou la parturition comme des données d'observation ? Pourquoi le fait de reconnaître quelque chose comme un œuf plutôt que comme un ovule, ou le fait de décider que telle chose est du lait et non du mucus, dispenserait-il ces données d'observation d'un système structuré de concepts, seulement à l'intérieur duquel quelque chose est ou n'est pas un œuf ? La sémiotique structurale n'a-t-elle pas fourni une analyse positive de propriétés, telles que *dur/mou*, permettant de distinguer une chaise d'un fauteuil ?

C'est que le fait de constituer un système de *taxa* se base justement sur la capacité abstractive de regrouper le plus possible suivant des classifications extrêmement compréhensives (et c'est précisément pour cela qu'il est difficile, au niveau de l'expérience *folk,* de décider si une girafe et une baleine sont toutes deux des mammifères), alors qu'aucune sémantique structurale n'a jamais réussi à constituer un système total d'oppositions qui rende compte de toute notre connaissance et de toutes les utilisations du langage, à l'intérieur duquel l'œuf et la colonne vertébrale, le parfum de violette et l'escalade trouvent une place précise. Bien au contraire, on s'est toujours limité, à titre d'exemple, à prendre en compte des champs d'investigation très restreints, tels que les meubles pour s'asseoir, justement, ou les relations de parenté. Cela n'exclut pas que l'on puisse construire un jour (en théorie) le système global du contenu (si ce système n'existe pas déjà dans l'esprit divin), mais cela nous dit simplement (et précisément parce que les concepts empiriques ne peuvent jamais épuiser toutes leurs déterminations, comme le disait Kant) que nous ne pouvons procéder qu'au moyen de mises en ordre provisoires et de corrections successives.

L'énoncé d'observation *ceci est un œuf* dépend également de conventions culturelles. Mais, même si œuf et mammifère sont deux concepts provenant d'une segmentation culturelle du contenu, et si le concept même de mammifère tient compte des données de l'expérience, le rapport qu'entretiennent la construction d'un concept et l'expérience perceptive (et c'est sur cela que se fonde la différence entre CN et CM) est différent.

Lorsqu'on affirme qu'il faut recourir à un système de conventions culturelles (ou, comme on l'a vu, le reconstruire) pour décider si un animal est ou n'est pas un MAMMIFÈRE, mais qu'il suffit de se fier intuitivement à la perception et à la connaissance élémentaire du langage que l'on est en train d'utiliser pour décider si quelque chose est un œuf, on affirme quelque chose qui dépasse la seule évidence intuitive. Bien sûr, on ne pourra pas s'accorder sur la reconnaissance d'un œuf avec la personne qui n'a pas été habituée à appliquer le mot *œuf* à un certain TC (qui prend déjà en considération la forme, la présence de vitellus et d'albumen, le présupposé selon lequel un être vivant pourrait et aurait pu naître de cet objet s'il est ou avait été couvé comme il se doit). Donc, le consensus perceptif naît aussi et toujours d'un accord culturel préalable, aussi vague et *folk* soit-il[1]. Ce qui confirme ce que je cherchais à dire un peu plus haut, à savoir que le moment structural et le moment interprétatif alternent et se complètent l'un l'autre, pas à pas, au cours du processus de connaissance. On ne peut cependant nier que c'est le témoignage des sens qui prévaut dans l'acte de définir un œuf comme tel, tandis que ce sera la connaissance des classifications et notre accord sur un système taxonomique donné qui prévaudra pour définir un mammifère comme tel.

Lorsqu'on décide ensuite d'épurer les jugements perceptifs et qu'on se heurte à la question de savoir si quelque chose est du mucus ou du lait, l'expérience perceptive demande alors à être traitée en termes culturels : il nous faut savoir sur la base de quels critères de classification chimique le lait se distingue du mucus. Mais, encore une fois, nous avons le témoignage d'une oscillation et d'une complémentarité constantes entre nos deux façons de comprendre le monde. A un moment donné, le TC commun qui aurait permis à Saint-Hilaire de reconnaître quelque chose comme du lait a dû céder sa place à un CM constituant déjà un tissu d'oppositions structurées. Et sur la base de ce CM, il était inévitable de donner raison à Meckel et à Owen.

---

1. A moins qu'il ne se manifeste non pas à travers le langage mais à travers le comportement. Mettez dix hommes dans le désert et faites-les marcher, après dix jours de soif, faites-leur rencontrer trois palmiers et un puits rempli d'eau : les dix hommes se jetteront vers l'eau et non vers les palmiers. Ont-ils reconnu l'eau ? Le problème est mal posé, ils ont certainement reconnu quelque chose qu'ils désiraient tous autant. Mais pour dire que ces hommes ont *reconnu* l'eau, il faudrait que nous les ayons poussé à interpréter verbalement leur comportement ou que deux d'entre nous se soient mis d'accord pour interpréter leur comportement de cette façon-là – nous serions donc revenus au point de départ.

4.6.3. Où se trouve le « continuum » amorphe ?

Tout cela nous ramène à l'opposition entre la pression systématique, ou *holiste*, d'un système de propositions et la possibilité
d'*énoncés d'observation* dépendants de l'expérience perceptive.

Postuler une sémiose perceptive devrait remettre en lumière la fracture entre ceux qui estiment que nous mettons en forme un *continuum*
amorphe et que cette forme est un *construct* culturel, et ceux qui
estiment au contraire que ce que nous connaissons du milieu environnant est déterminé par les caractéristiques de ce milieu lui-même, dont
nous prélevons l'information *saillante* qu'il nous offre *sponte pro-
pria*.

Il semble évident que même un énoncé d'observation comme *il
pleut* ne peut être compris et jugé comme vrai ou faux qu'à l'intérieur
d'un système de conventions linguistiques sur la base desquelles nous
distinguons le signifié du mot *pluie* de celui du mot *bruine* ou du mot
rosée, et que le concept de « pluie » dépend donc non seulement de
certaines conventions lexicales mais également d'un système cohérent
de propositions concernant les phénomènes atmosphériques. Pour
reprendre une formule que Putnam attribue à West Churchman, lequel
l'attribuait à A.E. Singer Jr, qui l'entendait à son tour comme un
résumé efficace de la pensée de James (Putnam 1992 : 20), « la
connaissance des faits présuppose la connaissance des théories, la
connaissance des théories présuppose la connaissance des faits ».
Mais le signifié du mot *pluie* ne dépend pas de la notion chimique
d'eau, sans quoi ceux qui n'ont pas la moindre connaissance scientifique ne pourraient pas affirmer qu'il est en train de pleuvoir, et sans
quoi chacun d'entre nous l'asserterait faussement en cas de « pluie
acide », où Dieu seul sait ce qui nous tombe alors du ciel.
Pareillement, pour observer qu'il fait soleil, ou que la lune est pleine,
il faut certainement partager une sorte de segmentation, aussi naïve
soit-elle, du *continuum* astronomique, mais il n'est pas indispensable
de connaître la différence astrophysique entre une étoile et une planète.

Une segmentation naïve du *continuum* peut survivre même à
l'intérieur d'un système de notions interconnexes qui la dénie : nous
assertons tranquillement que le soleil s'est levé, alors que nous
devrions savoir, à la lumière du système de notions sur lequel se base
notre savoir même, que le soleil ne tourne pas.

Essayons de nous imaginer une controverse idéale entre Galilée, un
de ses adversaires ptolémaïques, un centriste tel que Tycho Brahé,
Kepler et Newton. Je crois qu'il ne faut pas une grande fantaisie pour
imaginer que tous les interlocuteurs s'accorderaient sur le fait que le

soleil ou la lune était visible dans le ciel à tel ou tel moment, sur le fait qu'ils se présentaient tous deux sous forme circulaire et non carrée, et qu'ils éclairaient sur Florence quelque chose qu'ils reconnaissaient tous comme des arbres. Toutefois, à l'intérieur des différents systèmes de propositions, le mouvement, la distance, les fonctions du soleil et de la lune, des notions telles que la masse, l'épicycle et le déférent, la gravité ou la gravitation assumaient non seulement des valeurs différentes, mais pouvaient également être directement reconnus ou niés. Et même si chacun d'entre eux entretenait un cadre de référence conceptuel différent, ils percevaient tous et de la même façon certains objets et certains phénomènes.

Le mouvement du soleil était apparent pour Galilée et réel pour ses adversaires. Cette différence avait son importance dans un système cohérent de propositions sur l'univers, mais elle n'en a aucune par rapport à l'énoncé d'observation sur lequel ils s'accordaient tous.

Dire que tout le monde perçoit une éclipse de lune est une chose, et dire quel est le mouvement des corps célestes qui produit la perception de l'éclipse en est une autre. Le premier problème concerne la façon dont se forme un jugement perceptif (qui, aussi indépendant soit-il de la structure de notre appareil cognitif, doit toujours rendre raison du divers de la sensation), tandis que le second concerne un système de propositions (pour Kant, un système de jugements d'expérience), qui se ressent très certainement des rapports structuraux internes. Lorsqu'on parle d'holisme, on entend la solidarité d'un système de propositions ; lorsqu'on parle en revanche de perception, même si l'on peut avancer l'hypothèse selon laquelle cette perception est influencée par un système de propositions créant une série d'expectatives, on parle d'*énoncés d'observation* qui doivent rendre compte, d'une manière ou d'une autre, de tout ce que le milieu environnant nous propose immédiatement.

Je sais fort bien que le fait de soutenir l'existence d'énoncés d'observation indépendants d'un système général de propositions a été dénoncé par Davidson comme le troisième dogme de l'empirisme ; mais on ne peut renoncer au fait qu'il est à l'évidence plus facile de négocier (en un temps extrêmement bref) notre assentiment à l'énoncé : « Fais attention à la marche ! », que de négocier notre assentiment à l'énonciation de la seconde loi de la thermodynamique. La différence tient en ce que le premier énoncé m'autorise à effectuer immédiatement un contrôle sur des bases perceptives (le concept de *marche* est un « concept empirique »). Ainsi, dans l'histoire racontée en **3.5.1**, Gabriel et Belphégor pouvaient avoir des notions fort différentes concernant la vertu, mais ils étaient pareillement en mesure de distinguer la différence sexuelle entre Joseph et Marie.

Donc, même en admettant que tout système culturel et tout système linguistique sur lequel celui-ci s'appuie segmentent le *continuum* de l'expérience à leur façon (Davidson parlerait de « schème conceptuel »), rien n'empêche que le *continuum* organisé par des systèmes de propositions s'offre toujours à nous selon des *lignes de résistance* donnant des directives pour une perception qui reste intersubjectivement homogène pour des sujets se rapportant à différents systèmes de propositions. La segmentation du *continuum* effectuée par un système de propositions et de catégories tient compte, d'une manière ou d'une autre, du fait que ce *continuum* n'est absolument plus amorphe, c'est-à-dire du fait que si ce *continuum* est *propositionnellement amorphe*, il n'est absolument pas *perceptivement chaotique*, puisque des objets interprétés et constitués comme tels à un niveau perceptif ont déjà été découpés en lui, comme si le *continuum* dans lequel un système de propositions découpe ses configurations avait déjà été défriché par une sémiose « sauvage », qui n'est pas encore systématique. Avant de décider que le soleil est un astre, une planète ou un corps immatériel qui tourne autour de la terre ou se tient au centre de l'orbite de notre planète, il y a eu la perception d'un corps lumineux de forme circulaire se déplaçant dans le ciel, et cet objet a aussi été un objet familier pour nos ancêtres qui n'avaient peut-être pas encore élaboré de nom pour le désigner[1].

4.6.4. Vanville

Tout cela impose une réflexion sur le concept de vérité. Y a-t-il une différence entre dire qu'il est vrai que quelque chose est un œuf et dire qu'il est vrai que quelque chose est un mammifère ? Ou entre dire qu'il est vrai que quelque chose est une montagne et dire qu'il est vrai que quelque chose est une MONTAGNE ? Si l'oscillation perpétuelle dont nous avons parlé entre une organisation structurale et des interprétations en termes d'expérience n'existait pas, la réponse serait

---

1. L'analyse de Hjelmslev (1943), selon laquelle l'espace sémantique que recouvre le terme français *bois* ne coïncide pas avec celui que recouvre le terme italien *legno,* nous dit que la catégorie « bois », pour un locuteur français, embrasse aussi bien le bois de chauffage que le bois de construction (qu'un Anglais nommerait *timber*) ou le bois comme ensemble d'arbres (qu'un Italien nommerait *bosco*). Cette segmentation du *continuum* peut correspondre à ce que Davidson, en le rejetant, appelle un schème conceptuel. Mais il est bien évident que le locuteur français a un TC pour le bois comme matériau et un TC pour le bois comme petite forêt, même si sa langue l'oblige à employer un terme homonyme. De la même manière, un Italien distingue très bien entre le fils de la fille et le fils du frère même s'il emploie le seul terme homonyme *nipote* pour désigner et le petit-fils et le neveu.

facile : dire que quelque chose est un MAMMIFÈRE ou une MONTAGNE ne peut être vrai qu'à l'intérieur d'un langage L, tandis que dire que quelque chose est un œuf ou une montagne est vrai en termes d'expérience. Nous avons vu cependant que, même pour reconnaître un œuf, on ne peut pas se soustraire aux liens posés par un langage L, ce langage en vertu duquel on a décidé que les OISEAUX sont tels en tant qu'ils pondent (mais que les animaux qui pondent ne sont pas tous des OISEAUX).

Il y a une définition de la vérité qui apparaît dans le *Dictionnaire* de Greimas-Courtés (1979) et qui semble avoir été inventée pour irriter ceux qui adhèrent à une sémantique véri-fonctionnelle, sans parler de ceux qui soutiennent une théorie correspondantiste de la vérité :

> La vérité désigne le terme complexe qui subsume les termes *être* et *paraître* situés sur l'axe des contraires à l'intérieur du carré sémiotique des modalités véridictoires. Il n'est pas inutile de souligner que le « vrai » est situé à l'intérieur du discours, car il est le fruit des opérations de véridiction : ceci exclut ainsi toute relation (ou toute homologation) avec un référent externe.

Le *Dictionnaire* a peut-être trouvé la façon la plus compliquée de dire non pas quelque chose de simple, bien sûr, mais quelque chose qui n'est pas dit pour la première fois. Je veux dire par là que le concept de vérité en vient à être situé dans le contexte d'un système du contenu, que sont « vraies » les propositions que le destinataire considère comme déjà garanties à l'intérieur de son modèle culturel et que l'intérêt des analyses disparaît de la vérification protocolaire de ce qui peut être asserté comme vrai (position du néo-positivisme logique et du premier Wittgenstein) pour réapparaître au sein des stratégies de l'énonciation en vertu desquelles, à l'intérieur d'un discours, quelque chose apparaît acceptable en tant que vrai (véridiction).

Cette position était moins scandaleuse et moins imperméable aux propos (apparemment opposés) que tient la philosophie analytique. La position de Greimas se fonde sur une version hjelmslevienne du paradigme structuraliste, et la version hjelmslevienne anticipait (et quand elle n'a pas anticipé, elle accompagnait en parallèle – les dates le montrent clairement[1]) le développement de cette critique interne au

---

1. Les *Prolégomènes* de Hjelmslev datent de 1943. « Les deux dogmes de l'empirisme » de Quine datent de 1951. *La structure des révolutions scientifiques* de Kuhn date de 1962. Que les deux courants se soient ensuite continués de façon indépendante, c'est autre chose. Hjelmslev connaissait Carnap, et je peux témoigner, sur la base de mes relations personnelles, que Kuhn ne connaissait pas Hjelmslev, mais qu'il

néo-positivisme logique et à la philosophie analytique connue sous le nom de *holisme,* la mise en crise de la différence entre analytique et synthétique, le principe d'assertabilité garantie, le réalisme interne, l'identification de paradigmes scientifiques comme structures «incommensurables» ou du moins difficilement traduisibles de l'une à l'autre. Plus que d'anticiper, elle a influencé en partie, même si ce n'est pas directement, la critique de la connaissance comme Miroir de la Nature et l'idée de Rorty (1979) selon laquelle toute représentation est une médiation et selon laquelle nous devons abandonner la notion de correspondance et nous intéresser aux énoncés en connexion avec d'autres énoncés plutôt qu'aux énoncés en connexion avec le monde.

La seule différence tient en ce qu'on cherche toujours, dans la perspective dite holiste, à définir en quel sens quelque chose peut être assumé comme vrai, quand bien même ce serait en termes d'«assertabilité garantie», alors que dans le cadre sémio-structuraliste, dont Greimas représente sans doute la branche la plus radicale, on avait cherché à comprendre comment nos discours nous *font croire* que quelque chose est considéré comme vrai.

Néanmoins, les limites de cette conception sont données par le fait que pour pouvoir dire si et comment quelqu'un accepte quelque chose comme vrai, et pour lui faire croire que ceci est vrai, il faut également assumer qu'il existe un concept naïf de vérité, le concept même qui nous autorise à dire que l'énoncé *aujourd'hui il pleut* est empiriquement vrai dans le contexte au sein duquel il est prononcé. Il ne m'apparaît pas que ce critère existe à l'intérieur du paradigme structuraliste.

Mais le problème, c'est que ce critère n'existe pas non plus à l'intérieur du paradigme véri-fonctionnaliste. En tout cas, il n'est pas fourni par le critère tarskien de la vérité puisque celui-ci concerne la manière de définir les conditions de vérité d'une proposition, mais non la manière d'établir si la proposition est vraie. Et dire que comprendre le signifié d'un énoncé signifie connaître ses conditions de vérité (c'est-à-dire comprendre à quelles conditions il serait vrai) ne revient pas à prouver que l'énoncé est vrai ou faux.

Bien sûr, le paradigme n'est certainement pas aussi homogène qu'on le croit généralement et on a également tendance à interpréter le critère tarskien à partir d'une gnoséologie correspondantiste. Mais quelle que soit la façon dont Tarski pouvait penser cette gnoséologie[1],

---

s'était promis de revoir la tradition structuraliste dans certains écrits qu'il n'a pas pu achever avant sa mort. J'ignore ce que Quine connaît de la tradition structuraliste.

1. Voilà en tout cas la façon dont Tarski pensait cette gnoséologie (pour lui « épistémologie ») correspondantiste dans « La conception sémantique de la vérité et les fondements de la sémantique » (*Logique, sémantique, métamathématique,* 1923-1944, p. 295) : « Ainsi pouvons-nous accepter la conception sémantique de la vérité

il est difficile de lire en un sens correspondantiste la célèbre définition

(i) « la neige est blanche »
est vrai si et seulement si
(ii) la neige est blanche.

Nous sommes en mesure de dire quel type d'entité logique et linguistique est (i) – il s'agit d'un énoncé qui véhicule une proposition dans un langage-objet L – mais nous n'avons encore aucune idée de ce qu'est (ii). S'il s'agissait d'un état de choses, ou d'une expérience perceptive, nous serions alors très embarrassés : un état de choses est un état de choses et une expérience perceptive est une expérience perceptive, mais non un énoncé. L'énoncé est produit pour exprimer un état de choses ou une expérience perceptive. Mais si ce qui apparaît en (ii) est un énoncé portant sur un état de choses ou sur une expérience perceptive, ce ne peut être un énoncé exprimé dans L, puisqu'il doit nous garantir la vérité de la proposition exprimée par l'énoncé (i). Ce sera donc un énoncé exprimé dans un métalangage L^2. Mais alors, la formule de Tarski devrait être traduite :

(i) La proposition « la neige est blanche », véhiculée par l'énoncé (en L)
la neige est blanche
est vraie si et seulement si
(ii) la proposition « la neige est blanche », véhiculée par l'énoncé (en L^2) *la neige est blanche,* est vraie.

Il est évident que cette solution est destinée à produire un sorite d'énoncés infinis, où chaque énoncé est exprimé dans un nouveau métalangage[1].

_____

sans abandonner nos positions épistémologiques quelles qu'elles soient. Nous pouvons demeurer réalistes naïfs, réalistes critiques ou idéalistes, empiristes ou métaphysiciens, comme nous l'étions avant. La conception sémantique de la vérité est entièrement neutre par rapport à toutes ces attitudes. » *Cf.* Bonfantini 1976, III, 5 et Eco 1997.

1. Si nous assumions l'exemple de Tarski de façon naïve, nous nous retrouverions dans une situation semblable à celle des éditeurs de Saussure lorsqu'ils ont représenté le rapport entre signifiant et signifié comme un ovale divisé en deux, où dans la partie inférieure se tient le mot *arbre* et dans la partie supérieure le petit dessin d'un arbre. Or, le signifiant *arbre* est certainement un mot, mais le dessin de l'arbre ne veut pas et ne peut pas être un signifié ou une image mentale (car il ne peut que constituer aussitôt un autre signifiant, non verbal, qui interprète le mot du dessous). Le dessin élaboré par les éditeurs de Saussure n'avait pas d'ambition formelle, mais simplement une fonction mnémonique, nous pouvons donc nous en désintéresser. Mais avec Tarski le problème est plus sérieux.

A moins que nous n'entendions la définition en un sens strictement comportementaliste : la neige est blanche si, devant le stimulus-neige, chacun des locuteurs réagit en disant qu'elle est blanche. Outre le fait que nous nous trouverions plongés jusqu'au cou dans les difficultés de la traduction radicale, il ne me semble pas que ce soit à cela que Tarski pensait, et même s'il y avait pensé, ce ne serait pas une façon de décider si un énoncé est vrai, puisque cette définition nous dirait tout simplement que tous les locuteurs commettent la même erreur perceptive ; de même, le fait que tous les locuteurs aient dit, durant des milliers d'années, que *le soleil tombe tous les soirs dans la mer* ne constitue pas une preuve que la proposition était vraie.

Il semble plus convaincant d'admettre que, dans la formule tarskienne, (ii) tient conventionnellement lieu *d'assignation d'une valeur de vérité à* (i). L'état de choses tarskien n'est pas quelque chose par le contrôle duquel nous reconnaissons comme vraie la proposition qui l'exprime. C'est au contraire ce à quoi correspond une proposition vraie, ou ce à quoi correspond toute chose qui est exprimée par une proposition vraie (*cf.* McCawley 1981 : 161), c'est-à-dire sa valeur de vérité. En ce sens, la notion tarskienne ne nous dit pas s'il est plus vrai de dire qu'un chat est un chat que de dire qu'un chat est un mammifère.

Ainsi, nous nous retrouvons *da capo* devant la question de savoir s'il y a des critères de vérité pour les énoncés occasionnels observatifs différents de ceux pour les énoncés non observatifs.

Ces questions ont été exemplairement débattues par le Quine de « Two dogmas of empiricism ». Je reprends donc une histoire que j'avais proposée en 1990 au cours d'un congrès qui était précisément consacré à Quine[1]. Sans cette précision, on ne pourrait pas comprendre les noms des rues et des localités que j'utilise (et qui se rapportent tous à de célèbres exemples tirés de l'œuvre de Quine), ni le nom de Vanville attribué à la ville (Van est le diminutif qu'utilisent les amis de Willard Van Orman Quine pour s'adresser à lui), ni l'allusion à une maison de brique sur Elm Street, exemple typique d'un énoncé d'observation utilisé par Quine (1953).

La Figure 4.1 représente la carte de Vanville, une petite ville qui s'est développée au nord de la Gavagaï River, à l'époque des premiers pionniers. Elle est presque entièrement faite de maisons de bois, y compris l'église presbytérienne, mais à l'exception du Civic Center, puisque trois constructions en maçonnerie, avec des piliers de fonte, y ont fait leur apparition au début du siècle. La carte montre également

---

1. Le colloque, intitulé « W.V.O. Quine's Contributions to Philosophy », s'est tenu au sein de l'International Center of Semiotic and Cognitive Studies de l'Université de San Marino en mai 1990. Les actes du colloque se trouvent *in* Leonardi, P. et Santambrogio, M., ed., 1995.

qu'il y a une maison de brique sur Elm Street, mais cette maison n'a été construite qu'en 1953, comme nous le dirons plus loin.

Comme on peut le voir, Tegucigalpa Street, Pegasus Street et Giorgione Street sont des rues perpendiculaires à Elm, Orman et Willard Street ainsi qu'au Riverside Drive. Une sorte de Broadway appelé Tully Road nous dit que Vanville n'est pas nécessairement un *castrum* romain et que son développement s'est inspiré d'un certain empirisme anglo-saxon. Il y a deux places, Midtown Square et Uptown Square. Entre celles-ci, il y a des collines qui n'ont pas encore été construites. Au croisement de Pegasus Street et de Willard Street, il y a trois bâtiments en maçonnerie : la First Vanville City Bank, l'Hôtel Delmonico et la Mairie. Les habitants de Vanville l'appellent le Pegwill Center, ce qui signifie « le centre qui se trouve à l'intersection de Pegasus et de Willard » (ce qui n'est pas très différent du fait d'appeler ornithorynque un animal qui a un bec d'oiseau).

La carte est une interprétation de l'expression *Vanville,* mais sous un certain angle seulement : elle ne dit rien au sujet de la forme de ses maisons ou de la beauté de son fleuve. Les citadins savent très bien s'orienter dans la ville. Nous pouvons donc supposer que chacun d'entre eux a une certaine connaissance de la disposition des lieux et que le diagramme que constitue la carte fait donc partie de leur TC et du CN publiquement partagé[1].

Supposons à présent qu'un touriste arrive à Vanville et demande à un habitant où se trouve le Pegwill Center. En fonction de la direction d'où il provient en entrant dans la ville, il recevra des instructions de ce genre :

1. Le Pegwill Center est l'endroit où se dressent trois grands bâtiments que l'on rejoint en partant du croisement entre Tegucigalpa et Elm, en allant vers l'est le long d'Elm, puis, arrivé au croisement entre Pegasus et Elm, en tournant vers le sud et en suivant Pegasus jusqu'à l'intersection entre Pegasus et Willard.

2. Le Pegwill Center est l'endroit où se dressent trois grands bâtiments que l'on rejoint en partant du croisement entre Tully et Willard, en suivant Willard vers l'est, jusqu'à l'intersection entre Pegasus et Willard.

3. Le Pegwill Center est l'endroit où se dressent trois grands bâtiments que l'on rejoint en suivant Giorgione du nord au sud, en s'arrêtant au croisement entre Giorgione et Orman, en prenant vers l'ouest le long d'Orman, en prenant au nord au niveau du croisement entre Orman et Tegucigalpa, en poursuivant le long de Tegucigalpa jusqu'au croisement entre Tegucigalpa et Elm, en tournant vers l'est pour poursuivre le long d'Elm jusqu'à atteindre le croisement entre Elm et Tully, en tournant alors

---

1. Je parle de la *carte* et non de la « physionomie » des lieux : les observations faites en **3.7.9** valent pour le problème présent.

vers le sud-ouest le long de Tully, en traversant le Riverside et en prenant le Rabbit Bridge, en plongeant dans la Gavagaï River et en nageant vers l'est jusqu'au croisement entre Riverside et Giorgione, en empruntant ensuite Giorgione en direction du nord, en s'arrêtant au croisement entre Giorgione et Willard, et en se dirigeant enfin vers l'ouest le long de Willard jusqu'à l'intersection entre Pegasus et Willard.

Figure 4.1

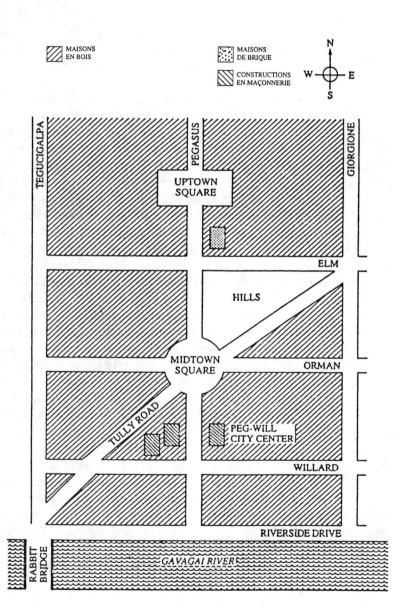

(1), (2) et (3) sont autant d'interprétations du terme *Pegwill Center.* En tant que telles, ces instructions constituent une partie du CN de *Pegwill Center,* ce sont donc des instructions pour son *repérage* (et, somme toute, aussi pour son identification, puisqu'il n'y a pas d'autres grands bâtiments dans la ville).

A première vue, l'instruction (3) a l'air étrange, mais elle ne le serait pas pour quelqu'un qui chercherait à rejoindre le Pegwill Center tout en effectuant un tour de reconnaissance de Vanville. Et puisque l'une des caractéristiques des interprétations est qu'elles nous font toujours connaître quelque chose de plus de l'Objet Immédiat interprété, l'interprétation (3) permet de connaître quelque chose de plus sur Pegwill Center au sujet des rapports qu'il entretient avec le reste de la ville.

En tant qu'énoncés, (1), (2) et (3) sont tous les trois vrais, du moins dans les limites de la carte (et de la structure de la ville). Dans notre cas (où nous sommes simplement en train d'imaginer Vanville et sa carte), il est clair que ces énoncés ne sont vrais qu'à l'intérieur d'un système d'assomptions (l'expérience de la carte est la seule expérience que nous fassions, mais cette carte représente un monde possible et ne prouve pas un état du monde réel). Néanmoins, si Vanville existait véritablement et si un véritable touriste trouvait le Pegwill Center en suivant ces instructions, il dirait la vérité en énonçant « J'ai rejoint le Pegwill Center en suivant le parcours décrit par l'instruction x. »

Un beau jour, cependant, vers 1953, quelqu'un construisit une maison de brique sur Elm Street, à l'un des angles que la rue forme avec Pegasus. Celui qui passe par là a le droit d'énoncer qu'il y a une maison de brique sur Elm Street. Il s'agirait d'un énoncé d'observation issu d'une expérience perceptive (et qui est éventuellement adopté comme vrai par d'autres personnes faisant confiance à un témoignage digne de foi). Comme tel, cet énoncé ne ruine pas toutes les assertions que l'on pouvait faire auparavant au sujet de Vanville. Par exemple, il ne rend pas moins vraies les définitions (1) à (3). Mais nous ne pouvons pas dire que cet énoncé est indépendant de la situation générale de Vanville. Si quelqu'un caractérisait cette maison comme *la maison de brique d'Elm Street,* il faudrait au moins que ce soit la seule maison de brique d'Elm Street. Dans une ville remplie de maisons de brique, dire qu'il y a une maison de brique sur Elm Street serait encore un énoncé d'observation vrai, mais il ne s'agirait plus d'une description susceptible de fournir des instructions suffisantes pour l'identification du référent.

En supposant néanmoins que cette maison d'Elm Street soit la seule maison de brique de Vanville, les interprétations possibles du

Pegwill Center s'enrichiraient dès que l'existence de cette maison serait reconnue par les habitants de la ville. Sans vouloir faire de tort à Ockham (*Quodl. Septem*, 8), pour qui on ne peut lever un doigt sans créer une infinité de nouvelles entités (puisque ce simple mouvement modifierait les relations que la position du doigt entretient avec l'ensemble des étants de l'univers), on ne peut cependant nier qu'une des nouvelles interprétations possibles du Pegwill Center devienne « ce groupe de bâtiments qui se trouve au sud de la maison de brique d'Elm Street » ou bien « ce groupe de bâtiments que l'on peut rejoindre en partant de la maison de brique d'Elm Street et en suivant Pegasus vers le sud ».

Que se passerait-il si une seconde maison de brique était construite à Vanville ? Si les habitants avaient pris l'habitude d'appeler la maison d'Elm Street *la maison de brique,* l'apparition de la seconde maison devrait entraîner le changement du nom de la première. Et l'une des définitions d'Elm Street devrait changer, pour autant que cette rue ait pu être définie par quelqu'un comme *la rue où il y a la seule maison de brique de la ville.*

Combien de faits nouveaux, avec les énoncés d'observation qu'ils génèrent, sont nécessaires pour changer radicalement un système de définitions interconnexes ? Cette question rappelle le paradoxe du tas de sable. Mais il existe toute une variété de degrés intermédiaires entre le tas complet et le simple grain de sable ; en retirant un grand nombre de grains du tas, il est au moins légitime d'affirmer qu'à un moment t le tas est plus petit qu'il ne l'était au moment$_{t-1}$.

Faisons donc un saut de 1953 à nos jours et regardons sur la Figure 4.2 l'allure de Vanville 1997 après avoir subi toute une série de transformations.

Des gratte-ciel se sont élevés peu à peu tout autour de la célèbre maison de brique et un nouveau centre-ville a été créé (la banque, la Mairie et le Musée y ont été placés, et un nouvel Hilton Hotel s'y dresse). A cause de l'expansion de la ville vers le nord, le vieil Uptown Square est devenu Midtown Square. Mais il est curieux d'observer que le nouveau City Center est encore appelé Pegwill puisqu'il se situe maintenant à l'intersection de Pegasus et de Elm : il y a des phénomènes d'inertie dans le langage (au sens même où nous appelons aujourd'hui encore « atome » quelque chose qui s'est avéré divisible). Midtown est à présent occupé par le lac artificiel Barbarelli, pour le plaisir des riches habitants des nouveaux Gaurisander Heights (un lotissement pavillonnaire s'élevant sur les collines d'autrefois). Tully Road s'interrompt au niveau du lac et se continue de l'autre côté du lac sous le nom de Cicero Road. Le vieux City Center accueille à présent les Paradox Arcades : un ensemble de magasins et de lieux de divertissement. De nouvelles maisons de brique, construites le long du Riverside Drive, forment le Venus Village, qui fut un temps un centre où les artistes se retrouvaient dans certains bars, mais à la longue ce quartier s'est transformé en quartier de *sex-shops* et de *peep-shows*. Et il est devenu dangereux de se promener la nuit du côté de Downtown Vanville.

Bien évidemment, les interprétations précédentes du Pegwill Center ne fonctionnent plus. L'énoncé (2) définit à présent les Paradox Arcades ; quant aux énoncés (1) et (3), ils ne signifient plus rien.

Les deux Vanville semblent constituer deux systèmes « incommensurables », comme on le dit des langues lorsqu'on s'interroge sur leur traductibilité réciproque. Comment les énoncés prononcés au sujet de Vanville 1953 doivent-ils être traduits pour qu'ils deviennent compréhensibles (et vrais) en ce qui concerne Vanville 1997 ? En principe, ils ne se traduisent pas. Nous nous trouvons devant deux systèmes où des mêmes noms se réfèrent à des rues différentes (au sens où Tully Road signifie quelque chose de différent pour Vanville 1997 que ce que ces mots signifiaient pour Vanville 1953).

Une série de faits particuliers et d'énoncés d'observation exprimant ces faits ont peu à peu généré un nouveau système, le système-Vanville 1997, qui ne se laisse pas mesurer à l'aune du système-Vanville 1953. On ne peut même plus considérer que l'énoncé *il y a une maison de brique sur Elm Street* est encore vrai, non seulement parce qu'il y en a une sur East Elm à présent, mais également parce que cette maison se trouve non plus près d'Uptown Square, mais près de Midtown Square, non plus au nord du Pegwill Center, mais *dans* Pegwill Center, etc.

Figure 4.2

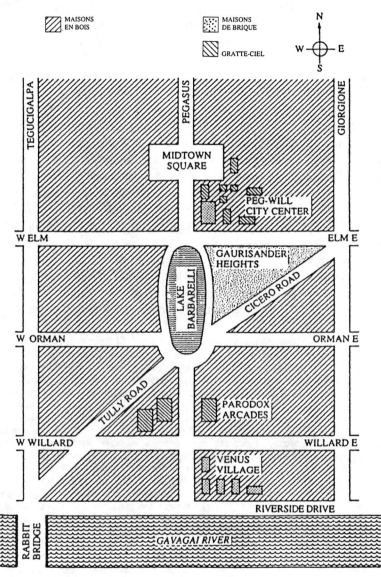

Pourtant, même si le système qui définissait cette maison de brique a complètement changé, la maison est toujours là, tout le monde peut la voir et ceux qui l'ont vue en 1953 la reconnaissent en 1997 comme la même maison.

Curieuse situation, mais situation qui n'est pas très différente de celle dans laquelle j'avais mis Galilée et Tycho Brahé, convenant qu'ils regardaient tous deux le même soleil, qu'ils voyaient tous deux la même chose, bien qu'ils fussent contraints, dans les termes du CM qu'ils attribuaient au terme *soleil,* de définir le soleil de façon différente, c'est-à-dire en fonction de deux systèmes d'assomptions différents.

Mais, même s'ils reconnaissent que la maison de brique est toujours la même maison, les habitants de la ville la perçoivent-ils véritablement de la même manière ? Aujourd'hui, à New York, écrasées entre les gratte-ciel de la Fifth Avenue, des églises néo-gothiques qui semblaient autrefois immenses et souveraines, avec leurs flèches dressées haut dans le ciel, nous semblent minuscules, presque miniaturisées. Pareillement, cette belle et majestueuse maison qui semblait si importante après qu'elle fut construite, comment apparaîtra-t-elle à présent, entre les gratte-ciel qui se sont dressés tout autour ? C'est ainsi que l'objet, d'un côté, ne change pas et reste toujours perçu comme tel, et, de l'autre, en vertu du système urbanistique dans lequel il s'insère, en vient à être vu de façon différente[1].

Le principe est également repris par Quine (1995 : 43 et s.) : les énoncés d'observation, bien que dépendants de stimuli perceptifs, « changent et se développent avec l'accroissement de la connaissance

---

1. Je voudrais renvoyer à une vieille recherche sur l'aboiement du chien (que l'on trouve à présent *in* Eco et Marmo 1989). Nous nous étions rendu compte (lors d'un séminaire sur la sémiotique médiévale) que les différents auteurs de l'époque, lorsqu'ils parlaient des formes expressives et variables que l'on pouvait opposer au langage humain articulé, citaient toujours le *latratus canis* (puis les gémissements des malades et le chant du coq). Comme il s'agissait de classifications très complexes, nous avions cherché à esquisser, pour chaque auteur, une sorte d'arbre taxonomique. Ce faisant, nous avions remarqué que l'aboiement du chien, le gémissement des malades et le chant du coq occupaient, selon les auteurs, un nœud différent de l'arbre (et apparaissaient parfois comme des exemples mêmes du comportement sémiosique, parfois comme des cas tout autres). Les auteurs médiévaux avaient l'habitude (je ne sais à quel point regrettable, mais certainement opposée à celle des modernes) de dire de nouvelles choses en feignant de répéter ce que les autres avaient dit avant eux. Il est donc toujours difficile de savoir à quel moment les positions qu'ils adoptent sont contraires à la tradition qui les précède. Cette expérience nous avait montré clairement que des discussions en apparence analogues sur des phénomènes communicationnels recelaient en réalité de profondes différences systématiques. Bref, sans pénétrer plus avant dans le sujet, l'aboiement du chien était telle chose pour un penseur et telle autre pour un autre. Le même comportement, à la lumière du système, avait un sens différent. Et pourtant il s'agissait toujours de *ce* phénomène que chaque auteur percevait comme les autres (il s'agissait de l'expérience courante d'entendre aboyer des chiens). Encore une fois, il s'agissait d'énoncés d'observations analogues (*il y a un chien qui aboie*) ou tout simplement d'énoncés sémiotiques homologues (*les chiens sont des animaux qui aboient*), et c'est la raison pour laquelle, à plusieurs siècles de distance, tous ces auteurs donnaient l'impression d'avoir le même CN de *chien.* Pourtant, ce chien qui aboyait représentait un phénomène différent en fonction du cadre d'assomption dans lequel il s'insérait et qui était propre à chaque auteur et époque, et donc en fonction de différents CM. L'aboiement du chien était comme la maison de brique de Vanville.

scientifique ». Le paramètre d'un énoncé d'observation n'est pas seulement fourni par l'expérience mais aussi par la « communauté linguistique pertinente ». C'est une « pression publique » qui oblige un sujet voyant une baleine à corriger l'énoncé d'observation : *voilà un poisson*.

Essayons de reformuler la question dans les termes de Putnam (1987 : 33) : « Il y a des faits externes, et nous pouvons dire *ce qu'ils sont*. Ce que *nous ne pouvons pas dire* – parce que ça n'a pas de sens – c'est que les faits sont *indépendants de tout choix conceptuel*. » Soit trois points spatio-temporels x_1, x_2 et x_3 ; combien d'« objets » y a-t-il ? Dans le monde carnapien, les objets seraient trois (x_1, x_2 et x_3) ; dans le monde des logiciens polonais, ils seraient sept (x_1, x_2, x_3, x_1+x_2, x_1+x_3, x_2+x_3, $x_1+x_2+x_3$). Le nombre d'objets identifiables change en fonction du cadre conceptuel. Néanmoins (je souligne) nous reconnaissons trois points spatio-temporels comme stimulus de départ. En l'absence de cet accord sur le stimulus initial, non seulement le débat sur les objets identifiables ne pourrait jamais s'amorcer, mais les deux univers ne seraient même pas comparables.

Que deux systèmes soient structurellement *incommensurables* ne veut pas dire que leurs deux structures ne puissent pas être *comparées* : les deux plans de Vanville sur lesquels nous avons joué jusqu'à présent en sont la preuve.

Nous sommes en mesure de comprendre les deux systèmes, et nous sommes en mesure de comprendre ce que signifie le fait qu'il y ait une maison de brique qui soit la même dans les deux villes. Sur cette base, nous pouvons comprendre que les instructions (1)-(3) qui pouvaient valoir pour Vanville 1953 ne valent plus pour Vanville 1997. Et pourtant, en vérifiant ce que signifiait l'expression *Tully Road* sur le premier plan, nous sommes en mesure d'établir que, dans le second plan, deux entités urbanistiques différentes, nommables comme *Tully Road* et *Cicero Road*, correspondent à ce contenu.

Ceci nous permet de dire que si nous avions trouvé une carte au trésor datant de Vanville 1953 et nous affirmant qu'« en partant du croisement entre Elm et Giorgione, en tournant en direction du sud-ouest et en suivant Tully Road, trois mètres avant d'arriver à l'angle de Midtown Square, sur la droite, est enterré un coffre rempli de doublons espagnols », cet énoncé serait traduit pour Vanville 1997 : « En partant du croisement entre East Elm et Giorgione, en tournant en direction du sud-ouest et en suivant Cicero, trois mètres avant que la rue ne forme un angle avec le lac Barbarelli, sur la droite, est enterré un coffre rempli de doublons espagnols. » L'aspect intéressant de cette histoire, c'est qu'en négociant les critères de référence et les critères de traduction entre deux systèmes considérés comme « incommensurables », nous pourrions véritablement trouver ces doublons.

Un des problèmes les plus divertissants que l'on trouve dans les vieilles (et parfois dans les nouvelles) traductions italiennes de romans policiers américains, c'est qu'il arrive souvent que le détective monte dans un taxi et annonce au chauffeur « conduisez-moi dans la basse ville ». Parfois, il demande à être conduit dans la « haute ville ». Le lecteur italien s'imagine alors que toutes les villes américaines sont comme Bergame (haute et basse) ou comme Turin, Florence, Budapest ou Tbilissi, avec une zone de plaine et des collines à l'écart de la zone fluviale. Bien évidemment, il n'en est pas ainsi. Dans le texte anglais, le détective demande à être conduit *downtown* (ou *uptown*).

Mais mettons-nous à la place du traducteur, qui souvent n'a jamais mis le pied aux Etats-Unis. Comment doit-il traduire ces deux termes ? S'il s'avisait de demander des explications à un natif, celui-ci lui répondrait que *uptown* et *downtown* sont des concepts qui changent d'une ville à une autre : ils signifient parfois le centre d'affaires, parfois le quartier du vice, et donc la partie la plus ancienne de la ville, parfois la zone qui s'étend en bordure du fleuve, selon la manière dont s'est développée la ville ; à New York, par exemple, ces concepts sont parfois absolus (Wall Street se trouve très certainement *downtown*) et parfois relatifs (en prenant un taxi à Central Park et en cherchant à aller au Village, on dit au chauffeur d'aller *downtown,* mais si l'on prenait le taxi à Wall Street, on lui dirait d'aller *uptown*).

Des solutions ? Il n'y a pas de règle. Il faudrait savoir dans quelle ville l'histoire se passe, regarder la carte (et consulter un bon guide), comprendre ce que le détective est sur le point de faire (visiter une maison de jeu, un hôtel cinq étoiles, un bar malfamé, chercher une femme) et en fonction de cela, au coup par coup, lui faire dire au chauffeur de taxi de le conduire au centre, dans le quartier des affaires, dans la vieille ville, au port, ou de le conduire où diable il voudrait aller. Le référent de *downtown* est négocié dans la mesure où le signifié est négociable, en fonction de la ville (du système).

La possibilité qu'un énoncé d'observation se révèle vrai est aussi matière à négociation. Et cela n'empêche pas que l'énoncé d'observation se base sur l'évidence perceptive, sur le fait que cette maison de brique a été construite, qu'elle est également perçue par un chien qui ignore le système urbanistique de Vanville. On peut éviter d'en remarquer la présence, mais on ne peut nier son existence. Mais à partir du moment où cette présence a été relevée, il faut bien nommer la maison et la définir, et ceci ne peut être fait que dans le contexte de la ville comme système.

4.7. Contrat et signifié[1]

Il semble évident, à présent, que tout cela présuppose une notion *contractuelle* aussi bien des TC que des CN et des CM. Je me suis occupé ailleurs (Eco 1993) des diverses tentatives qui ont été faites au cours des siècles de construire (ou de retrouver) une Langue Parfaite. La plupart de ces tentatives partaient du constat que l'on peut identifier une série de notions primitives, communes à l'ensemble de l'espèce, qui, articulées dans une grammaire élémentaire, peuvent constituer un métalangage dans lequel les notions et les propositions exprimées par n'importe quelle autre langue naturelle sont entièrement traduisibles, toujours et chaque fois, tout en excluant l'ambiguïté propre de nos langues maternelles. Mais alors, pourquoi ne pourrait-on pas construire une telle langue parfaite, sur la base de ces primitifs sémiosiques et des TC liés à l'expérience perceptive dont j'ai parlé précédemment, une langue qui prendrait directement la forme d'un « mentalais » expliquant aussi bien la façon dont l'esprit humain fonctionne que la façon dont un « esprit » de silice pourrait « humainement » fonctionner ?

Parce que, me semble-t-il, autre chose est d'avancer dans le cours de notre expérience en élaborant des TC et des CN, et autre chose est de dire que ces entités (postulables) sont véritablement universelles et méta-historiques quant à leur forme. On ne pourrait pas construire une Langue Parfaite parce que cette langue exclurait le moment contractuel qui fait l'efficacité de nos langues.

Tout le monde s'accorde plus ou moins à dire que telle chose est une souris. Pourtant la compétence du zoologiste diffère amplement de la mienne. Le zoologiste doit donc s'assurer en permanence que son CN a bien le même format que le mien. Le fait que la souris soit un véhicule d'infections fait-il partie de son CN ? Cela dépend bien évidemment de la culture, des circonstances et de l'époque. Au XVIIe siècle, les souris n'étaient toujours pas associées aux épidémies de peste, mais aujourd'hui oui, et en cas d'épidémie, tout le monde percevra la souris comme une menace avant même de la percevoir comme un quadrupède.

Les TC et les CN sont toujours négociables. Ce sont des sortes de notions *chewing-gum* qui prennent des formes variables, qui assument des configurations différentes en fonction des différentes circons-

---

1. Le terme italien *significato* est ici traduit par *signifié*. Mais il est évident que ce terme est d'un usage courant et, partant, veut dire *signification* ou *sens*. Il pourrait, au sens restreint, être également traduit, dans une certaine mesure, par *signification* pour autant qu'il est proche du *Meaning* anglais ou de la *Bedeutung* allemande [N.d.t.].

tances et des différentes cultures. Les choses sont là, avec leur présence envahissante, et je ne crois pas qu'une culture puisse nous induire à percevoir les chiens comme des bipèdes ou comme des animaux à plumes. Le lien qui nous lie aux choses est *extrêmement solide.* Mais pour le reste, ne peut-on dire que les signifiés se défont, se dissocient et se réorganisent ? Même à propos des propriétés dites « dispositionnelles », nous avons un ensemble de raisons nous faisant douter que la proposition *le sucre est soluble* (quelle que soit la langue qui l'exprime) soit la même lorsqu'elle est exprimée en Amérique latine (par référence au sucre roux de canne) que lorsqu'elle est exprimée en Europe (par référence au sucre blanc de betterave), puisque cette « solubilité » prendra plus ou moins de temps.

C'est une même *négociabilité* qui règle la construction des paradigmes scientifiques, comme l'histoire de l'ornithorynque nous l'a montré, même si, en ce cas, la restructuration des « dossiers » scientifiques prend plus de temps et se négocie sur la base de critères rigoureux et non sauvages.

4.7.1. Signifié des termes et sens des textes

Certains en ont conclu que, si le signifié est négociable, il n'est plus d'aucune utilité pour expliquer la façon dont nous nous comprenons.

Il y a deux façons de faire pour éviter de parler de signifié. La première consiste à affirmer (comme le fait par exemple Marconi 1997 : 4) qu'on ne peut pas parler de signifié parce qu'il s'agit d'une entité qu'on ne sait pas localiser, alors qu'on peut parler de compétences lexicales, lesquelles sont des « familles de capacités ». Mais en ce cas, me semble-t-il, on ne peut que recourir à une preuve comportementale pour établir l'existence de ces compétences lexicales : le fait que les locuteurs partagent les mêmes compétences serait démontré par le fait qu'ils s'entendent lorsqu'ils parlent de quelque chose, en tirant les mêmes inférences des mêmes prémisses, ou qu'ils se réfèrent à quelque chose, en réalisant ce que j'ai appelé des actes de référence heureuse (couronnés de succès). Or, en quoi cette preuve de l'existence de compétences communes est-elle différente de la preuve par *interprétance* de l'existence publique d'un contenu (ou signifié), qui prouve à son tour l'existence privée de types cognitifs ? Souvenons-nous que, pour Peirce, un certain comportement en acte peut également être vu comme un *interprétant dynamique* (le fait qu'au commandement « garde à vous ! » tous les soldats se mettent dans une

position déterminée est un interprétant possible du commandement
verbal). Donc, parler de signifié comme contenu ne conduit nullement
à hypostasier des entités insaisissables, ou en tout cas pas plus que
cela ne se produit avec les concepts de compétence ou de capacité
lexicale.

La seconde façon d'éviter de parler de signifié consiste à dire que
la compréhension du langage se réalise simplement en attribuant à
l'interlocuteur des *croyances* qui correspondront plus ou moins à nos
propres croyances. Il me semble néanmoins que le fait d'introduire la
croyance ne fait pas disparaître le fantôme du signifié (et du TC qui
l'exprime), au sens de contenu au moins, comme je l'ai entendu
jusqu'ici. Pour reprendre un exemple de Davidson (1984 : tr. fr. 286),
si je vois passer sur l'eau un bateau gréé en *ketch* et que mon compa-
gnon me dit : « Regarde le joli *yawl* ! », je suppose (i) qu'il a vu,
comme moi, la mâture du bateau et que son utilisation du terme
linguistique est fautive : il a fait un simple lapsus ; ou bien (ii) qu'il ne
connaît pas le contenu du mot *yawl ;* ou bien (iii) qu'il a commis une
faute perceptive. Mais, dans chaque cas, je dois postuler qu'il connaît
au moins autant de types de bateaux que moi et qu'il associe à ces
types un terme qui en exprime le CN, sans quoi je ne pourrais même
pas supposer (i) qu'il a simplement fait une confusion dans
l'utilisation des mots, (ii) qu'il confond les différents signifiés des
mots, (iii) qu'il se trompe en associant une occurrence donnée à l'idée
de bateau qu'il conçoit à ce moment-là de façon plus ou moins claire
(bref, qu'il prend des vessies pour des lanternes). Sans l'assomption
selon laquelle les deux interlocuteurs doivent, d'une manière ou d'une
autre, partager un système de « dossiers » et de « fichiers » (et quand
bien même ce système serait a-systématique), l'interaction n'est pas
possible. Je peux être conduit, en vertu d'un principe de charité suffisamment généreux, à attribuer à l'autre une organisation des
« dossiers » différente de la mienne et chercher à m'y conformer. Si
c'est ce que l'on entend par comparer des « croyances », fort bien. Il
s'agit dans ce cas d'une pure question terminologique. L'arborescence
(les « dossiers » et ce qui devrait être enregistré dans les « fichiers »)
sera postulée comme cette organisation du contenu, aussi idiosyncra-
sique soit-elle, que d'autres appellent « signifié ».

Je pense qu'une distinction qui a été faite depuis bien longtemps
par de nombreuses théories sémiotiques reste absente de ces discussions, à savoir la distinction entre *signifié* et *sens*, et je veux bien
admettre qu'il est difficile de se mettre d'accord sur le signifié à
attribuer aux termes. La notion de *signifié* est intérieure à un système
sémiotique : on doit admettre, dans un système sémiotique donné,
l'existence d'un signifié assigné à un terme. La notion de *sens*, en

revanche, est intérieure aux énoncés, ou mieux, aux textes. Je crois que personne ne se refuse à admettre qu'il existe un signifié suffisamment stable du mot *chien* (au point que l'on peut même – acte extrême de l'imprudence sémiotique – assumer que le mot *chien* est synonyme de *dog,* de *cane,* de *perro* et de *Hund*) et que ce même mot peut néanmoins prendre des *sens* différents à l'intérieur d'énoncés différents (songeons aux cas de métaphore[1]).

Je recommande de ne pas penser à un strict parallélisme entre ces deux notions et la différence posée par Frege entre *Sinn* et *Bedeutung.* Quoi qu'il en soit, il me semble évident que le dictionnaire peut assigner un signifié au terme X et que ce terme peut néanmoins prendre des sens différents à l'intérieur de différents énoncés (ne serait-ce qu'au sens le plus trivial du terme, où l'expression *ce souverain pontife est corrompu,* prononcée par un anticlérical au sujet d'Alexandre VI, prend un sens différent lorsqu'elle est prononcée par un prélat traditionaliste au sujet de Jean XXIII).

Or, il est évident que pour déterminer le *sens* d'un énoncé, il faut avoir recours au principe de charité à plusieurs reprises. Mais cette règle ne vaut plus en ce qui concerne le *signifié* d'un terme.

Lorsqu'on affirme que la compréhension est l'effet d'une infinité de négociations (et d'actes de charité pour pouvoir comprendre les croyances de l'autre ou le format de sa compétence), il s'agit alors de la compréhension des énoncés, c'est-à-dire des textes[2]. Mais cela ne veut pas dire que l'on puisse éliminer la notion de *signifié* en dissolvant l'ancienne et vénérable sémantique dans la syntaxe, d'un côté, et dans la pragmatique de l'autre. Dire que le signifié est négocié (et contracté) ne revient pas à dire que l'*accord négocié,* ou *contrat,* ne naît de rien. D'un point de vue juridique, les contrats sont possibles parce que des *règles* contractuelles préexistent. La vente est un contrat : si A vend une maison à B, la maison sera définie comme propriété de B une fois que le contrat aura été passé et il n'en aurait jamais été ainsi s'il n'y avait pas eu de contrat de vente ; mais pour que le contrat ait pu se faire, il fallait encore que A et B s'accordent sur le CN de *vente.* A et B peuvent même négocier et contracter le contenu de *maison* (B pourrait dire à A que ce qu'il est en train

---

1. *Cf.* à ce sujet Picardi dans l'Introduction à l'édition italienne de Davidson 1984 et Picardi 1992. Picardi (1992 : 253) se demande quels rapports entretiennent les théories dont un interprète doit disposer pour comprendre une langue et les théories qu'il doit construire au coup par coup pour chacun de ses interlocuteurs particuliers à chaque stade de la conversation. Davidson ne fait rien, me semble-t-il, pour défaire ce nœud, et précisément parce qu'une différence entre *langue* et *parole* lui fait défaut (peut-être pour des raisons linguistiques), c'est-à-dire une différence entre le *signifié* des termes d'un langage et le *sens* des énoncés.
2. Voir à ce propos les observations de Alac 1997.

d'essayer de lui vendre n'est pas une maison, mais une ferme, un chalet, une étable, un gratte-ciel, une cabane sur pilotis, une ruine peu propice à l'habitation). Mais même dans ce cas, ils partiraient de la notion commune de « construction humaine originairement destinée à abriter des êtres vivants ou des choses », et s'ils n'étaient pas en mesure de posséder une notion *réglée* qui leur permette de distinguer au moins ce qui *pourrait* être défini comme maison de ce qui *pourrait* être défini comme arbre, ils ne réussiraient alors même pas à entamer la négociation[1].

Définir le signifié du terme *vente,* ce n'est pas dire en quel sens je dois interpréter l'expression *tu t'es vendu à l'ennemi.*

Autre chose est de dire que l'on ne peut pas définir de règles précises pour désambiguïser un énoncé (car tout dépend des croyances de chacun), et autre chose de dire que les signifiés des termes d'un langage donné, qui doivent être publics dans une certaine mesure, sont toujours négociables, non seulement dans le passage d'une langue à une autre mais également à l'intérieur d'une même langue, en fonction de pertinences différentes.

---

1. Je renvoie à ce propos à l'analyse qui a été faite par Zijno 1997 sur les positions de Davidson et de Sperber-Wilson. Il est clair qu'aucun de ces auteurs ne soutient qu'il n'existe aucune convention linguistique et que nous ne faisons que suivre des régularités déterminées, aussi bien pour présupposer des croyances de notre interlocuteur que pour négocier des pertinences et élaborer des inférences sur la situation communicationnelle. Néanmoins, Zijno met l'accent sur le travail effectué pour « minimiser le désaccord », et laisse entendre que même en possédant une bonne théorie sur le locuteur, on ne peut faire l'économie d'une théorie sur la langue. Et pourtant, lorsqu'on dit que « communiquer signifie essayer de modifier l'*environnement cognitif* d'un autre individu » (Zijno 1996, 2.1.2) et qu'« un *environnement cognitif* d'un individu est un ensemble de faits qui lui sont manifestes » (Sperber et Wilson 1986 : tr. fr. 65), cet environnement cognitif ressemble fortement à ce que je nomme un TC, et pour présupposer ce TC chez le locuteur, je dois moi-même en avoir une représentation en forme de CN. L'inférence, le contrat négocié, concernent l'effort de rendre nos milieux cognitifs publiquement compatibles. C'est ce qui se passe dans mon exemple d'Ayers Rock. Il est clair que si quelqu'un me dit qu'Ayers Rock est un animal, j'en infère que son environnement cognitif est non seulement assez différent du mien, mais également de celui publiquement admis. Minimiser le désaccord veut dire conduire l'autre à accepter ne serait-ce qu'en partie un CN passablement acceptable par la Communauté. Je peux tout au plus étendre le principe de charité au-delà des limites normales et je me mets alors à parler comme un primitif qui voit véritablement Ayers Rock comme un animal. Mais je n'accepte d'adapter mon environnement cognitif au sien qu'en vue d'une interaction communicationnelle quand j'estime opportun de sauver à tout prix. Ensuite, je continue à penser que cette montagne *n'est pas* un animal. Pour le dire autrement, le principe populaire selon lequel on donne toujours raison aux fous ne signifie pas que la Communauté accepte leur point de vue. Que la Communauté se soit trompée et que celui qu'on prenait pour un fou se révèle avoir eu raison, c'est une autre affaire : l'histoire nous apprend que les choses se sont souvent passées ainsi, et la Communauté aura mis un peu de temps à modifier ce que tout le monde prenait pour juste en vertu d'une règle sociale. En définitive, la négociation d'un contrat n'institue pas un environnement cognitif, elle tient compte d'environnements cognitifs précédents, les corrige et cherche à les homogénéiser.

Les signifiés (en tant que contenus) peuvent toujours être identifiés, même s'ils fluctuent, s'amalgament ou se froissent pour certains locuteurs, au point de les empêcher de parler de façon appropriée ou de reconnaître quelque chose. Mais je ne vois pas la raison pour laquelle une vision *contractuelle* du sens des énoncés devrait exclure l'existence de lignes de tendance qui « bloquent » nos types cognitifs et de conventions linguistiques qui enregistrent ces « blocs » et fournissent la base des interprétations – et négociations – qui suivront[1].

Il est bien certain que si, en étant assis dans une voiture à côté du conducteur, je le sollicite en lui disant : « Avance, le feu est bleu ! », celui-ci saisira au vol que je voulais dire « vert » (ou pense que je suis daltonien, ou m'attribue un lapsus). Mais est-ce que cela n'a pas lieu parce que le signifié des mots ne compte pas et que le chauffeur ne parvient à me comprendre que parce qu'il m'attribue une croyance similaire à la sienne ? Et que se serait-il passé si je lui avais dit à cet instant : « Avance, 7 est un nombre premier » ? Aurait-il pensé que, pour être comme lui, je ne pouvais que me référer au vert du feu de croisement ? Ou bien la force de mes mots, indépendants de la situation, ne l'aurait-elle pas obligé à chercher à comprendre ce que j'entendais lui communiquer, peut-être par *implicature*, puisque j'ai très certainement fait une observation de caractère mathématique et non routier ?

4.7.2. Le signifié et le texte

J'ai dit que certaines surprises devant la flexibilité de nos instruments sémiotiques naissent du fait que, dans presque toutes les discussions portant sur le caractère insaisissable du signifié, l'on confonde le *signifié* des termes et le *sens* de l'énoncé. Mais le problème ne réside pas seulement ici. Il se situe également dans le fait que l'on confonde entre *énoncés élémentaires* et *textes*.

Dans l'exemple du feu tricolore, le dialogue ne peut s'arrêter à ce

---

1. Dire que l'on négocie au coup par coup ne veut pas dire que des conventions toujours plus fortes et plus stables ne se sédimentent pas peu à peu. *Cf.* Dummett 1986 : 447-458. Bruner (1990 : 13) offre une belle vision de la négociabilité du signifié. L'un des mérites de l'auteur est d'avoir placé le problème du *Meaning* au centre des Sciences Cognitives. Il affirme non seulement que la culture rend publics les signifiés et que ces signifiés sont fixés par *participation collective* (et l'idée peircienne de la *publicité* des interprétants ne lui est pas étrangère), mais il soutient également que nous sommes toujours capables de rendre publics ces signifiés en les *négociant*, aussi ambigus et polysémiques que soient nos propos.

stade. Le conducteur doit me demander un supplément d'information et je dois alors lui dire ce que j'entendais par cette allusion mathématique. La sémiotique textuelle a remarqué depuis longtemps que l'on peut reconnaître des systèmes de conventions au niveau *grammatical* et admettre néanmoins que des négociations aient lieu à un niveau *textuel*. C'est le texte qui négocie les règles. Au fond, écrire un livre intitulé *Orgueil et Préjugé* veut également dire que l'idée que nous avons de ces deux sentiments, ou comportements sociaux, devra en ressortir changée après la lecture du livre. Mais ceci n'est possible qu'à condition que nous ayons eu dès le départ une notion vague de ce que ces deux mots signifient.

Au niveau des très improbables énoncés isolés (qui ne sont prononcés que dans les laboratoires de linguistique), il n'y a pas de négociation, il n'y a que des sujets autistes qui s'échangent des fragments de leur idiolecte privé, en affirmant que l'on peut ne pas être marié tout en n'étant pas célibataire, que les éléphants peuvent avoir ou ne pas avoir de trompe. Mais pour négocier avec mes lecteurs patients la possibilité de dire de façon véridique que *Ayers Rock est une montagne* et, en même temps, que *Ayers Rock n'est pas une MONTAGNE*, il m'a fallu une longue argumentation sous forme textuelle, et je ne pouvais me fier à la bonne volonté de mon interlocutrice, ni à sa seule et souhaitable charité à mon égard.

Une réflexion sur ces petits nains bleus inventés par Peyo que sont les Schtroumpfs (les *Puffi* en italien) vient ici tout à fait à propos[1]. La caractéristique du langage schtroumpf est que les noms propres et les noms communs, les verbes et les adverbes y sont remplacés, et chaque fois que possible, par des conjugaisons et déclinaisons du mot *schtroumpf*.

Dans l'une des nombreuses histoires des Schtroumpfs, un Schtroumpf décide de conquérir le pouvoir et entame une campagne électorale. Il s'adresse à la communauté des Schtroumpfs en ces termes :

> Demain, vous schtroumpferez aux urnes pour schtroumpfer celui qui sera votre schtroumpf ! Et à qui allez-vous schtroumpfer votre voix ? A un quelconque Schtroumpf qui ne schtroumpfe pas plus loin que le bout de son schtroumpf ? Non ! Il vous faut un Schtroumpf fort sur qui vous puissiez schtroumpfer ! Et je suis ce Schtroumpf ! Certains – que je ne schtroumpferai pas ici – schtroumpferont que je ne schtroumpfe que les honneurs ! Ce n'est pas schtroumpf ! C'est votre schtroumpf à tous que je

---

1. Marconi (1997, 5) réfléchit aussi sur les Schtroumpfs, en citant mon article « Schtroumpf und Drang », in *Alfabeta,* 5 septembre 1979 (repris dans *Sette anni di desiderio,* Milan, Bompiani, 1983, pp. 265-271).

veux et je me schtroumpferai jusqu'à la schtroumpf s'il le faut pour que la schtroumpf règne dans nos schtroumpfs! Et ce que je schtroumpfe, je schtroumpferai, voilà ma devise! C'est pourquoi tous ensemble, la schtroumpf dans la schtroumpf, vous voterez pour moi! Vive le pays Schtroumpf!

Tous les réquisits nécessaires au bon fonctionnement d'une langue semblent faire défaut au schtroumpf : c'est une langue désertée par les synonymes et envahie par les homonymes, dont le nombre dépasse largement ce qu'une langue normale peut supporter. Et pourtant, non seulement les Schtroumpfs se comprennent parfaitement bien, mais le lecteur les comprend également, ce qui compte encore plus.

La compréhensibilité de la langue schtroumpf ferait pencher pour une position davidsonienne. Les Schtroumpfs ne parlent pas dans le vide (toutes les phrases qu'ils prononcent s'inscrivent dans une situation donnée), mais évoluent dans le contexte d'une histoire en bande dessinée, et donc dans un contexte multimédia où non seulement nous lisons (ou écoutons) ce qu'ils disent, mais nous voyons également ce qu'ils font. Cette situation n'est pas différente de la situation dans laquelle nous interprétons généralement les paroles des autres – et c'est parce que nous parlons toujours dans une situation que nous sommes capables d'appliquer des déictiques tels que *ceci* ou *cela*. On pourrait dire, par conséquent, qu'en entendant cette avalanche d'homonymes dans une situation donnée, nous attribuons au locuteur les mêmes croyances que celles que nous nourririons dans une situation similaire, et, par principe de charité, nous lui prêtons ces termes qu'il n'a pas prononcés mais qu'il aurait ou devrait avoir prononcés.

On pourrait également dire (à la façon d'un Wittgenstein) que dans la langue schtroumpf, le véritable signifié d'un terme tient dans son utilisation (bien évidemment je ne fais pas allusion au *Schtroumpfus Schtroumpfico-Schtroumpficus* mais aux *Schtroumpfische Untersch-troumpfungen*).

Mais deux objections se présentent. La première est que nous « prêtons » ou attribuons au locuteur des termes qu'il n'a pas prononcés, puisque ces termes (avec leur signifié conventionnel) *préexistent* dans notre lexique. Si le lecteur, par exemple, a compris mon jeu schtroumpf sur Wittgenstein, c'est parce qu'il avait déjà entendu mentionner les titres originaux. Nous pouvons négocier et « contracter » le signifié parce qu'il existe déjà un système sémiotique (intertextuel) prédéfini dans lequel les diverses expressions ont un contenu.

En second lieu, le discours électoral schtroumpf cité précédemment ne fait pas référence à la situation perceptible (à ce que montre le dessin de la BD dans lequel il s'inscrit). Il fait référence au scénario

« discours politique » et à sa rhétorique. Il renvoie à une grande quantité d'énoncés que nous avons entendus dans une situation analogue, et c'est la raison pour laquelle il renvoie à l'univers de l'*intertextualité*. Une expression comme *un quelconque Schtroumpf qui ne schtroumpfe pas plus loin que le bout de son schtroumpf* nous est compréhensible parce que nous connaissons la locution *ne pas voir plus loin que le bout de son nez*. Un énoncé comme *je me schtroumpferai jusqu'à la schtroumpf* est décodable parce que nous avons entendu dire mille fois *je me battrai jusqu'à la mort*, et nous avons entendu cette expression dans n'importe quelle rhétorique du discours délibératif. *La schtroumpf dans la schtroumpf* se comprend parce que nous avons entendu dire des milliers de fois *la main dans la main*.

La langue schtroumpf répond donc aux règles d'une linguistique du texte, où le sens dépend de l'identification du *topic* textuel. Il est vrai que tout texte est une *machine paresseuse* qui réclame une active coopération interprétative de la part de son destinataire, ce qui semblerait nous inviter à faire des textes en schtroumpf : mais notre collaboration est possible parce que nous nous reportons à l'univers de l'intertextualité ; de même, nous pouvons comprendre le schtroumpf parce que chaque locuteur utilise le terme *schtroumpf* et ses dérivés seulement et toujours dans des contextes où une phrase de ce genre a déjà été prononcée.

La langue schtroumpf est une langue parasitaire puisque, pour autant que les substantifs, les verbes et les adverbes sont remplacés par un homonyme à tout faire, elle ne serait pas comprise si elle n'était pas soutenue par la syntaxe (et par les diverses contributions lexicales) d'une langue de base (que ce soit le français ou une langue de traduction). Or, dans l'une des histoires, l'ennemi des Schtroumpfs, le sorcier Gargamel, fait son apparition. Il parle le français sur lequel se basent les Schtroumpfs, mais de façon normale. Au moyen de sa magie, Gargamel réussit à un certain moment à se transformer en Schtroumpf et se rend dans le village de ses petits ennemis. Mais le voilà forcé de raser les murs sans répondre à ceux qui lui demandent pourquoi il ne connaît pas le schtroumpf. Comment est-ce possible, puisque nous avons vu que la langue de base des Schtroumpfs est identique à la sienne ? Et ne pourrait-il pas interpréter ce que les Schtroumpfs lui disent s'il se contentait d'appliquer le principe de charité ? Au fond, la règle de base du schtroumpf est « remplace chaque terme du langage ordinaire par *schtroumpf* chaque fois que tu peux le faire sans tomber dans une ambiguïté excessive ». Mais le problème de Gargamel, c'est bien évidemment qu'il trouve tous les contextes ambigus, c'est-à-dire incompréhensibles, et ce pour la simple et bonne raison qu'il n'a pas d'informations intertextuelles.

Supposons qu'un locuteur français de culture moyenne entende un poète schtroumpf déclamer *Je suis le schtroumpf, – le schtroumpf, – l'inschtroumpfé* ou un locuteur italien de culture moyenne entendre un poète schtroumpf italien, cette fois-ci, réciter *Nello schtroumpf dello schtroumpf di nostra schtroumpf.* Certainement saisiraient-ils celui-là le renvoi à Nerval et celui-ci à Dante[1]. En entendant *To schtroumpf or not to schtroumpf,* ils saisiraient sans doute le renvoi à Shakespeare. Mais ils seraient peut-être perplexes en entendant *Schtroumpf is the schtroumpfest schtroumpf,* parce qu'ils n'auraient jamais pré-entendu l'*April is the cruellest month* de T.S. Eliot. Ils se retrouveraient alors dans la situation de Gargamel[2].

Toute application du principe de charité à ce que quelqu'un cherche à faire comprendre en s'exprimant verbalement se base non seulement sur un minimum d'informations lexicales, mais surtout sur une vaste information concernant le déjà dit.

---

1. Il s'agit du premier vers de l'*Enfer ;* l'exemple du *Desdichado* a été rajouté par moi [N.d.t.].

2. Comment est l'univers cognitif des Schtroumpfs ? Puisqu'ils appellent indifféremment *schtroumpf* la maison, le chat, la souris et les célibataires, peut-être ne possèdent-ils pas ces concepts et ne savent-ils pas distinguer un chat d'un célibataire ? Ou bien ont-ils un système de l'expression (un lexique, en particulier) assez pauvre, mais un système du contenu au moins aussi vaste et articulé que les expériences de leur environnement les autorisent à faire ? Ou peut-être, puisque la langue schtroumpf permet de dire aussi bien *la cinquième schtroumpf de Beethoven, la schtroumpf symphonie de Beethoven* et *la cinquième symphonie de Schtroumpf* (mais jamais *la schtroumpf schtroumpf de Schtroumpf !*), ont-ils un lexique aussi riche que le nôtre et font-ils appel à cet homonyme bon à tout faire par paresse, par aphasie, par vice ou par discrétion ? Mais l'utilisation d'un seul mot pour tant de choses ne les portera-t-elle pas à voir les choses, toutes les choses, unies par une étrange parenté ? Si un œuf, une pelle, un champignon sont autant de schtroumpfs, ne vivront-ils pas dans un monde où les rapports entre la pelle, l'œuf et le champignon sont bien plus flous que dans notre monde et dans celui de Gargamel ? Et s'il en était ainsi, cela conférerait-il aux Schtroumpfs un contact plus profond et riche avec la totalité des choses, ou bien cela les rendrait-il incapables d'analyser correctement la réalité, en les clôturant dans l'univers imprécis de leur *pidgin* ? Je ne cherche pas à résoudre ces questions ici, je les avance simplement pour dire que les histoires de Peyo, même si elles ont été écrites pour des enfants, posent certains problèmes sémiotiques aux adultes.

5.

Notes sur la référence comme contrat

Il peut être tentant, après avoir parlé du signifié comme contrat, de voir si la notion de contrat-négociation ne s'applique pas à son tour au phénomène de la référence, et dans quelle mesure la référence se laisse aussi concevoir en termes contractuels.

Ce n'est pas par accident que les paragraphes de ce chapitre ne sont pas numérotés (et d'autant moins sous-numérotés), mais pour chasser tout soupçon selon lequel mon discours aspirerait à une quelconque systématicité. La question de la référence, dans toutes ses ramifications, est une question préoccupante, voire angoissante. Je me limiterai ici à une série d'observations problématiques, qui mettent en lumière certaines des raisons pour lesquelles il convient de penser à une nature contractuelle des opérations de référence – ou tout au moins à une forte composante négociale.

Dans mon *Trattato* (Eco 1975 : 219), j'acceptais la proposition de Strawson (1950 : tr. fr. 17) selon laquelle *mentionner* ou *référer à* n'est pas quelque chose que fait une expression, mais quelque chose que quelqu'un *fait* en utilisant une expression. Strawson disait alors que « donner le signifié *(Meaning)* d'une expression [...] c'est donner des *directives générales* sur son utilisation pour référer à ou mentionner des individus ou des objets particuliers » et que « donner le signifié d'une phrase, c'est fournir des *directives* générales sur son utilisation, dans l'élaboration d'assertions vraies ou fausses » (*ibid.* : 18). Je continue à penser que cette formulation est satisfaisante et à considérer la référence comme un *acte linguistique*. Mais cela n'empêche pas qu'il soit fort embarrassant de dire de quel type d'acte linguistique il s'agit et quelles sont ses conditions de succès *(felicity conditions).*

Entre le signifié des expressions, qui fournit également des instructions pour l'identification ou pour le repérage du référent, et le signifié de l'énoncé, qui devrait concerner également sa valeur de vérité, nous trouvons l'espace resté vide de la référence.

Pouvons-nous nous référer à tous les chats ?

Tout d'abord, et pour que l'on s'y retrouve dans ces notes plus que partielles, il me faut dire en quel sens j'utilise le terme de *référence.*

J'entends exclure l'emploi « élargi » du terme[1], et il me semble convenable (même à la lumière des essais précédents) de limiter la notion de référence aux seuls cas que l'on pourrait nommer plus proprement des cas de *désignation,* c'est-à-dire aux énoncés qui mentionnent des individus particuliers, des groupes d'individus, des faits ou des séquences de faits spécifiques, en temps et lieux spécifiques. Dorénavant, j'utiliserai également la notion générique d'« individu » pour des segments spatio-temporels individualisables, comme le 25 avril 1945 par exemple. Je m'en tiens à ce principe en or selon lequel *nominantur singularia sed universalia significantur.*

Denotatio et *designatio* font partie de ces termes qui ont une histoire tourmentée et je renvoie à ce sujet à l'**Appendice** se trouvant à la fin du présent ouvrage. Ces deux termes ont eu différents sens au cours des siècles, mais il me semble que l'on peut accepter l'usage à présent établi selon lequel les termes généraux « dénotent » des propriétés de classe ou de genre, tandis que les termes singuliers ou les expressions qui circonscrivent des portions précises de l'espace-temps « désignent » des individus (*cf.* par exemple Quine 1995 : 32-33).

Il m'apparaît en conséquence que nous accomplissons des actes de référence chaque fois que nous utilisons des énoncés désignatifs tels que « regarde cet ornithorynque », « va me chercher l'ornithorynque empaillé que j'ai laissé sur la table » ou « l'ornithorynque du zoo de Sydney est mort », alors qu'il me semble que des énoncés tels que « les ornithorynques sont des mammifères » ou « les ornithorynques

---

1. Par exemple celui utilisé chez Santambrogio (1992), qui s'occupe de la référence à des « objets généraux ». Santambrogio cherche à étudier comment les énoncés concernant les objets généraux peuvent être traités en termes de quantification. Le problème présente un intérêt dans le cadre d'une sémantique véri-fonctionnelle, mais il me semble que *se référer à quelque chose* devient dans ce cas synonyme de *parler de quelque chose* et je ne vois alors pas quel phénomène spécifique est signifié par le terme de *référence.*

pondent des œufs » ne se réfèrent pas à des individus mais affirment plutôt certaines propriétés attribuées à des genres, des espèces ou des classes d'individus. Dans ce cas, pour reprendre l'exemple de **4.**2, je suis en train de parler non pas tant de l'ornithorynque que de la façon dont notre « arborescence » (ou celle des zoologistes) s'organise. On ne se réfère pas à un individu ou à un groupe d'individus, mais on réaffirme seulement une *règle culturelle,* on fait une assertion sémiotique et non factuelle[1], on rappelle seulement la manière dont notre culture a défini un concept. Définir un concept signifie élaborer une unité du contenu qui corresponde avec précision au signifié, ou à une partie de celui-ci, du terme correspondant. Dire qu'« on se réfère » à des signifiés est pour le moins une façon étrange d'utiliser le mot *référence.*

Si je dis en revanche que *Caldwell a vu en 1884 un ornithorynque en train de pondre,* je me réfère à un individu *x* (Caldwell), qui à un temps *y* (1884) a examiné un ornithorynque individuel (je ne sais pas quel individu ornithorynque, mais lui le savait, et certainement était-ce cet ornithorynque et non cet autre, et j'imagine que c'était une femelle) en découvrant qu'il pondait des objets ovoïdaux $s_1, s_2... s_n$ (je ne sais pas combien, mais certainement lui le savait, et c'est à ces objets que l'assertion se réfère et non à d'autres).

Si pour certains auteurs il y a des cas de référence à des essences, que j'appellerai quiddités, je ne voudrais m'occuper ici que des désignations de *haecceitates*. Naturellement, j'entends *quidditas* en son sens scolastique, comme l'essence même vue en tant que connaissable et définissable. Pour citer Thomas d'Aquin, qui ne fait que rapporter les mots d'Averroès : « *Socrates nihil aliud est quam animalitas et rationalitas, quae sunt quidditas ejus* » (*De ente et essentia* III). Dans

---

1. Sur la différence entre assertions sémiotiques et assertions factuelles voir *Trattato,* 3.2. Si je disais que tous les ornithorynques pondent, même si je le quantifiais comme je l'ai fait pour la propriété de la mammifèreté, il est certain que je ne serais pas en train de me référer à tous les ornithorynques qui existent et ont existé, puisqu'on ne peut exclure l'existence d'ornithorynques stériles. Encore une fois, je serais simplement en train de dire que, quel que soit l'animal auquel on veut appliquer le terme *ornithorynque,* il doit toujours s'agir d'un animal qui a la propriété de pondre. On pourrait se demander si la mammifèreté est une propriété autre que celle d'allaiter les petits : il semble à première vue qu'il en soit ainsi, puisque le fait que les ornithorynques allaitent leurs petits a été aujourd'hui prouvé par divers énoncés observationnels, alors que le fait qu'ils soient des mammifères dépend d'une convention taxonomique ; mais puisque la taxonomie enregistre comme mammifères les animaux auxquels la propriété d'allaiter leurs petits est attribuée, et que de nombreux énoncés observationnels nous disent que les ornithorynques allaitent leurs petits, nous pouvons considérer les deux énoncés comme équivalents de notre point de vue. Celui qui les émet ne se réfère à rien, mais contribue à confirmer de nouveau l'accord social au sujet du CM qu'il convient d'assigner au terme correspondant, c'est-à-dire au sujet du système catégoriel assumé à l'intérieur d'un schème conceptuel donné.

ce contexte, je suis en train d'insister sur le fait que l'on peut *désigner* Socrate mais qu'on ne peut pas désigner sa quiddité et je mets en doute le fait qu'il soit permis de dire qu'*on se réfère* à la quiddité de Socrate. En mettant en jeu le concept d'*haecceitas* (scotiste et non thomiste), je mets naturellement en doute le fait que Socrate ne soit rien d'autre *(nihil aliud)* que sa quiddité. Et Thomas savait bien, en réalité, que pour parler de Socrate comme individu, il fallait recourir à ce *principium individuationis* qu'était la matière *signata quantitate*. Mais puisque je ne suis ici ni en train de faire l'histoire de la philosophie médiévale ni profession de néo-thomisme ou néo-scotisme, j'utiliserai librement la notion de *haecceitas* comme la caractéristique propre des individus (l'*haecceitas* dépendra donc de la matière *signata quantitate* ou de n'importe quel autre principe d'individuation – comme le patrimoine génétique, par exemple, ou comme une série de déterminations du genre de celles qui figurent sur notre état civil).

J'assume donc la notion d'individu au sens le plus intuitif du terme, tel que nous l'utilisons dans le langage courant. Nous considérons en général comme individus non seulement des objets uniques dont toute réplique ou tout double n'est pas même pensable (comme ma fille ou Grenoble), mais également des objets formant des groupes où chacun est le double de l'autre (comme, par exemple, les feuilles d'une rame de papier) : il est toujours possible de choisir une de ces feuilles et de décider que, même si elle possède les mêmes propriétés que les autres feuilles, elle n'en est pas moins *cette* feuille, même si la seule marque d'individualité que je puisse lui reconnaître est qu'il s'agit de la feuille que j'ai dans la main en cet instant précis. Mais cette feuille est individuelle au point que, si je la brûle, j'aurai brûlé *cette* feuille et non une autre.

En ce sens, il me semble que la notion médiévale de *materia signata quantitate* n'est pas différente de l'idée de principe d'individuation énoncé par exemple par Kripke (1972 : tr. fr. 103) : « Si un objet matériel a son origine dans un certain fragment de matière, il ne pourrait avoir aucune autre origine matérielle. » L'idée selon laquelle un individu possède une *haecceitas* n'a encore rien à voir avec l'idée selon laquelle l'homme ou l'eau (en général) ont une essence, bien que les deux problèmes, dans les théories causales de la référence contemporaines, se présentent souvent ensemble. L'idée d'*haecceitas* peut cependant constituer une raison de distinguer entre désignation (d'individus) et dénotation (de genres).

J'ai cependant précisé que j'entends utiliser le terme de référence non seulement pour la désignation des individus (au sens le plus large du terme, au sens où le *25 avril 1945* est aussi un segment spatio-temporel « individualisable » et où *l'assassinat de Jules César* est un fait individuellement ponctuel), mais également pour des groupes d'individus. Par « groupes d'individus auxquels on peut se référer » (comprenant également des segments spatio-temporels génériques, comme *les années 30*), on doit entendre un ensemble d'individus qui a été dénombré, qui a été dénombrable ou qui pourrait être un jour dénombrable (de telle sorte que tout individu de cet ensemble pourrait être identifié).

Les références au *premier homme tombé durant la Seconde Guerre mondiale* ou aux *premiers hommes établis en Australie* sont certainement fort vagues, mais nous présumons, en les utilisant, qu'il est théoriquement possible (ou qu'il aurait été possible autrefois) de vérifier de quels individus il s'agissait, ne serait-ce que du fait qu'ils ont nécessairement existé.

Ce n'est pas en fonction de la forme grammaticale d'un énoncé que l'on peut décider si celui-ci désigne des individus ou des classes. On pourra sans doute construire, sur la base de cette forme grammaticale, un nombre infini d'exemples et de contre-exemples des plus téméraires, mais on ne parviendra jamais à en venir à bout et à atteindre cette décision. C'est en fonction de l'intention des expéditeurs et des présuppositions des destinataires que la décision concernant l'énoncé peut être prise. Un premier contrat visant à décider si l'énoncé a ou n'a pas une fonction référentielle est donc nécessaire.

La discrimination est parfois très facile : l'énoncé *ce bâton mesure un mètre* désigne à coup sûr tel bâton individuel, alors que l'énoncé *un mètre équivaut à 3,2802 pieds* exprime une loi ou une convention. Mais une décision plus pondérée sera requise dans d'autres cas. Si Hérode, avant la naissance de Jésus, avait dit à Hérodiade qu'il haïssait tous les enfants, celle-ci aurait probablement compris qu'Hérode n'était pas en train de faire référence à certains enfants en particulier, mais était en train d'exprimer son aversion pour les enfants en général. Cependant, lorsque Hérode ordonne à ses hommes de tuer tous les enfants de la Galilée, par son ordre il entend désigner *tous* les enfants nés au cours de l'année dans un lieu précis, *un par un* (des enfants qui étaient d'ailleurs devenus identifiables grâce au recensement qui venait d'avoir lieu)[1].

---

1. La fonction référentielle n'est pas nécessairement exprimée par la forme grammaticale. Prenons un énoncé comme *Napoléon est mort le 5 mai*. Cet énoncé doit être compris comme un énoncé référentiel s'il est émis au cours du mois où un courrier part de Sainte-Hélène et rejoint Londres ; un historien qui dirait, à partir de documents qu'il viendrait de découvrir, que *Napoléon n'est pas mort le 5 mai*, se référerait certainement encore à Napoléon comme individu, et s'il disait que *tous les manuels d'histoire que j'ai consultés donnent une information faussée sur Napoléon* il se référerait certainement à tous les manuels particuliers qu'il a consultés. Mais si un étudiant répondant à une interrogation d'histoire affirmait que *Napoléon est mort le*

Il y a cependant un point qu'il est nécessaire de clarifier, même s'il devrait être clair depuis l'époque de Platon et d'Aristote. Les termes isolés n'assertent rien (ils ont tout au plus un signifié) : le vrai et le faux ne se disent que dans l'énoncé ou dans la proposition correspondante. Or, si se référer n'est pas dire le vrai ou le faux (et nous verrons que l'on peut réaliser des actes de référence même sans avoir décidé si ce à quoi on se réfère est vrai ou faux), certainement, si l'on se réfère toujours et seulement à des individus, on se réfère alors à des états d'un monde (quel qu'il soit). Et il faut, pour faire cela, articuler un énoncé. Si je dis « chat », je ne me réfère à rien. Je me réfère toujours et seulement à *un* chat ou à *quelques* chats localisés et localisables dans le temps et dans l'espace. En revanche, lorsqu'on dit qu'on peut se référer à des *generalia*, on suggère par là que la référence est quelque chose qui se fait avec des termes isolés. Il arrive souvent d'entendre des personnes très respectables affirmer que le mot *chat* se réfère aux chats, ou à l'essence des chats. C'est une façon trompeuse de poser le problème, me semble-t-il, pour les raisons que j'ai exposées précédemment. Je m'en abstiendrai donc.

Le mot *chat* signifie ou dénote, si l'on veut, l'essence du chat (ou le CN, ou le CM correspondant) toujours et dans tous les cas, hors de tout contexte : son pouvoir signifiant ou dénotatif relève du *type* lexical. Le même mot ne désigne un chat donné que dans le contexte d'un énoncé exprimé, lorsque apparaissent des spécifications de lieu et de temps : la fonction de désignation est accomplie par l'*occurrence*. Un énoncé comme *les chats sont des mammifères* exprime une pensée, quel que soit le contexte dans lequel il apparaît, même s'il est trouvé dans une bouteille (et on peut décider si cet énoncé est vrai ou faux). L'énoncé *il y a un chat dans la cuisine* se réfère en revanche à un X localisé dans l'espace et le temps : trouvé dans une bouteille, cet énoncé perdrait toute son efficacité référentielle. Même si l'on peut

---

5 mai, je mettrais en doute qu'il s'agisse encore d'un énoncé avec fonction référentielle. L'élève, ne s'intéressant absolument pas à Napoléon et à sa vie, pour satisfaire son professeur, ne fait que citer une donnée de l'encyclopédie. Il est donc en train de chercher à démontrer qu'il connaît la convention culturelle selon laquelle, à la notion de Napoléon, est associée la propriété d'être mort le 5 mai 1821, tout comme s'il répondait au professeur de chimie que l'eau est H_2O (et il ne serait bien évidemment pas en train de se référer à l'eau mais à ce qu'en disent les manuels en vigueur). De telle sorte que si l'étudiant affirmait que Napoléon est mort le 18 juin 1815, le professeur lui répondrait qu'il se souvient mal de ce qu'il a lu dans ses manuels scolaires, et que la date qu'il vient de citer est enregistrée comme la date de la bataille de Waterloo. Mais si le professeur observait avec sarcasme qu'*à cette date Napoléon était encore en pleine forme !*, il entendrait dans ce cas se référer à Napoléon comme individu. Je conviens que mon exemple pourrait être contesté, et je serais même heureux que quelqu'un le fasse, puisque cela me conforterait dans l'idée que *décider qu'un énoncé a ou n'a pas une fonction référentielle est aussi matière à négociation.*

soupçonner que ce fut un acte de référence, on ne peut plus prouver qu'il fut vrai ou faux à l'endroit et au moment où il a été émis (*cf.* Ducrot 1995 : 303-305).

A présent que les conditions permettant de suivre la discussion qui suit ont été mises en lumière, nous poursuivons.

Se référer aux chevaux

Si nous revenons à l'histoire de Moctezuma que j'ai racontée en **3.3**, on voit que (i) ses messagers lui transmettent le CN du cheval au moyen d'interprétants ; (ii) ils sont évidemment en train de se référer à quelque chose qu'ils ont vu lors du débarquement des Espagnols ; (iii) Moctezuma comprend qu'ils sont en train de faire référence à quelque chose avant d'avoir compris de quoi il s'agissait ; (iv) sur la base de leur interprétation, Moctezuma se construit un TC du cheval grâce auquel, en toute probabilité, il sera en mesure de reconnaître le référent au moment où il le rencontrera ; (iv) il semble que Moctezuma, après avoir reçu le message, soit resté longtemps silencieux et nous pouvons donc penser qu'il ne s'est jamais référé aux chevaux jusqu'au moment où il les a reconnus ; (v) Moctezuma aurait pu, au moment opportun, reconnaître le mystérieux *maçatl* dont les messagers lui avaient parlé, et pourtant, en continuant de ruminer à part soi, il pourrait s'être abstenu d'en parler et donc de se référer aux chevaux.

Tout cela vaut si par « se référer à un cheval ou aux chevaux » on n'entend pas « intentionner le noème cheval ». Mais alors, nous serions une fois de plus en train de jouer sur les mots, et le problème de la référence est déjà suffisamment complexe pour ne pas venir le compliquer encore avec le problème de l'intentionnalité. Comme nous le verrons, il suffit de se poser le problème de l'intention du locuteur.

Nous pouvons donc associer un CN à un terme, ce CN (auquel devrait correspondre un TC) contient des instructions pour la reconnaissance du référent, mais les instructions pour la reconnaissance du référent et la reconnaissance elle-même n'ont rien à voir dans l'immédiat avec l'acte de se référer à quelque chose.

A présent, compliquons notre histoire. Les Espagnols arrivent au palais de Moctezuma, celui-ci croit reconnaître un *maçatl* dans la cour du palais, galope à perdre haleine jusqu'à ses courtisans (dont font partie ses messagers) et leur soutient qu'il y a un *maçatl* dans la cour. Dans ce cas, il se serait certainement référé à un cheval et ses messagers l'auraient compris de cette façon, puisque ce sont eux, précisément, qui lui avaient communiqué le signifié du mot *maçatl*. Mais un de ses messagers pourrait avoir eu un doute : était-il bien certain que Moctezuma utilisait le mot *maçatl* au sens où eux l'utilisaient ? Le problème n'était pas des moindres : si Moctezuma avait raison, si un cheval avait vraiment fait son apparition dans la cour, cela signifiait que les Espagnols étaient déjà arrivés dans la capitale.

Que se passerait-il si Moctezuma avait mal compris les descriptions que ses messagers lui avaient faites et croyait à présent avoir vu un cheval alors qu'il avait vu en fait quelque chose d'autre ? Bien qu'il y ait des personnes, parfois fort respectables, qui soutiennent que le mot *cheval* se réfère toujours et dans tous les cas aux chevaux (à la chevalinité) indépendamment des intentions ou de la compétence lexicale du locuteur, il me semble que les messagers n'auraient pas pu se satisfaire de cette belle assurance, puisqu'il s'agissait pour eux de savoir au plus vite ce qu'avait vu Moctezuma et à quoi il était en train de faire référence, même en se trompant de nom.

Les messagers faisaient front à un problème que maints chercheurs contemporains doivent également affronter, à savoir celui de la façon dont on peut « fixer la référence ». Mais le problème des messagers n'était pas de savoir comment identifier le référent du mot *maçatl*, sur le CN duquel ils s'étaient déjà mis d'accord. Ils se seraient accordés sur la définition selon laquelle *l'extension d'un terme est l'ensemble de toutes les choses où le terme est vrai* (mais ils auraient opportunément corrigé cette définition, en sachant qu'ils parlaient encore de termes et non d'énoncés, en : « l'ensemble des choses auxquelles le terme peut correctement s'appliquer pour énoncer des propositions vraies »). Ils devaient cependant décider si Moctezuma appliquait le terme correctement (et le critère de correction était celui qu'ils – les Nomothètes – avaient fixé le jour du débarquement espagnol), et ce n'est qu'après avoir pris cette décision qu'ils auraient pu *fixer* la référence *entendue* par Moctezuma lorsqu'il énonçait « il y a un *maçatl* dans la cour du palais ». Moctezuma avait probablement l'intention d'utiliser le mot *maçatl* dans le sens où l'utilisaient ses messagers, mais cela ne nous réconforte guère, et ne les réconfortait guère, eux non plus. Ils pouvaient, en vertu du « principe de charité », supposer que Moctezuma l'utilisait dans le même sens qu'eux, mais ils n'en étaient pas sûrs.

Les messagers étaient sûrs que Moctezuma s'était référé à quelque chose et que ce qu'il était en train de faire était un acte de référence, mais ils n'étaient pas sûrs que celui-ci « pointait » en direction du même référent que celui qu'ils avaient à l'esprit.

Que faire ? Il ne restait qu'une solution : interroger Moctezuma pour savoir si, par le mot *maçatl*, il entendait se référer à des animaux faits de telle et telle sorte. Naturellement, cela n'aurait pas suffi non plus, et l'assurance absolue n'aurait été atteinte qu'au moment où Moctezuma leur aurait indiqué un certain animal en prononçant le terme approprié. En attendant, il fallait rendre public le CN de *maçatl,* le plus possible, en poussant Moctezuma à leur fournir des interprétations.

Une longue négociation aura donc suivi, au terme de laquelle les deux parties contractantes avaient entre les mains une série de mots, de gestes et de dessins *rendus publics,* une sorte de procès-verbal, de déclaration notariée. Au moyen de ce contrat, les messagers auraient alors pu s'assurer que Moctezuma était en train de se référer à cette même chose à laquelle ils se référaient lorsqu'ils prononçaient le mot *maçatl.* Fixer la référence de l'énoncé veut dire, encore une fois (comme pour l'interprétation du TC à travers un CN), expliciter une chaîne d'interprétants intersubjectivement contrôlables.

Les messagers auraient alors été sûrs que Moctezuma était en train de faire référence à quelque chose, que le quelque chose auquel il faisait référence était quelque chose qu'ils étaient prêts à reconnaître comme un cheval ; pourtant, ils n'auraient pas encore été sûrs qu'il y avait vraiment un cheval dans la cour. Ce qui nous dit que le *se-référer-à,* le fait d'avoir l'intention (en se référant) d'utiliser le langage comme l'utilisent les interlocuteurs, n'a encore rien à voir avec le fait que l'acte linguistique de référence exprime une proposition vraie.

Je crois que ces différences sont également prises en considération lorsque l'on admet que la sémiotique d'inspiration structuraliste ne s'est pas occupée de la question de la référence. Je ne pense pas que quelqu'un ait jamais nié que nous utilisons le langage pour accomplir des actes de référence ; peut-être n'a-t-il pas été dit avec suffisamment de force qu'une série d'instructions pour identifier le référent d'un terme (lorsqu'il est utilisé dans un énoncé avec des fonctions référentielles) fait également partie du signifié de ce terme[1]. Mais je ne pense pas non plus que quelqu'un ait jamais nié que le signifié de *chat* contienne quelque chose (que ce soit même « animal félin quadrupède miaulant ») qui puisse nous permettre de distinguer éventuellement un chat d'un tapis.

Et puisque le problème des sémiotiques d'inspiration structuraliste

---

1. Ducrot explique brillamment pourquoi cela n'a pas été dit ou admis. Pour Saussure et pour la postérité saussurienne, les signifiés étaient purement différentiels et n'étaient pas définis en fonction de leur contenu. Dans le signifié d'un signe, on ne retenait que les traits distinctifs qui le distinguaient des autres signes d'une langue, et non une description de ses référents possibles : « pour reprendre l'exemple aristotélicien, le signifié de *homme* ne comporte sans doute pas le trait " sans plumes ", car il se trouve que la classification naturelle incorporée au français n'oppose pas *homme* et *oiseau* à l'intérieur d'une catégorie *bipède,* mais *homme* et *animal* à l'intérieur d'une catégorie *être animé* » (1995 : 303).

était de savoir comment définir le fonctionnement des systèmes de signes (ou des textes) en eux-mêmes et indépendamment du monde auquel ils pouvaient se référer, l'accent était éminemment mis sur le rapport entre signifiant et signifié, ou entre expression et contenu [1]. Personne ne mettait vraiment en doute le fait qu'un système quelconque de signes puisse être utilisé pour se référer à des objets et des états du monde. Pour le dire simplement, on estimait que pour pouvoir utiliser le mot *chat* afin de se référer à un chat, il fallait que les lo-

---

1. Je reconnais avoir été à l'origine, dans des travaux précédents, du malentendu selon lequel la sémiotique ne devrait pas s'occuper des processus de référence et selon lequel le problème de l'identification du référent aussi bien que celui des actes de référence pouvait être traité de façon globale. De la *Struttura assente* à *Le forme del contenuto,* du *Segno* au *Trattato,* je me suis ingénié à trouver des titres et des formules sans ambiguïtés telles que « l'équivoque du référent » ou « l'illusion référentielle ». Mais la polémique était due au fait que je cherchais à souligner dans ces ouvrages la façon dont la culture constitue un système du contenu et la façon dont les discours produisent un effet de vérité, si bien qu'il me semblait moins important d'établir à quel individu ou état de choses on se réfère en disant que *Dion marche.* Naturellement, personne ne pensait que le langage ne s'utilise pas pour se référer à quelque chose. Le problème était de voir la référence comme une fonction du signifié et non l'inverse. Néanmoins, le caractère « antiréférentialiste » de cette position était évident. Dans les *Forme del contenuto* (Eco 1971), je faisais une distinction entre jugements sémiotiques et jugements factuels, mais en affirmant que même les jugements factuels ne réintroduisent pas le référent dans l'univers sémiotique : « un jugement factuel n'a de pertinence sémiotique que s'il est assumé comme vrai, indépendamment de sa vérification et du fait qu'il soit un mensonge » (p. 90). Ce qui était tout à fait exact, si l'on voulait se rapporter à une considération des signes comme phénomènes culturels. Ce faisant, on ne prenait cependant pas suffisamment en considération le fait que, avant qu'un jugement factuel soit assumé comme garanti par la Communauté, il faut qu'il ait été prononcé dans certaines circonstances et ait obtenu un assentiment intersubjectif. Mais une section entière de *Segno* (Eco 1973) [*Le signe,* 5.3] est consacrée aux discussions historiques portant sur les rapports entre signe, pensée et réalité. La deuxième partie du *Trattato* (et particulièrement les parties traduites en français) parle de ce qu'il se passe lorsque nous exprimons des jugements indexicaux et de la façon dont, en se référant à des objets, des données perceptives sont confrontées à des données culturelles ; alors que les chapitres sur les modes de production des signes portent essentiellement sur le travail que l'on effectue en interprétant des symptômes, des empreintes, des indices, des vecteurs toposensitifs en vue d'apprendre quelque chose sur ce qui se passe, et sur la façon dont se construisent ou sont assumés comme signes des exemples, des échantillons, des projections, pour se référer, indiquer, désigner et représenter des objets du monde. Enfin, le fait de m'être tant occupé d'abduction, et non seulement à propos de lois générales mais également à propos de faits – comme dans les enquêtes de Sherlock Holmes (Eco 1983) – montre que je m'occupais des mécanismes mentaux grâce auxquels on parvient à dire quelque chose de vrai, ou du moins de vraisemblable, en référence à des individus et des événements spécifiques. Je sais gré à Augusto Ponzio (1993 : 89) de m'avoir fait remarquer que, dans le *Trattato,* je passais d'une sémiotique apparemment « antiréférentielle » à une sémiotique « non immédiatement référentielle » : s'il semblait d'abord que j'affirmais que la sémiotique n'a rien à voir avec nos rapports avec la réalité, je disais dans la seconde phase qu'on ne peut expliquer la façon dont nous nous référons à la réalité sans avoir établi au préalable la façon dont nous reconnaissons les signifiés des termes que nous employons.

cuteurs s'accordent en premier lieu sur le signifié «chat»[1]. Ce qui était aussi une façon de reprendre, dans un autre contexte, l'affirmation du second Wittgenstein (1953, § 40) selon lequel on ne doit pas confondre le signifié (la signification) d'un nom avec le porteur d'un nom : «Si monsieur X... meurt, on dira que c'est celui qui porte le nom qui meurt, non pas la signification du nom. Et ce serait un pur non-sens que de parler de la sorte, car si le nom cessait d'avoir une signification, il n'y aurait de sens aucun à dire : Monsieur X... est mort.»

Les sémiotiques d'inspiration structuraliste partaient du principe selon lequel les actes de référence ne sont possibles que si l'on connaît le signifié des termes utilisés pour se référer. Cette idée était également soutenue à l'intérieur du paradigme analytique, chez Frege par exemple. Mais à la différence de Frege, ces sémiotiques n'estimaient pas que le phénomène de la référence méritait un approfondissement et le considéraient comme un accident extralinguistique. Je soupçonne donc que le problème soit également resté obscur pour les sémantiques véri-fonctionnelles, et cela pour des raisons évidentes : le problème de la référence ne peut être résolu en termes formels car il a trait aux intentions de celui qui parle et constitue donc un phénomène pragmatique. Comme tel, il a échappé aussi bien à la prise des sémiotiques structuralistes qu'à celle des sémantiques fondées sur la théorie des modèles *(modeltheoric semantics)*. La provocation que nous devons à la théorie de la désignation rigide (bien que, comme nous le verrons, je ne la croie pas convaincante[2]) est de nous avoir poussé à penser qu'il peut y avoir des actes de référence qui, à première vue du moins, ne présupposent pas la compréhension du signifié des termes utilisés pour se référer.

---

1. Je reprends un argument de Bonomi (1994, 4). En 1934, Carlo Emilio Gadda publia un article intitulé *Mattinata ai macelli (Matinée aux abattoirs).* Il s'agissait de la description des abattoirs de Milan. Bonomi suppose que si l'article n'avait pas fait mention de la ville de Milan et qu'un chercheur en ait trouvé un exemplaire manuscrit parmi les papiers inédits de Gadda, ce chercheur aurait pu le prendre pour un exemple de fiction narrative. S'il découvrait plus tard que le texte était un article de journal, que l'on devait juger pour sa véridicité, même en changeant d'opinion quant à la nature de ce texte, le chercheur n'aurait pas eu besoin de le relire. Le monde décrit, les individus qui l'habitent, leurs propriétés, seraient toujours les mêmes ; simplement, le chercheur «projetterait» à présent cette représentation sur la réalité. Donc «pour saisir le contenu d'un compte rendu qui décrit un certain état de choses, il n'est pas nécessaire d'appliquer à ce contenu les catégories du vrai et du faux».
2. Pour mes objections à la désignation rigide, je renvoie à Eco 1984, II.6.

La véritable histoire du « sarchiapone »

Il existe un sketch resté célèbre dans les annales du théâtre de revue italien des années 50. Le sketch du Sarchiapone. Ce sketch se passe dans un compartiment de train, avec Walter Chiari et Carlo Campanini. En vue des analyses que j'entends en donner, il m'a semblé utile de le résumer en six temps.

1er TEMPS. Chiari entre dans le compartiment et salue Campanini et les autres voyageurs. Tout le monde est alors assis. Quelques instants après, Campanini se lève et touche de la main un panier recouvert de tissu et posé sur le filet à bagages. Il retire violemment la main, comme s'il avait été mordu. Il invite alors les autres voyageurs à ne pas faire de bruit pour ne pas déranger le sarchiapone, notoirement irritable. Chiari, vantard et suffisant, ne veut pas laisser paraître qu'il ne sait pas ce qu'est un sarchiapone. Il commence alors à en parler avec désinvolture, affectant de ne jamais avoir eu de problèmes avec les sarchiapones depuis son enfance.

2e TEMPS. Ignorant de ce qu'est un sarchiapone, Chiari procède par tentatives. Lorsque, par exemple, Campanini lui avoue que son sarchiapone est américain, Chiari affirme n'avoir vu que des sarchiapones asiatiques. Cela lui permet de se hasarder à énoncer des propriétés que le sarchiapone américain, au dire de Campanini, ne possède pas. Mais Chiari rencontre rapidement des difficultés. Il suggère par exemple, au moyen d'une mimique, le « museau » typique du sarchiapone. Mais voilà que Campanini le regarde d'un air intrigué, en lui demandant ce qu'il entend lorsqu'il dit que le sarchiapone a un museau ; Chiari corrige le tir et affirme qu'il s'est exprimé de façon impropre, par métaphore, et qu'il voulait faire allusion au bec ; mais avant même qu'il ait achevé de prononcer le mot *bec*, le visage de Campanini est frappé de stupeur. Chiari s'empresse alors de s'amender et parle de *nez*.

3e TEMPS. A partir de là, on assiste à une série de variations au rythme toujours plus accéléré, un crescendo au cours duquel Chiari s'obstine et s'emporte de plus en plus. Mouché également au sujet du nez, il convient de passer à autre chose et fait alors allusion aux yeux, puis parle aussitôt d'un œil unique ; échouant de nouveau, il essaie alors de faire allusion aux oreilles, mais mis devant l'affirmation tranchante qu'un sarchiapone n'a pas d'oreilles, il parle aussitôt de nageoires, puis se replie sur le menton, sur le buste, sur le duvet, sur les plumes ; il tente alors une exploration de la façon de marcher de l'animal pour se reprendre aussitôt en disant qu'il entendait par là son sautillement caractéristique et se hasarde à propos des pattes ; il essaie avec les ailes, les écailles ; il fait allusion sans succès à leur couleur (jaune ? bleue ? rouge ?) et se met peu à peu à parler à demi-mot, utilisant des syllabes interrogatives pour guetter la réaction (fatalement négative) de Campanini[1].

4e TEMPS, l'apogée du sketch. Chiari, exaspéré, explose en une terrible et libératrice invective au sujet de cette bête répugnante, de cet animal impossible, qui n'a pas de groin, qui n'a pas de bec, qui n'a ni pattes, ni sabots, ni griffes, ni doigts, ni pieds, ni ongles, ni plumes, ni écailles, ni cornes, ni poils, ni queue, ni dents, ni yeux, ni crinière, ni barbillons, ni crête, ni langue – et il renonce alors à comprendre ce que peut être un sarchiapone.

5e TEMPS. Chiari ordonne à Campanini de lui montrer le sarchiapone. Les autres voyageurs abandonnent le compartiment, terrorisés, et Chiari lui-même s'effraie au moment où Campanini s'apprête à ouvrir le panier. Campanini lui révèle enfin que le sarchiapone n'existe pas, il lui montre que le panier est vide et lui avoue qu'il utilise souvent ce truc pour éloigner les importuns afin de pouvoir se retrouver seul dans le compartiment.

6e TEMPS. Suit une « coda » au cours de laquelle Chiari (ayant retrouvé son sans-gêne) veut alors faire croire qu'il a tout de suite deviné qu'il s'agissait d'une farce.

D'une existence possible des références aveugles (boîtes fermées)

L'histoire du sarchiapone me semble exemplaire. Dans le premier temps, nous avons deux interlocuteurs : le premier *pose* un terme, et l'autre (en se conformant aux maximes conversationnelles) *présuppose* – jusqu'à preuve du contraire – l'existence de l'objet correspondant[2]. Au départ, Chiari ne sait pas quelles propriétés possède un sarchiapone, hormis celle d'être probablement un animal, il traite le terme correspondant à l'aveuglette – en italien, nous dirions qu'il le traite *a scatola chiusa,* « à boîte fermée ».

---

1. De façon non technique, Campanini procède comme l'ordinateur pseudo-intelligent du projet Eliza. Dans cette expérience, l'ordinateur, qui ne comprend bien évidemment pas ce qu'est en train de dire l'interlocuteur humain, est programmé pour reconnaître un sujet dans l'énoncé de l'interlocuteur et pour construire à partir de celui-ci une question qui semble intelligente : lorsque l'interlocuteur dit, par exemple, qu'il a des problèmes avec son père, l'ordinateur lui demande « parlez-moi un peu de votre père ». Dans le sketch du Sarchiapone, Campanini se contente de reprendre le nom de la propriété que Chiari attribue hypothétiquement au sarchiapone et affirme en substance : « Mais la propriété que vous venez de nommer n'appartient pas au sarchiapone. »
2. Sur ce type de présuppositions d'existence, voir Eco et Violi 1987, et Eco 1990, IV.4.

Je voudrais clarifier ici ce que j'entends par *boîte fermée*. La boîte fermée n'a rien à voir avec cette « boîte noire » dans laquelle j'ai affirmé de façon répétée ne pas vouloir fourrer mon nez. Une boîte fermée, si l'on veut, est comme une boîte blanche : une boîte noire, par définition, est quelque chose qui ne peut pas être ouvert ; une boîte blanche, en revanche, même lorsqu'elle est fermée, pourra être ouverte par la suite. La boîte fermée, c'est ce qui nous est offert, tout enveloppé, à l'occasion d'un joyeux événement, durant les fêtes de Noël ou le jour de notre anniversaire : avant même de l'avoir ouvert, nous devinons qu'il s'agit d'un cadeau et nous voilà déjà en train de remercier son auteur. Nous lui faisons confiance, nous supposons qu'il n'est pas un mauvais plaisantin cherchant à nous exposer à la surprise de trouver la boîte vide. En italien, on parle de *comprare qualcosa a scatola chiusa*, acheter quelque chose « à boîte fermée », c'est-à-dire les yeux fermés, chat en poche, en faisant confiance au vendeur, en supposant qu'il y aura véritablement dans la boîte ce qu'il prétend.

Dans l'interaction communicationnelle quotidienne, nous acceptons beaucoup de références *a scatola chiusa,* de références aveugles : si quelqu'un nous dit qu'il doit partir sur-le-champ parce que Nancy est malade, nous acceptons le fait qu'il existe quelque part une femme qui s'appelle Nancy, même si nous n'en savions rien jusqu'à présent. Si, en revanche, l'interlocuteur nous annonce que pour obtenir le remboursement de notre voyage à un congrès tenu à Draguignan, c'est à Nancy qu'il faut s'adresser, préoccupés, nous nous empressons de lui demander si, par ce nom, il entend se référer à la célèbre ville ou à un employé de l'administration de la commune de Draguignan, et nous voulons aussitôt savoir comment nous pouvons l'identifier ou le repérer. Mais c'est un cas extrême. Généralement, sauf dans des cas de méfiance préventive, si le locuteur laisse apparaître dans ses propos le nom de quelque chose ou de quelqu'un qui nous est inconnu, nous considérons que ce quelque chose ou ce quelqu'un existe quelque part. Nous collaborons à l'acte de référence, même si nous ne savons rien du référent, même si nous ne savons pas ce que signifie le terme utilisé par le locuteur.

J'ai raconté en **3.7.1** comment je pouvais très bien reconnaître les mangroves (que j'ai pu identifier un jour grâce à tout ce que j'avais lu les concernant dans des livres de voyages) et le banian, au sujet desquels les livres d'Emilio Salgari m'avaient fourni une quantité d'instructions, tout en restant incapable de distinguer un orme d'un hêtre. J'étais convaincu de ne rien savoir au sujet des palétuviers (dont les livres de Salgari me parlaient également beaucoup) jusqu'à ce que je découvre, un jour, sur une encyclopédie, que les palétuviers sont en fait des mangroves. A présent, je pourrais relire Salgari en m'imaginant les mangroves chaque fois qu'il parle de palétuviers. Mais que faisais-je depuis mon enfance et durant toutes ces années où je lisais le mot *palétuvier* sans savoir ce qu'était un palétuvier ? J'avais déduit du contexte qu'il s'agissait de végétaux, de quelque chose qui devait ressembler à des arbres ou à des arbustes, mais c'était bien l'unique propriété que je réussissais à associer au nom. Toutefois, j'ai pu lire en *feignant* de savoir ce qu'ils étaient. Mon imagination me permettait de pallier le peu que j'avais pu entrevoir par la boîte à demi ouverte, mais j'étais en fait en train d'appréhender quelque chose à l'aveuglette et c'est à une « boîte fermée » que j'avais affaire dans mon acte de référence. Je savais que Salgari était en train de se référer à quelque chose, et je gardais l'interaction communicationnelle ouverte, pour pouvoir comprendre le reste de l'histoire, en supposant (par confiance) qu'il y avait quelque part des palétuviers et que ces palétuviers étaient des végétaux.

L'acceptation à l'aveuglette *(boîte fermée)* pourrait être entendue comme un cas de *désignation rigide*. Suivant la théorie de la désignation rigide, dans une situation irréelle (contrefactuelle) qui soustrait à Aristote toute propriété connue, nous devrions nous disposer à le considérer comme celui qui a été baptisé Aristote à un moment déterminé, et ce faisant nous acceptons à l'aveuglette *(boîte fermée)* qu'une sorte de lien ininterrompu connecte la profération actuelle du nom à l'individu baptisé de la sorte. Mais une ambiguïté (et peut-être pas la seule) demeure dans la désignation rigide. D'un côté nous devrions assumer que – à travers une chaîne ininterrompue qui relie l'objet, lequel a reçu un nom au cours de son « baptême initial », au nom utilisé par celui qui s'y réfère – c'est l'objet qui *cause* l'appropriation de la référence (Kripke 1972 : tr. fr. 79). De l'autre, il est soutenu que « celui à qui le nom est transmis [...] doit avoir l'intention de l'utiliser avec la même référence que l'homme dont il l'a appris » (Kripke 1972 : tr. fr. 85). Ce qui n'est pas la même chose.

Etant donné que le sarchiapone n'existe pas, il n'y a pas d'objet qui puisse avoir causé l'utilisation du nom. Cependant, il est certain que Chiari accepte d'utiliser le nom *sarchiapone* de la façon dont il présume que Campanini l'utilise. A l'aveuglette. S'il y a une chaîne causale, elle ne va donc pas de l'objet à l'utilisation du nom, mais de la décision (de Campanini) d'utiliser le nom à la décision de Chiari de l'utiliser comme Campanini l'utilise. Il ne s'agit pas d'une causalité « objet $\rightarrow$ nom », mais de causalité « utilisation$_1$ du nom $\rightarrow$ utilisation$_2$ du nom ». Je n'ai aucunement l'intention de résoudre ce problème du point de vue d'une théorie causale de la référence, puisque je ne partage pas cette théorie. Nous pourrions dire que, dans le cas où

le sarchiapone existe et a une essence, on a une désignation « rigide »,
alors que dans le cas où il est imaginé par celui qui baptise de ce nom
une fiction *(figment)* de son imagination, on a une désignation
« molle ». Mais je ne sais absolument pas ce que « désignation rigide » et « désignation molle » signifient, car si cette différence a
peut-être une importance d'un point de vue ontologique, elle n'en a
aucune d'un point de vue sémiosique : l'acte de référence mis en
œuvre par Campanini et accepté par Chiari fonctionnerait de la même
façon dans les deux cas.

Le problème me semble résider ailleurs. La métaphore de la boîte
fermée est une métaphore imprécise. Les boîtes fermées (pour filer la
métaphore) nous disent toujours quelque chose de ce qui est à
l'intérieur, car elles portent inévitablement une étiquette. Si j'utilise
un nom propre comme Gédéon, je déclare automatiquement que le
porteur du nom est un être humain de sexe masculin ; si j'utilise Do-
rothée, je déclare qu'il est de sexe féminin, si je fais entrer en scène
mon frère Giacomo au cours d'une discussion, Giacomo est déjà un
être humain de sexe masculin qui a la propriété d'être mon frère ; Salgari avait étiqueté les palétuviers comme des végétaux ; si je parle de
Jean Dupont, il est fort probable que le désigné soit une personne et
que la personne désignée soit un homme français ; si je nomme Giu-
seppe Rossi, il est fort probable que ce soit un Italien ; si je nomme
Paolo Sisto Leone Pio Odescalchi Rospigliosi Colonna, il y a de
fortes chances pour que ce soit un individu qui appartienne à la no-
blesse romaine, en plus du fait que (au moins à l'origine), si
quelqu'un a pour nom de famille Fabbri[1], il était décrit comme le fils
du ferronnier (du *fabbro*), et s'il s'appelait Müller, il appartenait à la
famille des meuniers. C'est trop peu pour savoir qui se tient derrière
le nom de Piero Fabbri ou de Franz Müller, mais suffisamment pour
dire que même les noms propres ne sont pas absolument vides de
contenu.

Remarquons que si les noms propres n'avaient pas de contenu
(mais seulement un désigné), il ne pourrait y avoir d'*antonomase
vossianique*[2], qui n'est pas l'antonomase où un terme général est appliqué par excellence à un individu (l'Empereur pour Napoléon, *The
Voice* pour Frank Sinatra), mais celle où un nom d'individu est employé par excellence comme une somme de propriétés (cet homme est
un Pic de La Mirandole, ou un Hercule, ou un Judas, cette femme une
Messaline, ou une Vénus).

---

1. Soit Fabre ou Lefebvre en français (du latin *faber*). Pensons à des noms tels que
Fournier (four), Pelletier (peau), Vigny (vigne), etc. [N.d.t.].
2. Cf. Gerhard Vossius, *De arte grammatica*, 1635 [N.d.t.].

Initialement, l'histoire du sarchiapone semble être celle du développement d'un acte de référence fort imprudent parce qu'aveugle : Chiari se retrouve avec une « boîte fermée » entre les mains, il ne sait rien de son contenu, suppose néanmoins son existence, mais ne peut l'identifier. En vérité, Campanini, en disant qu'il est préférable de ne pas déranger le sarchiapone car il est irritable, met déjà une étiquette sur la boîte (ou sur le panier) : le sarchiapone est un être vivant. Chiari procède à partir de ce simple élément et cherche immédiatement à utiliser le terme comme un « crochet auquel on peut suspendre des descriptions définies [1] ». Les tentatives de Chiari qui ont lieu dans le 3ᵉ Temps visent à vérifier quelles sont les propriétés de l'animal, et donc à obtenir des instructions pour l'identification et la reconnaissance du référent. Remarquons que la différence entre *parler-de* et *se-référer-à* est également illustrée dans ce sketch. Campanini est en train de se référer à un sarchiapone précis (celui qui est dans le panier). Chiari accepte la référence et se réfère à son tour à ce sarchiapone. Mais, pour établir comment est ce sarchiapone, il tente un recours à l'universel, ou aux objets généraux : il affirme avoir connu d'autres sarchiapones et – en essayant d'en définir les propriétés – se met à parler des sarchiapones en général, c'est-à-dire qu'il cherche à obtenir des informations pour construire, à titre d'essai au moins, le CN de *sarchiapone* et de s'en former le TC, ou encore il cherche à obtenir une possibilité pour connaître le sarchiapone type. Pour faire cela, il se réfère toujours à l'animal dans le panier comme à une occurrence qui devrait présenter toutes les propriétés du type. La référence ne se contracte pas sans mettre en scène des contenus.

Le dialogue qui se déroule au cours du 3ᵉ Temps peut être compris comme un processus d'« évacuation successive » de chaque propriété possible et imaginable, de façon à ce que ce crochet pour suspendre les descriptions reste nu. Et puisque Campanini nie chaque propriété possible du sarchiapone, il ne reste à Chiari – apparemment – qu'à accepter le nom de façon rigide. Et c'est ce qu'il semble faire lorsque, au cours du 4ᵉ Temps, il insulte la bête mystérieuse, l'accusant de ne correspondre à aucune description possible. Mais il ne cesse pas de se référer à cet être maudit comme à une « bête ».

Lorsque Campanini, au cours du 5ᵉ Temps, révèle que le sarchiapone n'existe pas, Chiari s'aperçoit qu'il a parlé jusqu'alors d'un individu inexistant, c'est-à-dire du fruit de l'imagination de Campanini, d'un individu fictif qui n'existait que dans le monde possible de la

---

1. Selon l'expression de Searle (*cf. Propter Names,* in *Mind,* LXVII, p. 172) ; *cf.* Eco 1984 : 132 [N.d.t.].

fabulation d'autrui. Or, même après que la supercherie a été découverte, Chiari (au cours du 6e Temps) continue à se référer au sarchiapone. Mais il ne s'y réfère plus comme à un élément de l'ameublement du monde réel, il s'y réfère comme à un élément du monde possible inventé par Campanini. Nous pourrions chercher à savoir si Chiari parlait d'un sarchiapone$_1$ dont il supposait l'existence pendant les 5 premiers temps et s'il n'était pas en train de se référer, au cours du 6e Temps, à un sarchiapone$_2$ qu'il sait alors n'exister que dans un monde fictif. Le fait est que Chiari s'est toujours référé au sarchiapone *dont Campanini était en train de parler,* bien qu'il lui attribuât auparavant (1-5) la propriété d'exister dans le monde réel et qu'il lui attribue à présent (6) la propriété de ne pas exister[1]. Les deux acolytes se sont très bien mis d'accord et ils savent de quoi ils sont en train de parler.

La morale de l'histoire est que (i) se référer est une action que les locuteurs accomplissent sur la base d'une négociation ; (ii) l'acte de référence accompli en employant un terme devrait pouvoir, en principe, n'avoir affaire ni à la connaissance du signifié du terme ni à l'existence ou la non-existence du référent – avec lequel il n'entretient aucun rapport causal ; (iii) toutefois, il n'y a pas de désignation définissable comme rigide qui ne s'appuie sur une description (« étiquette ») de départ, quand bien même celle-ci serait générique ; (iv) par conséquent, les cas apparents de désignation absolument rigide constituent également une amorce du contrat référentiel, le moment « auroral » du rapport, jamais le moment final.

On pourrait objecter qu'il s'agit d'un sketch. Mais n'est-ce pas la même chose qui aurait eu lieu si le dialogue s'était déroulé entre deux scientifiques, où l'un aurait commencé à parler de la substance X qu'il avait découverte avant qu'ils ne tirent au clair le fait que cette substance n'existait pas ou n'avait aucune des propriétés que lui attribuait ce premier ? Dans une telle situation, un scientifique se

---

1. La vieille controverse médiévale visant à définir l'existence comme un accident de l'essence (définition attribuée à Avicenne) ou comme son acte (Thomas) pourrait être réouverte ici. Mais il est certainement nécessaire de distinguer entre une utilisation prédicative et une utilisation existentielle de l'existence (pour une synthèse limpide, voir Piattelli Palmarini 1995, 11). Cela permet de mettre en lumière un point discuté en **2.8.3** en me référant à l'interprétation de Fumagalli (1995) selon laquelle les trois catégories que sont la *Firstness*, la *Secondness* et la *Thirdness* étaient des éléments de la proposition chez le premier Peirce, mais deviennent des moments de l'expérience chez le second. Comme moment de l'expérience, l'existence n'est pas un prédicat, mais la rencontre avec quelque chose qui se tient déjà contre, face à moi, et qui est antérieur à toute élaboration conceptuelle ; l'existence est ce sentiment immédiat dont je parlais en **1.3**, c'est une existence pré-prédicative. Lorsque, en revanche, j'affirme que Paris a la propriété d'exister dans ce monde tandis que les Villes Invisibles d'Italo Calvino ne l'ont pas, je suis passé à l'existence comme prédicat.

comporterait différemment *du point de vue moral et scientifique*, en disqualifiant publiquement celui qui lui avait menti, mais du point de vue sémiosique, les choses n'en iraient pas autrement. Au cours du congrès scientifique suivant, le scientifique continuerait de mentionner la substance X comme un exemple de substance imaginaire, sujet d'une escroquerie scientifique (ou d'une grossière erreur), mais il continuerait alors à se référer à cette substance comme à celle dont il avait parlé lorsque, avant de commencer les vérifications nécessaires, il avait assumé son existence en aveugle (donc en se référant au contenu d'une boîte fermée)[1].

Je sais bien qu'il existe une autre interprétation, si ce n'est de l'histoire du sarchiapone, du moins de l'histoire de la substance X. Certains diraient qu'à partir du moment où la substance n'existe pas, l'expression *substance* X n'a pas de référent et qu'elle n'en avait pas non plus lorsque le scientifique pensait qu'elle en avait un. Mais dire qu'une expression ne peut s'appliquer à aucun référent ne veut pas dire que l'on ne peut pas l'utiliser dans un acte de référence, et c'est sur ce point que je voudrais insister. Dans cette oscillation entre un référent possible du terme et l'utilisation du terme dans des actes de référence se cache une ambiguïté qui a généré de nombreuses discussions sur l'ontologie de la référence.

L'Esprit Divin comme « e-mail »

Par ontologie de la référence, j'entends principalement la position philosophique selon laquelle les individus (Paul, Napoléon, Prague ou le Pô) peuvent être désignés *rigidement,* au sens où, quelle que soit la description que nous assignons à un nom, celui-ci se réfère toujours à quelque chose ou à quelqu'un qui a été baptisé ainsi à un moment donné de l'espace-temps, et qui – quel que soit le nombre de ses propriétés qui nous échappent – restera toujours *ce* quelqu'un ou *ce* quelque chose (un *principium individuationis* fondé sur une *materia signata quantitate*). Or, la théorie de la référence ontologique a également été étendue aux *quidditates* (les essences, ou les objets généraux) qui, quand bien même nous ne les connaîtrions pas, seraient des constantes de nature qui possèdent une objectivité propre, c'est-à-dire indépendante de nos actes mentaux ou de la façon dont la culture

---

1. Pour les paradoxes de la désignation rigide dans des contextes scientifiques, voir Dalla Chiara et Toraldo di Francia 1985.

reconnaît et organise ces *quidditates*. L'élargissement de l'hypothèse n'est pas injustifié : si l'on considère qu'un nom de personne peut être attaché à une *haecceitas* (même si elle n'est que son avoir-été, donc même si elle est immatérielle), pourquoi un nom générique ne pourrait-il pas directement se rattacher à une *quidditas* ? Qu'est-ce qui est le plus immatériel, la Chevalinité ou la *haecceitas* d'Assourbanipal, dont je crois qu'il ne nous reste pas même une poignée de poussière ? Dans les deux cas, comme nous le verrons, on ne pourrait éviter d'assumer que la relation est donnée par ce que Putnam (1981 : tr. fr. 63) appelle des « rayons noétiques » (et qui ne sont naturellement qu'une fiction théorique).

De ce point de vue, pour une théorie ontologique de la référence, le terme *eau* se référerait à H_2O dans n'importe quel monde possible et, de la même manière, le nom *Napoléon* se référerait toujours et rigidement à cet *unicum* qui, dans l'histoire de l'univers, ne s'est vérifié, génétiquement, physiologiquement et biographiquement, qu'une seule fois (et il resterait tel même si, dans un monde futur gouverné par des féministes radicales, Napoléon ne laissait de souvenir qu'en tant qu'il fut cet individu dont l'unique propriété est d'avoir été le mari de Joséphine).

Cette ontologie serait une ontologie « forte » où la référence à l'eau semblerait faire abstraction de toute connaissance, de toute intention ou de toute croyance du locuteur. Mais cette perspective n'exclut pas la question de savoir ce qu'est la référence et n'élimine pas plus la notion de « cognition » : elle les déplace simplement de la psychologie à la théologie. Qu'entendons-nous lorsque nous disons que le mot *eau* se réfère toujours et de toute façon à H_2O, par-delà toute intention des locuteurs ? Nous devrions dire ce qu'est cette espèce de « fil de fer » ontologique qui accroche ce mot à cette essence – et, pour filer la métaphore, nous devrions penser à l'essence comme à quelque chose d'hirsute d'où partent de nombreux fils de fer qui la relient à *eau*, à *water*, à *agua*, à *acqua*, à *Wasser*, à *voda*, à *shui* et même au terme (encore inexistant) qui sera forgé en 4025 par les visiteurs saturniens pour désigner ce liquide transparent, inconnu d'eux, qu'ils trouveront sur notre planète.

Une ontologie forte, pour exclure les intentions des locuteurs, mais fonder le lien référentiel d'une manière ou d'une autre, devrait présupposer un Esprit Divin, ou Infini si l'on préfère. En considérant comme certain le fait que le monde existe indépendamment de la connaissance que nous en avons et qu'il existe comme une population d'essences réciproquement réglées par des lois, il n'y a qu'un Esprit connaissant le monde exactement tel qu'il est (et tel qu'il l'a fait), et acceptant avec indulgence que l'on puisse se référer à une même essence dans des langues différentes, qui puisse « fixer » la référence de façon stable.

Pour reprendre le fameux exemple de Putnam (1975 : 12)[1], s'il existait sur une Terre Jumelle quelque chose qui ressemblait en tout à l'eau de notre planète, qui avait le même aspect, la même saveur et les mêmes effets biochimiques, et qui, néanmoins, n'était pas H_2O mais XYZ, pour dire que quiconque (sur les deux planètes) parlant d'*eau* se référerait à H_2O mais non à XYZ, il faudrait assumer qu'un Esprit Infini la pense précisément de cette façon, car seule sa pensée garantirait la liaison entre les noms et les essences. Et c'est Putnam lui-même (1981 : tr. fr. 61) qui, en opposant un « réalisme interne » à la perspective « externaliste », dit que cette dernière, pour être soutenable, présupposerait « un point de vue de Dieu ».

Postuler un Esprit Divin pose cependant un problème intéressant en termes d'intentionnalité. Nous devons admettre que l'Esprit Divin « sait » que toute émission du terme *eau* se réfère à l'essence de l'eau, mais le rapport intentionnel qui lie l'Esprit Divin au contenu de son « savoir » échappe à notre capacité de compréhension (et nous postulons en réalité que cela se passe ainsi, mais nous ne disons pas comment cela se passe). Mais qu'est-ce qui nous garantit que chacune de *nos* proférations du terme *eau* corresponde à l'intentionnalité de l'Esprit Divin ? Evidemment rien, si ce n'est cette bonne *intention* en vertu de laquelle, lorsque nous parlons d'eau, nous entendons faire, pour ainsi dire, la volonté de Dieu et nous entendons (de manière volontariste) correspondre à l'intention de l'Esprit Divin.

Je dis bien « à l'intention » et non « à l'intentionnalité » d'un Esprit Divin. Se demander ce qu'est l'intentionnalité d'un Esprit Divin va au-delà des limites de nos modestes réflexions – mais également de réflexions bien plus prétentieuses. Le problème est qu'il est également difficile de savoir ce que peut vouloir dire correspondre à l'intention de l'Esprit Divin.

J'admets qu'il existe aujourd'hui un phénomène qui pourrait valoir comme un modèle d'Esprit Divin et de désignation absolument rigide. C'est le phénomène de l'adresse *e-mail*. Au « nom » constitué par cette adresse (*adam@eden.being* par exemple) correspond toujours une entité et une seule (rien ne dit que ce soit un individu physique, ce peut être une entreprise, mais ce sera toujours cette entreprise-ci et non une autre). Nous pouvons ne rien savoir des propriétés que possède le destinataire (Adam pourrait ne pas avoir été le premier homme, il pourrait ne pas avoir mangé à l'arbre du bien et du mal, il pourrait ne pas avoir été le mari d'Eve, etc.), mais nous savons que ce

---

1. *Cf.* aussi Putman 1990 : tr. fr. 179-215 [N.d.t.].

nom (adresse) nous relie (par une chaîne de phénomènes électroniques qu'il n'y a pas lieu d'analyser en détail, mais dont nous sommes tous les jours les témoins du bon fonctionnement) à une entité individuelle distincte entre toutes, indépendamment de nos croyances, de nos opinions, de nos connaissances lexicales et de la connaissance que nous avons au sujet de la façon dont on y accède concrètement, dont on le « pointe ». Nous pourrions, au cours du temps, associer de nombreuses propriétés à ce nom, mais il n'est pas nécessaire que nous le fassions : nous savons que si nous tapons ce nom sur notre programme d'*e-mail,* c'est bien cette adresse que nous atteindrons et non une autre[1]. Et nous savons que tout dépend d'une cérémonie baptismale et que le pouvoir référentiel de l'adresse que nous utilisons est dû *causalement* à ce baptême.

Un phénomène de ce genre (si absolument « pur » et indiscutable, indépendant des intentions et des compétences de tout correspondant) ne se vérifie pourtant qu'avec le *e-mail.* Le fait que le système de *e-mail* soit un modèle d'Esprit Divin peut apparaître aussi réconfortant que blasphématoire, mais il est bien certain que c'est le seul cas où nous utilisons une désignation absolument rigide suivant le modèle, si ce n'est d'un Esprit Divin, d'un Réseau Divin du moins.

De l'Esprit Divin à l'Intention de la Communauté

Comment sortir d'une ontologie forte tout en garantissant une certaine objectivité de la référence ? En imaginant une ontologie affaiblie de l'Esprit de la Communauté (dont les Experts constituent les représentants privilégiés dans leurs secteurs respectifs). En ce sens, se référer correctement à l'eau signifie s'y référer à la façon dont la communauté des experts s'y réfère – et si les experts s'accordent aujourd'hui à dire que l'eau est H_2O, ils pourraient dès demain, en prenant acte du faillibilisme de la connaissance, choisir une autre définition. Cependant, cela ne résout absolument pas le problème que nous posait l'hypothèse de l'Esprit Divin : qu'est-ce qui nous garantit que lorsque nous employons le mot *eau* dans une opération de réfé-

---

1. Alessandro Zijno me fait remarquer que même dans un tel cas la boîte fermée aurait toujours une étiquette minimum (dans une adresse comme *xx@yy.fr,* le domaine *fr.* me permettrait au moins de remonter jusqu'au lieu du baptême). Mais l'indication est faible (le *it.,* ou le *fr.,* le « domaine » qui apparaît à la fin de l'adresse, et qui me permet au moins de remonter jusqu'au lieu du baptême) : *xx* peut s'être abonné à *yy.fr* même s'il habite à New York. En outre, il y a certaines adresses *e-mail (xx@yy.com)* où le domaine n'indique pas un pays et ne saurait donc fournir des indications pour sa localisation.

rence, nous l'employons de la même façon que le fait l'Esprit de la Communauté? Simplement la décision (volontariste) par laquelle, lorsque nous employons ce mot, nous entendons l'employer dans le sens où l'emploient les experts.

Mais Chiari faisait-il quelque chose de différent dans le sketch du Sarchiapone, lorsqu'il décidait d'employer le mot *sarchiapone* de la même façon que l'employait Campanini? Chiari assumait simplement que Campanini était un Expert. Y a-t-il une différence ontologique entre l'opinion de Campanini et celle d'Einstein? Il n'y a que notre conviction que, statistiquement parlant, les encyclopédies qui nous sont connues répertorient Einstein comme un expert qualifié, alors qu'elles ne mentionnent pas Campanini (et j'admets qu'on a de bonnes raisons de faire ce choix). Ce qui veut dire que lorsque nous parlons, nous avons une idée, parfois vague et parfois précise, sur certains points autour desquels circule le consensus de la Communauté.

Cependant, si l'on suppose, pour les termes de genres dits naturels (comme l'eau ou l'or), que l'expert est l'Interlocuteur Privilégié (l'interprète autorisé par la Communauté), cela n'a pas lieu pour des expressions comme *mon cousin, Arthur, le chat de Mafalda* ou *le premier hominidé arrivé en Australie*. La possibilité de contrat est ici extrêmement large, car la parole de Campanini vaut alors celle d'Einstein.

Devant l'énoncé *Napoléon est né à Modène,* par exemple, avec ma conviction que *mon* Napoléon est né à Ajaccio, je n'accepte absolument pas d'employer le nom en fonction des intentions de la Communauté car, ne serait-ce qu'en vertu du principe de charité, je soupçonne d'emblée que le locuteur entend se référer à un *autre* Napoléon. Je m'ingénie donc à contrôler si la référence est bien appropriée en poussant mon interlocuteur à interpréter le CN qu'il fait correspondre au nom *Napoléon* pour découvrir éventuellement que son Napoléon est né au cours de ce siècle, qu'il est un vendeur de vieilles voitures et que je me trouve donc devant un cas banal d'homonymie. Mais je peux également me rendre compte que mon interlocuteur entend se référer au même Napoléon que le mien et qu'il vient donc d'émettre un énoncé historiographique défiant les notions encyclopédiques actuelles (et donc l'Esprit de la Communauté). Dans ce cas, je lui demanderai de me fournir des preuves convaincantes de son énoncé.

Enfin, essayons de prendre vraiment au sérieux la décision d'employer un terme suivant l'intention et l'accord des Experts ou de la Communauté. Supposons que, devant la menace d'extinction des éléphants d'Afrique, l'E.C.O. *(Elephant Control Organization)* se rende compte que: (i) trois mille éléphants vivent dans la zone du Kwambia, bien plus que ne peut en supporter l'équilibre écologique (les éléphants ravagent les récoltes et la population est donc amenée à les massacrer, alors qu'elle pourrait les tolérer s'ils étaient en nombre inférieur) ; (ii) dans la zone du Bwana, les éléphants, massacrés par les chasseurs d'ivoire, sont sur le point de s'éteindre ; les lois extrêmement sévères qui ont été promulguées pourraient en garantir la survie, mais leur nombre de têtes est bien trop faible pour assurer la continuité de l'espèce ; (iii) il s'agit donc de capturer mille éléphants du Kwambia et de les transporter au Bwana ; (iv) la Confédération des Etats africains et le World Wildlife Fund ont approuvé l'opération et en ont chargé les fonctionnaires de l'E.C.O.

Au cours de ces préliminaires, on s'est référé au Kwambia et au Bwana, et l'on suppose qu'il y a un accord concernant le référent de ces noms de territoires. Puis, les trois mille éléphants du Kwambia ont tous été *désignés,* un par un, en affirmant que mille d'entre eux devront être transférés au Bwana. On ne sait pas encore quelles sont ces mille têtes mais, de même qu'il est possible de désigner un enfant qui va naître, il est possible de désigner ces mille éléphants qui, le jour où ils seront transférés au Bwana, seront précisément *ces* éléphants-là et non d'autres. Mais il faut à présent faire en sorte que les fonctionnaires de l'E.C.O. connaissent exactement la signification du terme *éléphant* et ne fassent pas l'erreur de déplacer des rhinocéros ou des hippopotames.

Il ne suffit pas de dire que la confusion n'est pas possible puisque les fonctionnaires de l'E.C.O. ont l'intention d'utiliser le terme *éléphant* pour se référer au même genre d'individus que ceux auxquels se réfèrent les Experts. Cette entente, basée sur leur bonne volonté, ne vaut que pour engager la discussion. Les Experts veulent être certains qu'il n'y ait pas de malentendu possible. Pour cela, ils communiquent aux fonctionnaires chargés de la mission ce qu'ils entendent par éléphant, à savoir un animal qui, selon la science officielle, a les propriétés XYZ, et fournissent des instructions pour reconnaître les animaux qui auront ces propriétés. Lorsque les fonctionnaires se sont accordés avec les Experts et déclarent vouloir capturer et transférer mille exemplaires d'animaux XYZ, l'opération peut commencer.

A ce stade, il ne servirait à rien d'affirmer que les fonctionnaires de l'E.C.O. ont la bonne intention d'utiliser le terme selon l'intention des Experts. Entre les fonctionnaires et les Experts s'est glissée de fait une série bénéfique d'interprétants (descriptions, photos, dessins) et c'est sur cet intermédiaire que repose l'accord. Si, par hasard, il y avait également des éléphants blancs très rares au Kwambia, les contractants devraient alors se mettre d'accord pour savoir si par le terme *éléphant* ils comprennent ou excluent les éléphants blancs, puisque c'est de cet accord que dépend le bon déroulement de l'opération écologique.

Encore une fois, la désignation rigide a eu une fonction introductive, pour mettre en route le contrat, mais ce n'est pas en elle que le contrat se conclut.

« *Qui pro quo* » *et négociations*

Supposons que quelqu'un nous affirme qu'un traité de paix a été signé à Aachen en 1668 entre la France et l'Espagne, mais que nous ignorions qu'il s'agit en fait de la ville que nous appelons Aix-la-Chapelle. Nous misons sur ou « pointons » en direction d'une *boîte* encore *fermée*, qui n'est pas celle dans laquelle nous plaçons d'habitude Aix-la-Chapelle. Il est possible que la chose nous intéresse si peu que nous laissions tomber toute négociation ; mais si notre curiosité a été éveillée par le fait que la paix y a été signée la même année qu'à Aix-la-Chapelle, il est possible que nous demandions des précisions et que nous posions des questions au sujet de cette étrange ville ; enfin, il est également possible que nous supposions aussitôt, en vertu du *principe de charité*, que le locuteur, par le nom d'*Aachen*, entendait se référer à la même ville que celle que nous appelons *Aix-la-Chapelle*. Mais ce qui apparaît chaque fois, c'est à quel point nos connaissances encyclopédiques, et donc notre savoir particulier au sujet du contenu, conditionnent et orientent nos négociations en vue du succès de la référence.

Cela nous autorise même à résoudre le paradoxe apparent (que je confectionne, avec quelque licence, à partir de Kripke 1979) selon lequel Piero, qui avait toujours entendu parler en Italie de *Londra* et s'était fait à l'idée que c'était une belle ville, avait noté dans son journal personnel que *Londra é una città meravigliosa* ; mais il lui arriva par la suite d'aller en Grande-Bretagne, d'apprendre l'anglais par exposition directe, de visiter une ville que ses habitants appelaient *London*, de l'avoir trouvée insupportable et d'avoir noté dans ce même journal (par malheur bilingue) que *London is an ugly city*. On comprendra alors la perplexité de son traducteur français qui devrait lui faire affirmer (de façon contradictoire) que Londres est une ville belle et laide à la fois – sans parler de celle des logiciens qui, face à ces deux affirmations aussi impudemment contradictoires, ne pourraient s'en sortir, etc.

C'est ainsi qu'on fait du tort aux traducteurs, aux logiciens et aux personnes normales. Or, dans cette histoire, de deux choses l'une : ou bien Piero, après avoir visité London, s'aperçoit, sur la base des quelques descriptions qu'il avait reçues lorsqu'on lui avait parlé de *Londra* (une ville anglaise, traversée par un fleuve, avec une Tour), qu'il avait cru par erreur qu'il s'agissait de deux villes alors qu'il s'agit en fait d'une seule et même ville ; ou bien Piero est imbécile, il a accepté la première référence à l'aveuglette (boîte fermée), en ne sachant rien d'autre que ceci qu'elle était une ville, et le fait que les noms de *Londra* et de *London* se réfèrent à un objet unique ne lui a jamais traversé l'esprit. Dans le premier cas, donnons le temps à Piero de discuter avec d'autres personnes et de corriger ses croyances, et de reconnaître éventuellement que s'il croyait en un premier temps (d'après des rumeurs incontrôlables) que Londres était belle, il a découvert par la suite qu'elle était laide. Ou alors, Piero persiste dans sa confusion cognitive et sémantique, et – outre le fait qu'on puisse se demander ici pourquoi il nous faudrait traduire le journal d'un imbécile – le traducteur devra insérer une note pour souligner qu'il s'agit d'un document sémiotique et psychiatrique intéressant en ce que Piero fait partie de ces gens qui prennent leur femme pour un chapeau, ou encore qui parlent de Napoléon Bonaparte (comme Premier consul, battu à Waterloo) dans l'intention de faire allusion à eux-mêmes. Mais tout cela intéresse la psychiatrie et non la sémantique.

On remarquera que ce genre d'équivoque est bien plus courant que ne le laisse croire l'exemple que nous venons d'examiner, purement choisi par goût de l'improbable. Un collectionneur de livres anciens peut remarquer, par exemple, que tel catalogue signale que la première édition de la *Physica curiosa* de Gaspar Schott a été publiée en 1662 à Würzburg. Mais il découvre par la suite, dans un autre catalogue, qu'une première édition a également été publiée la même année à Herbipolis. Il note donc sur son cahier qu'il y a eu deux éditions de cet ouvrage au cours de la même année, dans deux villes différentes – phénomène qui n'était pas insolite à cette époque. Mais un simple supplément d'instruction lui permettrait de remarquer que Würzburg, agréable ville bavaroise, compte parmi ses propriétés encyclopédiques celle d'avoir été désignée, par le passé, sous le nom de Herbipolis (d'ailleurs le nom allemand traduit littéralement le nom latin). Fin de la tragédie. Il suffisait de demander. Les gens posent généralement une foule de questions après avoir entendu des actes de référence. Si notre collectionneur n'a pas su poser de question (ou consulter des lexiques suffisamment précis en la matière), s'il ne s'est rien demandé, il devient le simple sujet d'une anecdote divertissante, comme cet étudiant qui (il semble que ce fut vrai) avait mentionné, dans l'un de ses devoirs, le « célèbre » débat entre Voltaire et Arouet.

Dans l'ensemble, il me semble que ces modalités contractuelles, remplacées par des opérations cognitives, présentent une peinture bien plus fidèle de ce que nous *faisons* effectivement lorsque nous nous référons à quelque chose que ne sauraient le faire les théories ontologiques de la référence. Je ne veux pas dire que la question de la référence ontologique et les trésors de subtilité qu'on lui a consacrés et qu'on continue de lui consacrer me semblent sans intérêt. Ce n'est pas non plus parce que cette question prend une importance particulière dans l'univers des discours scientifiques lorsque, par exemple, deux astronomes parlent de la nébuleuse G14 et doivent être certains de ce qu'ils sont en train de mentionner : la référence à la nébuleuse G14 est aussi matière à une négociation et à un contrat, et certainement plus que ne le sont nos actes de référence quotidiens (dans lesquels, bien souvent, on « laisse tomber »), et certainement selon des critères bien plus rigoureux. Le problème est bien plutôt que, pour pouvoir nous référer contractuellement et pragmatiquement, *nous avons besoin de l'idée régularice de la référence ontologique.*

L'étrange cas du docteur Jekyll et des frères Hyde

A Londres vivent deux frères, John et Bob Hyde, jumeaux monozygotes, égaux en tout. Les deux hommes (ne me demandez pas pourquoi, mais, de toute évidence, c'est ainsi que ça leur plaît) décident de donner vie à un personnage public, le docteur Jekyll, et ils s'y préparent depuis leur plus tendre enfance. Ils font ensemble leurs études de médecine, leur internat, puis deviennent un médecin très réputé (le docteur Jekyll), qui se fait nommer directeur de la Clinique Universitaire. Dès le départ, les deux frères observent une règle : ils incarnent Jekyll chaque jour à tour de rôle. Lorsque John est Jekyll, Bob reste enfermé chez lui à manger des boîtes et à regarder la télévision, et vice versa le jour suivant. Le soir, celui qui rentre du service raconte en détail sa journée à l'autre afin que celui-ci puisse prendre son poste le jour suivant sans que personne ne se rende compte de la supercherie.

Un jour, alors qu'il est de service, John noue une relation amoureuse avec le docteur Mary. Naturellement, le jour suivant, Bob continue cette relation, et l'histoire se poursuit ainsi, dans la plus grande satisfaction des trois personnages, John et Bob amoureux de la même femme, Mary convaincue de n'aimer qu'un seul homme.

Si, à présent, Mary dit à sa chère amie Ann, à qui elle ne cache rien : « Hier soir, j'étais avec Jekyll », et en admettant que Bob était de service ce soir-là, à qui Mary se réfère-t-elle ? Pour une théorie ontologique de la référence nous pourrions dire que, même si Mary croit que Bob s'appelle Jekyll, étant donné qu'elle se réfère à la personne qu'elle a fréquentée le soir précédent (baptisée le jour de sa naissance du nom de Bob Hyde), Mary se réfère à Bob. Mais lorsque le jour suivant, après avoir passé une autre soirée de rêve, mais avec John cette fois, Mary rapporte à Ann qu'elle était hier soir avec Jekyll, à qui se réfère-t-elle ? Du point de vue d'un Esprit Infini, et bien qu'elle pense que John Hyde s'appelle Jekyll, Mary se réfère à John. Mary se réfère donc alternativement chaque jour à deux personnages différents, à partir d'un nom toujours unique et toujours inexact, mais elle ne le sait pas.

Il est bien évident que cette double référence, du point de vue pragmatique, est pour nous (comme pour elle) d'une importance minime. Un comptable céleste devant tenir compte de l'exactitude de tous les actes de référence prononcés sur terre aurait certainement enregistré que Jekyll était Bob le 5 décembre et John le 6 décembre. S'il était d'une importance capitale pour John et Bob de savoir, au travers des confidences faites à Ann, si Mary jugeait une soirée plus satisfaisante que la précédente, ils pourraient désirer se placer du point de vue de l'Esprit Infini. Mais John et Bob sont des personnages d'exception et ils exercent, dans mon histoire, la fonction de *deus ex machina*. Nous ne tiendrons donc pas compte de leur comptabilité référentielle (j'imagine d'ailleurs qu'ils ont eux-mêmes perdu le compte). La comptabilité qui nous intéresse ici, c'est celle de Mary et de tous ceux qui, à Londres, connaissent le docteur Jekyll (et ignorent l'existence des Hyde Brothers).

Pour ceux-là, chaque référence au docteur Jekyll n'est pas une référence à une essence, mais à *un acteur de la comédie sociale,* et il en va de même pour tous ceux qui connaissent un docteur Jekyll et un seul. Ils ont un TC de lui, ils savent énumérer certaines de ses propriétés, c'est bien de lui qu'ils parlent et de personne d'autre. Toute personne qui aurait été soignée par le docteur Jekyll, qui aurait passé un contrat avec lui, aurait reçu de lui un chèque, aurait demandé à quelqu'un de lui trouver le docteur Jekyll (et son désir eût-il été satisfait) ou prétendrait avoir parlé au docteur Jekyll, et qui entend bien être crue, se comporte comme s'il existait un docteur Jekyll et un seul.

Du point de vue ontologique, nous pourrions dire que le docteur Jekyll n'existe pas, qu'il n'est qu'un produit social, un agrégat de propriétés légales. Mais ce produit social est suffisant pour rendre socialement vraie ou fausse toute proposition concernant le docteur Jekyll.

Un jour, durant son service, John trébuche dans l'escalier et se casse la cheville. On le transporte aussitôt jusqu'à l'orthopédiste de l'hôpital, le docteur Holmes, qui lui fait une radiographie, lui plâtre la jambe, l'équipe de deux splendides béquilles en aluminium et le renvoie chez lui en taxi. Les deux frères, malins, comprennent alors qu'il ne suffira pas que Bob se plâtre lui aussi la jambe : le docteur Holmes pourrait vouloir refaire le plâtre et se rendrait ainsi compte de la supercherie. Après avoir étudié avec tout le soin nécessaire la radiographie de son frère (n'oublions pas qu'ils sont tous deux médecins), Bob, héroïquement, d'un coup de marteau précis, se fracture à son tour la cheville. Il se fait un plâtre et peut se présenter à l'hôpital le matin suivant.

Cela aurait pu fonctionner parfaitement si Holmes n'était pas aussi scrupuleux. Au moment de l'accident, il avait décidé de faire certains examens sanguins de Jekyll-John ; or quelques jours après, préoccupé par un taux anormal de triglycérides, le voilà qui réitère ces examens, mais sur Bob cette fois-ci. Il remarque alors que les valeurs des deux examens ne coïncident pas. Ne pouvant pas (encore) soupçonner la supercherie, il pense à une simple erreur et en parle naïvement à Bob. Le soir, les deux frères se consultent et considèrent soigneusement les résultats des examens. L'un des deux décide alors de se mettre à la diète afin de porter son taux de triglycérides au niveau de celui de l'autre. Mais, bien qu'ils fassent tout ce qui est en leur pouvoir, ils ne parviennent cependant pas à tromper l'œil expérimenté du docteur Holmes, qui – les examens renouvelés une fois et une fois encore, et, comme par un tour du destin, une fois sur John et une fois sur Bob – continue d'y voir des incohérences et des contradictions. Holmes commence alors à soupçonner quelle pourrait être la vérité.

Les deux frères engagent alors une lutte à mort avec leur ennemi. Ils cherchent de différentes façons à faire en sorte que leur fracture se résorbe en même temps, ils continuent une diète extrêmement contrôlée, mais d'infimes détails viennent toujours faire grandir les soupçons du docteur Holmes. Holmes injecte à l'un des deux frères un allergène produisant des résultats dans les vingt heures et durant deux jours. Il s'aperçoit alors qu'en ayant injecté la substance à Jekyll le mardi à dix-sept heures, le mercredi à la même heure l'allergène n'a encore produit aucun résultat, résultats qui apparaissent le jeudi. A présent, de sérieux indices le portent à croire qu'il s'agit de deux personnes. Mais Holmes n'a pas encore trouvé de pièce à conviction et il ne peut encore rien avancer publiquement.

Cette histoire pourrait s'achever par le triomphe du docteur Holmes réussissant à prouver la supercherie. A partir de ce moment-là (et sans tenir compte de tous les incidents juridiques, sentimentaux ou sociaux qui en découleraient), le corps social devrait reconnaître que le nom de *Jekyll* est un homonyme qui désigne deux personnes différentes. Pour pouvoir être identifiés séparément, et quand bien même ils se retrouveraient en prison, les deux frères seraient alors tenus, par décret de justice, de porter au col une petite plaque indiquant leur composition sanguine respective ainsi que d'autres relevés médico-biologiques. Mais notre histoire pourrait se finir de façon bien plus intéressante : le docteur Holmes ne réussit jamais à atteindre à la certitude absolue ni à trouver de preuve irréfutable de la supercherie, les deux frères sont plus rusés qu'il ne l'est. L'aventure se poursuivrait alors à l'infini, dans une sorte de chasse perpétuelle au cours de laquelle la proie échapperait sans cesse au chasseur qui, lui, n'en démordrait jamais (bon sujet pour un *serial* du genre *Juve vs Fantômas*).

Dans ce cas, ce qui nous intéresse est : pourquoi le chasseur ne renonce-t-il pas ? Réponse : parce que Holmes, bien qu'il ait l'habitude, comme nous l'avons tous, de faire usage de la modalité de référence pragmatique, est obnubilé par l'idée de la référence ontologique. Il s'imagine que si Jekyll existe, il y a alors une essence, une *haecceitas* « Jekyll » qui doit représenter le paramètre d'une référence ontologiquement vraie. Ou bien il s'imagine que, si deux personnes se révélaient sous le masque de Jekyll, comme il le soupçonne, il faudrait bien à un certain moment qu'il identifie deux *haecceitates* différentes. Soyons attentifs au fait que Holmes ne sait pas quel est le *principium individuationis* qu'il pourchasse : peut-être est-ce une composition particulière du sang, une variation minime entre deux électrocardiogrammes, un quelque chose qui pourrait apparaître au cours d'une échographie ou d'une coloscopie, la découverte de deux programmes génétiques différents, et une radiographie de l'âme serait aussi la bienvenue... Holmes les essaye toutes, il sera toujours vaincu, mais il ne cessera pas pour autant de chercher puisqu'il postule une essence, une Chose en Soi, qui n'est pas l'Inconnaissable mais le postulat même de la recherche infinie[1].

La conviction selon laquelle un point de vue ontologique peut exister peut se ramener à l'idée percienne de l'interprétant logique final, le moment du tout idéal au cours duquel la connaissance pourrait se constituer dans la totalité du pensable. Il s'agit d'un concept régulateur, qui ne fait pas obstacle au progrès de la sémiose, qui ne la décourage pas, pour ainsi dire, et laisse entendre que le processus de l'interprétation, bien qu'il soit infini, tend vers quelque chose.

---

1. On pourrait rétorquer que la solution n'intéresse personne. Mais si un enfant, Charles, était né de la relation entre Jekyll et Mary, et qu'il découvre à l'âge de vingt ans que les Jekyll étaient deux, la question de savoir lequel est son père charnel pourrait sérieusement l'intéresser. Mais puisqu'il serait impossible de déterminer quel jour Charles a été conçu, en raison des rapports sexuels quotidiens que Jekyll et Mary ont eus pendant des années, nous nous trouverions devant le cas de quelqu'un qui saurait avec certitude que son père est l'*un* des deux frères Hyde ; et Charles chercherait toujours un moyen pour savoir lequel des deux est son père.

Holmes pense, comme Peirce, qu'en poussant toujours plus avant la recherche, on fait s'approcher de nous le « Flambeau de la Vérité », et que, *in the long run*, la Communauté pourrait accepter une assertion finale et indiscutable. Il sait que ce *long run* peut durer des millénaires, mais Holmes a un esprit philosophique et scientifique, et il prévoit que d'autres après lui pourront « à la longue » atteindre la vérité, peut-être même en se penchant, dans plusieurs centaines d'années, sur des rapports ostéologiques ambigus. Holmes ne prétend pas savoir : il prétend continuer à chercher. Holmes pourrait bien être ce relativiste qui estime que l'on peut offrir d'infinies descriptions du monde tel qu'il est. Néanmoins, c'est un réaliste (au sens de Searle 1995 : 155) pour qui faire profession de réalisme ne signifie pas affirmer qu'il est possible de savoir comment les choses sont, ni même qu'il est possible de dire à leur sujet quoi que ce soit de définitivement « vrai » ; être réaliste, cela signifie seulement reconnaître que *les choses ont leur modalité propre* et que cette façon d'être des choses ne dépend ni de nous ni du fait que nous pouvons un jour la connaître[1].

En fouillant dans les archives de l'hôpital, Holmes a trouvé une photo du docteur Jekyll. A présent qu'il est convaincu de l'existence des deux frères Hyde (même s'il ne les appelle sans doute pas ainsi), il sait de façon absolument certaine que, si la photo est un instantané pris tel jour à telle heure, elle ne peut pas ne pas être *causalement* liée à un seul des deux frères (elle est l'indice de leur existence, dirait Peirce), et cet instantané est pour lui (comme il l'est d'ailleurs pour nous) une certitude irréfutable. Mais cela ne lui sert à rien, ce n'est même pas la preuve que son hypothèse est juste. C'est la certitude que son hypothèse est juste qui le pousse à penser que la photo est causalement liée à un seul des deux individus qui, de jour en jour, incarnent alternativement Jekyll. Pour qui n'est pas Holmes, la photo est causalement liée au docteur Jekyll, à cet homme socialement reconnu comme tel, et la croyance sociale prime sur une donnée ontologique occulte, présumée, crue, mais inaccessible.

Quelle est la morale de notre histoire ? Que nous avons toujours affaire, dans notre vie quotidienne, à des actes de référence pragmatique (et que nous aurions bien des ennuis si nous nous posions trop de questions), mais également que pour garantir le développement de la conscience, nous pouvons brandir le fantasme du référent ontologique comme le postulat qui permet une recherche *in progress*.

---

1. Holmes pense comme Putnam (1992) que la Chose en soi n'est pas tant un inconnaissable par définition qu'une limite idéale de la connaissance. Et je m'accorde donc également avec Føllesdal (1997 : 453) : la rigidité de la désignation est une idée régulatrice, au sens kantien du terme, une notion normative.

Est-ce Jones qui est fou ?

Revenons à la négociation et au contrat. On m'excusera de prendre un exemple aussi souvent utilisé, mais l'impudence avec laquelle j'ai pu mener ma réflexion sur les célibataires ne me laisse à présent guère de scrupules. Reprenons donc ce célèbre exemple qu'utilisait Donnellan (1966) pour distinguer entre usage référentiel et usage attributif d'un énoncé[1]. Soit l'énoncé *l'assassin de Smith est fou*. Dans le cas d'un usage référentiel, on entend indiquer, au moyen de cette description, une personne précise et connue aussi bien du locuteur que de l'auditeur ; dans le cas d'un usage attributif en revanche, on entend (par évaluation de l'atrocité du délit) que toute personne qui a la propriété d'avoir été l'assassin de Smith a aussi la propriété d'être fou.

Malheureusement, tout n'est pas aussi simple. Voici une liste (non exhaustive) des situations diverses dans lesquelles l'énoncé pourrait être proféré :

(i) Le locuteur entend se référer à Jones, qui a été surpris tandis qu'il tuait Smith avec une scie électrique.

(ii) Le locuteur entend se référer à n'importe quelle personne ayant assassiné Smith avec une scie électrique.

(iii) Le locuteur entend (ii), mais il ne sait pas qu'en vérité Smith n'est pas mort (il a été sauvé *in extremis* par le docteur Jekyll). Il ne devrait alors pas y avoir de référent de l'expression *l'assassin de Smith,* mais on pense, en vertu du principe de charité, que le locuteur entend se référer à l'assassin qui a raté son coup (mais cet assassin sans assassinat ne cesserait pourtant pas d'être fou, même si, par-dessus le marché, il était incompétent).

(iv) Le locuteur entend (ii), mais le locuteur est probablement fou, car personne n'a jamais attenté à la vie de Smith. Les auditeurs comprennent que le locuteur se réfère de façon délirante à un individu ou à une situation du monde possible de ses croyances.

(v) Le locuteur croit (à tort) que Smith a été assassiné, que l'assassin se nomme Jones et que tout le monde le sait. Si les auditeurs ne savent pas que le locuteur entretient ces croyances étranges, nous nous retrouvons dans la situation (iv). Si, par suite, le locuteur fait état de ses croyances, les auditeurs sauront qu'il se référait à Jones. Il s'agira alors de décider si le locuteur tenait Jones pour fou en tant qu'assassin de Smith ou pour d'autres raisons (qui le poussent encore à le tenir pour fou, même s'il n'a pas assassiné Smith).

(vi) Smith a été réellement assassiné et le locuteur croit que Jones est l'assassin (alors que tout le monde sait bien que c'est Donnellan). Les

---

1. Parmi les contributions infinies à la discussion sur l'assassinat de Smith, je ne cite que les trois textes que j'ai tenus présents durant la rédaction de ce paragraphe : Bonomi (1975 : 4), Santambrogio (1992) et surtout Berselli (1995 : 1.3).

interlocuteurs ne connaissent pas les croyances du locuteur et croient qu'il veut dire que Donnellan est fou (ce qui est évidemment faux, puisque que Donnellan a assassiné Smith pour des raisons scientifiques, pour pouvoir travailler sur la différence entre l'usage attributif et l'usage référentiel). Si la conversation se poursuivait un peu, j'imagine que l'équivoque pourrait se dissiper, mais il serait nécessaire – comme en (v) – de mener un supplément d'instruction pour établir si le locuteur persiste à se référer à Jones, même innocent, en tant que fou.

(vii) Smith a réellement été assassiné, et le locuteur croit que Jones est l'assassin (alors que tout le monde sait bien qu'il s'agit de Donnellan). Mais les auditeurs savent que le locuteur est prévenu à l'égard de Jones, et il a affirmé à plusieurs reprises qu'il le considérait comme l'assassin de Smith. Ils comprennent donc que le locuteur entend se référer à Jones.

(viii) Le procès de l'assassinat de Smith s'achève, et Donnellan, assis sur le banc des accusés, écoute la sentence qui le reconnaît officiellement coupable. Mais le locuteur (un psychiatre) vient d'entrer dans la salle, et croit reconnaître en Donnellan un dénommé Jones qu'il avait connu à l'asile. Ce faisant, il se réfère donc à Jones et non à Donnellan. Naturellement, les auditeurs pensent qu'il se réfère à Donnellan. J'imagine qu'ils lui demandent cependant les raisons d'un tel jugement ; alors, peut-être, au fil de la conversation, l'équivoque référentielle pourra être dissipée.

Voilà un ensemble de cas où la référence est contractée et où il n'est pas possible de parler d'une référence indépendante des intentions et des connaissances du locuteur, qui vise une *haecceitas* dont le locuteur ne sait rien.

Que veut Nancy ?

Cette distinction entre usage référentiel et attributif laisse cependant de nombreux cas à découvert. Voyons un autre exemple célèbre, réadapté pour l'occasion[1].

Supposons que je dise : « Nancy veut épouser un philosophe analytique. » On peut offrir deux interprétations sémantiques (1)-(2) de cet énoncé, qui seraient encore valables s'il était prononcé hors contexte, et *au moins* trois interprétations pragmatiques (3)-(5), dépendantes de certaines inférences sur les intentions du locuteur. Les interprétations (3)-(5) ne peuvent être tentées qu'après avoir choisi (1) ou (2) :

---

1. A l'origine, Nancy voulait épouser un Norvégien. A ma connaissance, l'exemple apparaît chez McCawley (1971), mais peut-être circulait-il déjà. D'intéressantes suggestions sur le cas de Nancy me sont venues (sous forme manuscrite) de Franz Guenthner dans les années 60 au cours d'un débat qui se déroula au Centro di Semiotica di Urbino.

1. Nancy veut épouser un individu X déterminé, qui est philosophe analytique.
2. Nancy veut épouser n'importe qui, pourvu que ce soit un philosophe analytique.
3. Nancy veut épouser un individu déterminé, un philosophe analytique : elle sait de qui il s'agit, mais le locuteur ne le sait pas, Nancy ne lui a pas révélé son nom.
4. Nancy veut épouser un individu X déterminé, un philosophe analytique : elle a également dit au locuteur comment il se nomme et le lui a présenté, mais le locuteur, par discrétion, n'a pas estimé qu'il fût convenable de lui demander plus de détails.
5. Nancy s'est entichée d'un tel et veut l'épouser, elle a dit au locuteur de qui il s'agit ; supposons que le locuteur sache ce qu'est un philosophe analytique. Il n'y a pas lieu de décider dès à présent si Nancy sait ce qu'est un philosophe analytique, si elle l'ignore, si le locuteur a pu le lui dire. Le fait est que le locuteur estime, puisque Nancy prépare une thèse sur Derrida, qu'elle ne pourra jamais s'entendre avec ce philosophe analytique et que leur mariage est voué à l'échec. Il exprime alors aux interlocuteurs (qui connaissent très bien les idées de Nancy) sa perplexité.

Les interprétations (3)-(5) dépendent de l'interprétation (1), c'est-à-dire de la décision qui a été prise de considérer l'énoncé comme référentiel. Il est probable que les auditeurs demandent de plus amples informations sur ce X, auquel cas le locuteur devra soit reconnaître qu'il ne le connaît pas (cas 3, aussi bien le locuteur que les auditeurs doivent accepter la référence aveugle, c'est-à-dire à une boîte fermée), soit motiver sa réticence (cas 4, référence à une boîte fermée pour les auditeurs seulement), soit fournir des indications pour son identification ou pour sa découverte (il ouvre la boîte). Ou alors les auditeurs ne s'occupent pas de l'identité du locuteur (le racontar n'est savoureux qu'en ce que X est un philosophe analytique) et l'histoire s'arrête ici.

Il nous reste à considérer l'interprétation (2) qui semblerait à première vue solliciter un usage attributif de l'énoncé. Mais il faut avant tout remarquer qu'un cas de référence est également sollicité dans un usage attributif (au sens de Donnellan). Il est vrai, en effet, que le locuteur définissait comme fou quiconque avait tué Smith, mais le locuteur supposait en fait que c'était un individu précis (bien qu'encore inconnu) qui avait tué Smith et il se référait à cet individu, quand bien même la référence se faisait à l'aveuglette (boîte fermée). Il parlait de l'assassin de Smith comme on parle du premier homme tombé durant la Seconde Guerre mondiale. Cet X qui avait tué Smith était fou, cet X précis tombé avant les autres était bien malchanceux : mais folie et malchance sont les prédicats d'un X qui, s'il reste

socialement, historiquement ou juridiquement indéfinissable, est ontologiquement défini.

Mais nous ne sommes pas en train de parler ici de celui que Nancy
a épousé (auquel cas celui-ci, même inconnu, serait encore une personne et une seule). Il ne s'agit pas même d'une entité *futurible*, c'est-
à-dire de celui que Nancy *épousera* – auquel cas elle serait semblable
à une femme enceinte parlant de l'enfant qui devrait naître dans
quelques mois et qui sera nécessairement l'enfant mâle ou femelle né
de son ventre en un temps suffisamment localisable et avec un patrimoine génétique donné (mais il pourrait également ne pas naître, c'est
pourquoi il s'agit d'un futurible). Nous parlons ici de celui que Nancy
voudrait épouser, si elle devait suivre ses goûts. L'entité dont il s'agit
est non seulement futurible mais également *optative*.

L'individu avec lequel Nancy voudrait se marier reste non seulement indéfini, mais pourrait également ne jamais entrer en scène (et
Nancy resterait célibataire). Si elle était disposée à se marier avec
n'importe quel individu ayant la propriété d'être un philosophe analytique, elle serait tombée amoureuse d'une propriété, comme elle
aurait pu vouloir épouser *n'importe quel individu* portant des moustaches. Peut-être qu'au cours de ses rêves érotiques les plus fous,
Nancy a assigné un visage à cet *x* imprécis, en l'imaginant peut-être
sous les traits de Robert De Niro. Mais il n'a jamais été dit que Nancy
voulait épouser n'importe quel individu pourvu qu'il ressemble à
Robert De Niro. Nancy est prête à transiger sur le visage, sur la stature, sur l'âge, pourvu que son *x* soit un philosophe analytique. Kripke
ou Putnam lui conviendraient donc aussi bien l'un que l'autre, mais
sûrement pas Robert De Niro.

Nancy (ou celui qui évoque ses intentions) ne se réfère donc pas à
un individu, mais à une classe d'individus possibles. Elle n'est donc
pas en train d'accomplir un acte de référence. Le *x* de Nancy est un
objet général comme les chats en général. Et puisqu'il ne me semble
pas opportun de parler de référence pour des objets généraux,
l'énoncé devrait être traduit de la manière suivante : *Nancy a la propriété d'apprécier les philosophes analytiques (en général) et de les
désirer en tant qu'ils sont d'éventuels maris.* Ou bien : *les philosophes analytiques, parmi leurs nombreuses propriétés, ont aussi
celle d'être désirables aux yeux de Nancy.* Ce dernier énoncé, quand
bien même il ferait toujours référence à Nancy, ne ferait pas référence
à un philosophe analytique précis.

Considérons cependant qu'il ne nous est absolument pas dit que
Nancy veut épouser *n'importe quel* philosophe analytique. En effet,
l'énoncé pourrait vouloir dire que Nancy entend bien se marier, mais
qu'elle n'a pas encore décidé avec qui. Il pourrait signifier que Nancy

veut certainement que l'élu soit un philosophe analytique, mais qu'elle n'entend pas pour autant s'unir à *n'importe quel* philosophe analytique : elle veut se marier à un philosophe analytique à son goût. Si un courtier en mariages lui proposait Marco Santambrogio (qui a la double propriété d'être à la fois un philosophe analytique et un homme d'une remarquable prestance), Nancy pourrait se mettre à tergiverser car elle n'apprécierait pas, par exemple, sa *vis polemica*.

Avant d'annoncer que Nancy n'a pas un caractère facile, reconnaissons la difficulté qu'il y a à négocier la référence, car il s'agissait encore, dans ce dernier cas, de négocier préalablement le fait que nous nous trouvions ou pas face à une référence.

Par ailleurs, qui est Nancy ? On présume que les locuteurs ne sont pas sots : si beaucoup de personnes portant le même nom évoluaient dans ce milieu, les locuteurs feraient bien de demander quelques détails. A moins qu'ils ne jugent préférable de laisser l'interlocuteur, peut-être éméché, continuer à parler tout seul, cette boîte fermée devrait être rapidement ouverte[1]. Cependant il y a quelqu'un qui a pris le nom de *Nancy* de façon très rigide, ce quelqu'un c'est bien nous, moi qui écris et vous qui lisez ces pages. Nous ne savons pas qui est Nancy (excepté le fait qu'il s'agit d'une fille ayant un faible pour les philosophes analytiques – cas d'une boîte fermée et étiquetée). Mais après tout, il ne nous importe guère d'en savoir plus. Il nous a suffi d'assumer que c'est la fille dont un tel parlait dans l'exemple. Et si quelqu'un avait la bonté de discuter avec d'autres de ce livre, Nancy deviendrait la fille qui m'aura servi d'exemple pour mener à bien mon exercice sur la référence comme contrat. Et personne ne pourra nier que, dans certaines pages, c'est bien à elle que nous avons fait référence[2].

---

1. Je suis toujours agacé lorsque je reçois des cartes postales, disons, de Bali avec dessus « Bonjour de Bali. Giovanni ». Quel Giovanni ? Est-il possible que ce Giovanni ne sache pas qu'il y a au monde quantité de personnes portant ce prénom, et que des Giovanni j'en connais au moins vingt ? Peut-être croit-il être le seul Giovanni que je connaisse ? Je cite ici un cas fort courant. Ce qui veut dire que les gens pensent à leur nom en termes de désignation rigide. Mais si maintes personnes commettent cette erreur (ou ont ce défaut), ce n'est pas une raison pour que les philosophes la fassent à leur tour.

2. Comme je l'ai dit dans la note de la page 317, j'emprunte l'exemple de Nancy à McCawley. S'agit-il de la même Nancy ? Il est vrai que la sienne voulait épouser un Norvégien alors que la mienne préfère un philosophe analytique, mais Nancy pourrait être très inconstante. Ou bien nourrirait-elle l'étrange croyance selon laquelle tous les philosophes analytiques sont norvégiens ? Lorsque nous parlons de notre Nancy, nous parlerions donc également de la Nancy de McCawley ? Comme on le voit, négocier la référence est une opération très complexe.

Qui est mort le 5 mai ?

Une parenthèse embarrassante. Selon certains, les descriptions ne servent pas à fixer la référence. Nous avons vu que toute référence prend corps dans une description. Or, il y a des cas où il semble que la référence ne se fixe qu'à travers des descriptions et sans égards pour le nom.

Manzoni écrivit une ode intitulée *Le cinq mai*[1] qui, à en croire ce que nous avons appris dans nos écoles italiennes, est dédiée à la mort de Napoléon. Pourtant, lorsque nous la relisons, nous nous apercevons que le nom de Napoléon n'apparaît jamais. S'il nous fallait résumer brutalement l'ode en termes de macropropositions (et sans égards pour sa valeur artistique), nous dirions que le locuteur est en train de nous dire :

    1. La personne dont je parle (en exprimant les sentiments que j'ai pour elle) n'existe plus.

    2. Cette personne a été caractérisée par une série de propriétés : il toucha au sommet, tomba, se releva ; il accomplit des exploits mémorables de la chaîne des Alpes aux côtes africaines, de la péninsule ibérique aux frontières entre la France et l'Allemagne ; on ne sait si sa vie fut une gloire véritable, mais Dieu le considère très certainement comme le plus haut représentant de l'espèce humaine ; il connut la victoire, le pouvoir et l'exil (et par deux fois fit l'expérience du triomphe et de la défaite) ; il peut être considéré comme le maître des deux siècles ; il a longtemps songé à écrire ses mémoires et se souvenait des événements de son passé ; etc.

En ignorant que l'ode a été écrite en 1821 et que la date du 5 mai était donc implicitement référée à un jour précis de cette année-là, et en ignorant que Napoléon mourut à cette date (devenue encyclopédiquement, par antonomase ou par métonymie, la date de sa mort), nous

---

1. Pour éclairer le lecteur français, nous citons quelques extraits de ce long poème de Manzoni : « Il n'est plus. Et comme immobile, / Après le soupir de la mort, / Resta son corps inanimé, / Privé désormais d'un tel souffle, / Ainsi reste frappée, stupide, La terre la nouvelle, / [...] *Splendide dans l'éclat du trône,/Ma muse le vit et se tut ;/Lorsque maints changements le firent/Tomber, se relever, s'abattre,/Elle n'a pas mêlé au bruit/De mille voix la sienne ; [...] Des Alpes jusqu'aux Pyramides,/Du Man-çanarès jusqu'au Rhin,/De ce bras sûr toujours la foudre/Suivait l'éclair ; elle éclata/De Scylla jusqu'au Tanaïs,/De l'une à l'autre mer [...] Il a tout éprouvé : la gloire/Plus grande après tous les dangers,/La fuite comme la victoire,/Les palais comme les exils :/Deux fois jeté dans la poussière,/Et deux fois sur l'autel./Il se nomma : alors deux siècles,/L'un contre l'autre un temps armés,/Soumis se tournè-rent vers lui,/Comme attendant la destinée ;/Il les fit taire et il s'assit./ En maître au milieu d'eux.[...] Sur cette âme ainsi déferlèrent/Les souvenirs accumulés !/Oh ! que de fois pour l'avenir/Il entreprit de se conter ! Et sur les pages éternelles/Tomba sa main lassée...* » (traduction par D. Boillet *in Anthologie de la littérature italienne* (bilingue), Paris, La Pléiade, Gallimard, p. 1094-1101) [N.d.t.] .

n'aurions d'autres informations pour identifier la personne désignée que les vagues descriptions offertes par Manzoni. Je n'ai pas envie d'essayer de faire l'examen de l'histoire universelle, mais je suis relativement convaincu que nous y trouverions un autre personnage historique auquel ces descriptions pourraient tout à fait s'appliquer. Avec un peu de bonne volonté, et en comprenant certaines expressions comme des métaphores et des hyperboles, on pourrait appliquer l'ode de Manzoni à Nixon ou à Fausto Coppi.

Il s'agit ici d'un cas très difficile pour un grand nombre de théories de la référence, puisque ce n'est que sur la base d'un grand nombre de négociations (et de conventions) circonstancielles et intertextuelles que nous savons que ce texte fait référence à Napoléon. Sans ces négociations, le texte serait référentiellement fort obscur.

Mais compliquons encore les choses. Supposons que Manzoni (qui, heureusement, n'était pas un farceur de cet acabit) eût écrit une ode ressemblant fort au sketch du *sarchiapone* et qui dirait à peu près : « Je célèbre la mort d'un Grand. De lui, je vous dis ceci qu'il *ne* fut *pas* au sommet, *ne* tomba *pas, ne* se releva *pas, ne* fut *pas* deux fois jeté dans la poussière et deux fois sur l'autel, *n*'accomplit *pas* d'exploits des Alpes jusqu'aux Pyramides et du Mançanarès jusqu'au Rhin, *ne* fut *pas* l'arbitre entre deux siècles et, à bien y penser, n'est même pas mort. »

Comment pourrions-nous entendre sa référence à *cet homme-ci* (auquel il continuait bien évidemment de se référer) ? Nous lui signerions en quelque sorte un chèque en blanc, en attendant qu'il nous en dise un peu plus sur cet individu. Nous resterions dans l'incertitude de savoir s'il entendait parler de Jules César ou d'Henri IV, de son voisin de palier ou d'un autre individu à choisir parmi les milliards d'individus qui ont peuplé la planète. La signature de ce chèque en blanc serait une forme d'acceptation d'une désignation vraiment « molle ». On admettrait, pour garder l'interaction en vie, qu'il est en train de parler de quelqu'un apparu quelque part, que ce quelqu'un a été conçu à partir d'un certain programme génétique, qu'il a probablement été baptisé par ses parents ou par celui qui l'a vu la première fois, mais on ne saurait pas (pour l'instant) qui il est. Néanmoins, la désignation ne serait pas complètement molle : les descriptions qui nous auraient été fournies nous permettraient d'exclure un individu au moins : Napoléon.

N'ai-je pas émis ici l'hypothèse d'une interaction communicationnelle impossible ? Mais non, ce genre de choses nous arrive souvent, lorsque, par exemple, quelqu'un nous annonce : « Hier soir, j'ai rencontré une fille fantastique en discothèque, tu ne pourrais même pas t'imaginer de quel genre elle est ! » Et que faisons-nous alors ? Nous attendons qu'il nous raconte le reste de l'histoire. Mais nous savons qu'il est en train de se référer à une femme et non à un homme.

Objets impossibles

Nous avons vu que l'une des deux interprétations possibles de l'énoncé sur Nancy mettait en jeu des *futuribles optatifs*. Des énoncés tels que *nous aurons un fils et nous l'appellerons Louis,* ou encore *je suis certaine de trouver à Hong-Kong l'homme de ma vie* sont des cas de référence à des futuribles optatifs. De même *j'attends qu'on me porte mes brioches* : à partir du moment où on les a demandées, c'est qu'on voulait n'importe quoi pourvu qu'il s'agisse de *brioches,* mais lorsqu'on parlera des brioches qui nous auront été apportées, il s'agira indubitablement des *brioches* individuelles possédées par le locuteur. En étant futuribles et optatifs, ces individus pourraient également ne pas être : mais peut-on réaliser des références à des *impossibilia* ou du moins à des objets inconcevables ?

Je voudrais ne pas m'arrêter sur l'habituel cercle carré, qui me semble être un objet général comme l'est la licorne (et qui est tout au plus un individu formel, voir **3.7.7**). Mais si je dis : « en 2005, le nombre premier le plus élevé sera découvert », je me réfère non seulement à un futurible optatif mais également à quelque chose d'inconcevable.

Tous les objets impossibles sont inconcevables, mais les objets inconcevables ne sont pas tous impossibles. Un univers illimité, par exemple, est quelque chose qui dépasse nos capacités d'imagination, mais par principe ce n'est pas un objet impossible. Devenir le fils de son fils semble en revanche non seulement inconcevable mais également impossible (du moins tant que nous vivrons dans un univers fait de chaînes causales ouvertes et non dans un *loop*). Il y a cependant quelque chose qui caractérise aussi bien les inconcevables impossibles que les inconcevables possibles : c'est l'impossibilité d'en élaborer un TC et un CN (je pense qu'il est possible d'élaborer un CM pour les possibles inconcevables, mais je ne sais pas bien de quelle nature).

Puisqu'on a dit qu'il est également possible de se référer à l'aveuglette (à une boîte hermétiquement fermée) à des objets dont on ne connaît pas le CN et que nous ne saurions donc pas identifier, reconnaître, repérer, ni même interpréter, il semble évident que l'on puisse également se référer à des objets inconcevables. Le fait que de nombreux romans ou films de science-fiction parlent de personnages qui remontent le temps et se rencontrent eux-mêmes enfants, ou deviennent leur propre père – et le fait que nous soyons capables de suivre ces histoires (quand bien même ce serait avec un certain vertige) – montre bien que l'on peut nommer des objets inconcevables et par conséquent (puisque la référence est un usage que l'on fait du langage) se référer à eux[1].

En Eco (1990, tr. fr. III.4.6), j'ai montré que non seulement nous pouvons nommer ces objets mais qu'une illusion cognitive peut également nous donner l'impression de les concevoir. De même qu'il existe des ambiguïtés perceptives, il existe des ambiguïtés cognitives et des ambiguïtés référentielles. Nous avons l'impression non seulement de pouvoir nous référer à ces objets mais encore d'ouvrir, pour ainsi dire, la boîte qui les contient. En effet, nous ne parvenons pas à les concevoir lorsque nous les examinons *in toto,* mais si nous les examinons *morceau par morceau,* nous avons alors l'impression qu'ils *peuvent avoir* une forme, même si nous ne sommes pas capables de la décrire. Par ailleurs, si l'on nous présentait un ensemble d'éléments métalliques reconnaissables comme les parties d'une bicyclette, quand bien même ces éléments seraient pris sur des bicyclettes de marques différentes de sorte que nous ne réussirions pas à les mettre ensemble, nous serions néanmoins parvenus à reconnaître *une bicyclette* démontée (futurible et optatif).

Le célèbre dessin de Penrose (Figure 5.1) est un bon exemple visuel d'un monde possible impossible. Il constitue un archétype de nombreux *impossibilia* visuels.

---

1. Les mondes inconcevables (dans la littérature narrative ou dans les arts figuratifs) sont un exemple d'*impossibilia*, c'est-à-dire de mondes que le lecteur n'est amené à concevoir que pour comprendre qu'il est impossible de les concevoir. Dolezel (1989 : 238 et s.) parle à ce propos de *textes auto-destructifs (self-voiding texts)* et de *métafiction auto-révélatrice (self-disclosing meta-fiction).* D'un côté, les entités possibles semblent être portées à l'existence narrative, puisque des procédures conventionnelles de validation sont appliquées ; mais de l'autre, le statut de cette existence est rendu incertain car les fondements mêmes du mécanisme de validation sont minés. Ces mondes narratifs impossibles incluent des contradictions internes. Dolezel prend l'exemple de *La maison de rendez-vous* de Robbe-Grillet, où un même événement est introduit dans différentes situations conflictuelles, un même lieu est et n'est pas le lieu où se situe le roman, les événements sont ordonnés en séquences temporelles contradictoires, enfin, une même entité narrative se représente sous différentes formes d'existences.

Figure 5.1

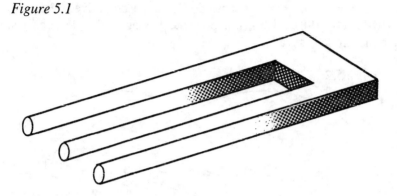

A première vue, cette figure semble représenter un objet « possible » mais, si nous en suivons les lignes selon leur cours orienté spatialement, nous nous apercevons qu'un tel objet ne peut exister (au moins dans l'univers dans lequel nous vivons). Cependant, et c'est ce que je suis en train de faire actuellement (non seulement verbalement mais aussi visuellement), je peux me référer à cette figure (que l'on retrouve également dans de nombreux ouvrages de psychologie[1]). Qui plus est, je peux fournir, à une personne ou à un ordinateur, les instructions qui lui permettront de la construire. L'objection selon laquelle, en procédant ainsi, nous nous référerions à l'expression (le signifiant graphique) et non à l'objet ne tient pas. Comme je l'ai déjà dit en Eco (1994 : tr. fr. 110), la difficulté ne consiste pas à concevoir cette figure en tant qu'expression graphique, tant et si bien que nous pouvons sans peine la désigner, et elle n'est donc pas géométriquement impossible, du moins en termes de géométrie plane. La difficulté naît lorsque *nous ne pouvons nous empêcher* de voir la figure comme une expression bidimensionnelle d'un objet tridimensionnel. Il suffirait pour cela que nous n'appréhendions pas le dégradé comme un signe graphique qui *tient lieu* d'ombres propres d'un objet tridimensionnel, et la figure serait perceptible sans effort. Mais nous ne réussissons pas à éviter l'effet hypoiconique (voir en **6.7** la discussion sur les « stimuli de substitution »). Et c'est très certainement à la figure « interprétée » que nous sommes alors en train de nous référer.

---

1. Il ne suffit pas d'objecter qu'il ne s'agit pas ici de référence mais de représentation. Outre le fait que cela viendrait contredire l'opinion relativement établie selon laquelle nous pouvons nous référer à quelque chose à partir de l'image de quelque chose (pensons à une photo d'actualité qui constitue une information sur toutes choses), les paradoxes de l'inconcevabilité – habilement exclus de la phénoménologie de la référence – émergeraient de nouveau dans la phénoménologie de la représentation et nous n'y aurions rien gagné.

Une explication convaincante de l'illusion cognitive a été fournie par Merrell (1981 : 181), qui présente l'image selon la subdivision que montre la Figure 5.2.

Figure 5.2

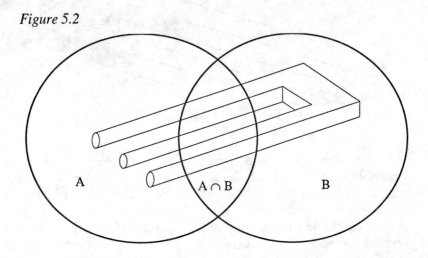

Si nous observons isolément la zone A ou la zone B de la figure, chacune d'entre elles nous présente un objet tridimensionnel possible. Nous voyons des cylindres dans la zone A et des parallélépipèdes dans la zone B. La zone A∩B peut être vue alternativement comme une partie de A ou comme une partie de B (prise pour elle-même, la zone A∩B nous montre de simples parallèles). La difficulté ne se présente que lorsque nous cherchons à concevoir l'objet comme un tout. Pareillement, j'avais montré en Eco (1990, tr. fr. III.4.6) qu'une situation aussi inconcevable que celle d'un personnage X_1 se rencontrant lui-même plus jeune (en tant que X_2) peut être acceptée (par illusion cognitive) si le point de vue est toujours et correctement assigné à la même entité (ou bien toujours à X_1 ou bien toujours à X_2). Par ailleurs, nous verrons en **6.10** que nous pouvons tout à fait nous imaginer un troisième œil au bout de notre index, grâce auquel nous pourrions regarder notre nuque ou voir dans des cavités inaccessibles à nos yeux normaux. L'inconcevabilité ne fait son apparition que lorsque nous cherchons à imaginer ce qu'il adviendrait au moment où nous pointerions ce troisième œil en direction de notre visage. Verrions-nous alors notre index grâce aux yeux de notre visage ou bien verrions-nous les yeux de notre visage grâce à l'œil situé au bout de notre index ? Et ici encore, nous ne pouvons procéder que par zones de focalisation (imaginons que nous fermions alternativement les yeux du visage puis l'œil au bout du doigt), ou bien nous tombons dans la plus grande confusion imaginative.

Il m'apparaît par conséquent que lorsque nous nous référons à une entité inconcevable, nous nous comportons comme si, face à une boîte fermée, nous soulevions alternativement – et de quelques millimètres – l'un et l'autre côté du couvercle. A chaque examen, nous verrions quelque chose de concevable, nous aurions de la peine à mettre ensemble les divers points de vue et nous admettrions qu'il y a dans la boîte quelque chose dont les propriétés nous apparaissent obscures et incohérentes. Mais nous ne cesserions pas pour autant de nous référer à ce quelque chose.

L'identité du « Vasa »

Le vénérable exemple du bateau de Thésée peut illustrer parfaitement la question de la référence pragmatique comme phénomène de négociation puisque cet exemple met en jeu le problème de l'identité et des possibilités de désignation rigide. Ce problème est bien connu, il a été traité de diverses manières, de Hobbes à nos jours, mais par commodité, et compte tenu du peu d'informations que nous possédons au sujet du bateau de Thésée, nous parlerons d'un autre bateau, le *Vasa*.

C'est en 1628, à Stockholm (et plus précisément dans les chantiers de Skeppengården), que se décida la construction d'un formidable bateau de guerre qui aurait dû être le vaisseau royal de la flotte suédoise : une coque construite avec des milliers de chênes, 64 canons de gros calibre, des mâts de plus de trente mètres, plusieurs centaines de sculptures peintes et dorées. Le 16 août, un dimanche matin, le navire est lancé, sous les yeux de la foule en émoi. Mais, comme le raconte une lettre du Conseil d'Etat au Roi, « une fois arrivé dans le golfe, à la hauteur de Tegelviken, le navire commença à se plier sous le vent, puis finit par se redresser ; mais arrivé à la hauteur de Beckholmen, il se coucha complètement sur le côté, l'eau entra par les sabords et le navire sombra lentement avec tout son équipement de voiles et de pavillons ».

Triste histoire. Ne nous demandons pas pourquoi le *Vasa* a coulé et ne cherchons pas non plus à suivre les nombreuses tentatives qui ont été faites depuis ce jour pour le renflouer. Le fait est qu'on y est finalement parvenu et l'émouvant *Vasa* est aujourd'hui visible dans le musée de Stockholm portant le même nom (et dont les catalogues m'ont permis de tirer toutes ces informations). De plus, je l'ai vu. Il est certes fort abîmé, certaines parties manquent, mais je sais que c'est bien le *Vasa* que j'ai vu, ce *Vasa* qui coula à pic en cette matinée de 1628.

Imaginons à présent que le *Vasa* n'ait pas coulé le jour de son lancement et qu'il ait navigué en toute tranquillité sur de nombreuses mers. Comme cela arrive souvent aux navires, surtout lorsqu'ils ont affronté de nombreuses tempêtes, différentes parties du *Vasa* auront été remplacées au cours du temps, telle fois une partie des bordages, telle autre fois une partie de la mâture, telle autre quelques boiseries, souvent les canons, jusqu'au jour où le *Vasa*, tel qu'il est à présent exposé au Musée *Vasa* de Stockholm, ne posséda plus aucun élément du *Vasa* d'origine. Nous pourrions dire qu'il s'agit encore du *Vasa*. Mais ne serions-nous pas alors en train de désigner rigidement comme *Vasa* quelque chose qui ne possède plus aucune partie matérielle de l'objet qui avait été baptisé ainsi ?

L'un des critères nous permettant de répondre par la négative est que les trois conditions suivantes aient été remplies : la substitution des différentes parties doit avoir eu lieu *graduellement* et non d'un seul coup, de telle sorte que la chaîne des expériences perceptives ne se soit jamais brisée, et les parties remplacées doivent être, du point de vue morphologique, la réplique exacte des parties disparues. Nous estimerions donc que le *Vasa* d'aujourd'hui est identique au *Vasa* d'alors puisque nous considérerions que (i) la *continuité graduelle*, (ii) la *reconnaissance légale ininterrompue* et (iii) la *forme* sont des paramètres décisifs[1].

La continuité graduelle et la reconnaissance légale sont les seules conditions auxquelles quelqu'un reconnaît en moi ce même individu né en 1932. Sans doute pourrait-on aussi chicaner sur les cellules, mais Dieu sait ce qui a changé depuis lors. Reste que les changements ont été graduels et que le registre de l'état civil m'a toujours défini comme le même individu (à six, dix, vingt et soixante ans).

Je serais bien perplexe si l'on me demandait de dire quelle est ma forme (celui qui ne m'a pas régulièrement suivi au cours des ans a bien du mal à me reconnaître sur une photo datant des années 50), mais nous pouvons le faire en toute tranquillité avec le *Vasa*, comme nous le faisions avec la seconde suite pour violoncelle de Bach (voir **3.7.7**), que nous reconnaissons comme la même bien qu'elle soit interprétée par différents violoncellistes sur différents violoncelles et que nous reconnaissons encore dans sa transcription pour flûte à bec.

Le *Vasa* d'aujourd'hui serait donc le même que celui d'hier, non seulement parce qu'il a été nommé ainsi durant quatre siècles et sans interruption, mais également parce que – quelles que soient les altérations matérielles qu'il ait subies – il a conservé la même forme que le *Vasa* d'origine.

---

1. Pour une synthèse des diverses discussions, *cf.* Salmon (1981, Appendix 1).

Mais pour qui serait-il le même ? Certainement pour l'historien de la marine qui voudrait l'examiner pour comprendre comment les vaisseaux du XVIIᵉ siècle étaient fabriqués. Mais en serait-il de même dans un congrès sur la physique des matières, où les scientifiques chercheraient à savoir comment le bois et le métal ont réagi au temps et aux intempéries ? Les congressistes ne sauraient que faire du *Vasa* actuel et affirmeraient qu'il ne s'agit pas là du *Vasa* original.

Je dresse la liste (sans prétendre constituer une typologie exhaustive) d'une série de cas dans lesquels l'affirmation d'identité (ou d'authenticité) dépend de divers paramètres, au coup par coup, négociables ou négociés.

(1) L'abbaye de Saint-Guinness a été construite au XIIᵉ siècle. Des abbés très rigoureux l'ont restaurée jour après jour, en remplaçant les pierres et les boiseries qui cédaient à l'usure du temps, et c'est ainsi que l'abbaye telle que nous la voyons aujourd'hui, du point de vue des matériaux, n'a plus rien à voir avec l'abbaye d'origine, bien qu'elle soit restée la même du point de vue du dessin architectural. Si nous privilégions le critère de l'identité de la forme sur celui de l'identité des matériaux et que nous introduisons en outre le critère de l'« homolocalité » (l'abbaye d'aujourd'hui se dresse à l'emplacement même ou se dressait l'abbaye d'origine), du point de vue touristique (et, dans une certaine mesure, du point de vue de l'histoire de l'art) nous sommes portés à dire qu'il s'agit de la même abbaye.

(2) De l'abbaye de Saint-Pouilly-Fouissé, jamais restaurée, il ne reste qu'un seul mur latéral et la ruine d'un transept. Pourquoi la considérons-nous comme l'abbaye originale ? Il ne suffit pas de dire que ce n'est pas l'abbaye que nous considérons comme originale mais bien plutôt ses ruines. Dans les environs de Paris, les touristes vont visiter la célèbre abbaye de Port-Royal, et pourtant il n'y a plus d'abbaye, il n'y a plus rien, pas même une ruine : il ne reste qu'un lieu. Il s'agit simplement du lieu où se dressait à l'origine quelque chose qui aujourd'hui n'y est plus. Qu'y a-t-il d'original à Port-Royal ?

(3) Citizen Kane, rêvant de construire une résidence parfaite, découvre en Europe l'abbaye de Cognac, restée intacte depuis l'époque de sa construction. Il l'acquiert, la fait démonter en numérotant chaque pierre et la fait reconstruire à Xanadou. S'agit-il alors de la même abbaye ? Pour lui, certainement. Mais pour certains critiques ou archéologues européens sourcilleux, certainement pas. Ceux-ci ne privilégient pas l'identité des matériaux et de la forme, mais l'homolocalité. Doivent-ils par conséquent affirmer que Port-Royal (qui n'existe plus) est plus originale que Cognac (qui, au fond, existe encore, même au mauvais endroit) ?

(4) Les monuments de la Vallée des Rois en Egypte risquent d'être engloutis par un nouveau projet hydraulique. L'Unesco fait démonter ces monuments pierre par pierre et les reconstruit dans une autre vallée. S'agit-il des mêmes monuments ? L'Unesco considère que ce sont les mêmes, puisque la forme et les matériaux sont identiques. Mais ceux qui contestent l'authenticité de la reconstruction de Kane devraient répondre par la négative. Pourquoi les cas (3) et (4) devraient-ils être différents ? Est-ce parce que nous estimons que l'Unesco a le droit moral et scientifique de faire ce que Kane a choisi de faire de lui-même et pour son intérêt personnel ?

(5) Le Parthénon de Nashville (Tennessee) a été construit en respectant si scrupuleusement la structure formelle du Parthénon original, qu'un racontar (je ne sais s'il est vrai) soutient qu'après la guerre, pour restaurer le Parthénon d'Athènes, les experts s'étaient rendus au Parthénon de Nashville pour se documenter. Qui plus est, le Parthénon de Nashville est en couleurs, comme devait l'être le Parthénon original. Pourtant, personne n'oserait affirmer qu'il est original, bien que la forme soit la même, simplement parce que les pierres ne sont pas les mêmes, parce qu'il ne s'élève pas au même endroit (il se dresse dans une plaine et non sur une acropole) et surtout parce que l'autre existe toujours.

(6) La Pologne (comme entité politique) a été une des nations les plus tourmentées de tous les siècles : qu'il nous suffise pour s'en convaincre de regarder un atlas historique et de voir à quel point ses frontières ont été élargies ou restreintes au cours des différentes époques. Le pays a presque disparu de la carte géographique à un certain moment de l'Histoire. A quoi se réfère le nom *Pologne* ? Cela dépend du contexte historique dans lequel il est utilisé. L'énoncé *Byaltistok fait partie de la Pologne* est-il vrai ou faux ? Cela dépend de la date à laquelle il est prononcé[1].

Sur l'autre jambe du capitaine Achab

A la lumière d'une théorie contractuelle de la référence, il me semble que l'on peut également résoudre le vieux problème de la référence à des personnages fictifs, tels que Sherlock Holmes ou Pinocchio. Si l'on soutient une version ontologique forte de la référence

---

1. Par ailleurs, le même argument pourrait également être utilisé pour des pays à l'histoire moins mouvementée, y compris la France. Il n'est pas aisé de dire à quoi se réfère l'expression *Etats-Unis d'Amérique* si l'on ne sait pas si elle a été prononcée avant ou après l'acquisition de la Louisiane ou de l'Alaska.

(référence du point de vue d'un esprit divin), les innombrables discussions sur les personnages fictifs dont des centaines et des centaines de livres ont été remplis peuvent alors refaire leur apparition[1]. Si l'on accepte en revanche une version ontologique faible (réalisme interne, référence du point de vue de la Communauté), nos propos apparaîtront moins tragiques, car nous nous référerions à Hamlet chaque fois que nous assumerions qu'il s'agit du personnage décrit dans le monde possible de Shakespeare et auquel les encyclopédies reconnaissent telles propriétés et non telles autres, de la même façon que les encyclopédies s'accordent entre elles lorsqu'elles annoncent que l'eau est H_2O.

Le problème le plus intéressant n'est pas celui de savoir si les personnages fictifs existent à la façon des personnages réels : la réponse serait négative, quand bien même on accepterait le réalisme de Lewis (1973 : 85), selon lequel les mondes possibles sont aussi réels que le monde dans lequel nous vivons au quotidien. Le problème le plus intéressant est de savoir pourquoi nous pouvons nous référer à ces personnages fictifs de la même manière que nous nous référons aux personnages réels, puisque nous nous comprenons aussi bien lorsque nous disons que Napoléon était le mari de Joséphine que lorsque nous disons qu'Ulysse était le mari de Pénélope. S'il en est ainsi, c'est parce que les encyclopédies s'accordent entre elles pour assigner à Joséphine la propriété d'avoir épousé Napoléon en secondes noces et à Pénélope celle d'avoir eu Ulysse comme mari.

Il a été dit que les mondes narratifs sont toujours de *petits mondes* parce qu'ils ne constituent pas un état de choses maximal et complet (*cf.* Pavel 1986 ; Dolezel 1989 : 233 et s. ; Eco 1990, tr. fr. III.4.5). En ce sens, les mondes narratifs sont *parasitaires* puisque nous accordons par défaut les propriétés qui valent dans le monde réel lorsque les propriétés qui pourraient présenter une alternative ne sont pas spécifiées. Dans *Moby Dick*, il n'est pas dit explicitement que tous les marins du *Pequod* possédaient leurs deux jambes, mais le lecteur devrait considérer cela comme implicite à partir du moment où les marins sont des êtres humains. Le récit prend simplement soin de nous dire qu'Achab, lui, au lieu d'avoir deux jambes, n'en avait qu'une – d'ailleurs, si mes souvenirs sont exacts, l'histoire ne dit pas laquelle, et libre à nous de l'imaginer, puisqu'une telle précision n'apporterait rien au récit.

Mais une fois que le lecteur a accepté le rôle qu'il doit assumer dans la lecture d'un récit, il est non seulement autorisé mais encore

---

1. La plus récente est celle de Santambrogio 1992, pour qui les personnages de fiction seraient similaires aux « objets généraux ».

invité – s'il le désire – à tirer des inférences aussi bien à partir des événements racontés qu'à partir des événements présupposés. En principe, nous devrions pouvoir faire la même chose avec un énoncé se référant à des faits qui se sont réellement passés qu'avec un énoncé romanesque. Nous pourrions, à partir de l'énoncé *Jules César a été assassiné au Sénat, à Rome, aux ides de mars, en 44 av. J.-C.,* inférer en quelle année *ab urbe condita* l'événement a eu lieu (mais il faudrait que nous décidions préalablement de nous référer soit à la datation de Caton l'Ancien, soit à celle de Varron). Nous pourrions, à partir de l'énoncé *D'Artagnan est arrivé dans le bourg de Meung sur un bidet du Béarn, âgé de douze à quatorze ans, jaune de robe, le premier lundi du mois d'avril 1625,* consulter un calendrier universel et en conclure que le premier lundi de ce mois d'avril était un 7.

Cependant, s'il y a quelque intérêt à savoir en quelle année *ab urbe condita* est mort César, il n'est pas intéressant, du point de vue narratif, de savoir que D'Artagnan est arrivé à Meung le 7 avril. Il est intéressant d'établir que Hamlet était célibataire, car cette observation prendra de l'importance lorsque l'on cherchera à comprendre sa psychologie et ses relations avec Ophélie. Mais lorsque Stendhal, à la fin du chapitre 35 de *Le Rouge et le Noir*, raconte comment Julien Sorel tente de tuer Madame de Rênal et conclut en disant « il tira sur elle un coup de pistolet et la manqua ; il tira un second coup, elle tomba », quel sens y aurait-il à se demander où a fini la première balle ?

Comme je l'ai déjà affirmé en Eco (1979), les personnages romanesques présentent différents types de propriétés.

(a) Nous trouvons en premier lieu ces propriétés qui ne sont pas explicitées par le texte mais qui doivent être présupposées pour autant qu'elles ne peuvent pas être niées : ce n'est pas parce que la description de la chevelure d'un personnage n'aura pas été faite que le lecteur considérera que le personnage est chauve. La quantité de ces propriétés qui ne peuvent être niées se laisse entrevoir dans les procédés de traduction intersémiotique : si, dans la transposition cinématographique, Julien Sorel s'en allait commettre sa tentative de meurtre sans chaussures (ce qui n'est pas précisé dans le roman), la chose semblerait bien curieuse.

(b) Il y a ensuite ces propriétés que j'appelais S-nécessaires, comme la propriété d'entretenir, à l'intérieur d'un monde possible narratif, des relations réciproquement définitoires avec d'autres personnages. Dans le monde narratif de *Madame Bovary*, on ne peut identifier Emma si ce n'est comme la femme de Charles, qui, à son tour, a été identifié comme le garçon qui a été vu par le narrateur au début du roman ; un monde narratif quelconque dans lequel Madame Bovary serait la femme de Monsieur Homais serait un autre monde, meublé d'individus différents (ou bien nous ne parlerions plus du roman de Flaubert mais d'une parodie, d'un remaniement de l'œuvre).

(c) Les propriétés attribuées explicitement aux personnages au cours du récit, comme le fait d'avoir accompli telle ou telle chose, d'être un homme ou une femme, jeune ou vieux, sont perçues comme particulièrement évidentes. Ces propriétés n'ont pas toutes la même valeur narrative : certaines sont particulièrement importantes pour servir l'histoire (par exemple, le fait que Julien ait tiré sur Madame de Rênal), d'autres le sont moins (le fait qu'il ait tiré en levant le pistolet alors qu'elle abaissait la tête, et qu'il ait tiré deux coups plutôt qu'un seul). Nous pouvons faire une distinction entre les propriétés *essentielles* et les propriétés *accidentelles*.

(d) Il y a enfin les propriétés que le lecteur infère à partir de l'histoire et qui sont parfois cruciales aux fins de l'interprétation. Pour les inférer, il transforme parfois des propriétés accidentelles en propriétés essentielles : par exemple, le fait que Julien rate son premier coup peut permettre d'inférer qu'il était en cet instant particulièrement troublé (en effet, il nous est dit, quelques lignes avant, que son bras tremblait) et cela changerait la nature de son geste, qui n'aurait plus pour origine une froide détermination mais un élan passionnel excessif. Pour continuer avec Stendhal, la critique se demande par exemple si, dans *Armance*, Octave de Malivert était véritablement impuissant, le texte ne le disant pas en toutes lettres[1].

---

1. Aux yeux de certains, les propriétés du type (d) pourront sembler peu pertinentes pour une définition encyclopédique du personnage fictif. Voyons alors cette curieuse information que j'ai trouvée dans le quotidien italien *La Repubblica* du premier septembre 1985 (cette information apparaissait dans une version légèrement différente dans le *Corriere della Sera* du même jour ; on peut donc supposer qu'elle provenait d'un texte d'agence) : « La fausse nécrologie publiée il y a quelques jours par le *Times* de Londres n'était pas le message codé d'un espion mais la vengeance d'une femme jalouse. C'est ce que révèle le journal *The Sun*. La nécrologie annonçait la mort soudaine, dans les Cornouailles, de Mark, Timoth et James, les " enfants préférés " d'une comtesse allemande. Rita Colman, un magistrat londonien, a reconnu avoir fait publier le texte à la demande de la comtesse Margarete von Hessen, mère des trois enfants. Le journal a découvert aujourd'hui que l'actuel mari de Rita Colman a divorcé de la comtesse van Hessen il y a cinq ans et qu'il est le père de Mark, Timoth et James. Les trois garçons sont bel et bien vivants et l'un d'entre eux, Mark, est justement en train de passer ses vacances en Cornouailles, où le *Sun* l'a retrouvé. " La personne qui a fait cette farce sordide est la même qui a cherché à salir et à déshonorer le nom de ma mère il y a deux ans ", a commenté le jeune homme. En 1983, un journal anglais avait publié une fausse nouvelle disant qu'un prélat de l'Eglise anglicane, Robert Parker, était sur le point d'abandonner son travail et son épouse pour aller vivre avec la comtesse von Hessen. Depuis hier, Rita Colman n'est plus à Londres : elle est en vacances avec son mari dans le Devon. » Remarquons que ce texte nomme avec précision les différents acteurs de cette histoire, il les lie mutuellement à travers des relations S-nécessaires, et leur attribue des propriétés « anagraphiques » ou des actions suffisamment précises. Mais si l'on nous affirmait soudainement qu'il s'agit d'une histoire inventée, nous serions en proie à de nombreuses perplexités. Certai-

Toutefois, lorsque nous nous référons à des personnages fictifs, nous le faisons généralement à partir des propriétés les plus communément répertoriées par les encyclopédies, et les encyclopédies répertorient de préférence les propriétés de type (b) et (c), puisque ce sont celles que les textes explicitent et non celles qu'ils présupposent ou qu'ils induisent à conjecturer. Parler de propriétés explicitées, cela veut dire penser à un texte romanesque comme à une partition : de même que la partition prescrit la hauteur, la durée et souvent le timbre des sons, un récit fixe les S-propriétés et les propriétés essentielles des personnages. Le fait qu'un récit prévoie également les propriétés accidentelles (dont, pour la plupart, on peut faire abstraction sans perdre l'identité du personnage) pourrait être analogue au fait qu'il n'est pas nécessaire, pour identifier une composition musicale, que certaines différences, disons entre *forte* et *fortissimo*, soient strictement respectées, et telle mélodie sera reconnue même si elle n'est pas exécutée, comme le prescrit la partition, *con brio*.

J'établis une analogie avec la partition musicale afin de renvoyer à la discussion (qui a eu lieu en **3.7.8**) sur les *individus formels*. Une composition musicale, un tableau ou un roman y étaient alors considérés comme des individus formels. J'entends à présent suggérer qu'on peut se référer à un personnage fictif (dans la mesure où il est intersubjectivement et encyclopédiquement identifiable à travers les propriétés S-nécessaires et essentielles que le texte lui a attribuées) avec autant de facilité qu'on se réfère à la *Seconde suite pour violoncelle seul* de Bach. Nous avons dit (outre les difficultés pratiques et théoriques que pose sa reconnaissance à partir de quelques notes seulement) que quiconque parle de la SV2 entend se référer à cet individu formel qui, dans l'impossibilité de vérifier quelle était l'idée

---

nement existe-t-il une Rita Colman ayant avoué qu'elle a fait publier l'information *p* qui est fausse, mais pourquoi l'a-t-elle fait publier ? A la demande de la comtesse von Hessen, ex-femme de son mari, est-il dit. Mais puisque la comtesse sait que les trois enfants sont vivants, pourquoi a-t-elle persuadé Rita Colman de publier cette information ? Pour terroriser son ex-mari ? Et pourquoi Rita Colman a-t-elle accepté, puisque l'ex-mari de la comtesse est à présent son mari et qu'elle souhaite évidemment qu'il n'ait pas de soucis pendant les vacances qu'il passe avec elle dans le Devon ? Pour satisfaire la comtesse ? Suivant les insinuations de l'un des fils, Rita Colman n'a aucune tendresse pour la comtesse, par ailleurs elle a même répandu la fausse nouvelle de ses amours avec un prélat anglican ; est-ce alors pour salir la réputation de la comtesse ? Si cette information était une fiction romanesque, nous ne réussirions pas à la paraphraser de façon sensée, précisément parce que les idées au sujet des propriétés de type (d) nous confondent. Ou bien considérerions-nous cette histoire comme le début d'une intrigue, et nous supposerions que les mystères seront tirés au clair par la suite. Naturellement le texte est confondant, même sous l'espèce d'un fait divers. Il nous suffit alors de penser que le rédacteur de l'agence était quelque peu brouillon ou que les journaux italiens ont traduit le texte anglais sans faire preuve d'un grand discernement, et la chose s'arrête là.

musicale que s'en faisait Bach lorsqu'il la composa, est représenté par sa partition ou par une exécution considérée comme correcte et fidèle.

En ce sens, un personnage fictif est un individu formel auquel on peut se référer correctement à condition de lui attribuer toutes les propriétés textuellement explicitées par le texte original, et l'on peut établir sur ces bases que celui qui affirme que Hamlet a épousé Ophélie et que Sherlock Holmes était allemand fait une affirmation fausse (ou se réfère à un autre individu qui porte accidentellement le même nom).

Néanmoins, ce que j'ai dit vaut pour les personnages fictifs dont parle une œuvre spécifique et qui en constituent la partition. Que pouvons-nous dire à propos des personnages mythiques ou légendaires qui migrent d'une œuvre à une autre pour y accomplir parfois des actions fort différentes, ou qui survivent simplement dans l'imaginaire mythique sans se rattacher encore ou jamais à une œuvre spécifique ? Un exemple précis nous est donné par le Petit Chaperon Rouge, une histoire qui connaît de nombreuses variantes, dans la tradition populaire et dans les versions littéraires, où des éléments marginaux viennent souvent jouer (*cf.* Pisanty 1993, 4). Nous pouvons nous en tenir ici à une différence fondamentale entre la version de Perrault et la version des frères Grimm : dans la première version, l'histoire s'achève lorsque le loup, après avoir dévoré la grand-mère, dévore aussi la petite fille, le récit se concluant alors par une mise en garde moraliste à l'adresse des enfants étourdis et imprudents ; dans la seconde version, en revanche, le chasseur entre en scène pour tuer la bête féroce, lui ouvrir le ventre et en faire sortir la petite fille et la grand-mère. A qui nous référons-nous lorsque nous parlons du Petit Chaperon Rouge ? A une petite fille qui meurt ou bien à une petite fille qui ressort du ventre du loup ?

Je dirais que deux cas se présentent à nous. Si quelqu'un parle de la résurrection du Petit Chaperon Rouge (référence à la partition-Grimm) mais que l'interlocuteur a en tête la partition-Perrault, ce sera l'interlocuteur qui sollicitera un supplément d'enquête ; une négociation pourra alors s'engager jusqu'à ce que les deux interlocuteurs se soient mis d'accord sur la partition de référence. Ou bien ils ont en tête la partition « populaire », celle qui a fini par se révéler la plus forte, qui est moins complexe que dans les différentes versions écrites et qui circule dans une culture donnée comme *fabula* essentielle, réduite à sa plus simple expression. Cette *fabula* est substantiellement celle des frères Grimm et c'est à cette partition populaire que nous nous référons habituellement (la petite fille va dans la forêt, rencontre le loup, le loup dévore la grand-mère, il en prend l'apparence, dévore la petite fille, le chasseur les délivre), c'est-à-dire une partition où sont abandonnés les détails qui ont de l'importance dans les versions cultivées (si, par exemple, la petite fille se déshabille et se met au lit avec la prétendue grand-mère) et les détails marginaux (si, par exemple, la petite fille porte à la grand-mère du pain et du vin ou du pain et du beurre). Sur cette base populaire, nous nous référons au Petit Chaperon Rouge de façon contractuellement définie et indépendamment de certains détails, comme le vin ou le pain que la petite fille porte à la grand-mère.

De même, il arrive que certains personnages de roman, devenus célèbres, finissent par faire partie – comme on dit – de l'imaginaire collectif et en viennent également, en termes de *fabula* essentielle, à être connus de ceux qui n'ont jamais lu l'œuvre dans laquelle ils apparaissent pour la première fois. Le cas des *Trois mousquetaires* me semble être des plus typiques. Seul celui qui a lu le livre d'Alexandre Dumas sait que la première monture de D'Artagnan était un bidet du Béarn. Mais c'est le plus souvent en termes de *fabula* essentielle que l'on se réfère aux trois mousquetaires (ils sont effrontés, se battent en duel avec la garde de Richelieu, accomplissent des exploits mirobolants pour récupérer les diamants de la Reine, etc.). Dans cette *fabula* réduite à son expression minimale, on ne distingue généralement pas (ou fort peu) entre les actions qu'ils accomplissent dans *Les trois mousquetaires* et celles qu'ils continuent d'accomplir dans *Vingt ans après* (et je dirais que la *fabula* populaire ignore ce qui se passe dans le bien moins célèbre *Vicomte de Bragelonne* – preuve en est que la série infinie d'adaptations cinématographiques l'ignore également). Et c'est en ce sens que nous pouvons également reconnaître D'Artagnan ou Porthos dans les remaniements cinématographiques où des choses ont lieu qui n'ont pas eu lieu dans les romans de Dumas, et nous n'en sommes pas bouleversés comme si quelqu'un nous apprenait que Madame Bovary a divorcé en toute sérénité de Charles, qu'elle vit heureuse et a beaucoup d'enfants.

Dans tous ces cas, il s'agit de se mettre d'accord sur la partition de référence (œuvre spécifique ou *fabula* stockée dans l'imaginaire collectif), de la négocier, après quoi l'acte de référence peut avoir lieu sans ambiguïté. Si bien qu'au cours de *trivia games,* on pourra entendre des contestations du genre : « Mais la *fille* de Milady dont tu parles apparaît dans le film ! Et dans *Vingt ans après,* c'est un fils ! » En définitive, dans de tels cas, chaque interlocuteur négocie son monde possible avec celui de l'autre, c'est-à-dire cherche à se mettre d'accord sur *le* monde dont *ils* parlent, pour le négocier et le contracter. Et si l'on ne se met pas toujours d'accord, c'est en raison du nombre de mondes possibles qui sont en jeu et non du fait que, dans un monde possible négocié et contracté avec précision, il soit impossible de fixer la référence[1].

« *Ich liebe Dich* »

Ceux qui soutiennent que le pronom de la première personne du singulier s'identifie avec celui qui est en train de parler – sans la médiation d'un accord sur son contenu – devraient pouvoir expliquer ce qui se passe lorsqu'un étranger, dont on ne connaît pas la langue, dit *Ich liebe Dich*. L'objection selon laquelle il ne s'agit pas ici d'un cas de référence manquée, mais simplement d'une incompétence linguistique, est autophage : je suis précisément en train de dire que pour comprendre la référence, il faut non seulement connaître le signifié d'un verbe comme *liebe*, mais également celui des deux pronoms, sans quoi cette déclaration d'amour se résoudra en un acte de référence malheureux – et jamais adjectif n'a été plus littéralement approprié.

Nous avions commencé en considérant comme implicite et presque évident le fait que, pour pouvoir utiliser les termes dans des actes de référence, il fallait en connaître préalablement le signifié. Mais nous nous sommes rendu compte par la suite que l'on peut également comprendre des actes de référence (au moins partiellement) sans connaître le signifié du terme. Puis nous avons dû en conclure que les actes de référence ne se font jamais totalement à l'aveuglette (qu'il n'y a pas de *boîte fermée* qui n'aurait au moins une étiquette), que le signifié entre de nouveau de tous les côtés, et, finalement, que pour pouvoir réaliser une référence couronnée de succès, il est nécessaire, avant tout, de se mettre d'accord sur le signifié des termes et que ce n'est qu'à ce moment-là que l'on peut commencer une négociation portant sur l'individu auquel on entend se référer. Terminons par des observations au sujet de l'importance du CN et de la négociation qui lui fait suite, même pour ces termes qui ne semblent « prendre vie », qui ne semblent faire sens que lorsqu'ils sont directement attachés à un individu – et qui, lorsqu'ils s'en détachent, semblent voltiger dans les brumes du non-sens.

---

1. Semprini (1997) consacre un paragraphe aux conditions de reconnaissance de personnages légendaires de l'histoire de la bande dessinée, et montre comment ces personnages sont identifiables grâce à leur nom, leurs traits physionomiques marqués, leur habillement caractéristique, leur état civil, une série de compétences spécifiques et divers autres détails (phrases typiques, bruits qui accompagnent de façon constante certains gestes canoniques, etc.). Mais les personnes réelles dont nous possédons autant d'instructions de reconnaissance sont-elles nombreuses ?

Je suis toujours embarrassé par le fait que l'on considère que les termes indexicaux (ceux qui s'accompagnent souvent d'un geste, comme « ceci » ou « cela ») et les déictiques (relatifs au contexte du locuteur et à sa position spatio-temporelle, comme « hier », « en ce moment », « d'ici peu », « pas loin d'ici »), pour ne pas parler des pronoms personnels, désignent directement, sans que l'un de leurs signifiés possibles vienne jouer le rôle de médiateur. J'ai cherché à montrer en Eco (1975, 2.11.5) comment ce genre de signes, pour pouvoir être appliqué à des actes de référence, doivent également être compris dans leur signification. Mais je trouve toujours quelqu'un qui le nie par le seul fait que les instructions pour comprendre comment on peut utiliser « chat » pour se référer aux chats sont différentes des instructions pour comprendre comment on peut utiliser « je » et « ceci » pour se référer ou bien à celui qui émet l'énoncé ou bien à la chose que l'on est en train d'indiquer du doigt. Il ne fait aucun doute que ce que j'ai appelé le CN d'un terme peut proposer des instructions fort différentes pour identifier le référent de « chat » et de « cousin ». Mais dire que les instructions prennent différentes formes ne revient pas à dire que ces instructions n'existent pas[1].

On trouve chez Bertuccelli Papi (1993 : 197) l'exemple de ces deux énoncés : (1) « Alice est partie hier et Sylvie il y a trois jours », et (ii) « Alice est partie hier et Sylvie deux jours avant ». En supposant que les deux phrases soient prononcées un samedi, dans les deux cas Alice devrait être partie vendredi et Sylvie mercredi. Mais en (i) l'expression « il y a » renvoie au jour de l'énonciation (samedi) alors qu'en (ii) l'adverbe « avant » est ancré au point de référence temporel contenu par l'énoncé lui-même (hier). Si je remplace « deux jours avant » par « il y a deux jours » dans l'énoncé (ii), le jour de départ de Sylvie deviendrait alors jeudi. L'auteur suggère que « il y a » est *intrinsèquement déictique*, alors que « avant » change de valeur en fonction du point de référence temporel par rapport auquel on le pose. Dans tous les cas, on remarque que l'usage des deux expressions pour désigner un jour précis dépend de règles de linguistique textuelle fort complexes, et je ne vois pas pourquoi cet ensemble de règles ne pour-

---

1. Un terme indexical ou déictique a un signifié indépendant du contexte et des circonstances. Et cependant, c'est dans le vide des circonstances que la façon dont ce terme est utilisé pour se référer doit être négociée. Ducrot (1995 : 309) prend un exemple qui nous rappelle les incertitudes de l'explorateur de Quine face au *gavagaï* de l'indigène : « De fait, on remarque que " ceci " ou " cela ", même en tenant compte du geste de désignation, ne peuvent suffire à délimiter un *objet*. Comment savoir si cela, qu'on me montre sur la table, c'est le livre dans sa totalité, ou sa couverture, ou sa couleur, ou le contraste entre sa couleur et celle de la table, ou l'impression particulière qu'il me fait en ce moment ? Un substantif, éventuellement implicite, est nécessaire pour accomplir l'acte de référence. »

rait pas être compris comme le contenu des expressions respectives – si, par CN, on n'entend pas seulement une simple définition mais également – ou, parfois, seulement – un ensemble complexe d'instructions pour identifier le référent[1].

Il a été dit que « " je " dénote celui qui émet l'énoncé » est une instruction insuffisante pour identifier le référent puisque celui-ci change en fonction du contexte et des circonstances. Le référent ne représente donc pas le contenu du pronom « je ». Encore une fois, on confond ici les instructions pour l'identification du référent et la façon de fixer la référence. L'instruction qui sert à identifier le référent de « je » est tout aussi générique que celle qui sert à identifier le référent de « l'interlocuteur » (terme qui identifie des personnes différentes selon la situation d'échange linguistique), de « l'assassin » (les énoncés « l'assassin de César » et « l'assassin de Kennedy » se réfèrent à deux personnes différentes) ou tout simplement de « chat » (puisque les instructions pour identifier des chats ne sont certainement pas suffisantes pour fixer la référence de « le chat que j'ai offert hier à Louis »). Donner des instructions pour identifier, en diverses circonstances, le référent possible d'un terme générique, ce n'est pas la même chose que de décider, au moyen d'une négociation pragmatique, comment fixer la référence lorsque l'on se réfère à des individus.

Putnam (1981 : tr. fr. 37) admet qu'un pronom comme « je » n'a pas une extension mais une *fonction d'extension* qui déterminerait l'extension suivant le contexte. Je serais d'accord pour considérer cette fonction d'extension comme une partie du CN du pronom, et nous pourrions admettre qu'il s'agit d'une instruction pour identifier le référent dans un acte de référence. Putnam dit également qu'il ne voudrait pas identifier cette fonction d'extension (qui serait, en termes carnapiens, une intension) avec la signification[2]. Mais il s'agit simplement de dire ici (et je renvoie aux discussions en **3.3.2** sur les difficultés que peuvent engendrer les termes « signifié » ou « signification ») que, d'une part, cette règle est une fonction abstraite, et que, de l'autre, elle n'épuise pas tout ce que nous entendons par signification d'une expression, au sens où « cube » et « polyèdre régulier à six faces carrées » – dit Putnam – ont la même intension et la même

---

1. Voir en Eco (1979, 1.3) l'analyse des deux utilisations contextuelles du terme italien *invece*.

2. « L'intention spécifie comment l'extension varie selon le monde possible. Elle représente donc ce qui nous intéresse, c'est-à-dire l'extension associée à un terme. [...] la raison pour laquelle l'" intension " d'un terme (définie de la sorte) ne saurait être identifiée à sa signification est que deux termes quelconques qui sont logiquement équivalents ont la même extension dans tous les mondes possibles et donc la même intension. » (Putnam 1981 : tr. fr. 38, modifiée) [N.d.t.].

extension dans chaque monde possible, mais conservent une différence de signification (*ibid.*, tr. fr. 38).

Une instruction pour identifier le référent (comme capacité à appliquer *in concreto* une fonction d'extension) *fait partie*, en effet, du CN
d'un pronom, bien que le contenu ne s'épuise cependant pas en elle.
J'avance une série d'exemples qui me semblent d'ailleurs apporter de
l'eau à mon moulin contractuel.

Supposons que quelqu'un nous annonce : « Je suis désolé, nous ne
pouvons pas venir ce soir. » Si le contenu de « nous » s'identifiait
totalement avec une instruction pour identifier le référent, nous nous
trouverions en face d'un joli problème, puisque cette instruction nous
imposerait d'identifier une communauté d'auteurs de la profération,
alors qu'il ne nous est possible d'identifier qu'un seul individu.
Cependant, nous possédons également une règle pragmatique selon
laquelle quelqu'un peut parler au nom du groupe dont il est, disons, le
porte-parole. Et voilà que nous nous mettrions à chercher dans le
contexte dialogique si un groupe a été précédemment nommé, que
nous trouverions que le locuteur avait été invité à souper, lui et sa
famille, et que nous saurions que le pronom pluriel se réfère aux
membres de cette famille.

Mais il y existe également des règles sémantico-pragmatiques. Par
exemple, la règle du pluriel de majesté *(majestatis)* : une personne
individuelle a le droit constitutionnel d'employer la première personne du pluriel au lieu de la première personne du singulier du pronom
personnel. Mais même en sachant cela, des éléments ultérieurs de négociation interviennent. Si un monarque annonce que « aujourd'hui,
nous nous sentons fatigué », nous savons immédiatement qu'il utilise
le pluriel de majesté en tant qu'« étiquette », que le « nous » se réfère
par conséquent à lui seul, pris individuellement, et que l'énoncé entend exprimer l'un de ses états intérieurs[1]. Si, en revanche, ce même
monarque annonce : « nous vous décorons de l'ordre de la Toison
d'Or » ou « nous déclarons en ce jour la guerre à la Ruritanie », il est
en train d'exprimer une volonté qui, si elle n'avait été jusqu'alors générale, le devient à l'instant même où l'énoncé est exprimé. Donc,
d'une façon ou d'une autre, ce « nous » se réfère également *(volens*

---

1. Remarquons que le français opère généralement une distinction (c'est-à-dire
offre une instruction supplémentaire pour le repérage du référent) dans le *pluriel de
modestie* (ou *auctoritatis*) mais également dans le pluriel *de majesté* : l'adjectif ou le
participe passé s'accordent alors non pas avec le *sujet* grammatical mais avec le
sujet réel. Ainsi, par exemple, un auteur pourra écrire : « Nous sommes persuadé que
Dante et le homard n'ont rien à faire ensemble. » De même, Louis XVI affirmera
que « nous nous sentons fatigué », tandis que Vittorio Emmanuele III dira (ou écrira)
que « nous nous sentons fatigués » (ce qui serait une incorrection en français seulement, non en italien) [N.d.t.].

nolens) aux sujets qui écoutent. Selon le contexte, les destinataires fixent la référence du pronom de différentes façons.

Supposons à présent qu'un scientifique écrive : « Nous ne pouvons raisonnablement admettre que le trou dans l'ozone ait une influence décisive sur le climat de la planète. » A qui se réfère ce « nous » ? Certainement pas aux membres de sa famille, ni aux sujets qu'il n'a pas. Pourtant, un vocabulaire idéal devrait également nous fournir, au sujet de la signification de « nous », la sélection contextuelle « peut être entendu comme pluriel *auctoritatis,* grâce auquel un locuteur particulier se présente en tant qu'interprète de la communauté scientifique, de la droite raison ou du sens commun ». A ce niveau, nous pouvons identifier le référent de diverses façons : (i) nous pouvons avoir une première lecture que je définirais de « charité rhétorique » et en vertu de laquelle nous reconnaissons que l'usage linguistique du pluriel *auctoritatis* n'est qu'une simple manie stylistique, nous référons alors le « nous » à l'auteur (nous traduisons « nous » par « je », comme si celui qui écrivait s'était exprimé dans une autre langue) ; (ii) nous pouvons avoir une lecture « de confiance », c'est-à-dire où nous référons le pronom à la communauté scientifique (ce qu'est en train de dire l'auteur est parole d'évangile) ; (iii) nous pouvons enfin avoir une lecture « de persuasion », en vertu de laquelle nous nous sentons impliqués et nous imaginons que de fait, nous qui lisons, nous sommes tenus d'être les sujets qui pensent cette lecture de cette façon.

Il existe enfin une lecture en termes de sémiotique textuelle (qui n'est pas à la disposition de n'importe quel destinataire), qui nous porte à réfléchir sur ce que l'auteur – dans son emploi du pluriel *auctoritatis* – voulait faire croire de lui : celui-ci n'a pas seulement fait une affirmation explicite sur un phénomène physique mais s'est implicitement présenté comme un sujet ayant également le droit de parler en notre nom, ou au nom d'une autorité épistémique supérieure. Je veux bien admettre que cette lecture devrait n'avoir absolument pas affaire au phénomène de la référence : nous nous référons toujours à l'auteur de l'écrit, même si nous le voyons à présent sous un jour psychologique différent. Pourtant, on ne peut nier qu'une méfiance envers l'auteur (qui cherche à nous convaincre en s'arrogeant une autorité à laquelle il n'a pas droit) peut déterminer la façon dont nous interprétons référentiellement ce « nous ». Nous pouvons juger qu'il n'avait pas l'intention de faire un effet de style pour dire « je » et qu'il voulait très certainement nous faire comprendre qu'il entendait se référer à la communauté scientifique. Ce parti pris aurait une incidence sur notre jugement aléthique au sujet de la proposition qu'il a exprimée. En supposant que nous soyons convaincus que le trou dans l'ozone aura nécessairement une influence sur le climat de la planète et que tout scientifique digne de foi l'aurait également affirmé, si notre auteur voulait dire *Je*, il a dit quelque chose de faux au sujet d'un fait physique. S'il voulait dire « nous », il a dit quelque chose de faux au sujet des opinions déjà exprimées par la communauté scientifique – ou bien il a tout simplement cherché à nous tromper deux fois.

Quelle que soit la lecture que l'on en donne, non seulement le sens de l'énoncé change mais également le contenu lexical de ce « nous » qui ne se réduit pas à la seule instruction pour identifier le référent. Sans tenter une première fois d'appliquer l'instruction, il n'aurait même pas été possible de décider qu'il fallait interpréter le pronom en tant que pluriel *auctoritatis*. Mais sans la connaissance de cet aspect du contenu, il n'aurait pas non plus été possible d'appliquer l'instruction, en aucun des sens qui ont été considérés ci-dessus.

Remarquons par ailleurs l'usage qui est fait de la deuxième personne du pluriel des pronoms et adjectifs possessifs pour s'adresser à un individu particulier (« vous », « *voi* » – « vôtre », « votre », « *vostro* ») ou de la troisième personne du singulier de la formule de politesse *(« lei », « Sie », « usted »*[1]*)*. Dans de tels cas, il est nécessaire de savoir que les pronoms et adjectifs comptent également ces sens particuliers au nombre de leurs sens possibles, sans quoi la référence échoue. Il y a une histoire drôle italienne qui illustre très bien ce cas : monsieur Verdi prie son employé Rossi de suivre discrètement un autre employé, Bianchi, qui, tous les jours à quatre heures, abandonne son travail et s'absente durant deux heures. Rossi mène alors son enquête et fait son rapport à Verdi : *« Alle quattro Bianchi esce, passa a comprare una bottiglia di champagne e poi va a casa sua dove si intrattiene con sua moglie. »* Verdi se demande étonné pourquoi Bianchi fait durant ses heures de travail quelque chose qu'il pourrait faire tranquillement le soir. Rossi insiste lourdement sur les deux occurrences de *sua*, comme s'il les prononçait avec une majuscule. Verdi continue de ne pas comprendre, et finalement Rossi se décide : *« Scusi, posso darle del tu ? »*

Cette petite histoire reste intraduisible[2] en français et en anglais par exemple. Dans différentes langues, le rapport qui unit de façon

---

1. « Elle », formule de politesse disparue en français, mais non en italien, allemand, espagnol [N.d.t.].

2. L'équivoque que suscite le pronom *sua* signifiant tout à la fois *sa* et *votre* (et faisant donc référence à Bianchi *ou/et* à Rossi) entraîne le *qui pro quo*. Verdi comprend : « A quatre heures Bianchi sort, passe acheter une bouteille de champagne et va ensuite chez *lui* où il s'entretient avec *sa* femme » alors que Rossi entendait lui dire : « Bianchi sort, passe acheter une bouteille de champagne et va ensuite chez *vous*, où il s'entretient avec *votre* femme. » Rossi se décide alors : « Excusez-moi mais puis-je vous tutoyer ? » [N.d.t.]

apparemment immédiate un possessif à son référent est en réalité médiatisé par des instructions complexes au niveau de son contenu lexical, de ses sélections contextuelles et circonstancielles (qui comprennent aussi des usages de politesse, de déférence, etc.). En effet, « *sua/suo* » et « *her/his* » ne sont pas synonymes, de même que « *vostro/vostra* » et « *your* ». Dire de deux termes qu'ils sont ou ne sont pas synonymes ne veut pas dire qu'ils n'ont pas le même référent mais qu'ils ont une signification (même si ce n'est qu'en partie) différente[1].

Si le fait de parler de signification ou de contenu en gêne certains, nous pourrions simplement dire qu'il s'agit d'interpréter correctement les croyances (ou les intentions) du locuteur et la situation. En effet, celui qui réussit à saisir au vol le sens de cette histoire drôle de monsieur Rossi (et qui est même capable d'anticiper la fin) infère que deux scénarios différents sont en jeu et que Verdi en imagine un (innocent) tandis que Rossi est en train d'en évoquer un autre, bien plus préoccupant et malicieux. Mais, pour pouvoir arguer que l'emploi des possessifs met en jeu deux scénarios qui s'excluent mutuellement, il faut nécessairement connaître les divers sens qu'une langue assigne à ces termes dans différents contextes[2].

---

1. Pour avoir un déictique dont le contenu s'identifie absolument avec sa référence (c'est-à-dire avec ce qui est utilisé pour mentionner), nous devrions penser au plus élémentaire des mouvements indexicaux, c'est-à-dire un doigt pointé accompagné peut-être d'une expression verbale comme *cela* ou *regarde*! Et pourtant, même dans ce cas, il faut déjà connaître la signification du geste déictique. Dans certains pays, l'indication se fait en pointant non pas un doigt mais la langue (Sherzer 1974) ; dans d'autres pays la langue sera pointée non pas pour indiquer une personne, mais pour se moquer d'elle.

2. Les connecteurs et les opérateurs logiques ont également un contenu. Cela apparaît clairement lorsqu'on explique à quelqu'un (ignorant en matière de logique) qui utilise un moteur de recherche sur Internet comment il doit se servir d'opérateurs tels que *And* et *Or*. Le fait que les instructions soient fournies sous forme de séquences d'opérations, et non pas sous forme de définition, n'a aucune espèce d'importance. Même pour définir le sens du verbe *sautiller,* on l'a vu en **3.4.6,** il faut une sorte de scénario qui montre des séquences d'actions.

6.

Iconisme et hypoicônes

Peut-être la Lune n'existe-t-elle pas, tout comme le reste de l'univers. Peut-être n'est-ce qu'une image projetée dans notre esprit par une divinité berkeleyienne. Mais, même s'il en était ainsi, elle compterait pour nous, et pour les chiens qui aboient dans la nuit (le dieu berkeleyien pense aussi à eux). Nous possédons donc un type cognitif de la Lune et il doit être fort complexe. En effet, nous la reconnaissons dans le ciel lorsqu'elle apparaît dans son entier, mais également lorsqu'elle ne présente qu'un croissant, qu'elle apparaît rouge ou jaune comme la *polenta*, et même lorsqu'elle se voile derrière les nuages et qu'une clarté diffuse nous la laisse deviner. Nous savons que sa position dans le ciel varie au cours du mois et durant la nuit. L'information selon laquelle « la Lune est dans le ciel » fait également partie du type cognitif (et de son contenu nucléaire correspondant) que nous en avons, et c'est cela qui nous permet de comprendre que la Lune au fond du puits n'est qu'une image réfléchie.

Qu'elle soit également sphérique et que, même en n'en voyant qu'une face, elle ait également une autre partie que nous ne voyons pas et que nous n'avons jamais vue, cela fait partie d'un contenu molaire plus élaboré et historiquement variable : Epicure et Lucrèce, par exemple, étaient convaincus que la Lune (comme le Soleil, d'ailleurs) avait exactement la taille (ou presque) qu'elle nous semble avoir.

Mais je voudrais dire enfin et clairement que je crois en l'existence de la Lune, du moins dans la mesure où je crois en l'existence de tout le reste, y compris de mon corps. Si je dis cela, c'est parce que j'ai été accusé, une fois, de ne pas y croire. Cela a eu lieu au cours de ce qui a été défini comme le « débat sur l'iconisme ».

6.1 Le débat sur l'iconisme[1]

« Dans leur idéalisme obstiné, ils [les " sémiolinguistes "] contestent tout ce qui, d'une manière ou d'une autre, peut les contraindre à
admettre que la réalité – et dans le cas présent la lune – existe. » C'est
en ces termes que Tomás Maldonado (1974), évoquant ce que j'avais
écrit sur les signes dits iconiques, me rappelait au devoir galiléen de
regarder dans le télescope et lançait la phase finale du débat sur
l'iconisme qui eut lieu dans les années 60 et 70[2]. A cette accusation
d'idéalisme – redoutée à cette époque – je répondais (Eco 1975b) par
un essai qui s'intitulait « Chi ha paura del cannocchiale? » (Qui a
peur du télescope?), tout aussi polémique. Un essai que je n'ai jamais
republié car je me rendais alors compte que le débat prenait en public
un ton excessif, un ton qu'il n'avait absolument pas en privé. L'essai
de Maldonado a été republié presque vingt ans après, mais l'auteur a
toutefois supprimé les pages qui me concernaient car, affirmait-il, certaines de mes critiques portant sur ses critiques « ont contribué – je
l'admets volontiers – à modifier en partie les présupposés de mon
analyse » (1992 : 49n). C'est de cet exemple d'honnêteté intellectuelle
que je voudrais m'inspirer à présent, en revoyant certaines parties de
mes conceptions d'alors.

Le débat s'amorçait au mauvais moment, car, tandis que Maldonado publiait son essai, mon *Trattato* était déjà sous presse (mais il ne
pouvait pas en avoir pris connaissance) et il comportait un chapitre
sur les modes de production sémiotiques : la lecture de ce livre lui aurait peut-être prouvé que nous étions d'accord sur bien plus de points
qu'il n'y paraissait. Il est en tout cas singulier que la discussion générale se soit arrêtée net après cette explosion polémique, comme si
elle était parvenue à un point mort. Il fallut attendre dix ans avant que
le débat n'éclate de nouveau : les travaux d'autres auteurs qui avaient
repris toute cette affaire en considération en furent le détonateur[3].

---

1. Une version française de ce « débat sur l'iconisme » est parue sous forme
d'article dans la revue de l'Association internationale de sémiotique visuelle : U. Eco,
« Réflexions à propos du débat sur l'iconisme (1968-1998) », traduit par S. Mujagic-
Djukic, A. Djukic, S. Milcent *in* VISIO, volume 3, n° 1, printemps 1998 : 9-31.
[N.d.t.]
2. Pour un compte rendu du débat, voir Calabrese 1985, Fabbrichesi 1983, Bettetini 1996 (I.3 et II.1.1).
3. Fabbrichesi (1983) émet l'hypothèse selon laquelle ce débat n'est pas mort de
mort naturelle puisque, nous dit-il, la sémiotique se refusait à réfléchir
« philosophiquement » sur le concept de ressemblance, et que la ressemblance qu'il
fallait expliquer n'est pas une correspondance entre deux objets (disons un dessin et
son original), mais la *Firstness* peircienne comme « différence interne, qui ne distingue pas les objets concrets, mais en prépare l'individualisation et la constitution »
(1983 : 109). Je crois que ce rappel à l'ordre était fort juste. J'ai essayé de répondre à

Le cours du débat entre *iconistes* et *iconoclastes*[1] semblait ainsi suivre des cadences décennales : ce symptôme ne doit pas être sous-évalué, au sens où toute chose est peut-être reconsidérée en faisant de temps en temps entrer en scène le *Zeitgeist*. Le groupe μ observe (1992 : 125) que deux ouvrages faisaient leur apparition en 1968 dans lesquels les images était discutées, *Languages of art* de Nelson Goodman et ma *Struttura assente*, et que ces deux ouvrages, écrits à la même époque par des auteurs appartenant à deux milieux culturels fort différents, contenaient des exemples et des observations très comparables. Comme si, en guise de réfutation de tout idéalisme, des personnes éloignées se mettant à « regarder les figures » commençaient à percevoir certaines relations communes.

En relisant la discussion de 1974-75, il apparaît clairement que trois problèmes venaient s'y mêler : (i) la nature iconique de la perception, (ii) la nature fondamentalement iconique de la connaissance en général, et (iii) la nature des signes dits iconiques, c'est-à-dire des signes que Peirce appelait (et que nous appellerons à présent exclusivement ainsi) des *hypoicônes*. Dans ma réponse à Maldonado,

---

l'appel dans le chap. 2 de ce livre. Fabbrichesi observait que le thème de la ressemblance était voué à réapparaître dans la sémiotique de la textualité, dans la discussion sur les métaphores, sur les processus abductifs, sur les coopérations interprétatives et sur la reconnaissance de *frames* – et c'est la liste de tout ce dont je me suis occupé après l'arrêt « non naturel » du débat sur l'iconisme. Avant d'en revenir à l'icône, il était nécessaire, au moins pour moi, de faire ce voyage de formation. A bien y penser, vingt ans sont le strict minimum pour qu'un voyage initiatique ne se réduise pas à des vacances organisées en *charter*. Sans prétendre citer tous ceux à qui je dois de nombreuses contributions au problème de l'iconisme, je mentionnerai certains auteurs qui, intervenant directement sur mes écrits portant sur la question de l'iconisme, m'ont parfois conforté dans ma position, mais souvent déstabilisé. En ordre dispersé, et en renvoyant pour chacun aux Références bibliographiques : Tomás Maldonado, Giorgio Prodi, Massimo Bonfantini, Rossella Fabbrichesi, Antonio Perri, Peter Gerlach, les discussions avec Alessandro Zinna sur le semi-symbolique, Omar Calabrese, Thomas Sebeok, Gianpaolo Proni, Fernande Saint-Martin, Göran Sonesson, le Groupe μ, Francisca Pérez Carreño, Søren Kiørup, Martin Krampen, Floyd Merrell, Robert Innis, Ivo Osolsobe avec lequel j'ai eu un vif débat sur l'ostension, Winfried Nöth pour les polémiques sur le seuil inférieur de la sémiotique à la décade de Cerisy 1996, les divers auteurs qui ont contribué à Bouissac *et al.* eds., 1986 (en particulier Alain Rey, Michael Herzfeld et Monica Rector) ainsi que Pierre Fresnault Deruelle et Michel Costantini pour le travail bibliographique permanent sur l'image qu'ils effectuent dans *Eidos. Bulletin international de sémiotique de l'image*.

1. Cette distinction n'est pas homologue à la distinction, pour reprendre les termes de Dennett (1978, III, 10), entre *iconophiles* et *iconophobes* que l'on trouve dans le domaine des sciences cognitives. Je dirais qu'en ayant distingué (i) valeur iconique de la connaissance et (ii) nature des hypoicônes, l'opposition de Dennett est interne au point (i). Les différents ouvrages de synthèse que j'ai précédemment cités classent généralement parmi les iconoclastes Goodman, Gombrich, une grande partie des greimassiens et le Groupe μ de Liège ainsi que des psychologues comme Gregory, alors que l'on trouve au rang des iconistes le premier Barthes et le premier Metz, Gibson, le premier Wittgenstein et Maldonado.

il semble que je tiens le point (i) pour acquis, sans même le discuter, que je ne me compromets guère sur le point (ii) et que le point (iii) me retient largement. J'avais le tort de séparer les trois problèmes, mais sans doute Maldonado avait-il le tort de les garder trop étroitement liés. A partir de sa conviction en la nature motivée de la perception (en s'appuyant sur le premier Wittgenstein), Maldonado tirait une définition de la connaissance en termes d'*Abbildungstheorie* et, partant, en tirait la valeur cognitive des signes hypoiconiques ; à partir de ma conviction en la nature hautement conventionnelle et culturelle des hypoicônes, je mettais en doute la motivation dans les processus cognitifs. A y repenser, cela ressemblait à une réédition du *Cratyle*, mais dans sa version bande dessinée : est-ce par loi ou par nature que l'image de Mickey renvoie à la souris ?

J'ai à peine discuté des points (i) et (ii) en **2.8**. En ce qui concerne le point (i), je crois que personne n'avait de doute à ce propos, pas même au cours des années 70, que l'on adhère à une gnoséologie de la réflexion spéculaire ou une gnoséologie constructiviste. Il me faut cependant admettre qu'en discutant le problème des hypoicônes, je reléguais le problème de l'iconisme perceptif dans une zone de pertinence sémiotique assez médiocre[1]. D'autre part, beaucoup de philoiconistes (et pas seulement Maldonado) ont identifié l'iconisme de la perception à l'iconisme des signes dits iconiques, en attribuant à ce dernier les qualités du premier.

Enfin, dans le cadre de ce débat, pour une série de raisons que nous verrons plus avant, les icônes et les hypoicônes avaient fini par être identifiées à des entités visuelles, des images mentales ou des signes que (pour ne pas employer un terme qui a un sens trop large, tel qu'« image ») nous appellerons *peintures*. Cette confusion, encore une fois, a fait dévier la discussion en partie, alors qu'il aurait dû être clair pour tous que les concepts d'icône et d'hypoicône concernent également les expériences non visuelles[2].

---

1. C'est ce que me reprochera très justement Fabbrichesi Leo (1983 : 3), bien qu'elle sous-évalue sans doute la façon dont le problème réapparaissait dans le *Trattato* avec les « inventions » et ne pouvait pas tenir compte (à la date à laquelle elle publia son ouvrage) de la façon dont je cherchais à reprendre en partie ce problème dans l'essai sur les miroirs de 1985.

2. Sonesson, par exemple, me reprochera de m'en être tenu seulement à l'iconisme visuel : j'avais néanmoins publié dans *VS* deux essais de Osmond-Smith (1972, 1973) sur l'iconisme musical et je prenais comme exemple des expériences d'iconisme syntaxique. Mais il est vrai que j'ai écrit à deux reprises au moins que parler d'iconisme pour les graphes existentiels de Peirce était une pure métaphore, parce que ces graphes ne reproduisent pas de relations morphologiques et spatiales. Je remarque que dans ce climat culturel, le seul fait de prononcer le mot « icône » nous enrôlait presque naturellement dans l'univers pictural.

6.2. Il ne s'agissait pas d'une discussion entre insensés

Cherchons maintenant à considérer la chose avec calme. Il y avait d'un côté ceux qui mettaient en cause le caractère imprécis d'un concept tel que celui de « ressemblance » et qui voulaient montrer comment les impressions de ressemblance provoquées par les hypoicônes étaient l'effet de *règles pour la production de similarité* (voir Volli 1972). Est-il possible de nier, comme ils l'ont fait, qu'une grande part de notre vie quotidienne se règle sur des rapports qui, faute d'un meilleur terme, peuvent être dits de ressemblance, que c'est pour des raisons de ressemblance que nous reconnaissons autrui, que c'est sur la base d'une ressemblance entre les occurrences que nous sommes en mesure d'employer des termes généraux, que la constance même de la perception est assurée par la reconnaissance des formes et que c'est grâce à leur forme que nous distinguons un carré d'un triangle ? Et même en passant aux hypoicônes, est-il possible de nier qu'une photographie de Penn ou d'Avedon ressemble bien plus à la personne représentée qu'une figure de Giacometti, et qu'une personne de culture non occidentale, placée devant les bronzes de Riace, devrait également reconnaître qu'il s'agit de corps humains[1] ?

Non, bien évidemment. Il est presque pathétique de voir comment, dans la seconde phase de la discussion (des années 80 jusqu'à aujourd'hui), de nombreux et illustres iconoclastes se sont empressés – comme des accusés dans un procès stalinien ou maccartiste contraints de jurer leur fidélité au système – de faire profession de foi en la nature iconique de la perception (*cf.* par exemple Gombrich 1982).

D'autre part, est-il possible d'être si profondément convaincu de la motivation iconique de la perception et de nier en même temps que

---

1. Cette question a donné lieu à un immense débat. D'un côté, nous trouvons des expériences cherchant à montrer la façon dont les animaux reconnaissent aussi les images (à partir de la légende de Zeuxis) ; de l'autre, nous trouvons des enquêtes ethnographiques nous montrant un « primitif » (ou du moins un individu qui a vécu sans être exposé à des images photographiques ou tout simplement à une pratique figurative), qui tourne et retourne dans sa main la photo d'une personne connue de lui en manifestant de la perplexité, de l'effroi, ou tout simplement un désintérêt total. Mais il s'agit presque toujours d'expériences qui ne sont pas suffisamment au point : dans certains cas, ce qui surprend le primitif, c'est le carré de papier qu'on lui offre, un objet qui lui est inconnu, alors qu'il s'approchera avec bien plus de confiance d'un tissu sur lequel l'image est imprimée ; dans d'autres cas, c'est la mauvaise qualité de l'image qui fait échouer l'expérience ; d'en d'autres encore, le fait que le primitif se tienne perplexe devant la photo ne veut pas dire qu'il n'a pas reconnu le sujet représenté, mais tout simplement qu'il ne comprend pas comment les traits d'une personne connue peuvent apparaître comme par enchantement sur un morceau de papier ; dans d'autres encore, il s'agit de toute évidence de questions formulées de façon erronée et qui renvoient aux équivoques de la « traduction radicale » de Quine.

des conventions graphiques, des règles de proportion et des techniques de projection entrent en jeu dans la production et dans la reconnaissance des hypoicônes ? Cela semble bien improbable. Pourtant, il n'y avait là rien qui ressemblât à un débat d'insensés[1].

6.3. Les raisons des années 60

Ainsi que l'a souvent écrit Sonesson, tout a commencé, en sémiotique, lorsque Barthes (1964) affirma dans son célèbre essai sur les pâtes Panzani que le langage visuel était un langage sans code ; ce qui était une façon de suggérer que la sémiotique prend les images telles quelles, telles qu'elles nous apparaissent, et cherche éventuellement les règles rhétoriques de leur enchaînement ou cherche à définir les rapports qu'elles entretiennent avec l'information verbale, pour compenser l'indétermination et la plurivocité de celles-ci en contribuant à en fixer le sens.

Dans le même numéro de *Communications* 4, Metz donnait son envol à ce qui allait devenir la sémiotique du cinéma. Il considérait également l'image cinématographique comme une image sans code, comme un pur *analogon*, consacrant l'étude sémiotique (ou sémiologique, comme on disait dans *Communications*) à la grande syntagmatique du film.

Cela se passait au moment où la recherche sémiotique se voulait une *clavis universalis* capable de reconduire tout phénomène de communication à des conventions culturelles analysables ; où l'on adoptait le principe saussurien selon lequel la sémiotique doit étudier « la vie des signes au sein de la vie sociale » comme un programme ; où le sémio-structuralisme décidait de se consacrer non pas tant à l'étude des expressions, linguistiques ou non, de laboratoire, du type *Jean mange des pommes* ou *l'actuel roi de France est chauve*, qu'à des textes complexes (avant même que l'on ne parle de sémiotique textuelle). Ces textes étaient en grande partie extraits du monde des communications de masse (annonces publicitaires, photographies, images ou émissions télévisées), et lorsqu'il ne s'agissait pas des communications de masse, il s'agissait toujours de textes narratifs,

---

1. Sans quoi Maldonado, en me rappelant de prendre en considération les rapports motivés entre l'icône et la réalité, n'aurait jamais autant insisté sur l' « optimisation » de la similarité, c'est-à-dire sur l'étude de techniques qui permettaient et permettront à l'avenir de « trouver, sur le plan technique, la meilleure adéquation possible entre les richesses conventionnelles qui proviennent de l'observateur et celles non conventionnelles qui naissent de l'objet observé » (1974 : 291).

d'argumentations persuasives, de stratégies d'énonciation et de points de vue.

La nouvelle discipline ne s'intéressait pas vraiment à la bonne formation d'un énoncé (travail qu'elle déléguait à la linguistique) ou au rapport entre l'énoncé et le fait (ce qui était malheureusement laissé dans l'ombre), mais bien plutôt aux stratégies d'énonciation en tant que façons de « faire apparaître vrai » quelque chose. Et elle ne cherchait donc pas vraiment à savoir ce qui se passe lorsque quelqu'un dit « aujourd'hui, il pleut » et qu'il pleut vraiment (ou qu'il ne pleut pas), mais de quelle façon, en en parlant, nous parvenons à conduire quelqu'un à croire qu'il pleut, et à l'impact social et culturel de cette disposition à croire.

Ainsi, devant une annonce publicitaire qui représentait un verre de bière glacé, le problème n'était pas tant d'expliquer si et pourquoi l'image était adéquate à l'objet (et nous verrons cependant que le problème n'était pas éludé) que de dire quel univers d'assomptions culturelles cette image mettait en jeu et comment elle cherchait à le réaffirmer ou le modifier[1].

Une invitation à considérer le phénomène de l'iconisme aurait dû émaner de la rencontre avec Peirce – et il est évident que le plus grand élan vers une relecture de Peirce comme sémiotique est précisément venu de l'intérieur du paradigme sémio-structuraliste[2]. Mais certainement est-ce l'aspect de la sémiose illimitée, de la multiplication des interprétations à l'intérieur de la Communauté culturelle (aspect sans doute fondamental et indispensable) qui a été privilégié dans la relecture de Peirce, plutôt que le moment plus proprement cognitif de l'impact avec l'Objet Dynamique.

Telles ont été les raisons qui alimentaient la polémique contre l'iconisme dit « naïf », qui se fondait sur une notion intuitive de ressemblance. La polémique ne visait pas tant Peirce que ceux qui avaient tranquillement confondu l'iconisme (en tant que moment perceptif) avec les hypoicônes. Si, par icône, on entendait un « signe iconique » (et donc pour Peirce une hypoicône, dont il n'a jamais nié la composante « symbolique », c'est-à-dire largement conventionnelle), dire qu'il avait les propriétés de l'objet représenté apparaissait comme une façon de mettre les signes dans un rapport direct (et naïf) avec les objets auxquels ils se référaient, en perdant de vue les médiations culturelles auxquelles ils étaient subordonnés (pour le dire en un mot,

1. Voilà qui explique pourquoi Metz (1968b : 115, n. 2) était immédiatement prêt à accepter mes critiques au sujet d'une idée d'hypoicône comme *analogon,* et à en revoir les composantes culturelles.
2. La littérature au sujet de la fécondité de cette intégration est vaste, mais j'ai plaisir à citer la contribution la plus récente : Jean Fisette 1995.

en traitant comme *Firstness* des phénomènes de *Thirdness*). Je crois (et je renvoie à **2.**8) m'être amendé de ces simplifications d'alors, mais il faut également comprendre les raisons qui ont amené à réagir de la façon dont on a réagi alors.

Le présupposé presque indiscuté selon lequel les hypoicônes renvoient à leur objet par « ressemblance originelle », sans la médiation d'un contenu, était une façon de faire pour réintroduire dans les sémiotiques visuelles ce fil direct entre signe et référent qui, avec une brutalité peut-être chirurgicale, avait été extirpé des sémiotiques du langage verbal[1].

Il ne s'agissait pas de nier le fait qu'il existe des signes motivés d'une manière ou d'une autre par quelque chose (et c'est à cela qu'aurait alors été consacrée la section entière du *Trattato* qui parle de *ratio difficilis*), mais de distinguer soigneusement entre motivation, naturalité, analogie, non-codification, codification « molle » et indicibilité. Cette tentative s'engagea dans plusieurs voies. Certaines étaient des impasses, mais d'autres conduisaient quelque part.

6.4. Voies sans issue

Comme exemple d'impasse, je mentionnerai la tentative qui a été faite d'examiner non seulement les hypoicônes mais également des systèmes sémiotiques tels que l'architecture en utilisant des catégories linguistiques, comme celles d'unité distinctive minimale, de double articulation, de paradigme et de syntagme, etc. La tentative ne pouvait conduire très loin, mais il y avait ici aussi des raisons historiques à cela. Songeons au débat avec Pasolini (1967a), lorsque celui-ci soutenait que le cinéma se base sur un « langage de la réalité », le langage inhérent à l'action humaine, et, partant, que les signes élémentaires du langage cinématographique seraient les objets reproduits à l'écran. Bien que Pasolini ait ensuite assoupli le radicalisme de ses premières affirmations dans un essai qui serait aujourd'hui à relire dans une perspective percienne (1967b), la réaction était due au fait que les sémiologues « durs » cherchaient quant à eux – et comme on le disait alors – à démythifier ou démystifier toute production d'une illusion réaliste, pour montrer en revanche tout ce qui était artifice, montage et mise en scène dans le cinéma[2]. Voilà pourquoi on en était également

---

1. Cette opération relevait bien plus de la médecine préventive que de la chirurgie, puisqu'elle a été conduite en anticipant sensiblement sur l'apparition d'une théorie de la désignation rigide.
2. Pour une modération des positions, voir Bettetini 1971 et 1975.

venu à identifier dans le film des entités « linguistiques » analysables, et je citerai mes pages (1968 : B4, I.5-I.9) sur la triple articulation dans le cinéma, des pages qui sont malheureusement encore traduites et republiées dans diverses anthologies, mais que je conseille à tous de ne pas relire, si ce n'est dans un but de documentation.

Comme exemple de voie qui conduisait certainement quelque part, mais non dans la direction prévue, je mentionnerai la tentative de réduire l'analogique au digital, c'est-à-dire de montrer que les signes hypoiconiques qui semblaient visiblement analogues à leur objet étaient en fait eux aussi décomposables en unités digitales (numériques), et donc traduisibles en (et productibles au moyen de) algorithmes. Je suis très fier d'avoir posé ce problème qui pouvait apparaître dans les années 60 comme un technicisme sans importance, mais qui est aujourd'hui de la plus grande importance, à la lumière des théories de l'image numérique. Mais, à cette époque, l'observation n'avait qu'une valeur rhétorique, parce qu'elle suggérait que l'aura de l'indicible qui entourait les hypoicônes pouvait être réduite. Du point de vue sémiotique, elle ne résolvait rien, car affirmer que l'image est traduisible numériquement sur le plan de l'expression n'élimine pas la question de savoir comment un effet de ressemblance au niveau cognitif peut être vérifié.

6.5. Ressemblance et similarité

L'autre voie s'est révélée en revanche plus productive. Comme la notion de ressemblance apparaissait vague et toujours circulaire (est iconique ce qui ressemble-à, et est ressemblant ce qui est iconique), il fallait la réduire à une grille de procédures pour produire de la similarité[1]. Et les géométries projectives, la théorie percienne des graphes et le concept élémentaire de proportion lui-même nous disaient ce qu'étaient des règles de similarité. Or, le problème de l'iconisme perceptif n'en était pas pour autant éliminé, de même que celui de savoir comment un élément de l'iconisme primaire – la « ressemblance », au

---

1. Quelqu'un proposerait aujourd'hui de définir la ressemblance comme une relation dyadique entre quelque chose et soi-même, tandis que la similarité serait toujours une relation triadique (*cf.* Goodman 1970) : A est similaire à B du point de vue C, et peut-être ce qui a été défini comme un « *multi-place predicate* » (*cf.* Medin et Goldstone 1995). Nous avons discuté en **3.7.7** de la différence entre reconnaître un individu comme le *même* individu et le reconnaître comme *pareil-à* d'autres individus de son espèce. Mais, puisque la reconnaissance des catégories de base (comme un chien ou une chaise) s'enracine dans le processus perceptif, ne devrions-nous pas parler également dans ces cas d'une ressemblance et non d'une similarité instituée ?

sens de la *Likeness* percienne, base même de la constance perceptive – peut survivre même dans la perception des hypoicônes (qui se fondent sur des critères de similarité).

May et Stjernfelt (1996 : 195), reprenant Palmer (1978), proposent l'exemple de la Figure 6.1 :

Figure 6.1

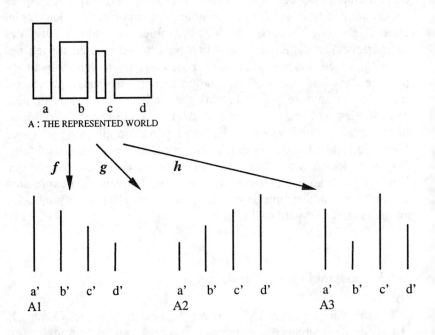

Soit un monde représenté uniquement par les objets *a-d* (il n'est pas nécessaire d'établir s'il s'agit d'un univers d'objets réels ou d'un univers de contenu habité par des entités abstraites). A1, A2 et A3 constituent ce qu'on considère comme trois représentations « iconiques » de ce monde (et il s'agirait à plein titre de trois interprétations différentes du monde pareilles à celles dont j'ai discuté en **1.8**). Chacune de ces trois représentations adopte un critère particulier pour établir la similarité : le critère *f* (appliqué en A1) considère uniquement les rapports de hauteur des quatre figures du monde, en exprimant la propriété d'être « plus haut que », c'est pourquoi *d* est représenté en *d'* par une verticale et qu'il est fait abstraction de l'évidente propriété de largeur ou d'horizontalité que *d* présente par rapport aux trois autres figures. Le critère *g* (en A2) considère également les rapports de hauteur, mais en représentant la propriété d'être « plus court que » (c'est pourquoi un rapport visible de symétrie inverse apparaît entre

A1 et A2). Le critère *h* (en A3) est plus complexe : il considère les étendues de surfaces, mais il exprime la propriété « plus large que » à travers les mécanismes de projection adoptés en A2. En d'autres termes, plus un objet est large en lui-même, plus la ligne verticale qui le représente est courte. Les trois représentations sont certainement motivées par la nature des objets (la longueur des lignes ne peut être choisie arbitrairement) et établissent donc certainement un rapport hypoiconique entre représentation et représenté. Mais, si ce rapport peut être défini comme *homomorphe,* puisqu'il conserve certaines propriétés structurelles du représenté dans la représentation, il ne peut être dit *isomorphe* puisque la représentation n'a pas la même forme que le représenté.

Voilà un bon exemple de similarité motivée et pourtant régie par des règles. Une certaine « ressemblance » entre chaque représentation et le représenté est conservée même lorsque les règles de similarité sont changées. Ce procédé correspond en outre à ce que j'ai défini dans le *Trattato* (3.4.9 ; tr. fr. 0.4) comme *ratio difficilis* (les points d'un espace virtuel du contenu se projettent sur l'expression) et à ce que la postérité hjelmslevienne (et principalement dans le milieu grei-massien) a appelé le *semi-symbolique* : là où des systèmes signifiants sont caractérisés non par la *conformité* entre le plan de l'expression et le plan du contenu (comme cela a lieu dans le dessin d'un échiquier à un moment donné de la partie, ou pour un portrait), mais par cor-rélation entre deux catégories pertinentes issues de plans différents (Greimas et Courtés 1979). En termes plus compréhensibles, et à partir de Jakobson (1970), les gestes moteurs pour le « oui » et pour le « non » ne sont pas motivés par un objet (lequel ?) auquel ils « ressembleraient », mais corrèlent néanmoins une forme motrice-spa-tiale (le hochement de tête) à un couple catégoriel (affirmation et négation) suivant un rapport non arbitraire – et même lorsque ces gestes, dans certaines cultures, nous semblent conventionnellement différents des nôtres, ils entretiennent encore un rapport de motivation avec le contenu qu'ils expriment.

Néanmoins, la compréhension de ces trois représentations se fonde sur la perception des différentes longueurs de lignes (et des différents formats de rectangles, bien sûr). Or, cette propriété d'être « plus long » ou « plus court » n'est pas établie par la règle de similarité, mais en est *le présupposé fondé sur l'iconisme naturel de la percep-tion.*

Lorsque je perçois une balle en tant que telle, je réagis à une struc-ture circulaire. Je ne saurais pas dire combien mon initiative contribue à me la faire percevoir comme sphérique. Très certainement est-ce sur la base d'un type cognitif préformé que je saurai également qu'elle devrait être en caoutchouc, résiliente, et donc capable aussi bien de rouler que de rebondir, selon la façon dont on la lance ou la pousse. Pour savoir que l'affirmation *ceci est une balle* (qui couronne le jugement perceptif) est vraie, je devrais l'attraper et la lancer (la maxime pragmatique prend ici toute sa valeur). Mais ce qui a initialement provoqué le jugement perceptif, c'est très certainement le phénomène de l'iconisme primaire sur la base duquel j'ai immédiatement saisi une ressemblance avec d'autres objets du même genre dont j'ai déjà fait l'expérience (ou dont un type cognitif m'a été transmis de façon très précise). Nos lointains ancêtres, qui voyaient la Lune sans être pourvus de types cognitifs élaborés, n'auront pas perçu immédiatement la Lune comme sphérique, mais certainement (si elle était pleine) l'auront-ils perçue comme ronde.

Cette iconicité primaire est un paramètre qui ne peut pas être défini : vouloir le définir, pour reprendre une remarque de Wittgenstein (1953 §50), ce serait comme se demander combien mesure le mètre-étalon conservé à Paris. Il est bien évidemment long d'un mètre, puisqu'il représente le paramètre sur la base duquel nous établissons toutes les longueurs dans le système métrique décimal. Naturellement, on pourrait échapper à cette auto-prédication en recourant à un autre paramètre, par exemple en le mesurant en pieds et en pouces. Mais la possibilité de passer à un autre système de mesure qualitative n'existe pas pour les icônes primaires – ou si elle existe, ce n'est plus au niveau perceptif, comme lorsque nous interprétons les couleurs selon la longueur d'ondes. Au niveau perceptif, on ne peut rien prédiquer d'une *Likeness*, si ce n'est reconnaître qu'il s'agit de cette *Likeness*-là. Sans doute pourra-t-on soutenir par la suite que nous nous sommes trompés, modifier l'impact perceptif d'une couleur en la rapprochant d'une autre, mais dans ce cas, nous n'aurions fait que choisir une *Likeness* à la place d'une autre. Cette expérience originaire de ressemblance ne peut donc être utilisée pour juger des similarités, et les règles de similarité ne peuvent être utilisées pour définir la ressemblance iconique primaire[1].

Mais il nous faut revenir à ce débat d'autrefois et aux raisons pour lesquelles on cherchait à identifier la ressemblance à la similarité. Un effet de cette identification nous est connu : celui d'avoir privilégié les techniques iconographiques en vertu desquelles (pour recourir à l'exemple classique de Gombrich 1956) le rhinocéros de Dürer présentait des écailles sous l'influence d'un type culturel, pour négliger amplement le fait que ce rhinocéros nous apparaît aujourd'hui

---

1. Le problème rappelle celui des « formes échantillons » du *Cratyle*, *cf.* Dionigi 1994 : 123 et s.

encore comme un quasi-rhinocéros et que nous le confondrions difficilement avec un crocodile.

6.6. Contours

La polémique au sujet des contours constitue un exemple
d'enthousiasme iconoclaste. Je me cite toujours moi-même parce qu'il
n'est jamais bien venu de reprocher aux autres des erreurs ou des im-
prudences que nous pourrions avoir faites nous-mêmes. Dans *La
structure absente* (tr. fr. 177-178), je soutenais que nous ne pouvons
pas dire que les hypoicônes ont les propriétés de l'objet représenté,
car si je dessine sur une feuille le contour d'un cheval, l'unique propriété que présente le cheval dessiné (la ligne noire et continue du
contour) est l'unique propriété que le vrai cheval ne possède pas.
Donc je n'aurais même pas reproduit les conditions de la perception.
Le problème des contours sera repris par Hochberg (1972), par
Kennedy (1974) et par Gombrich lors de sa critique à l'égard de son
conventionnalisme initial (1982). Si l'on avait pris l'habitude de
soutenir qu'il n'y a pas de lignes dans la nature et que les contours
sont par conséquent un artifice de l'homme, observait Gombrich, les
psychologues ont aujourd'hui tendance à nier le fait que l'on doive
apprendre à les comprendre, comme n'importe quel autre code. Les
contours sont un « substitut » perceptif et ont valeur d'« indicateurs
de discontinuité ». En effet, « les contours peuvent servir à anticiper
l'effet de parallaxe du mouvement, car les objets à notre portée se
détachent toujours de leur fond, mais maintiennent une cohérence
intrinsèque lorsque nous bougeons légèrement la tête » (1982 : 233).
Ce qui veut dire que si, en regardant un cheval qui se tient sur un fond
de paysage, je bouge la tête ou me déplace, je découvre alors d'autres
aspects du paysage que je ne voyais pas auparavant, tandis que le
cheval reste toujours le même : le contour dessiné rend donc raison de
cette « frontière » perceptive[1].
Déjà, dans le *Trattato* (3.5.2), profitant de certaines observations
qui m'avaient été faites par Kalkhofen (1972), je reprenais le thème
des contours (je parlais alors des contours d'une main). Là encore, on
refusait d'admettre que la main possédât la propriété d'avoir une ligne
noire de contour, mais on reconnaissait que, si la main était posée sur
une surface claire, le contraste lumineux entre les bords du corps qui

---

1. « Le changement soudain d'intensité de l'image révèle des lignes de contour et
donc les formes des objets de l'univers visuel » (Vaina 1983 : 11).

absorbe plus de lumière et le corps qui la reflète peut générer l'impression d'une ligne continue. J'étais alors en train de reprendre l'idée des *stimuli de substitution* qui avait déjà été abordée, comme nous le verrons, dans *La struttura assente*[1].

Avant d'en venir aux stimuli de substitution, il me semble néanmoins utile de réfléchir encore un instant sur ce que l'on entend lorsqu'on affirme que les contours existent dans la nature.

Pensons à la version « écologique » de la psychologie de Gibson selon laquelle l'objet semblerait présenter des traits privilégiés qui sont ceux qui excitent directement nos cellules nerveuses, en conséquence de quoi ce que nous saisissons de l'objet est exactement ce que l'objet nous offre préférentiellement. A ce propos, Gregory (1981 : 376) observe de façon polémique qu'affirmer que toute l'information nécessaire pour percevoir l'environnement, sans l'intervention d'un mécanisme interprétatif, nous parvient sous forme de stimuli lumineux déjà objectivement organisés signifierait revenir à la théorie de la perception antérieure aux observations d'Alhazen et Alkindi sur les rayons lumineux, c'est-à-dire à la notion de « simulacres » provenant de l'objet. Nous serions encore en train d'adhérer à une idée médiévale de l'intellect comme cette instance qui ne saisit de l'objet que ce qui compte le plus en lui, son squelette essentiel, sa quiddité. Mais si l'argument de Gregory est séduisant, il n'est pas probant pour autant. En effet, rien n'interdit (en principe) de penser que les Anciens avaient raison et que Gibson fait fort justement appel à eux.

Je crois qu'il y a une différence entre dire que les contours sont déjà offerts par le champ stimulant et dire que le champ stimulant offre l'objet de façon définitive, d'un seul bloc et prêt pour venir déterminer une perception achevée, qui se contente de reconnaître et d'accepter ce qui lui a été offert par les sens. Cette différence concerne le moment qui, pour Peirce, était celui de l'icône primaire, ou de ce qu'il appelait le percept, et du jugement perceptif achevé.

Hubel et Wiesel (1959) et Hubel (1982) nous disent que lorsque nos cellules nerveuses perçoivent un stimulus, elles répondent à une

---

1. Et pourtant, encore une fois, c'est la nécessité d'associer immédiatement l'hypoicône à un signifié, à un type cognitif, qui prévalait. C'est pour cela que je soutenais que l'on passait immédiatement de l'expérience hypoiconique à la « représentation abstraite de la main ». En d'autres termes, le problème était celui de l'Objet Dynamique (individuel) comme *terminus ad quem* (idéal) d'un processus cognitif dont on ne pouvait contrôler que l'Objet Immédiat (général). On risquait donc de ne toujours pas prendre en considération l'objet comme *terminus a quo*, c'est-à-dire le fait que nous partions toujours (nous-mêmes ou celui qui nous en a transmis le type) d'une expérience perceptive pour constituer toute représentation abstraite de la main.

orientation optimale qui est déjà présente dans 'le stimulus. En plantant des micro-électrodes de tungstène dans le cerveau d'un chat, Hubel et Wiesel ont pu observer quelles cellules réagissaient à quel stimulus. Ils ont montré à partir de là que l'animal, placé devant un écran sur lequel se déplaçait une tache, réagissait davantage lorsque se produisait un mouvement allant dans telle direction et non dans telle autre. Mais à un certain moment, tandis qu'ils glissaient une lamelle de verre dans l'ophtalmoscope, le chat réagissait par une sorte d'explosion cellulaire soudaine : cette réaction n'avait rien à voir avec les images que présentait la lamelle, mais avec le fait qu'en se glissant dans l'appareil, la lamelle avait imprimé l'ombre de son propre rebord sur la rétine du chat, et c'était exactement « ce que la cellule voulait » (Hubel 1982 : 517).

Ces données nous disent comment les *sensations* sont reçues, mais on peut douter qu'elles puissent nous apprendre comment agit la *perception*. Elles nous apprennent que les chats (qui ne peuvent avoir été corrompus par l'idéalisme iconoclaste) ne reçoivent pas un amas désordonné de sensations, mais ont tendance à focaliser certains traits du champ stimulant au détriment de certains autres. Mais cela est-il dû à la façon dont est fait l'objet ou à la façon dont est fait le chat ? Les psychologues prennent soin de tirer nombre de conclusions de ces expériences. Nous pouvons convenir sans grand risque que le chat qui voit une table réagit plus fortement à l'incidence lumineuse des bords de celle-ci qu'aux autres aspects de sa surface, et qu'il en est de même pour nous. Mais de là à dire que le même processus se prolonge (chez nous comme chez le chat), et toujours par initiative de l'objet, non seulement au niveau supérieur de la perception mais également au niveau de la catégorisation, il s'en faut de beaucoup.

Hubel soutient en fait, il est vrai, que nos cellules corticales réagissent faiblement à la lumière diffuse, si bien que lorsque je regarde un œuf sur un fond sombre, les cellules dévolues à la zone centrale de l'œuf ne sont pas stimulées, tandis que les cellules qui réagissent sont sollicitées par les bords de l'œuf. Mais il en conclut alors que « la façon dont l'information contenue dans cet ensemble de cellules est assemblée à chaque étape du parcours qui conduit à la construction de ce que nous appelons des percepts de ligne ou de courbe (si quelque chose de la sorte a lieu) reste encore un grand mystère » (Hubel 1982 : 519). Aucune conclusion concernant une théorie de la perception ne peut en effet être tirée des données de la sensation, et l'expérimentateur, très justement, ne se hasarde pas à affirmer que la connaissance est une pure adéquation qui ne connaît ni constructions ni « assemblages ».

Johnson-Laird, en se rapportant, entre autres, aux recherches de

Hubel et Wiesel, nous le rappelle en ces termes : « Ainsi que l'a observé Marr, essayer de comprendre la vision en se bornant à étudier les cellules nerveuses, c'est comme essayer de comprendre le vol des oiseaux en se contentant de n'en étudier que les plumes » (1988 : tr. fr. 78). Toutes ces recherches ne nous disent rien sur la différence entre ce qui est calculé, la façon dont notre système perceptif développe un tel calcul et la façon dont le *hardware* cérébral fonctionne dans ce processus de calcul. Indépendamment du mécanisme grâce auquel notre rétine reçoit les stimuli du milieu, le problème de savoir comment notre mécanisme mental élabore ces *imputs* renvoie à l'un de nos systèmes d'expectative. « Quelle que soit la quantité d'informations contenue dans la lumière frappant les rétines, il faut des mécanismes mentaux pour reconnaître les objets d'une scène et les propriétés de ceux-ci que la vision rend explicites à la conscience. Sans ces mécanismes, les images rétiniennes seraient tout aussi inutiles que des images produites par des caméras de télévision et, contrairement à l'idée naïve précédemment rencontrée, *elles* ne voient rien. [...] Et ces processus doivent avoir pour fondements certaines hypothèses sur le monde. » (*Ibid.* : tr. fr. 67.)

En outre, soutenir qu'il y a, dans le processus conduisant de la sensation à la perception, des *patterns* privilégiés et invariants auxquels le cerveau (humain et animal) répond de façon constante, et même assumer pleinement une théorie écologique de la perception (dans sa forme la plus brutale : regardons ce qui est là et ce sera suffisant), ne nous apprend encore rien sur les modalités hypoiconiques grâce auxquelles nous représentons artificiellement ces objets de perception.

Le nœud de l'équivoque réside, encore une fois, dans ce passage immédiat de l'iconisme primaire de la perception (c'est-à-dire de l'existence perceptive évidente de rapports de ressemblance) à une théorie établie de la similarité (c'est-à-dire de la création de l'effet de ressemblance). Celui qui n'a jamais visité une fabrique de parfums fera une curieuse expérience olfactive en y entrant. Tout le monde (au niveau de l'expérience perceptive) sait faire la différence entre l'odeur de violette et l'odeur de lavande. Mais lorsque des extraits de violette ou de lavande (qui doivent produire une sensation identique à celle que produisent ces végétaux, quand bien même elle serait un peu exagérée) sont produits industriellement, la quantité de substances mélangées est telle que le visiteur de l'usine est assailli par une rafale d'effluves et d'odeurs nauséabonds. Ce qui veut donc dire que pour produire l'impression agréable du parfum de violette et de lavande, il faut mélanger des substances chimiques fort désagréables à l'odorat. Je ne sais pas si la nature procède ainsi, mais il apparaît avec évidence

que recevoir la sensation (iconisme fondamental) d'un parfum de violette est une chose, et que produire une même impression en est une
autre. Cette seconde activité requiert la mise en œuvre de certaines
techniques permettant de produire des stimuli de substitution.

Pensons par exemple à deux figures schématiques représentant un
cylindre et un cube (en perspective)[1]. Un iconiste naïf nous dirait que
ces figures représentent un cylindre et un cube exactement tels qu'ils
sont ; un défenseur de la valeur épistémique de l'iconisme dirait (et
nous ne pouvons qu'être d'accord) que, dans des circonstances normales et à parité de l'héritage culturel, ces figures permettraient à un
sujet d'identifier un cylindre et un cube, et de les distinguer l'un de
l'autre ; les défenseurs de la « naturalité » des contours (au rang desquels j'ai décidé de m'enrôler) diraient que les lignes des deux dessins circonscrivent exactement les contours au moyen desquels l'objet
se présente à nous.

Pourtant, la représentation est « bonne » *d'un certain point de vue*,
et telle est la fonction de toute représentation en perspective, quelle
que soit la règle de projection suivie. La perspective est un phénomène où entrent en jeu et l'objet et la position de l'observateur,
laquelle position joue également un rôle dans l'observation de l'objet
tridimensionnel. Donc, l'hypoicône transcrit d'une certaine manière
ces conditions d'observation. Mais réfléchissons à présent sur le fait
que les lignes droites qui circonscrivent les contours du cylindre n'ont
pas la même fonction sémiosique que celles qui circonscrivent les
faces du cube : les lignes parallèles qui circonscrivent le contour du
cylindre sont des stimuli de substitution qui représentent la façon dont
nous voyons le cylindre se détacher sur son propre fond, d'où que
nous le regardions (le nombre de ces lignes, si nous faisions tourner le
cylindre, serait infini, et Zénon s'accorderait à dire que nous ne cesserions jamais de voir d'infinis contours du cylindre). Les lignes du
cube, en revanche, représentent non seulement les contours de l'objet
vu de *ce* point de vue, mais en même temps les arêtes du solide, qui
restent les mêmes dans un rapport de perspective différent, quel que
soit le point de vue que nous adoptons pour regarder ou représenter le
cube. Les figures schématiques du cylindre et du cube nous présentent

---

1. Je dois ces observations à Paolo Fabbri, qui faisait référence à certaines discussions avec Ruggero Pierrantoni. Fabbri suggère qu'une sémiotique de la perception
devrait récupérer le concept d' « énonciation », qui implique le point de vue du sujet.
Je trouve cette suggestion féconde en développements et il me semble que je l'ai
laissé entendre dans ces essais. Fabbri conseille de mettre le concept d'énonciation au
centre de tous les paragraphes suivants, comme celui sur les prothèses et celui sur les
miroirs et les empreintes. Je considère que la présence du sujet avec son point de vue
est centrale dans les autres parties de ce chapitre, et en particulier dans celui sur les
miroirs, même si elle n'est pas exprimée en termes d'« énonciation ».

toutes deux des stimuli de substitution. Mais les phénomènes auxquels ces stimuli se « substituent » ne sont pas les mêmes dans les
deux cas. Ils dépendent en partie de la forme de l'objet et en partie de
la façon dont nous choisissons de le regarder.

6.7. Stimuli de substitution

Il serait faux de dire que l'enthousiasme iconoclaste a conduit à
délaisser le problème de l'impression immédiate de ressemblance
éprouvée devant une image réaliste ou hyperréaliste, pour ne prendre
en considération que des contours de cheval ou de rhinocéros fan-
taisistes. Dans *La structure absente* (1968 : tr. fr. 175 et s.), j'analy-
sais une annonce publicitaire montrant un verre de bière mousseuse et
qui évoquait un sentiment de grande fraîcheur, parce que le verre était
recouvert de buée froide. Il était bien évident que l'image ne comportait ni verre, ni bière, ni buée et c'est pourquoi j'avançais que l'image
reproduisait *certaines des conditions de perception de l'objet* : à
l'endroit où, en percevant l'objet réel, j'aurais été frappé par
l'incidence des rayons lumineux sur la surface, l'image présentait des
contrastes chromatiques qui *produisaient le même effet* ou un effet
équivalent dont nous pouvions nous satisfaire.

Donc, même si je me rends compte que ce que je vois n'est pas un
verre mais l'image d'un verre (bien qu'il y ait des cas de trompe-l'œil
où je ne me rends pas compte que l'image est une image), les inférences perceptives que je mets en jeu pour percevoir quelque chose
(et certainement sur la base de types cognitifs antérieurs) sont les
mêmes que celles que je mettrais en jeu pour percevoir l'objet réel. Et
c'est en fonction de la façon plus ou moins satisfaisante dont ces stimuli de substitution se substituent aux stimuli effectifs que
j'entendrai l'image comme une bonne approximation ou un miracle de
réalisme.

Cette idée de stimuli de substitution a été soutenue à plusieurs reprises par divers psychologues. Gibson (1971, 1978), par exemple, a
parlé de « perception indirecte » ou de « perception de deuxième
main » pour désigner de tels cas. Hochberg (1972 : 58) dit à différentes reprises qu'un tableau représentant une scène est un substitut
puisqu'il agit sur l'œil de l'observateur de façon « semblable » à celle
dont agit la scène elle-même, qu'un contour est « un stimulus qui est
d'une certaine façon équivalent aux traits sur la base desquels le système visuel codifie normalement les images des objets du champ visuel » (1972 : 82), qu'une marge apparaissant dans le champ visuel

entre deux surfaces s'accompagne généralement d'une différence de luminosité et qu'un contour fournirait par conséquent un *indice de profondeur* puisqu'il nous permet de percevoir (par « vicariance ») cette même marge où la lumière est différente (1972 : 84).

Les études de Marr et Nishishara (par ex. 1978 : 6) autour de la simulation de processus perceptifs sur ordinateur nous apprennent qu'une scène et le dessin de cette scène semblent similaires car « les symboles de l'artiste correspondent d'une certaine façon aux symboles naturels dénombrés sur l'image durant le cours normal de son interprétation »[1].

Mais l'imprécision de toutes ces définitions (dans lesquelles apparaissent toujours des expressions comme « d'une certaine façon ») est évidente. Elles prennent acte de l'existence de ces stimuli de substitution et de leur bon fonctionnement bien plus qu'elles ne les expliquent. Nous avons affaire à des stimuli de substitution chaque fois que se déclenchent des récepteurs qui se déclencheraient en présence du stimulus réel, comme, par exemple, lorsque des oiseaux se mettent à répondre à des chants d'appel simulés (à des appeaux), ou lorsqu'un bruiteur de cinéma ou de radio nous procure (au moyen d'instruments de musique insolites) des sensations acoustiques identiques à celles que nous éprouverions en entendant le galop d'un cheval ou le rugissement d'une voiture de course. La mécanique de ces stimuli de substitution reste obscure, et en partie parce que ces « substituts » s'étendent, comme nous le verrons, de la très haute fidélité à la simple invitation à se comporter comme si l'on recevait un stimulus qui n'est pas présent.

Le fait qu'il y ait des stimuli de substitution – même si nous ne savons pas bien comment ils fonctionnent – est magnifiquement illustré par les pages que Diderot écrivit sur Chardin *(Salon de 1763)* : « L'artiste a placé sur une table un vase de vieille porcelaine de la Chine, deux biscottes, un bocal rempli d'olives, une corbeille de fruits, deux verres à moitié pleins de vin, une bigarade avec un pâté. Pour regarder les tableaux des autres, il semble que j'aie besoin de me faire des yeux ; pour voir ceux de Chardin, je n'ai qu'à regarder ceux que la nature m'a donnés et m'en bien servir. [...] C'est que ce vase de porcelaine est de la porcelaine ; c'est que ces olives sont réellement séparées de l'œil par l'eau dans laquelle elles nagent ; c'est qu'il n'y a

---

1. Gombrich (1982 : 333), par exemple, écrit en ce sens que « la photographie n'est pas arbitraire, car la transition graduelle de l'obscurité à la lumière que présente un objet se retrouvera de façon identique, bien que dans des dimensions réduites, sur son image photographique ». Dans le *Trattato*, j'avais cherché à éviter de jeter un œil dans la boîte noire, et j'avais traduit la notion de stimulus de substitution (en termes de typologie de la production sémiotique) par la notion de *stimuli programmés*.

qu'à prendre ces biscuits et les manger, cette bigarade l'ouvrir et la presser, ce verre de vin et le boire, ces fruits et les peler, ce pâté et y mettre un couteau. [...] Ô Chardin! Ce n'est pas du blanc, du rouge, du noir que tu broies sur ta palette : c'est la substance même des objets, c'est l'air et la lumière que tu prends à la pointe de ton pinceau et que tu attaches sur ta toile[1]... »

A première vue, l'éloge de Diderot exprime la jubilation d'un spectateur qui, à supposer qu'il puisse y avoir de la peinture absolument réaliste, se trouve devant un chef-d'œuvre du réalisme : il n'existe aucun écart entre le stimulus qui provient de l'objet réel et le stimulus qui en est le substitut. Mais Diderot n'est pas aussi naïf. Le premier effet passé, sachant fort bien que ce qu'il voit ne sont pas des fruits et des biscottes réels, il semble qu'il se rapproche du cadre, se découvrant alors presbyte : « On n'entend rien à cette magie. Ce sont des couches épaisses de couleur appliquées les unes sur les autres et dont l'effet transpire de dessous en dessus. D'autres fois, on dirait que c'est une vapeur qu'on a soufflée sur la toile ; ailleurs une écume légère qu'on y a jetée. [...] Approchez-vous, tout se brouille, s'aplatit et disparaît ; éloignez-vous, tout se crée et se reproduit. »

Tout est là. Les stimuli provoqués par de vrais objets, avec des variations négligeables du point de vue de la reconnaissance perceptive, agissent à des distances différentes. Les stimuli de substitution, en revanche, lorsqu'ils sont examinés de trop près, révèlent leur nature illusoire, leur substance de l'expression qui n'est pas celle des objets qu'ils suggèrent. Pour obtenir un effet iconique, ils requièrent une distance calculée. C'est le principe même du trompe-l'œil, épiphanie du stimulus de substitution. La magie de Chardin est due au fait que les stimuli que le peintre procure au spectateur *ne* sont *pas* ceux que lui procurerait l'objet lui-même. Diderot avoue ne pas comprendre comment le peintre réussit son coup, mais il doit admettre qu'il le réussit. A sa façon, et tandis qu'il célèbre les miracles de l'iconisme, Diderot affirme la nature *non naturelle* des hypoicônes.

Je voudrais reprendre une réflexion de Merleau-Ponty à propos d'un cube (1945 : 2, III). Le cube se tient là, en le faisant tourner dans ma main, je peux le voir sous différents angles. Les personnes qui se trouvent à côté de moi ne le voient peut-être pas : il fait donc partie de mon histoire personnelle. Plus je le regarde et plus il perd de sa matérialité, se réduit à sa seule structure visible, forme et couleur, ombre et lumière. Je m'aperçois que tous les aspects du cube ne

---

1. J. Seznec et J. Adhémar, *Diderot. Salons,* t. 1, éd. Seznec-Adhémar, Oxford, 1957, p. 222-223 ; *Le bocal d'olives* (1760) de Chardin est exposé au musée du Louvre. [N.d.t.]

peuvent pas entrer dans mon champ perceptif, la chose-en-soi ne peut être vue que de mon point de vue personnel. Ce n'est pas la chose que j'appréhende, mais mon expérience orientée de la chose, ma façon de vivre la chose (le reste, dirions-nous, est inférence, hypothèse sur la façon dont pourrait être la chose si les autres la voyaient aussi). Je perçois le cube avec mon corps, y compris le point de vue avec lequel je le regarde. Si mon corps (et mon point de vue) se déplaçaient, je percevrais autre chose. Mais, devant le stimulus de substitution (la représentation d'un cube – en déplaçant mon point de vue, je ne pourrais évidemment pas percevoir quelque chose qui se tiendrait peut-être derrière le cube), j'ai déjà accepté que quelqu'un ait *vu pour moi*.

Une bonne règle pour distinguer entre stimuli naturels et stimuli de substitution me semble donc être la suivante : est-ce que quelque chose de nouveau se présente à moi lorsque je change de point de vue ? Si la réponse est négative, le stimulus est le substitut d'un stimulus naturel. Le stimulus de substitution cherche à m'imposer la sensation que j'aurais si je me plaçais du point de vue du « substitueur ». Une maison se profile devant moi (et nous avons vu que les contours sont fondés en nature). Si je me déplace, est-ce que je vois l'arbre derrière la maison ? Si je ne le vois pas, le stimulus est un substitut. Ce n'est qu'en usurpant le point de vue de celui qui a vu avant moi que je peux définir si un stimulus est un substitut du stimulus naturel. Le stimulus de substitution m'empêche de voir (ou d'entendre) du point de vue de ma subjectivité, en tant que corporalité ; il ne m'offre qu'un seul profil des choses, et non la multiplicité des profils que la perception actuelle m'offrirait. Pour savoir si un stimulus est un stimulus de substitution, il suffit de déplacer la tête.

6.8. Reprenons la discussion

L'examen historique du débat sur l'iconisme aura sans doute suggéré certaines des raisons pour lesquelles ce débat peut aujourd'hui être repris *sine ira et studio*. L'idée d'une sémiotique devant étudier le fonctionnement des signes au sein de la vie culturelle et sociale ne requiert plus l'énergie polémique des pères apologistes : c'est une donnée acquise. Des études sémiotiques se sont développées au niveau sub-culturel (de la zoosémiotique aux problèmes de la communication cellulaire évoqués en **2.8.2**) où des concepts tels que celui d'iconisme primaire remontent en scène sans pouvoir être encore dissous dans un bouillon de stipulations culturelles. Beaucoup ont opéré une conversion graduelle du paradigme sémio-structuraliste au paradigme percien (s'accompagnant parfois d'une tentative de refondre dans un même moule les aspects les plus intéressants de ces deux paradigmes). La confiance en ce que l'interprétation pose et construit par rapport à n'importe quelle donnée a conduit (très certainement dans le domaine des textes, avec Derrida, mais également à l'égard du monde, au moins chez le dernier Rorty) à l'affirmation jubilatoire de la dérive déconstructive. Mais si l'on estimait qu'il fallait parvenir d'une manière ou d'une autre à la discipliner, il devenait alors nécessaire de se poser le problème *des limites de l'interprétation*. J'ai utilisé cette expression pour Eco 1990, à propos de l'interprétation textuelle. De ce point de vue déjà, l'essai sur la dérive et la sémiose illimitée posait le problème des limites de l'interprétation du monde ; et, concernant le monde, je l'ai fait plus décidément en **1.8-1.11**.

Ces raisons font que nous pouvons également à présent reprendre la discussion sur les hypoicônes. En procédant ainsi, je ne crois pas céder à la tentation d'avoir moi aussi ma *Kehre*. Plus modestement, je crois seulement être en train de mettre au premier plan ce que j'avais auparavant, sans le nier, laissé à l'arrière-plan, mais de façon à ce que ces « figures » restent toutes deux lisibles.

6.9. Voir et dessiner Saturne

La discussion avec Maldonado avait pour origine l'un de ses arguments en faveur de l'iconisme : l'image de la Lune que Galilée voyait dans son télescope était une icône qui, en tant que telle, était dotée d'une ressemblance originelle avec la Lune elle-même. J'objectais que l'image réfléchie sur l'oculaire du télescope, en tout cas, n'était pas une icône – du moins au sens d'un signe iconique. Le signe iconique, ou hypoicône de la Lune, n'apparaissait qu'au moment où Galilée, après avoir regardé dans son télescope, dessinait la Lune. Mais puisque, pour l'avoir observée à l'œil nu comme tout le monde, Galilée savait déjà beaucoup de choses sur la Lune, je choisissais de me reporter à une situation plus « aurorale », plus inédite : celle où Galilée regardait Saturne avec son télescope pour la première fois et, comme on peut le voir sur le *Sidereus Nuncius* par exemple, en faisait des dessins.

Quatre éléments sont alors en jeu : (i) Saturne comme chose en soi, comme Objet Dynamique (quand bien même il ne serait pas un objet, il s'agirait toujours d'un ensemble de stimuli) ; (ii) les stimuli lumineux que Galilée reçoit lorsqu'il met l'œil à l'oculaire (et laissons à l'optique le soin d'étudier ce qui se passe au niveau de l'oculaire concave et de l'objectif biconvexe lors du trajet des rayons émanant de la planète) ; (iii) le type conceptuel que Galilée re-construit de Saturne, soit l'Objet Immédiat (qui sera différent de celui qu'il avait forgé lorsqu'il apercevait à grand-peine Saturne à l'œil nu) ; (iv) le dessin (hypoicône) que Galilée fait de Saturne.

Apparemment, les quatre stades se rangent dans l'ordre suivant :

Saturne en soi → Saturne sur la lentille → Type cognitif → Dessin

C'est aussi de cette manière que je procéderais aujourd'hui si je voulais dessiner ce que je vois dans le télescope. Mais Galilée regardait pour la première fois. Et en regardant, il distinguait quelque chose qui n'avait jamais été vu. Il y a plusieurs lettres dans lesquelles Galilée fait part de l'évolution de ses découvertes et de la difficulté qu'il éprouve à s'assurer de ce qu'il voit. Par exemple, dans trois lettres (à Benedetto Castelli en 1610, à Belisario Giunti en 1610 et à Julien de Médicis en 1611) il dit avoir vu non pas *une* étoile mais *trois* étoiles, s'ordonnant le long d'une ligne droite parallèle à l'équinoxiale, et il représente ce qu'il a vu ainsi (Figure 6.2) :

Figure 6.2

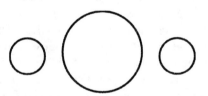

Mais, dans d'autres lettres (par exemple à Julien de Médicis en 1610 et à Marco Velseri en 1612), il reconnaît que par « une imperfection de l'instrument ou de l'œil de l'observateur », Saturne pourrait également apparaître ainsi (« en forme d'olive », Figure 6.3) :

Figure 6.3

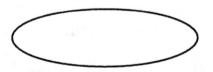

Il semble évident, puisque le fait qu'une planète soit entourée d'un anneau était certainement inattendu et contrastait avec les notions de l'époque au sujet des corps célestes, que Galilée est alors en train de chercher à comprendre ce qu'il voit, c'est-à-dire de se construire à grand-peine un type cognitif (nouveau) de Saturne.

Il regarde et regarde encore (voir par exemple la lettre adressée à Federigo Borromeo en 1616). A présent, il lui semble qu'il ne s'agit plus de deux petits corps ronds, mais de corps plus grands « et de figure non plus ronde, mais comme on voit dans la figure ci-contre, de deux demi-ellipses, et contiguës au globe du milieu de Saturne ». Galilée parvient ainsi à cette troisième représentation (Figure 6.4) :

Figure 6.4

En regardant le dessin, nous reconnaissons Saturne et ses anneaux, mais simplement parce que nous en avons déjà vu d'autres représenta-tions plus élaborées, dont ce croquis anticipe quelques traits perti-nents (un globe, une ellipse qui le contourne – et il ne tient qu'à nous de voir une perspective dans un dessin qui ne fait pas grand-chose pour nous la suggérer). Mais cette perspective, Galilée ne la voyait pas, sans quoi il n'aurait pas parlé de deux demi-ellipses mais d'un anneau elliptique[1]. Galilée ne voyait encore qu'une espèce de Mickey Mouse, un visage avec deux grands pavillons auriculaires. Il est cependant indéniable que ce troisième dessin ressemble déjà aux représentions ultérieures (y compris les photos) de Saturne au moment de son inclinaison maximale ; ce troisième dessin correspond en tout cas, sur le plan morphologique, au type cognitif qu'une personne de culture moyenne possède de Saturne. Remarquons que (du fait que le type cognitif et le contenu nucléaire, c'est-à-dire l'Objet Immédiat, coïncident) une personne sans talents graphiques particuliers à qui l'on demanderait de représenter Saturne ferait aujourd'hui un dessin relativement semblable à celui de Galilée, probablement en complé-tant la partie inférieure des deux ellipses de façon à ce que l'anneau semble passer devant la sphère.

Face à ces efforts galiléens, tout porte à croire que la construction

---

1. Il ne la voyait pas, bien qu'il vécût dans une culture qui était alors dominée par la théorie picturale de la perspective. Curieux phénomène qui semble entrer en contra-diction avec les deux positions opposées, à savoir que les rapports perspectifs nous sont donnés par l'objet et qu'ils sont comme un schéma interprétatif qui a des origines culturelles. Disons alors que, quelle que soit la façon dont les choses se passent, l'objet ne lui offrait pas d'indications suffisantes pour qu'il puisse en saisir la perspective, et la culture ne lui avait pas encore fourni de schèmes suffisants pour la voir.

du type cognitif ne précède pas le dessin ; éventuellement, elle pourrait le suivre :

Saturne en soi → Saturne sur la lentille → Dessin → Type cognitif

Ce n'est qu'en cherchant à fixer sur le papier les traits essentiels de ce qu'il reçoit (à ce stade, des grains de priméité, une séquence désordonnée de stimuli) que Galilée parvient peu à peu à « voir », à percevoir Saturne et à s'en construire un premier et hypothétique type cognitif. C'est en outre ce que je cherchais à dire dans le *Trattato* au sujet des inventions radicales[1].

Avec tout cela, nous n'avons pas encore dit ce qu'est le deuxième élément de la chaîne : Saturne sur la lentille. Du point de vue sémiotique, cela semblerait être un phénomène négligeable : le télescope constitue un canal par lequel une série de stimuli arrivent jusqu'à Galilée. Il reçoit ces stimuli comme il les aurait reçus si, à bord d'un vaisseau spatial, il s'était suffisamment approché de Saturne.

Mais c'est précisément ce « comme si » qui nous pousse à ajouter quelques réflexions (et, comme nous le verrons, jamais métaphore n'a été aussi littérale) pour mieux comprendre non pas tant la perception que le phénomène de l'hypoicône.

---

1. Le type du *Trattato* prévoyait néanmoins quatre transitions : (i) stimulus (ce que je suis à présent en train d'appeler la Lune en soi) ; (ii) transformation (le travail qui s'effectue en dessinant) ; (iii) modèle perceptif ; (iv) modèle sémantique. A la lumière de ce que nous avons déjà dit dans le présent livre, le type cognitif exercerait simultanément la fonction des deux « modèles », perceptif et sémantique. C'est-à-dire, s'il nous faut considérer un stade plus sophistiqué (mais en même temps plus pauvre du type cognitif et de ses enrichissements dus à l'interprétation encyclopédique), ce que j'appelais alors le modèle sémantique équivaudrait à une représentation très abstraite, ou visuellement très stylisée, ou purement verbale-catégorielle, du type « planète du système solaire entourée d'anneaux gazeux ». Ce point éclairci, il me semble toutefois qu'un cas similaire à celui de Galilée y était esquissé, où celui qui dessine « " dépasse " pour ainsi dire le modèle perceptif et " travaille " directement le *continuum* informe de l'expression, en donnant forme au perçu en même temps qu'il le transforme en expression » (Eco 1975, 3.6.8 ; tr. fr. II.8). Le fait que les exemples d'invention radicale présentés dans les pages suivantes étaient presque tous de caractère artistique ne devait pas laisser penser que les inventions radicales n'avaient lieu que dans le domaine de l'art, et l'exemple de Galilée me semble à présent probant. Que l'on revoie la figure 4.4 du *Trattato* (la figure 9 de *La production des signes*, p. 109), où (me semble-t-il) on cherche déjà à montrer comment l'explorateur qui a rencontré pour la première fois l'ornithorynque aurait pu procéder s'il avait eu un certain talent de dessinateur. Incapable de comprendre ce qu'il avait devant lui, et de coordonner des données qu'aucune catégorie existante, aucune notion du genre ne réussissait à contrôler, il devrait avoir commencé par projeter sur une feuille les traits qu'il identifiait à titre d'essai, de telle sorte que, une fois le dessin terminé, l'ornithorynque lui serait apparu comme un organisme pourvu, au moins morphologiquement, d'une certaine légalité. Si Léonard de Vinci avait été cet explorateur, contre toute vraisemblance chronologique, nous aurions alors pu entrevoir ce qui noue l'Esthétique comme *gnoseologia inferior* à l'Esthétique comme théorie de l'art.

6.10. Prothèses

Nous appelons généralement prothèse un appareil servant à remplacer un membre, une partie du membre ou un organe (par exemple, une prothèse dentaire). Mais au sens large, on entend par prothèse tout appareil qui étend le rayon d'action d'un organe. Si l'on demande aux gens à quel endroit ils voudraient avoir, s'ils le pouvaient, un troisième œil, les réponses que l'on reçoit sont souvent bien peu économes : certains le voudraient sur la nuque, d'autres dans le dos, sans même penser que, si nous pourrions sans doute regarder derrière nous, il y a un nombre infini d'endroits où nous pourrions désirer regarder, au-dessus de notre tête, dans nos oreilles, derrière une porte, dans un trou où seraient tombées nos clés. La bonne réponse à cette question, au sens où elle serait la plus raisonnable, serait : au bout de l'index. Il est évident que nous pourrions de cette façon étendre le rayon de notre vision au maximum, dans les limites de notre rayon d'action corporel[1]. Si nous avions un œil artificiel aussi facilement manœuvrable que notre index, nous disposerions d'une excellente prothèse *extensive,* qui serait également pourvue d'une fonction *intrusive* (au sens où cet œil artificiel n'irait pas seulement voir là où notre œil naturel peut regarder lorsque nous tournons la tête ou lorsque nous nous déplaçons, mais également là où l'œil ne peut pas pénétrer).

Les *prothèses substitutives* font donc ce que le corps faisait mais ne fait plus par accident : un membre artificiel, une canne, des lunettes, un *pacemaker,* l'ancien cornet acoustique et la moderne prothèse auditive sont des prothèses de ce genre. Les *prothèses extensives*, en revanche, prolongent l'action naturelle du corps : ce sont les mégaphones, les échasses, les verres grossissants, mais également certains objets que nous ne tenons pas habituellement pour des extensions de notre corps, comme les baguettes chinoises ou les pinces (qui prolongent l'action de nos doigts), les chaussures (qui renforcent l'action et la résistance du pied), les habits en général (qui renforcent l'action protectrice de la peau et des poils), les bols et les cuillères (qui remplacent et améliorent l'action de la main qui essaie de contenir un liquide et de le porter à la bouche).

---

1. Valentina Pisanty (dans une perplexe communication personnelle) m'a demandé ce que je verrais si je pointais mon index vers mes yeux (ceux de la tête). Il semble difficile de maintenir les deux images simultanément, peut-être faudrait-il fermer les deux yeux normaux lorsqu'on utiliserait ce troisième œil, mais je ne sais pas si cela suffirait. La conclusion la plus raisonnable serait de dire que l'innovation imposerait de redessiner notre cerveau. Peut-être est-ce en raison de cette difficulté que les greffes d'un troisième œil sur le bout de l'index n'ont jamais été tentées. Mais le problème ne relève pas de ma compétence.

On pourrait considérer le levier comme une prothèse extensive, puisque, en principe, il fait ce que fait le bras en mieux ; mais il le fait à un tel point et avec de tels résultats qu'il inaugure probablement une troisième catégorie, celle des *prothèses démultipliantes*. Ces prothèses font quelque chose que nous avons peut-être rêvé de faire avec notre corps, mais sans jamais y parvenir : le télescope, le microscope, mais également les vases et les bouteilles, les paniers et les sacs, le fuseau, et très certainement le traîneau et la roue sont des prothèses de ce genre.

Les prothèses extensives et les prothèses démultipliantes peuvent également être *intrusives*. Parmi les prothèses *extensives-intrusives*, nous citerons le périscope ou certains instruments médicaux permettant d'explorer une cavité immédiatement accessible comme l'oreille ou la gorge, parmi les prothèses *démultipliantes-intrusives* les dispositifs échographiques, les scanners et les systèmes d'imagerie par résonance magnétique en médecine nucléaire, ou certaines sondes qui explorent l'intérieur du conduit intestinal et projettent sur un écran ce qu'elles « voient »[1].

Cette tentative de classification ne me servira que pour parler de ce type spécial et originaire de prothèse qu'est le miroir.

6.11. Sur les miroirs[2]

Qu'est-ce qu'un miroir, au sens courant du terme ? C'est une sur-

---

1. Je réserverai en revanche le terme d'*outil* pour ces objets artificiels (comme le couteau, les ciseaux, les silex taillés ou le marteau) qui font non seulement ce que le corps ne pourrait jamais faire, mais produisent également quelque chose qui n'existait pas auparavant, alors que les prothèses nous aident simplement à mieux interagir avec ce qui existe déjà. Les outils broient, morcellent et taillent les formes. Les *machines* sont des *outils* améliorés. Elles exécutent un travail sans être guidées par l'organe dont elles amplifient les possibilités. Une fois mises en marche, leur fonctionnement est autonome. Mais il n'est pas exclu que les machines locomotrices, comme la bicyclette et même l'automobile, qui demandent encore une collaboration directe de la main et du pied (exerçant une force), ne soient pas en même temps des prothèses démultipliantes (au maximum) ; auquel cas ces « machines volantes » que sont les premiers avions seraient à la fois des machines, au sens d'une autonomie, et des prothèses démultipliantes, au sens de l'action du corps pour les faire « marcher », alors qu'un jumbo-jet serait une pure machine, au même titre que le métier à tisser mécanique. Mais les prothèses substitutives, extensives et démultipliantes, les outils et les machines sont des types abstraits auxquels les divers objets peuvent être rapportés en fonction de l'utilisation qu'on en fait et de leur degré de sophistication.

2. Dans les années 80, j'avais écrit un essai sur les miroirs (repris en Eco 1985). Il développait certaines observations du *Trattato,* mais s'engageait dans une profonde révision du concept d'icône et d'hypoicône. Je reprends ici les aspects fondamentaux de ce texte.

face régulière plane ou courbe, capable de réfléchir une radiation lumineuse incidente. Un miroir plan fournit une image virtuelle, droite, inversée (ou symétrique), spéculaire (de taille identique à l'objet reflété), dépourvue d'aberrations chromatiques. Un miroir convexe fournit des images virtuelles, droites, inversées et rapetissées. Un miroir concave est une surface telle que (a) lorsque l'objet se tient entre le foyer et le spectateur, il fournit des images virtuelles, droites, inversées, agrandies ; (b) lorsque l'objet change de position, de l'infini à la coïncidence avec le point focal, il fournit des images réelles, renversées, agrandies ou rapetissées selon les cas, en divers points de l'espace, qui peuvent être observées par l'œil humain et présentées sur un écran. Les miroirs paraboloïdaux, ellipsoïdaux, sphériques ou cylindriques ne sont pas d'un usage courant, on les utilise généralement comme miroirs déformants ou dans les galeries des glaces[1].

En Eco (1985), l'idée que l'image spéculaire se présente à l'envers, c'est-à-dire comme une image à « symétrie inverse », me semblait fort curieuse, voire « idéaliste », et je constatais que les études d'optique y croyaient fermement. L'opinion naïve selon laquelle le miroir place à droite ce qui est à gauche et vice versa est si profondément enracinée que quelqu'un s'est même étonné que les miroirs changent la droite avec la gauche mais non le haut avec le bas. Réfléchissons-y un instant : si, devant un miroir, j'ai l'impression que celui-ci change la droite avec la gauche, puisqu'il me semble, lorsque je regarde mon image s'y refléter, que je porte ma montre à droite, pour la même raison je devrais donc penser, en regardant un miroir au plafond, qu'il change le haut avec le bas, puisque que je vois ma tête en bas et mes pieds en haut.

Or, pas plus les miroirs horizontaux que les miroirs verticaux n'inversent ou n'intervertissent ce qu'ils reflètent. Si nous schématisons le phénomène spéculaire, nous voyons qu'aucun phénomène de type chambre obscure (Figure 6.5) n'a lieu : aucun rayon ne se croise dans la réflexion spéculaire (Fig.6.6).

---

1. Que signifie « virtuel », qui semble s'opposer à « réel » ? Maltese (1978) « épingle » l'une de mes expressions (1975 : 256) qui affirme qu'une image virtuelle n'est pas une expression matérielle (pour dire évidemment que l'image virtuelle n'est pas un dessin sur un tableau, et qu'elle disparaît lorsque celui qui s'y reflète s'éloigne) et m'accuse d'antimatérialisme idéaliste – mais patience, ceci était la rhétorique de l'époque. Je ne suis pas l'auteur de cette distinction entre images réelles et virtuelles, elle vient de l'optique, qui appelle *réelles* les ombres chinoises ou les images de cinéma, ainsi que les images des miroirs concaves, qui peuvent être visualisées sur un écran, et *virtuelles* les images spéculaires (*cf.* par ex. Gibson 1966 : 227). L'image virtuelle du miroir est ainsi nommée parce que le spectateur la perçoit comme s'il se trouvait dans le miroir, alors que le miroir n'a pas de « dedans ».

Figures 6.5 et 6.6

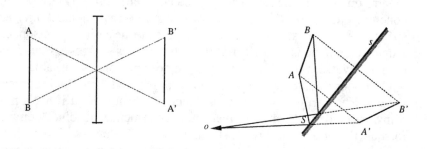

Le miroir reflète notre droite exactement là où se trouve la droite et de même pour la gauche. L'impression d'inversion est due au fait que nous nous identifions avec celui que nous voyons dans le miroir ou pensons qu'un autre individu se tient face à nous et porte sa montre au poignet droit (ou brandit son épée de la main gauche). Mais nous ne sommes pas cette personne virtuelle qui se tient dans le miroir. Il suffit de ne pas « entrer » dans le miroir pour ne pas souffrir de cette illusion. Et nous savons fort bien éviter cette illusion puisque nous réussissons tous, le matin, dans notre salle de bains, à utiliser le miroir pour nous coiffer sans nous comporter comme des handicapés moteurs. Nous savons comment utiliser le miroir et nous savons que la mèche de cheveux sur notre oreille droite est à notre droite (même si la personne du miroir, si elle existait, porterait une mèche à gauche). Sur le plan perceptif et moteur, nous interprétons correctement l'image spéculaire, c'est-à-dire pour ce qu'elle est. Sur le plan de la réflexion conceptuelle, en revanche, nous ne parvenons pas à séparer absolument le phénomène physique des illusions qu'il encourage par une sorte de divergence entre perception et jugement. Nous utilisons l'image spéculaire de façon juste, mais nous en parlons de façon erronée (alors que pour le rapport Terre-Soleil, nous en parlons de façon astronomiquement juste même si nous le percevons de façon erronée, c'est-à-dire comme si le Soleil se déplaçait vraiment).

Voilà un point qui est sans doute fort curieux : l'opinion selon laquelle les miroirs intervertissent la gauche et la droite est fort ancienne, elle a été soutenue de Lucrèce à Kant et l'est encore aujourd'hui[1]. S'il en était ainsi, nous devrions réfléchir au fait que, lorsque quelqu'un se tient derrière moi, sa droite est à ma droite et sa gauche à ma gauche, mais s'il se tourne et vient se placer face à moi, sa droite est à ma gauche et sa gauche à ma droite (et il porte sa montre du côté diamétralement opposé au mien). On devrait alors en conclure que *ce sont les personnes qui s'inversent*, non les images spéculaires, et c'est cette habitude ancestrale de voir les personnes s'inverser qui nous pousse à voir également les images spéculaires comme inversées (si nous les tenons pour des personnes véritables).

Ceci pour dire que les miroirs nous font perdre la tête. Mais si nous l'avons bien sur les épaules, nous devons en conclure qu'il n'y a pas d'inversion dans le miroir, mais une congruence absolue, comme lorsque j'applique un buvard sur une feuille. Qu'ensuite je ne réussisse pas à lire ce qui est resté imprimé sur le buvard, cela tient à mes habitudes de lecture et non à la « spécularité » (Léonard de Vinci, qui avait d'autres habitudes d'écriture et de lecture, n'aurait pas eu ce problème). Or, je pourrais lire ce qui est resté imprimé sur le buvard en utilisant un miroir, c'est-à-dire en recourant à l'image spéculaire d'une image spéculaire. La même chose se passe lorsque je me tiens devant un miroir en y présentant un livre et que je ne parviens pas à y lire le titre écrit sur la couverture. Mais si je me trouve devant deux miroirs en angle, comme on en rencontre souvent dans les salles de

---

1. Il est étonnant de voir qu'un chercheur dont l'œil est remarquablement exercé (Gregory 1986) continue à s'émerveiller devant ce phénomène (et sur le fait qu'en revanche les miroirs n'intervertissent pas le haut avec le bas). Gregory se rend bien compte qu'il doit s'agir d'un fait cognitif (nous nous imaginons, comme je le disais, *dans* le miroir) mais il ne semble pas satisfait de la réponse, en considérant que s'il en était ainsi, nous devrions avoir une habileté mentale « extraordinaire »... comme si nous n'en avions pas d'autres plus extraordinaires encore. Gregory cite Gardner (1964), qui a également fait cette observation évidente que le miroir n'inverse rien du tout. Mais cela ne le satisfait pas et il ajoute un autre motif d'étonnement : les miroirs intervertissent aussi la profondeur, c'est-à-dire que si nous nous éloignons d'eux, disons, vers le nord, l'image s'éloigne de nous vers le sud, et rapetisse (et il ne manquerait plus qu'elle se mette à courir vers nous !), bien qu'ils n'intervertissent pas le convexe et le concave. Il suffit de considérer que le miroir est une prothèse ou qu'il est pareil à un œil au bout du doigt, pour qu'il me fasse voir ce que je verrais si quelqu'un se trouvait face à moi : si quelqu'un s'éloigne, son image devient plus petite, mais s'il a un gros ventre, ce ventre reste toujours gros, son estomac ne se contracte pas soudainement sur lui-même.

bains, je peux voir se réfléchir dans l'un des deux miroirs (plus facilement dans l'un que dans l'autre, selon l'angle qu'ils forment) une troisième image où les lettres de la couverture du livre m'apparaissent de
la même manière que lorsque je regarde directement le livre (et, entre
autres, je me vois alors avec la montre au poignet gauche). Cette troisième image, quant à elle, est bien une image inversée de l'image spéculaire (qui, en elle-même, n'inversait rien).

Nous utilisons les miroirs à bon escient parce que nous avons
intériorisé des règles d'interaction catoptrique. Nous les utilisons à
bon escient lorsque nous savons que nous avons devant nous un miroir. Le fait de ne pas le savoir peut donner lieu à des malentendus ou
à des mystifications. Mais, lorsque nous le savons, nous partons toujours du principe selon lequel un miroir dit la vérité. Il ne « traduit »
ni n'interprète mais enregistre ce qu'il reçoit tel qu'il le reçoit. Et
c'est ainsi que nous nous fions aux miroirs comme nous nous fions,
dans des conditions normales, à nos organes perceptifs. Nous nous
fions aux miroirs comme nous nous fions aux lunettes et aux télescopes, car les miroirs, comme les lunettes et télescopes, sont des prothèses.

Les miroirs sont certainement des prothèses extensives-intrusives
par excellence, au sens où ils nous permettent de regarder là où l'œil
ne peut aller : ils nous permettent de regarder notre visage, par
exemple, et nos propres yeux, ou ce qui se passe derrière nous. Selon
ce principe, les miroirs peuvent donner lieu à des effets intrusifs très
sophistiqués. Songeons aux miroirs des toilettes qui nous permettent
de nous voir de profil, ou aux miroirs des salons de coiffure et à leur
mise en abyme. Certains miroirs sont également des prothèses
démultipliantes puisqu'ils reproduisent notre visage agrandi, d'autres
des prothèses déformantes. Des illusions peuvent être créées au
moyen de jeux complexes de miroirs, la galerie des glaces de *La dame
de Shanghai* d'Orson Welles en est l'exemple troublant. Avec des
séries de miroirs ingénieusement disposés en angles, notre pouvoir
d'intrusion peut être étendu (je peux construire des systèmes de
miroirs qui me permettent de voir ce qui se passe dans une pièce
voisine, même si mon œil ne regarde pas dans cette direction). Les
miroirs peuvent également être utilisés comme des canaux pour
transporter, c'est-à-dire projeter, des stimuli lumineux (songeons aux
différents systèmes possibles de signalétique)... Nous avons parlé de
tout cela en Eco 1985. Mais seuls les miroirs simples nous
intéressent ici, et j'entends en parler comme d'un phénomène pré-
sémiosique.

Il est certain que si j' « interprète » ma propre image dans le miroir
et que j'en tire des conclusions au sujet de mon vieillissement (ou de

mon immarcescible vénusté), je me place déjà à un niveau de sémiose bien plus complexe, un niveau de complexité auquel se situe déjà ledit « stade du miroir » que Lacan définissait comme le moment de la symbolisation. Or, le fait que l'enfant doive apprendre à utiliser le miroir ne veut pas dire (comme le croient certains) que le miroir n'est pas une expérience primaire. L'enfant doit tout apprendre, même à utiliser ses yeux et ses mains. Cependant, la magie des miroirs est telle que l'expérience très banale que je m'obstine à proposer est en réalité bien difficile à accepter pour un grand nombre de personnes : j'entends parler de l'image spéculaire telle qu'on l'utilise tous les jours dans sa salle de bains, lorsque, par exemple, je me regarde dans le miroir pour ajuster ma cravate. A ce niveau de la sémiose, il n'y a plus d'« assomption jubilatoire » et il n'y a pas encore d'interprétation, si ce n'est l'interprétation perceptive qui a également lieu lorsque je regarde quelqu'un face à moi.

Le miroir ordinaire est une prothèse qui ne trompe pas. Toutes les autres prothèses, en tant qu'elles interposent quelque chose entre l'organe dont elles étendent ou démultiplient les capacités et ce qu'elles « touchent », peuvent nous conduire à des erreurs perceptives : les propriétés du sol peuvent difficilement être évaluées lorsque nous marchons avec des chaussures, les habits nous informent mal sur la température extérieure, les pinces peuvent nous donner l'impression d'avoir saisi quelque chose qui nous a échappé en vérité. Avec le miroir, en revanche, nous sommes certains qu'il nous montre les choses telles qu'elles sont, quand bien même nous ne voudrions pas être tels que le miroir nous montre.

Naturellement, il faut exclure les cas de miroirs embués, les cas d'illusions qui ne sont dues qu'à nous-mêmes (lorsque, par exemple, nous croyons voir quelqu'un s'avancer vers nous en nous approchant d'un miroir), les cas d'équivoque où nous prenons un cadre vide derrière lequel se tient quelqu'un qui imite nos mouvements pour un miroir (comme dans un film des Marx Brothers). Mais, dans des circonstances normales, nous sommes assurés qu'un miroir ne nous trompe pas et nous montre les choses comme elles sont.

Nous avons cette assurance parce que nous avons appris que cette prothèse spéculaire procure à l'œil des stimuli identiques à ceux qu'il recevrait s'il se trouvait face à nous (éventuellement au bout de notre index que nous orienterions vers notre visage). En ce sens, nous sommes sûrs que le miroir nous offre un double absolu du champ stimulant. Si un signe iconique (au sens d'hypoicône) était vraiment une image possédant toutes les propriétés (au moins visuelles) de l'objet représenté, l'image spéculaire serait le signe iconique par excellence, c'est-à-dire qu'elle serait la seule icône extérieure à notre esprit dont nous avons l'expérience. Mais cette icône à l'état pur ne tient pas lieu d'autre chose que d'elle-même.

Elle n'est cependant pas une *Firstness* au sens percien, car ce que nous voyons est déjà investi par la conscience d'une relation à un fait : elle pourrait être une *Firstness* déjà liée à une *Secondness*, en tant qu'elle met le reflétant et le reflété dans un rapport nécessaire et direct. *Mais elle n'est pas encore un signe.* A condition, bien sûr, que nous acceptions le fait qu'un signe ne peut être défini comme tel qu'en respectant les critères suivants :

(i) Le signe est quelque chose qui tient lieu d'autre chose *en son absence*. L'image spéculaire, en revanche, *se tient en présence* de l'objet qu'elle reflète.

(ii) Le signe est matériellement distinct de ce dont il est le signe, sans quoi l'on pourrait dire que je suis un signe de moi-même. L'image spéculaire, en revanche, est un double absolu des stimuli que notre œil recevrait s'il se trouvait devant l'objet.

(iii) Dans le signe, le plan de l'expression se distingue par la substance et par la forme, et une forme peut être transposée d'une substance à une autre tout en restant la même. Dans le cas du miroir, en revanche, je transfère tout au plus (en l'inversant) la substance lumineuse sur la surface spéculaire qui s'oppose à moi.

(iv) Pour qu'il y ait signe, une occurrence sémiotique en rapport avec un type doit pouvoir être constituée. Dans l'image spéculaire, en revanche, le type et l'occurrence coexistent.

(v) Le signe peut être utilisé pour mentir ou pour affirmer quelque chose de faux (mais que je crois vrai). L'image spéculaire, en revanche, ne ment jamais. Le signe peut être utilisé pour mentir puisque je peux produire un signe même si l'objet n'existe pas (je peux nommer des chimères et représenter des licornes), tandis que l'image spéculaire ne se produit que face à l'objet.

L'image spéculaire n'a pas valeur indicielle. Elle n'est pas l'indice du fait que nous nous trouvons devant un miroir : nous n'en avons pas besoin pour nous en apercevoir (l'absence de l'image dans le reflétant pourrait éventuellement être un symptôme, mais seulement pour l'homme invisible ou pour les vampires) ; elle n'est pas l'indice du fait que nous avons, par exemple, une tache sur le nez : en tant que le miroir est une prothèse, nous voyons la tache comme nous la verrions si nous l'avions sur la main par exemple.

L'image spéculaire n'est pas non plus une empreinte (si ce n'est au sens où la sensation est par métaphore une « empreinte » du senti) : les empreintes ne sont des empreintes et ne nous disent quelque chose que lorsqu'elles subsistent comme traces matérielles en l'absence de ce qui les a imprimées, et elles ne deviennent un phénomène sémiosique qu'à cet instant. La trace que mes pieds laissent sur le sol est une empreinte pour mon poursuivant, mais elle ne l'est pas pour moi qui ne me soucie pas du fait que mes pieds laissent des traces au fur et à mesure que je les pose sur le sol – à moins que je ne me retourne en arrière (à supposer que je sois soûl) pour savoir, en regardant mes empreintes, si j'ai marché en ligne droite. Si j'avais des yeux sur la plante des pieds, je verrais mes empreintes au fur et à mesure que je les imprime, et je pourrais les interpréter pour en tirer des inférences relatives à la forme de mes pieds. Mais cela n'a pas lieu avec le miroir : il suffit que je présente la plante de mon pied devant la surface réfléchissante pour que je la voie telle qu'elle est, sans qu'il me soit nécessaire d'inférer quoi que ce soit.

Sonesson (1989 : 63, à partir de Maldonado 1974 : 228 et s.) a suggéré que l'image spéculaire était une *hard icon*, comme le serait le tirage d'une radiographie aux rayons X ou la trace laissée par une main sur la paroi d'une caverne préhistorique. Mais ces dernières sont précisément des empreintes (*cf. Trattato* 3.6.2 ; tr. fr. II. 2) : la substance de l'expression (pierre, sable, pellicule) n'entretient aucun rapport avec la matière dont l'objet est constitué et l'on peut parvenir, grâce à quelques traits (généralement la silhouette), à reconstituer inférentiellement un objet imprimeur possible. En outre, ces empreintes subsistent après avoir été imprimées et peuvent donc être falsifiées, ce qui n'est pas possible avec l'image spéculaire.

Enfin, l'empreinte est un signe en tant qu'elle est fondamentalement une expression qui renvoie à un contenu, et un contenu est toujours général. Lorsque Robinson découvre une empreinte sur le sable, il ne se dit pas *Vendredi est passé par là,* mais *une créature humaine est passée par là.* Un chasseur qui traque un cerf ou un poursuivant qui suit pas à pas les traces laissées sur le sol par monsieur X voient en premier lieu les empreintes d'*un* cerf et d'*une* personne (ou d'une chaussure). Ce n'est que par inférence qu'ils peuvent réussir à se convaincre qu'il s'agit de *ce* cerf ou de *cette* personne X[1].

Naturellement, on pourrait objecter que les objets sont utilisés comme des signes ostensifs (je montre un chien de garde ou un téléphone pour dire que les chiens de garde ou les téléphones sont des choses faites de telle et telle sorte, *cf. Trattato* 3.6.3 ; tr. fr. II. 3). Dans les processus d'ostension, on choisit un objet comme exemple renvoyant à tous les objets de sa catégorie, mais on utilise un objet

---

1. Même si le poursuivant avait fait une entaille sur les chaussures de monsieur X afin de le reconnaître, il n'aurait rien de plus qu'un indice *très fort* lui disant que ces chaussures sont celles de monsieur X : il ne percevrait que l'empreinte de chaussures (en général) qui présentent des entailles (en général) similaires à celles qu'il a faites sur une semelle particulière.

comme signe ostensif parce qu'il est avant tout un objet : je peux me regarder dans le miroir pour me dire que les êtres humains sont généralement comme moi, mais je pourrais au même titre regarder mon téléphone sur la table pour me dire que tous les téléphones sont généralement ainsi. Encore une fois, l'image spéculaire est une prothèse qui permet à moi ou à d'autres de voir un objet qui peut être élu au rang de signe ostensif[1].

L'image que nous voyons dans le miroir n'est donc pas plus un signe que ne l'est l'image agrandie que nous montre le télescope ou celle que nous montre le périscope[2].

C'est sans doute de la fascination que l'humanité a éprouvée, depuis Narcisse, devant les miroirs, que nous vient le rêve d'un signe qui aurait les mêmes propriétés que l'image spéculaire. L'expérience spéculaire peut expliquer l'apparition d'une notion comme celle (sémiotique) de signe iconique (comme hypoicône), mais le signe iconique ne peut expliquer l'expérience spéculaire.

---

1. Du point de vue pratique, il est assez exceptionnel que je montre à quelqu'un le reflet de ma veste dans le miroir pour lui dire que par le mot *veste* j'entends quelque chose qui est fait de telle et telle sorte. Admettons cependant que, par l'effet de miroirs opposés les uns aux autres de façon intrusive, la veste que j'indique se trouve dans l'autre pièce et que mon interlocuteur ne puisse la voir que dans le miroir : la prothèse spéculaire lui permet de percevoir un objet qui sera élu en seconde instance au rang des signes ostensifs.

2. Bacchini (1995) a écrit un essai ingénieux dans lequel il entend démontrer à partir de mes thèses que l'image spéculaire est un signe. Il devrait être clair, compte tenu de ce que j'ai répété jusqu'à présent, que différentes thèses peuvent être soutenues à condition que l'on ne refuse pas ma prémisse : je suis en train de parler de l'expérience d'une personne qui se voit dans un miroir tout en se sachant devant un miroir. Bacchini considère que cette prémisse est « idéologique » et estime qu'elle se situe à « un niveau trop bas » (il préfère des mises en scène spéculaires complexes comme celle d'Orson Welles). Mais pour moi, ce niveau bas est fondamental et si la prémisse est idéologique, elle l'est comme n'importe quelle autre prémisse. Lorsque ce niveau bas a été dépassé, comme dans les exemples avancés par Bacchini, nous avons affaire à des cas de mensonge, d'erreur, de trucage ou de théâtres catoptriques dont je m'étais déjà occupé en Eco 1985. Bacchini soutient qu'il est nécessaire de faire une *pragmatique* du miroir (j'y consens, ne serait-ce que parce que l'un des paragraphes de mon essai portait ce titre) et qu'il est nécessaire de tenir compte des différentes « modalités épistémiques ». Soit. Et je crois que ce discours est solidaire de la proposition de Fabbri, selon laquelle une théorie de l'énonciation doit également occuper une place centrale dans la sémiotique du visuel et de la perception en général. Néanmoins, je ne prends en compte qu'une seule modalité épistémique (la modalité de celui qui se tient consciemment devant un miroir) et les autres ne m'intéressent pas. Je crois qu'il est permis de faire des choix et de choisir des cas évidents pour montrer qu'ils ne le sont pas. Je passe sur le discours au sujet des empreintes, que j'ai repris dans ces pages. Bacchini dit que l'empreinte est séparée temporellement de l'objet imprimeur, mais non spatialement, car elle est « contiguë » à l'objet imprimeur, auquel elle correspond point par point. Il me semble que l'on confond ici la coprésence temporelle, la contiguïté spatiale et le rapport de congruence (un rapport purement formel, qui subsiste également dans le cas du masque mortuaire d'une personne disparue depuis longtemps).

Mais alors, si nous nous engageons sur cette voie, c'est du charme immémorial des miroirs que naît l'idée d'une connaissance comme adéquation complète (« spéculaire » justement) entre la chose et l'intellect. C'est d'elle que naît l'idée des index : elle dit « ceci » et « ici » et me vise lorsque je me regarde. C'est d'elle que naît l'idée d'un signe qui n'a pas de signifié et renvoie directement à son référent : l'image spéculaire est vraiment l'exemple d'un « nom propre absolu », sa désignation est la plus rigide des désignations rigides, elle résiste à tout contrefactuel, et, même si j'avais perdu toutes ses propriétés, je ne pourrais pas suspecter ce que je vois dans le miroir de n'être pas ce que je vois dans le miroir. Cependant il ne s'agit là que de métaphores – qui peuvent devenir sublimes lorsqu'elles sont dites par les poètes. Le caractère propre de l'image spéculaire est de n'être qu'une image spéculaire, d'être un *primum,* et il n'y a rien, dans notre univers au moins, à quoi elle puisse être assimilée[1].

6.12. Chaînes de miroirs et télévision

Imaginons à présent une distance de plusieurs kilomètres, séparant un objet ou un événement (point A) d'un observateur (point B) et le long de laquelle est installée une série ininterrompue de miroirs orientés de façon à ce que l'observateur voie en temps réel (comme on dit) ce qu'il y a ou ce qui se déroule à l'autre bout (en A) grâce à un jeu de réflexions en chaîne.

Un problème se présente néanmoins (un seul) : il nous faudrait nécessairement décider si nous voulons que l'observateur reçoive une image spéculaire ou l'image qu'il verrait s'il se trouvait au point A pour observer l'événement. Le nombre de miroirs doit être impair dans le premier cas et pair dans le second. Puisque nous présumons qu'il voudra voir ce qui est en A comme s'il en était le témoin direct, nous utilisons donc des miroirs en nombre pair. Dans ce cas, le résultat final ne sera pas celui que produit un miroir simple, mais celui que nous obtenons avec deux miroirs en angles.

Si l'observateur savait que tout ce qu'il voit lui est transmis par une chaîne de miroirs angulaires en nombre pair, il serait convaincu de voir ce qu'il se passe effectivement en A – et il aurait raison.

Supposons à présent que l'observateur sache que les signaux lumi-

---

1. « Nous ne réussirons probablement jamais à savoir quel a été l'itinéraire phylogénétique qui nous a permis de passer de la perception de l'image réfléchie au développement de technologies tournées vers la production artificielle d'images » (Maldonado 1992 : 40).

neux reflétés par le miroir peuvent être en quelque façon « dématérialisés » (ou *traduits* ou *transcrits* en impulsions d'une autre nature) puis recomposés une fois arrivés à destination. Le spectateur se comporterait alors devant l'image finale comme s'il s'agissait d'une image spéculaire – même si quelque chose se perdait au niveau de la définition de l'image dans le processus d'encodage et de décodage (il se comportera devant l'image reçue de la même façon qu'il se comporte devant un miroir un peu embué, ou lorsqu'il voit quelque chose dans une pièce plongée dans la pénombre, c'est-à-dire en combinant les stimuli avec ce qu'il sait déjà ou à une inférence).

C'est ce qui a lieu avec l'image télévisuelle. La télévision nous apparaît comme un miroir électronique qui nous montre à distance ce qui se passe en un lieu que notre œil ne pourrait pas rejoindre autrement. Comme le télescope ou le microscope, la télévision est un excellent exemple de prothèse démultipliante (et qui sait être amplement intrusive lorsqu'il le faut).

Naturellement, il faut penser ici une télévision *à l'état pur,* c'est-à-dire un équipement *en circuit fermé,* avec une caméra immobile filmant en permanence ce qui se passe en un endroit donné. Sans quoi la télévision devient, à l'instar du cinéma ou même du théâtre, quelque chose présentant une mise en scène qui a déjà eu lieu (Bettetini 1975) et sur laquelle sont déjà intervenus des éclairages artificiels, des jeux de champs et contrechamps, un montage, des « effets Koulechov », etc., ce qui nous ferait entrer dans l'univers de la signification ou de la communication.

Mais si nous considérons qu'il s'agit d'une télévision à l'état pur, nous avons alors affaire à une prothèse – quand bien même l'écran présenterait (pour autant que le miroir pouvait être « embué ») de la « neige » (comme on dit), quand bien même l'image apparaîtrait amoindrie – et non à un phénomène de signification. Des stimuli perceptifs déterminés, même affaiblis, convenablement traduits en signaux électroniques, parviennent (décodés par une machine) aux organes perceptifs du destinataire. Tout ce que le destinataire pourra faire de ces stimuli (les refuser, les interpréter, etc.) est identique à ce qu'il pourrait faire s'il voyait directement ce qui se passe.

Pour poser de façon plus décidée cette équivalence entre télévision et miroir, imaginons que la caméra en circuit fermé soit placée dans l'espace dans lequel nous vivons et que ce qu'elle filme soit transmis sur un écran également placé dans cet espace. Nous aurions des expériences de type spéculaire, au sens où nous pourrions nous voir de face ou de dos (comme lorsque nous nous trouvons entre deux miroirs parallèles), et nous verrions sur l'écran ce que nous sommes en train de faire au même instant. Quelle serait la différence ? Nous n'aurions pas l'expérience que nous permet de faire un simple miroir : nous verrions l'équivalent d'une troisième image produite par des miroirs angulaires, une image que nous aurions bien des difficultés à utiliser pour nous coiffer, nous raser ou nous maquiller. C'est la situation gênante qu'éprouve celui qui, interviewé dans un studio de télévision, se voit sur un écran situé en face de lui. Mais si l'appareil en circuit fermé me fournissait une image inversée (pour de bon cette fois-ci), je pourrais alors utiliser l'écran comme un miroir normal, comme un miroir de salle de bains.

Je laisse aux spécialistes de la vision le soin de nous dire en quoi l'image télévisée, du point de vue optique, est différente de l'image spéculaire et dans quelle mesure elle peut faire intervenir différents processus cérébraux. Ce qui m'intéresse ici, c'est le rôle pragmatique de l'image télévisuelle, la façon dont elle est reçue, la valeur de vérité qui lui est reconnue. Du point de vue de la réception consciente, il y a aussi très certainement des différences entre l'image spéculaire et l'image télévisée : les images télévisuelles (i) sont inversées, (ii) ont une définition réduite, (iii) sont généralement de dimension inférieure à celle de l'objet ou de la scène, et (iv) nous ne pouvons pas regarder du côté intérieur de l'écran comme nous le faisons avec un miroir, en déplaçant la tête, pour apercevoir ce qu'il ne montrait pas. Nous emploierons donc à leur égard le terme d'images *para-spéculaires*.

Mais supposons que la télévision soit perfectionnée au point de nous fournir une image tridimensionnelle dont la largeur puisse couvrir tout mon champ visuel, de telle sorte que l'on en vienne (comme le suggère Ransdell 1979 : 58) à remplacer l'écran par un appareil transmettant directement les stimuli à mon nerf optique : dans un pareil cas, nous nous trouverions alors dans une situation rigoureusement identique à celle dans laquelle se trouve celui qui regarde dans un télescope ou dans un miroir, et la plupart des différences entre ce que Ransdell appelle un *self-representing iconic sign* (comme dans le cas de la perception des objets ou des images spéculaires) et un *other-representing iconic sign* (comme dans le cas de la perception de photographies ou d'hypoicônes en général) tomberaient alors.

Le fait est qu'il n'y a pas de limites théoriques à la haute définition. Il est désormais possible de suivre sur un écran ce que « voit » une caméra équipant une sonde intestinale voyageant dans nos viscères (une expérience désormais accessible à tous et que nous sommes les premiers de notre espèce à pouvoir faire) : nous verrons que la sonde est la prothèse démultipliante par excellence qui nous permet de voir avec bien plus de clarté et de précision que si nous pouvions voyager à l'intérieur de notre corps ; qui plus est, au fur et à mesure que la sonde se déplace, nous voyons également sur le côté, comme lorsque nous déplaçons la tête pour regarder par-delà les bords physiques du miroir[1].

Quelle que soit la façon dont la technique de définition des images se développe, et quand bien même nous pourrions un jour avoir des expériences sexuelles ou gastronomiques virtuelles (qui impliqueraient aussi, par exemple, des sensations thermiques, tactiles, gustatives et olfactives), la définition de ces stimuli comme des stimuli reçus à travers une prothèse n'en serait pas changée. La perception virtuelle serait donc, du point de vue sémiotique, tout aussi pertinente que la perception normale de l'objet réel. Mais s'il arrivait que ces stimuli virtuels nous procurent quelque chose de *moins défini* que le stimulus réel (et il me semble que c'est justement la situation actuelle de la réalité virtuelle, à laquelle il nous faut toujours pallier par un surplus d'interprétation, aussi inconscient soit-il), nous passerions alors à la rubrique des stimuli de substitution.

De ce point de vue, la télévision est un phénomène différent du cinéma ou de la photographie, même si des images filmées ou des photographies peuvent occasionnellement passer à la télévision, mais aussi du théâtre, même si des spectacles qui ont eu lieu sur scène peuvent occasionnellement être retransmis à la télévision (en offrant des images para-spéculaires). Nous pouvons nous laisser prendre au jeu des images cinématographiques et photographiques en tant qu'elles sont les indices de ce quelque chose qui se trouvait là et qui a impressionné une pellicule ; et même si nous savons ou soupçonnons que ce sont des images issues d'une mise en scène pro-photographique ou pro-filmique, nous les considérons toujours comme des indices du fait qu'il y a eu mise en scène. Néanmoins, nous savons aussi qu'elles sont et ont toujours été passibles d'une élaboration, d'un filtrage ou d'un photomontage ; nous sommes conscients que du temps s'est écoulé entre le moment de l'impression et celui où les images nous parviennent ; nous considérons la photo et la pellicule comme des objets matériels distincts de l'objet représenté, et nous savons donc que l'objet que nous avons sous la main tient lieu de quelque chose d'autre. Et toutes ces raisons font que nous n'avons aucune difficulté à traiter les images photographiques et cinématographiques comme des signes.

---

1. Je ne peux qu'approuver Maldonado (1992 : 59 et s.) : une nouvelle typologie des constructions *(constructs)* iconiques, jusqu'à la réalité virtuelle – et donc des constructions iconiques non statiques mais dynamiques et interactives –, pose de nouveaux problèmes qui requièrent de nouveaux outils conceptuels. Mais le développement de tels outils se situe aujourd'hui à un croisement imprécis entre différentes sciences cognitives. Je crois qu'une sémiotique générale doit rendre compte du fait *que* ces phénomènes existent (et qu'ils nous interrogent) et non de *comment* ils fonctionnent du point de vue cognitif.

Mais il n'en va pas de même avec l'image télévisuelle où la matérialité de l'écran exerce une fonction de canal de façon identique à celle qu'exerce la plaque de verre qui nous sert de miroir. Dans la situation idéale de tournage en direct et en circuit fermé, l'image est un phénomène para-spéculaire qui nous montre exactement ce qui se passe au moment où cela se passe (même si ce qui se passe est une mise en scène) et se dissipe au moment où l'événement s'interrompt. Lorsque quelqu'un se soustrait à la prise du miroir, il disparaît ; lorsque quelqu'un se soustrait à l'objectif de la caméra, il disparaît.

Donc, et toujours d'un point de vue théorique, tout ce qui apparaît sur l'écran de télévision n'est signe de rien : c'est une image para-spéculaire que l'observateur appréhende avec cette même confiance que l'on accorde à l'image spéculaire.

Le concept fondamental de télévision intégré par le plus grand public est celui du tournage en direct et en circuit fermé (sans quoi le concept de télévision ne serait pas « pensable », en tant qu'il s'oppose à celui du cinéma ou du théâtre). Et ceci explique la confiance avec laquelle on s'approche de la télévision, une télévision face à laquelle la suspension de l'incrédulité ne semble pas absolument nécessaire. C'est de là que nous vient notre tendance à consommer une grande partie des programmes comme s'ils se déroulaient en direct et en circuit fermé, c'est-à-dire en sous-évaluant les stratégies interprétatives dues aux positions et aux mouvements de caméra et aux mises en scène pro-télévisuelles.

En bref, nous appréhendons l'image télévisuelle de la même façon que nous appréhendons l'image du télescope, et c'est pourquoi nous pensons que les taches que présente la Lune existent réellement. Nous nous méfions toujours des signes, et les personnes crédules s'en méfient tout autant (lorsque quelqu'un nous dit qu'il pleut, nous pensons toujours qu'il ne pleut peut-être pas), mais nous ne nous méfions pas (ou presque jamais) de nos perceptions. Nous ne nous méfions pas de la télévision car nous savons que ce ne sont pas des signes qu'elle nous fournit en premier lieu mais des stimuli perceptifs, comme le fait toute prothèse extensive et intrusive.

Faisons à présent une autre expérience. Refroidissons, « gelons » une image para-spéculaire au moyen d'un procédé quelconque (technique ou magique) : nous pouvons la refroidir complètement en l'imprimant sur du papier, ou figer une séquence d'actions sur de la pellicule de telle sorte qu'elles pourront être re-projetées, nous permettant de voir de nouveau les objets évoluer dans le temps. Nous aurons ainsi « inventé » et la photographie et le cinéma. D'un point de vue théorique, les images photographiques et cinématographiques, même si elles ont précédé historiquement les images télévisuelles, représentent donc un manque par rapport aux images télévisuelles. Pour le dire autrement, ce sont des inventions maladroites, des tentatives d'atteindre un *optimum* techniquement encore inaccessible.

Et voilà comment la réflexion sur les miroirs nous conduit à repenser le statut sémiotique de la photographie et du cinéma (et même de certaines techniques picturales hyperréalistes qui cherchent à reproduire l'effet d'une photographie). Nous sommes ainsi amenés à redéfinir les *hypoicônes*.

6.13. Repenser les peintures

Bien que « gelées » sur un matériau autonome (et sans considérer les différentes possibilités de trucage et de mise en scène), les représentations photographiques nous procurent des *substituts de stimuli perceptifs*.

Est-ce que ce sont les seuls cas où un tel procédé est mis en œuvre ? Non, bien sûr. Nous en sommes arrivés à la photo et au cinéma en les déduisant, pour ainsi dire, des miroirs. Or, un rêve spéculaire existe dans toute représentation hyperréaliste.

C'est au théâtre qu'est obtenue l'identification maximale entre les stimuli représentatifs et les stimuli réels, où les acteurs doivent être perçus comme des personnes humaines, bien qu'une convention fictionnelle ajoutée nous demande de les voir comme Hamlet ou Phèdre. L'exemple du théâtre est intéressant : pour pouvoir accepter (en suspendant notre incrédulité) que celle qui évolue sur scène est Ophélie, nous devons avant tout la percevoir comme un être humain de sexe féminin. D'où l'embarras dans lequel nous nous trouverions ou la provocation que nous ressentirions si un metteur en scène d'avant-garde décidait de faire interpréter Ophélie par un homme ou par un chimpanzé. Le théâtre est donc l'exemple limite d'un phénomène sémiosique où, avant de pouvoir comprendre la situation mise en scène et de pouvoir interpréter les gestes, les dialogues et les événements, *il est nécessaire de mettre préalablement en œuvre les mécanismes normaux de perception des objets réels*. Ce sera ensuite sur la base d'interprétations et d'expectatives que, en percevant un corps humain, nous ferons intervenir dans le processus sémiosique tout ce que nous savons concernant le corps humain et tout ce que nous attendons de lui : d'où notre enthousiasme ou notre déception (suivant nos dispositions) lorsque, à un moment donné de la fiction théâtrale, le corps humain s'élève soudainement dans les airs ou se met à bouger comme une marionnette (comme dans les exhibitions de Totò).

A un premier niveau de substitution partielle des stimuli, nous trouvons les statues des musées de cire : leurs visages sont réalisés comme s'ils étaient des masques mortuaires, la congruence est parfaite, mais les habits des personnages et les objets qui les entourent (tables, chaises, encriers) sont véritables, et les cheveux des statues sont parfois de vrais cheveux. Ce sont des hypoicônes dans lesquelles nous trouvons un mélange équilibré de stimuli substitutifs à très haute définition (mais toujours par « vicariance » et de façon indirecte) et d'objets réels qui s'offrent directement à la perception, comme au théâtre.

Le concept de stimulus de substitution (ou « vicariant ») est donc un concept fort imprécis, allant d'un minimum (où l'on obtient un effet vaguement équivalent à celui du stimulus réel) à un maximum d'identification avec le stimulus réel. Ce qui nous porte à croire qu'une sorte de principe de charité est mis en œuvre lorsque nous nous trouvons face à un stimulus de substitution. Le fait que des animaux puissent également réagir aux stimuli de substitution devrait nous faire pencher pour un principe de charité « naturel ». Je ne crois pas être en train d'introduire une nouvelle catégorie : au fond, un tel principe est également à l'œuvre dans les processus perceptifs normaux, lorsque, dans des circonstances de discernement difficile des stimuli, on penche pour l'interprétation qui semble aller le plus de soi – règle qui est violée par ceux qui voient des soucoupes volantes là où d'autres interpréteraient une tache lumineuse qui se déplace dans le ciel comme un avion en phase d'atterrissage[1].

---

1. Le fait que nous puissions avoir des réactions sexuelles (authentiques) devant des *images* de corps humains – devant des photos d'acteurs ou de « mannequins » féminins et masculins pour des revues pornographiques, par exemple – pourrait constituer un argument en faveur de la puissance des stimuli de substitution. On pourrait objecter que celui qui est tombé sous le charme de ces images se rend souvent compte, lorsqu'il rencontre la vraie personne, qu'elle est bien moins séduisante que ne le laissait croire la photo. Cette objection ne tient pas : la photo était simplement précédée d'une mise en scène (maquillage, angle de vue et jeux de lumières savants) ou était retouchée. Ce serait simplement la preuve que les hypoicônes peuvent nous induire, grâce aux stimuli substitutifs, à percevoir quelque chose qui n'existe pas par nature. Ne vaut pas non plus l'objection selon laquelle, au cours des siècles, des gens se sont excités sexuellement en regardant des images qui ne nous semblent absolument pas réalistes, comme celles de Vénus africaines ou de xylographies représentant Eve dans quelque *Biblia pauperum*. Il serait facile de dire que l'image joue un rôle secondaire dans ces processus d'excitation, le premier rôle étant tenu par l'imagination et par la force du désir. S'il en était exclusivement ainsi, on ne pourrait cependant pas expliquer pourquoi l'hypoicône a toujours été utilisée comme un stimulus érotique – ou pourquoi, lorsque le désir est très fort, l'image d'un triangle rectangle ne suffit pas. Donc, aussi basse que soit la définition des stimuli substitutifs, les hypoicônes ont procuré une excitation érotique au cours des différentes époques et dans différentes cultures. Ce qui tendrait à nous faire penser que la « vicariance » d'un stimulus ne peut être fixée à partir de critères rigoureux et dépend toujours de la culture et de la disposition des sujets.

Sans rien retirer au moment actif de la perception et de l'interprétation des hypoicônes, nous devons donc admettre qu'il y a des phénomènes sémiosiques où, même si nous savons qu'il s'agit d'un signe et avant même de le percevoir ce quelque chose comme le signe d'autre chose, il est nécessaire de percevoir comme un ensemble de stimuli qui créent l'effet d'être face à l'objet. Ou bien il est nécessaire d'accepter l'idée selon laquelle il existe également une base perceptive dans l'interprétation des hypoicônes (Sonesson 1989 : 327) ou selon laquelle l'image visuelle est avant tout quelque chose qui *s'offre à la perception* (Saint-Martin 1987b).

Si nous reprenons l'exemple de la statue de cire et reconnaissons qu'une bonne photographie représente le même cas de figure, bien que les stimuli de substitution qu'elle met en jeu soient « plus » substitutifs et vicariants, nous devons alors reconnaître que les tentatives d'analyser les signes dits iconiques en termes morphologiques et grammaticaux n'ont, pour la plupart, pas abouti : on attribuait à ces signes les articulations typiques d'autres systèmes sémiotiques, en partant du principe selon lequel une photo, par exemple, peut être décomposée selon les éléments minimaux de sa trame. Ces éléments minimaux deviennent des entités grammaticales lorsqu'ils sont intentionnellement mis en avant en tant que tels, c'est-à-dire lorsque la trame ne tend plus à disparaître pour laisser place à l'effet d'un substitut perceptif, mais est agrandie, mise en évidence, afin de pouvoir construire des symétries et des oppositions abstraites (ne serait-ce qu'en termes d'interprétation esthétique d'un *objet trouvé*).

En pareil cas, on ne différencie d'une peinture que les éléments *figuratifs* des éléments *plastiques* (Greimas 1984). Alors qu'une hypoicône renvoie (quelle que soit la façon dont elle procède et quelle que soit la forme de l'expression) à un contenu (que ce soit un élément du monde naturel ou du monde culturel, comme dans le cas de la licorne), on s'est essentiellement occupé, dans la perception des éléments plastiques, à la forme de l'expression et aux rapports qu'ils entretiennent entre eux. Un agrandissement d'une photographie qui en montre la trame serait donc une façon de sélectionner comme traits pertinents les éléments plastiques de la forme de l'expression, et presque toujours au détriment des éléments figuratifs[1]. Ainsi que nous l'avons déjà dit, tant que l'image reste encore perceptible, le fait que sa nature digitale ait été mise en évidence ne constitue pas un argument contre son iconisme. C'est comme si nous allions identifier, en

---

1. Que ces procédés puissent avoir affaire à ces processus de sélection de traits pertinents dans la substance du *continuum,* des processus sur lesquels se fondent souvent l'activité artistique (*cf. Trattato,* 3.7.3), cela n'a aucune importance du point de vue de la présente discussion.

nous rapprochant de l'écran de télévision, les lignes qu'y trace le pinceau électronique. Ce serait une expérience plastique intéressante, comparable à celle que l'on ferait si de fines bandes opaques avaient été tracées à intervalles réguliers sur un miroir : si ces bandes ne sont pas en trop grand nombre, au point de rendre impossible la reconnaissance de l'image (ou, inversement, si les lignes de l'écran de télévision ne sont pas en trop petit nombre), nous traitons la surface du miroir comme s'il était embué ou tacheté (c'est-à-dire avec une définition réduite, comme si l'eau de l'étang de Narcisse s'était légèrement troublée) et nous faisons de notre mieux pour intégrer les stimuli et percevoir une image satisfaisante.

Pourtant, l'épreuve de la trame n'est pas inutile. En effet, le travail sur les trames agrandies permet de mesurer le seuil au-delà duquel l'image n'est plus perceptible et laisse apparaître une construction purement plastique. Ce qui importe le plus (*cf.* Maldonado 1974, tableau 182), c'est le dernier stade de raréfaction au-delà duquel la figure n'est plus perçue : il représente le *minimum* de définition nécessaire pour que n'importe quel stimulus puisse fonctionner en tant que stimulus de substitution (et ne plus valoir en tant que pure sollicitation plastique). Naturellement, ce seuil varie en fonction du degré de connaissance que l'on a de l'objet représenté : si le grain de la trame est des plus grossiers, le visage de Napoléon ou de Marilyn Monroe, par exemple, sera toujours plus reconnaissable que celui d'un inconnu. Donc, plus la définition sera basse et l'objet inconnu, plus le processus inférentiel requis sera important. Mais passé ce seuil, on sort, me semble-t-il, du domaine des stimuli de substitution pour entrer dans celui des signes.

Il y a un passage d'un texte d'Ockham[1] qui m'a toujours laissé perplexe et troublé. Le philosophe y affirme d'une part que, devant la statue d'Hercule, je ne peux pas dire que la statue lui ressemble si je ne compare pas cette statue à l'original (ce qui relève du bon sens), mais il affirme également que la statue ne me permet pas de savoir comment est Hercule si je n'ai pas connu Hercule précédemment (c'est-à-dire si je n'en possède pas déjà une idée). Pourtant, les polices du monde entier nous apprennent et nous montrent qu'on peut identifier (ou essayer d'identifier) une personne recherchée à partir d'une photo de format modeste. Comment faut-il entendre cette affirmation d'Ockham ?

Une interprétation possible de cette opinion curieuse serait de dire qu'Ockham était un familier de la statuaire médiévale romane et gothique des siècles précédents, une statuaire qui représentait bien

---

1. Cité dans l'*Appendice* du présent ouvrage [N.d.t.].

plus les genres humains, à travers des schémas iconographiques très réglés, que les individus particuliers, comme cela avait eu lieu pour la statuaire romaine et comme cela aura lieu au cours des siècles suivants. Ockham aurait donc voulu nous dire que, dans des conditions de basse définition, l'hypoicône nous permet de percevoir des traits génériques mais non des traits singuliers.

Pensons à une simple photo d'identité, de celles que l'on fait à la hâte dans les photomatons. Sur la base de ce seul document, un policier éprouvera d'immenses difficultés à identifier la bonne personne dans la foule sans commettre une éclatante méprise ; il en va de même des portraits-robots, sur la base desquels un grand nombre d'entre nous pourraient être pris pour les auteurs de crimes affreux, car la plupart du temps le portrait-robot ne ressemble pas à la personne recherchée alors que beaucoup d'entre nous ressemblent au portrait-robot.

La photo d'identité de petit format est imprécise parce qu'elle est faite dans de mauvaises conditions de pose et d'éclairage. Le portrait-robot est imprécis parce qu'il représente l'interprétation que donne un dessinateur des expressions verbales à travers lesquelles un témoin cherche à reconstruire schématiquement les traits d'un individu qui, généralement, n'a été vu qu'un court instant. Dans les deux cas, les hypoicônes renvoient à des traits génériques et non à des traits individuels. Ce qui n'empêche pas que, dans un cas comme dans l'autre, tout le monde soit en mesure de reconnaître des traits génériques (c'est un homme, il a des moustaches, l'implantation de ses cheveux est basse ; ou bien, c'est une femme, qui n'a rien d'une enfant, blonde, les lèvres pulpeuses). Tout le reste est inférence pour passer du générique à l'individuel. Mais ce peu de générique que nous saisissons dépend du fait que le bien piètre portrait nous ait fourni de bien piètres stimuli perceptifs de substitution, sans quoi la photo de mon permis de conduire ne pourrait être distinguée de celle d'un pingouin.

6.14. Reconnaissances

Imaginons qu'une mère de famille ait sur son bureau un assortiment de fiches cartonnées de différentes couleurs. Elle les utilise pour y noter des choses de différentes natures : les fiches rouges sont utilisées pour les commissions, les bleues pour les voyages et les vacances, les vertes pour les vêtements, les jaunes pour les dépenses médicales, les blanches pour ses rendez-vous de travail, les orange pour noter les passages qui retiennent le plus son attention lorsqu'elle lit un livre, etc. Elle accumule peu à peu ces fiches dans le tiroir de son bureau, les classant par couleur de façon à ce qu'elle sache à chaque instant où elle peut trouver telle ou telle information. Pour elle, ces rectangles sont des signes : non pas au sens où ce sont des supports pour les signes graphiques qu'elle y a tracés, mais au sens où, même lorsqu'ils sont posés sur le bureau, en fonction de leur couleur, ils renvoient déjà au sujet auquel ils sont réservés ; ce sont les expressions d'un système sémiotique élémentaire dans lequel chaque couleur est associée à un contenu.

Mais son enfant cherche toujours à s'emparer des fiches pour jouer avec, disons, pour construire des châteaux de cartes ; naturellement, il distingue très bien la forme et les différentes couleurs des fiches, mais pour lui elles ne sont l'expression de rien ; ce ne sont que des objets.

Nous dirons que le type cognitif qui permet à la mère d'identifier les fiches est plus riche que celui de l'enfant ; la mère pourrait même se faire inquiète au moment où elle met la main sur une fiche jaune, que celle-ci soit vierge ou déjà remplie, puisque cela voudrait dire qu'il faut s'occuper de problèmes de santé ; l'enfant pourrait être indifférent à la couleur pour s'intéresser en revanche à la consistance des fiches (ou bien préfère-t-il les châteaux de cartes rouges). Mais si la mère dit à l'enfant d'aller lui prendre une fiche rouge posée sur le bureau, et que l'acte de référence est couronné de succès, cela veut dire que le processus perceptif de base en vertu duquel les fiches sont reconnues est le même pour la mère et le fils. Il y a donc un niveau de sémiose perceptive stable pour tous les acteurs de cette petite scène domestique et qui précède les niveaux de sémiose supérieurs où les fiches, pour la mère au moins, deviennent des expressions.

Considérons à présent les modes de reconnaissance relatifs aux traits pertinents non visuels, tels que les phénomènes sonores. Le phénomène de reconnaissance se tient également à la base d'une activité sémiosique fondamentale, comme le langage verbal par exemple[1].

Ainsi que le suggère Gibson (1966 : 92-93), les phonèmes sont des « stimuli potentiels à l'instar des sons naturels », mais caractérisés par le fait qu'ils doivent également, en plus d'être de purs stimuli, être interprétés par celui qui les écoute comme des réponses (au sens où ils ont été produits intentionnellement par quelqu'un pour faire reconnaître tel phonème déterminé). Pour le dire à la façon de Peirce, pour reconnaître un son de la langue en tant que tel, il faut déjà être entré dans la *Thirdness*. Lorsque j'entends un bruit dans la rue, je peux dé-

---

1. Sonesson (1989) dit des choses assez proches de ce qui suit dans ce paragraphe. Je voudrais néanmoins préciser que je m'étais occupé de ce problème à l'occasion de la convention annuelle de l'Associazione Italiana di Studi Semiotici à Vicenza 1987 (Eco 1987).

cider de ne pas l'interpréter, de le considérer comme un bruit de fond. Et je peux en faire autant des phonèmes, lorsque, par exemple, j'entends distraitement quelqu'un qui parle près de moi mais que je ne m'occupe pas de ce qu'il dit : j'appréhende le tout comme un bourdonnement ou comme un bruit de fond. Mais, si quelqu'un me parle, je dois décider du fait qu'il me parle et de ce qu'il dit.

Or, reconnaître un phonème veut certainement dire l'identifier comme occurrence d'un type. Cette reconnaissance pourrait être fondée sur un phénomène de sémiose primaire, le phénomène de la « perception catégorielle » (*cf.* Petitot 1983, 1985a, 1985b). Mais ce qui nous intéresse avant tout ici, c'est que pour appréhender un phonème comme tel, en dehors d'une expérience de laboratoire, pour le percevoir comme tel dans le chaos des sons environnants, je dois prendre la décision interprétative selon laquelle il s'agit d'un phonème, et non d'une interjection, d'un gémissement ou d'un son émis accidentellement. Il s'agit de partir d'une *substance* sonore et de la percevoir comme *forme* de l'expression. Le phénomène peut être rapide, inconscient, mais cela n'empêche pas qu'il soit de nature interprétative.

En outre, nous pouvons situer une phonation ou une séquence de phonations dans la catégorie des phonèmes avant même d'avoir établi à quel système phonologique ils appartiennent. Pensons à une situation précise : nous participons à un congrès international ; la personne à côté de laquelle nous sommes assis se met à parler ; elle émet un ou plusieurs sons introductifs et nous devons décider quelle est la langue dans laquelle elle est en train de s'exprimer. Si elle prononce « ma », il peut s'agir d'une conjonction adversative en italien ou d'un adjectif possessif en français. Evidemment, les gens, lorsqu'ils parlent, émettent généralement plusieurs sons d'affilée et, avant même d'avoir pris une décision interprétative sur le premier phonème qui a été prononcé, nous nous trouvons déjà dans le contexte de la chaîne parlée : bien sûr l'accent du locuteur, le sens que nous attribuons à titre d'essai aux phonations, nous orientent aussitôt. Mais ce qui doit être souligné, c'est le fait qu'il s'agit précisément d'une interprétation et que c'est à travers cette interprétation que l'on décide aussi bien de l'identité matérielle du stimulus que de son identité *fonctionnelle*[1].

---

1. *Cf.* Simone 1995. Sur la reconnaissance des phonèmes *cf.* également Innis (1994, 5) qui reprend et développe les idées de Bühler (« Phonetik und Phonologie », 1931) : identifier un son comme forme *(Kanggestalt)* et reconnaître un objet *(Dinggestalt)* seraient un même type d'apprentissage. En reprenant la typologie des types d'abduction (Eco 1983 et Bonfantini, 1983, 1987), je pourrais dire que la reconnaissance phonématique représente une abduction du premier type, où la règle est déjà connue, et il s'agit précisément de reconnaître l'occurrence – le résultat – comme un cas de cette règle. Mais le fait que l'abduction soit quasiment automatique n'exclut pas que ce soit une abduction, une hypothèse.

Il y a donc un processus perceptif aussi bien dans la reconnaissance de l'image d'un chien que dans la reconnaissance du *mot* chien gribouillé sur une feuille.

Cependant, me semble-t-il, on ne peut dire que percevoir la photo d'un chien en tant qu'hypoicône d'un chien, et percevoir par conséquent le chien comme une occurrence d'un type perceptif, soit la même chose que de percevoir un graffiti sur un mur comme une occurrence du mot *chien*. Dans le cas d'un *trompe-l'œil,* je pourrais même croire que je vois directement un chien réel sans m'apercevoir qu'il s'agit en fait d'une hypoicône ; dans le cas d'un mot écrit, je ne peux le percevoir comme tel qu'après avoir décidé qu'il s'agit d'un signe[1].

6.15. Modalités Alpha et Bêta : un point de catastrophe ?

Des processus sémiosiques de base ont donc lieu dans la perception. Nous percevons parce que nous nous construisons des types cognitifs. Ces types sont certainement investis par la culture et les conventions, bien qu'ils dépendent en grande partie de déterminations provenant du champ stimulant. Pour reconnaître un signe comme tel, nous devons d'abord activer des processus perceptifs, c'est-à-dire percevoir des substances comme formes de l'expression.

Or, il existe des signes dont le plan de l'expression, pour être reconnu comme tel, doit être perçu (même à partir de stimuli de substitution) *par la sémiose de base ;* de telle sorte que nous percevrions ce plan de l'expression comme tel même si nous ne décidions pas que nous avons affaire à l'expression d'une fonction sémiotique. Je parlerai dans ce cas de modalité Alpha[2].

Il y a en revanche des cas où, pour percevoir une substance comme forme, nous devons d'abord présumer qu'il s'agit de l'expression

---

1. Les cryptographes affirment que tout message en chiffre peut être déchiffré pour peu que l'on sache qu'il s'agit d'un message.

2. « Ce que cette sorte de signes iconiques a en commun [...] c'est que leur utilisation *comme* signes iconiques présuppose qu'ils ont été immédiatement perçus en eux-mêmes comme des objets des sens, à plein droit, avant qu'ils ne soient utilisés comme des signes représentatifs de quelque chose d'autre » (Ransdell 1979 : 58). Après presque quarante ans de discussions, il faut donner raison à Barthes (1964a), qui parlait de message sans code à propos de la photographie (et non de la peinture). Ce dont il parlait n'est pas autre chose que ce que j'appelle à présent la modalité Alpha. Pour dire cela, Barthes disait que l'image dénote simplement. Le passage à la modalité Bêta avait lieu, selon lui, au moment de la connotation, lorsque l'image en vient à être vue comme texte et à être interprétée (une interprétation qui va au-delà de la seule interprétation perceptive).

d'une fonction sémiotique, produite intentionnellement en vue de communiquer. Je parlerai dans ce cas de modalité Bêta.

C'est en vertu de la modalité Alpha que l'on perçoit un tableau (une photo, ou une image de film – songeons à la réaction des premiers spectateurs des frères Lumière assistant à la projection de l'arrivée d'un train en gare) comme s'il s'agissait de la « scène » elle-même. Et une seconde réflexion sera nécessaire pour établir que nous nous trouvons devant une fonction sémiotique. C'est en vertu de la modalité Bêta que nous pouvons reconnaître le mot *voiture* comme tel sans le confondre avec *voilure* : dans ce cas, prévaudra l'hypothèse selon laquelle nous sommes en présence d'une expression linguistique qui, en outre, devrait se trouver dans un contexte sensé. C'est la raison pour laquelle, en devant décider si le locuteur a dit « ma voiture est au garage depuis une semaine » ou « ma voilure est au garage depuis une semaine », on penche (dans des conditions normales) pour la première interprétation.

Nous définissons comme modalité Alpha la modalité selon laquelle, avant même de décider que l'on a affaire à l'expression d'une fonction sémiotique, on perçoit au moyen de stimuli de substitution cet objet ou cette scène qui sera ensuite élu au plan de l'expression d'une fonction sémiotique.

Nous définissons comme modalité Bêta la modalité selon laquelle, pour percevoir le plan de l'expression de fonctions sémiotiques, il faut d'abord supposer qu'il s'agit d'expressions, et l'hypothèse qu'elles soient telles en oriente la perception.

La distinction Alpha/Bêta ne correspond pas à celle qui existe entre signes motivés et signes conventionnels. Le cadran d'une montre est une expression motivée par le mouvement planétaire, ou par ce que nous en savons (nous sommes alors devant un cas de *ratio difficilis*) et cependant il faut avoir perçu ce cadran comme un signe (modalité Bêta) pour pouvoir le lire comme un signe motivé (c'est pourquoi à la position x de l'aiguille correspond de façon motivée la position y du soleil dans le ciel, ou vice versa). La modalité Alpha ne me permettrait de percevoir qu'une forme circulaire sur laquelle se déplacent deux tiges et c'est également ainsi que le verrait l'homme primitif qui ne sait pas à quoi sert une montre.

Il est bien évident que, quelles que soient les circonstances, il nous faut d'abord percevoir la substance de l'expression. Mais dans la modalité Alpha, la substance est perçue comme forme avant même que cette forme ne soit reconnue comme forme d'une expression. On ne reconnaît qu'une « figure du monde », comme dirait Greimas. Dans la modalité Bêta en revanche, il est nécessaire d'interpréter la forme comme forme d'une expression pour pouvoir l'identifier.

Existe-t-il une frontière précise entre ces deux modalités ? Oui, dans certains cas exemplaires où l'on peut fixer un point de catastrophe au niveau duquel on passe d'une modalité à l'autre. Considérons l'exemple d'un rébus italien classique – et « énigmystiquement » très beau (Figure 6.7).

Figure 6.7

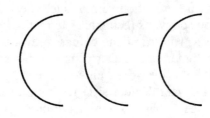

(Phrase : 2, 2, 6, 3, 2, 4)

Puisqu'il s'agit d'un rébus, où les expressions alphabétiques comptent beaucoup, celui qui cherche à le résoudre commence à supposer, en vertu de la modalité Bêta, que les trois signes graphiques que présente la figure sont des lettres C. Mais il ne trouve alors aucune piste qui pourrait le conduire à la solution. La ruse consiste à passer en modalité Alpha et à interpréter ces signes comme des figures géométriques, et en l'espèce comme des *semi-cercles*. Après quoi il faut repasser en modalité Bêta : ces figures géométriques sont probablement un message métalinguistique qui concerne précisément le passage de la modalité Alpha à la modalité Bêta (même si l'auteur du rébus ne pensait pas en ces termes). Ce sont des semi-cercles *(semicerchi)*, tels qu'on les perçoit en modalité Alpha, et non des lettres C, tels qu'on les percevait en modalité Bêta : *Semicerchi, non C, sono* (ce sont des semi-cercles, non des C). Et en effet la solution est : *se mi cerchi non ci sono* (si tu me cherches, je n'y suis pas).

Mais la frontière entre ces deux modalités peut également être fort imprécise. C'est ce que nous montrent les deux dessins de la Figure 6.8 (Gentner et Markman 1995).

Figure 6.8

Le premier impact est perceptif. Devant le stimulus de substitution m'offrant deux objets fondamentalement parallélépipédiques surplombant chacun des objets circulaires de petite taille, je perçois « véhicule terrestre » en général. Bien sûr, même au cours de cette phase, il me sera difficile d'identifier un véhicule en tant que tel si je n'en ai jamais eu l'expérience. Moctezuma, qui ne connaissait pas les véhicules à roues, aurait peut-être « vu » quelque chose d'autre dans ces dessins, deux yeux sous un casque de forme étrange, par exemple. Mais il aurait encore interprété les stimuli de substitution à la lumière d'un type cognitif lui appartenant.

Lorsque je passe de la perception d'un « véhicule » à l'interprétation des différents véhicules mis en scène en tant qu'« automobile », « bateau à moteur » et « camionnette de dépannage », de nombreuses connaissances encyclopédiques interviennent déjà. Je suis déjà entré dans la *Thirdness*. Une fois que j'ai perçu « véhicule », je dois passer de la reconnaissance du percept (qui s'est faite grâce à des stimuli de substitutions) à l'interprétation d'une scène. Je reconnais alors l'image comme une représentation hypoiconique d'une scène réelle, et je commence à l'utiliser comme une expression me renvoyant à un contenu. A ce stade, je peux alors élaborer des macropropositions verbalisant les deux scènes : je relèverai entre elles une symétrie inverse (dans le premier dessin l'auto est traînée par la camionnette, dans le second c'est l'auto qui traîne le bateau à moteur). Si je suis pourvu du scénario « Week-end malchanceux », je peux également remettre la séquence en ordre en plaçant le second dessin en première position.

Mais ce qui nous intéresse ici, c'est que ce n'est qu'après avoir interprété les deux scènes en tant qu'hypoicônes que je peux percevoir le cercle qui apparaît dans les deux images comme un soleil (sans quoi ce cercle pourrait représenter n'importe quel autre objet circulaire, tel qu'un ballon, un disque ou un trou, ou bien n'être qu'une simple forme géométrique), et je ne peux percevoir les deux petits gribouillis en haut et à droite de la seconde image comme des oiseaux qu'à ce moment-là (hors contexte, j'aurais pu les percevoir comme des collines ou comme le chiffre 33 écrit avec maladresse, par un enfant peut-être). Cet exemple me semble illustrer fort bien les oscillations qui interviennent continuellement entre la modalité Alpha et la modalité Bêta lorsque nous devons interpréter des hypoicônes. Le soleil et les oiseaux n'étaient pas perceptibles comme l'étaient les véhicules. Il m'a fallu décider d'abord qu'il s'agissait de *deux signes qui tenaient lieu de quelque chose,* et je n'ai cherché à les percevoir comme s'ils étaient des stimuli de substitution (très peu définis) qu'ensuite. En un certain sens, pour interpréter ces signes comme des signes de stimuli de substitutions, j'ai dû faire appel au principe de charité.

6.16. De la ressemblance perceptive aux similarités conceptuelles

Il me semble clair que parler de modalité Alpha et Bêta ne signifie pas revenir à la théorie des « échelles d'iconicité ». Celles-ci parlaient de degrés d'abstraction, alors que nous parlons ici d'un *point de catastrophe.* Les échelles d'iconicité classiques peuvent tout au plus établir la différence entre la photographie d'une automobile et le dessin schématique de l'automobile, et distinguent différents niveaux de définition des stimuli de substitution. Mais les réponses possibles concernant les deux dessins examinés ci-dessus vont au-delà des échelles d'iconicité et mettent en jeu des rapports catégoriels. Or, le fait est que nous parlons également de similarité ou d'analogie à l'égard de ces derniers, en disant, par exemple, que le bateau à moteur est similaire à l'automobile, du point de vue de la fonction véhiculaire. Le territoire sur lequel nous avançons à présent semble être entièrement propositionnel et catégoriel. C'est celui de ladite similarité métaphorique, en vertu de laquelle on dit du chameau qu'il est le « vaisseau du désert » (par-delà toute similarité morphologique possible et sur la base d'une pure analogie fonctionnelle).

Examinons une série d'assertions (qui me sont inspirées de Cacciari 1995) :

(i) Mais il me semble que c'est Stéphane...
(ii) Ces fleurs semblent vraies
(iii) Il me semble qu'on sonne à la porte
(iv) Ce portrait me ressemble
(v) Il ressemble à son père
(vi) Le lapin de Wittgenstein ressemble à un canard (ou vice versa)
(vii) Ce nuage ressemble à un chameau
(viii) On dirait du Mozart (*ou* cette musique ressemble à du Mozart)
(ix) Lorsqu'il sourit, on dirait un chat (*ou* en souriant, il ressemble à un chat)
(x) Il m'a l'air malade (*ou* il me semble malade)
(xi) Il m'a l'air énervé... (*ou* il me semble énervé)
(xii) Un chameau est comme un taxi
(xiii) Les conférences sont comme les somnifères
(xiv) Les somnifères sont comme les conférences

Les assertions (i)-(iv) se fondent certainement sur l'iconisme primaire. Nous avons précédemment parlé de la reconnaissance des visages et certains soutiennent avec conviction qu'il s'agit d'une capacité innée, que l'on retrouve également chez les animaux. Les fleurs artificielles et les statues de cire sont des exemples de stimuli de substitution à très haute définition. Quant à l'impression d'entendre la sonnette de la porte d'entrée, elle est comparable à celle de percevoir un certain phonème. Lorsque l'on a affaire à des stimuli imprécis, on reconduit l'occurrence à un type ; mais nous aurions pu décider qu'il s'agissait de la sonnerie du téléphone ou – comme cela arrive souvent – de la sonnette de la porte d'entrée (stimuli de substitution à très haute définition) *dans* le film télévisé que nous sommes en train de regarder. Enfin, nous avons déjà parlé de l'impression de ressemblance générée par ces hypoicônes que sont les photographies et les peintures hyperréalistes (iv).

Un énoncé tel que (v) à affaire à l'iconisme primaire (et à la reconnaissance de visages), mais à un niveau plus abstrait : ici, nous ne sommes pas en train de reconnaître un visage, nous sommes en train de sélectionner certains traits communs à deux visages, en laissant le reste dans l'ombre. Nous savons très bien qu'une personne, *d'un certain point de vue*, peut aussi bien ressembler à son père qu'à sa mère, et cette impression de ressemblance est parfois complètement subjective et optative (le dernier espoir des maris trompés).

Les énoncés (vi) et (vii) ont affaire aux phénomènes d'ambiguïté perceptive des hypoicônes. Plus le dessin devient abstrait et plus nous pénétrons dans la zone des *droodles* (comme dans la Figure 6.9), où l'amarrage iconique est minimal, et tout le reste un système d'attentes sur lequel vient opérer une suggestion propositionnelle (une clé d'interprétation).

Les énoncés (viii) et (ix) posent de sérieux problèmes. Une musique peut ressembler à (du) Mozart en raison de son timbre, de sa mélodie, de ses harmonies, de son rythme... Il semble bien difficile de dire sur quelles bases (ou de quel point de vue) le jugement de similarité est prononcé. Par prudence, je considérerais le jugement de ressemblance avec (du) Mozart comme un jugement identique à celui qui nous fait dire qu'un fils ressemble à son père (v). Dans *La peau* de Malaparte, il y a une très belle page qui raconte la façon dont certains officiers anglais écoutent le *Concert de Varsovie* de Addinsel et soutiennent qu'on dirait (du) Chopin, tandis que l'auteur montre sa perplexité face à un tel jugement esthétique. Je dirais que Malaparte se comporte alors comme un mari trompé mais au courant, et refuse qu'on lui trouve des ressemblances avec son supposé fils (il refuse de reconnaître qu'Addinsel est un fils de Chopin). Pour des raisons encore mystérieuses, je situerais l'énoncé (ix) sur le chat dans la même catégorie. Les raisons pour lesquelles le sourire de quelqu'un me rappelle celui d'un chat pourraient être les mêmes *(coeteris paribus)* que celles pour lesquelles Addinsel peut ressembler à (du) Chopin : elles dépendent en grande partie de l'idée que je me fais de Chopin ou du chat.

Dire que quelqu'un semble malade (x) n'a probablement qu'une valeur rhétorique. Les termes « sembler », « avoir l'air de » (ou des expressions comme « on dirait que ») sont souvent employés de façon métaphorique pour exprimer une inférence symptomatique. Mais un clinicien avisé pourrait affirmer qu'il peut immédiatement reconnaître, à partir de certains traits physionomiques, que la personne est affectée par telle ou telle maladie. Dans ce cas, dire que quelqu'un nous semble malade (ou qu'il a l'air malade), ce serait comme dire qu'il nous semble énervé (ou qu'il a l'air énervé). Ce jugement serait l'expression de notre capacité (et je ne cherche pas à dire si cette capacité est innée ou si elle s'appuie sur des compétences culturelles) à reconnaître des affections à partir de l'expression du visage. La littérature est très vaste en la matière et il me semble que cette question est encore controversée. Au cours de la polémique des années 60, les iconoclastes avaient certainement le beau rôle en reconnaissant le fait évident qu'un Asiatique exprime ses sentiments de façon différente qu'un Européen, mais on ne peut pas ne pas admettre qu'un sourire (quel que soit le sentiment qu'il exprime, de l'embarras comme de la joie) est perçu sur la base de traits physionomiques iconiquement universels.

Il serait bien difficile d'affirmer que (xii)-(xiv) se fondent sur la similarité morphologique. Ces énoncés se situent à un niveau purement catégoriel. La similarité est établie à partir de certaines propriétés que nous attribuons propositionnellement aux objets en jeu. Il me semble donc, contrairement à l'opinion courante (*cf.* Kubovy 1995 et Tversky 1977), que l'on peut dire avec autant d'efficacité que « les conférences sont comme les somnifères » et que « les somnifères sont comme les conférences ». Il est vrai que dans le premier cas, le trait saillant du prédicat (les somnifères induisent au sommeil) est un trait périphérique du sujet – alors qu'il semblerait qu'aucun trait saillant du prédicat ne soit un trait périphérique du sujet dans le second cas – mais, pour avoir fréquenté les conventions et les congrès durant des années, le caractère soporifique des conférences m'apparaît comme un trait saillant et s'il m'arrivait de dire à un confrère que les somnifères sont comme les conférences, ma métaphore serait largement comprise. Ce qui nous confirme le fait que la similarité, lorsqu'elle se situe à ces niveaux conceptuels, relève simplement d'une convention culturelle.

Qu'est-ce qui sépare ces niveaux de ladite « similarité » ? Il me semble que l'on peut tracer une ligne de démarcation entre les cas (i)-(xi) et les cas (xii)-(xiv). Dans les onze premiers cas, le jugement de ressemblance est prononcé sur des bases perceptives. Dans les trois autres cas, nous mettons en œuvre des niveaux d'interprétation successifs, des connaissances plus larges, et l'analogie peut alors être instituée sur des bases purement propositionnelles : je pourrais dire qu'un chameau est comme un taxi ou comme un vaisseau du désert même si je n'avais jamais vu de chameau et n'en avais qu'une connaissance purement culturelle (si le chameau m'avait été décrit comme un animal dont on se sert comme moyen de transport dans le désert, par exemple). Je pourrais dire que l'uranium est comme la dynamite même si je n'avais jamais vu d'échantillon d'uranium, en sachant seulement qu'il s'agit de ce dont on se sert pour faire exploser les bombes atomiques.

Mais une ombre d'iconisme primaire subsiste encore à ces niveaux propositionnels, aussi imperceptible soit-elle (au sens où je serais également enclin à dire que des éléments culturels interviennent aux niveaux où la présence de l'iconisme primaire est manifeste). Ce qui reviendrait à dire que la ligne de démarcation entre les modalités Alpha et Bêta se déplace en fonction de critères qui ne peuvent être établis *a priori* et dépendent de la situation dans laquelle les sujets se trouvent.

Dans l'expression *le chien mord le chat*, la modalité Bêta nous permet de reconnaître que les mots *chien* et *chat* sont des mots français, mais c'est en vertu de la modalité Alpha que nous reconnaissons ce qui a été appelé un phénomène d'iconisme syntaxique : la forme syntagmatique « A + verbe + B » nous dit – en vertu de la perception de vectorialité – que c'est A qui accomplit l'action et B qui la subit.

Un exemple intéressant de similarité se situant à la limite du catégoriel nous est proposé par Hofstadter (1979 : 168-170) au sujet de deux mélodies différentes qu'il appelle BACH et CAGE, profitant du fait que les notes de musique peuvent également être désignées par des lettres alphabétiques. Les deux mélodies sont différentes, mais du point de vue des rapports entre intervalles ont un « squelette » identique. La première commence par descendre d'un demi-ton par rapport à la note initiale, puis remonte de trois demi-tons et redescend enfin d'un demi-ton (– 1, +3, – 1). La seconde descend de trois demi-tons, puis monte de dix et redescend de trois (– 3, +10, – 3). On peut donc obtenir CAGE par homothétie, en multipliant chaque note de BACH par $3^{1}/_{3}$ et en l'arrondissant au plus petit nombre.

J'ai essayé de jouer ces deux mélodies et il ne me semble pas qu'une oreille normale puisse y percevoir de ressemblance. Hofstadter a sans aucun doute constitué un critère de similarité au niveau conceptuel. Néanmoins, même si nous nous trouvions à mille lieues de quelque chose qui pourrait être « perçu », l'iconisme de la perception est implicite dans le fait que la similarité ne peut être établie qu'en présupposant une perception des intervalles, ou du moins une perception des notes (et à cet égard au moins, Peirce dirait que nous nous trouvons devant une pure icône) [1].

Hofstadter (1979 : 723) avance également une série d'objets étranges et hétérogènes qui nous semblent cependant tous similaires d'un certain point de vue, c'est-à-dire qui présentent un « squelette conceptuel » commun : un dérailleur à une seule vitesse, un concerto

---

1. Passé ce seuil, on entre dans la similarité conceptuelle. On peut établir un rapport de similarité perceptive entre un homme et une femme, mais la similarité entre mari et épouse, ou entre beaux-parents, est purement conceptuelle.

pour piano pour deux mains gauches, une fugue à une seule voix, un applaudissement à une seule main, la revanche entre une seule équipe... Tous ces cas présenteraient « un élément pluriel rendu singulier puis pluralisé de nouveau, mais de façon incorrecte ». Ce qui pourrait se dire : « Nous avons un contexte qui exige deux actants, nous isolons l'un d'entre eux, puis nous le replaçons dans le contexte originaire pour qu'il exerce à lui tout seul les fonctions des deux actants. » Je crois que l'on peut dire qu'aucun élément d'iconisme perceptif ne subsiste ici, puisque la règle peut être exprimée en termes purement propositionnels. L'air de famille que l'on saisit entre ces objets étranges est issu de réflexions et d'interprétations, il n'est pas donné immédiatement. Appliquons la règle à une situation quelconque et nous trouverons aussitôt un exemple que Hofstadter n'a pas pris, mais qu'il pourrait avoir pris : trouvons une activité entre deux actants, par exemple le claquement de deux doigts, isolons l'un des actants, le pouce, replaçons-le dans le contexte originaire pour qu'il exerce la fonction des deux actants à lui tout seul, et nous obtenons le claquement fait par un pouce.

Bien sûr, on pourra toujours dire que toutes ces « scènes » peuvent être visualisées mentalement (et quand bien même nous éprouverions en nous les imaginant cette impression que l'on éprouve face aux figures « impossibles »). Mais il me semble qu'il s'agit d'un effet interprétatif contingent et non nécessaire. Je ne crois pas que quelqu'un puisse visualiser un bicyphale et un pentacalide (car ce sont deux objets que je viens d'inventer), mais je crois qu'un bicyphale monocyphale et un pentacalide à deux calides laissent apparaître un squelette conceptuel identique.

6.17. Le Mexicain à bicyclette

Le long de l'échelle qui me conduit graduellement d'un maximum de modalité Alpha à un maximum de modalité Bêta, nous passons d'un maximum de stimuli substitutifs à très haute définition (la statue de cire) à un maximum d'abstraction où les stimuli (même s'ils sont encore visuels) ont totalement perdu leur effet pictural et ne présentent plus qu'une valeur plastique. Observons la Figure 6.9, qui reproduit une « blague » visuelle bien connue et appelée *droodle*.

Figure 6.9

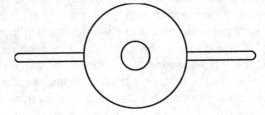

Comme certains le savent, la solution est « un Mexicain à bicyclette vu de haut ». Une fois que nous avons la « clé » du *droodle*, il nous suffira d'un peu de bonne volonté pour reconnaître le sombrero et les deux roues de la bicyclette. Mais avec la même bonne volonté, nous pourrions également y voir un guerrier grec abrité derrière son bouclier et tenant une lance en position de combat, ou un bateau à aubes du Mississippi, ou même Cyrano et Pinocchio dos à dos sous un parapluie. Voilà pourquoi, lors de la polémique sur l'iconisme, on assumait le principe (fort juste et indispensable) selon lequel tout peut ressembler à tout d'un certain point de vue et dans un certain contexte, jusqu'à l'autrement célèbre tableau noir intitulé « chat noir pendant une nuit sans lumière ». Dans le cas du *droodle,* ce que m'offre la perception est insuffisant pour me permettre de prendre une décision interprétative. Je perçois sans doute deux cercles concentriques et deux demi-ellipses fortement aplaties. Admettons également que nous soyons instinctivement conduits à identifier les deux morceaux longitudinaux se situant de part et d'autre du grand cercle comme les parties visibles d'une seule ellipse fortement aplatie, la partie centrale étant cachée par les deux cercles – toute une tradition psychologique est là pour nous le confirmer, et même si nous ne nous en rendons pas compte par nous-mêmes, c'est toujours une bonne preuve de l'inférentialité de la perception. Mais pour décider que ces formes représentent un objet donné et une scène, je dois posséder ou deviner la « clé » du *droodle* (qui est malencontreusement verbale dans le cas présent). Et je peux alors adapter ce que je perçois à ce que je sais.

Au cours des années 60 et 70, la polémique s'attachait à une utilisation désinvolte de la notion de « ressemblance » (ce qui en dispensait beaucoup d'établir des règles de « similarité »). Le débat se portait bien plus sur les signes iconiques qui avaient des caractéristiques « symboliques » (au sens de la *Thirdness*) comme le *droodle* du Mexicain, que sur les photographies ou les représentations hyperréalistes. Ceci explique également pourquoi la discussion portant sur l'iconisme décelait les points faibles de l'adversaire dans le domaine de l'iconographie et de la diagrammatique en général.

On insistait alors sur la modalité Bêta (et l'on a fort bien fait), mais on laissait dans l'ombre la modalité Alpha. Dans l'enthousiasme de la polémique, qui n'a jamais complètement disparu, on a négligé, et peut-être néglige-t-on encore aujourd'hui, d'identifier dans chaque cas (selon les individus, les cultures, les circonstances et les contextes) le seuil séparant les deux modalités et d'en reconnaître la nature *fuzzy*[1].

6.18. L'enfer familial

Pour terminer, voyons le rébus de la Figure 6.10.

Figure 6.10

REBUS (2, 7, 7, 4, 1, 10)

(J. Gayrard d'après L. Marinelli)

Le rébus est un sujet intéressant car les modalités Alpha et Bêta viennent interagir pêle-mêle dans son processus de résolution. Un rébus est une hypoicône qui représente une scène visuelle où certains sujets, certaines choses ou certaines personnes devraient (par stimuli de substitutions) être reconnus en fonction de ce qu'ils montrent

---

1. Peirce dit à un moment : « Les icônes se substituent si complètement à leurs objets qu'ils s'en distinguent à peine. [...] Ainsi, en contemplant un tableau, il y a un moment où nous perdons conscience qu'il n'est pas la chose, la distinction entre le réel et la copie disparaît, et c'est sur le moment un pur rêve – non une existence particulière et pourtant non générale. A ce moment nous contemplons une icône » (CP 3.362 ; ES 144-145). Voulons-nous concéder à notre grand et vénéré maître d'avoir employé à un certain moment une simple métaphore ?

d'eux et des actions qu'ils réalisent. Certains de ces sujets (que nous nommerons *iconologèmes*) sont marqués par une *étiquette* alphabétique, de telle sorte qu'une phrase dérive de la chaîne « définition verbale des iconologèmes + son ou nom alphabétique des étiquettes (un L peut signifier *l* ou *elle*) », et que les lettres alphabétiques composant cette phrase, réunies de manière différente, puissent générer une nouvelle phrase faite de mots dont le nombre de lettres correspond aux indications numériques entre parenthèses se trouvant au-dessus de l'image[1].

Dans le rébus examiné, ce que le destinataire perçoit dans un premier temps (par stimuli de substitution, et donc par modalité Alpha), c'est une scène : un homme est en train de passer une veste, deux femmes sont en train de faire du tricot, deux autres personnes de sexe masculin sont au lit, l'une est éveillée et l'autre endormie. Grâce à la modalité Alpha, on peut même reconnaître que la grosse femme est irritée, sans doute parce que l'homme qui met sa veste s'apprête à sortir, mais il semble plus probable que ce soit en raison de la femme maigre, qui fait un tricot dont les proportions sont justes (et qui semble satisfaite), alors que le sien est rachitique.

Les lettres alphabétiques, en revanche, sont reconnues grâce à la modalité Bêta. Et c'est grâce à la modalité Bêta que je dois assumer les divers éléments de la scène comme des messages que l'auteur m'envoie. En d'autres termes, l'auteur veut qu'après avoir perçu la

---

1. La règle n'est pas si simple, car il y a une latitude importante aussi bien dans l'acte d'interpréter verbalement les images que dans celui de les associer aux étiquettes. Il y a d'abord une première règle *sémio-syntaxique* en vertu de laquelle, pour composer un syntagme à partir du sujet visuel S et de l'étiquette E, chacun des deux peut être nommé *de dicto* ou *de re*. Ce qui revient à dire que la lettre alphabétique G peut être insérée dans la phrase en tant que *gramme* (la lettre G) ou en tant que son (« GÉ »). Mais ce qui importe le plus dans la sémantique du rébus, c'est que les images peuvent être nommées *de dicto* ou *de re*, au sens où l'objet doit être reconnu et défini ou nommé verbalement, ou alors il entre en jeu seulement comme quelque chose qui porte son étiquette comme un nom propre. La première règle *syntaxique* est que la séquence doit être lue linéairement et de gauche à droite. La deuxième (ou règle de bonne formation des syntagmes minimaux) est que l'étiquette peut suivre ou précéder la définition du sujet. La troisième est que, lorsque le sujet est interprété en termes d'action, on peut adopter indifféremment six structures syntaxiques différentes (soit S = Sujet, V = Verbe, O = Complément d'Objet) : SVO, SOV, VSO, VOS, OVS, OSV. Quant aux règles *sémantiques* pour nommer les Sujets leurs propriétés doivent être rendues pertinentes. Le fait que les Sujets soient des hommes et des femmes peut compter ou ne pas avoir d'importance. De la même manière, on peut identifier des pertinences *individuelles* (ce personnage peut être reconnu comme Hercule ou Napoléon), des pertinences *iconographiques* (telle personne est un roi ou une dame), et des pertinences *diégétiques* (cette personne-là est en train de tuer quelqu'un, ou est en train de célébrer ses noces). Puisque les différents Sujets, par nécessité ou par initiative ingénieuse du dessinateur, sont mis en scène de façon quelque peu surréaliste, ceux qui ne sont pas étiquetés doivent parfois être rendus pertinents.

scène, je la considère comme une hypoicône, comme une représentation de sujets, d'objets et d'actions dont je dois sélectionner les traits pertinents pour en tirer une définition ou une description verbale.

En cherchant à résoudre le rébus et en commençant par décoder « *DE vêt RITE* » dans la partie gauche, nous aurons certainement à l'esprit « de vérité » comme une hypothèse propositionnellement possible, ce que viennent nous confirmer les indications numériques. Le prochain mot devrait donc comporter sept lettres et les deux suivants quatre lettres. « L fait OS » ne voudrait rien dire et ne nous aiderait pas. Comment en sortir ? La solution est fort ingénieuse : il ne faut pas penser à l'action individuelle mais à l'action type, c'est-à-dire au fait de faire quelque chose mieux que quelqu'un d'autre. C'est pourquoi : « Faire OS L sait. » Mais qu'elle sache faire OS, cela doit être conjecturé à partir du fait que la grosse femme, qui ne porte pourtant pas d'étiquette, manifeste de la jalousie ; et je ne peux arriver à cette conclusion que si je ne perçois plus la scène comme une simple scène, mais comme un *texte* hypoiconique au moyen duquel l'auteur du rébus me suggère des possibilités interprétatives. Une fois que je possède la séquence « *de vérités féroces elle sait...* », je peux enfin, parmi les possibilités de lecture qui me sont offertes par la scène de droite, y associer « *MER veille* ». Et en effet la solution, que je peux ajuster grâce aux indications numériques se trouvant au-dessus de l'image, est : *De vérités féroces elle s'émerveille.*

Mais revenons un instant à cette scène (perçue par modalité Alpha). Une fois que je l'ai reconnue en tant qu'hypoicône (et elle le serait même s'il s'agissait d'une scène de théâtre ou de cinéma), je peux continuer à conjecturer en modalité Bêta ce que le dessinateur aurait pu vouloir me dire, la solution trouvée pouvant alors participer à l'orientation de mon interprétation (mais je suis alors en train de *surinterpréter* le rébus, en engageant une dérive herméneutique ludique).

DE passe une veste. Ce geste en lui-même n'a pas grand intérêt, mais nous pouvons supposer qu'il passe une veste parce qu'il s'apprête à sortir, pour échapper à la situation insupportable dans laquelle se trouve cette famille où la grosse femme, qui pourrait être son épouse et la sœur de la femme maigre, vit dans une tension permanente (observez ses jambes disposées de travers), jalouse et envieuse de sa sœur, si maigrelette, parfaitement myope, les jambes paisiblement croisées, satisfaite (un sourire à peine esquissé nous le révèle) et peut-être même perverse. Mais il est également possible que la satisfaction de L (la femme maigre) ait une autre cause : la féroce vérité dont elle s'émerveille serait que DE s'apprête à aller retrouver

Kant et l'ornithorynque

sa maîtresse, et toute la famille le sait, mais elle seule s'en réjouit. Et peut-être même est-elle la femme de DE. Et l'on comprend alors pourquoi MER ne parvient pas à dormir. Peut-être MER est-il le fils de la grosse femme (que personne ne prend au sérieux) et souffre de la présence destructive de la femme maigre qui, avec ses tricots parfaits (et inutiles) et son plaisir pervers à se satisfaire d'une situation saugrenue, détruit l'harmonie de la famille. Et DE, veule et sournois, qui se réjouit d'échapper à cet enfer familial, oubliant que son geste rend à chaque fois la situation plus insupportable encore. Et l'innocent qui dort et ne se rend compte de rien ? Mais il est également possible que DE aille tout simplement à son travail de nuit (la présence d'une lampe à pétrole posée sur la table, la fenêtre noire et le fait que deux personnes soient au lit, nous le laisserait penser) et qu'il doive s'y rendre à une heure aussi tardive pour rendre précisément la situation économique de la famille plus confortable. Si l'air joyeux de DE peut nous faire pencher pour un rendez-vous amoureux, la satisfaction de L, en revanche, si elle est sa femme et compte tenu de la situation économique de la famille (deux de ses membres au moins sont contraints de dormir dans le salon), nous ferait pencher pour la seconde solution.

En faisant toutes ces inférences narratives, nous sommes passés de ce que les stimuli de substitution me suggéraient (modalité Alpha) à l'interprétation de tout ce que le texte pourrait vouloir dire, quand bien même nos interprétations dépasseraient les intentions de l'auteur du rébus, et ceci parce que nous assumons alors le texte comme fait communicationnel (modalité Bêta). Mais sommes-nous certains de pouvoir fixer avec précision le point où l'on passe d'une modalité à l'autre ?

Le fait que les rébus, ultime frontière du surréalisme, semblent toujours nous présenter des situations surprenantes, hautement oniriques, est dû, me semble-t-il, à cette incertitude. Car, après avoir perçu des *choses* au moyen de stimuli de substitution, en les assemblant, nous cherchons à en tirer une cohérence narrative, nous sortons de la naturalité de la perception pour entrer dans la sophistication de l'intertextualité et nous convoquons alors non pas d'autres *choses* mais d'autres *histoires* pour nourrir notre interprétation. Si bien que les seuls à ne pas être éveillés, c'est nous-mêmes qui rêvons les yeux ouverts. Dans ce vagabondage onirique, nous ne savons jamais où se trouve le point de catastrophe qui nous fait passer de la modalité Alpha à la modalité Bêta, et notre oscillation hallucinée de l'une à l'autre nous laisse comprendre à quel point il peut être difficile de définir le phénomène de l'hypoiconisme.

Sur la dénotation [1]

Les sémiologues, les linguistes et les philosophes du langage rencontrent fréquemment le terme *dénotation*. La dénotation (avec sa contrepartie, la connotation) est tour à tour considérée comme une propriété ou une fonction (i) de termes particuliers, (ii) de propositions déclaratives, (iii) de phrases nominales et de descriptions définies. Dans chacun de ces cas, on doit décider si la dénotation a affaire au signifié, au référent ou à la référence. Par dénotation, comprend-on ce qui est *signifié* par le terme ou la *chose nommée* et, dans le cas des propositions, *ce qui est le cas*?

Lorsque la dénotation est replacée dans une perspective extensionnelle, la connotation devient l'équivalent de l'intension, c'est-à-dire du signifié en tant qu'il s'oppose à la référence. Si, en revanche, la dénotation s'inscrit dans une perspective intensionnelle, la connotation devient alors une sorte de signifié rajouté, qui vient après coup et dépend du premier signifié.

Ces discordances entre les différents paradigmes linguistiques ou philosophiques sont telles que Geach (1962 : 65) a suggéré que le terme *dénotation* soit « retiré du nombre des monnaies philosophiques en circulation » puisqu'il ne génère qu'« une triste histoire pleine de confusion ».

Dans la linguistique structurale, la dénotation a affaire au signifié. C'est ce qui se passe chez Hjelmslev (1943), où la différence entre une sémiotique dénotative et une sémiotique connotative tient en ce

1. Ce texte, qui a été partiellement réadapté aux besoins de ce livre, est une traduction de « Denotation », publié dans Eco et Marmo 1989 : 43-80. Je remercie Maria Teresa Beonio-Brocchieri Fumagalli, Andrea Tabarroni, Roberto Lambertini et Costantino Marmo d'avoir discuté avec moi au sujet de cet article et de m'avoir fait de précieuses suggestions.

que la première est une sémiotique dont le plan de l'expression n'est pas une sémiotique, tandis que la seconde est une sémiotique dont le plan de l'expression est une sémiotique. Mais la relation dénotative concerne la corrélation entre la forme de l'expression et la forme du contenu, et une expression ne peut pas dénoter une substance du contenu. Barthes (1964) élabore également sa position à partir des suggestions de Hjelmslev et développe une approche *intensionnelle* du problème de la dénotation, dans laquelle une relation dénotative s'instaure toujours entre un signifiant et un signifié du premier degré (ou de degré zéro).

Dans le domaine de l'analyse componentielle (ou sémique), le terme *dénotation* a été utilisé pour indiquer la relation de sens exprimée par un terme lexical – comme dans le cas du terme *oncle,* qui exprime la relation « frère du père ou de la mère » (voir par exemple Leech 1974 : 238).

Les choses changent dans le cadre de la philosophie analytique où, une fois assumée la distinction frégéenne entre *Sinn* et *Bedeutung,* la dénotation passe du sens à la référence. Il est vrai que le terme *Bedeutung* a peut-être été utilisé par Frege d'une façon malheureuse, puisqu'il tient généralement lieu de « signifié » dans le lexique philosophique allemand, tandis que le *Bezeichnung* est généralement utilisé pour parler de « référence », de « dénotation » ou de « désignation ». On le voit chez Husserl (1970), par exemple, lorsqu'il écrit qu'un signe signifie *(bedeutet)* un signifié et désigne *(bezeichnet)* une chose. Mais même celui qui essaie de remédier aux ambiguïtés produites par un terme comme *Bedeutung* le traduit par « référent » ou par « dénotation » (Dummett 1973 : 5).

Russell (1905), dans son « On denoting », distingue entre *denotation* et *meaning.* Cette direction sera suivie par toute la tradition philosophique anglo-saxonne (voir par exemple Ogden et Richards 1923). Morris (1946) soutient que lorsque, dans l'expérience de Pavlov, un chien réagit à une sonnette, la nourriture constitue le *denotatum* de la sonnette, tandis que la condition d'être audible constitue le *significatum* de la sonnette.

Si l'on suit cette acception, une expression *dénote* les individus ou la classe d'individus dont elle est le nom et *connote* les propriétés selon lesquelles ces individus sont reconnus en tant que membres de la classe en question. C'est en ce sens que Carnap (1955) remplacera le couple dénotation/connotation par le couple extension/intension.

Lyons (1977, I, 7) a proposé d'utiliser *dénotation* de façon neutre, entre extension et intension. Ainsi, le *chien* dénote la classe des chiens (ou peut-être un membre typique ou un exemplaire de la classe), tandis que *canin* dénote la propriété dont la reconnaissance permet d'appliquer l'expression correctement. Toutefois, sa proposition n'est qu'un palliatif puisqu'elle n'élimine pas la polysémie du terme.

Mais la situation est bien plus compliquée. Même lorsqu'il est possible d'identifier la dénotation avec l'extension, une expression peut dénoter (i) une classe d'individus, (ii) un individu effectivement existant, (iii) chaque membre d'une classe d'individus, (iv) la valeur de vérité contenue dans une proposition assertive (de telle sorte que, dans chacun de ces domaines, le *denotatum* d'une proposition constitue *ce qui est le cas* ou le fait que *p* soit le cas).

A ma connaissance, le terme dénotation a été utilisé pour la première fois avec un sens extensionnel explicite par John Stuart Mill (1843, I, 2, 5) : « Le mot *blanc* dénote toutes les choses blanches, telles que la neige, le papier, l'écume de la mer, etc., et implique, ou, pour utiliser le langage des scolastiques, connote, l'attribut de la blancheur. »

Peirce fut probablement le premier à se rendre compte que quelque chose n'allait pas dans cette solution. Il ne fait aucun doute que le terme *dénotation* a toujours été utilisé par Peirce dans un sens extensionnel. Par exemple, il parle de la « référence directe d'un symbole à son objet ou dénotation » (CP 1.559) ; de la réplique d'un Sinsigne Indexical Rhématique en tant qu'influencé « par le chameau réel qu'elle dénote » (2.261) ; d'un signe qui doit dénoter une entité individuelle et signifier un caractère (2.293) ; d'un terme général qui « dénote toute chose qui possède le caractère qui signifie » (2.434) ; de la fonction dénotative ou indicative de toute assertion (5.429) ; de signes qui sont désignatifs, dénotatifs ou indicatifs lorsque, comme les pronoms démonstratifs, ou comme un doigt pointé, ils « dirigent brutalement les globes oculaires de l'esprit de l'interprète vers l'objet en question » (8.350). Mais Peirce considérait qu'il n'était pas approprié d'opposer la connotation à la dénotation.

En ce qui concerne la connotation, selon Peirce (et avec raison), Mill ne suivait pas l'usage traditionnel de la scolastique, comme il prétendait le faire. Les scolastiques (au moins jusqu'au XIVe siècle) n'utilisaient pas *connotation* en opposition à *dénotation*, mais plutôt comme une forme additionnelle de signification. « L'opinion des meilleurs spécialistes de logique des XIVe, XVe et XVIe siècles a été sans aucun doute de considérer que la connotation était exclusivement utilisée, à ces époques, par référence à un second signifié, c'est-à-dire (presque) par référence d'un terme relatif (comme *père, plus brillant*, etc.) au corrélat de l'objet qui dénote en premier lieu... Monsieur Mill s'est pourtant cru autorisé à le nier sur la base de sa seule autorité, sans citer le moindre passage d'un quelconque auteur de l'époque » (CP 2.393).

En CP 2.431, et plus loin, Peirce fait remarquer que l'opposition la plus fréquente au Moyen Age était celle entre *signifier* et *nommer*. Il constate alors que Mill emploie le verbe *connoter* à la place du verbe *signifier* et utilise par conséquent *dénoter* à la place de désigner, nom= mer ou faire référence. En outre, Peirce rappelle le mot de Jean de Salisbury (*Metalogicus* II, 20), selon lequel *nominantur singularia sed universalia significantur*, tout en concluant que la signification précise du verbe *signifier*, à l'époque de Jean de Salisbury, ne fut malheureusement jamais vraiment observée, ni avant ni après lui, et qu'elle glissa peu à peu vers celle de *dénoter* (CP 2.434).

Dans cette discussion, Peirce comprend lucidement que le verbe *signifier* migre partiellement, à un moment donné, d'un paradigme intensionnel à un paradigme extensionnel, mais il ne parvient pas à reconnaître que ce terme, dans les siècles suivants, conserve le plus souvent un sens intensionnel. Par ailleurs, il accepte la dénotation comme une catégorie extensionnelle (et il prend en compte l'œuvre de Mill uniquement par rapport à la question de la connotation), sans reconnaître explicitement que ce *dénoter*, s'il est utilisé au départ comme un verbe se trouvant à mi-chemin entre l'extension et l'inten-sion, devient finalement (avec Mill) une catégorie extensionnelle.

Aristote

Jusqu'à Platon, mais certainement de façon plus explicite à partir d'Aristote, il était évident qu'en prononçant un mot (ou en produisant d'autres types de signes), on comprend ou l'on signifie une pensée ou une passion de l'âme, et l'on nomme ou l'on se réfère à une chose. De même, en énonçant une proposition, on peut exprimer ou signifier une pensée complexe ou affirmer qu'un état de choses extralinguistique *est le cas*.

Dans un célèbre passage du *De interpretatione* (16a et s.), Aristote trace un triangle sémiotique d'une façon implicite mais évidente : les paroles sont liées d'un côté aux concepts (ou aux passions de l'âme) et de l'autre aux choses. Aristote dit que les paroles sont des « symboles » des passions. Par symbole, il comprend un artifice conventionnel et arbitraire. Il est cependant vrai, comme nous le ver-rons plus avant, qu'Aristote affirme également que les paroles peu-vent être considérées comme des symptômes *(sēmeia)* des passions, mais il le dit au sens où chaque émission verbale peut être avant tout le symptôme du fait que l'émetteur a quelque chose à l'esprit. Les passions de l'âme sont en revanche des apparences ou des icônes des choses. Or, selon la théorie aristotélicienne, on connaît les choses à travers les passions de l'âme et sans qu'il y ait de connexion directe entre les symboles et les choses. Pour indiquer cette relation symbolique, Aristote n'emploie pas le verbe *sēmanein* (qui pourrait presque se traduire par *signifier*), bien qu'il l'utilise en d'autres circonstances pour indiquer la relation entre les paroles et les concepts.

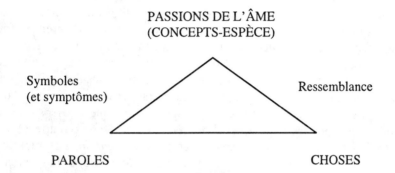

PASSIONS DE L'ÂME
(CONCEPTS-ESPÈCE)

Symboles
(et symptômes)

Ressemblance

PAROLES   CHOSES

Aristote soutient (ainsi que Platon) que les termes isolés n'affirment rien au sujet de ce qui est le cas, mais signifient seulement une pensée. Les énoncés ou les expressions complexes, en revanche, signifient clairement une pensée, mais seul un type particulier d'énoncés (un énoncé affirmatif ou une proposition) affirme un état de choses vrai ou faux. Aristote ne dit pas que les affirmations *signifient* ce qui est vrai ou faux, mais plutôt qu'elles *disent* (le verbe est *legein*) qu'une certaine chose A appartient (le verbe est *hyparkein*) à une certaine chose B.

Depuis les origines, trois interrogations se présentent et elles seront amplement débattues tout au long du Moyen Age : (i) les signes signifient-ils en premier lieu les concepts (et ne peuvent faire référence aux choses que par la médiation des concepts) ou peuvent-ils au contraire signifier, désigner ou dénoter les choses ? (ii) quelle est la différence entre faire référence à une classe d'individus et faire référence à un individu concret ? (iii) quelle est la différence entre la relation *signes-concepts-choses individuelles* et la relation *énoncés-contenu propositionnel-état de choses extralinguistique* ?

Le problème (i) a été débattu très tôt (au moins dès l'époque d'Anselme d'Aoste) sous la forme d'une opposition entre *significare* et *nominare* ou *appellare*. Le problème (ii) a probablement été posé pour la première fois par Pierre d'Espagne à travers la distinction entre *suppositio naturalis* et *suppositio accidentalis*. Le problème (iii) a été abordé de différentes façons à partir de Boèce. Mais, si, chez les commentateurs d'Aristote, le débat portant sur la relation de signification se passait à l'écart du débat portant sur les assertions vraies ou fausses, pour un grand nombre de grammairiens et pour les théoriciens de la *suppositio*, ces deux thèmes interféraient largement, jusqu'au jour où ils devinrent entièrement interchangeables avec Bacon et Ockham.

Le destin de termes tels que *denotatio* ou *designatio* est en revanche lié à l'histoire de l'opposition entre *significatio* et *nominatio*. Il semble que ces termes furent employés pendant longtemps (au moins jusqu'au XIVe siècle) tantôt en un sens intensionnel, tantôt en un sens extensionnel. Tous ces termes étaient présents dans le lexique latin dès la période classique et tous avec de multiples acceptions. On peut dire qu'ils signifiaient, parmi les nombreuses acceptions, « être un signe de quelque chose », « tenir lieu de quelque chose » – et le fait de savoir si ce quelque chose était un concept ou une chose n'avait pas d'importance. Dans le cas de la *designatio,* l'étymologie se manifeste d'elle-même. Dans le cas de la *denotatio,* il faut retenir que le terme *nota* indiquait un signe, un *token*, un symbole, quelque chose qui renvoyait à quelque chose d'autre (voir aussi Lyons 1968 : 9). Selon Maierù (1972 : 394), le *symbolon* d'Aristote était généralement traduit par *nota* : « *nota vero est quae rem quamquam designat. Quo fit ut omne nomen nota sit* » (Boèce, *In Top. Cic.*, PL 64, 1111b).

Il est donc important (i) d'établir ce qui est arrivé au terme *significatio* ; (ii) de savoir à quel moment le terme *denotatio* (ainsi que celui de *designatio*) apparaît lié au terme de *significatio* et à quel moment, au contraire, il se trouve en opposition avec celui-ci.

En ce qui concerne la *denotatio*, nous pourrons ranger l'occurrence sous l'une des trois acceptions suivantes : (i) sens intensionnel *fort* (la dénotation est en relation avec le signifié) ; (ii) sens extensionnel *fort* (la dénotation est en relation avec les choses ou avec l'état de choses) ; (iii) sens *faible* (la dénotation reste en suspens entre intension et extension, avec de bonnes raisons de pencher pour l'intension).

Nous verrons que le sens faible sera celui qui prédominera jusqu'au XIVe siècle au moins.

Boèce

Dans la tradition médiévale, depuis Augustin et jusqu'au XIIIe siècle, la possibilité de faire référence aux choses est toujours médiatisée par le signifié. La *significatio* est le pouvoir que possède un mot de susciter une pensée dans l'esprit de celui qui l'écoute. C'est donc à travers cette *significatio* qu'un acte de référence aux choses pourra être réalisé. Selon Augustin « *signum est enim res praeter speciem, quam ingerit sensibus, aliud aliquis ex se faciens in cogitationem venire* » (*De doctrina christiana*, II, 1, 1) et la signification est l'action qui réalise un signe sur l'esprit.

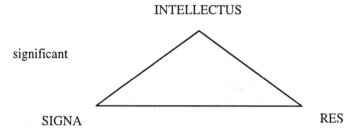

Boèce est l'héritier d'une tradition classique qui a déjà introduit le terme *propositio* pour désigner des expressions complexes affirmant la vérité ou la fausseté d'une chose. Il n'est pas encore possible de dire si la proposition comprend l'expression ou le contenu correspondant, mais il apparaît clairement que la vérité et la fausseté sont liées aux propositions, et non aux termes isolés. Boèce affirme que les termes isolés signifient le concept correspondant ou l'universel, et considère le verbe *signifier* – ainsi que le verbe *désigner,* même s'il le fait plus rarement – d'un point de vue intensionnel. Les mots sont des instruments conventionnels qui servent à manifester les pensées (*sensa* ou *sententia*) (*De int*. I). Les mots ne désignent pas de *res subiectae* mais des *passiones animae*. Tout au plus pouvons-nous dire que la chose désignée est sous-tendue par son concept (*significatio suppositia* ou *suppositum*, voir De Rijk 1967 : 180-181)[1].

---

1. Dans le *Periherm.* II. (éd. Meiser : 20-27), Boèce, cherchant à savoir si les mots se réfèrent directement aux concepts ou s'ils se réfèrent aux choses, utilise dans les deux cas le terme *designare*. Dans le même contexte, il dit « *vox vero conceptiones animi intellectusque significat* » et « *voces vero quae intellectus désignant* ». En parlant de *litterae, voces, intellectus, res,* il soutient que « *litterae verba nominaque significant* » et que « *haec vero (nomina) principaliter quidem intellectus secundo vero loco res quoque designant. Intellectus vero ipsi nihil aliud nisi rerum significativi sunt* ». Dans les *Categ. Arist.* (PL 64, 159), il dit que « *prima igitur illa fuit nominum positio per quam vel intellectui subiecta vel sensibus designaret* ». Il me semble que les verbes *designare* et *significare* sont considérés ici comme deux verbes à peu près équivalents. Mais le point fondamental est que les mots signifient avant tout les concepts et donc, en conséquence seulement, ils peuvent faire immédiatement référence aux choses. Sur cette question, *cf.* De Rijk 1967, II, I : 178 et s. Nuchelmans

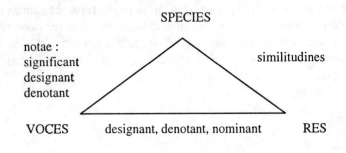

L'« appellatio » d'Anselme

Anselme d'Aoste, dans le *De grammatico,* fera une distinction plus nette entre signifié et référence à travers sa théorie de l'*appellatio.* En élaborant sa théorie aristotélicienne des paronymes, Anselme avance l'idée selon laquelle, lorsque l'on dit qu'une certaine personne est un grammairien, ce mot est utilisé de façon paronymique. Le mot signifie toujours la qualité d'être un grammairien, mais il est employé pour se référer à un homme spécifique. Anselme emploie donc le terme *appellatio* pour désigner la référence et utilise le terme de *significatio* pour désigner la signification : « *satis mihi pobasti grammaticum non significare hominem* [...] *(sed)* [...] *sufficienter probatum est grammaticum non esse appellativum grammaticae sed hominis, nec esse significativum hominis sed grammaticae* » (4. 30 et s.).

Cette distinction entre signifier et nommer sera reprise par Abélard.

(1973 : 134) fait remarquer que, bien qu'il puisse sembler que Boèce utilise également *significare* (ainsi que *designare, denuntiare, demonstrare, enuntiare* ou *dicere*) dans une expression-objet visant à indiquer ce qui est vrai ou faux ; lorsqu'il emploie ces mêmes termes pour une personne en qualité de sujet, il veut dire qu'une personne rend alors manifeste l'opinion selon laquelle quelque chose est ou n'est pas le cas : « la définition d'une *enunciatio* ou *propositio* comme énoncé qui signifie quelque chose de vrai ou de faux rappelle le fait que, d'un point de vue aristotélicien, c'est la pensée ou la croyance que quelque chose est le cas qui est vraie ou fausse, au sens strict du terme. Si nous observons alors la façon dont cette question se présente chez Boèce, nous nous apercevons que la vérité et la fausseté ne sont pas dans les choses, mais dans les pensées et dans les opinions, et seulement en second temps *(post haec)* dans les mots et dans les énoncés. » (Cf. Nuchelmans 1873 : 134, avec des références à *In Categ. Arist.* et *In Periherm.*)

Abélard

On a souvent souligné le fait qu'il n'est pas possible de trouver, dans l'œuvre d'Abélard, une terminologie logique fixée une fois pour toutes, puisqu'il utilise souvent les termes de façon ambiguë. Abélard est néanmoins le premier auteur à faire soigneusement la distinction entre les aspects intensionnels et les aspects extensionnels (en substance, même s'il ne l'a pas toujours posée du point de vue terminologique). Il est vrai qu'il parle indifféremment de *significatio de rebus* et de *significatio de intellectibus*, mais il est également vrai qu'il considère que le sens principal de *significatio* est intensionnel, tout en suivant la tradition de pensée augustinienne, selon laquelle signifier veut dire *constituere* ou *generare* un concept dans l'esprit.

Dans son *Ingredientibus* (éd. Geyer : 307), Abélard affirme clairement que le plan de l'intellect est la médiation nécessaire entre les choses et les concepts. Comme le dit Beonio-Brocchieri (1969 : 37), la *significatio intellectum* n'est pas une simple *significatio* privilégiée, mais la seule fonction sémantique légitime d'un nom, la seule qu'un dialecticien doit avoir à l'esprit dans l'examen du discours.

Si l'on prend en considération les différents contextes où des termes tels que *significare, designare, denotare, nominare* et *appellare* sont confrontés les uns aux autres, on peut soutenir qu'Abélard utilise *significare* pour se référer à l'*intellectus* généré dans l'esprit de l'auditeur, *nominare* pour désigner en revanche la fonction référentielle et – du moins dans certaines pages de la *Dialectica,* mais avec une clarté incontestable – *designare* et *denotare* pour indiquer la relation entre un mot et sa définition ou *sententia* (puisque la *sententia* constitue le signifié « encyclopédique » du terme dont la définition représente une sélection dictionnairique particulière, susceptible de désambiguïser le terme lui-même)[1].

---

1. Dans la *Dialectica* (V, II, *De definitionibus,* éd. De Rijk : 594), il est clair qu'un nom est *determinativum* de toutes les différences possibles de quelque chose, et c'est précisément en entendant prononcer un nom que nous sommes en mesure de comprendre *(intellegere)* toutes ces différences ; la *sententia* retient en elle toutes ces différences, tandis que la *definitio* n'en pose que certaines, celles qui servent à déterminer le sens d'un nom à l'intérieur d'une proposition, en éliminant toutes les ambiguïtés : « *Sic enim plures aliae sint ipsus differentiae constitutivae quae omnes in nomine* corporis *intelligi dicantur, non totam corporis sententiam haec definitio tenet, sicut enim nec hominis definitio* animal rationale et morale *vel* animal gressibile bipes. *Sicut enim* hominis *nomen omnium differentiarum suarum determinativum sit, omnes in ipso oportet intelligi ; non tamen omnes in definitione ipsus poni convenit propter vitium superfluae locutionis* [...] *Cum autem et* bipes *et* gressibilis *et* perceptibilis disciplinae *ac multae quoque formae fortasse aliae hominis sint differentiae, quae omes in nomine* hominis *determinari dicantur* [...] *apparet hominis sententiam in definitionem ipsus totam non claudi sed secundum quamdam partem*

416   *Kant et l'ornithorynque*

Ex *hominis* enim vocabulo tantum *animal rationale mortale* concipimus, non etiam Socratem intelligimus. Sed fortasse ex adiunctione signi quod est *omnis*, cum scilicet dicitur *omnis homo*, Socratem quoque in *homine* intelligimus secundum vocabuli nominationem, non secundum vocis intelligentiam. Neque enim *homo* in se propritatem Socratis tenet, sed simplicem animalis rationalis mortalis naturam ex ipso concipimus; non itaque *homo* proprie Socratem demonstrat, sed nominat (*Dialectica* V, I, 6).

Abélard emploie donc *denotare* dans un sens intensionnel fort. De Rijk (1970 : liv) affirme que la désignation constitue pour Abélard la relation sémantique entre un terme et son objet extra-linguistique (sens extensionnel fort), et Nuchelmans (1973 : 140) place le *denotare* et le *nominare* sur un même plan. On trouve en effet de nombreux passages dans lesquels *designare* a un sens extensionnel fort, ce qui semblerait donc confirmer cette lecture. Dans la *Dialectica* (I, III, 2, 1), par exemple, Abélard discute au sujet de ceux qui soutiennent que les termes syncatégorématiques ne donnent pas lieu à des concepts et ne peuvent s'appliquer qu'à certaines *res subiectae*. Dans ce passage, il parle donc d'une désignation possible des choses et il semble utiliser *designare* pour indiquer le premier acte par lequel un nom est imposé à une chose (comme une sorte de baptême où un lien rigide de désignation se crée entre celui qui nomme et la chose nommée). Dans un passage de la *Dialectica* (I, III, 1, 3), par exemple, Abélard écrit : « *Ad res designandas imposite.* » Mais il est également vrai que ce *designare* et ce *denotare* semblent ne pas avoir la même signification dans d'autres passages (par exemple *Dialectica* I, III, 3, 1) et que le *designare* semble suggérer dans certains cas (comme *Dialectica* I, II, 3, 9 et I, III, 3, 1) une interprétation intensionnelle.

J'ai souligné le fait que la terminologie d'Abélard était souvent contradictoire, mais j'ai également rappelé que *désigner* et *dénoter* avaient jusqu'alors un *status* bien peu défini. Cependant, il y a deux contextes (*Dialectica* I, III, 1, 1) où la désignation constitue la relation entre un nom et la définition qui lui correspond et où la dénotation est explicitement liée au sens (ou *sententia*) d'une expression. En s'opposant à ceux qui soutiennent que les choses auxquelles une *vox* a été imposée sont directement signifiées par cette *vox* elle-même, Abélard souligne ici que les noms signifient « *ea sola quae in voce denotantur atque in sententia ipsius tenentur* » et il peut alors ajouter : « *Manifestum est eos* (= *Garmundus*) *velle vocabula non omnia*

---

constitutionis suae ipsus definiri. Sufficiunt itaque ad definiendum quae non sufficiunt ad constituendum. »

illa significare quae nominant, sed ea tantum quae definite designant, ut animal *substantiam animatam sensibilem aut ut* album *albedinem, quae semper in ipsis denotantur.* »

Ce qui revient à dire que les mots ne signifient pas tous les choses qu'ils sont capables de nommer, mais seulement ce qu'ils désignent à travers une définition. Ainsi, le mot *animal* signifie une substance animée sensible, et c'est exactement ce qui est dénoté par (ou dans) ce mot.

La façon dont la désignation ou la dénotation maintiennent décidément un sens intensionnel fort et la façon dont elles sont reconduites à la relation entre une expression et son contenu définitoire correspondant sont évidentes.

La signification n'a rien à voir avec le fait de donner un nom aux choses, puisque la première reste valide *nominatis rebus destructis*, de façon à rendre possible la compréhension du signifié de *nulla rosa est* (*Ingredientibus*, éd. Geyer : 309).

Un autre aspect important de la typologie d'Abélard tient dans la distinction qu'il opère entre deux acceptions précises de la signification, des acceptions qui génèrent aujourd'hui encore nombre de perplexités. Spade (1982 : 188 et s.) a mis en évidence le fait que, pour les scolastiques, la *significatio* n'est pas le signifié : « un terme signifie ce qu'il peut susciter dans l'esprit de quelqu'un » (et c'est sans doute le sens que lui donne Augustin), de telle sorte que, « à la différence du signifié, la signification est une espèce de la relation causale ». Le signifié (que ce soit un corrélat mental, un contenu sémantique, une intension ou n'importe quelle autre forme d'entité noématique, idéale ou culturelle), durant le Moyen Age et tout au long de la tradition aristotélicienne, n'est donc pas représenté par le terme *significatio*, mais par celui de *sententia* ou de *definitio*.

Il est vrai que, dans la tradition médiévale, on peut rencontrer le verbe *signifier* soit en tant que *constituere intellectus*, soit en tant que *significare speciem* (qui semble plus proche d'une notion causale de signification). Mais cette distinction ne semble devenir claire qu'avec Abélard : un mot *significat* d'une façon causale quelque chose pour l'esprit, tandis que le même mot est mis en relation à travers la désignation et/ou la dénotation à un signifié, c'est-à-dire à une *sententia* ou à une définition.

Pour résumer la discussion qui s'est déroulée jusqu'ici, nous pouvons dire que ce qu'Abélard théorisait n'était pas un triangle sémiotique, mais une sorte de trident où une *vox* (i) *significat intellectus*, (ii) *designat vel denotat sententiam vel definitionem* et (iii) *nominat vel appellat res*.

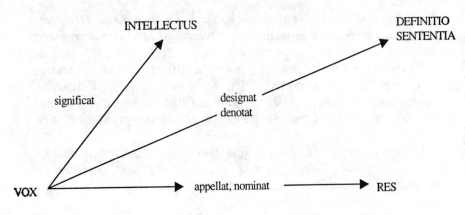

Thomas d'Aquin

Cette orientation sera également suivie par Thomas d'Aquin, qui reste absolument fidèle aux positions d'Aristote. Dans son commentaire du *De interpretatione*, après avoir distingué la première *operatio intellectus* (perception ou *simplex apprehensio*) de la seconde (« *scilicet de enunciatione affirmativa et negativa* »), Thomas définit l'*interpretatio* comme une « *vox significativa quae per se aliud significat, sive complexa sive incomplexa* » (*Proemium* 3). Mais il corrige aussitôt sa perspective, en affirmant que les substantifs et les verbes sont des « principes » de l'interprétation et choisit de n'appeler interprétation que l'*oratio*, c'est-à-dire toute la proposition « *in qua verum et falsum inveniuntur* ».

Thomas emploie donc significare pour les substantifs et les verbes (I, ii, 14), et pour ces paroles *(voces)* qui signifient naturellement, telles que les gémissements des malades et les sons émis par les animaux : « *Non enim potest esse quod significent immediate ipsas res, ut ex ipso modo significandi apparet : significat enim hoc nome* homo *naturam humanam in abstractione a singolaribus. Unde non potest esse quod significet immediate hominem singularem... Ideo necesse fuit Aristoteli dicere quod voces significant intellectus conceptiones immediate et eis mediantibus res* » (I, ii, 15).

Il affirme par la suite que le nom signifie sa définition (I, ii, 20). Il est vrai que même lorsqu'il parle de composition et de division, c'est-à-dire d'affirmation et de négation, Thomas dit que la première *significat... coniunctionem* et la seconde *significat... rerum separationem* (I, iii, 26), mais il n'en est pas moins évident que même ici (où le langage fait référence à ce qui est ou n'est pas le cas), c'est une opération de l'entendement qui est signifiée. Seul l'entendement, dont les opérations sont signifiées, peut être défini comme vrai ou faux par rapport à l'état de choses effectif : « *intellectus dicitur verum secundum quod conformatur rei* » (I, iii, 28). Une expression ne peut être ni vraie ni fausse : elle est seulement le signe qui *significat* une opération vraie ou fausse de l'entendement : « *unde haec vox, homo est asinus, est vere vox et vere signum* ; *sed quia est signum falsi, ideo dicitur falsa* » (I, iii, 31)... « *Nomina significant aliquid, scilicet quosdam conceptus simplices, licet rerum compositarum* » (I, iii,34).

La signification est si loin de la référence que, lorsqu'un verbe est utilisé dans une proposition (par exemple dans « cet homme est blanc »), ce verbe ne signifie pas un état de choses : il constitue tout au plus le signe (comme symptôme) que quelque chose est le prédicat de quelque chose d'autre et, enfin, que l'on est en train d'indiquer, d'une manière ou d'une autre, un état de choses (I, v, 60) : « *(Aristoteles) dixerat quod verbum non significat si est res vel non est* [...] *quia nullum verbum est significativum esse rei vel non esse* » (I, v, 69). Le verbe *est* signifie la *compositio*. « *Oratio vero significat intellectum compositum* » (I, vi, 75).

Le terme *denotare* en revanche, considéré dans toutes ses formes, apparaît à 105 reprises dans le lexique thomiste (auxquelles deux cas de *denotatio* viennent s'ajouter). Cependant, il semble que Thomas ne l'ait jamais utilisé en un sens extensionnel fort, c'est-à-dire n'ait jamais utilisé ce terme pour dire qu'une certaine proposition dénote un état de choses ou qu'un terme dénote une chose.

La préposition *per* [pour] « *denotat causam instrumentalem* » (IV *Sent.* 1.1.4). « *Locutus est denotat eumdem esse actorem veteris et novi testamenti* » (*Super I ad Hebraeos* 1.1 ; et je ne crois pas que le *denotat* doive être compris au sens extensionnel, au sens d'un « tient extensionnellement lieu de », mais plutôt au sens de « montre », « suggère », « nous signifie que »). Thomas affirme ailleurs que « *praedicatio per causam potest* [...] *exponi per propositionem denotatem habitudinem causae* » (I *Sent.* 30.1.1.). Ou bien « *Dicitur Christus sine additione, ad denotandum quod oleo invisibili unctus est* » (*Super Ev. Matthaei* 1.4).

Dans tous ces cas et dans des cas semblables, le terme *denotatio* est toujours utilisé dans le sens le plus faible. Il est parfois employé en tant qu'il « signifie métaphoriquement ou symboliquement que... ». Dans son commentaire *In Job* 10, par exemple, Thomas affirme que le lion tient lieu de Job (« *in denotatione Job rugitus leonis* »). Le seul passage ambigu que j'ai rencontré est celui de la III *Sent* 7.3.2. où Thomas dit que « *Similiter est falsa* : Filius Dei est praedestinatus,

cum non ponatur aliquid respectu cujus possit antacessio denotari ».
Mais, à la lumière de ces affirmations, on peut soutenir que ce que
Thomas discute dans ce cas, c'est l'opération de l'esprit qui conduit à
la compréhension d'une séquence temporelle.

La naissance de l'idée de supposition

Il semble donc évident que des auteurs tels que Boèce, Abélard ou
Thomas d'Aquin, bien plus proches du problème de la signification
que de celui de la dénomination, avaient tendance à s'attacher aux
aspects psychologiques et ontologiques du langage. On dirait aujour-
d'hui que leur sémantique constituait une approche cognitive. Il est
néanmoins intéressant de souligner que certains auteurs contemporains, cherchant à découvrir les premières élaborations médiévales de
ce qui deviendra la sémantique véri-conditionnelle moderne, considèrent que la question de la signification, dans son ensemble, constitue
un problème bien embarrassant, qui altère la pureté de l'approche
extensionnelle, ainsi que la théorie de la supposition semble apparemment l'avoir établi une fois pour toutes[1].
Dans sa formulation plus approfondie, la supposition est le rôle que
joue un terme, une fois qu'il est inséré dans une proposition, pour se
référer au contexte extra-linguistique. Mais le parcours qui sépare les
premières et vagues notions de *suppositum* des théories les plus élaborées, comme celle d'Ockham, est long et tortueux. Son histoire
nous est racontée par De Rijk (1967 et 1982).
Il serait intéressant de suivre pas à pas l'apparition d'une idée différente au sujet de la relation entre un terme et la chose à laquelle il se
réfère, une idée dans laquelle la notion de signification (comme la relation entre les mots et les concepts, les espèces, les universaux ou les

---

1. De Rijk (1967 : 206), par exemple, soutient que, chez Abélard, « semble pré-
valoir un point de vue qui ne prend pas appui sur la logique » et que le terme *impositio* « tient lieu, dans la plupart des cas, de *prima inventio* » et « se rencontre rarement avec le sens de dénoter une imposition effective et quelconque dans telle ou telle
proposition émise par un locuteur effectif quelconque. Lorsque les *voces* en viennent
à leur tour à être séparées des *res,* leur connexion avec l'intellect conduit l'auteur
dans le domaine de la psychologie, ou le confine dans celui de l'ontologie, à partir du
moment où l'*intellectus,* à son tour, le fait se référer à la réalité. Même la théorie de la
prédication semble extrêmement influencée par la prévalence de perspectives qui ne
relèvent pas de la logique ». De Rijk (1982 : 173) suggère que les logiciens médiévaux « auraient obtenu de meilleurs résultats s'ils avaient complètement abandonné la
notion même de signification ». Ce qui reviendrait à demander aux philosophes médiévaux (qui n'étaient pas de purs logiciens, au sens moderne du terme) d'avoir écrit
ce qu'ils ne pouvaient ou ne voulaient pas écrire.

définitions) perd peu à peu de son importance. De Rijk (1982 : 161 et s.), par exemple, montre comment les disciples de Priscien parlaient des noms en tant qu'ils signifiaient à la fois une substance et une qualité, la seconde représentant sans doute la nature universelle de la chose et la première la chose individuelle : « ainsi trouve-t-on déjà à partir du XIIe siècle *supponere* comme équivalent à *significare substantiam*, et donc signifier la chose individuelle » (*ibid.* : 164). Mais il est aussi vrai que certains auteurs, tels que Guillaume de Conches, insistaient sur le fait que les noms ne signifiaient ni la substance et la qualité, ni l'existence effective, mais seulement la nature universelle (*ibid.* : 168), et que la distinction entre signification (de concepts et d'espèces) et dénomination (dénotation de choses individuelles concrètes – voir par exemple *l'Ars Meliduna*) est maintenue tout au long du XIIe siècle.

Mais il est également bien évident que l'approche extensionnelle supplante, dans le champ de la logique et de la grammaire, l'approche cognitive et que « dans les phases successives, la signification effective d'un terme a été placée au centre de l'intérêt général et, par conséquent, la référence et la dénotation ont pris bien plus d'importance que la notion trop abstraite de signification. Ce qu'un terme signifie en premier lieu, c'est l'objet concret auquel il peut être correctement appliqué » (De Rijk 1982 : 167).

Malgré cela, cette nouvelle perspective n'est pas fréquemment exprimée à travers des termes tels que celui de *denotatio*, qui semblent encore indiquer une région de sens plutôt indéterminé[1]. Par exemple, Pierre d'Espagne utilise le *denotari* dans un passage (*Tractatus* VII, 68) où il affirme que, dans l'expression « *sedentem possibile est ambulare* », ce n'est pas le rapport entre s'asseoir et marcher qui est dénoté, mais le rapport entre être assis et avoir la possibilité (*potentia*) de marcher. Encore une fois, il apparaît extrêmement difficile de dire si le dénoter a une fonction intensionnelle ou extensionnelle. De plus, Pierre prend le *significare* dans un sens plus large, puisque « *significatio termini, prout hic sumitur, est rei per vocem secundum placitum representatio* » (*Tractatus* VI, 2), et l'on ne peut pas dire si cette *res* doit être considérée comme individuelle ou comme universelle (De Rijk 1982 : 169).

Par ailleurs, en élaborant une notion de *suppositio* distincte de la signification, Pierre introduit une véritable théorie extensionnelle (voir aussi Ponzio, 1983, 134-135, avec un renvoi intéressant à Peirce,

---

1. Dans le Commentaire sur Priscien à Vienne (*cf.* De Rijk 1967 : 245) un nom « *significat proprie vel appelative vel denotando de qua maniere rerum sit aliquid* », de telle sorte que le *denotare* semble encore lié à la signification de la nature universelle.

CP 5.320) : « *Suppositio vero est acceptio termini substantivi pro aliquo. Differunt autem suppositio et significatio, quia significatio est per impositionem vocis ad rem significandam, suppositio vero est acceptio ipsius termini iam significantis rem pro aliquo* [...] *Quare significatio prior est suppositione* » (*Tractatus* VI, 3).

Dans la théorie de Pierre d'Espagne, il y a néanmoins une différence entre *tenir intensionnellement lieu d'une classe* et *tenir extensionnellement lieu d'un individu*. Dans le premier cas, nous nous trouvons devant une supposition naturelle, dans le second devant une supposition accidentelle (*ibid.* 4). C'est en suivant cette perspective qu'il pourra distinguer entre *suppositio* et *appellatio* : « *differt autem appellatio a suppositione et a significatione, quia appellatio est tantum de re existente, sed significatio et suppositio tam de re existente quam non existente* » (*ibid.* X, 1).

De Rijk affirme (1982 : 169) que « la supposition naturelle de Pierre d'Espagne est l'exacte contrepartie dénotative de la signification ». Certes, on peut soutenir que *homo* signifie une nature déterminée et universelle, et *supponit* tous les hommes (possibles) existant ou la classe des hommes. Mais Pierre ne dit pas que *homo* signifie tous les hommes existant ou qu'il les dénote, même si la question, prise dans son entier, ne change pas fondamentalement.

Nous ne pouvons donc que constater, à ce stade de la réflexion, que le paysage terminologique qui se présente à nous semble plutôt confus, tout en considérant que chacun des termes techniques dont nous avons parlé jusqu'à présent recouvre au moins deux domaines différents (exception faite des termes de *dénotation* et de *désignation* qui semblent encore plus indéterminés), comme le montre le schéma suivant :

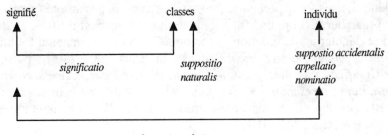

Du point de vue terminologique, la question se transforme entièrement avec Guillaume de Sherwood qui « à la différence de Pierre d'Espagne et de la plupart des logiciens du XIIe siècle [...] identifie le caractère significatif d'un terme et sa manière de se référer exclusivement aux choses effectivement existantes » (De Rijk 1982 : 170-71).

Ce sera la position de Roger Bacon, pour qui la signification devient dénotative, au sens extensionnel et moderne du terme – bien qu'il n'utilise jamais un terme tel que *denotatio*.

Bacon

Dans le *De signis* (éd. Fredborg *et al*. 1978, dorénavant DS, et fondamentalement confirmée par d'autres ouvrages du même auteur, comme le *Compendium studii teologiae*), Bacon établit une classification des signes assez complexe, présentant différents éléments de portée sémiotique. Cette classification a déjà été discutée en Eco *et al*. (1989). Nous y montrions alors que Bacon utilisait *significare, significatio* et *significatum* dans un sens radicalement différent du sens traditionnel.

En DS II, 2, il affirme que « *signum autem est illud quod oblatum sensui vel intellectui aliquid designat ipsi intellectui* ». Une définition de ce type pourrait sembler identique à celle d'Augustin – à condition que l'on mette le *designat* baconien à la place du *faciens in cogitationem venire* augustinien. En employant cette expression, Bacon est fort loin de l'usage moderne, mais il reste cohérent avec la tradition qui le précède, une tradition dans laquelle, comme nous l'avons constaté, le *designare* concerne le signifié et non la référence. On peut néanmoins remarquer que pour Augustin le signe produit quelque chose *dans* l'esprit, tandis que pour Bacon un signe montre quelque chose (probablement en dehors de l'esprit) *à* l'esprit[1].

Et il en est très certainement ainsi : les signes pour Bacon ne se réfèrent pas à leur référent à travers la médiation de l'esprit, mais sont directement indiqués ou présentés pour se référer immédiatement à un objet. Que cet objet soit un individu (une chose concrète) ou une espèce, un sentiment ou une passion de l'âme, cela ne fait aucune différence. Ce qu'il faut souligner ici, c'est que *l'esprit ne vient jouer aucun rôle médiateur* entre un signe et l'objet qui doit être nommé. En d'autres termes, nous allons voir que Bacon utilise *significare* en un sens exclusivement extensionnel.

Il faut cependant rappeler que Bacon distingue les signes naturels (symptômes physiques et icônes) des signes *ordinata ab anima et ex*

---

1. « *Oblatum sensui vel intellectui* » nous dit, en ce qui concerne les qualités sensibles des signes, que la position de Bacon est moins radicale que celle d'Augustin. Bacon admet de façon répétée qu'il peut également y avoir des signes intellectuels, au sens où même les concepts peuvent être considérés comme des signes des choses perçues.

intentione animae, c'est-à-dire des signes émis par un être humain en vue de quelque chose. Parmi les *signa ordinata ab anima,* on trouve non seulement les mots *(voces),* mais également des signes visuels de type conventionnel, tels que le *circulus vini* que les tavernes utilisent comme emblème, et même les marchandises exposées dans les vitrines, en tant qu'elles veulent dire que d'autres membres de la classe à laquelle elles appartiennent sont en vente à l'intérieur du magasin. Dans tous ces cas, Bacon parle d'*impositio,* c'est-à-dire d'un acte conventionnel par lequel une entité donnée doit nommer quelque chose d'autre. Il est clair que pour Bacon la convention ne s'identifie pas à l'arbitraire : les marchandises exposées dans une vitrine sont choisies conventionnellement mais non arbitrairement (elles agissent comme une sorte de métonymie, le membre pour la classe). Même le *circulus vini* constitue un signe conventionnel et non arbitraire, puisqu'il indique les cerceaux qui tiennent serrées les douelles des tonneaux et agit donc à la fois comme une synecdoque et comme une métonymie, tout en représentant une partie du tonneau qui contient le vin prêt à être vendu.

Mais la plupart des exemples présentés par le *De signis* sont issus du langage oral. Il est donc préférable, si l'on veut suivre la ligne de pensée de Bacon, de ne pas s'écarter de celui qui constitue proba- blement l'exemple principal d'un système de signes conventionnels et arbitraires.

Mais Bacon n'est pas naïf au point d'affirmer que les mots signi- fient exclusivement les choses individuelles et concrètes. Il affirme qu'ils nomment des objets, mais que ces objets peuvent également occuper un espace mental. En effet, les signes peuvent également nommer des non-entités « *non entia sicut infinitum, vacuum et chi- maera, ipsum nihil sive pure non ens* » (DS II, 2, 19 ; voir égale- ment II, 3, 27, et V, 162). Ce qui veut dire que, même lorsque les mots signifient les espèces, ceci a lieu parce qu'ils indiquent une classe d'objets mentaux de manière extensionnelle. La relation est toujours extensionnelle et l'exactitude de la référence n'est garantie que par la présence effective de l'objet signifié. Un mot signifie vraiment si, et seulement si, l'objet qu'il signifie existe.

Il est vrai que Bacon affirme que « *non enim sequitur :* " *signum in actu est, ergo res significata est* ", *quia non entia possunt significari per voces sicut et entia* » (DS I, 1), mais cette position ne peut être ra- menée à celle d'Abélard soutenant que même une expression comme « *nulla rosa est* » signifie quelque chose.

Pour Abélard, *rosa* signifiait en tant que le nom signifiait le concept de la chose, même si la chose n'existait pas ou avait cessé d'exister. La position de Bacon est différente : pour cet auteur, lorsqu'on dit « il y a une rose » (lorsqu'une rose existe), le signifié du mot est fourni par la rose elle-même, concrète. Si cette affirmation est prononcée lorsqu'il n'y a aucune rose, le mot *rose* ne se réfère alors plus à une rose effective, mais à l'image de la rose supposée que l'énonciateur a à l'esprit. Il y a deux référents différents et le même son « rose » constitue en réalité une occurrence de deux types lexicaux différents.

Ce passage est d'une grande importance et doit être lu très attentivement. Bacon affirme que « *vox significativa ad placitum potest imponi* [...] *omnibus rebus extra animan et in anima* » et admet que l'on peut nommer par convention des objets mentaux ou des non-entités, mais il insiste sur le fait que l'on ne peut pas signifier par le même mot *(vox)* et l'objet individuel et l'espèce. Si, pour nommer une espèce (ou n'importe quelle autre affection intellectuelle), on veut utiliser le même mot que celui qui a été utilisé pour nommer la chose qui lui correspond, on doit donner lieu à une *seconde imposition* : « *sed sic duplex impositio et duplex significatio, et aequivocatio, et haec omnia fieri possunt, quia voces sunt ad placitum nostrum imponendas* » (DS, V, 162).

Bacon cherche ici à mettre en lumière le fait que lorsqu'on dit *homo currit*, le mot *homo* n'est pas utilisé dans le même sens que dans l'expression *homo est animal*. Dans le premier cas, c'est un individu qui constitue la référence ; dans le second, c'est une espèce. Une même expression peut donc être employée de deux façons différentes et ambiguës. Lorsqu'un client voit, dans une taverne, le cerceau qui signifie le vin, s'il y a du vin, le cerceau signifie alors le vin réel. Mais s'il n'y a pas de vin et que le client a donc été induit en erreur par un signe se référant à quelque chose d'inexistant, le référent du signe est alors l'idée ou l'image du vin qui a pris forme (par erreur) dans l'esprit du client.

Pour ceux qui savent qu'il n'y a pas de vin, le cerceau a perdu son caractère signifiant, au sens même où, lorsque nous employons les mêmes mots pour nous référer à des choses passées ou futures, nous ne les employons pas dans le même sens que lorsque nous indiquons des choses présentes. Lorsque nous parlons de Socrate, en nous référant donc à quelqu'un qui est mort, et exprimons nos opinions sur lui, nous utilisons en réalité l'expression *Socrate* en un sens nouveau. Le mot « *recipit aliam significationem per transsumptionem* ». Il est utilisé de façon ambiguë par rapport au sens qu'il avait lorsque Socrate était vivant (DS IV, R, 147). Le terme linguistique demeure, mais (comme le dit Bacon au début du DS I, 1) il demeure seulement en tant que substance privée de la *ratio* ou de cette corrélation sémantique qui fait d'une occurrence matérielle un mot. De la même façon, quand un fils meurt, il ne reste du père que la *substantia*, mais non la *relatio paternitatis* (DS I, 1, 38).

Lorsque nous parlons de choses individuelles « *certum est inquirenti quod facta impositione soli rei extra animam, impossibile est (quod) vox significet speciem rei tamqua signum datum ab anima et significativum ad placitum, quia vox significativa ad placitum non significat nisi per impositionem et institutione* », tandis que la relation entre l'espèce mentale et la chose (comme le savait aussi la tradition aristotélicienne) est psychologique et non directement sémiotique. Bacon ne nie pas que les espèces puissent constituer les signes des choses, mais elles le sont de façon iconique : ce sont des signes naturels et non des signes *ordinata ab anima*. Ainsi, « *concessum est vocem soli rei imponi et non speciei* » (DS V, 163). Comme nous l'avons dit, lorsque nous choisissons d'utiliser le même terme, pour nommer les espèces, que celui qui nous servait à nommer les choses individuelles, nous avons alors affaire à une seconde *impositio*. Bacon fait donc définitivement sortir de ses gonds le triangle sémiotique formulé à partir de Platon, pour qui la relation entre les mots et les référents est rendue possible par l'idée, par le concept ou par la définition. Le versant gauche du triangle (c'est-à-dire la relation entre les mots et les signifiés) n'illustre alors plus qu'un phénomène exclusivement symptomatique.

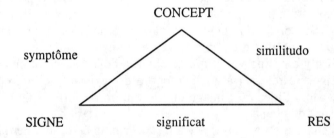

Nous avons parlé ailleurs (Eco *et al.* 1989) de la façon dont Bacon se méfiait de la traduction de Boèce du *De interpretatione* 16a, où le *symbolon* et le *semeion* sont tous deux traduits par le seul *nota*. Bacon consulte le texte original et comprend que les mots sont avant tout et exclusivement en relation symptomatique avec les passions de l'âme. Ainsi, il interprétera (DS V, 166) le passage d'Aristote selon sa propre optique : les mots sont substantiellement en relation symptomatique avec les espèces ; ils ne peuvent donc signifier les espèces elles-mêmes que de façon indirecte, que par « vicariance » *(secunda impositio)* ; la seule véritable relation de signification est celle qui a lieu entre les mots et les référents. Bacon néglige le fait que les mots pour Aristote étaient, pour ainsi dire, les symptômes des espèces par rapport à une séquence temporelle, mais qu'ils signifiaient d'une façon ou d'une autre les espèces, si bien que nous ne pouvons comprendre les choses nommées qu'en passant par la médiation des espèces déjà connues.

Pour Aristote, et de façon générale pour la tradition médiévale qui a précédé Bacon, l'extension était une fonction de l'intension. Pour reconnaître que quelque chose existait, il fallait avant tout comprendre le sens de la phrase énoncée. Pour Bacon, en revanche, la signification de la phrase énoncée est le fait dont le référent est le cas.

Ce qui intéresse principalement Bacon, c'est l'aspect globalement extensionnel de cette question, et c'est la raison pour laquelle la relation entre les mots et les choses existantes occupe une place centrale dans le *De signis*, alors que la relation entre les mots et leur signifié constitue tout au plus une sous-espèce de la relation référentielle. On comprend alors pourquoi, dans la terminologie de Bacon, le terme de *significatio* connaît une transformation radicale par rapport au sens que ce terme avait eu jusqu'alors. Avant Bacon, *nominantur singularia sed universalia significantur*. Mais avec et après Bacon, *significantur singularia*, ou tout au moins *significantur res* (même si une classe, un sentiment ou une espèce peuvent également constituer une *res*).

Duns Scot et les Modistes

Duns Scot et les Modistes représentent en revanche une sorte de frange ambiguë entre la position extensionnelle et la position intensionnelle, qui nécessiterait sans doute des recherches supplémentaires.

Nous trouvons chez les Modistes une dialectique partagée entre les *modi significandi* et les *modi essendi*. Lambertini (*in* Eco *et al.* 1989) a montré que ce point présente des ambiguïtés non seulement dans les textes originaux, mais également au sein des interprétations contemporaines.

Même dans les œuvres de Duns Scot, on trouve des affirmations qui semblent contraster fortement entre elles. La perspective extensionnelle est soutenue par une proposition comme « *verbum autem exterius est signum rei et non intellectionis* » (*Ordinatio* I, 27, 1), mais la perspective intensionnelle est en revanche soutenue par une proposition comme « *significare est alicuius intellectum constituere* » (*Quaestiones in Perihermeneias* II, 541a). Mais certains passages semblent également présenter une sorte de compromis entre les deux perspectives : « *facta transmutatione in re, secundum quod existit non fit transmutatione in significatione vocis, cuius causa ponitur, quia res non significatur ut existit sed ut intelligitur per ipsam speciem intelligibilem. Concedendum quod destructo signato destruitur signum, sed licet res destruitur ut existit non tamen res ut intelligatur nec ut est signata destruitur* » (*Quaest. in Periherm*. III, 545 ss.).

Ainsi, il y a certains auteurs qui situent Scot parmi les extensionnalistes (voir Nuchelmans 1973 : 196, pour qui le son, chez Scot, signifiait une chose et non un concept – avec des références au commentaire sur les sentences, *Opus Oxoniense* I, 27, 3, 19), et certains autres, tels que Heidegger (1916, dans la première partie du texte, la plus fiable, celle qui est consacrée au vrai Duns Scot et non à Thomas d'Erfurt), pour qui Scot se rapproche beaucoup d'une perspective phénoménologique du signifié comme objet mental[1].

Ockham

On a beaucoup cherché à établir si la théorie extensionnelle d'Ockham est ou n'est pas vraiment aussi explicite et directe qu'elle semble l'être à première vue. Et si nous considérons en effet les quatre acceptions de *significare* que nous propose Ockham (*Summa* I, 33), nous nous apercevons que seule la première présente un sens extensionnel évident. Ce n'est que selon cette première acception que les termes perdent leur capacité de signifier lorsque l'objet qu'ils signifient n'existe pas. Malgré cela, on ne peut pas être absolument sûr qu'Ockham ait employé *significare* et *denotari* (toujours dans la forme passive) dans un sens exclusivement extensionnel (*cf.* Boehner 1958 pour *significare* et Marmo 1984 pour *denotari*), mais il a certainement utilisé les deux termes avec cette acception dans de nombreux passages.

Ce qui a lieu avec Ockham – et qui avait eu lieu avec Bacon –, c'est le renversement définitif du triangle sémiotique. Les paroles ne sont pas d'abord connexes aux concepts et ensuite, grâce à la médiation in-

---

1. D'autres auteurs reconnaissent en revanche leur perplexité. Boehner (1958 : 219), par exemple, dit que « Scot avait déjà rompu avec cette interprétation du texte aristotélicien, en soutenant que, généralement parlant, le signifié des mots n'est pas le concept, mais la chose ». Mais il ajoute dans la note 29 : « Sous notre direction, une thèse (de Fr. John B. Vogel, O.F.M.) a été écrite sur le problème de la signification directe des choses chez Scot ; l'auteur a remarqué un écart considérable entre le traitement de ce problème dans l'*Oxoniense* et dans les *Quaestiones in Perihermeneias opus primum and secundum.* » (Pour une interprétation intensionnaliste, voir Marmo *in* Eco *et al.* 1989.)

tellectuelle, aux choses; elles sont imposées directement sur les choses et sur les états de choses; de la même façon, les concepts se réfèrent directement aux choses.

Le triangle sémiotique assume ainsi la forme suivante : il y a une relation directe entre les concepts et les choses, dès lors que les concepts sont les signes naturels qui signifient les choses, et il y a une relation directe entre les paroles et les choses auxquelles elles imposent un nom, alors que la relation entre paroles et concepts est tout à fait négligée (*cf.* Tabarroni en Eco *et al.* 1989; *cf.* aussi Boehner 1958 : 221).

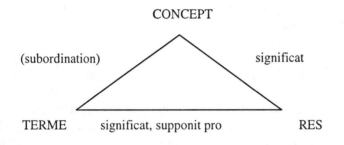

Ockham connaît l'affirmation de Boèce selon laquelle les *termes (voces) signifient les concepts*, mais il soutient que cela doit être compris au sens où *« voces sunt signa secundario significantia illa quae per passiones animae primario importantur »*, et il est clair que *illa* sont des *choses* et non des *concepts*. Les mots signifient les mêmes choses que celles signifiées par les concepts, mais ils ne signifient pas les concepts (*Summa logicae* I, 1). Il y a également un texte assez déconcertant dans lequel Ockham dit que l'espèce ne peut être qu'un signe nous permettant de nous rappeler quelque chose que nous avons déjà connu en tant qu'entité individuelle : *« Item repraesentatum debet esse prius cognitum; aliter repraesentans nunquam duceret in cognitionem repraesentati tamquam in simile. Exemplum : statua Herculis nunquam duceret me in cognitionem Herculis nisi prius vidissem Herculem; nec aliter possem scire utrum statua sit sibi similis aut non. Sed secundum ponentes speciem, species est aliquid praevium omni actui intelligendi objectum, igitur non potest poni propter repraesentationem objecti »* (*Quaest. In* II *Sent. Reportatio*, 12-13; voir également Tabarroni *in* Eco *et al.* 1989).

Ce texte prend en compte la question sur laquelle tout le monde s'accorde et selon laquelle nous ne sommes pas à même d'imaginer quelque chose qui nous est inconnu à partir d'une simple icône. Notre expérience semblerait contredire ceci, puisque nous pouvons nous servir de peintures ou de dessins pour nous représenter les caractéristiques de personnes, d'animaux ou de choses qui nous étaient inconnus auparavant. Mais la position d'Ockham pourrait être interprétée, d'un point de vue historique et culturel, comme un exemple de relativisme esthétique : bien qu'il ait vécu au XIVe siècle, Ockham connaissait surtout l'iconographie romane ou celle du premier gothique, c'est-à-dire une statuaire ne reproduisant pas des individus de manière réaliste, mais représentant plutôt des types universels. Si nous regardons le portail de Moissac ou de Chartres, nous pouvons très certainement reconnaître le Saint, le Prophète ou l'Etre humain, mais nous n'y verrons pas tel ou tel individu particulier. Ockham ne s'est jamais trouvé confronté au réalisme des sculptures latines et à l'art du portrait des siècles suivants.

Mais il y a également une explication épistémologique qui peut venir justifier une affirmation aussi embarrassante. Si le concept constitue le seul signe des choses individuelles et si l'expression matérielle (que cela soit une parole ou une image) n'est qu'un symptôme de l'image intérieure, alors l'expression matérielle ne peut rien signifier sans une *notitia intuitiva* préalable d'un objet. Les paroles ou les images ne créent rien et ne font rien naître dans l'esprit du destinataire (comme cela pouvait avoir lieu dans la sémiotique augustinienne), si le seul signe possible de la réalité expérimentée, c'est-à-dire le signe mental, n'existe pas préalablement dans l'esprit. Sans un tel signe, l'expression externe finit par n'être que le symptôme d'une *pensée vide*. La subversion du triangle sémiotique, qui fut pour Bacon l'aboutissement d'un long débat, constitue pour Ockham un point de départ fondamental.

Certains auteurs nous montrent de façon assez convaincante qu'Ockham a également utilisé *significare* en un sens intensionnel (cf. par exemple Boehner 1958 et Marmo 1984, avec une discussion portant sur ces cas où le signifié des propositions est maintenu indépendamment du fait qu'elles soient vraies ou fausses). Il ne s'agit pas de discuter ici au sujet de la sémiotique d'Ockham. Seule sa terminologie sémiotique nous intéresse. Il est évident qu'Ockham a utilisé *supponere* en un sens extensionnel, à partir du moment où il y a *suppositio* « *quando terminus stat in propositione pro aliquo* » (*Summa* I, 62). Mais il est également évident qu'Ockham met à différentes occasions *significare* (dans la première acception du terme) et *supponere* sur le même plan : « *aliquid significare, vel supponere vel stare pro aliquo* » (*ibid.* : I, 4). (Voir également Pinborg 1972 : 5.)

Cependant, c'est au cours de la discussion portant sur les propositions et les suppositions qu'Ockham emploie l'expression *denotari*. Considérons par exemple : « *terminus supponit pro illo, de quo vel de pronomine demonstrare ipsum, per propositionem denotatur praedicatum praedicari, si suppones sit subjectum* » (*ibid. :* I, 72). Si le terme constitue le sujet d'une proposition, alors la chose dont le terme maintient la *suppositio* est celle à propos de laquelle la proposition dénote que le prédicat est prédiqué.

Dans *homo est albus*, les deux termes supposent une même chose et la proposition dans son entier dénote que, dans le cas présent, homme et blanc sont une même chose : « *denotatur in tali propositione, quod illud, pro quo subiectum supponit, sit illud, pro quo praedicatum supponi* » (*Exp. in Porph.* I, 72). Un *significatum* est dénoté à travers la proposition. Ce *significatum* est un état de choses : « *veritas et falsitas sunt quaedam praedicabilia de propositione importantia, quod est ita vel non est ita a parte significati, sicut denotatur per propositionem, quae est signum* » (*Expositio in Periherm.*, proem.). De la même façon, *denotari* est employé pour indiquer ce dont on démontre l'existence à travers la conclusion d'un syllogisme : « *propter quam ita est a parte rei sicut denotatur esse per conclusionem demonstrationis* » (*Summa* III, ii, 23 ; voir également Moody 1935 : 6, 3). « *Sicut per istam* Homo est animal *denotatur quod* Sortes vere est animal. *Per istam autem* homo est nomen *denotatur quod haec vox* homo est nomen [...] *Similiter per istam* album est animal, *denotatur quod illa res, quae est alba, sit animal, ita quod haec sit vera :* Hoc est animal, *demonstrando illam rem, quae est alba et propter hoc pro illa re subjectum supponit* [...] *Nam per istam :* Sortes est albus *denotatur, quod* Sortes est illa res, quae habet albedinem, et ideo praedicatum supponit pro ista re, quae habet albedinem [...] Et ideo si in ista* Hic est angelus, *subjectum et praedicatum supponunt pro eodem, propositio est vera. Et ideo non denotatur, quod hic habeat angelitatem [...] sed denotatur, quod hic si vere angelus [...] Similiter etiam per tales propositiones :* Sortes est homo, Sortes est animal [...] *denotatur quod* Sortes vere est homo et vere est animal [...] *Denotatur quod est aliqua res, pro qua stat vel supponit hoc praedicatum* homo *et hoc praedicatum* animal » (*Summa* II, 2)[1].

L'usage répété de la forme passive laisse penser qu'une proposition

---

1. Il existe au moins un exemple de *denotare* employé dans sa forme active. Dans cet exemple, cité par Maierù (1972 : 98) et tiré de l'*Elementarium logicae*, Ockham distingue entre deux sens d'*appellare*. Le premier est celui d'Anselme et Ockham écrit à propos du second : « *Aliter accipitur appellare pro termino exigere vel denotare seipsum debere suam propriam formam.* » Il semblerait, ici, que *denotare* tienne lieu de « régir » (ou demander) ou « postuler » une coréférence à l'intérieur d'un contexte linguistique.

ne dénote pas un état de choses, mais que c'est bien plutôt à travers une proposition qu'*un état de choses est dénoté*. La question de savoir si la *denotatio* est une relation entre une proposition et ce que l'on comprend être le cas reste donc ouverte à la discussion (voir Marmo 1984). Quelque chose est dénoté à travers une proposition, même si ce quelque chose ne suppose rien (*Summa* I, 72).

Reste qu'en considérant d'une part que (i) la supposition est une catégorie extensionnelle et que le mot *dénotation* se présente souvent associé à la supposition, et d'autre part que (ii) il est probable que la proposition ne dénote pas nécessairement sa valeur de vérité, mais dénote du moins pour quelqu'un que quelque chose est ou n'est pas le cas[1], nous pouvons être conduits à penser que l'exemple d'Ockham a pu encourager certains à utiliser le terme *denotatio* dans des contextes extensionnels.

Grâce au déplacement radical de *significare* qui a lieu de Bacon à Ockham, le terme *denotare* peut alors être considéré de façon extensionnelle. Il est curieux de remarquer que cette révolution termi-nologique, si l'on considère Bacon et Ockham, a investi en premier lieu le terme *significatio* (en impliquant *denotatio* de façon quasiment réflexe). Mais déjà à l'époque de Boèce, le terme *significatio* était si lié au signifié qu'il parvient, pour ainsi dire, à se défendre plus coura-geusement des attaques portées par la perspective extensionnelle, au point que le terme de *significatio* sera réemployé, au cours des siècles suivants, en sens intensionnel (chez Locke, par exemple). La séman-tique véri-conditionnelle, par contre, a rencontré plus de succès en s'appropriant ce terme dont le *status* sémantique est des plus ambigus, à savoir celui de *denotatio*.

La tradition cognitiviste n'a pas suivi cette direction, puisqu'elle a utilisé le terme *denotatio* en l'associant au signifié[2]. Malgré cela, la dénotation sera de plus en plus employée, après Mill, pour indiquer l'extension.

---

1. Pour une utilisation similaire du *denotari*, voir les *Quaestiones in libros physi-corum* 3 (sous la direction de Corvino, *Rivista critica di storia della filosofia*, X, 3-4, mai-août 1955).
2. Maierù cite Pierre de Mantoue : « *Verba significantia actum mentis ut* scio, cognosco, intelligo *etc.* denotant cognitionem rerum significatarum a terminis sequentibus ipsa verba per conceptum.* » Juste après cette phrase, Pierre fournit un exemple : « *Unde ista propositio* tu cognoscis Socratem *significat quod tu cognoscis* Socratem *per hunc conceptum* " Socratem " *in recto vel obliquo* » (*Logica* 19vb-20ra). Il apparaît clairement que *denotare* et *significare* sont à peu près équivalents ici et que ces deux verbes sont employés pour parler d'attitudes propositionnelles – un thème intensionnel par excellence.

Hobbes et Mill

Y a-t-il des raisons de penser que Mill trouve chez Ockham l'idée d'employer le terme *denotatio* comme un terme technique ? Il y a effectivement plusieurs raisons qui peuvent nous laisser penser que Mill a élaboré son *System of Logic* en se rattachant à la tradition ockhamiste :

(i) Bien qu'il ait prêté une attention remarquable aux aspects intensionnels du langage, Mill a développé une théorie de la dénotation des termes en faisant une affirmation semblable à celle qu'exprime la théorie de la supposition d'Ockham. Mill écrit par exemple : « d'un nom, on peut seulement dire qu'il tient lieu des choses ou qu'il est le nom des choses dont il peut être un prédicat » (1843 II, v).

(ii) Mill emprunte aux scolastiques (comme il le dit lui-même en II, V) le terme *connotation* et, pour distinguer entre les termes connotatifs et les termes non connotatifs, il affirme que les seconds peuvent être définis comme des termes « absolus ». Gargani (1971 : 95) reconduit cette terminologie à la distinction ockhamiste entre les termes connotatifs et les termes absolus.

(iii) Mill emploie *signifier* suivant la tradition ockhamiste, du moins par rapport au premier sens que le philosophe lui assigne. « Un terme non connotatif est un terme qui signifie seulement un sujet ou seulement un attribut. Un terme connotatif est un terme qui dénote un sujet ou implique un attribut » (II, v). A partir du moment où la fonction dénotative (dans la perspective de Mill) est exercée en premier lieu par les termes non connotatifs, il semble évident que Mill fait de *signifier* et *dénoter* deux équivalents. On trouve aussi : « le nom [...] signifie directement les sujets et indirectement les attributs ; il dénote les sujets et implique, ou comporte, ou, comme nous le verrons plus loin, connote les attributs [...] Les seuls noms d'objets qui ne connotent rien sont les noms propres ; et ceux-ci, rigoureusement parlant, n'ont aucune signification » (II, v).

(iv) Il est probable que Mill considère que le verbe *dénoter,* en raison de son opposition terminologique avec *connoter,* est un terme plus technique et moins préjudiciable que le verbe *signifier.*

Malgré cela, nous avons reconnu qu'Ockham, s'il peut avoir favorisé l'usage extensionnel de *dénoter,* ne l'a absolument pas encouragé. Où peut se trouver l'anneau manquant dans l'histoire de l'évolution naturelle de ce terme ?

Nous devrions sans doute nous tourner vers le *De corpore* I de Hobbes, mieux connu sous le nom de *Computatio sive logica.* Il est généralement reconnu que Hobbes a subi l'influence déterminante d'Ockham, de même que Mill a subi celle de Hobbes. La critique de Mill portant sur les noms propres commence en effet par un examen attentif des opinions de Hobbes. Et Hobbes suit effectivement Ockham au sujet des théories des universaux et des propositions, mais il développe en même temps une théorie différente de la signification. Pour Hobbes, il y a une distinction nette entre signifier (c'est-à-dire exprimer les opinions du locuteur au cours d'un acte de communication) et nommer (au sens classique d'*appellare* ou *supponere* – *cf.* Hungerland et Vick 1981).

Mill comprend que les noms sont tout d'abord, pour Hobbes, les noms des idées que nous avons des choses, mais il trouve également chez Hobbes la preuve que « les noms doivent toujours être prononcés [...] comme les noms des choses en elles-mêmes » (1843 : II, i) et que « tous les noms sont les noms de quelque chose, de réel ou d'imaginaire [...] Un nom général est communément défini comme un nom qui peut être affirmé de façon véridique, dans un même sens, d'un nombre indéfini de choses » (*ibid.* : II, iii).

Dans ces passages, Mill est proche de Hobbes, malgré cette différence marginale qui lui fait appeler généraux les noms que Hobbes appelle en revanche universaux. Cependant, Mill utilise *signifier* – comme nous l'avons constaté – non pas au sens de Hobbes, mais plutôt au sens d'Ockham, et emploie de préférence la notion de *connoter* à la place de celle de *signifier,* utilisée par Hobbes. En portant essentiellement son attention sur la connotation et sans se rendre compte que son idée de connotation n'est pas si loin de la signification de Hobbes, Mill pense que Hobbes privilégie la dénomination (la dénotation de Mill) par rapport à la signification (la connotation de Mill). Il affirme que Hobbes, comme les nominalistes en général, « prêtait peu ou aucune attention à la connotation des mots et en cherchait la signification exclusivement dans ce qu'ils dénotent » (*ibid.*, v).

Cette lecture décidément curieuse de Hobbes, comme s'il s'agissait de Bertrand Russell, est due au fait que Mill interprète Hobbes comme si ce dernier était un disciple orthodoxe d'Ockham. Or, si Mill prend Hobbes pour un ockhamien, pourquoi lui attribue-t-il l'idée selon laquelle les noms dénotent ? Mill soutient que Hobbes utilise *nommer* au lieu de *dénoter* (*Ibid.*, v), mais il devait s'être aperçu que Hobbes (dans le *De corpore* I) utilisait *denotare* dans quatre cas au moins – et cinq dans la traduction anglaise que Mill a probablement lue, puisqu'il cite l'œuvre de Hobbes sous le titre de *Computation of Logic.*

En ce qui concerne la différence entre les noms abstraits et les noms concrets, Hobbes dit que « *abstractum est quod in re supposita existentem nominis concreti causam denotat, ut* esse corpus, esse mobile [...] *et similia* [...] *Nomina autem abstracta causam nominis concreti denotant, non ipsam rem* » (*De corpore* I, iii, 3). Le fait que pour Hobbes les noms abstraits dénotent effectivement une cause, mais que cette cause ne soit pas une entité doit être souligné : c'est le critère qui soutient l'usage d'une expression (voir Gargani 1971 : 86 ; Hungerland et Vick 1981 : 21). Mill reformule ainsi le texte de Hobbes : un nom concret est un nom qui tient lieu d'attribut d'une chose (1843 : II, v) – et ce « tenir lieu de » correspond au *stare pro aliquo* d'Ockham. En outre, il ajoute que les mots qu'utilise Hobbes, tels que *concret* et *abstrait,* doivent être compris dans le sens que les scolastiques leur ont attribué.

Mill déduit probablement à partir du passage de Hobbes que si les noms abstraits ne dénotent pas une chose, les noms concrets le font certainement. Pour Hobbes, en effet, « *concretum est quod rei alicujus quae existere supponitur nomen est, ideoque quandoque suppositum, quandoque subjectum, graece* ypokeimenon *appellatur* », et il écrit deux lignes avant que dans la proposition *corpus est mobile* « *quandoque rem ipsam cogitamus utroque nomine designatam* » (*De corpore* I, iii, 3). *Désigner* apparaît ainsi dans un contexte où d'un côté il est uni au concept de supposition et de l'autre à celui de dénotation.

A partir du moment où les noms concrets peuvent aussi bien être propres aux choses individuelles qu'aux ensembles d'individus, nous pouvons dire que, s'il y a un concept de dénotation propre à Hobbes, ce concept se tient encore à mi-chemin entre la *suppositio naturalis* et la *suppositio accidentalis* de Pierre d'Espagne. C'est la raison pour laquelle on a pu souligner (Hungerland et Vick 1981 : 51 et s.) que *dénoter* n'avait certainement pas le même sens pour Hobbes que celui qu'il possède aujourd'hui pour la philosophie du langage contemporaine, puisque ce *dénoter* s'appliquait non seulement aux noms propres logiques, mais également aux noms des classes et aux entités inexistantes. Or, Mill accepte justement cette perspective, et c'est la raison pour laquelle il a pu interpréter le *dénoter* de Hobbes de façon extensionnelle.

Hobbes affirme dans le *De corpore* que « *homo quemlibet e multis hominibus, philosophus quemlibet e multis philosophis denotat propter omnium similitudinem* » (I, ii, 7). La dénotation concerne de nouveau n'importe quel individu faisant partie d'une multitude d'individus particuliers, pour autant que *homo* et *philosophicus* constituent les noms concrets d'une classe. Plus loin (I, vi, 112), il dit en outre que les mots sont utiles aux démonstrations conduites au moyen de syllogismes, puisque grâce à ces mots « *unumquodque universale singularium rerum conceptus denotat infinitarum* ». Les mots dénotent les concepts, mais seulement ceux des choses singulières. Et « un nom général est communément défini comme un nom qui peut être affirmé de façon véridique, dans un même sens, de chacun d'un nombre indéfini de choses » (*ibid.* : II, iii). Hobbes écrit enfin (*ibid.* : II, ii, 12) que le nom *parabole* peut aussi bien dénoter une allégorie qu'une figure géométrique, et il est bien difficile de dire si Hobbes entend ici *significat* ou *nominat*.

Nous pouvons en conclure que :

(i) Hobbes utilise au moins trois fois *dénoter* d'une façon qui pourrait faire pencher pour une interprétation extensionnelle, et dans des contextes qui rappellent l'usage que faisait Ockham de *significare* et de *supponere*.

(ii) Bien que Hobbes n'emploie pas *dénoter* comme un terme technique, il l'utilise régulièrement et d'une façon qui nous empêche d'en faire un synonyme de *significare*, ainsi que l'ont souligné d'une façon extrêmement convaincante Hungerland et Vick (1981 : 153).

(iii) Il est vraisemblable que Hobbes ait pris cette orientation devant l'alternative ambiguë que pouvait lui présenter le verbe *denotari* rencontré chez Ockham ou chez certains logiciens de la tradition nominaliste.

(iv) Mill ne prête pas attention à la théorie de la signification de Hobbes et lit la *Computatio sive logica* comme si elle appartenait à une ligne de pensée s'inspirant entièrement d'Ockham.

(v) Il est vraisemblable que Mill, sous l'influence de l'usage que faisait Hobbes du verbe *dénoter,* ait décidé d'opposer la dénotation (au lieu de la *dénomination*) à la connotation.

Bien évidemment, il ne s'agit que de simples hypothèses. Raconter l'histoire entière de ce qui s'est réellement passé entre Ockham et Hobbes, et entre Hobbes et Mill, va au-delà des possibilités d'une recherche individuelle. Mon espoir est que cet essai encourage des recherches à cet égard, afin que l'on puisse nous dire s'il n'y aurait pas eu d'autres porteurs du flambeau de la *denotatio* entre Ockham et Mill.

Conclusions

Dans l'histoire de ces termes philosophiques, il y a bien évidemment quelque chose qui garde une pertinence sémiotique et philosophique substantielle. Maloney (1983 : 145) a remarqué qu'il y avait une curieuse contradiction ou du moins un écart entre l'épistémologie de Bacon et sa sémantique. Du point de vue de la connaissance, nous sommes capables de connaître une chose au moyen de son espèce et nous sommes incapables de la nommer si nous ne la connaissons pas ; par conséquent, si nous émettons une *vox significativa,* c'est que nous avons une chose à l'esprit. Mais c'est le contraire qui a lieu d'un point de vue sémiotique, ou du moins quelque chose de substantiellement différent : nous appliquons directement le mot à la chose, sans qu'il y ait de médiation de l'image mentale, du concept ou de l'espèce.

C'est là le paradoxe de toute sémantique s'occupant de la relation entre un énoncé et ses conditions de vérité. Il est bien évident qu'une sémantique véri-fonctionnelle ne cherche pas à prouver que l'énoncé est vrai, mais plutôt à savoir ce qu'il arriverait si cet énoncé était vrai. Néanmoins, de Bacon à Tarski, au lieu de s'interroger sur ce que signifie « savoir ce qui arriverait si l'énoncé était vrai » et de se demander pourquoi on le sait (problème qui met en jeu des questions cognitives), l'attention finit par être portée sur la relation directe entre un énoncé et un état du monde. Si nous nous concentrions en revanche sur ce « savoir », nous devrions pouvoir dire au moyen de quelles opérations mentales, ou grâce à quelles structures sémantiques, nous sommes capables de comprendre ce qui arriverait si *p* était le cas. Nous devrions alors chercher la différence entre savoir ou croire que *p* est le cas et le fait que *p* soit le cas. Mais si nous étudions exclusivement la relation formelle entre les propositions et ce que l'on considère (pour le goût de la formalisation sémantique) comme étant le cas, alors le comment et le pourquoi de ce « savoir » se présentent à nous de façon implicite (ou, comme on dit, par « intuition »).

Et l'histoire tourmentée que présente la dénotation (et le fait que son *statut* demeure encore ambigu) serait alors un symptôme de la dialectique sans fin qui se crée entre une approche cognitive et une approche véri-conditionnelle.

RÉFÉRENCES BIBLIOGRAPHIQUES

ALAC, Morana

1997 *Gli schemi concettuali nel pensiero di Donald Davidson*, Tesi di Laurea in Semiotica, Università di Bologna, Facoltà di Lettere e Filosofia, A.A. 1995-1996.

ALBRECHT, Erhard

1975 *Sprache und Philosophie*, Berlin, Deutscher Verlag der Wissenschaften.

APEL, Karl-Otto

1972 « From Kant to Peirce : The Semiotical Transformation of Transcendental Logic », *in* : Beck, L.W., ed., *Proceedings of the Third Kant Congress*, Dordrecht, Reidel : 90-105.

1975 *Der Denkweg von Charles S. Peirce*, Frankfurt, Suhrkamp.

1995 « Transcendental semiotics and hypothetical metaphysics of evolution : A Peircean or quasi-Peircean Answer to a recurrent problem of post-Kantian philosophy », *in* : Ketner 1995 : 366-397.

ARNHEIM, Rudolf

1969 *Visual Thinking*, Berkeley, University of California Press. (*La pensée visuelle*, tr. fr. C. Noël et M. Le Cannu, Flammarion, 1976 ; coll. « Champs », 1997.)

AUBENQUE, Pierre

1962 *Le problème de l'être chez Aristote*, Paris, P.U.F.

BACCHINI, Fabio

1995 « Sugli specchi », *Il Cannocchiale* 3 : 211-224.

BARLOW, Horace, BLAKEMORE, Colin et WESTON-SMITH, Miranda, eds.

1990 *Images and understanding*, Cambridge, Cambridge U.P.

BARTHES, Roland

1964a « Rhétorique de l'image », *Communications* 4 : 40-51 (repris dans *L'obvie et l'obtus. Essais critiques* III, Paris, éd. du Seuil, coll. « Points », 1982).

1964b « Eléments de sémiologie », *Communications* 4 : 91-134 (repris dans *L'aventure sémiologique*, Paris, éd. du Seuil, coll. « Points », 1985).

BAUDRY, Léon

1958 *Lexique philosophique de Guillaume d'Ockham. Etude des notions fondamentales*, Paris, Lethielleux.

BENELLI, Beatrice

1991 « Categorizzazione, rappresentazione e linguaggio : aspetti e tendenze dello sviluppo del pensiero concettuale », *in* : Cacciari, ed. 1991 : 5-46.

BEONIO-BROCCHIERI FUMAGALLI, Maria Teresa
1969 *La Logica di Abelardo*, Florence, La Nuova Italia.

BERSELLI BERSANI, Gabriele
1995 *Riferimento ed interpretazione nominale*, Milan, Angeli.

BERTUCCELLI PAPI, Marcella
1993 *Che cos'é la pragmatica*, Milan, Bompiani.

BETTETINI, Gianfranco
1971 *L'indice del realismo*, Milan, Bompiani.
1975 *Produzione del senso e messa in scena*, Milan, Bompiani.
1991 *La simulazione visiva*, Milan, Bompiani.
1996 *L'audiovisivo,* Milan, Bompiani.

BICKERTON, Derek
1981 *The Roots of Language*, Ann Arbor, Karoma.

BOEHNER, Philothetus
1958 « Ockham's theory of signification », *in* : Buytaert, E., ed., *Collected Articles on Ockham*. St. Bonaventure, New York-Louvain-Paderborn, The Franciscan Institute : 201-232.

BONFANTINI, Massimo A.
1976 *L'esistenza della realtà*, Milan, Bompiani.
1987 *La semiosi e l'abduzione*, Milan, Bompiani.

BONFANTINI, Massimo A. et GRAZIA, Roberto
1976 « Teoria della conoscenza e funzione dell'icona in Peirce », *VS* 15 : 1-15.

BONFANTINI, Massimo A. et PRONI, Giampaolo
1983 « To guess or not to guess », *Scienze Umane* 6. Repris dans Eco et Sebeok 1983 : 119-134.

BONOMI, Andrea
1975 *Le vie del riferimento*, Milan, Bompiani.
1994 *Lo spirito della narrazione*, Milan, Bompiani.

BONOMI, Andrea, ed.
1973 *La struttura logica del linguaggio*, Milan, Bompiani.

BOUISSAC, Paul, HERZFELD, Michael et POSNER, Roland, eds.
1986 *Iconicity*, Tübingen, Stauffenburg.

BRANDT, Per Aage
1989 « The dinamics of modality », *Recherches sémiotiques – Semiotic inquiry* 9,1/3 : 3-16.

BRUNER, Jerome

1986 *Actual Minds and Possible Worlds*, Cambridge, Harvard U.P.
1990 *Acts of Meaning*, Cambridge, Harvard U.P.

BRUNER, Jerome, *et al.*

1956 *A Study of Thinking*, New York, Science Editions.

BURREL, Harry

1927 *The Platypus. Its discovery, zoological position, form and characteristics, habits, life history, etc.*, Sydney, Angus & Robertson.

CACCIARI, Cristina

1995 Preface to Cacciari, ed. 1995.

CACCIARI, Cristina, ed.

1991 *Esperienza percettiva e linguaggio*, numéro spécial de *VS* 59/60.
1995 *Similarity*, Sl., Brepols.

CALABRESE, Omar

1981 « La sintassi della vertigine. Sguardi, specchi, ritratti », *VS* 29 : 3-32.
1985 *I linguaggio dell'arte*, Milan, Bompiani.

CARAMAZZA, A., HILLIS, A.E., RAPP, B.C. et ROMANI, C.

1990 « The multiple semantic hypothesis : Multiple confusion ? », *Cognitive Neuropsychology* 7.

CARNAP, Rudolf

1955 « Meaning and synonymy in natural languages », *Philosophical Studies* 7 : 33-47. (Trad. fr partielle *in* : Rey, 1976 : 86-94.)

CASATI, Roberto et VARZI, Achille C.

1994 *Holes and other superficialities*, Cambridge, M.I.T. Press.

CASSIRER, Ernst

1918 *Kant Leben und Lehre.*

CORCORAN, John, ed.

1974 *Ancient Logic and its Modern Interpretations*, Dordrecht, Reidel.

CORVINO, Francesco *et al.*

1983 *Linguistica Medievale*, Bari, Adriatica.

DALLA CHIARA, Maria Luisa et TORALDO DI FRANCIA, Giuliano

1985 « Individuals, Kinds and Names in Physics », *VS* 40 : 29-50.

DAVIDSON, Donald

1984 « On the very idea of conceptual scheme ». In *Inquiries into truth and*

interpretation, Oxford, Oxford U.P. : 183-198. («Sur l'idée même de schème conceptuel », *in* : *Enquêtes sur la vérité et l'interprétation*, trad. de l'américain par P. Engel, Nîmes, éd. J. Chambon, 1993 : 267-289.)
1986 « A Nice Derangement of Epitaphs », *in* : Lepore, E. et McLaughlin, B., eds., *Actions and Events. Perspectives on the Philosophy of Donald Davidson*. Oxford, Blackwell : 433-446. (*Actions et événements*, trad. de l'américain par P. Engel, Paris, P.U.F., « Epiméthée », 1993.)

DELEUZE, Gilles

1963 *La philosophie critique de Kant*, Paris, P.U.F.

DE MAURO, Tullio

1965 *Introduzione alla semantica*, Bari, Laterza.

DENNETT, Daniel C.

1978 *Brainstorms*, Montgomery, Bradford Books.
1991 *Consciousness Explained*, New York, Little Brown. (*La conscience expliquée*, trad. de l'américain par P. Engel, Paris, éd. O. Jacob, 1993.)

DE RIJK, Lambert M.

1962- *Logica Modernorum. A Contribution to the History of Early Terminist*
67 *Logic*, Assen, Van Gorcum.
1975 « La signification de la proposition *(dictum propositionis)* chez Abélard », *Studia Mediewistyczne*, 16.
1982 « The Origins of the Theory of the Property of Terms », *in* Kretzmann *et al.* 1982.

DE RIJK, L.M., ed.

1956 P. Abelard, *Dialectica*, Assen, Van Gorcum.

DIONIGI, Roberto

1994 *Nomi forme cose*, Bologne, Fuori Thema.

DOLEZEL, Lubomir

1989 « Possible Worlds and Literary Fiction », *in* : Allen, S., ed., *Possible Worlds in Humanities, Arts and Sciences*, Berlin, De Gruyter : 221-242.

DONNELLAN, Keith

1966 « Reference and definite descriptions », *The Philosophical Review* 75 : 281-304.

DUCROT, Oswald et SCHEFER, Jean-Louis

1995 *Nouveau dictionnaire encyclopédique des sciences du langage*, Paris, éd. du Seuil.

DUMMETT, Michael

1973 *Frege. Philosophy of language*, Londres, Duckworth.
1986 « A Nice Derangement of Epitaphs : Some Comments on Davidson and Hacking », *in* : Lepore, E., ed., *Truth and Interpretation. On the Philosophy of Donald Davidson*, Oxford, Blackwell.

ECO, Umberto

1968 *La struttura assente*, Milan, Bompiani (2ᵉ éd. revue, 1980). [*La structure absente*, nouvelle version de Eco 1968, traduit de l'italien par U. Esposito-Torrigiani, Paris, Mercure de France, 1972.]

1971 *Le forme del contenuto*, Milan, Bompiani.

1975 *Trattato di semiotica generale*, Milan, Bompiani. (*La production des signes* [traduction abrégée d'une partie du *Trattato*], tr. de l'italien par M. Bouzaher, Librairie générale française. Le Livre de poche, Paris, 1992.)

1975b « Chi ha pauro del cannochiale ? » *op. cit.* 32 : 5-32.

1979 *Lector in fabula*, Milan, Bompiani. (*Lector in fabula*, tr. de l'italien par M. Bouzaher, Paris, Grasset, 1985.)

1983 « Corna, zoccoli, scarpe : tre tipi di abduzione », *in* Eco et Sebeok 1993 : 228-255 (repris *in* Eco 1990).

1984 *Semiotica e filosofia del linguaggio*, Turin, Einaudi (*Sémiotique et philosophie du langage*, tr. de l'italien par M. Bouzaher, Paris, P.U.F., 1988.)

1985 *Sugli specchi*, Milan, Bompiani.

1990 *I limiti dell'interpretazione*, Milan, Bompiani. (*Les limites de l'interprétation*, tr. de l'italien par M. Bouzaher, Paris, Grasset, 1992.)

1992 *Interpretation and Overinterpretation*, Cambridge, Cambridge U.P. (*Interprétation et surinterprétation*, tr. de l'anglais par J.-P. Cometti, Paris, P.U.F., 1996.)

1993 *La ricerca della lingua perfetta*, Bari, Laterza. (*La recherche de la langue parfaite*, tr. de l'italien par J.-P. Manganaro, éd. du Seuil, Paris, 1994.)

1994 *Six Walks in the Fictional Woods*, Cambridge, Harvard U.P. (*Six promenades dans les bois du roman et d'ailleurs*, tr. de l'italien par M. Bouzaher, Paris, Grasset, 1996.)

1997 « On meaning, logic and verbal language », *in* Dalla Chiara, M.L. *et al.*, eds., *Structures and Norms in Science*, Dordrecht, Kluver : 431-448.

ECO, Umberto et MARMO, Costantino, eds.

1989 *On the Medieval Theory of Signs*, Amsterdam, Benjamins.

ECO, Umberto, SANTAMBROGIO, Marco et VIOLI, Patrizia, eds.

1986 *Meaning and Mental Representations*, special issue of *VS* 44/45 (repris par Bloomington, Indiana U.P. 1988).

ECO, Umberto et SEBEOK, Thomas A., eds.

1983 *The Sign of Three*, Bloomington, Indiana U.P.

ECO, Umberto et VIOLI, Patrizia

1987 « Instructional Semantics for Presuppositions », *Semiotica* 64, 1/2 : 1-39.

EDELMAN, Gerald M.

1992 « The science of recognition », *in : Bright Air, Brillant Fire*, New York, Basic Books : 73-80.

EICHMANN, Klaus

1988 « The control of T lymphocyte activity may involve elements of semiosis », *in* Sercarz *et al.* 1988 : 163-168.

ELLIS, Ralph D.

1995 « The imagist approach to inferential thought patterns : The crucial role of rhythm pattern recognition », *Pragmatics & Cognition* 3, 1 : 75-109.

EVANS, Gareth

1982 *The Varieties of Référence*, Oxford, Clarendon.

FABBRICHESI LEO, Rossella

1981 « L'iconismo e l'interpretazione fenomenologica del concetto di somi-glianza in C.S. Peirce », *ACME, Annali della Facoltà di Lettere e Filosofia dell'Università degli Studi di Milano*, xxxiv, III : 467-498 (repris et aug-menté *in* Fabbrichesi 1986).
1983 *La polemica sull'iconismo*, Naples, Edizioni Scientifiche Italiane.
1986 *Sulle tracce del segno*, Florence, Nuova Italia.

FILLMORE, Charles

1982 « Towards a Descriptive Framework for Spatial Deixis », *in* Jarvella, R.J. and Klein, W., eds., *Speech, Plan and Action*, Londres, Wiley : 31-59.

FISETTE, Jean

1995 « A la recherche des limites de l'interprétation », *Recherches sémiotiques – Semiotic inquiry* 15, 1/2 : 91-120.

FODOR, Jerry A.

1975 *The Language of Thought*, New York, Crowell.

FODOR, Jerry A. et LEPORE, Ernest, eds.

1992 *Holism*, Oxford, Blackwell.

FØLLESDAL, Dagfinn

1997 « Semantics and Semiotics », *in* Dalla Chiara, M.L. *et al.*, eds., *Structures and Norms in Science*, Dordrecht, Kluver : 431-448.

FREDBORG, K.M., NIELSEN, L. et PINBORG, J.

1978 « An unedited part of Roger Bacon's Opus Maius : De Signis », *Traditio*, 34 : 75-136.

FUMAGALLI, Armando

1995 *Il reale nel linguaggio. Indicalità e realismo nella semiotica di Peirce*, Milan, Vita e Pensiero.

GARDNER, Howard

1985 *The Mind's New Science*, New York, Basic Books.

GARDNER, Martin

1964 *The Ambidextruous Universe*, New York, Penguin. (*L'Univers ambidextre : les miroirs de l'espace-temps*, trad. C. Roux et A. Laverne, Paris, éd. du Seuil, 1985.)

GARGANI, Aldo G.

1971 *Hobbes e la scienza*, Turin, Einaudi.

GARRONI, Emilio

1968 *Semiotica ed estetica*, Bari, Laterza.
1972 *Progetto di semiotica*, Bari, Laterza.
1977 *Ricognizione della semiotica*, Rome, Officina.
1986 *Senso e paradosso*, Bari, Laterza.

GEACH, Peter

1962 *Reference and Generality*, Ithaca, Cornell U.P.

GENTNER, Dedre et MARKMANN, Arthur B.

1995 « Similarity is like analogy : Structural alignment in comparison », *in* Cacciari, ed., 1995 : 11-148.

GERLACH, Peter

1977 « Probleme einer semiotischen Kunstwissenschaft », *in* Posner, R. et Reinecke, H.P., eds., *Zeichenprozessen*, Wiesbaden, Athenaion : 262-292.

GEYER, B.

1927 *Peter Abaelards philosophische Schriften*, Münster, Aschendorff.

GHISALBERTI, Alessandro

1981 « La semiotica medievale : i terministi », *in* Lendinara et Ruta 1981 : 53-68.

GIBSON, James J.

1950 *The Perception of the Visual World*, Boston, Houghton-Mifflin.
1966 *The Senses Considered as Perceptual Systems*, Boston, Houghton-Mifflin (Londres, Allen and Unwin 1968).
1971 « The information available in pictures », *Leonardo* 4/2 : 197-199.
1978 « The ecological approach to visual perception of pictures », *Leonardo* 11/3 : 227-235.

GILSON, Etienne

1948 *L'être et l'essence*, Paris, Vrin, 2ᵉ éd. aug. 1981.

GOMBRICH, Ernest

1956 *Art and Illusion*, The A.W. Mellon Lectures in Fine Arts (à présent New York, Bollingen, 1961). (*L'art et l'illusion*, trad. de l'anglais par G. Durand, Paris, Gallimard, 1971 ; 1996.)
1982 *The image and the eye. Further studies in the psychology of pictorial representation*, Oxford, Phaidon.
1990 « Pictorial instructions », *in* Barlow *et al.* 1990 : 26-45.

GOODMAN, Nelson

1951 *The Structure of Appearance*, Cambridge, Harvard U.P.
1968 *Languages of art*, Indianapolis, Bobbs-Merrill. (*Le langage de l'art*, prés. et trad. de l'anglais par J. Morizot, Nîmes, éd. J. Chambon, 1990.)

1970 « Seven Structures on Similarity », *in* Swanson, ed., *Experience and Theory*, Boston, University of Massachusetts Press (repris dans Goodman, N. *Problems and Projects*, Indianapolis, Bobbs-Merrill, 1972).
1990 « Pictures in the mind ? », *in* Barlow *et al.* 1990 : 358-364.

GOULD, Stephen Jay

1991 *Bully for Brontosaurus*, Londres, Hutchinson Radius. (*La foire aux dinosaures : réflexions sur l'histoire naturelle*, trad. de l'américain par Marcel Blanc, Paris, éd. du Seuil, Poche, 1997.)

GREGORY, Richard

1981 *Mind in Science*, Cambridge-Londres, Cambridge U.P.
1986 *Old perceptions*, Londres, Methuen.
1990 « How do we interpret images ? », *in* Barlow *et al.*, 1990 : 310-330.

GREIMAS, Algirdas Julien

1983 « De la colère », *Du sens 2*, Paris, Seuil.
1984 « Sémiotique figurative et sémiotique plastique », *Actes sémiotiques,* VI, 60.

GREIMAS, Algirdas Julien et COURTÉS, Joseph

1979 *Sémiotique. Dictionnaire raisonné de la théorie du langage*, Paris, Hachette.

GROUPE μ

1992 *Traité du signe visuel,* Paris, Seuil.

HABERMAS, Jürgen

1995 « Peirce and communication », *in* Ketner 1995 : 243-266.

HAUSMAN, Carl R.

1990 « In and Out in Peirce's percepts », *Transactions of Charles Sanders Peirce Society*, xxxvi, 3 : 271-308.

HEIDEGGER, Martin

1912- « Die Kategorien und Bedeutungslehre des Duns Scotus », *Frühe Schriften,*
16 Francfort/M, Klostermann, 1972. (*Traité des catégories et de la signification chez Duns Scot*, trad. F. Gaboriau, Paris, Gallimard, 1970.)
1929 *Kant und das Problem der Metaphysik*, Francfort/M., Klostermann, 4ᵉ éd. 1973. (*Kant et le problème de la métaphysique*, Paris, Tel Gallimard, 1953.)
1929 « Was ist Metaphysik ? », *in* : *Wegmarken*, Francfort/M., Klostermann (« Qu'est-ce que la métaphysique ? » *in* : *Question I*, Paris, Gallimard, Tel, 1968.)
1950 *Holzwege*, Francfort/M, Klostermann. (*Chemins qui ne mènent nulle part*, Paris, Gallimard, Tel, 1962.)

HENRY, Desmond P.

1964 *The De Grammatico of St. Anselm. The Theory of Paronymy*, Notre Dame, University of Notre Dame Press.

HILPINEN, Risto

1995 « Peirce on language and référence », *in* Ketner 1995 : 303.

HJELMSLEV, Louis

1943 *Prolegomena to a Theory of Language,* Madison, Wisconsin University Press, 1961 (tr. fr. *Prolégomènes à une théorie du langage,* Paris, éditions de Minuit, 1968).

HOCHBERG, Julian

1972 « The representation of things and people », *in* Gombrich, E. *et al. Art, perception and reality,* Baltimore, Johns Hopkins U.P.

HOFSTADTER, Douglas

1979 *Gödel, Escher, Bach,* New York, Basic Books.

HOGREBE, Wolfram

1974 *Kant und das Problem einer traszendentalen Semantik,* Fribourg/Munich, Alber.

HOOKWAY, Christopher

1988 « Pragmaticism and " Kantian Realism ? " », *VS* 49 : 103-112.

HOUSER, Nathan

1992 Introduction, *in* Kloesel, C. et Houser, N., eds., *The Essential Peirce. Selected Philosophical Writings,* Bloomington, Indiana U.P.

HUBEL, David H.

1982 « Explorations of the primary visual cortex, 1955-1978 (a review) », *Nature* 299, 5883 : 515-524.

HUBEL, David H. et WIESEL, Torsten N.

1959 « Receptive fields of single neurons in the cat's striate cortex », *Journal of Physiology* 148 : 105-154.

HUMPHREYS, Glyn W. et RIDDOCH, M. Jane

1995 « The old town no longer looks the same : Computation of visual similarity after brain damage », *in* Cacciari ed., 1995 : 15-40.

HUNGERLAND, I.C. et VICK, G.R.

1981 « Hobbes' theory of language, speech and reasoning », *in* HOBBES, Th., *Computatio sive logica,* New York, Abaris Books.

HUSSERL, Edmund

1922 *Logische Untersuchungen* (3ᵉ éd.), Halle, Niemayer. (*Recherches logiques,* Paris, P.U.F., 1959-1963, 4 vol.).
1970 « Zur Logik der Zeichen (Semiotik) », *in* van Breda. H.L., ed., *Husserliana* XII, La Haye, Nijhoff : 340-373.

INNIS, Robert E.
1994 *Consciousness and the Play of Signs*, Bloomington, Indiana U.P.

JACKENDOFF, Ray
1983 *Semantics and Cognition*, Cambridge, M.I.T. Press.
1987 *Consciousness and the Computational Mind*, Cambridge, M.I.T. Press.

JAKOBSON, Roman
1970 « Da i net v mimike », *Jazyk i celovek* (tr. angl. « Motor Signs for " Yes " and " No " », *Language in Society* I).

JOB, Remo
1991 « Relazione tra fattori visivi e fattori semantici nell'identificazione di oggetti : alcuni dati neuropsicologici », *in* Cacciari, ed., 1991 : 197-206.

JOHNSON, Mark
1989 « Image. Schematic Bases of Meaning », *Recherches sémiotiques-Semiotic inquiry* 9, 1/3 : 109-118.

JOHNSON-LAIRD, Philip
1983 *Mental models : Towards a cognitive science of language, inference, and consciousness*, Cambridge, Cambridge U.P.
1988 *The Computer and the Mind*, Cambridge, Harvard U.P. (*L'ordinateur et l'esprit*, tr. fr. Jacqueline Henry, Paris, éd. O. Jacob, coll. « Sciences », 1994.)

KALKHOFEN, Hermann
1972 « *Pictorial* stimuli considered as *iconic* signs », Ulm, Mimeo.

KANT, Emmanuel
1781 *Kritik der reiner* Vernunft, in *Kants gesammelte Schriften*, III-IV, Berlin-
-87   Leipzig, 1911. (*Critique de la raison pure*, tr. fr. A. Tremesaygues et B. Pacaud, Paris, P.U.F. « Quadrige », 1944 ; 1993.)
1783 *Prolegomena zu einer jeden künftigen Metaphysik*, in *Kants gesammelte Schriften*, IX, Berlin-Leipzig 1911. (*Prolégomènes à toute métaphysique future*, tr. fr. L. Guillermeit, Paris, Vrin, 1986.)
1790 *Kritik der* Urteilskraft, in *Kants gesammelte Schriften*, V, Berlin-Leipzig 1908-12. (*Critique de la faculté de juger*, tr. fr. Delemarre *et al.*, Gallimard, 1985.)
1800 *Logik*, in *Kants gesammelte Schriften*, IX, Berlin-Leipzig, 1908-12. (*Logique*, tr. fr. L. Guillermit, Paris, Vrin, 1970 ; 1989.)
1936 *Opus postumum*, in *Kant gesammelte Schriften*, XXI, Berlin-Leipzig,
-39   1923. (*Opus postumum*, trad. fr., prés. et notes F. Marty, P.U.F., « Epimé-thée », Paris, 1986.)

KATZ, J. et FODOR, J.
1963 « The structure of a semantic theory », *Language*, 39 : 170-210 (tr. fr. « Structure d'une théorie sémantique », *in* : *Cahiers de lexicologie*, 9 (1966) : 39-72 et 10 (1976) : 33-66).

KELEMEN, Janos

1991 « La comunicazione estetica nella *Critica del Giudizio*. Appunti per la ricostruzione della semiotica di Kant », *Il cannocchiale* 3 : 33-50.

KENNEDY, John M.

1974 *A psychology of picture perception,* San Francisco, Jossey-Bas.

KETNER, Kenneth L. ed.

1995 *Peirce and contemporary thought,* New York, Fordham U.P.

KJØRUP, Søren

1978 « Iconic codes and pictorial speech acts », *Orbis litterarum* 4, Copenhague, Munksgaard : 101-122.

KOSSLYN, Stephen M.

1983 *Ghosts in the Mind's Machine. Creating and Using Images in the Brain,* New York, Norton.

KRAMPEN, Martin

1983 *Icons of the Road,* special issue of *Semiotica* 43, 1/2.

KRETZMANN, Norman

1974 « Aristotle on spoken sound significant by convention », *in* Corcoran 1974 : 3-21.

KRETZMANN, Norman *et al.*

1982 *The Cambridge History of Later Medieval Philosophy. From the Rediscovery of Aristotle to the Disintegration of Scholasticism, 1100-1600,* Cambridge, Cambridge University Press.

KRIPKE, Saul

1971 « Identity and Necessity », *in* Munitz, M.K., ed., *Identity and Individuation,* New York, New York U.P.

1972 « Naming and Necessity » *in :* Davidson, D. et Harman, G., eds., *Semantics of Natural Language.* Dordrecht, Reidel ; 2ᵉ éd. in volume, Oxford, Blackwell. (*La logique des noms propres,* tr. de l'américain par P. Jacob et F. Recanati, Paris, éd. de Minuit, coll. « Propositions », 1982.)

1979 « A Puzzle about Belief », *in* Margalit, A., ed., *Meaning and Use,* Dordrecht, Reidel : 239-283.

KUBOVY, Michael

1995 « Simmetry and Similarity », *in* Cacciari, ed. 1995 : 41-60.

KUHN, Thomas

1989 « Possible worlds in history of sciences », *in* Allen, S., ed. *Possible Worlds in Humanities, Arts and Sciences,* Berlin, De Gruyter : 9-31.

LAKOFF, George

1978 « Cognitive models and prototype theory », *in* Neisser, ed. 1978 : 63-99.

1987 *Women, Fire and Dangerous Things.* Chicago, Chicago U.P.

LAMBERTINI, Roberto

1989 « Sicut tabernarius vinum significat per circulum : Directions in contemporary interpretations of Modistae », *in* Eco et Marmo, eds., 1989, pp. 107-142.

LEECH, G.

1974 *Semantics*, Harmondsworth, Penguin.

LENDINARA, P. et RUTA, M.C., eds.

1981 *Per una storia della semiotica : teorie e metodi*, Palermo, Quaderni del Circolo Semiologico Siciliano, 15-16.

LEONARDI, Paolo et SANTAMBROGIO, Marco, eds.

1995 *On Quine. New Essays*, Cambridge, Cambridge U.P.

LEWIS, David K.

1973 *Counterfactuals*, Oxford, Blackwell.

LYNCH, Kevin

1966 *A View from the Road*, Cambridge, M.I.T. Press.

LYONS, John

1968 *Introduction to Structural Linguistics*, Cambridge, Cambridge U.P. (*Linguistique générale*, Paris, Larousse, 1970.)
1977 *Semantics* I-II, Cambridge, Cambridge U.P. (tr. fr. *Eléments de sémantique* [*Semantics* I], Paris, Larousse, 1978 ; *Sémantique linguistique* [*Semantics* II], tr. fr. J. Durand et B. Boulonnais, Paris, Larousse, 1990).

MAIERÙ, Alfonso

1972 *Terminologia logica della tarda scolastica*, Rome, Ateneo.

MALDONADO, Tomás

1974 « Appunti sull'iconicità », *in : Avanguardia e razionalità*, Turin, Einaudi : 254-298.
1992 « Appunti sull'iconicità », *in : Reale e virtuale*, Milan, Feltrinelli : 119-144.

MALONEY, Thomas S.

1983 « The semiotics of Roger Bacon », *Medieval Studies* 45 : 120-154.

MALTESE, Corrado

1978 « Iconismo e esperienza », *in : Aspetti dell'iconismo. Atti del IV convegno della A.I.S.S., settembre 1976* (Mimeo) : 55-71.

MAMELI, Matteo

1997 *Synechism. Aspetti del pensiero di C.S. Peirce*, Tesi di Laurea in Semiotica, Università di Bologna, Facoltà di Lettere e Filosofia, A.A. 1995-96.

MARCONI, Diego

1986 *Dizionari e enciclopedie*, 2ᵉ éd. Turin, Giappichelli.
1995 « On the structure of lexical competence », *Aristotelian Society Proceedings* : 131-150.
1997 *Lexical Competence*, Cambridge, M.I.T. Press.

MARCONI, Diego et VATTIMO, Gianni

1986 Note introductive à la traduction italienne de Rorty 1979 : *La filosofia e lo specchio della natura*, Milan, Bompiani.

MARMO, Constantino

1984 « Guglielmo di Ockham e il significato delle proposizioni », *VS* 38/39 : 115-148.

MARR, David

1987 « Understanding Vision from Images to Shapes », in : Vaina, L., ed. *Matters of Intelligence*, Dordrecht, Reidel : 7-58.

MARR, David et NISHISHARA, H. Keith

1978 « Visual information processing : Artificial intelligence and the sensorium of sight », *Technology Review* 81, 1 : 2-23.
1978 « Representation and recognition of the spatial organization of three-dimentional shapes », *Proceedings of the Royal Society of London* 200 (B) : 269-294.

MARR, David et VAINA, Lucia

1982 « Representation and recognition of the movements of shapes », *Proceedings of the Royal Society of London* 214 (B) : 501-524.

MARTINETTI, Piero

1946 *Kant*, Milan, Bocca.

MATHIEU, Vittorio

1984 Introduction à I. Kant, *Opus postumum*, Bari, Laterza.

MATURANA, Humberto

1970 « Neurophysiology of cognition », *in* Garvin, Paul, ed. *Cognition : A multiple view*, New York, Spartan Books.

MAY, Michael et STJERNFELT, Frederik

1996 « Measurement, diagram, art », *in* Michelsen, A. et Stjernfelt, F., eds., *Bille der fra det fjerne/Images from afar*, Sl, Kulturby (Universitetsforlaget i Oslo) : 191-204.

McCAWLEY, James D.

1971 « Where do noun phrases come from ? », *in* Steinberg, D.D. et Jakobovits L.A., eds., *Semantics*, Londres, Cambridge U.P. : 217-231.
1981 *Everything that Linguists have Always Wanted to Know about Logic*, Chicago, University of Chicago Press.

MEDIN, Douglas L. et GOLDSTONE, Robert L.

1995 « The predicates of similarity », *in* Cacciari, ed. 1995 : 83-110.

MERLEAU-PONTY, Maurice

1945 *Phénoménologie de la perception*, Paris, Gallimard.

MERRELL, Floyd

1981 « On understanding the logic of " understanding " : A reincarnation of some Peircean thought », *Ars Semiotica* IV, 2 : 161-186.
1991 « The tenuous " reality " of signs », *Signs becoming signs*, Bloomington, Indiana U.P.

METZ, Christian

1964 « Le cinéma : langue ou langage ? », *Communications* 4 : 52-90.
1968a « La grande syntagmatique du film narratif », *Communications* 8 : 120-124.
1968b *Essais sur la signification au cinéma*, tome I, Paris, Klincksieck.

MILL, John Stuart

1843 *A System of Logic*, Londres, Routledge, 1898 (traduction française partielle : *Système de logique déductive et inductive*, tr. de l'anglais par L. Peisse, Liège, éd. P. Madraga, 1988).

MINSKY, Marvin

1985 *The society of mind*, New York, Simon & Schuster. (*La société de l'esprit*, trad. de l'américain par J. Henry, Paris, InterEd, 1988.)

MOODY, Ernest A.

1935 *The Logic of William of Ockham*, New York, Shed & Ward.

MORRIS, Charles

1946 *Signs, Language and Behavior*, New York, Prentice Hall.

NEISSER, Ulrich

1976 *Cognition and Reality*, San Francisco, Freeman.
1978 « From direct perception to conceptual structure », *in* : Neisser, ed., 1978 : 11-24.

NEISSER, Ulrich, ed.

1987 *Concepts and conceptual development : Ecological and intellectual factors in categorization*, Cambridge-Londres, Cambridge U.P.

NERGAARD, Siri, ed.

1995 *Teorie contemporanee della traduzione*, Milan, Bompiani.

NESHER, Dan

1984 « Are there grounds for identifying " *Ground* " with " *Interpretant* " ? », *in* : *Peirce's Theory of Meaning. Transactions of Charles Sanders Peirce Society*, 20, 1984 : 303-324.

NEUBAUER, Fritz et PETÖFI, Janos S.
1981 « Word Semantics, Lexicon System and Text Interpretation », *in* Eikmeyer, H.J. et Rieser, H., eds., *Words, Worlds and Contexts*, Berlin, De Gruyter : 344-377.

NIDA, Eugene
1975 *Componential Analysis of Meaning*, La Haye, Mouton.

NIETZSCHE, Friedrich
1873 « Ueber Wahrheit und Lüge im aussermoralischen Sinne », *in Grossoktav-Ausgabe*, Leipzig, 1895. (*Vérité et mensonge au sens extra-moral* » *in* : *Œuvres philosophiques complètes*, t. 1, tr. de l'allemand par M. Haar et M.B. de Launay, Paris, Gallimard, 1975.)

NUCHELMANS, Gabriel
1973 *Theories of Propositions. Ancient and Medieval Conceptions of the Bearers of Truth and Falsity,* Amsterdam, North Holland.

OEHLER, Klaus
1979 « Peirce's foundation of a semiotic theory of cognition », *Peirce studies* 1 : 67-66.
1995 « A response to Habermas », *in* Ketner 1995 : 267-271.

OGDEN, C.K. et RICHARDS, I.A.
1923 *The Meaning of Meaning*, Londres, Routledge.

OSMOND-SMITH, David
1972 « The iconic process in musical communication », *VS* 3 : 31-42.
1973 « Formal iconism in music », *VS* 5 : 43-54.

OUELLET, Pierre
1992 « Signification et sensation », *Nouveaux Actes sémiotiques* 20, Limoges, Pulim.

PACI, Enzo
1957 « Relazionismo e schematismo trascendentale », *in* : *Dall'esistenzialismo al relazionismo*, Messine, D'Anna.

PALMER, Stephen
1978 « Fundamental aspects of cognitive representation », *in* Rosch et Lloyd, eds.

PAREYSON, Luigi
1954 *Estetica*, Turin, Edizioni di « Filosofia ». (Milan, Bompiani, 1988.)
1989 *Filosofia della libertà*, Gênes, Melangolo. (« Philosophie de la liberté », *in* : *Ontologie de la liberté*, tr. de l'italien par Gilles A. Tiberghien, Paris, éd. de l'Eclat, 1998.)

PASOLINI, Pier Paolo

1966 « La lingua scritta della realità », *in* : *Empirismo eretico*, Milan, Garzanti, 1972 : 198-226. (« La langue écrite de la réalité », *in* : *L'expérience hérétique*, trad. de l'italien par A.R. Pullberg, préf. de M.A. Macciocchi, Paris, Ramsay, 1989 (1976), pp. 47-76.)

1967a « Discorso sul piano sequenza ovvero il cinema come semiologia della realtà », *in* : *Linguaggio e ideologia nel film (Atti della Tavola Rotonda alla III Mostra Internazionale del Nuovo Cinema, Pesaro, mai 1967)*, Novara, Cafieri, 1968 : 135-150.

1967b « Il codice dei codici », *in* : *Empirismo eretico*, Milan, Garzanti 1972 : 277-284. (« Le code des codes », *in* : *L'expérience hérétique*, trad. de l'italien par A.R. Pullberg, préf. de M.A. Macciocchi, Paris, Ramsay, 1989 (1976), pp. 134-142.)

PAVEL, Thomas G.

1986 *Fictional Worlds*, Cambridge, Harvard U.P. (*Univers de la fiction*, trad. et remanié par l'auteur, Paris, éd. du Seuil, 1988.)

PEIRCE, Charles S.

1934- *Collected Papers,* Cambridge, Harvard U.P. (trad. française partielle *in* 48   Peirce 1978, 1987, 1993).

1978 *Ecrits sur le signe*, textes rassemblés, traduits et commentés par G. Deledalle, Paris, éd. du Seuil,

1980 *Semiotica*, Turin, Einaudi.

1982- *Writings of Charles S. Peirce*, Bloomington, Indiana U.P. (trad. française 83   partielle *in* Peirce 1984, 1987).

1984 *Textes anticartésiens*, présentation et traduction J. Chenu, Paris, Aubier-Montaigne.

1987 *Textes fondamentaux de sémiotique,* tr. fr. B. Fouchier-Axelsen et C. Foz, Paris, Méridiens Klincksieck.

1992 *Reasoning and the Logic of Things. The Cambridge Conferences. Lectures of 1898*, Cambridge, Harvard University Press. *(Le raisonnement et la logique des choses : les conférences de Cambridge de 1898*, tr. fr. Ch. Chauviré *et al.*, Paris, Cerf.)

1993 *A la recherche d'une méthode,* trad. et éd. J. Deledalle-Rhodes et M. Balat, Perpignan, Presses universitaires de Perpignan, coll. « Etudes ».

PÉREZ CARREÑO, Francisca

1988 *Los placeres del parecido. Icono y representación,* Madrid, Visor.

PERRI, Antonio

1996a *Scrittura azteca, semiosi, interpretazione*, Tesi per il Dottorato di Ricerca in Semiotica, 8° Ciclo, Università degli Studi di Bologna (pour une version plus succincte voir Perri 1996b).

1996b « Verso una semiotica della scrittura azteca », *in* De Finis, G., Galarza, J., Perri, A., *La parola fiorita. Per un'antropologia delle scritture mesoamericane*, Rome, Il Mondo 3 Edizioni : 141-286.

PETITOT-COCORDA, Jean

1983 « Paradigme catastrophique et perception catégorielle », *Recherches sémiotiques – Semiotic inquiry* 3, 3 : 207-247.

1985a *Les catastrophes de la parole*, Paris, Maloine.
1985b *Morphogenèse du sens*, vol.1., Paris, P.U.F.
1989 « Modèles morphodynamiques pour la grammaire cognitive et sémiotique modale », *Recherches sémiotique-Semiotic inquiry* 9, 1-3 : 17-51.
1995 « La réorientation naturaliste de la phénoménologie », *Archives de philosophie* 58, 4 : 631-658.

PHILIPPE, M.-D.

1975 *Une philosophie de l'être est-elle encore possible ? III. Le problème de l'Ens et de l'Esse*, Paris, Téqui.

PIAGET, Jean

1955 *La représentation du monde chez l'enfant*, Paris, P.U.F.

PIATTELLI PALMARINI, Massimo

1995 *L'arte di persuadere*, Milan, Mondadori.

PICARDI, Eva

1992 *Linguaggio e analisi filosofica*, Bologne, Patron.

PIERRANTONI, Ruggero

1981 *Fisiologia e storia della visione*, Turin, Boringhieri.

PINBORG, Jan

1972 *Logik und Semantik im Mittelalter. Ein Überblick*, Stuttgart-Bad Cannstatt, Fromann-Holzboog.

PISANTY, Valentina

1993 *Leggere la fiaba*, Milan, Bompiani.

PONZIO, Augusto

1983 « La semantica di Pietro Ispano », *in* Corvino *et al.* 1983 : 123-156.
1990 *Man as a Sign*, Berlin, De Gruyter.
1993 « Aspetti e problemi della filosofia del linguaggio e della semiotica in Italia », *in* Calabrese, O. *et al.*, eds. *La ricerca semiotica*, Bologne, Progetto Leonardo : 65-140.

POPPER, Karl

1969 *Conjectures and refutations*, Londres, Routledge 1969. (*Conjectures et réfutations : la croissance du savoir scientifique*, trad. de l'anglais par M.-I. et M. B de Launay, Paris, Payot, 1985.)

POSNER, Roland

1986 « Iconicity in syntax », *in* Bouissac *et al.*, eds. 1986 : 305-338.

PRIETO, Luis

1975 *Pertinence et pratique. Essai de sémiologie*, Paris, Minuit.

PRODI, Giorgio

1977 *Le basi materiali della significazione*, Milan, Bompiani.
1988 « Signs and codes in immunology », *in* : Sercarz *et al.* : 53-64.

PRONI, Giampaolo

1990 *Introduzione a Peirce*, Milan, Bompiani.
1992 *La fondazione della semiotica in Ch. S. Peirce*, Tesi di Dottorato di Ricerca in Semiotica, 2° Ciclo, Università degli Studi di Bologna, A.A. 1991-92.

PUTNAM, Hilary

1975 « The Meaning of " Meaning " », *in* Guderson, K., ed., *Language, Mind and Knowledge*, University of Minnesota Press. Repris *in* Putnam, H., *Mind, language and reality*, Londres, Cambridge U.P. : 215-271.
1981 *Reason, Truth and History*, Cambridge, Cambridge U.P. (*Raison, vérité et histoire*, trad. de l'américain par A. Gerschenfeld, Paris, éd. de Minuit, 1984.)
1987 *The Many Faces of Realism*, LaSalle, Open Court.
1990 *Realism with an Human face*, Harvard U.P., 1990. (*Le réalisme à visage humain*, trad. de l'américain par C. Tiercelin, Paris, éd. du Seuil, 1994.)
1992 *Il pragmatismo : una questione aperta*, Bari, Laterza.

PYLYSHYN, Zenon W.

1973 « What the Mind's Eyes Tells the Mind's Brain : A Critique of Mental Imagery », *Psychological Bulletin* 8 : 1-14.

QUINE, Willard V.O.

1951 « Two dogmas of Empiricism », *in : From a Logical Point of View*, Cambridge, Harvard U.P. 1953 (« Les deux dogmes de l'empirisme », *in :* P. Jacob, *De Vienne à Cambridge*, Paris, Gallimard, 1980 : 87-113.)
1960 *Word and Object*, Cambridge, M.I.T. Press. (*Le mot et la chose*, tr. de l'anglais par J. Dopp et P. Gauchet, Paris, Flammarion, coll. « Nouvelle bibliothèque scientifique », 1979.)
1995 *From Stimulus to Science*, Cambridge, Harvard U.P.

RANSDELL, Joseph

1979 « The epistemic function of iconicity in perception », *Peirce Studies* 1, 1979 : 51-66.

RASTIER, François

1994 « La microsémantique », *in* Rastier, F. *et al.*, *Sémantique pour l'analyse*, Paris, Masson.

REED, Stephen K

1988 *Cognition. Theory and Application*, Pacific Grove, Brooks/Cole.

REY, Alain

1973 *Théorie du signe et du sens, I*, Paris Klincksieck.

ROBERTS, Don D.

1973   *The existential graphs of Charles S. Peirce*, La Haye, Mouton.

RORTY, Richard

1979   *Philosophy and the Mirror of Nature*, Princeton U.P. (*L'homme spéculaire*, tr. de l'américain par Th. Marchaisse, Paris, éd. du Seuil, 1990.)

ROSCH, Eleanor

1978   « Principles of categorization », *in* Rosch et Lloyd, eds., *Conditioned categorization*, Erlbaum : 15-35.

ROSCH, Eleanor et Lloyd, B.B., eds.

1978   *Cognition and Categorization*, Hillsdale, Erlbaum.

ROSCH, Eleanor et MERVIS, Caroline B.

1975   « Family resemblances : Studies in the internal structure of categories », *Cognitive Psychology* 7 : 573-605.

ROSCH, Eleanor *et al.*

1976   « Basic objects in natural categories », *Cognitive Psychology* 8 : 382-440.

ROSSI, Paolo

1997   *La nascita della scienza moderna*, Bari, Laterza.

RUSSELL, Bertrand

1905   « On denoting », *Mind*, 14 : 479-493.
1940   « The object-language », *in : An inquiry into meaning and truth*, Londres, Allen & Unwin, 1940. (« Le langage objet », *in : Signification et vérité*, tr. fr. Ph. Devaux, Paris, Flammarion, coll. « Champs », 1969.)

SACKS, Oliver

1985   *The Man who Mistook his Wife for a Hat*, Londres, Duckworth. (*L'homme qui prenait sa femme pour un chapeau*, tr. de l'anglais par E. de La Héronnière, Paris, Seuil,1988.)

SAINT-MARTIN, Fernande

1987a « Pour une reformulation du modèle visuel de Umberto Eco », *Protée*, automne 1987 : 104-114.
1987b *Sémiologie du langage visuel*, Sillery, Presses de l'Université du Québec.
1988   « De la fonction perceptive dans la constitution du champ visuel », *Protée* 16, 1/2 : 202-213.

SALMON, Nathan U.

1981   *Référence and Essence*, Princeton, Princeton U.P.

SANTAMBROGIO, Marco

1992   *Forma e oggetto*, Milan, Saggiatore.

SANTAMBROGIO, Marco, ed.
1992 *Introduzione alla filosofia analitica del linguaggio*, Bari, Laterza.

SCHANK, Roger et ABELSON, R.P.
1977 *Scripts, Plans, Goals and Understanding*, Hillsdale, Erlbaum.

SEARLE, John
1979 « Literal meaning », *in : Expression and meaning*, Cambridge, Cambridge U.P. : 116-136. (« Le sens littéral » *in : Sens et expression*, tr. fr. Joëlle Proust, Paris, éd. de Minuit : 167-189.)
1985 *The Construction of Social Reality*, New York, Free Press.

SEBEOK, Thomas A.
1972 *Perspectives in Zoosemiotics*, La Haye, Mouton.
1976 « Six Species of Signs », *in : Contribution to the Doctrine of Signs*, Bloomington, Indiana U.P. : 117-142.
1979 « Iconicity », *in : The Sign & its Masters*, Austin, University of Texas Press : 107-127.
1991 *A Sign is just a Sign*, Bloomington, Indiana U.P.
1994 *An Introduction to Semiotics*, Toronto, Toronto U.P.

SEBEOK, Thomas A. ed.
1978 *Animal communication*, Bloomington, Indiana U.P.

SELLARS, Wilfrid
1978 « The role of imagination in Kant's theory of experience », *in* Henry W. Johnstone jr., ed., *Categories, A Colloquium*, Pennsylvania State University 1978.

SEMPRINI, Valentina
1997 *La rappresentazione del conflitto nella letteratura a fumetti*, Tesi di Laurea in Semiotica, Università di Bologna, Facoltà di Lettere e Filosofia, A.A. 1995-96.

SERCARZ, Eli, CELADA, Franco, MITCHISON, Avron et TADO, Tomio, eds.
1988 *The semiotics of cellular communication in the immune system*, Berlin, Springer.

SHERZER, Joel
1974 « L'indicazione tra i Cuna di San Blas », *VS* 7 : 57-72.

SIMONE, Raffaele
1995 « The search for similarity in the linguist's cognition », *in* Cacciari, ed. 1995 : 149-157.

SONESSON, Göran
1989 *Pictorial Concepts*, Malmö, Lund University Press.
1994 « Pictorial semiotics, Gestalt theory, and the ecology of perception », *Semiotica* 99, 3/4 : 319-400.

SPADE, Paul V.

1982 « The semantics of terms », *in* Kretzmann *et al.* 1982 : 188-196.

SPERBER, Dan et WILSON, Deidre

1986 *Relevance*, Cambridge, Harvard U.P. (*La Pertinence : communication et cognition*, trad. de l'anglais par A. Gerschenfeld et D. Sperber, Paris, éd. de Minuit, 1989.)

STAQUET, Anne

1996 *La pensée faible de Vattimo et Rovatti : une pensée-fable*, Paris, L'Harmattan, 1997.

STRAWSON, Peter F.

1950 « On Referring », *Mind* 59 : 320-344. («De l'acte de référence» *in : Etudes de logique et de linguistique*, trad. J. Milner, Paris, éd. du Seuil, 1997 : 9-38.)

TABARRONI, Andrea

1989 « Mental signs and theory of representation in Ockham », *in* Eco et Marmo, eds., 1989, pp. 195-224.

TARSKI, Alfred

1944 « The semantic Conception of truth and the Foundations of Semantics », *in* : *Philosophy and Phenomenological Research*, 4, 1944, pp. 341-376. («La conception sémantique de la vérité et les fondements de la sémantique», *in : Logique, sémantique, métamathématique*, 1923-1944, tome 2, trad. G.G. Granger, Armand Colin, Paris, 1974, pp. 267-305.)

TODOROV, Tzvetan

1982 *La conquête de l'Amérique*, Paris, Seuil.

TVERSKY, Amos

1977 « Features of similarity », *Psychological Rewiew* 81 : 327-352.

VAINA, Lucia

1983 « From shapes and movements to objects and actions », *Synthese* 54 : 3-36.

VARELA, Francisco *et al.*

1992 *The embodied mind*, Cambridge, M.I.T. Press 1992.

VATTIMO, Gianni

1980 *Le avventure della differenza*, Milan, Garzanti, 1984. (*Les aventures de la différence*, tr. fr. P. Gabellone *et al.*, éd. de Minuit, Paris, 1985.)

1983 « Dialettica, differenza, pensiero debole », *in* Vattimo, G. et Rovatti, P.A., eds. *Il pensiero debole*, Milan, Feltrinelli 1983. («Dialectique, différence, pensée faible» *in* Staquet 1996.)

1994 *Oltre l'interpretazione*, Bari, Laterza. (*Au-delà de l'interprétation : la signification de l'herméneutique pour la philosophie*, tr. fr. M. Somville-Garant, Bruxelles, éd. De Boeck Université, 1997.)

VIOLI, Patrizia

1991 « Linguaggio percezione, esperienza : il caso della spazialità », *in* Cacciari, ed. : 59-106.
1997 *Significato ed esperienza*, Milan, Bompiani.

VOLLI, Ugo

1972 « Some possible developments of the concept of iconism », *VS* 3 : 14-29.

WIERZBICKA, Anna

1996 *Semantics. Primes and Universals*, Oxford, Oxford U.P.

WITTGENSTEIN, Ludwig

1922 *Tractatus Logico-Philosophicus*, Londres, Routledge. (*Tractatus Logico-Philosophicus* suivi des *Investigations philosophiques,* tr. de l'allemand par P. Klossowski, Paris, Gallimard, « Tel », 1995 ; 1961.)
1953 *Philosophische Untersuchungen, Oxford, Blackwell. (Investigations philosophiques* in : *Tractatus Logico-Philosophicus.*)

ZIJNO, Alessandro

1997 *Fortunatamente capita di fraintendersi. Intersezioni tra la concezione di lingua di Donald Davidson e la Teoria della Pertinenza*, Tesi di Dottorato di Ricerca in Semiotica, VIII ciclo, Università di Bologna, A.A. 1995-96.

INDEX

TABLE

Achevé d'imprimer en avril 1999
sur presse Cameron
*par **Bussière Camedan Imprimeries***
à Saint-Amand-Montrond (Cher)
pour le compte des éditions Grasset
61, rue des Saints-Pères, 75006 Paris

N° d'Édition : 11102. N° d'Impression : 991547/4.
Dépôt légal : avril 1999.
Imprimé en France
ISBN 2-246-56401-8